KB244804

문명 이야기

윌 듀런트

안인희 옮김

르네상스

5-2

THE STORY
OF
CIVILIZATION

문명
이야기

월 듀런트
WILL DURANT

안인희 옮김

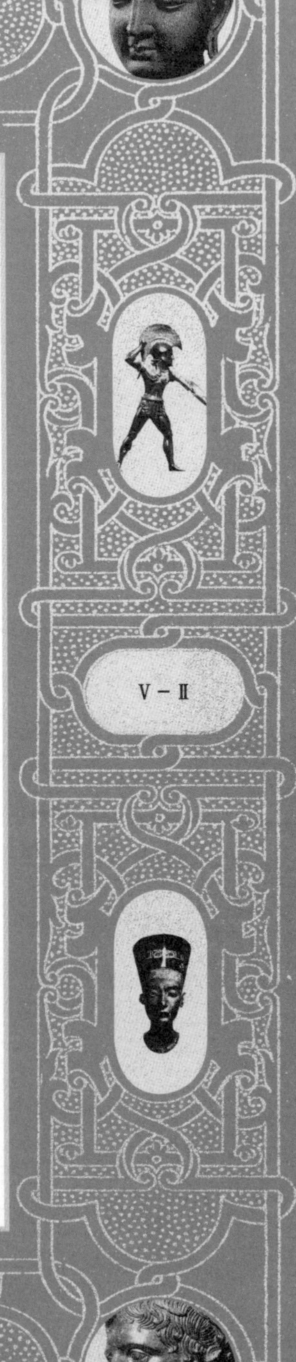

The Renaissance

Ⅴ - Ⅱ

르네상스
5-2

민음사

차 례

로마 르네상스

1378~1521

로마 르네상스

14장

교회의 위기
1378~1447

1. 교황 분열: 1378~1417

그레고리우스 11세는 교황청을 다시 로마로 옮겼다. 그러나 교황청은 거기 그대로 머물 것인가? 그의 후계자를 지명하기 위해 모인 비밀 추기경회의는 16명의 추기경으로 구성되었다. 그중 4명만이 이탈리아 사람이었다. 도시 행정부는 로마 사람, 아니면 하다못해 이탈리아 사람을 뽑아 달라고 간청했다. 그리고 이런 제안을 지원하기 위해 교황청 바깥에 로마 군중이 모여들어 로마 사람이 교황이 되지 않을 경우 이탈리아 사람이 아닌 추기경들을 죽이겠노라 위협하고 있었다. 겁을 먹은 비밀회의는 15 대 1의 표로 서둘러 바리의 대주교인 바르톨로메오 프리냐노를 선출했다.(1378) 그는 우르바누스 6세라는 이름을 선택했다. 그러고 나서 추기경들은 목숨을 염려하여 도망쳤다. 그러나 로마는 이 타협안을 받아들였다.[1]

우르바누스 6세는 도시와 교회를 맹렬하고 전제적인 에너지로 통치했다. 그는 원로원 의원들과 행정 장관들을 임명하고 소란스러운 도시에 복종과 질서를 회복했다. 그리고 교회를 개혁할 것이며, 위에서부터 개혁을 시작할 것이라고 공표해서 추기경들에게 충격을 주었다. 2주가 지나자 대중이 참석한 가운데 설교하면서 그는 추기경들과 고위 성직자들의 도덕성을 과격한 말투로 공격했다. 그들에게 연금을 받는 것을 금지하고, 또 교황청으로 올라오는 모든 일에 대해 어떤 종류의 사례금이나 선물도 받지 말고 신속하게 처리하라고 명령했다. 추기경들이 투덜거리자 그는 "멍청한 중얼거림을 멈추라"고 명했다. 오르시니 추기경이 항의하자 교황은 그를 "멍청이"라고 불렀다. 리모주의 추기경이 반대하자 교황은 그에게 덤벼들어 싸웠다. 이 모든 이야기를 듣고 성 카타리나가 불같은 교황에게 경고를 보냈다. "온건함과 …… 선의와 평화로운 마음으로 할 일을 하십시오. 과도함은 건설보다 파괴를 불러오기 때문입니다. 십자가에 못 박힌 주님을 위해서 당신의 천성에 들어 있는 성급함을 조금 자제하십시오."[2] 교황은 자신의 의도는 추기경단에서 이탈리아인이 다수가 되도록 이탈리아 추기경을 많이 임명하는 것이라고 경솔하게 발언했다.

프랑스 추기경들이 아나니(Anagni)에 모여 모반을 계획했다. 1378년 8월 9일에 그들은 우르바누스의 선출은 로마의 폭도들이 위협하는 가운데 이루어진 것이므로 효력이 없다는 성명서를 발표했다. 이탈리아 추기경들도 모두 그들에 합세했고, 9월 20일 폰디에서 전체 추기경단이, 제네바의 로베르트가 진짜 교황이라고 선언했다. 클레멘스 7세가 된 로베르트는 우르바누스가 로마의 교황직을 그대로 지니고 있는 동안 아비뇽에 거처를 잡았다. 이렇게 시작된 교황의 분열은 국민 국가가 발달하면서 나타난 또 하나의 결과였다. 그것은 실제로 프랑스가 영국과 전쟁할 때에, 또 앞으로 도이칠란트나 이탈리아와 경쟁하게 될 때에 교황청의 도움을 계속 얻기 위해 시도한 일이었다. 프랑스가 주도한 이 일을 보고 나폴리, 스페인, 스코틀랜드가 그 뒤를 따랐다. 잉글랜드, 플랑드르, 도이칠란트, 폴란드, 보헤미아, 헝가리, 포르투갈은 우르바누스를 받아들였다. 교회는 이제 경쟁 진영들 사이의 정치적 노리개가 되고 말았다. 점차 세력을 확장하는 이슬람교도의 경멸에 가득 찬 비웃음을 불러일으키면서 이 갈등은 절정에 달했다. 그리스도교 세계의 절반이 나머지 절반을 가리켜 이단이며 신성 모독이라고 저주하고 파문했다. 성 카타리나는 클레멘스 7세를 가룟 유다라고 비난했다. 성 빈센트 페러는 우르바누스 6세를 그렇게 불렀다.[3] 각 진영은 상대편에 속하는 성직자가 베푼 성사(聖事)는 무효라고 주장했고, 아이들이 세례를 받아도, 고해를 하고 용서를 받아도, 죽어 가는 사람이 종부성사를 받아도 여전히, 죽음이 찾아오면 지옥에 떨어질 죄악의 상태 그대로 남아 있다고 했다. 상호간의 미움은 가장 쓰라린 전쟁 때처럼 그렇게 뜨거웠다. 우르바누스가 새로 임명한 추기경들은 그를 위험한 무능력자로 여겨 감금시킬 음모를 꾸몄다. 그러자 교황은 그들 중 7명을 체포해서 고문하고 사형시켰다.(1385)

그의 죽음도(1389) 타협을 가져오지 못했다. 그의 진영에 살아남은 14명의 추기경들은 피에로 토마첼리를 교황 보니파키우스 9세로 뽑았다. 민족들도 서로 나뉘어 둘로 나뉜 교황청의 상황을 확대시켰다. 클레멘스 7세가 죽자(1394) 아비뇽의 추기경들은 페드로 드 루나를 베네딕투스 13세로 만들었다. 프랑스의 샤를 6세 왕은 두 교황 모두에게 사임하라고 제안했다. 베네딕투스는 거부했다. 1399년에 보니파키우스 9세는 다음 해에 희년(禧年) 축제를 하겠다고 선언했다. 많은 순례 희망자들이 시대의 혼란과 불안에 발이 묶여 집에 남아 있을 것이라는 사실을 깨달은 교황은 대리인들에게, 어떤 그리스도교도든지 죄를 고백하고 필요한 회개를 행하고, 로마까지의 여행에 들 경비를 로마 교회에 기부하면 희년에 교황이 내리는 완전 사면을 대신 내려 줄 권한을 부여했다. 이들 모금원들은 양심 바른 신학자들이 아니었다. 그들 중 일부는 고백을 요구하지도 않고 사면을 베풀었다. 보니파키우스는 그들을 질책했지만, 그는 그렇게 모은 돈을 자신보다 더 잘 사용할 사람은 없다고 느꼈다. 그의 비서관의 말에 따르면 결석(結石)으로 인해 심한 고통을 받으면서도 보니파키우스는 "황금을 향한 갈증을 그칠 줄 몰랐다."[4] 일부 모금원들이 그를 속이려 하자 그는 그들이 돈을 토해 낼 때까지 고문했다. 다른 모금원들은 그리스도교도들이 로마에 와서 돈을 사용하지 않고도 희년의 사면을 얻게 된 것에 분노한 로마의 폭도들에 의해 흩어지고 말았다.[5] 희년의 축제와 예배 한가운데서 콜론나 일가(一家)는 사람들을 이끌고 공화국 정부의 회복을 요구했다. 보니파키우스가 거부하자 콜론나는 8000명의 군대로 그에게 맞섰다. 나이 들어 가는 교황은 천사성에서 꿋꿋이 포위를 견뎠다. 사람들은 콜론나 일가에게 반대하기 시작했고, 반군은 이리저리 흩어지고, 폭동의 주도자 31명은 감옥에 갇혔다. 그들 중 한 사람은 나머지 사람들의 형 집행자가 되면 목숨을 구해 주겠노라는 제안을 받았다. 그는 그것을 받아들여 30명의 남자들을 목매달아 죽였다. 그들 중에는 자신의 아버지와 형제도 있었다.[6]

보니파키우스가 죽고 인노켄티우스 7세가 선출되자(1404) 또다시 폭동이 일어났다. 인노켄티우스는 비테르보로 도망쳤다. 죠반니 콜론나가 이끄는 로마의 폭도들은 바티칸 궁전을 약탈하고, 인노켄티우스의 상징들을 진흙으로 더럽히고, 교황청의 기록과 역사적 칙령들을 길거리에 뿌렸다.(1405)[7] 그러나 사람들은 교황이 없는 로마는 결국 파괴될 것이라 생각하고 인노켄티우스와 화해했다. 그는 승리에 차서 돌아온 다음 며칠 만에 죽었다.(1406)

그의 후계자인 그레고리우스 12세는 베네딕투스 13세를 회의에 초대했다. 베네딕투스는 그레고리우스가 사임하면 자신도 사임하겠노라고 제안했다. 그레고리우스의 친척들이 동의하지 말라고 말렸다. 그의 추기경 몇 명은 피사로 철수하고서, 세계공의회를 열어 모든 그리스도교도가 받아들일 수 있는 교황을 선출하자고 요구했다. 프랑스 왕은 베네딕투스에게 다시 사임을 촉구했다. 베네딕투스가 다시 거부하자 프랑스 왕은 그와의 관계를 포기하고, 완전 중립의 태도를 취했다. 자신의 추기경들에 의해 버림받은 베네딕투스는 스페인으로 도망쳤다. 그의 추기경들은 그레고리우스의 곁을 떠난 추기경들과 힘을 합쳤다. 그들은 함께 공의회 소집을 요구했고, 마침내 1409년 3월 25일에 피사에서 공의회가 소집되었다.

저항적인 철학자들이 거의 1세기 전에 '공의회 운동'의 토대를 놓았다. 오캄의 윌리엄은 교회를 성직자와 동일시하는 것에 반대했다. 그는 다음과 같이 말했다. 교회는 모든 신자들의 모임이다, 그 전체가 다른 어느 부분보다 더욱 우세한 권위를 갖는다, 전체는 자신의 권위를 세계공의회(일반 공의회, 혹은 종교회의)에 위임한다. 세계공의회는 교황을 선출하고, 질책하고, 벌주고, 폐위할 권한을 갖는다.[8] 파도바의 마르실리우스는 세계공의회란 그리스도교 지성의 집결이라고 말했다. 누구라도 어떻게 자신의 지성이 그보다 더 우위에 있다고 감히 생각할 수가 있겠는가? 그런 공의회는 성직 계급뿐만 아니라, 선출된 속인들로도 구성되어야 한다. 그리고 공의회의 토의는 교황의 지배를 벗어나 자유롭게 되어야 한다.[9] 파리 대학에 있던 도이치 신학자 하인리히 폰 랑겐슈타인은 『평화의 공의회(*Concilium pacis*)』(1381)란 소책자에서 이런 생각들을 교황 분열에 적용했다. 하인리히의 주장에 따르면, 교황들이 하느님에게서 받은 최고의 권위를 주장하면서 어떤 논리를 펼치든 간에, 논리가 출구를 제시할 수 없는 위험한 사태가 발생했다. 오로지 교황들의 권한 밖에 있고 또 추기경들보다 더욱 상급의 어떤 힘만이 현재 교회를 무능하게 만들고 있는 혼란 상태에서 교회를 구원할 수가 있다. 그리고 이런 권위는 오로지 세계공의회뿐이라고 했다. 파리 대학의 학장인 장 제르송은 세계공의회를 소집할 교황의 배타적·독점적인 권위가 분열을 끝내지 못했기 때문에 이 규정은 비상사태를 맞이하여 폐기되어야 한다, 그리고 다른 방식으로 세계공의회가 소집되고, 또 위기를 끝낼 권위를 가져야 한다고 주장했다.[10]

피사의 공의회는 계획대로 시작되었다. 당당한 대성당에서 추기경 26명, 장로 4명, 대주교 12명, 주교 80명, 수도원장 87명, 큰 수도회의 총장들, 주요 대학들의 대표, 교회법 학자 300명, 헝가리, 나폴리, 스페인, 스칸디나비아, 스코틀랜드 정부를 제외한 나머지 모든 유럽 정부의 대사들 등이었다. 공의회는 스스로 교회법에 맞고(canonical) 또 전체 그리스도교 세계를 대표한다고(ecumenical) 선언했다. 이것은 그리스·러시아 정교회를 무시한 주장이었다. 공의회는 두 교황 베네딕투스와 그레고리우스에게 출두하라는 소환령을 내렸다. 아무도 나타나지 않았기 때문에 공의회는 그들이 면직되었다고 선언하고, 밀라노 추기경을 교황 알렉산더 5세(1409)로 지명했다. 그리고 새로운 교황에게 1412년 5월 이전에 또 다른 세계공의회를 소집할 것을 지시하고 해산했다.

공의회는 교황 분열을 끝내기를 희망했지만, 베네딕투스도 그레고리우스도 공의회의 권위를 인정하기를 거부했다. 그 결과 이제는 교황이 두 명이 아니라 세 명이 되었다. 알렉산더 5세가 죽어도(1410) 사태에 아무런 도움도 되지 않았다. 그의 추기경들은 후계자 요한 23세를 선출했다. 그는 같은 이름의 전임자(요한 22세) 이후로 교황직을 차지하기에 가장 어울리지 않는 사람이었다. 발다싸레 코싸(Baldassare Cossa, 요한 23세)는 보니파키우스 9세에 의해 볼로냐의 교황 대리자로 임명되어 그곳을 통치했던 사람이다. 그는 용병대장처럼 가차 없는 절대적 권력으로 다스렸다. 그리고 매춘, 도박, 고리대금을 포함하여 모든 일에 세금을 매겼다. 그의 비서에 따르면 그는 200명의 처녀, 부인, 과부, 수녀들을 유혹했다.[11] 그러나 그는 정치와 전쟁에서 소중한 능력을 지닌 사람이었다. 큰 부를 축적하고, 자신에게만 복종하는 군대를 만들었다. 그는 어쩌면 그레고리우스에게서 교황국가들을 정복하고, 또 그레고리우스를 가난으로 인해 복종하게 만들 수도 있을 것이다.

요한 23세는 피사에서 약속한 공의회를 소집하는 것을 가능한 한 뒤로 미루었다. 그러나 1411년에 지기스문트가 로마인들의 왕이 되었고 대관식을 하지는 않았지만 점차 신성로마제국의 수장으로 인정을 받았다. 그는 요한 23세에게 공의회를 소집하라고 강요했다. 또한 이탈리아의 위협에서 벗어나 있으며 황제의 영향권에 속하는 콘스탄츠(Konstanz)를 공의회 장소로 정했다. 그 옛날 콘스탄티누스 대제처럼 교회의 주도권을 빼앗은 지기스문트는 모든 고위 성직자, 통치자, 귀족, 그리스도교 법학자들에게 참석하라고 초청장을 보냈다. 세 명의 교황과 그들의 수행원만 빼고 유럽의 모든 사람들이 참가 의사를 밝혔다. 그렇게 해서 많은 고위 인사들이 왔다. 각기 아주 한가하게 나타났기 때문에 모이는 데만 1년이 걸렸다. 마침내 요한 23세는 1414년 11월 5일에 공의회를 열기로 동의했다. 세 교황들 중에서 한 명만 참석했다. 추기경 22명, 대주교 33명, 주교 150명, 수도원장 100명, 신학 박사 300명, 대학 대표 14명, 왕자 26명, 귀족 140명, 사제 4000명 등이 이 공의회를 그리스도교 역사상 가장 큰 공의회로 만들었다. 이 공의회는 그리스도교 신앙을 확정한 니케아 공의회(325) 이후로 가장 중요한 공의회가 되었다. 콘스탄츠에는 보통 때 주민이 6000명뿐이었지만 이제 약 5000명의 공의회 참가자들을 성공적으로 숙박시키고 음식을 공급했을 뿐만 아니라 그들의 요구를 충족시키기 위해 모여든 하인, 비서, 도붓장수, 의사, 사기꾼, 음유 시인, 그리고 1500명의 창녀 들 역시 수용했다.[12]

그러나 이 공의회를 소집한 교황이 극적인 방식으로 도망치면서 회의를 진행할 수가 없었다. 요한 23세는 자신의 적들이 자신의 생애, 범죄, 음란 등의 기록을 회의에 제출할 준비를 하고 있다는 소식을 듣고 놀라 기겁을 했다. 한 위원회는 그가 그레고리우스, 베네딕투스 등과 함께 동시에 물러나기로 동의한다면 이런 불명예를 피할 수 있을 것이라고 충고했다.[13] 그는 동의했다. 그러나 그는 갑자기 마부로 변장하고서 콘스탄츠에서 도망쳐(1415년 3월 20일) 오스트리아 대공이며 지기스문트의 적인 프리드리히와 함께 샤프하우젠의 성에 숨었다. 3월 29일에 그는 자기가 콘스탄츠에서 한 모든 약속은 폭력에 대한 두려움에서 나온 것이었고 따라서 구속력이 없다고 선언했다. 4월 6일에 공의회는 결의문 "사크로상타(Sacrosancta)"를 발표했다. 어떤 역사가는 그것이 "세계사에서 가장 혁명적인 공식 문서"라고 불렀다.[14]

콘스탄츠 주교 회의(공의회)는 세계공의회이며, 하느님의 영광을 위해 성령의 뜻 안에서 현재의 분열을 끝내기 위해, 그리고 하느님의 교회에서 머리와 지체를 통합시키고 개혁하기 위해 합법적으로 모였다. …… 이 주교 회의는 다음과 같이 법령으로 정하여 선포하는 바이다. 첫째, 이 주교 회의는 …… 투쟁하는 교회를 대표하며 그리스도에게서 직접 그 권위를 받았다. 교황을 포함하여 직위와 품계를 막론하고 누구나 신앙과, 분열의 종결과, 교회의 머리와 지체의 일반적 개혁을 위해 필요한 문제들을 놓고 이 공의회의 결정에 따라야 함을 선포한다. 마찬가지로 공의회는 교황을 포함하여 직위와 품계, 조건, 신분을 막론하고 누가 되었든, 이 공의회와 교황 분열의 종결을 위하여, 혹은 교회의 개혁을 위하여 적법하게 소집된 다른 어떤 공의회의 법령, 명령, 칙령에 복종을 거부할 경우에는 적절한 형벌에 회부될 것을 선포한다. …… 아니면 필요할 경우 다른 정의의 수단에 회부될 것이다.[15]

많은 추기경들은 이것이 교황을 선출하는 추기경단의 권한을 끝낼까 두려워 이 결정에 항의했다. 그러나 공의회는 그들의 반대를 눌렀고, 이후로 추기경들은 회의에서 작은 역할만을 했다.

공의회는 이제 요한 23세에게 퇴위를 요구하기 위해 위원회를 파견했다. 확실한 답변을 받지 못했기 때문에 공의회는(5월 25일) 그에 대한 54개 조항 고발문을 받았다. 이교도, 압제자, 거짓말쟁이, 성직 매매, 배신자, 호색가, 도둑 등의 죄목이었다.[16] 다른 16가지의 고발들은 너무 심하다 해서 삭제되었다.[17] 5월 29일에 공의회는 요한 23세를 면직했다. 마침내 기가 꺾여 그는 결정을 수용했다. 지기스문트는 공의회가 계속되는 동안 그를 하이델베르크 성에 가두어 두라고 명령했다. 그는 1418년에 풀려나서 이미 노인의 몸으로 코시모 데 메디치에게서 피난처와 생계를 얻었다.

공의회는 콘스탄츠 시내를 행진하면서 자신들의 승리를 축하했다. 그러나 다시 회의로 돌아오자 곤경에 부딪치고 말았다. 만일 다른 교황을 선출하면 그리스도교의 3중 분열이 다시 되풀이될 것이다. 많은 교구들이 베네딕투스나 그레고리우스에게 복종하고 있었기 때문이다. 이때 그레고리우스가 섬세하면서도 너그러운 행동을 통해 공의회를 구원했다. 그가 물러나기로 동의한 것이다. 다만 조건이 있었다. 자신이 공의회를 다시 소집하고 교황으로서 자신의 권위를 통해 공의회를 합법적인 것으로 인정하기로 한다는 조건이었다. 1415년 6월 4일에, 다시 소집된 공의회는 그레고리우스의 사직을 받아들이고, 그의 임명의 유효성을 확인하고, 그를 앙코나의 교황 사절 통치자로 지명했다. 그곳에서 그는 남은 2년의 생애를 조용히 보냈다.

베네딕투스는 계속 저항했지만 그의 추기경들은 그의 곁을 떠나 공의회와 화해했다. 1417년 6월 26일에 공의회는 베네딕투스를 해임했다. 그는 발렌시아 근처 자신의 가문 성채로 물러나서 아흔 살에 죽었다. 마지막까지 자신이 교황이라고 생각했다. 10월에 공의회는 결의문(Frequens)을 통과시켰다. 5년 이내에 또 다른 공의회 소집을 요구하는 결의문이었다. 11월 17일에 공의회의 선거 위원회가 오도네 콜론나 추기경을 교황 마르티누스 5세로 선출했다. 모든 그리스도교 세계가 그를 받아들였다. 39년간의 혼란을 겪은 다음 대분열은 끝이 났다.

공의회는 이것으로 첫 번째 목적을 달성했다. 그러나 이 점에서 공의회의 승리는 공의회의 다른 목적을 실패로 돌아가게 만들었다. 그것은 교회를 개혁하는 일이었다. 마르티누스 5세가 교황이 되자 그는 교황청의 권력과 특권을 전부 당연한 것으로 받아들였다. 그는 지기스문트 황제를 공의회의 의장 자리에서 몰아내고, 교회 개혁에 대해서는 예의 바르고 섬세한 말로 공의회에 참석한 모든 민족 그룹과 따로따로 협상했다. 그는 이 그룹들이 서로 대립하게 만들고, 모든 그룹이 각기 자신의 이익과 자신의 체면을 보존했다고 해석할 수 있도록 조심스럽게 불확실한 언어로 표현해서 모두가 최소한의 개혁만을 받아들이게 했다. 공의회는 그에게 굴복했다. 지쳤기 때문이다. 공의회는 3년 동안이나 모여 있었고, 고향이 그리웠고, 뒷날의 공의회가 개혁 문제의 세부 사항을 다룰 수 있을 것이라 느꼈다. 1418년 4월 22일에 공의회는 회의를 끝내고 해산했다.

3. 교황청의 승리: 1418~1447

마르티누스 5세는 로마 사람이기는 했지만 즉시 로마로 돌아갈 수는 없었다. 도로는 용병대장 브라치오 다 몬토네에 의해 점령되어 있었다. 그는 제네바에 머무는 편이 더 안전하다고 생각했다. 이어서 만토바, 그리고 피렌쩨에 머물렀다. 마침내 로마로 돌아왔을 때(1420) 그는 이 도시의 상태를 보고, 또 건물들과 사람들의 황폐함을 보고 충격을 받았다. 그리스도교의 수도는 유럽에서 가장 문명화되지 못한 도시의 하나였다.

마르티누스가 콜론나 가문 친척들을 수입과 권력이 있는 자리에 임명함으로써 그의 특징이 되는 직권 남용을 계속했던 것은 어쩌면 바티칸에서 신체적 안전을 확보하기 위해 자기 가문을 강하게 만들 필요가 있었기 때문일지도 모른다. 그는 군대가 없었다. 그러나 사방에 있는 교황국가들을 기반으로 삼아 나폴리, 피렌쩨, 베네찌아, 밀라노 등 무장한 세력들을 눌렀다. 교황국가는 대부분 교황사절이라고 칭하기는 하지만 교황 분열 시기를 통해 실질적으로 전제적 권력을 행사했던 작은 독재자들의 손에 떨어져 있었다. 롬바르디아의 성직 계급은 수백 년 동안 로마 주교(교황)들에 대해 적대적이었다. 알프스 북쪽에서 질서를 잃은 그리스도교는 교황청에 대해 존경심을 대부분 잃어버렸고, 교황청에 대한 재정적 지원을 싫어했다.

마르티누스는 용기를 가지고 이런 어려움에 맞서 성공을 거두었다. 그는 거의 텅 빈 국고를 물려받았지만 수도를 부분적으로 재건할 돈을 마련했다. 그의 정력적인 조치들은 로마 시내와 로마로 통하는 도로에서 산적들을 몰아냈다. 그는 몬텔리포에 있는 강도 소굴을 파괴하고 두목들의 목을 베었다.[18] 그리고 로마에 질서를 회복하고 공공법을 마련했다. 초기 인문주의자의 한 사람인 포지오 브라치올리니(Poggio Bracciolini)를 교황 비서로 임명했다. 그리고 산타 마리아 마죠레 교회와 교황궁에 속하는 성 요한 교회에 벽화를 그리라고 젠틸레 다 파브리아노, 안토니오 피사넬로, 마사쵸 등을 고용했다. 쥴리아노 체사리니,

루이 알레망, 도메니코 카프라니카, 프로스페로 콜론나 같은 지성과 성품을 갖춘 사람들을 추기경에 임명했다. 그는 교황청이 능률적으로 기능하도록 다시 조직했지만 관직을 파는 방법 말고는 재원을 마련할 길이 없었다. 교회는 개혁이 없이도 백 년이라도 생존할 수 있지만 돈 없이는 일주일도 생존할 수 없는 탓에 마르티누스는 돈이 개혁보다 더욱 절실하게 필요한 것이라고 판단했다. 콘스탄츠 공의회의 결정에 따라 그는 1423년에 파비아에 공의회를 소집했다. 참석자는 수가 적었다. 흑사병 때문에 시에나로 회의 장소를 옮겨야 했다. 공의회가 절대적 권한을 갖기를 제안하자 마르티누스는 해산을 명했다. 그리고 자신들의 주교직을 잃을까 걱정한 주교들은 그에 복종했다. 개혁의 정신을 진정시키기 위해서 마르티누스는(1425) 교황청의 절차와 재정에서 몇 가지 훌륭한 변화를 포함하는 개혁 교령을 내렸다. 그러나 수많은 장애와 반대가 일어났고, 이런 훌륭한 제안들은 시간의 빠른 망각 속에 시들었다. 1430년에 로마에 머물던 도이치 사절 한 사람은 자신의 군주에게 거의 종교 개혁의 경보로 들리는 편지 한 통을 보냈다.

> 탐욕이 로마 교황궁을 지배하면서 매일 새로운 장치들을 찾아냅니다. …… 교회의 일을 한다는 핑계로 도이칠란트에서 돈을 갈취하기 위한 장치들입니다. …… 그래서 많은 울부짖음과 불만이 있습니다. 교황청과 관련된 많은 의문들이 일어날 것입니다. 아니면 이렇듯 난폭한 강제 징수를 면하기 위해 전면적으로 복종을 거부할 것입니다. 내 생각에 이 마지막 노선은 많은 국가들에 의해 수용될 것입니다.[19]

마르티누스 교황의 후계자는 충실한 프란체스코 수도사 출신으로 정치가로서의 준비가 덜 된 상태에서 교황청의 산적한 문제들을 맞게 되었다. 교황청은 종교 단체라기보다 정부였다. 교황들은 정치가여야만 했고, 이따금 전사이기도 했지만 성인(聖人)이 될 여유는 드물었다. 유게니우스 4세는 이따금 성인이었다. 물론 그는 고집이 세고 경직되어 있고, 게다가 손에 끊임없는 통증을 만들어 내는 통풍까지 심해서 이 문제 많은 주교직(교황)은 그를 참을성 없고 비사교적인 사람으로 만들었다. 그러나 그는 금욕적으로 살고, 검소하게 먹고 거의 물만 마시고, 잠도 조금만 자면서 열심히 일하고 양심적으로 종교적 임무들을 수행하고, 적들에 대해서도 앙심을 품지 않고 기꺼이 용서해 주고, 너그럽게 베풀고, 자신을 위해서 아무것도 남기지 않고, 극히 겸손해서 대중 앞에서 눈길을 땅에서 위로 쳐드는 일도 드물었다.[20] 그러나 그처럼 많은 적을 만든 교황은 드물었다.

맨 먼저 그를 뽑아 준 추기경들이 그의 적이 되었다. 그들은 투표를 해 주는 대가로, 그리고 마르티누스 교황이 했던 일인(一人) 통치에서 자신들을 보호하기 위해서 그에게 '표제(capitula)'라는 문서에 서명하도록 했다. 그것은 그들에게 연설의 자유와 관직을 보장하고, 수입의 절반 이상에 대한 통제권을 주고 또 중요한 일에 대해 그들과 상의하겠다는 약속의 문서였다. 다음으로 유게니우스는 콜론나 가문을 강력한 적으로 만들었다. 전임자인 마르티누스 5세가 지나치게 많은 교회 재산을 자기 가문으로 넘겼다고 믿었기에 그는 많은 부분의 회복을 명령했다. 마르티누스의 비서는 이것에 대한 정보를 토해 내라고 거의 죽도록 고문을 받았다. 콜론나 가문은 교황에 대항하는 전투를 개시했다. 그는 피렌쩨와 베네찌아에서 보내 준 병사들로 그들을 물리쳤다. 그러나 이 과정에서 로마에 적대감을 만들어 냈다. 다른 한편 마르티누스가 소집했던 바젤 공의회가 새 교황의 임기 첫 해에 열려 교황에 대한 공의회의 우위를 한 번 더 옹호하기 위한 제안을 내놓았다. 유게니우스는 공의회의 해산을 명했다. 공의회는 거절하고, 그에게 공의회 출두를 명했다. 그와 함께 밀라노 병사들을 로마로 보내 그를 공격하게 했다. 콜론나 가문은 이것을 복수의 기회로 삼았다. 그들은 도시 안에서 혁명을 조직하고 공화 정부를 세웠다.(1434) 유게니우스는 사람들이 화살과 창과 돌을 던지는 가운데 작은 배를 타고 테베레 강을 따라 도망쳤다.[21] 그는 피렌쩨에서, 이어서 볼로냐에서 피난처를 얻었다. 9년 동안 그와 교황청은 로마에서 망명을 떠나 있었다.

바젤 공의회에 참석한 대표들 중에는 프랑스 사람이 다수였다. 그들은 투르의 주교가 솔직하게 털어놓았듯이 "교황직을 이탈리아 사람들에게서 빼앗아 오든지 아니면 그것을 완전히 망가뜨려서 어디에 있든 상관이 없게 만들든지"를 목표로 삼았다. 그래서 공의회는 교황청의 특권을 하나씩 행사했다. 사면령을 내리고, 법의 적용면제령을 내리고, 성직을 임명하고, 성직 첫해 수입을 교황에게 바치던 것을 공의회에 바치라고 요구했다. 유게니우스는 다시 공의회 해산을 명했다. 그러나 공의회는 그를 면직하고(1439) 사부아의 아마데우스 8세를 반(反)교황 펠릭스 5세로 지명했다. 교황 분열이 다시 시작되었다. 유게니우스의 명백한 패배를 완전하게 만들기 위해서 프랑스의 왕 샤를 7세는 부르주(1438)에 프랑스 성직자, 왕자, 법률가들의 집회를 소집했다. 그것은 교황에 대한 공의회의 우위를 선언하고 부르주의 실행 인가(Pragmatic Sanction of Bourges)를 발행했다. 교회의 성직은 앞으로 지역 수도원이나 기사단 총회에 의해서 혹은 지역 성직자에 의해서 선출되고, 왕은 '추천'을 할 수 있다, 교황청에 상고하는 일은 프랑스 국내에서 가능한 모든 법적 절차가 소진된 다음이 아니고는 금지된다, 교황이 성직 첫해 수입을 걷는 일은 금지된다는 등의 내용이 담겨 있다.[22] 이 법안은 실질적으로 독립적인 갈리아(프랑스) 교회를 만들고, 왕을 그 수장으로 삼은 것이다. 1년 뒤에 마인츠 의회에서 도이치 민족 교회를 위해서도 이것이 채택되었다. 보헤미아 교회는 후스파 반란을 통해 교황청에서 스스로를 분리시켰다. 프라하의 대주교는 교황을 가리켜 "묵시록에 나오는 야수"라고 불렀다.[23] 로마 교회의 건축물 전체가 고칠 수 없을 정도로 무너져 내리는 것으로 보였다. 민족주의의 종교 개혁이 루터보다 1세기 앞서서 이미 이루어진 듯했다.

유게니우스는 터키 사람들에 의해 구원을 받았다. 오토만 사람들이 점점 더 콘스탄티노플로 가까이 다가오자 비잔틴 사람들은 콘스탄티노플이 로마 미사의 가치가 있으며, 서방으로부터의 군사적 원조를 확보하기 위해 그리스 정교를 로마 그리스도교와 재결합시키는 일이 불가피한 전주곡이라는 결론을 내렸다. 동로마 황제 요한 8세는 마르티누스 5세에게(1431) 두 교회의 공동 공의회를 제안하는 사절을 보냈다. 바젤의 공의회는 서둘러 요한 8세에게 사절을 보내어(1433) 공의회가 교황보다 우위에 있으며, 공의회는 지기스문트 황제의 보호를 받고 있다, 따라서 그리스 교회가 교황이 아니라 공의회와 협상을 한다면 콘스탄티노플을 방어할 돈과 군대를 마련해 줄 것이라고 설명했다. 유게니우스도 자신의 사절을 보내, 자신이 페라라에 소집할 새로운 공의회에서 통합 의제를 논의한다는 조건으로 원조를 약속했다. 요한은 유게니우스를 선택했다. 교황은 페라라에 자기에게 충성하는 성직자들의 공의회를 소집했다. 체사리니와 쿠사의 니콜라스 등을 포함하여 주도적인 고위 성직자들은 그리스인과 협상하는 것이 가장 중요한 문제라고 느끼고 바젤 공의회를 버리고 페라라로 왔다. 바젤의 공의회는 계속 남아 있기는 했지만 점점 분노만 커지고 특권은 줄어들었다.

1054년 이후로 그리스 정교와 로마 가톨릭으로 갈라져 있던 그리스도교가 새로 통합될 예정이라는 소식은 모든 유럽 사람들의 마음을 움직였다. 1438년 2월 8일에 비잔틴 황제, 콘스탄티노플의 장로 요셉, 그리고 그리스 대주교 17명과 많은 수의 그리스 주교, 수도사, 학자들이 아직도 부분적으로 비잔틴 도시인 베네찌아에 도착했다. 유게니우스는 페라라에서 그들을 화려하게 맞아들였지만 그것은 의식에 익숙한 그리스 사람들에게 별다른 인상을 주지는 못했다. 공의회가 열린 다음, 교황의 우위, 누룩을 넣지 않은 빵의 사용, 연옥의 고통의 특성, 성령이 성부에게서 나오느냐, 아니면 성자에게서 나오느냐의 문제 등을 놓고 두 교회의 다른 점들을 서로 융합시키기 위해 다양한 위원회들이 열렸다. 8개월 동안 이들 현자들은 이런 점들을 논의했으나 합의에는 이르지 못했다. 그사이에 페라라에 페스트가 발생했다. 코시모 데 메디치는 공의회가 피렌쩨로 옮겨 오면, 자신과 친구들의 경비로 그들을 대접하겠노라고 초대했다. 정말로 그렇게 되었다. 어떤 학자들은 학식 있는 그리스 사람들이 피렌쩨로 들어온(1439) 날을 이탈리아 르네상스가 시작된 날로 꼽는다. 여기서 그리스 사람들이 받아들일 만한 표현들이 합의되었다. "성령은 성자를 통해 성부에게서 나온다."(ex Patre per Filium procedit)는 표현은 그리스인들에게는 "성령은 아버지와 아들에게서 나온다."(ex Patre Filioque procedit)라는 뜻으로 이해될 수 있었다. 1439년 6월에 연옥의 고통에 대해서도 합의가 이루어졌다. 교황의 우위 문제는 뜨거운 논쟁을 불러일으켰고 그리스 황제는 공의회를 중단하겠노라고 위협했다. 온화한 니케아 대주교 베싸리온이 교황의 보편적 권위를 인정하지만, 현존하는 그리스 정교회의 모든 권리와 특권을 그대로 보존한다는 타협안을 내놓았다. 이 표현이 받아들여졌다. 1439년 7월 6일에 겨우 3년 전에 브루넬레스코가 그 거대한 둥근 천장을 올렸던 피렌쩨 대성당에서 두 교회를 통합시키는 교령이 그리스어는 베싸리온, 라틴어는 체사리니에 의해 낭독되었다. 두 고위 성직자는 서로 키스했다. 그리스 황제를 수장으로 공의회의 모든 회원들은 이제 저 유게니우스 앞에 무릎을 꿇었다. 그는 최근까지만 해도 사람들에 의해 무시되고 거부되던 교황이었다.

그리스도교 세계의 환희는 짧았다. 그리스 황제와 수행원들이 콘스탄티노플로 돌아가자 그들은 무례함과 욕설로 영접을 받았다. 도시의 성직자들과 주민들은 그리스 교회가 로마에 이렇게 굴복한 것을 승인하기를 거부했다. 유게니우스는 자신의 약속을 지켰다. 체사리니 추기경은 군대를 이끌고 헝가리로 가서 그곳의 라디슬라스 및 후니야디 군대와 합류했다. 그들은 니시에서 승리를 거두고 1443년 크리스마스이브에 당당하게 성 소피아 성당에 등장했다. 그리고 바르나에서 무라드 2세에 의해 패배를 당했다.(1444) 콘스탄티노플에서 통합 반대파가 우세하게 되었다. 그러자 통합을 옹호했던 대주교 그레고리우스는 이탈리아로 도망쳤다. 그레고리우스는 온갖 고난을 무릅쓰고 성 소피아 성당으로 돌아가서 1452년에 그곳에서 통합 교령을 낭독했다. 그러나 이 순간부터 이 큰 교회는 사람들에 의해 기피되었다. 통합 반대파 성직자들은 통합을 지지하는 사람들을 모조리 파문하고, 교령 낭독에 참석했던 사람들에게 사면을 거절했다. 그리고 병자들에게는 저들 '통합파' 성직자에게서 성사(聖事)를 받기보다는 그냥 성사를 받지 말고 죽으라고 권고했다.[24] 알렉산드리아, 안티오크, 예루살렘의 대주교들은 피렌쩨의 '강도(robber) 공의회'에서 이루어진 합의 사항의 이행을 거절했다.[25] 마호메트 2세는 콘스탄티노플을 터키의 수도로 만들어서 사태를 단순하게 만들어 주었다.(1453) 그는 그리스도교도들에게 완전한 신앙의 자유를 주고, 통합 반대파인 젠나디우스를 대주교로 임명했다.

유게니우스는 1443년에 로마로 돌아왔다. 그의 총사절인 비텔레스키 추기경이 질서가 없는 공화국과 소란을 피운 콜론나 일파를 반달족이나 고트족도 따라올 수 없을 정도의 잔인함으로 진압하고 난 다음이었다. 교황은 피렌쩨에 머물면서 코시모 데 메디치 치하 인문주의와 예술의 발전을 알게 되었다. 페라라와 피렌쩨의 공의회에 참석했던 그리스 학자들은, 절박하게 다가오는 콘스탄티노플의 함락이 실현되면서 잃어버리거나 파괴될 고전 문헌의 보존에 대한 관심을 그의 내면에 일깨웠다. 그는 비서실에 포지오, 플라비오 비온도, 레오나르도 브루니와, 다른 인문주의자들을 더 고용했다. 그들은 모두 그리스 사람들과 그리스어로 협상할 수 있는 사람들이었다. 교황은 프라 안젤리코를 로마로 데려와서 바티칸의 성구실 제단에 벽화를 그리도록 했다. 기베르티가 피렌쩨 세례당을 위해 주조한 청동 문에 경탄한 유게니우스는 필라레테에게 성 베드로의 옛 교회를 위해 비슷한 문을 만들라고 주문했다.(1433) 이미 여기에 대해 논평할 말은 별로 없지만 어쨌든 이 조각가가 라틴 그리스도교의 중요한 교회의 정문 위에 그리스도와 성모와 사도들 말고도, 마르스와 로마, 헤로와 레안드로스, 유피테르와 가니메데스, 그리고 심지어는 레다와 백조까지 새겨 넣은 일은 아주 의미심장한 일이었다. 바젤 공의회에 맞서 승리를 거두는 그 시간에 유게니우스는 이교적인 르네상스를 로마로 가져왔던 것이다.

15장　르네상스가 로마를 사로잡다
1447~1492

1. 세계의 수도

니콜라스 5세 교황이 세계에서 가장 오래된 옥좌에 올랐을 때* 로마는 아우렐리아누스 황제 시대(270~275)의 성벽이 둘러싸고 있던 로마의 10분의 1에도 미치지 못하는 넓이였고, 또 그 지역과 주민은(8만 명)[1] 베네찌아, 피렌쩨, 밀라노의 주민 수보다 적었다. 야만인들이 침입해 오면서 주요 수도관이 파손된 이후로 일곱 언덕의 도시는 신뢰할 만한 물의 공급이 없어진 상태였다. 작은 도관들이 남아 있었고, 분수와 약간의 물탱크와 샘들이 있기는 했다. 그러나 대부분의 주민들은 테베레 강의 물을 마셨다.[2] 사람들은 대부분 건강에 좋지 못한 평지에 살면서 강의 범람이나 근처 소택지에서 온 말라리아 열병에 그대로 노

---

* 일본 황실이 기원전 660년에 창건되었다는 주장을 전설로 여겨 무시하고 하는 말임.

출되었다. 카피톨리니 언덕은 이제는 카프리노 산이라는 이름으로 불렸다. 그곳의 경사면에서 풀을 뜯는 염소들(capri)에서 유래한 이름이었다. 팔라티노 언덕은 사람이 거의 살지 않는 시골의 은둔지가 되었다. 고대의 궁전들(궁전이란 말에서 '팔라티노 언덕(궁전의 언덕)'이라는 이름이 유래했다.)은 더러운 채석장이 되고 말았다. 보르고 바티카노(Borgo Vaticano), 곧 바티칸 시(市)는 도심에서 떨어져 강 저편에 있는 작은 교외 지역으로, 무너져 가는 성 베드로 성당을 중심으로 그 주변에 올망졸망 모여 있었다. 산타 마리아 마죠레나 산타 체칠리아 같은 교회들은 내부는 아름다웠지만 외관은 밋밋했다. 그리고 로마의 어떤 교회도 피렌쩨나 밀라노의 대성당들과 비할 수 없었고, 또 어떤 수도원도 파비아의 수도원과 경쟁할 수 없었고, 어떤 건물도 베키오 궁전이나 스포르짜 성이나 총독 궁전이나, 심지어는 시에나의 시민 궁전과 비할 만한 것도 없었다. 거의 모든 도로는 진흙 길이거나 더러운 가로수 길이었다. 일부는 조약돌로 포장되어 있었다. 그리고 밤에 조명이 되는 곳은 아주 드물었다. 이런 도로들은 희년 대축제 같은 특별한 기회나 아니면 귀빈을 맞아들일 때만 청소했다.

도시의 경제는 일부는 목축업과 모직물 생산에, 그리고 인근의 들판에서 풀을 뜯는 소에게 기반을 두었다. 그러나 대부분은 교회의 수입에 의존했다. 농업은 거의 없고, 무역량도 극히 적었다. 산업과 상업은 산적들의 기습에서 보호가 없어진 탓으로 거의 사라지다시피 했다. 중간 계층은 별로 없었다. 오로지 귀족, 성직자, 그리고 평민뿐이었다. 대부분의 토지는 교회에 속하지 않았는데, 이 토지를 소유한 귀족들은 그리스도교도로서의 양심의 가책이나 장애 없이 소작농을 착취했다. 그들은 '브라비(bravi)'를 이용해 반란을 진압하고, 서로 싸웠다. 브라비란 그들이 고용해서 사람을 때리거나 죽이도록 훈련을 시킨 튼튼한 깡패들을 가리키는 말이었다. 큰 가문들, 특히 콜론나와 오르시니는 로마와 그 인근에 있는 무덤과 목욕탕과 극장과, 다른 건물들을 차지하고 개인적인 요새로 이용했다. 그들의 시골 성들은 전투를 위해 설계되었다. 귀족들은 보통 교황에게 적대적이거나, 아니면 스스로 교황으로 지명되거나 그들을 통제하려고 했다. 그들은 언제나 거듭 혼란을 만들어 내서 교황들이 도망을 치곤 했다. 피우스 2세는 로마 말고 다른 도시가 자신의 수도가 되기를 기도했다.[3] 식스투스 4세와 알렉산더 6세가 이들과 전쟁을 했다면, 그것은 교황청의 안전을 확보하기 위한 것으로, 용서할 만한 노력이었다.

보통은 성직자들이 로마를 다스렸다. 그들은 다양한 교회의 수입을 소비할 수 있었기 때문이다. 주민들은 12개 국가에서 들어오는 황금과, 교회에서 제공하는 고용, 또 교황들이 뿌리는 자선에 의존하고 있었다. 로마 사람들은 이런 황금의 흐름을 줄일지도 모르는 교회의 개혁에 절대 열광할 수가 없었다. 처음부터 저항이 배제되어 있었으므로 그들은 유럽의 다른 어떤 지역과도 비할 수 없이 예리한 풍자로 저항을 대신했다. 노바나 광장에 있는 조각상 하나, 아마도 헬레니즘 시대의 「헤라클레스」였을 조각상 하나가 '파스퀴노'라는 이름으로 변한 채로(아마도 근처에 있던 재단사의 이름을 딴 것인 듯) 최신 소식을 전하는 게시판 노릇을 했다. 보통 라틴어나 이탈리아어 격언시 형태를 하고서, 자주 현재의 교황을 비난하는 내용들이었다. 로마 사람들은 종교적이었다. 적어도 때에 따라서는 그랬다. 그들은 교황의 축복을 받기 위해 모여들었고, 또 교황의 발치에 키스하는 대사들을 흉내 내는 것을 자랑스럽게 여겼다. 그러나 식스투스 4세가 통풍을 앓느라 예정된 은총의 기도에 나타나지 않자 그들은 로마의 신랄함으로 그를 저주했다. 게다가 유게니우스 4세가 로마 공화정을 폐기하고, 교황들이 로마의 세속 통치자가 된 이후로, 일반적으로 정부를 향해 퍼붓는 온갖 욕설을 교황이 다 뒤집어쓰게 되었다. 이탈리아에서 가장 무법적인 주민들의 한가운데 자리를 잡고 있다는 것은 교황청의 불운이었다.

그러나 교황들은 세속적 권력의 직분을 주장하는 것이 철저히 당연한 일이라고 느꼈다. 국제적인 조직의 수장으로서 그들은 아비뇽에서 실질적으로 그런 상태를 겪어 보았지만 어느 한 국가의 포로가 되어서는 안 되었다. 그렇게 구속된 상태로는 모든 사람에게 공정하게 봉사할 수가 없었고, 특히 모든 정부의 영적인 지배자가 된다는 꿈을 실현할 길이 더욱 멀었다. "콘스탄티누스 대

제의 선물"이 (니콜라스 교황이 발라를 고용함으로써 인정했듯이) 명백한 위조문
서라고 하더라도 피핀이 중부 이탈리아를 교황에게 선물한 일과(755), 그것을
샤를마뉴 대제가 확인해 준 일은(773) 역사적인 사실이었다. 교황들은 늦어도
782년 이후로는 자기들의 주화를 만들었다.[4] 그리고 수백 년 동안이나 아무도
그들의 권한에 의문을 제기하지 않았다. 봉건 세력이든 군사적 세력이든 지역
세력들을 모아 하나의 중앙 정부로 통합하는 일이 유럽의 다른 민족 국가들에
서 일어났듯이 교황국가에서도 일어나고 있었다. 니콜라스 5세에서 클레멘스
7세에 이르는 교황들이 자기들의 국가를 절대군주제로 통치했다면 그들은 시
대의 유행을 따른 것이었다. 파리 대학의 학장인 제르송 같은 종교개혁가들이
교회의 민주주의를 주장하면서 국가의 민주주의에 반대했을 때 교황들이 불
만을 터뜨린 것은 당연한 일이었다. 국가도 교회도 인쇄술이 아직 시작되지도
않았거나 널리 퍼지지 않은 시대에 민주주의를 받아들일 생각이 없었다. 니콜
라스 5세는 구텐베르크가 성서를 인쇄하기 7년 전, 인쇄술이 로마에 도착하기
30년 전, 알두스 마누티우스의 첫 출판물이 나오기 58년 전에 교황이 되었다.
민주주의란, 지성, 안전, 평화가 널리 퍼지면서 생긴 사치품이다.

　교황들의 세속 통치는 고대 세계가 라티움이라 불렀던(오늘날 라찌오) 지역
에 직접 적용되었다. 그것은 토스카나, 움브리아, 나폴리 왕국, 에트루리아 해
사이에 자리 잡은 작은 영토이다. 이 영토를 넘어 교황들은 움브리아, 마르케,
그리고 로마냐 지역(고대 세계의 로마니아)을 또한 자기들의 영역이라고 주장
했다. 이 네 지역을 합치면 이편 바다에서 저편 바다에 이르는 중부 이탈리아
의 넓은 띠가 형성된다. 이 지역에는 약 26개의 도시들이 포함되는데, 교황들
은 가능하기만 하면, 대리인을 통해 아니면 지역의 통치자들에게 갈라 주어 이
지역을 통치하곤 했다. 나아가 시칠리아와 나폴리 왕국 전체가 인노켄티우스
3세(교황)와 프리드리히 2세(황제) 사이의 합의에 근거하여 교황의 봉토라는
주장이 나오곤 했다. 이 왕국들이 매년 교황청에 바치는 조공 문제가 나폴리 왕
국과 교황들 사이에 벌어진 중요한 전쟁의 이유였다. 마지막으로 마틸다 백작

부인이 죽으면서(1107) 봉건 군주로서 자신이 지배하던 땅, 특히 피렌쩨, 루카, 피스토야, 피사, 시에나, 아레쪼를 포함하는 토스카나 전 지역을 교황들에게 물려주었다. 이들 모든 지역들에 대해 교황들은 봉건 영주의 권한을 주장하기는 했지만 자기들의 주장에 효력을 부여할 수는 없었다.

내부의 부정부패, 군사적 재정적 무능력, 유럽 다른 나라들의 정책과 이탈리아의 정책 사이에 생긴 갈등, 성직의 일과 세속의 일 사이에 빚어지는 갈등에 시달린 교황청은 수백 년 동안이나 전통적인 영토를 내부적으로는 용병대장들의 찬탈에서, 외부적으로는 이탈리아 다른 국가들의 침략에서 지키기 위해 몹시 애를 썼다. 밀라노는 되풀이해서 볼로냐를 차지하려고 노렸고, 베네찌아는 라벤나를 차지하고 페라라를 흡수하려고 노렸고, 나폴리는 라티움 지역으로 더듬이를 뻗치곤 했다. 교황들은 이런 공격을 막아내기 위해 규모가 작은 자기들의 용병부대를 믿을 수가 없었고, 언제나 탐욕스러운 국가들을 서로 반목시켜 세력 균형 정책을 취하게 만들곤 했다. 이들 국가들은 어느 한 국가가 충분히 강해져서 교황국가를 삼키지 못하게 서로 가로막았다. 교황들은 정치적 영적 독립성을 유지할 유일한 수단으로서 자신들의 세속적인 권력을 통해 이런 정책을 취하지 않을 수 없었다.

정치 지도자로서 교황들은 세속의 동료들과 동일한 방법을 받아들이지 않을 수 없다고 느꼈다. 그들은 관직이나 성직을 영향력이 있는 사람들에게, 심지어는 2급의 사람들에게도 나누어 주고 때로는 팔기도 했다. 정치적 빚을 갚기 위해 혹은 정치적 목적을 위해서, 혹은 학자나 예술가에게 보수를 지불하거나 후원하기 위해서였다. 또 교황들은 자기 친척들이 정치적으로 강력한 집안과 결혼하도록 주선했다. 율리우스 2세처럼 군대를 지휘한 경우도 있었고, 레오 10세처럼 기만의 정책을 취하기도 했다.[5] 그들은 관리들의 매수되기 쉬운 성향을 어느 정도 참아 주었는데 여기서 이따금 득을 보기도 했다. 이런 성향은 분명 당시 대부분의 정부들에 나타나 있던 것보다 더 크지는 않았다. 교황국가들의 법은 다른 나라의 법처럼 엄격했다. 도둑질과 화폐 위조는 교황 대리인들에 의해 통치에 불가피한 것으로 여겨져서 교수형을 당했다. 대부분의 교황들은 공식적인 의전(儀典)이 허용하는 한 단순하게 살았다. 우리가 그들에 대해 읽는 가장 고약한 이야기들은 대개는 베르니(Berni)처럼 책임감이 없는 풍자 작가들이나, 아레티노(Aretino)처럼 관직을 구하다가 실망하고서, 혹은 로마 권력의 대리인들이(예를 들면 인페쑤라(Infessura)) 교황청과 과격한, 혹은 외교적 갈등에 빠져서 퍼뜨린 전설들이었다. 교회의 성직자 문제나 정치적 문제를 다루는 추기경들이 흔히 그랬듯이 교황들은 자기들을 부자 나라의 원로원 의원이라고 여겼다. 그리고 그에 맞게 살았다. 그들 중 많은 사람은 궁전을 짓고, 일부는 학문이나 예술을 후원하고, 일부는 애인에게 빠져 지냈다. 그들은 당시 무모하던 시대의 손쉬운 도덕규범을 받아들였다.

영적인 권력으로서 르네상스 교황들은 인문주의를 그리스도교와 화해시키는 문제에 직면했다. 인문주의는 절반은 이교적이었다. 그리고 교회는 한동안 이교의 뿌리와 가지, 그 신조와 기술을 파괴하려고 손수 나섰다. 그래서 이교의 사원과 조각상들을 파괴하는 일을 격려하거나 묵인했다. 예를 들어 오르비에토 대성당은 일부는 카라라에서 가져온 대리석으로, 일부는 고대 로마의 유적에서 가져온 대리석으로 최근에 지은 것이다. 교황 사절 한 사람은 석회를 만들기 위한 대리석 덩어리를 콜로세움에서 가져다가 팔았다.[6] 1461년에도 베네찌아 궁전은 플라비우스 원형 극장(콜로세움)의 약탈과 더불어 시작되었다. 니콜라스 자신도 건축에 대한 열광에 사로잡혀서 로마의 교회들과 궁전들을 재건하기 위해 콜로세움, 막시무스의 경기장과 또 다른 고대의 건축물에서 짐마차 2500대분의 대리석과 탄산석회를 가져다가 사용했다.[7] 이런 태도를 바꾸어 로마와 그리스 시대의 유물과 고전들을 보존하고 수집하고 사랑하기 위해서는 성직자들의 사유에 하나의 혁명이 필요했다. 인문주의의 위세는 이미 높디 높고, 새로운 이교 운동의 자극도 강하고, 또 교회의 지도자들도 이미 거기 하도 깊이 물들어서 교회는 그리스도교도의 삶에서 인문주의의 발전을 위한 자리를 찾아내든지, 아니면 이탈리아나 뒷날 유럽의 지식인층을 잃어버릴 위험을 각

오해야만 했다. 니콜라스 5세 치하에서 교회는 인문주의를 향해 팔을 활짝 벌렸으며, 교회 자신이 새로운 문학과 예술의 편에, 아예 그 선두에 자리를 잡았다. 즐거운 백 년 동안(1447~1534) 교회는 이탈리아의 정신에 아주 넉넉한 자유를 주었고 '필렐포는 이를 믿을 수 없는 자유(incredibilis libertas)'라고 말했다.[8] 또 이탈리아 예술에 그토록 대단한 후원과 기회와 자극을 주어 로마는 곧 르네상스의 중심지가 되고, 인류 역사에서 가장 빛나는 시대 하나를 즐겼다.

2. 니콜라스 5세: 1447~1455

사르짜나에서 가난하게 자란 토마소 파렌투첼리(Tommaso Parentucelli)는 어떻게 해선지 볼로냐 대학에서 6년간 공부할 돈을 마련했다. 돈이 바닥날 무렵 그는 피렌쩨로 가서 리날도 델리 알비찌와 팔라 데 스트로찌 집에서 가정 교사로 일했다. 지갑이 다시 채워지자 볼로냐로 돌아와 공부를 계속하여 스물두 살에 신학 박사가 되었다. 볼로냐의 대주교인 니콜로 델리 알베르가티는 그에게 대주교관 살림을 관리하는 일을 맡겼다. 그리고 유게니우스 4세가 피렌쩨에서 긴 망명 생활을 할 때 그를 그곳으로 데려가 교황을 만나게 해 주었다. 그는 브루니, 마르수피니, 마네티, 아우리스파, 포지오 등과 좋은 친분을 맺었고, 그들의 문학 모임에 참가했다. 머지않아 사르짜나의 토마소는 고전 고대에 대한 그들의 열정에 함께 사로잡혔다. 그는 자신의 수입을 거의 모두 책을 사는 데 쓰고, 비싼 필사본을 사느라 돈을 빌리고, 앞으로 언젠가 돈이 충분히 생겨서 세상의 모든 위대한 책들을 하나의 도서관에 모아들일 수 있으면 좋겠다는 희망을 말했다. 바티칸 도서관은 이러한 야망에 그 기원을 가진다.[9] 코시모는 토마소에게 자기 도서관의 목록을 작성하는 맡겼다. 토마소는 필사본 사이에서 행복했다. 자신이 첫 번째 르네상스 교황이 될 준비를 하고 있다는 사실은 꿈에도 모른 채.

20년 동안 그는 피렌쩨와 볼로냐에서 볼로냐의 대주교 알베르가티를 위해 일했다. 대주교가 죽자(1443) 유게니우스 4세 교황은 토마소를 그의 후임자로 임명했다. 그리고 그의 학식과 신앙심과 행정 능력에 깊은 인상을 받은 교황은 3년 뒤에 그를 추기경으로 임명했다. 또 한 해가 흘러 유게니우스가 세상을 떠났다. 오르시니 패거리와 콜론나 패거리 사이에 막힌 추기경들은 토마소를 교황으로 선출했다. 토마소는 베스파시아노 다 비스티치에게 이렇게 말했다. "자부심 강한 사람들이 혼란을 일으킬 일이지만, 사제관의 가난한 심부름꾼이 교황이 될 줄을 누가 짐작이나 했을까?"[10] 이탈리아 인문주의자들은 환호성을 올렸고 그들 중 한 사람인 프란체스코 바르바로는 플라톤의 꿈이 실현되었다고 선언했다. 철학자가 왕이 된 것이다.

이제 니콜라스 5세가 된 이 사람은 세 가지 목적을 가졌다. 좋은 교황이 되는 것, 로마를 새로 건설하는 것, 그리고 고전 문학, 학문, 예술을 복원하는 것 등이었다. 그는 자신의 사무실을 절도와 유능함으로 지휘했고, 하루 중 어느 시간이라도 알현을 허용했으며, 도이칠란트, 프랑스와도 우호적 관계를 만들어 냈다. 반(反)교황 펠릭스 5세는 니콜라스 5세가 머지않아 라틴 그리스도교의 충성을 얻게 되리라는 사실을 깨달았다. 그는 교황직을 사퇴하고 너그럽게 용서를 받았다. 반항적이지만 붕괴되고 있던 바젤 공의회는 로잔으로 옮겼다가 해산했다.(1449) 공의회 운동은 끝나고 교황 분열은 치유되었다. 알프스 북쪽 지역에서 교회 개혁의 요구들이 계속되었다. 니콜라스는 이런 개혁을 통해 지위를 상실하게 될 교황청 공직자들의 눈앞에서 개혁을 실현할 수는 없다고 느꼈다. 그 대신에 그는 교회가 학문의 회복에 앞장선다면 아비뇽과 교황 분열에서 잃었던 위신을 되찾을 수 있으리라 생각했다. 그의 학문 후원이 정치적 목적에서 나온 것은 아니었다. 그것은 진지하고 거의 사랑과도 같은 정열이었다. 그는 교황이 되기 전에 필사본들을 찾아 알프스 저편을 열심히 돌아다녔다. 그리고 바젤에서 테르툴리아누스의 작품들을 발굴하기도 했다.

이제 교황청의 수입을 기반으로 그는 아테네와 콘스탄티노플, 도이칠란트와 잉글랜드의 여러 도시들로 사람을 보내 그리스나 라틴어로 된 이교나 그리스도교 사본들을 찾아내고 사들였다. 그리고 교황청에 필사가와 편집자들을 잔뜩 고용했다. 그리고 이탈리아에서 유명한 인문주의자를 거의 모두 로마로 불러들였다. 과장을 좋아하는 베스파시아노는 이렇게 썼다. "세계의 모든 학자들이 니콜라스 교황의 시대에 로마로 왔다. 일부는 자발적으로, 일부는 그의 요구를 받고 왔다."[11] 그들의 작업에 대해서 그는 음악이나 시에 전율을 느낀 칼리프의 너그러움으로 보상을 해 주었다. 개심한 로렌쪼 발라는 투키디데스를 라틴어로 옮긴 데 대한 보상으로 500두카트(1만 2500달러?)를 받았다. 과리노다 베로나는 스트라보를 번역한 대가로 1500두카트를 받았다. 니콜로 페로티(N. Perotti)는 폴리비우스를 번역하고 500두카트를 받고, 포지오는 디오도로스 시켈로스를 번역했다. 테오도루스 가짜는 페라라로부터 불려와 아리스토텔레스를 새로 번역할 임무를 맡았다. 필렐포는 로마에는 집을, 시골에는 토지를 받고, 『일리아드』와 『오디세이』를 라틴어로 옮기는 대가로 1만 두카트를 받았다. 그러나 교황의 죽음은 호메로스 사업의 실행을 방해했다. 이런 보상이 너무 커서 일부 학자들은 이것을 받아들이기를 망설였다. 교황은 장난스러운 경고로 그들의 망설임을 극복했다. "거절하지 마시오. 또 다른 니콜라스는 아마 없을 게요."[12] 전염병이 돌아 로마를 떠나 파브리아노로 피신할 때에 그는 번역가들과 필사가들이 전염병 때문에 죽지 않도록 그들을 모두 데려갔다.[13] 그는 또 그리스도교 고전이라 할 만한 것들도 잊지 않았다. 원어로 된 「마태 복음」 필사본을 가져오는 사람에게 5000두카트를 주겠다고 제안했다. 쟌노쪼 마네티(G. Manetti)와 트레비쫀드의 죠르죠를 고용해서 그리스도교 교부들인 시릴, 바질, 그레고리 나찌안쭈스, 니싸의 그레고리와 그 밖의 교부(敎父)들의 문헌을 번역하게 했다. 마네티와 조수들에게 히브리어와 그리스어로 된 원전 성서를 새로 번역하라고 명했다. 이것 또한 그의 죽음으로 좌절되고 말았다. 이런 라틴어 번역본들은 서둘러 만들어진 불완전한 것들이었다. 그러나 이런 책들은 역사상 처음으로 헤로도토스, 투키디데스, 크세노폰, 폴리비우스, 디오도루스, 아피안, 필로, 테오프라스투스 등의 작품을 그리스어를 못하는 학생들에게 제공해 준 것이었다. 이 번역들에 대해 필렐포는 이렇게 썼다. "그리스는 멸망하지 않고 이탈리아로 이민을 왔다. 이 지역은 어차피 옛날에 대 그리스라고 불렸던 곳이다."[14] 마네티는, 니콜라스가 교황으로 재임하던 8년 동안 그 이전의 500년 동안에 이루어진 것보다 더 많은 그리스 작가들이 번역되었다고 말했는데 이것은 정확한 말이기보다는 오히려 감사의 표현이었다.[15]

니콜라스는 책의 내용뿐 아니라 그 겉모습과 형태도 사랑했다. 그 자신도 서예가였거니와 그는 번역본을 전문적인 필사가들에게 주어 정성 들여 양피지에 옮겨 적게 했다. 이렇게 만들어진 양피지 장들은 진홍색 벨벳으로 제본되고, 은 죔쇠로 고정되었다. 그의 책들의 수가 불어나면서(마지막에 라틴어 필사본 824권, 그리스어 필사본 352권) 이들을 이전의 교황 수집본에 덧붙여 5000권에 이르는 장서들을 후세를 위해 완벽하게 보관할 건물을 지어야 했다. 이것은 그리스도교 세계에서 가장 큰 도서관이었다. 바티칸 도서관의 건축은 니콜라스의 가장 소중한 꿈의 하나였다.

그는 학자이자 건축가였으며, 재임 이후로는 로마를 세계의 주도적인 도시로 만들기로 굳게 결심했다. 1450년 희년 축제가 눈앞에 다가오고 있었다. 10만 명의 방문객이 예상되었다. 그들이 로마를 구질구질한 폐허라고 여겨서는 안 된다. 교회와 교황청의 위신을 위해서, 그리스도교의 수도는 순례자들에게 "고귀한 비율로 취향과 아름다움을 결합시킨 고귀한 건축물"을 보여 주어야 한다. 그것은 "성 베드로의 자리(교황 직위)를 높이는 데 무한히 기여할 것"이다. 니콜라스는 임종할 때 변명하듯 이렇게 자신의 의도를 설명했다. 그는 도시의 성벽과 문들을 복구하고, 베르지네 수도관을 고치고, 레온 바티스타 알베르티를 고용해서 궁전들, 공공 광장, 그리고 줄을 이은 열주 현관들을 햇빛과 비에서 보호해 줄 널찍한 가로수 길들을 설계하도록 했다. 수많은 도로를 포장하고, 다리를 건설하고, 천사성(산탄젤로)을 보수했다. 그리고 명망 높은 시민들에게 돈을 빌려 주어, 로마를 장식할 수 있게 자신들의 궁전을 짓도록 했다. 그의 명령에 따라 베르나르도 로쎌리노는 산타 마리아 마죠레 성당, 성벽 바깥에 있는 교황청 부속 성 죠반니 성당, 성 바올로, 성 로렌쪼 성당, 그리고 그레고리우스 1세가 십자가의 정거장이라고 지명했던 40군데의 교회를 고쳤다.[16] 교황은 새로운 교황청 궁전을 위한 거창한 계획을 세웠다. 그것은 정원들을 포함하여 바티칸 언덕 전체를 덮고, 또 교황과 교황청 직원, 추기경, 교황청 행정직들이 거주할 궁전이었다. 그는 자신의 방들과(뒷날 이곳에 알렉산더 6세가 살았고, 그래서 보르지아 아파트로 불렸다.) 도서관(지금은 바티칸 박물관)을 완성하고, 또 뒷날 라파엘로가 그림을 그리게 될 방들(stanze)도 완성했다. 페루지아에서 베네데토 본필리(B. Bonfigli)를 데려오고, 피렌쩨에서 안드레아 델 카스타뇨를 불러다가 바티칸 벽에 벽화를(오늘날에는 남아 있지 않다.) 그리게 했다. 그리고 나이 든 프라 안젤리코를 설득하여 로마로 불러와 교황 자신의 예배당에 성 스테판과 성 로렌스의 이야기를 그리게 했다. 그는 낡아서 부스러지는 성 베드로 성당을 허물고 베드로 사도의 무덤 위에 세계에서 가장 위풍당당한 교회를 세울 계획을 세웠다. 율리우스 2세가 이 대담한 목표를 넘겨받았다.

그는 희년 축제를 통해 이 모든 것을 위한 재정을 확보할 수 있으리라 여겼다. 니콜라스는 이것을 교회의 평화와 통합의 회복에 대한 기념이라고 선포했다. 그리고 이런 감정은 유럽의 여러 나라 사람들의 감정과도 잘 맞았다. 라틴 그리스도교의 구석구석에서 생각지도 못할 정도로 엄청나게 많은 순례자의 행렬이 밀려들어 왔다. 목격자들은 그것을 헤아릴 수 없이 많은 개미들의 행진과 비교했다. 로마에 운집한 군중이 너무 많아서 교황은 한 방문객의 최장 체류 날짜를 5일에서, 3일, 2일로 제한했다. 한 번은 테베레 강 쪽이 무너져 내리면서 200명의 사람들이 사망하는 일도 있었다. 니콜라스 교황은 성 베드로 성당으로 접근하는 통로를 넓히기 위해 집들을 철거했다. 순례자들이 넉넉한 봉헌물을 가져왔기에, 희년 축제가 만들어 낸 재정적 이익은 교황의 예상을 뛰어넘었고, 그가 지은 건물의 비용과, 학자와 필사가들을 위한 비용을 모두 감당했다.[17] 이탈리아의 다른 도시들은 돈의 부족으로 고통을 받았다. 어떤 페루지아 사람은

"모두 로마로 흘러갔다."고 불평했다. 그러나 로마의 여관 주인, 환전상, 상인들은 엄청난 이익을 보았고, 니콜라스는 메디치 은행에만 10만 플로린(250만 달러?)의 예금을 보관할 수 있었다.[18] 알프스 이북의 나라들은 황금이 이탈리아로 흘러 들어가는 것에 대해 불평했다.

로마에서도 일부 불만이 새로운 번영에 문제를 만들어 냈다. 니콜라스의 도시 통치는 그 자신의 관점으로 보면 계몽되고 공정한 것이었다. 그는 공화주의자들에게 양보해서 네 명의 시민이 도시 관직과 도시에서 거두어들이는 세금을 관리하게 해 주었다. 그러나 교황청이 아비뇽에 가 있고 교황 분열이 계속되는 동안 로마를 통치했던 원로원 의원들과 귀족들은 교황의 통치를 힘들게 했다. 그리고 일반 민중은, 저 유게니우스 교황을 로마에서 밖으로 쫓아냈던 기습을 막기 위해 교황궁이 궁정 요새로 변한 것에 분노를 느꼈다. 브레시아의 아르날도와 콜라 디 리엔쪼가 설파했던 공화주의 사상이 아직도 많은 사람들의 마음을 사로잡고 있었다. 니콜라스가 교황이 되던 해에 주도적인 시민인 스테파노 포르카로(S. Porcaro)는 자치 정부 회복을 요구하는 열렬한 연설을 했다. 니콜라스는 그를 아나니의 행정 장관으로 임명해서 편안한 망명지로 보내 주었다. 그러나 포르카로는 수도로 돌아와 흥분한 사육제 군중 앞에서 자유를 외쳤다. 니콜라스는 그를 볼로냐에 감금시켰다. 그러나 매일 한 번씩 그곳 교황 사절에게 출두하는 일만 빼고는 완전한 자유를 주었다. 용기가 꺾이지 않는 포르카로는 볼로냐에서 로마에 있는 300명의 추종자를 움직여 복잡한 음모를 꾸몄다. 주현절(1월 6일)에 교황과 추기경들이 성 베드로 성당의 미사에 참석하고 있을 때 바티칸을 기습하여 공화 정부를 세울 자금으로 금고를 차지하고, 교황을 포로로 붙잡기로 한 것이다.[19] 포르카로는 비밀리에 볼로냐를 떠나(1452년 12월 26일) 거사 전날 이들 반란군에 합류했다. 그러나 볼로냐에서 그가 사라진 것을 알아채고 긴급 사절을 보내 바티칸에 그 사실을 알렸다. 포르카로는 뒤를 추적당하고, 발각되고, 감옥에 갇혔다가 1월 9일에 천사성에서 교수형을 당했다. 공화주의자들은 이 처형을 살인이라고 비난했고, 인문주의자들은 이 음모가 너그러운 교황에 대한 끔찍한 배신 행위라고 저주했다.

니콜라스는 상당수의 시민들이 자신을 너그럽기는 해도 전제 군주라고 여기고 있음을 깨닫고 깜짝 놀라서 변했다. 의심에 시달리고, 원한에 괴롭고, 통풍으로 고통받아서 그는 빨리 늙었다. 터키 군이 5만 명의 그리스도교도 시체를 넘어 콘스탄티노플로 입성했으며, 성 소피아 성당을 이슬람교 사원으로 만들었다는 소식(1453)이 오자 교황으로서 자신의 모든 영광이 아무런 소용없는 공허함으로 여겨졌다. 그는 유럽 국가들에게 함락된 동방 그리스도교의 수도를 도로 찾기 위해 십자군에 참가하라고 호소했다. 서유럽 국가들에게 수입의 10분의 1(십일조)을 내서 십자군 전쟁을 재정적으로 뒷받침하라고 호소하고, 교황청과 그 밖의 교회 수입에서도 10분의 1을 내겠다고 약속했다. 그리스도교 국가들에게 파문의 위협을 내세워 즉각 전쟁을 중단하라고 촉구했다. 유럽은 이런 말에 거의 귀를 기울이지 않았다. 사람들은 이전 교황들이 십자군 전쟁을 위해 거두었던 돈이 다른 목적에 쓰였다고 불평했다. 베네찌아는 터키와의 상업적 협상을 선택했다. 밀라노는 베네찌아의 곤란을 기회로 삼아 브레시아를 되찾았다. 피렌쩨는 베네찌아가 동방 무역권을 상실하는 것을 만족스럽게 바라보았다.[20] 니콜라스는 현실에 굴복했고 그의 피 속에서 생명의 욕구는 시들었다. 아무런 효과도 없는 외교 정책에 지치고, 전임자들의 죄에 대해 그가 벌을 받고 1455년 쉰여덟의 나이로 죽었다.

그는 교회 안에 평화를 회복하고, 로마에 질서와 영광을 회복했다. 또 가장 큰 도서관을 세우고 교회와 르네상스를 화해시켰다. 전쟁에 개입하지 않았고, 친척 등용을 피했으며, 이탈리아가 내분을 계속하는 것을 막기 위해 투쟁했다. 예상을 뛰어넘는 수입을 거두었으면서도 그 자신은 교회와 책을 사랑하는 소박한 삶을 살았다. 다만 다른 사람에게 선물을 할 때만 돈을 많이 썼다. 그의 죽음을 슬퍼하던 연대기 기록자가 그를 가리켜 "모든 미덕을 부여받아 …… 지혜롭고 정의롭고 인자하고 품위 있고, 평화롭고 애정이 깊고 자비롭고 겸손한" 학자 교황이라고 기술했을 때 그는 이탈리아의 감정을 표현한 것이었다.[21] 이것은 사랑의 평결이었다. 포르카로 같았으면 불만을 품었을 평결이다. 그러나 우리는 그대로 놓아두기로 하자.

3. 칼릭스투스 3세: 1455~1458

이탈리아의 분열이 이어지는 교황 선출의 결과를 결정했다. 이탈리아 사람으로 합의를 이루지 못했기에 그들은 스페인 추기경인 알폰소 보르지아(Alfonso Borgia)를 선출했고 그는 칼릭스투스 3세가 되었다. 그는 이미 일흔일곱의 노령이었기에 머지않아 죽으리라고 여겨졌다. 교회법과 외교 전문가였던 그는 법률가의 사고를 가졌고, 니콜라스의 마음을 사로잡았던 고전 학문에 대해서는 별 관심이 없었다. 로마에 뿌리를 두지 않은 인문주의자들은 이 기간 동안 괴로운 생활을 했다. 이제 완전히 개심한 로렌쪼 발라만이 교황 서기 노릇을 계속했다.

칼릭스투스 교황은 좋은 사람이었고 친척들을 사랑했다. 교황이 된 지 두 달 만에 그는 조카들인 루이스 후앙 데 밀라, 로드리고 보르지아 두 사람과 포르투갈 출신 동 하이메(Don Jayme)를 추기경으로 삼았다. 각각 스물다섯, 스물넷, 스물세 살이었다. 로드리고 보르지아(뒷날 알렉산더 6세)는 나이가 너무 어리다는 것 말고도 자신의 애인들에 대해 조심성이 없이 솔직하다는 약점까지 지닌 사람이었다. 그러나 칼릭스투스는 그를(1457) 교황청에서 가장 수입이 많은 부총리 자리에 앉혔다. 같은 해에 또한 그를 교황청 군대의 지휘자로 만들었다. 이렇게 해서 교황들이 교회의 주요 자리를 조카나 다른 친척들에게(아들일 때도 있었다.) 맡기는 친척 등용이 시작되었다. 아니면 어쨌든 대단히 빈번해졌다. 이탈리아 사람들이 몹시 분개했지만 칼릭스투스는 자기 나라 사람들로 주변을 둘러쌌다. 로마는 이제 카탈루냐 사람들이 통치했다. 교황은 그럴 만한 이유가 있었다. 그는 로마에서 이방인이었다. 귀족과 공화주의자들은 그에 맞서 모반을 계획했다. 그는 자기가 아는 사람들을 곁에 두고 싶었다. 그들은 그를 음모에서 보호해 줄 것이다. 특히 그가 가장 관심을 두었던 십자군 전쟁에 나가고 없을 때 그를 보호해 줄 것이다. 그는 교황청을 입헌 및 선출 군주국가로 바꾸려고 노력하는 추기경단에 자기 친구들을 포함시켰다. 이런 입헌제 군주국가의 모든 결정에서 추기경들은 상원이나 추밀원과 같은 역할을 하게 될 것이다. 교황들은, 마치 왕들이 귀족들과 세력 다툼을 벌이면서 귀족들을 힘으로 억누른 왕들과 똑같은 방식으로 추기경들의 이런 노력을 누르곤 했다. 여기서 언제나 절대군주제가 승리했다. 지역 경제가 국민 경제로 바뀌고 국제 관계의 범위와 복잡성이 커지면서, 주도권과 권위가 중앙으로 집중될 필요가 있던 시대의 탓이었을지도 모른다.[21a]

칼릭스투스는 유럽의 마음을 터키인에게 저항하도록 만들기 위해 마지막 에너지를 다 썼다. 그가 죽자 로마는 '야만인들'의 통치가 끝난 것을 축하했다. 피콜로미니 추기경이 후계자로 선출되자 로마는 지난 200년 만에 처음으로 커다란 환호성을 질렀다.

4. 피우스(비오) 2세: 1458~1464

에네아 실비오 데 피콜로미니(Aenea Silvio de'Piccolomini, 혹은 라틴어 이름 에네아스 실비우스)는 1405년 시에나 근처 코르시냐노 마을에서 귀족 혈통의 가난한 부모에게서 태어났다. 그는 시에나 대학에서 법학을 공부했지만 그의 취향에는 맞지 않았다. 문학을 사랑했기 때문이다. 그래도 법학은 그의 정신에 빈틈없는 통찰력과 질서를 부여해서 뒷날 행정과 외교 업무를 위한 토대가 되어 주었다. 피렌쩨에서 필렐포에게 인문학을 배운 후로 그는 인문주의자가 되었다. 스물일곱 살에 카프라니카 추기경의 비서가 되어 추기경을 따라 바젤 공의회에 갔다. 그곳에서 유게니우스 4세를 반대하는 그룹에 들어갔다. 그 이후로 여러 해 동안이나 그는 교황의 권력에 반대하는 공의회 운동을 옹호했다. 한동안 반교황 펠릭스 5세의 비서로 일했다. 그러나 자기가 떨어지는 별의 편에 붙어 있음을 알아채고 그는 어떤 주교를 설득해서 황제 프리드리히 3세에게 소개를 받았다. 그리고 머지않아 황제 밑에서 자리를 얻었다. 1442년에는 황제를 따라 오스트리아로 가 한동안 그곳에 머물렀다.

이 형성기에 그는 상당히 모호한 형태를 보였다. 확고한 원칙도 없고, 성공 말고는 다른 어떤 목적도 없이 그냥 위로 올라가고자 하는 영리한 인간에 지나지 않았다. 그는 마음을 완전히 잃지는 않았지만 입장을 자꾸 바꾸었고, 유쾌한 변덕으로 여자들을 바꾸었다. 이것은 그에게 그리고 그의 시대 대부분의 사람들에게 결혼의 의무를 위한 적절한 훈련으로 여겨지는 일이었다. 그는 친구를 위해, 간음보다는 결혼을 선택한 소녀의 고집을 꺾으려는 편지를 써 주기도 했다.[22] 그는 결혼하지 않고 얻은 자식들 중 한 명을 아버지에게 보내면서 그 아이를 키워 달라고 부탁했다. 자신은 "다윗 왕보다 더 거룩하지 못하고, 솔로몬 왕보다 더 지혜롭지도 못하다."고 고백하고 있다.[23] 이 젊은 정력가는 자신의 목적을 위해 성서를 인용할 줄을 알고 있었다. 그는 보카치오 방식의 단편 소설을 하나 썼다. 그것은 유럽의 거의 모든 언어로 번역되어 뒷날 교황 시절의 그를 괴롭혔다. 미래의 발전을 위해서는 교회가 요구하는 질서를 받아들일 필요가 있는데도 그는 그것을 피했다. 아우구스티누스와 마찬가지로 그는 자신의 금욕의 능력을 의심했기 때문이다.[24] 그는 성직자의 독신주의에 반대하는 글을 썼다.[25]

이런 무질서한 행동들 한가운데서도 학문에 대해서만은 정절을 지켰다. 도덕성을 망가뜨린 것과 동일한 아름다움에 대한 민감성으로 그는 자연에 매혹되고, 여행을 좋아하고, 또 자신만의 문체를 만들었기에 15세기의 가장 열성적인 작가이자 능변을 구사하는 웅변가의 한 사람이 되었다. 그는 라틴어로 거의 모든 장르의 글을 썼다. 픽션, 시, 격언시, 대화편, 에세이, 역사, 여행기, 지리학, 주석, 회고록, 한 편의 희극 등이다. 언제나 페트라르카의 가장 사랑스러운 산문과 겨룰 만한 활기와 우아함을 지닌 글이었다. 그는 설득력이 있는 섬세함과 마음을 사로잡는 유창함을 지닌 국가 문서를 작성하고, 연설문을 준비하거나 즉흥적으로 만들어 낼 수 있었다. 거의 무(無)에서 출발한 에네아스 실비우스가 펜을 움직여 교황의 자리까지 오를 수 있었다는 것은 이 시대의 특징이기도 하다. 그의 시에는 영속하는 깊이나 가치는 없었지만 그래도 유순한 프리드리히 3세의 손에서 계관 시인의 관을 받기에는 손색이 없었다.(1442) 그의 에세이들은 확신이나 원칙이 없는 작가를 유려함으로 덮어 주는 가벼운 매력을 지녔다. 그는 「궁정 생활의 비참」("강물이 바다로 흘러 들어가듯, 악덕은 궁정으로 흘러 들어간다."[26])을 다룬 에세이부터, 「말의 천성과 말을 보살피는 법에 대하여」라는 논문에 이르기까지 많은 주제들을 다루었다. 교육에 관한 그의 긴 편지(보헤미아의 라디슬라스 왕에게 쓴 것으로 되어 있지만 실제로는 출판을 염두에 둔 것이었다.)에서, 예를 들면 오로지 이교의 저자들과 예들만을 인용하면서 인문주의 탐구의 훌륭함을 강조하고, 왕자들을 전쟁의 어려움과 책임을 견딜 수 있도록 가르치라고 왕에게 촉구하고 있다는 것 또한 시대의 특징이다. "중요한 일들은 법이 아니라 무기에 의해 결정된다."[27] 그의 여행기들은 르네상스 문학의 이 분야에서는 최고의 것들이다. 그는 탐욕스러운 관심으로 도시와 시골 풍경들만이 아니라, 산업, 생산물, 정치적 상황, 법, 매너, 도덕성 등까지도 서술했다. 페트라르카 이후로 어떤 이탈리아 사람도 시골 생활에 대해 이토록 다정하게 글을 쓴 적이 없다. 그는 여러 세기에 걸쳐 도이칠란트를 사랑한 유일한 이탈리아 사람이었다. 거리에서 서로 죽이는 대신 대기를 노래로 채우고, 자신들을 맥주로 가득 채우는 소란스러운 사람들을(도이치 사람) 좋게 말하고 있다. 그는 자신을 가리켜 "많은 것을 보려는 열망에 빠진(varia videndi cupidus)" 사람이라고 표현했다.[28] "구두쇠는 많은 돈에도 만족하지 못하고, 지혜로운 사람은 자신의 지식에 만족하지 못한다."는 말을 그는 자주 하고 있다.[29] 가벼운 펜대를 역사 분야로 돌려서 유명한 동시대 사람들의 짧은 전기(「De viris claris」), 프리드리히 3세의 전기와 후스 전쟁 이야기, 그리고 인류사의 윤곽을 썼다. 그는 대규모의 『보편사와 지리학』을 계획하고, 교황이 되고 난 다음에도 그 작업을 계속해서 아시아 편을 완성했다. 콜럼버스는 이 글을 주의 깊게 읽었다.[30] 교황이 된 다음 그는 매일 일종의 회고록인 『주석(*Commentarii*)』을 썼다. 그것은 그가 마지막 병에 걸릴 때까지 자신의 통치 기간의 기록이다. "그는 침대에 누워 자정까지 글을 읽고 구술하곤 했다."라고 동시대 사람인 플라티나는 말하고 있다. "그는 대여섯 시간 이상은 자지 않았다."[31] 그는 교황으로서의 시간을 문학적 작업에 돌리는 것에 대해 이렇게 변명한다. "나는 내 의무에서 시간을 빼내지 않고 잠자는 시간을 글 쓰는 데로 돌렸다. 그리고 노년의 시간에 휴식을 취할 시간을 훔쳐서 내가 지금 기억할 만한 것으로 여기는 모든 것을 후세를 위해 적어 두고자 한다."[32]

1445년에 황제는 에네아스 실비우스를 교황에게 사절로 파견했다. 유게니우스에 반대하는 글을 백 번쯤 썼던 그가 어찌나 유려한 언변으로 사죄를 했던지 친절한 교황이 기꺼이 그를 용서했다. 그리고 그날 이후로 에네아스의 영혼은 유게니우스에게 향했다. 그는 사제가 되고(1446) 쉰한 살에 순결 서약을 했다. 그 이후로는 모범적인 삶을 살았다. 그는 프리드리히 황제를 교황에게 충성하도록 만들고, 능숙한(때로는 정직하지 않은) 외교를 통해서 도이치 선제후들과 고위 성직자들이 로마 교황에 대한 충성심을 회복하도록 했다. 로마와 시에나를 방문하면서 그의 내면에 이탈리아를 향한 사랑이 다시 살아났다. 그는 점차 프리드리히 황제와의 유대를 느슨하게 하면서 교황청에 마음을 붙였다.(1455) 그는 언제나 고국의 흥분과 정치로 돌아가기를 소망했었다. 로마에서 마침내 사건의 중심에 있게 되었다. 이 시대의 소란과 뒤죽박죽이 아니었다면 그가 교황이 될 수 없었을 것이라고 누가 말할 수 있단 말인가? 1449년에 그는 시에나의 주교가 되었다. 1456년에는 피콜로미니 추기경이 되었다.

칼릭스투스 교황의 후계자를 선출할 시기가 되었을 때 교황 선출 비밀회의에 참석한 이탈리아 추기경들은 프랑스 추기경 데스투트빌이 선출되는 것을 막기 위해 피콜로미니에게 표를 몰아 주었다. 이탈리아 추기경들은 교황청을 이탈리아 사람에게 넘기기로 굳게 결심하고 있었다. 개인적인 이유에서만이 아니라 이탈리아인 아닌 교황이 한 번 더 자기 나라를 사랑해서 교황청을 이탈리아에서 다른 나라로 옮겨 감으로써 그리스도교 세계를 다시 어지럽게 만들지도 모른다는 두려움 때문이었다. 누구도 에네아스에 대해 그의 젊은 날의 죄를 나쁘게 생각하지는 않았다. 쾌활한 로드리고 보르지아 추기경이 그를 위해 결정적인 한 표를 주었다. 대부분의 사람들은 피콜로미니 추기경이 비교적 최근에 추기경이 되기는 했지만 폭넓은 경험, 말썽 많은 도이칠란트를 잘 다룬 성공적인 외교관, 그리고 교황청의 광채를 빛나게 할 학자로서의 자질을 지닌 사람이라고 느꼈다.

그는 이제 쉰다섯 살이었다. 그러나 모험 많은 삶이 그의 건강에서 많은 세금을 거두었기에 이미 늙은이처럼 보였다. 네덜란드에서 스코틀랜드로 항해하던 중에(1435) 그는 두렵게 날뛰는 바다를 만났다. 슬루이스(Sluys)에서 던바(Dunbar)까지 12일이나 걸린 여행이었다. 이때 그는 목숨을 건지면 가장 가까운 곳에 있는 성모의 사원까지 맨발로 걸어가겠노라고 맹세했다. 성모의 사원은 16킬로미터 떨어진 화이트커크에 있다는 사실이 밝혀졌다. 그는 자신의 맹세를 지켜 눈과 얼음으로 뒤덮인 그 먼 길을 맨발로 걸어갔다. 이때 얻은 통풍 때문에 생애 마지막까지 심한 고통을 받았다. 게다가 1458년에 그는 신장에 결석을 얻었고, 만성적인 기침까지 앓게 되었다. 그의 눈은 푹 꺼지고 얼굴은 창백했다. 플라티나의 말에 따르면 이따금 "그의 목소리를 빼고는 아무도 그가 살아 있다고 여길 수가 없었다."[33] 교황으로서 그는 검소하고 단순하게 살았다. 바티칸에서 그의 살림 비용은 최저로 기록되었다. 의무가 허용하는 한 그는 시골의 교회로 물러났다. 그곳에서 그는 "교황이 아니라 정직하고 겸손한 시골 사람처럼 즐거워했다."[34] 이따금 그는 나무 그늘 아래나 올리브 숲, 아니면 서늘한 샘가나 냇가에서 추기경 회의를 열거나 외국 사절을 맞아들였다. 그는 자신을 가리켜 (자신의 이름과 운율을 맞추어) "실바룸 아마토르(silvarum amator, 숲을 사랑하는 사람)라 불렀다.

그는 자주 인용하는 베르길리우스의 구절인 "피우스 에네아스(pius Aeneas)"에서 자신의 교황명을 가져왔다. 관례대로 이 형용사 "피우스"를 적당히 잘못 번역해도 좋다면 그는 그에 맞게 살았다. 그는 경건하고 자신의 의무에 충실했다. 자비를 베풀고 관대하고 절제하고 온건했다. 심지어는 로마의 견유학파의 감정도 지녔다. 그는 젊은 날의 관능을 극복하고 도덕적으로 모범적인 교황이었다. 젊은 날의 애정 행각이나 또 교황에 맞서 공의회 편을 들었던 일들을 감추려 하지 않고 철회의 교령(1463)을 발표하여 하느님과 교회에 자신의 잘못과 죄를 용서해 주실 것을 겸손하게 요청하고 있다. 인문주의자 교황에게서 넉넉한 후원을 받을 것으로 기대한 인문주의자들은 그가 자기들과 함께하기를 좋아하고, 또 인문주의자 몇 사람을 교황청에 고용하기는 했지만 너그러운 후원금을 나누어 주지 않고 터키인에 대항한 십자군 전쟁을 위해 돈을 아끼는 것을 보고 실망했다. 그는 한가한 시간이면 여전히 인문주의자였다. 고대의 유적들을 자세히 살펴보고, 그 유적이 계속 붕괴되는 것을 막았다. 키케로가 태어난 곳이라는 이유로 아르피노 사람들에게 사면을 베풀었다. 호메로스를 새로 번역하라는 주문을 내고, 플라티나와 비온도를 교황청 서기로 고용했다. 로마의 교회들에 조각을 하도록 미노 다 피에솔로를 고용하고, 또 필리피노 리피에게는 그림을 그리게 했다. 베르나르디노 로쎌리노의 설계로 고향인 코르시냐노에 대성당과 피콜로미니 궁전을 짓게 하여 허영심을 만족시켰다. 그리고 고향 마을의 이름을 자기 이름을 따서 피엔짜라고 고쳤다. 그는 조상이 귀족이라는 자부심을 지니면서 친구들과 친척들에게 너무 잘해 주어 교회에는 좋지가 않았다. 바티칸에는 피콜로미니가 우글우글하게 되었다.

탁월한 학자 두 사람이 그의 시대를 기품 있게 만들었다. 플라비오 비온도 (Flavio Biondo)는 니콜라스 5세 이후로 계속 교황청 서기를 지낸 사람으로 그리스도교 르네상스의 상징이다. 그는 고대를 사랑하고 생애 절반을 고대의 역사와 유물을 서술하는 데 보냈다. 그러면서도 충실한 정통 그리스도교도이기를 중단한 적이 없었다. 피우스 교황은 그를 안내인 겸 친구로 삼았고, 그와 함께 로마 유적지를 돌아다녔다. 비온도는 3부로 된 일종의 유적 백과 사전을 썼기 때문이다.『복구된 로마』,『승리의 로마』,『이탈리아의 발견』등이다. 이것은 고대 이탈리아의 지형학, 역사, 제도, 법, 종교 예절, 예술 등에 대한 기록이다. 이보다 더 큰 작품이『로마 제국의 몰락 이후의 역사』로서 476년에서 1250년 사이의 방대한 기록이다. 이것은 중세에 대한 최초의 비판적 역사서이다. 비온도는 훌륭한 문체를 자랑하는 사람은 아니지만 탁월한 역사가였다. 그의 저술을 통해 이탈리아 도시들에서 트로야나 아니면 다른 공상적 기원에 대한 전설들이 모두 사라졌다. 이 시도는 너무나 야심적이어서 비온도의 일흔다섯 살 생애의 한계를 넘어서는 것이었다. 그가 죽었을 때도(1463) 이것은 완성되지 못했다. 그러나 이것은 뒷날 역사가들에게 성실한 학문 탐구의 한 예를 제시했다.

추기경 요한 베싸리온(J. Bessarion)은 이탈리아로 들어온 살아 있는 그리스 문화였다. 그는 트레비쫀드에서 태어나 콘스탄티노플에서 그리스 문학, 웅변, 철학 등에 대해 철저한 교육을 받았다. 미스트라에서 유명한 플라톤주의자인 제미스투스 플레토(G. Pletho)에게서 공부를 계속했다. 니케아 대주교 자격으로 피렌쩨 공의회에 왔을 때 그리스 그리스도교와 라틴 그리스도교의 재통합을 주도한 인물이었다. 그와 다른 ‘통합론자’들은 하급 성직자들과 민중에게서 거부당했다. 유게니우스 교황이 그를 추기경으로 임명하여(1439), 베싸리온은 풍부한 그리스 필사본 수집품을 가지고 이탈리아로 이주했다. 로마에서 그의 집은 인문주의자들의 살롱이 되었다. 포지오, 발라, 플라티나 등은 그의 가장 가까운 친구들이 되었다. 발라는 그를 가리켜 "라틴 사람들 중 가장 교양이 풍부한 헬레니즘 학자이며, 그리스 사람들 중에 가장 성공한 라틴 학자"라고 불렀다.[35] 그는 필사본을 사들이고 그것을 베끼는 데 수입을 거의 다 썼다. 그 자신이 아리스토텔레스의『형이상학』을 새로 번역했다. 그러나 제미스투스의 제자답게 그는 플라톤을 더 좋아했고, 플라톤 진영을 뜨거운 논쟁으로 끌고 들어갔다. 그것은 플라톤주의자와 아리스토텔레스주의자들 사이에서 일어나곤 했던 논쟁이었다. 플라톤이 승리했고, 서유럽 철학에서 오래 계속된 아리스토텔레스의 지배가 끝났다. 니콜라스 5세가 베싸리온을 볼로냐 주재 교황 사절로 임명하고, 또 로마냐와 마르케를 통치하도록 했을 때 베싸리온은 그 임무를 아주 잘 수행해서 니콜라스는 그를 "평화의 천사"라고 불렀다. 피우스 2세를 위하여 그는 도이칠란트에서 다시 로마 교회에 대한 반란을 진정시키는 힘든 임무를 맡았다. 생애 마지막에 그는 자신의 장서를 베네찌아에 기증했다. 그곳에서 이 책들은 마르치아나 도서관의 중요한 부분을 이룬다. 1471년에 그는 교황 선출에서 근소한 차이로 떨어졌다. 1년 뒤 그는 학자들의 세계에서 큰 존경을 받으며 눈을 감았다.

도이칠란트에서의 그의 임무는 실패했다. 부분적으로는 교회를 개혁하려는 피우스 2세의 노력이 실패했기 때문이고, 부분적으로는 십자군 전쟁을 위해 십일조를 부과하려는 새로운 시도가 로마에 대한 북유럽의 증오심을 되살려냈기 때문이다. 교황 재임 마지막 시기에 피우스는 고위 성직자들로 이루어진 개혁 프로그램 구성 위원회를 만들었다. 그는 쿠사의 니콜라스가 제출한 계획을 받아들여 그것을 교황의 교령으로 만들었다. 그러나 로마에 개혁을 원하는 사람은 아무도 없다는 사실을 깨달았다. 고관들 중 절반 정도가 아주 오래전부터 이런저런 직권의 남용을 통해서 이익을 얻었다. 무관심과 정열적인 저항에 밀려 피우스는 패배했다. 그사이에 도이칠란트, 보헤미아, 프랑스와의 힘든 관계들이 그의 에너지를 다 소모시켜 버리고, 그가 계획했던 십자군 전쟁은 그의 헌신을 모조리 흡수하고, 돈을 요구했다. 그는 방탕한 생활을 한 추기경들을 나무라고, 수도원의 기율을 강화하는 것으로 만족하는 수밖에 없었다. 1463년에 그는 추기경들에게 마지막으로 호소를 해 보았다.

사람들은 우리가 즐거움을 위해 살고, 부를 축적하고, 거만하게 행동하고 살찐 노새와 말을 타고, 외투 자락을 뒤에 길게 끌고, 붉은 모자와 하얀 두건 아래로 통통한 얼굴을 드러내고, 사냥을 위해 사냥개를 키우고 배우들과 식객들을 위해 많은 돈을 쓰면서, 신앙을 수호하기 위해서는 아무것도 하지 않는다고 말한다. 그리고 이런 말에는 일말의 진실이 있다. 추기경과 우리 궁정의 다른 관직을 가진 이들 중 많은 사람들이 이와 같은 삶을 살고 있다. 진실을 고백하자면 우리 궁정에 사치와 화려함이 지나치다. 그리고 이 때문에 우리는 사람들에게 그렇듯 미움을 받는 것이다. 그들은 우리가 정의롭고 분별 있는 것을 말할 때에도 우리 말에 귀를 기울이지 않는다. 여러분은 이렇듯 수치스러운 상태에서 무슨 일을 해야 한다고 생각하는가? …… 우리는 우리 선배들이 어떤 수단으로 교회를 위해 권위와 존경심을 얻었는지 물어야 한다. …… 우리는 동일한 수단으로 권위를 유지해야 한다. 절제, 순결, 결백, 신앙을 위한 열성, …… 지상에 대한 경멸, 순교를 향한 열망 등이 로마 교회를 드높이고 교회를 세계의 여주인으로 만든다.[36]

에네아스 실비우스처럼 외교관으로서 그렇듯 성공적이었던 사람도 교황이 되자 유럽 국가들과의 거래에서 연속 실패만을 거듭했다. 루이 11세는 부르주의 실행 인가를 무효로 만들어 교황에게 일시적인 승리를 내주었다. 그러나 앙주 집안이 나폴리를 재탈환하려는 계획을 교황이 도와주려 하지 않자 루이는 자신이 무효로 만든 것을 다시 무효로 만들었다. 보헤미아는 얀 후스가 시작한 반란을 계속했다. 그곳에서 종교 개혁은 루터가 나오기 1세기 전에 이미 시작되고 있었고, 새로운 왕인 게오르게 포데브라트는 그것을 강력하게 후원하고 있었다. 도이치 성직자들은 도이치 통치자들과 결합해서 십일조를 모으는 일을 계속 거부했고, 교회를 개혁하기 위해 세계공의회를 소집하자는 오래된 요구를 다시 시작했다. 그리고 교황에 대한 비판을 계속했다. 피우스는 파문의 교령으로(1460) 대응했다. 이 교령은 교황의 주도와 동의가 없이 세계공의회를 수집하려는 시도를 금지하는 내용이었다. 만일 그런 공의회가 언제라도 교황의 적대자들에 의해서 열릴 수 있게 된다면 교황의 지배권은 항구적인 위기에 놓일 것이고 교회의 기율은 마비될 것이라고 그는 주장했다.

이런 공방은 유럽을 통합해 터키에 대항하고자 하는 교황의 노력을 가로막았다. 그는 자신의 교황 즉위식 날에, 이슬람교도들이 다뉴브 강을 따라 빈에 이르고 발칸 반도를 통해 보스니아로 진출할 것에 대한 두려움을 표현했다. 그리스, 에피로스, 마케도니아, 세르비아, 보스니아 등은 그리스도교의 적들에게 넘어갈 것이다. 그리고 그들이 언제 아드리아 해를 넘어 이탈리아로 올지 누가 알겠는가? 취임 한 달 후에 피우스는 모든 그리스도교 통치자들에게 만토바에서 회의를 하자고 초청장을 보냈다. 그리고 오토만의 힘에서 동방 그리스도교를 구할 계획을 세우자고 했다.

그 자신은 1459년 5월 27일에 그곳에 도착했다. 가장 멋진 교황의 의상을 입고 그는 교회의 귀족과 신하들이 짊어진 가마에 앉아 도시를 통과했다. 그는 몰려든 대중에게 자신의 경력에서 가장 감동적인 연설 하나를 했다. 그러나 알프스 북쪽에서는 어떤 왕도 왕자도 오지 않았으며, 국가에 전쟁을 명령할 권한을 가진 대표를 파견한 나라도 없었다. 종교 개혁을 성공하게 만들 민족주의가 이미 충분히 강해져서 교황이 왕들의 옥좌에 간청을 해도 아무런 소용이 없게 되어 버렸다. 추기경들은 교황에게 로마로 돌아가자고 간청했다. 그들은 수입의 10분의 1을 십자군을 위해 바칠 생각이 없었다. 일부는 쾌락으로 도망쳤다. 일부는 피우스의 얼굴에 대고, 자기들이 만토바의 여름의 열기로 열병에 걸려 죽기를 바라는가 물었다. 교황은 끈질기게 황제를 기다렸지만, 프리드리히 3세는 옛날에 자신을 위해 그토록 헌신적으로 봉사해 주었던 남자를 구해 주기 위해 오기는커녕, 가장 열렬한 태도로 터키 군에 맞설 준비를 하고 있던 헝가리 민족을 자신의 영토에 덧붙일 속셈으로 이 나라에 전쟁을 선포했다. 프랑스는 나폴리에 대한 전쟁을 교황이 후원해 준다면 교황에게 협조하겠다고 나왔다. 베네찌아는 그리스도교 유럽이 오토만과 전쟁을 벌이게 되면 베네찌아가 가진 에게 해의 영토들이 제일 먼저 희생될 것이라는 두려움에서 뒤로 물러났다. 8월에 마침내 부르군드의 선량한 필립 공작이 보낸 사절이 도착했다. 9월에 프란체스코 스포르짜가 나타났다. 다른 이탈리아 통치자들은 그의 뒤를 따랐다. 9월 26일에 처음으로 회의가 열렸다. 교황이 도착하고 넉 달이 지난 후였다. 그리고 다시 넉 달을 토론으로 보냈다. 마침내 유럽에 속하는 이전 비잔

틴 영토와 터키를 승전국들 사이에 분할해 주기로 동의하고서야 피우스 교황
은 부르군드와 이탈리아를 성전(聖戰)에 끌어들이는 데 성공했다. 모든 그리스
도교 평신도들은 수입의 30분의 1을 내고, 유대인은 20분의 1을, 성직 계급은
10분의 1을 내기로 했다. 교황은 거의 완전히 기진맥진해서 로마로 돌아왔다.
그런데도 그는 교황 함대를 조직하라는 명령을 내리고, 통풍과 기침과 결석에
도 불구하고 자신이 직접 십자군을 지휘할 준비를 했다.

그의 천성은 전쟁을 피했고, 평화로운 승리를 꿈꾸었다. 그리스도교도 어머
니에게서 태어난 마호메트 2세가 그리스도교에 대해 은밀한 애착을 가지고 있
다는 소문에 용기를 얻은 탓이었던지 피우스는 술탄에게(1461) 그리스도교 복
음을 받아들이라고 진지하게 호소했다. 그는 이 편지에서처럼 언변이 좋았던
적이 없었다.

> 당신이 그리스도교를 받아들인다면 지상의 어떤 왕자도 당신의 영광을 넘어설
> 수 없을 것이고 당신의 권한을 넘어설 수 없을 것입니다. 그렇게 되면 나는 당신이
> 그리스와 동방의 황제임을 인정할 것입니다. 당신이 지금 폭력으로 차지하여 불의
> 로 유지하고 있는 것이 합법적으로 당신의 소유물이 될 것입니다. …… 오, 얼마나
> 완벽한 평화가 올 것인가! 시인들이 노래하는 아우구스투스 대제의 황금시대가 돌
> 아올 것입니다. 당신이 스스로 우리 편이 된다면 동방 세계 전체가 머지않아 그리스
> 도교도가 되겠지요. 하나의 의지가 온 세계에 평화를 가져다 줄 것이며, 이 의지는
> 바로 당신의 의지인 것이지요![37]

마호메트는 답변을 하지 않았다. 그의 신앙이 무엇이든 그는 서양의 군대에
맞서 최종적으로 자신을 보호해 줄 것은 교황의 약속이 아니라 자기 백성의 종
교적 열의라는 사실을 알고 있었다. 피우스는 더욱 현실적으로 되어 성직자들
의 십일조를 모으는 데 열성을 기울였다. 1462년에 뜻밖의 횡재 하나가 그를 도
와주었다. 교황의 영토인 라티움의 서쪽에 위치한 톨파라는 지역에서 풍부한

명반 매장지가 발견된 것이다. 수천 명의 사람들이 광산에 투입되어 염색업자들에게 소중한 이 광물을 캐냈다. 머지않아 광산은 교황청에 연간 10만 플로린의 수입을 가져다주었다. 피우스는 이 발견이 하나의 기적이며, 터키 전쟁에 대한 하느님의 도움이라고 선언했다.[38] 교황국가는 이제 이탈리아에서 가장 부유한 국가가 되었다. 근소한 차이로 베네찌아가 2위, 나폴리가 3위, 이어서 밀라노, 피렌쩨, 모데나, 시에나, 만토바 차례였다.[39]

교황의 확고한 열의를 알아차린 베네찌아는 준비를 서둘렀다. 다른 나라들은 뒤로 물러서거나 아니면 이름뿐인 후원을 제공했다. 십자군을 위한 세금은 거의 어디서나 끔찍한 저항에 부딪쳤다. 프란체스코 스포르짜는 십자군 전쟁이 베네찌아에 잃어버린 속령과 무역로를 되찾아주어서 베네찌아만 강하게 만든다고 냉담해졌다. 8척의 3단 갤리선을 약속했던 제노바는 그것을 취소했다. 부르군트 공작은 교황에게 더 나은 시기를 기다리라고 촉구했다. 그러나 피우스는 앙코나로 가서 그곳에서 새로운 교황 군대와 베네찌아 함대를 기다릴 것이며, 그들과 함께 라구사로 건너가 보스니아의 스칸데르베그와 헝가리의 마티아스 코르비누스와 합류하여, 자기가 직접 터키 군에 맞서 지휘를 하겠노라고 선언했다. 거의 모든 추기경들이 반대했다. 그들은 발칸 반도를 행진할 생각이 없었다. 그리고 그들은 교황에게 보스니아는 이단과 페스트로 악취가 진동한다고 경고했다. 그런데도 병을 앓는 교황은 십자군 전사들의 십자가를 지고, 로마에 작별을 고했다. 다시는 이 도시를 보지 못할 것을 예상하면서 그는 함대를 거느리고 앙코나로 출발했다.(1464년 6월 18일)

그곳에서 그를 만나기로 했던 군대는 동방의 마법처럼 사라졌다. 원래 밀라노가 약속했던 군대는 오지 않았다. 피렌쩨가 보낸 군대는 어찌나 무장이 빈곤했던지 거의 쓸모가 없었다. 피우스가 앙코나에 도착해 보니(7월 19일) 그곳에 모인 전사들 대부분은 기다림에 지친 채로 식량을 걱정하고 있었다. 베네찌아 함대가 출발하려는 순간 함대에 병이 발생하면서 12일이나 출발이 지체되었다. 군대가 사라지는 일과 베네찌아 무적 함대가 나타나지 않는 것에 마음을 졸인 피우스는 앙코나에서 기력을 잃고 거의 죽을 정도로 병이 심해졌다. 마침내 함대가 나타났다. 교황은 갤리선을 보내 그들을 맞이하고, 자신은 갤리선의 창가로 옮겨져 창을 통해 항구를 볼 수 있었다. 연합 해군을 바라보면서 그는 숨을 거두었다.(1464년 8월 14일) 베네찌아는 함대를 도로 불러들이고 남은 군대는 사라지고 십자군 전쟁은 실패로 돌아갔다. 영리하고 다재다능한 이 인물은 성공에 성공을 열망하더니 최고의 옥좌에 올라서 그것을 세련된 학문 탐구와 그리스도교도의 자비심으로 영광스럽게 하고는, 실패와 굴욕과 패배의 온갖 쓴맛을 다 맛보았다. 그러나 그는 나이 들어서 헌신을 통해 젊은 날의 오류를 구제했고, 고결한 죽음으로 당대인들의 비웃음을 부끄럽게 만들었다.

5. 파울루스(바오로) 2세: 1464~1471

위대한 남자들의 생애를 살피다 보면 한 남자의 성격이 죽은 다음에 형성될 수도 있다는 사실을 알게 된다. 통치자가 자신에 대해 기록하는 사람들을 잘 대우해 주면 그들은 그를 사후의 거룩함으로 들어 올려 주는 경우도 있다. 그리고 통치자가 그들을 괴롭히면 그들은 그의 시신을 악의의 꼬챙이에 꿰어 태우거나 구워서 잉크병에 있는 가장 더러운 악명으로 사후의 이름을 더럽힌다. 파울루스 2세는 플라티나와 사이가 나빴다. 플라티나는 파울루스에 대한 전기를 썼는데, 이 교황에 대한 대부분의 평가가 이 전기를 토대로 삼고 있다. 이 전기는 그를 허영과 화려함과 탐욕의 괴물 같은 모습으로 후세에 전해 주고 있다.

이런 판결에도 약간의 진실은 있다. 애정 없이 쓴 어떤 전기에서나 찾아볼 수 있는 정도의 진실이기는 하지만 말이다. 성 마르코 추기경이었던 피에트로 바르보(Pietro Barbo)는 거의 모든 남자들이 그렇듯이 잘생긴 외모를 자랑스럽게 여겼다. 교황으로 선출되자 그는 아마도 농담 삼아 자신을 "잘생긴 사람

(Formosus)”이라 불러 달라고 제안했다. 그는 말리는 사람들의 충고를 받아들여 파울루스 2세라는 칭호를 선택했다. 사적인 생활은 단순했지만 장엄함의 최면 효과를 알고 있었기에 화려한 궁정을 유지하고 친구들과 손님들에게 값비싼 환대를 베풀었다. 자기를 선출한 교황 선출 비밀회의에 들어가면서 그도 다른 추기경들과 마찬가지로 합의 각서를 썼다. 만일 선출되면 터키에 맞서 전쟁을 할 것이고, 세계공의회를 소집할 것이고, 또 추기경의 수를 24명으로 제한하고, 그들 중에 교황 친척의 수를 1명으로 제한할 것이며, 서른 살이 안 된 사람은 절대 추기경으로 만들지 않을 것이고, 모든 중요한 일에 대해 추기경들과 상의할 것이라는 내용이었다. 그러나 파울루스는 선출되자 오랜 전통에 따라, 권력을 지니게 된 지금, 합의 각서 이행을 거부했다. 대신 추기경들의 연간 수입을 최소 4000플로린(10만 달러?)으로 올려 주어 그들을 위로해 주었다. 부유한 상인 집안 출신이었던 그는 플로린, 두카트, 스쿠디 등의 온갖 금화들과, 또 빛을 받는 동안 행운을 지켜 주는 보석을 사랑했다. 그는 가치로 치면 궁전 하나의 가격보다 비싼 교황의 관 티아라를 썼다. 추기경 시절 그는 보석, 메달, 카메오 세공을 주문해서 금세공사를 바쁘게 만들었다. 그는 이런 보석들과, 고전 미술의 값진 유품들을 화려한 성 마르코 궁전에 수집했다. 카피톨리니 언덕의 발치에 자신이 사용하기 위해 이 궁전을 지었다.* 그러나 이런 온갖 욕심에도 불구하고 그는 성직 매매의 성향은 없었다. 그리고 대사면(면죄부) 판매를 금지하고 로마를 자비까지는 아니라도 정의로 통치했다.

그는 로마의 인문주의자들과의 싸움으로 해서 가장 고약한 기록을 얻게 되었다. 이들 중 일부는 교황과 추기경들의 서기들이었다. 그들은 대개 별로 중요하지 않은 서기(교황청에서 교서를 쓰거나 기록을 보관하는)의 직분을 가졌다. 절약 조치였든지 아니면 피우스 2세가 만든 58명의 시에나 사람으로 구성된 서기국을 없애기 위해서였든지 어쨌든 파울루스는 이 그룹을 해산시키고 그 작업

---

* 피우스 4세는 이것을 베네찌아에 선물했다. 그 이후로 이 궁전은 베네찌아 궁전이라는 이름으로 불린다. 이것은 파시스트 통치 시절 베니토 무솔리니의 본부였다.

을 다른 부서에 넘겼다. 약 70명의 인문주의자들이 직업을 잃거나 아니면 수입이 더 적은 부서로 옮겼다. 이들 해고된 인문주의자들 중에서 가장 언변이 유려한 사람은 바르톨로메오 데 사키(B. d. Sacchi)라는 사람으로, 그는 고향인 크레모나 근처 피아데나의 이름을 따서 라틴 이름을 플라티나(Platina)라고 했다. 그는 해고된 사람들을 다시 고용하라고 교황에게 호소했다. 파울루스 2세가 거부하자 그는 교황에게 위협하는 편지를 써 보냈다. 교황은 그를 체포해서 4개월 동안 천사성에 무거운 사슬로 묶어 가두었다. 곤짜가 추기경이 그의 석방을 얻어 냈다. 그러나 파울루스는 플라티나가 조심할 것이라 생각했다.

로마 인문주의자들의 지도자는 율리오 폼포니오 레토(I. P. Leto)였다. 그는 살레르노의 왕자인 산세베리노의 사생아로 알려져 있다. 젊은 시절 로마로 온 그는 발라의 제자 노릇을 하다가, 발라의 뒤를 이어 대학에서 라틴어 교수가 되었다. 그는 이교 문학에 완전히 매료되어 니콜라스 5세나 파울루스 2세 시대의 로마가 아니라, 카토나 카이사르의 시대 로마에 살고 있었다. 그는 바로와 콜루멜라의 농경서들을 편집했고, 이들의 지침에 따라 포도원을 경작했다. 가난한 학자의 생활에 만족해서 시간의 절반을 이런 역사적 유적지에서 보내고, 그 약탈과 붕괴를 슬퍼했다. 그는 라틴 이름을 폼포니우스 라에투스(Pomponius Laetus)라 짓고 고대 로마의 옷을 입고서 강의실에 나타나곤 했다. 새벽에 그의 강의를 들으러 몰려드는 군중을 수용할 강의실이 없었다. 일부 학생들은 자리를 차지하기 위해 자정에 오기도 했다. 그는 그리스도교 신앙을 경멸하고, 그 설교자들을 위선자라고 비난하고, 자신의 학자들을 그리스도교 도덕보다는 스토아 도덕으로 가르쳤다. 그의 집은 로마 골동품의 박물관이자, 로마 지식을 배우고 가르치는 학생들과 선생들을 위한 만남의 장소였다. 1460년 무렵에 그는 이들을 모아 로마 아카데미를 조직했다. 이 아카데미 회원들은 이교의 이름을 지니고, 자식들에게 이교의 이름을 주고, 또 그리스도교 신앙을 로마 수호신의 숭배로 바꾸었다. 그들은 로마 희극을 공연하고, 해마다 로마의 창설을 이교적인 의식으로 기념했다. 이 의식에서 사회를 보는 사람들은 '사케르도테스

(sacerdotes, 사제)'라 불리고, 라에투스는 '폰티펙스 막시무스(pontifex maximus, 최고 사제. 교황을 가리키는 말)'라 불렸다. 일부 열렬한 회원들은 로마 공화정의 복구를 꿈꾸었다.[40]

1468년 초에 한 시민이 교황청 치안대에 이 아카데미가 교황을 폐하고 체포할 음모를 꾸미고 있다고 고발했다. 일부 추기경들은 이런 고발을 지지했고, 교황에게 로마의 소문 하나가 그의 이른 죽음을 예언하고 있다는 소식을 확인해 주었다. 파울루스는 라에투스, 플라티나와 아카데미의 다른 지도자들을 체포하라고 명했다. 폼포니우스는 겸손한 사과문과 함께 그리스도교 신앙 고백을 썼다. 그는 정해진 벌을 받고 풀려나서 강의를 계속했다. 그러나 몹시 조심스러운 정교 신앙으로 강의했기에 그가 죽었을 때(1498) 40명의 주교들이 장례식에 참석했다. 플라티나는 음모의 증거를 내놓으라고 고문을 받았다. 그런 증거는 어디서도 찾을 수가 없었지만, 그리고 10통 이상의 사과 편지를 썼건만 플라티나는 1년 동안 감옥에 갇혀 있었다. 파울루스는 아카데미를 이단의 소굴이라 하여 해산시키고, 로마의 학교에서 이교 문학의 강의를 금지했다. 파울루스의 후계자는 아카데미를 개혁해서 다시 여는 것을 허용했고, 개심한 플라티나에게 바티칸 도서관 책임을 맡겼다. 그곳에서 플라티나는 우아한 문체로 된 『교황들의 생애』를 쓰기 위한 자료들을 찾아냈다. 파울루스 2세 항목에 이르렀을 때 그는 자신의 복수를 했다. 그의 고발은 아마도 식스투스 4세를 위해 쓰는 것이 옳았을 것이다.

6. 식스투스 4세: 1471~1484

새로운 교황을 선출하기 위해 모인 18명의 추기경들 중 15명은 이탈리아 사람이고, 로드리고 보르지아는 스페인 사람, 데스투트빌은 프랑스 사람, 베싸리온은 그리스 사람이었다. 한 참석자는 뒷날 프란체스코 델라 로베레 추기경을 교황으로 선출한 일을 가리켜 "음모와 뇌물(ex artibus et corruptelis)" 덕분이었다고 서술했다.[41] 그러나 이것은 투표의 대가로 추기경들에게 여러 자리를 약속한 것을 뜻하는 것으로 보인다. 새로운 교황은 (이탈리아 사람일 경우) 교황으로 선출될 기회의 평등을 보여 준다. 그는 사보나 근처 페코릴레라는 곳에서 농부의 집안에 태어났다. 어린아이 적에 되풀이해서 병을 앓자 어머니는 그의 회복을 기도하면서 그를 성 프란체스코에게 바치겠다고 약속했다. 아홉 살에 그는 프란체스코 수도원으로 보내졌고, 뒷날 수도회에 들어갔다. 한동안 델라 로베레 집안에서 가정 교사로 일했고, 뒷날 그는 이 성(姓)을 자신의 것으로 사용했다. 그는 파비아, 볼로냐, 파도바에서 철학과 신학을 공부하고, 그곳과 다른 곳에서 같은 과목을 가르쳤다. 그의 강의실에는 하도 많은 사람들이 몰려들었기에 다음 세대의 학식 있는 이탈리아 사람 거의 모두가 그의 제자라는 말을 들을 정도였다.

쉰세 살에 그는 식스투스 4세가 되었다. 그는 가르침과 성실성에서 단연 뛰어난 학자라는 명성을 얻었다. 교황의 역사에서 가장 기묘한 변신 하나를 통해 그는 거의 하룻밤 만에 정치가이며 전사(戰士)로 변했다. 유럽이 지나치게 분열되어 있고, 또 각국의 정부들이 너무나 부패해서 터키에 맞서 십자군 전쟁을 치를 수 없었기에 그는 자신의 이승의 노력을 이탈리아에 한정하기로 결심했다. 물론 이탈리아에서도 분열을 보았다. 교황국가에서 교황의 권위는 지역 통치자들에 의해 대체로 무시되었다. 라티움에선 교황의 세력을 무시하는 귀족 세력의 통치가 이루어졌고, 로마에서는 폭도들이 날뛰었기에 그의 취임식 날 행진이 멈추면서 생겨난 체증에 화가 난 폭도들이 그가 탄 가마에 돌을 던졌다. 식스투스는 로마에 질서를 회복하고, 교황국가에서 교황 사절의 권위를 되살리고, 이탈리아를 교황의 통합적인 통치 아래 두겠노라고 작정했다.

혼란에 둘러싸이고, 낯선 사람들에 대한 불신감에 가득 차고, 가족에 대한 사랑에 사로잡힌 식스투스 4세 교황은 탐욕스러운 조카들을 권력과 수입이 많은 자리에 앉혔다. 그가 가장 사랑한 사람들이 가장 고약한 사람들이었다는 사실, 그리고 그들이 그토록 자리의 이익을 챙겨서 이탈리아 전체가 그들을 경멸하게 되었다는 사실이 이 교황 시기의 주요한 재앙이었다. 그가 좋아한 조카는 피에트로(혹은 피에로) 리아리오였다. (쾌활하고 위트가 있고 예의 바르고 너그러운) 어느 정도 매력을 지닌 젊은이였지만 그러나 사치와 감각적 쾌락을 너무 좋아해서 교황이 내려 준 넉넉한 성직록으로도 예전에 탁발(구걸) 수도사였던 이 사람의 취향을 재정적으로 뒷받침할 수가 없었다. 식스투스는 스물다섯 살에 불과한 그를 추기경으로 임명하고(1471) 그에게 트레비소, 세니갈리아, 스팔라토, 피렌쩨 등의 주교구를 내주어 연간 총수입이 6만 두카트(150만 달러?)에 이르렀다. 피에트로는 그 돈을 모두 쓰고도 모자랐다. 금과 은 식기, 섬세한 의상, 벽걸이, 자수, 으리으리한 수행원, 값비싼 공공 오락, 화가와 시인과 학자들의 후원 등에 돈을 썼다. 페란테(나폴리 왕)의 딸 엘레오노라가 로마에 올 때 사촌 쥴리아노와 그가 벌인 환영 축제는(6시간이나 계속되는 연회를 포함하여) 루쿨루스나 네로 시대 이후로 거의 비슷한 예가 없는 방종의 절정이었다. 권력으로 현기증을 일으킨 피에트로는 피렌쩨, 볼로냐, 페라라, 베네찌아, 밀라노 등지로 승리에 가득 찬 여행을 했다. 어디서나 교황의 친척으로서 왕과 같은 명예를 즐기고, 값진 의상을 차려입은 애인들을 자랑하고, 또 아저씨가 죽은 다음이나 죽기 전에 자신이 교황이 될 계획을 세웠다. 그러나 로마로 돌아오는 길에 그는 방종이 지나쳐 스물여덟의 나이로 죽었다. 2년 동안 20만 두카트의 돈을 쓰고도 6만 두카트의 빚을 남겼다.[42] 그의 형제인 지롤라모는 교황군대의 지휘자이며, 이몰라와 포를리의 통치자가 되었다. 그에 대해서는 이미 앞에서 살펴보았다. 다른 조카인 레오나르도 델라 로베레는 로마의 통치자가 되었다. 그가 죽자 그의 형제 죠반니가 뒤를 이었다. 수도 없이 많은 조카들 중에서 가장 유능한 사람은 쥴리아노 델라 로베레(G. d. Rovere)였다. 그에 대해서는 앞으로 율리우스 2세 장(章)에서 따로 다루게 될 것이다. 그의 생애는 분별 있게 올바른 것이었고, 그는 지성과 성격의 힘으로 모든 어려움을 딛고 교황 직위에 오르게 된다.

교황국가들을 강하게 만들려는 식스투스의 계획은 이탈리아의 다른 나라들에 혼란을 불러왔다. 앞에서 이미 보았듯이 로렌쪼 데 메디치는 이몰라를 피렌쪠의 영토로 삼을 계획이었다. 그러나 식스투스가 그를 물리쳤고, 교황청 은행을 메디치 은행에서 파찌 은행으로 교체했다. 로렌쪼는 파찌 가문을 파괴하려고 했고, 파찌 사람들은 그를 죽이려고 했다. 식스투스는 이 음모에 동의하기는 했지만 살인은 반대했다. 그는 음모자들에게 이렇게 말했다. "가서 하고 싶은 대로 하게. 다만 살인만은 없어야 하네."[43] 그 결과 전쟁이 일어나 터키 군대가 이탈리아로 넘어오려는 위협이 나타날 때까지 계속되었다.(1478~1480) 이 위험이 수그러지자 식스투스는 다시 교황국가를 해방시키는 일을 계속했다. 1480년에 포를리에서 전제 군주 노릇을 하던 오르델라피 가문이 대가 끊기자 사람들은 교황에게 이 도시를 받아 달라고 청했다. 식스투스는 지롤라모에게 이몰라와 포를리를 다스리도록 했다. 지롤라모는 페라라를 차지할 생각이었다. 그래서 교황과 베네찌아를 설득해서 에르콜레 공작에 맞선 전쟁에 동참하게 했다.(1482) 나폴리의 페란테는 사위를 구하기 위해 군대를 보냈다. 피렌쪠와 밀라노도 페라라를 도왔다. 교황은 유럽의 평화를 만들겠다는 계획으로 통치를 시작했지만, 이제 이탈리아 전체를 전쟁으로 몰아넣었다. 남쪽에서는 나폴리에 의해 고통을 받고, 북으로는 피렌쪠의 제약을 받고, 로마에서도 소란이 일어나면서 식스투스는 1년 동안의 혼란과 유혈 사태를 빚은 다음 페라라와 타협했다. 베네찌아 사람들이 여기 동참하기를 거부하자, 교황은 베네찌아에 파문령을 내렸고, 최근의 동지였던 베네찌아와 싸우기 위해 피렌쪠 및 밀라노와 합세했다.

수도의 귀족들은 전쟁을 좋아하는 교황의 예를 좇아 자기들의 오래 묵은 원한을 새롭게 하는 일이 정당하다고 느꼈다. 방금 교황으로 선출된 추기경의 궁전을 약탈하는 것이 로마의 예의 바른 관습의 하나였다. 델라 로베레 추기경들 중 한 사람의 궁전에 대해 이런 행사를 벌이던 도중 젊은 귀족인 프란체스코 디 산타 크로체(F. d. Santa Croce)가 델라 발레(della Valle) 사람에 의해 상처를 입게 되었다. 젊은이는 델라 발레의 발꿈치 인대를 끊어서 그에 복수했다. 델라 발레의 친척들은 그에 대해 프란체스코의 목을 자르는 것으로 복수했다. 프로스페로 디 산타 크로체는 피에로 마르가니를 죽여서 이에 대해 복수했다. 이 싸움이 도시 전체로 퍼져 나갔다. 오르시니 가문과 교황의 군대는 산타 크로체 집안을, 콜론나는 발레 가문을 후원했다. 로렌쬬 오도네 콜론나가 잡혀서 심문을 받고, 고백하라는 고문을 받고 천사성에 갇혀서 죽었다. 그의 형제인 파브리찌오가 그의 목숨을 구하기 위해 콜론나 가문의 요새 두 개를 식스투스 교황에게 양도했건만 소용이 없었다. 프로스페로 콜론나는 나폴리와 합세하여 교황에 대항한 전쟁에 가담했고, 캄파냐 지방을 유린하고 로마를 기습했다. 식스투스는 리미니의 로베르토 말라테스타를 불러 교황군대를 지휘하라고 맡겼다. 말라테스타는 나폴리 군대와 콜론나 군대를 캄포 모르토에서 이기고, 승리하여 로마로 돌아왔지만 캄파냐 늪지대에서 얻은 열병으로 죽었다. 지롤라모 리아리오가 그의 자리를 이어받았다. 식스투스는 조카가 콜론나 성에 맞서기 위해 끌고 가는 대포에 공식적으로 축복을 해 주었다. 그러나 교황의 정신이 전쟁을 원하는 동안 그의 몸은 연속적인 위기의 긴장으로 무너져 내렸다. 1484년 6월에 그도 열병으로 쓰러졌다. 8월 11일에 그의 동맹국들이 그의 항의를 무릅쓰고 베네찌아와 평화를 맺었다는 소식이 전해졌다. 그는 그것을 인정하기를 거부했다. 다음 날 그는 죽었다.

식스투스는 많은 점에서 율리우스 2세를 예견케 하고 그의 조카인 지롤라모 리아리오는 뒷날 체사레 보르지아의 경력을 미리 보여 준다. 전쟁과 예술과 권력을 사랑한 확고한 황제 사제였던 식스투스는 망설임이나 술책 없이 거친 힘과 주저하지 않는 용기를 끝까지 밀어붙여 자신의 목표를 추구했다. 뒷날의 전사 교황들도 그렇듯이 그는 적들을 만들었고, 그들은 자신의 이름에 먹칠을 해서 그의 무력을 약화시키려고 했다. 일부 소문들에 따르면 그가 피에트로와 지롤라모 리아리오를 그토록 너그럽게 후원한 것은 그들이 그의 아들이었기 때문이라고 한다.[44] 다른 사람들은(예를 들어 인페쑤라) 그들을 가리켜 그의 애인이라 부르고, 교황이 '동성애자'였다는 말을 서슴지 않고 있다.[45]* 이런 믿을 수 없고, 근거 없는 주장들이 없이도 그의 이미지는 충분히 나쁘다. 파울루스 2세가 가득 채워서 남겨 준 재정을 조카들이 모두 써 버린 다음 식스투스는 가장 많은 돈을 내는 사람들에게 성직을 팔아 전쟁 비용을 충당했다. 적대적인 베네찌아 대사 한 사람은, 식스투스가 "교황은 자기가 원하는 만큼의 돈을 얻기 위해 펜과 잉크만 있으면 된다."라고 말했다고 인용하고 있다.[47] 그러나 이것은 대부분의 현대 국가에도 타당한 말이다. 현대 국가가 발행하는 이자를 보장하는 국채는 여러 가지 점에서 교황들이 판매했던, 월급을 보장하는 사제직과 비슷한 것이다. 그러나 식스투스는 이것만으로 만족하지 않았다. 그는 교황국가들에서 곡물 판매 전매권을 차지했다. 그리고 가장 좋은 곡물은 외국에 팔고 나머지를 자기 국민에게 팔아 엄청난 이익을 남겼다.[48] 그는 이런 기술을 나폴리의 페란테 같은 당시의 다른 통치자들에게서 배웠다. 어쨌든 그는 다른 흥행사들이 했을 법한 것보다 값을 더 비싸게 매기지는 않았을 것이다. 생산물의 가격은 구매자의 속기 쉬운 특성에 의해 결정된다는 것이 경제의 불문율이기 때문이다. 그러나 가난한 사람들은 자기들이 리아리오 가문 사람들의 사치를 뒷받침하느라 굶주림을 겪는다고 생각했다. 용서할 만한 생각이었다. 수입을 올리기 위한 이런저런 수단들에도 불구하고 식스투스는 총 15만 두카트(375만 달러?)의 빚을 남겼다.

그의 수입의 상당 부분이 예술과 공공사업에 쓰였다. 그는 폴리뇨 근처에 있는, 전염병을 발생시키는 늪지대를 배수(排水)하려는 시도를 했으나 성공하지 못했다. 적어도 폰티네 늪지대를 마른 땅으로 만들려는 꿈을 꾸었다. 그는 로마의 주요 도로들을 반듯하게 하고 넓히고 포장했다. 테베레 강에 자기 이름을

---

* 스테파노 인페쑤라(S. Infessura)는 『로마 시 연대기』를 썼다. 가족의 기록에서 개인적 관찰에 이르기까지 15세기 로마의 역사를 기술한 책이다. 그는 열렬한 공화주의자였기에 교황들을 전제 군주라고 여겼다. 또한 콜론나 집안 패거리이기도 했다. 그가 교황들의 약점에 대해 다른 곳에서도 확인되지 않는 이야기를 할 때는 그의 말을 믿어서는 안 된다.[46]

딴 시스토 다리를 건설했다. 새로운 바티칸 도서관을 짓고, 그 위에 시스티나 예배당을 지었다. 그리고 시스티나 성가대를 만들었다. 파괴된 산토 스피리토(성령) 병원을 재건했는데, 이 병원의 주요 병동은 약 110미터 길이에 이르며 1000명의 환자를 수용할 수 있었다. 그는 또한 로마 대학을 다시 조직하고, 파울루스 2세가 설립한 카피톨리니 박물관을 대중에게 공개했다. 이것은 유럽 최초의 공공 박물관이다. 그가 재임하는 동안, 주로 바치오 폰텔리(B. Pontelli)의 지휘를 받아서 산타 마리아 델라 파체 교회와 산타 마리아 델 포폴로 교회들이 지어졌고, 또 다른 많은 교회들이 보수되었다. 산타 마리아 델 포폴로 교회에서는 미노 다 피에솔레(M. d. Fiesole)와 안드레아 브레뇨(A. Bregno)가 크리스토포로 델라 로베레 추기경의 고귀한 기념묘를 조각했다.(1477년경) 그리고 산타 마리아 인 아라코엘리 교회에서는 핀투리키오(Pinturicchio)가 시에나 출신의 성인 베르나르디노의 경력을 로마에서 가장 아름다운 벽화로 그렸다.(1484년경)

시스티나 예배당은 죠반니노 데 돌치(G. d. Dolci)가 설계한 것으로 단순하고 뽐내지 않는 건축물이다. 이것은 교황과 고위 성직자들이 이용하는 절반쯤 사적인 예배당이다. 미노 다 피에솔레가 고안한 대리석 지성소 차단벽을 지니고, 또 남쪽 벽에는 모세의 생애를 그린 장면들, 북쪽 벽에는 그리스도의 생애를 그린 벽화들로 장식되었다. 이 그림들을 위해서 식스투스 4세 교황은 당시 가장 위대한 대가들을 로마로 불렀다. 페루지노, 시뇨렐리, 핀투리키오, 도메니코, 베네데토 기를란다요, 보티첼리, 코시모 로쎌리, 피에로 디 코시모 등이었다. 식스투스는 이들이 그린 15점의 그림들 중 가장 훌륭한 것에 대해서는 추가 보상을 제안했다. 로쎌리는 자신이 도안에 약한 것을 알고서 밝은 채색에 모든 것을 걸기로 마음먹었다. 다른 동료 화가들은 넉넉하게 퍼진 그의 군청색과 금색을 보고 비웃었지만 식스투스는 그에게 상을 내렸다.

전사 교황은 다른 화가들도 로마로 데려왔다. 그리고 그들을 성 루가가 보호하는 동업자 조합으로 조직했다. 멜로쪼 다 포를리(M. d. Forli)는 식스투스 교

황을 위해 최고의 작품을 제작했다. 1472년 무렵에 로마로 와서 피에로 델라 프
란체스카와 함께 공부한 다음 그는 산티 아포스톨리 교회에서 그리스도 승천
의 벽화를 그렸다. 바사리는 그것을 보고 열광했다. 교회가 재건될 때(1702년과
그 이후) 이 벽화는 일부만 남기고 모두 사라졌다. 우피찌 미술관에 있는「천사」
와「수태를 고지 받는 성모」는 우아하고 부드럽다. 그러나 바티칸에 있는「음
악을 연주하는 천사들」이 더욱 아름답다. 한 천사는 비올을, 다른 한 천사는 류
트를 쥐고 있다. 그의 걸작은 바티칸 도서관에 벽화로 그려졌다가 나중에 캔버
스로 옮겨졌다. 도서관의 장식적인 기둥과 천장을 배경으로 여섯 명의 인물들
이 정확하고도 힘차게 그려졌다. 식스투스는 왕과 같은 당당한 태도로 앉아 있
다. 그의 오른편에 쾌활한 피에트로 리아리오가 있다. 그의 앞에 키가 큰 쥴리
아노 델라 로베레가 서 있고, 그 앞에 눈썹을 치켜뜬 모습으로 플라티나가 무릎
을 꿇고서 도서관 책임자로 임명을 받고 있다. 플라티나의 뒤로는 죠반니 델라
로베레와 지롤라모 리아리오 백작이 서있다. 이것은 사건이 많았던 교황 시대
의 살아 있는 그림이다.

　1475년에 바티칸 도서관은 2527종의 라틴어와 그리스어 사본들을 소장했
다. 식스투스는 여기에 1100권을 덧붙였다. 그리고 처음으로 이 소장품을 일반
에 공개했다. 그는 불규칙적인 태도로 보수를 지급하기는 했지만 인문주의자
들에 대한 호의를 복구시켰다. 필렐포를 로마로 불렀다. 이 펜의 전사(戰士)는
처음에 열광적으로 교황을 찬양했다. 600플로린의 연봉이 지체되기 전까지는
말이다. 요한네스 아르귀로풀로스도 피렌쩨에서 로마로 오리고 초대를 받았
다. 이곳에서 그의 그리스어와 그리스 문학 강의에는 추기경, 주교, 그리고 로
이흘린 같은 외국인 학생들이 참석했다. 식스투스는 또한 로마에 도이치 과학
자 요한 뮐러(Johann Müller, 레기오몬타누스)를 불러왔다. 그리고 그에게 율리우
스 달력을 수정하라고 명령했다. 그러나 1년 뒤에 뮐러는 죽고(1476) 달력 개
정은 다시 100년을 더 기다려야 했다.(1582)

　프란체스코 수도사이며 철학 및 신학 교수였던 사람이 르네상스의 첫 번째

세속화의 길을 간 교황이 되었다는 것은 특이한 일이다. 아니 더 정확하게 말하자면 그는 교황청을 이탈리아의 강력한 정치적 권력으로 만들려는 생각을 가진 최초의 르네상스 교황이었다. 유능한 통치자들이 봉신으로서의 조공을 충실하게 지불했던 페라라의 경우만 뺀다면 식스투스는 교황국가들을 교황의 것으로 만들고, 또 로마와 그 주변을 교황들에게 안전하게 정비하려 했다는 측면에서는 완전한 정당성을 인정받을 수 있었을 것이다. 역사는 아마도 율리우스 2세를 용서했듯이, 그가 이러한 목적을 위해 전쟁이라는 수단을 사용한 것을 용서할지도 모른다. 그리고 그의 외교 정책이 다른 나라들이 가진 부도덕한 원칙들을 따른 것에 지나지 않는다고 인정해 줄 수도 있다. 그렇다 하더라도 교황이 자객들과 공모하고, 대포에 축복을 내리고, 그 시대에 충격을 줄 정도로 철저한 방식으로 전쟁을 수행한 것을 바라보는 일은 전혀 유쾌한 일이 아니다. 캄포 모르토 전투에서 천 명이 사망한 것은 르네상스 이탈리아에서 이루어진 다른 어떤 전투보다 인명 손실이 더 컸다. 나아가 친척 등용과 노골적인 성직 매매는 로마 궁정의 도덕성을 더욱 떨어뜨렸고, 그의 친척들이 벌인 점잖지 못한 값비싼 향연도 마찬가지였다. 이런 점에서, 그리고 다른 점에서도 식스투스 4세는 알렉산더 6세에 이르는 길을 다졌고, 이탈리아의 도덕적 분열에 공헌했다. 식스투스는 로마의 풍자의 독성에 자극을 받아 로마의 종교재판관에게 자기들이 좋아하지 않는 책의 출판을 막을 권한을 주었다. 죽을 때 그는 많은 실패를(로렌쪼, 나폴리, 페라라, 베네찌아에 대해서) 인정했을 것이고, 콜론나 집안은 아직 정복되지도 않았다. 그는 세 가지 중요한 성공을 이루었다. 로마를 좀 더 깨끗하고 위생적인 도시로 만들었고, 이 도시에 신선한 예술의 흐름을 마련해 주었다. 또한 로마 교황청을 유럽의 가장 강력한 군주국으로 복구시켰다.

7. 인노켄티우스 8세: 1484~1492

식스투스의 실패는 그가 죽은 다음 로마에 혼란이 일어났다는 사실에 의해 확인된다. 폭도들이 교황의 곡물 창고들을 유린하고, 제노바 은행으로 쳐들어가고, 지롤라모 리아리오의 궁전을 습격했다. 바티칸 종사자들은 교황궁에서 가구들을 훔쳐 냈다. 귀족들은 무장했다. 거리에는 바리케이드가 쳐졌다. 지롤라모는 콜론나 일파에 대한 싸움을 중지하고 군대를 이끌고 로마로 돌아와야 했다. 콜론나 일가는 그들의 성(城) 일부를 되찾았다. 서둘러 교황 선출 추기경 회의가 소집되었고, 보르지아 추기경과 쥴리아노 델라 로베레 추기경 사이에 약속과 뇌물이 교환되었으며,[49] 그 결과 제노바 출신인 죠반니 바티스타 치보 (G. B. Cibo)가 선출되었다. 그는 인노켄티우스 8세라는 이름을 선택했다.

쉰두 살의 키가 크고 잘생긴 사람이며 약점이라고 할 정도로 친절하고 평화로운 사람이었다. 중간 정도의 지성과 경험을 지녔다. 당시 사람 하나는 그가 "완전히 무식하지는 않다."고 서술했다.[50] 그는 적어도 아들 하나 딸 하나를 두었으며, 아마도 그 이상의 자녀를 두었던 듯하다.[51] 그는 그들의 존재를 솔직하게 인정했고, 사제 신분이 된 뒤로는 독신 생활을 유지한 것으로 보인다. 로마의 재치 있는 사람들이 그의 자식들에 대해 격언시를 쓰긴 했지만 그래도 그가 젊은 시절에 그토록 생산성이 풍부했다는 것을 나쁘게 생각한 사람은 별로 많지 않았다. 그래도 그가 바티칸에서 자녀들과 손주들의 결혼식을 치를 때는 그들도 화가 나서 눈썹을 치켜떴다.

인노켄티우스는 정말로 할아버지가 되고, 집안의 애정을 즐기면서 만족했을 것이다. 그는 폴리찌아노가 자기에게 헤로도토스 번역본을 헌정한 것에 대해서 200두카트를 주었을 뿐, 그 밖에는 인문주의자들로 머리를 복잡하게 하지 않았다. 그는 대리인을 통해 즐겁고도 조용한 태도로 로마를 복구하고 꾸미는 일을 계속했다. 안토니오 폴라유올로를 고용해서 바티칸 정원에 벨베데레 궁전을 짓게 하고, 안드레아 만테냐에게는 거기 덧붙인 예배당에 벽화를 그리게 했다. 그러나 그는 학문과 예술의 후원을 부호들과 추기경들에게 대부분 맡겨두었다. 역시 상냥한 방임주의의 태도로 외교 정책은 처음에는 델라 로베레 추기경에게, 이어서 로렌쪼 데 메디치에게 맡겼다. 이 막강한 은행가는 넉넉한 지참금을 가진 딸 마달레나를 교황의 아들 프란체스케토 치보의 신부로 삼으라고 제안했다. 인노켄티우스는 동의하고 피렌쩨와 동맹을 맺었다.(1487) 그 이후로 그는 경험 많고 평화를 좋아하는 피렌쩨 사람 로렌쪼가 교황청의 정책을 이끌도록 버려두었다. 5년 동안 이탈리아는 평화를 누렸다.

인노켄티우스의 시대는 역사상 가장 이상한 희극 하나 때문에 흥미롭다. 마호메트 2세가 죽은(1481) 다음 그의 두 아들 바야체트 2세와 쳄이 오토만 왕좌를 놓고 내전을 벌였다. 브루사에서 패배한 쳄은 죽음을 벗어나기 위해 로도스 섬에 있던 성 요한의 기사단에 항복했다.(1482) 기사단의 단장이었던 피에르 도뷔쏭은 바야체트를 위협할 생각으로 그를 받아들였다. 술탄은 기사단에 연간 4만 5000두카트를 지불하기로 동의했다. 명목상으로는 쳄을 부양하는 비용이었지만, 실질적으로는 쳄이 풀려나서 터키 술탄을 사칭하고, 그리스도교 십자군 편에 쓸모가 있는 동맹자가 되는 일을 막기 위한 유인책이었다. 도뷔쏭은 이렇게 이익이 많이 나는 죄수를 더욱 안전하게 보호하기 위해 그를 프랑스에 있는 기사단의 보호를 받도록 프랑스로 보냈다. 이집트의 술탄, 스페인의 페르디난드와 이사벨라, 헝가리의 마티아스 코르비누스, 나폴리의 페란테, 인노켄티우스 교황 등이 도뷔쏭에게 각기 많은 돈을 내겠다고 제안하면서 쳄을 자기들에게 보내라고 했다. 교황이 이겼다. 돈 말고도 기사단 단장에게 추기경 자리를 약속하고, 프랑스의 샤를 8세가 브르타뉴의 안과 결혼하고 그 영토를 차지하는 것을 도와주었기 때문이다. 그렇게 해서 1489년 3월 13일에 이제는 쳄이라고 불리는 '터키 대공'이 왕자다운 행렬을 이루어 로마의 거리를 통과해서 바티칸에 이르러 예의 바르고 사치스러운 감옥에 갇혔다. 바야체트는 교황의 훌륭한 의도를 확실히 하기 위해서 그에게 쳄을 유지하는 3년치 봉급을 보내주었다. 1492년에 바야체트는 인노켄티우스에게 그의 말에 따르면 그리스도의 옆구리를 찔렀다는 창의 머리 부분을 보내 주었다. 일부 추기경들은 의심했지만 교황은 이 유품이 앙코나에서 로마로 오도록 했다. 그것이 도착할 때 그는 포폴로 문까지 손수 마중 나가서 장엄한 의식을 거쳐 그것을 바티칸으로 가져왔다. 보르지아 추기경은 사람들의 존경심을 받도록 그것을 높이 쳐들어 보이고는 다시 애인에게로 돌아갔다.

교회를 유지하도록 술탄이 이렇게 넉넉한 기부금을 보냈는데도 인노켄티우스는 수입과 지출을 맞추는 데 어려움을 느꼈다. 식스투스 4세와 유럽의 대부분의 통치자들처럼 그도 사람들을 관직에 임명하고 그 대가로 사례금을 받아 금고를 채웠다. 이것이 이익이 남는 일임을 알아채자 그는 새로운 관직을 만들어서 팔았다. 교황청 서기직을 26명까지 늘리면서 그는 6만 2400두카트를 벌었다. 봉납 서기들을 52명까지 늘렸다. 그들이 하는 힘든 일이란 교황의 교령에 납땜을 붙이는 일이었다. 교황은 새로 임명된 사람들에게서 각기 2500두카트를 받았다. 이런 일들은, 이 사람들이 자기들의 봉급뿐만 아니라 자신들이 얻은 기능을 거침없이 악용하여 스스로 비용을 되찾는 경우만 아니라면 연금 보장을 파는 것보다 더 나쁜 일이 아니었을지도 모른다. 예를 들어 교황의 서기 두 사람은 2년 동안 교황의 특별 사면을 알리는 교서를 50장이나 더 만들었다고 고백했다. 화가 난 교황은 직권을 남용했다는 죄목으로 이들을 목매달아 불에 태우라고 명령했다.(1489)[52] 로마에서는 무엇이든 돈으로 살 수 있었던 것으로 보인다. 법적인 사면에서부터 교황직 자체까지도 말이다.[53] 믿을 수 없는 인페쑤라의 말에 따르면 두 딸과 근친상간을 벌이고 나서 딸들을 죽인 남자가 800두카트를 지불하고 풀려났다고 한다.[54] 보르지아 추기경에게 어째서 정의가 행해지지 않느냐고 질문하자 그는 이렇게 대답했다고 한다. "하느님께서는 죄인이 죽기를 원하지 않고 그가 돈을 내고 살기를 바라신다."[55] 교황의 아들인 프란체스케토 치보(Francescheto Cibo)는 줏대 없는 악당이었다. 그는 "사악한 목적을 위해" 개인 집에까지 밀고 들어갔다. 로마의 교회법정에서 부과하는 벌금 중 상당한 액수가 자기에게 들어오게 만들고는 그것으로 노름을 했다. 어느 날 밤에는 라파엘레 리아리오 추기경에게 1만 4000두카트(35만 달러)를 잃었다. 그는 교황에게 가서 추기경이 자기를 속였다고 불만을 털어놓았다. 교황은 그 돈을 되찾으려고 했지만 추기경은 이미 자기가 짓고 있던 거대한 칸첼레리아 궁전을 위해 돈을 다 써 버렸다고 고백했다.[56]

교황청이 세속화하면서(정치, 전쟁, 재정에 깊이 몰두하는 일) 추기경단은 행정 능력, 정치적 영향력, 혹은 추기경 직위를 얻기 위해 돈을 지불할 능력을 가진 사람들로 채워지게 되었다. 추기경단을 24명으로 제한하겠다고 약속했었지만 인노켄티우스는 여기에 8명을 덧붙였다. 그들 대부분은 이런 직위에 전혀 어울리지 않는 사람들이었다. 그렇게 해서 서른 살 된 죠반니 데 메디치도 로렌쪼와의 협상의 결과로 추기경직을 받았다. 많은 추기경들은 높은 교육을 받고, 문학, 음악, 연극, 미술의 너그러운 후원자들이었다. 그들 중 일부는 성직자였다. 몇 명은 하위 직급을 가졌을 뿐 사제도 아니면서 추기경부터 되었다. 그들 중 상당수는 솔직하게 세속적이었다. 그들의 정치적, 외교적, 재정적 임무는 그들이 세속의 사람이고, 이탈리아와 북유럽 정부의 비슷한 직위에 있는 사람들과 비슷한 수준의 지식과 섬세함을 지닐 것을 요구했다. 이들 중 일부는 로마의 귀족 계급을 흉내 내고, 자기들의 궁전을 요새로 만들고, 다른 귀족들과 로마의 폭도와 다른 추기경들에게서 자신을 보호하기 위해 무장 병력을 유지했다.[57]* 위대한 가톨릭 역사가이며 사제인 사람이 그들의 세속적인 기능을 다음과 같이 서술했을 때 그는 아마도 그들에 대해 약간 지나치게 엄격했다고 말할 수 있다.

인노켄티우스 8세 시대의 추기경단에 대해 로렌쪼 데 메디치가 내렸던 낮은 평가는 불행히도 너무 후한 점수였다. …… 세속적인 추기경들 중에서 아스카니오 스포르짜, 리아리오, 오르시니, 스클라페나투스, 장 드 라 발뤼, 쥴리아노 델라 로베레,

---

*1486년 6월의 추기경회의에서 보르지아 추기경은 발뤼 추기경에게 술에 취했다고 나무랐다. 그에 대해 발뤼는 미래의 알렉산더 6세에게 "갈보의 자식"이라고 대꾸했다.[57a]

사벨리, 로드리고 보르지아 등이 가장 유명한 사람들이었다. 이들은 모두 르네상스 시대 상류층 사이에 지배적이던 부패에 아주 깊이 물든 사람들이었다. 고급스러운 문명의 가장 섬세한 사치품들로 꾸민 화려한 궁전에 둘러싸여 이들 추기경들은 세속 왕자들의 삶을 살았으며, 성직 의상을 단순히 자신들의 지위를 꾸며 주는 것의 하나로만 여겼던 것으로 보인다. 그들은 사냥하고 노름하고 값비싼 향연과 놀이를 베풀고, 사육제의 온갖 즐거운 놀이에 참가했으며, 극단적인 도덕적 방종을 행했다. 특히 로드리고 보르지아의 경우가 그랬다.[58]

이런 최상층의 무질서는 로마의 도덕적 무질서를 반영하는 것이고, 또 더욱 심화시켰다. 폭력, 도둑질, 강간, 뇌물, 음모, 보복 등은 일상의 질서가 되었다. 아침마다 가로수 길에는 지난밤 살해된 남자들의 시체가 나타났다. 순례자들과 대사들이 그리스도교의 수도로 접근하려 하면 길에서 기습을 당하거나 때로는 다 뺏기고 벌거벗겨지곤 했다.[59] 여자들은 거리나 자기 집에서 공격을 받았다. 진짜 십자가의 한 조각이 은으로 만든 케이스에 보관되어 있었는데, 이것이 테베레 강 저편 산타 마리아 성당의 성구실에서 도둑맞았다. 나중에 보석을 뺀 나무 조각만 어느 포도원에서 발견되었다.[60] 이와 같은 종교적 회의주의가 널리 퍼졌다. 로마에서 500가구 이상의 가족이 이단으로 판정받았지만 벌금을 내고 풀려났다. 돈만 밝히는 로마의 교황청이 어쩌면 당시 스페인을 황폐하게 만들던, 돈을 밝히면서 살인까지 좋아하던 종교재판관보다 더 나았을 것이다. 성직자들조차 회의를 품었다. 어떤 성직자는 미사에서 축성의 말 대신 자신이 만든 구호, 곧 "멍청한 그리스도교도들아, 누가 빵과 포도주를 하느님이라고 숭배하느냐!"[61] 하고 바꾸어 말했다는 고발을 받았다. 인노켄티우스 교황의 마지막 무렵에는 종말이 다가온다고 선언하는 예언자들이 나타났다. 피렌쩨에서는 사보나롤라의 목소리가 울려나오면서 이 시대를 반(反)그리스도의 시대라고 낙인찍었다.

1492년에 한 연대기 기록자는 이렇게 말하고 있다. "9월 20일에 로마 시에

굉장한 소동이 일어나고 상인들은 가게 문을 닫았다. 들판과 포도원에서 일하던 사람들은 서둘러 집으로 돌아왔다. 교황 인노켄티우스 8세가 죽었다는 발표가 있었기 때문이다."[62] 그의 죽음의 순간에 대해 이상한 이야기들이 퍼졌다. 추기경들은 프란체스케토 치보가 쳄을 차지하지 않도록 그를 특별한 장소로 옮겨 보호했다. 또 보르지아 추기경과 델라 로베레 추기경은 죽음의 침상 곁에서 거의 주먹질이 오가는 싸움을 벌였다. 죽어 가는 교황을 되살리기 위해 필요한 피를 공급하다가, 피를 너무 많이 빼내는 바람에 세 소년이 죽었다는 이야기를 전해 주는 가장 오래 된 출전은 바로 저 수상쩍은 인페쑤라의 보고이다.[63] 인노켄티우스는 4만 8000두카트(60만 달러?)의 돈을 친척들에게 남기고 죽었다. 그는 성 베드로 성당에 묻히고, 안토니오 폴라유올로가 화려한 무덤으로 그의 죄를 덮어주었다.

16장

보르지아 사람들
1492~1503

1. 보르지아 추기경

르네상스의 교황들 중에서 가장 흥미로운 사람은 1431년 1월 1일 스페인의 사티바에서 태어났다. 그의 부모는 사촌 사이였고, 둘 다 보르자(Borja)였다. 로드리고는 사티바, 발렌시아, 볼로냐에서 교육을 받았다. 그의 아저씨가 추기경이 되고 이어서 교황 칼릭스투스 3세가 되면서 이 젊은 남자가 교회에서 경력을 쌓기 위한 대로가 활짝 열렸다. 이탈리아로 옮겨서 그는 이름을 보르지아(Borgia)로 바꾸고 스물다섯 살에 추기경이 되고, 스물여섯 살에는 교황청에서 수익이 가장 좋은 부총리 자리를 얻었다. 이것은 교황청의 수장 자리였다. 그는 자신의 임무를 완벽하게 수행하고 행정가로서의 명성을 얻고 검소하게 생활했으며 남자와 여자들 사이에 많은 친구가 있었다. 아직은(서른일곱 살이 되기 전에는) 사제가 아니었다.

　젊은 시절 그는 매우 잘생긴 데다가 매너의 우아함, 감각적인 열정, 쾌활한 성격, 설득력 있는 언변, 유쾌한 위트 등이 아주 매력적이었기에 여자들은 그에게 꼼짝 못하고 넘어가곤 했다. 15세기 이탈리아의 편안한 도덕성 속에서 자랐고, 또 많은 성직자와 사제들이 여자들과 즐거움을 누리는 것을 목격했기에 진홍색 추기경 의상을 입은 이 젊은 난봉꾼도 하느님이 자신과 여자들에게 선물해 주신 것을 모두 즐기기로 마음먹었다. 피우스 2세는 그가 "절도 없고 유혹적인 춤"에 동참했다고 나무랐지만(1460) 교황은 로드리고의 사과를 받아들여 그에게 부총리 자리를 계속 내주고 그를 중요한 조력자로 신뢰했다.[1] 같은 해에 로드리고의 첫아들인 페드로 루이스가 태어났다. 그리고 딸 지롤라마도 곧 태어났는데, 그녀는 1482년에 결혼했다.[2] 그들의 어머니는 알려져 있지 않다. 페드로는 1488년까지 스페인에서 살다가 로마로 왔지만 머지않아 사망했다. 1464년 로드리고는 피우스 2세를 수행하여 앙코나로 갔다. 그리고 그곳에서 대단치 않은 성병에 걸렸다. 그의 의사의 말에 따르면 "그가 혼자서 잠을 자지 않았기 때문"이었다.[3]

　1466년에 그는 바노짜 데 카타네이(Vanozza de' Catanei)와 어느 정도 항구적인 결합을 하게 된다. 그녀는 당시 스물네 살이었다. 불행히도 그녀는 도메니코 다리냐노와 결혼한 여자였다. 그러나 도메니코는 1476년에 그녀의 곁을 떠났다.[4] 바노짜는 로드리고와의(그는 1468년에 사제가 되었다.) 사이에 네 명의 아이들을 두었다. 1474년에 죠반니, 1476년에 체사레, 1480년에 루크레찌아, 1481년에 죠프레가 태어났다. 이들 네 사람은 바노짜의 비명에 그녀의 자식으로 기록되었고, 이런저런 기회에 로드리고 보르지아가 자신의 자식들이라고 인정한 사람들이다.[5] 이처럼 확고한 자녀 양육은 거의 부부와 같은 유대를 전제로 하는 것이고, 보르지아 추기경은 다른 성직자들과 비교해 볼 때, 확고한 성실성과 안정성을 가진 사람이라고 믿을 수 있을 것 같다.* 그는 부드럽고 너

---

*사리 분별이 있는 로스코(Roscoe)는 이렇게 말한다. "바노짜와의 이러한 결속은 그가 성실성과 한결같은 마음을 지닌 사람이었음을 보여 준다. 그는 어쩔 수 없이 이 결합을 부인했지만 그래도 그녀를 합법적인 아내로 여겼다."[6]

그러운 아버지였다. 자녀들을 훌륭하게 키우고자 하는 그의 열망이 교회에 영광을 가져오지 않았다는 것은 유감스러운 일이다. 교황의 직위를 바라보고 있는 동안 로드리고는 바노짜에게는 참을성 있는 남편이었고, 그녀가 많은 돈을 벌도록 도와주었다. 그녀는 두 번 과부가 되었고, 다시 결혼해서 절도 있게 살았다. 자녀들이 명성과 부유함을 얻도록 키우는 것을 좋아했고, 그들과 떨어져 있는 일을 탄식했으며, 또한 신앙심으로 명성을 얻고 일흔여섯의 나이로(1518) 죽었다. 그리고 자신의 중요한 재산을 전부 교회에 남겼다. 레오 10세는 그녀의 화려한 장례식에 자신의 의전관을 참석시켰다.[7]

우리가 알렉산더 6세(알렉산데르 6세)를 우리 시대의 도덕적 관점, 혹은 우리 젊은 날의 도덕적 관점으로 판단하려고 한다면 이것은 역사적 감각의 부족을 드러내는 일이 될 것이다. 그의 동시대 사람들은 교황이 되기 전의 성적인 죄악을 교회법으로 보면 치명적인 것이지만, 시대의 도덕적 풍토로 보면 용서될 만한 것이라고 여겼다.[8] 피우스 2세가 그를 질책한 시기와 로드리고가 교황으로 등극하기까지의 중간에 들어가는 세대에게 있어서, 성직 계급이 독신주의에서 성적으로 어느 정도 벗어나는 것에 대해 대중의 여론은 너그리운 편이었다. 피우스 2세 자신도 젊은 날 몇 명의 사생아를 두었으며, 한 번은 사제의 결혼을 옹호한 적도 있었다. 식스투스 4세도 몇 명의 자녀를 두었다. 인노켄티우스 8세는 그들을 바티칸으로 데리고 들어왔다. 어떤 사람들은 로드리고의 도덕성을 나무라지만 인노켄티우스의 후계자를 선출하기 위해 모인 추기경 회의에서는 누구도 그것에 주목하지 않았던 것으로 보인다. 상당히 미덕이 높은 니콜라스 5세를 비롯하여 다섯 명의 교황들이 이 기간 내내 그에게 수익이 높은 성직록을 부여하고, 또한 어려운 임무와 책임이 있는 지위들을 주었고, 생식력이 왕성한 그의 방종에 대해서는 (피우스 2세가 단 한 번 예외적으로 나무란 것을 빼고는) 그다지 주목하지 않았던 것이 분명하다.[9] 1492년에 사람들이 주목했던 것은 그가 35년 동안이나 부총리였으며, 다섯 명의 교황들에 의해 연속적으로 이 직위를 부여받았다는 사실이고, 또한 분명한 근면성과 유능함으로 이런 직분을 수행했다는 점이었다. 그의 궁전의 외적인 당당함 안에는 상당히 단순한 사생활이 들어 있었다. 야코포 다 볼테라는 1486년에 그를 가리켜서 "무엇이든지 할 수 있는 지성을 갖추고 뛰어난 감각을 가진 남자. 그는 항상 훌륭한 웅변가이고 기민한 천성으로 사건을 처리하는 놀라운 기술을 가지고 있다."고 말한다.[10] 그는 로마 사람들 사이에 인기가 좋았고, 그들과 더불어 여러 경기를 즐겼다. 그라나다가 그리스도교도의 손에 함락되었다는 소식이 로마로 전해지자 그는 스페인 방식으로 투우를 열어 로마를 즐겁게 해 주었다.

1492년 8월 6일에 열린 교황 선출 회의에 참석한 추기경들은 어쩌면 그의 부(富)에 관심이 있었을지도 모른다. 다섯 명의 교황 시기를 거치면서 그는 로마의 기억에서 (데스투트빌 추기경을 빼고는) 가장 부유한 추기경이 되었기 때문이다. 그들은 자기를 뽑아 준 사람들에게 그가 넉넉한 선물을 해 줄 것이라 기대했다. 그리고 정말로 그렇게 해 주었다. 스포르짜 추기경에게 부총리 자리와 몇몇 넉넉한 성직록을 약속해 주고, 로마의 보르지아 궁전을 주기로 약속했다. 오르시니 추기경에게는 카르타제나의 주교직과 성직록을 주고, 또 몬티첼리와 소리아노의 마을들과 국경 지대의 행정관직을 약속했다. 사벨리 추기경에게는 치비타 카스텔라나와, 마요르카 주교직 등을 약속했다. 인페쑤라는 이 과정을 보르지아가 "자신의 부의 복음을 가난한 사람들에게 분배하는" 과정이라고 서술했다.[11] 이것은 특별한 과정은 아니었다. 과거 교황 선출 회의에서 모든 후보자들이 그렇게 했고, 오늘날의 정치에서도 모든 후보자는 이런 방법을 이용한다. 돈으로 직접적인 매수가 이루어졌는지는 확실하지 않다.[12] 게라르도 추기경이 던진 표가 결정적인 표였다. 그는 아흔여섯 살의 노인으로서 "신체 기능이 거의 제대로 작동되지 않는" 상황이었다.[13] 마침내 모든 추기경들이 덤벼들어 그의 동의를 얻었고, 로드리고 보르지아가 만장일치로 선출되었다.(1492년 8월 10일) 교황으로서 어떤 이름으로 불리기를 원하느냐는 질문을 받고 그는 "정복할 수 없는 알렉산더의 이름"이라고 대답했다. 이것은 이교의 교황을 위한 이교적인 시작이었다.

2. 알렉산더 6세

추기경회의의 선택은 국민의 선택이기도 했다. 어떤 교황의 선출도 그렇듯 많은 환호성을 불러온 적이 없고,[14] 어떤 대관식도 그토록 당당한 적이 없었다. 주민들은 하얀 말들, 알레고리의 인물들, 벽걸이와 그림들, 기사들과 고관들, 궁수 부대와 터키 기수들, 700명의 사제들, 화려한 색깔의 옷을 입은 추기경들, 그리고 마지막으로 알렉산더 자신에 이르는 대단한 행렬을 즐겁게 구경했다. 교황은 예순한 살의 나이였지만 당당하게 꼿꼿하고 키가 크고, 건강과 에너지와 자부심과 "명랑한 얼굴과 빼어난 당당함"이 흘러넘친다고 당시의 목격자가 기록했다.[15] 대중에게 축복을 내리는 동안 그는 마치 황제 같았다. 쥴리아노 델라 로베레와 죠반니 데 메디치 같은 냉정한 정신들만이 자상한 아버지로 알려진 새 교황이 교회를 깨끗하게 하고 강화하는 일보다는 자기 가족을 영광되게 하는 일에 권력을 사용하지 않을까 염려했다.

그는 훌륭하게 시작했다. 인노켄티우스 8세의 죽음과 알렉산더의 대관식 사이에 긴 36일 동안 로마에서 알려진 것만 220건의 살인 사건이 있었다. 새로운 교황은 살인자를 붙잡아서 하나의 예를 보였다. 범인은 교수형을 당하고 그의 형제도 함께 사형을 당하고, 그의 집은 붕괴시켰다. 도시는 이런 엄격함을 인정해 주었다. 범죄가 꼬리를 감추었다. 로마에 질서가 회복되고 이탈리아 전국은 그토록 강인한 손길이 교회의 투구를 움켜쥔 것을 기뻐했다.[16]

미술과 문학은 발전이 없었다. 알렉산더는 로마 안팎에 상당한 건축을 했다. 스페인의 페르디난드와 이사벨라가 보내 준 아메리카의 황금으로 산타 마리아 마죠레 교회에 새로운 천장을 만들 수 있었다. 요새가 된 천사성에 하드리아누스 기념묘를 새로 만들었다. 그리고 천사성 내부에 교황의 죄수들을 위한 방들을 만들고, 또 교황이 피신할 경우 더욱 안락하게 지낼 수 있도록 내부를 고쳤다. 천사성과 바티칸 사이에 길게 포장된 통로를 만들었다. 이것은 그가 1494년 샤를 8세를 피해 도망칠 때와 로마 유린 시기에 클레멘스 7세가 루터파의 올가

미를 피해 도망치는 길로 이용되었다. 핀투리키오는 바티칸에 보르지아 아파트를 새로 꾸몄다. 여섯 개의 방들 중 4개가 새로 복원되고 레오 13세에 의해 일반에 공개되었다. 이 방들 중 한 곳의 삼각면에는 알렉산더의 생생한 초상화가 들어 있다. 행복한 얼굴, 훌륭한 체격, 경이로운 의상 등이다. 또 다른 방에 아이에게 읽기를 가르치는 성모의 모습은 쥴리아 파르네제(Giulia Farnese)를 그린 것이라고 바사리는 서술하고 있다.[17] 그녀는 교황의 애인으로 알려져 있었다. 바사리는 이 그림이 또한 "그녀를 경배하는 알렉산더 교황의 머리"를 포함하고 있다고 덧붙이고 있는데, 그곳에 그의 모습은 보이지 않는다.

그는 로마 대학을 새로 짓고, 그곳에 몇 명의 뛰어난 선생들을 초빙하고, 전례 없이 정기적으로 돈을 지불했다. 그는 연극을 좋아해서 자신의 가족 축제를 위해 로마 아카데미 회원들이 희극과 발레를 공연하도록 했다. 그는 무거운 철학보다는 가벼운 음악을 더 좋아했다. 1501년에 교황은 지역 대주교의 승인을 받지 않은 책은 출판할 수 없다는 칙령으로 출판에 검열 제도를 다시 도입했다. 그러나 그는 풍자와 논쟁의 자유를 광범위하게 허용했다. 도시 위트의 날카로운 말을 들으면 그는 웃어넘겼다. 아들 체사레 보르지아가 그런 작자들에겐 기율이 필요하다고 제안하자 그는 그것을 거절했다. 그리고 페라라 대사에게 이렇게 말했다. "로마는 자유 도시입니다. 누구든 자기 좋을 대로 말하고 쓸 수가 있어요. 그들은 나에 대해 나쁜 말을 많이 하지만 난 마음 쓰지 않습니다."[18]

교회의 사건에 대한 그의 행정 처리는 처음 몇 년 동안에는 비상하게 능률적이었다. 인노켄티우스 8세는 적자 재정을 남겼다. "교황청 재정을 복구하기 위해서는 알렉산더의 재정적인 능력이 필요했다. 그는 2년 만에 재정의 균형을 이루었다."[18a] 바티칸 직원의 숫자를 줄이고, 경비는 삭감하고, 기록은 엄격하게 하고 봉급은 즉시 지불했다.[19] 알렉산더는 직위가 요구하는 힘든 종교적 의식들을 성심껏 수행했다. 다만 바쁜 남자의 성급함으로 행했다.[20] 그의 '의전관'은 도이치 사람인 요한 부르하르트(J. Burchard)였다. 그는 자신을 고용한 알렉산더의 명성과 오명이 영원한 것이 되도록 도운 사람이다. 『연대기』에 자기가 본 것을 거의 모두, 알렉산더가 들키지 않기를 바랄 만한 것까지 모조리 기록했기 때문이다. 교황은 교황 선출 추기경회의에서 추기경들에게 약속한 것들을 거의 모두 지켜 주었다. 그리고 오랫동안 자기에게 반대해 온 메디치 추기경 같은 사람에게는 오히려 더욱 너그럽게 대해 주었다. 교황이 된 지 1년 만에 그는 12명의 추기경을 새로 임명했다. 몇 명은 정말로 유능한 사람들이었다. 몇 명은 그들과 화해하는 것이 좋을 것이라는 정치적 필요성에 따른 것이었다. 새로 임명된 추기경 중 두 사람은 추문이 날 정도로 젊었다. 이폴리토 데스테는 열다섯 살이고, 체사레 보르지아는 열여덟 살이었다. 그들 중 한 사람인 알레싼드로 파르네제는, 많은 사람이 교황의 애인이라고 여기는 누이 줄리아 파르네제 덕분에 추기경이 되었다. 독설이 심한 로마 사람들은 앞으로 언젠가 알레싼드로 파르네제가 교황 파울루스 3세로 등극하는 것을 보게 되리라고는 꿈에도 모른 채 그를 "치마폭 추기경"이라고 불렀다. 오래된 추기경들 중에서 가장 강한 사람은 줄리아노 델라 로베레였다. 인노켄티우스 8세 시절 자주 통치에 관여했던 그는 알렉산더에게 영향력을 행사할 수 없는 것을 불쾌하게 여겼다. 지금 교황은 스포르짜 추기경과 상의를 하곤 했다. 화를 발끈 낸 줄리아노는 오스티아에 있는 주교좌로 은둔해서 무장한 호위 부대를 조직했다. 1년 뒤에 그는 프랑스로 도망가서 샤를 8세에게 이탈리아를 침공하고, 세계공의회를 소집하고, 수치스러운 성직 매매를 행하는 교황 알렉산더를 면직시키라고 간청했다.

알렉산더는 교황청이 이탈리아 세력들의 음모라는 난제에 붙잡혀 있음을 알아보았다. 교황국가들은 다시 지방의 독재자들 손에 넘어가 있었다. 그들은 스스로 교회의 대리인이라고 부르기는 했지만 인노켄티우스 8세가 허약한 틈을 이용해서 그들 자신이나 전임자가 알보르노쯔나 식스투스 4세 치하에서 잃어버린 실질적인 독립을 다시 확립하고 있었다. 일부 교황 도시들은 이웃한 세력에게 넘어갔다. 그렇게 해서 나폴리는 1467년에 소라와 아퀼라를 접수하고, 밀라노는 1488년에 포를리를 차지했다. 알렉산더의 첫 번째 과업은 이런 국가들을 다시 중앙 집권을 이룬 교황의 통치 아래로 되찾아 세금을 부과하는 일이었다. 이것은 스페인, 프랑스, 잉글랜드의 왕들이 봉건적 지주들을 진압한 것과 같은 일이었다. 그는 이 일을 아들 체사레 보르지아에게 맡겼다. 체사레는 마키아벨리가 경탄하여 입을 딱 벌릴 정도의 속도와 가차없음으로 이 일을 수행했다.

로마에 더 가깝고, 직접 방해가 되는 것은 귀족들의 소란스러운 자율권이었다. 그들은 이론적으로는 교황의 신하였으나 실질적으로는 교황에게 적대적이고 위험한 존재들이었다. 보니파키우스 8세(1303년 사망) 이후로 교황청이 약해지면서 이들 귀족들은 그들의 영지에서 중세의 봉건적 통치권을 유지하고, 자기들의 법을 만들고 각각의 군대를 조직하고, 멋대로 자기들의 사적인 전쟁을 벌이고, 라티움 지역의 질서와 상업을 파괴하고 있었다. 알렉산더가 교황으로 즉위한 직후 프란체스케토 치보는 4만 두카트(50만 달러)를 받고 비르지니오 오르시니에게 아버지 인노켄티우스 8세가 자기에게 남긴 땅을 팔았다. 그러나 오르시니는 나폴리 군대의 고위 장교였다. 그는 나폴리의 페란테에게서 이 돈의 대부분을 받았다.[21] 그로써 나폴리는 실질적으로 교황 영토 안에 두 개의 전략적 근거지를 확보했다.[22] 알렉산더는 베네찌아, 밀라노, 페라라, 시에나 등과 동맹을 맺고, 군대를 양성하고, 천사성과 바티칸 사이에 벽을 쌓음으로 이에 대응했다. 스페인의 페르디난드 2세는 이 연합 군대가 함께 나폴리를 공격하면 이탈리아에서 아라곤 세력이 끝날지도 모른다는 걱정이 들었다. 그는 알렉산더 교황과 페란테 왕을 설득해서 협상하게 만들었다. 오르시니는 자신이 사들인 것에 대한 권리를 확보하기 위해 교황에게 4만 두카트를 지불했다. 알렉산더는 당시 열세 살이던 아들 죠프레를 나폴리 왕의 아름다운 손녀딸 산치아와 약혼시켰다.(1494)

페르디난드의 행복한 명상의 대가로 알렉산더는 그에게 두 개의 아메리카를 선물해 주었다. 콜럼버스는 알렉산더가 교황직에 오르고 나서 두 달 만에 '서인도 제도'를 발견하고 그것을 스페인의 페르디난드와 이사벨라에게 선물했다. 포르투갈은 칼릭스투스 3세의 칙령(1479)에 따라 신세계가 자기들의 것이라고 주장했다. 칼릭스투스 칙령은 대서양 해안에 있는 모든 땅은 포르투갈의 것임을 확인해 준 것이었다. 스페인은 이 칙령이 오로지 대서양 동쪽의 해안들만을 뜻하는 것이라고 대들었다. 이 나라들이 거의 전쟁의 위기에 이르렀을 때 알렉산더는 두 개의 교령(1493년 5월 3일자와 4일자)을 내려서 스페인에는 서쪽에서 발견된 해안을, 포르투갈에는 동쪽 해안을 할당해 주었다. 그것은 남극에서 북극에 이르기까지 상상의 선을 그려서, 아조레스와 베르데 곶 제도 서편의 해안을 스페인의 동맹국으로 만들어 준 것이었다. 두 경우 다 새로 발견된 섬들에 그리스도교도가 거주하지 않았을 것과, 정복자들이 그곳의 새로운 주민들을 그리스도교 신앙으로 개종시키기 위해 모든 노력을 다한다는 것을 전제로 한 것이었다. 교황의 '승인'은 물론 칼로 이루어진 정복을 확인해 준 것에 지나지 않았지만, 그것은 반도의 세력들 사이에 평화를 유지하게 해 주었다. 그리스도교도가 아닌 사람들도 자기들이 그동안 살았던 땅에 대해 어떤 권리를 가진다는 생각은 아무도 하지 않았다.

알렉산더는 대륙들을 분배할 수는 있어도 바티칸을 유지하기는 어렵다는 것을 알았다. 나폴리의 페란테가 죽자(1494) 프랑스의 샤를 8세는 이탈리아로 침입해서 나폴리를 프랑스 통치령으로 회복하겠다고 결심했다. 폐위가 두려웠던 알렉산더는 터키의 술탄에게 도움을 간청하는 극단적인 조치를 취하기에 이르렀다. 1494년 7월에 그는 교황청 서기인 죠르죠 보치아르도(G. Bocciardo)를 보내 바야체트 2세에게, 샤를 8세가 이탈리아로 들어와 나폴리를 차지하고 교황을 폐위하거나 통제하려고 한다, 그리고 쳄을 이용해서 콘스탄티노플에 대항한 십자군 전쟁을 일으켜 그가 오토만 제국의 통치자임을 자처하도록 할 계획이라고 경고했다. 알렉산더는 바야체트가 교황청, 나폴리, 그리고 아마도 베네찌아와 힘을 합쳐 프랑스에 맞설 공통의 이유가 있다는 사실을 알려 준 것이다. 바야체트는 보치아르도를 동방의 예의로 맞아들여 그에게 쳄의 체류비로 4만 두카트를 주고 또 자신이 알렉산더에게 보내는 사절단과 함께 돌려보냈다. 세니갈리아에서 보치아르도는 저 불만을 품은 추기경의 형제인 죠반니 델라 로베레에게 붙잡혀 4만 두카트와, 술탄이 교황에게 보냈다는 편지 5통을 다 뺏겼다. 이 편지들 중 하나는 알렉산더에게 쳄을 죽여서 죽은 시체를 콘스탄티노플로 보내라고 제안하고 있었다. 그 대가로 술탄이 교황에게 30만 두카트(375만 달러)를 지불하겠다는 것이다. "성하께서 자녀들을 위해 영토를 좀 사실 수 있도록" 말이다.[23] 델라 로베레 추기경은 이 편지의 사본들을 프랑스 왕에게 보냈다. 알렉산더는 추기경이 편지를 위조했고, 전체 이야기를 꾸며 낸 것이라고 선언했다. 증거에 따르면 알렉산더가 바야체트에게 보낸 편지는 진짜지만, 술탄의 답장은 위조된 것으로 보인다.[24] 베네찌아와 나폴리는 전에 이미 터키와 비슷한 협상을 한 적이 있었다. 프랑수아 1세는 나중에 그렇게 하게 된다. 통치자들에게 있어서 종교란, 다른 모든 것과 마찬가지로 권력의 수단일 뿐이다.

샤를 8세는 이탈리아로 넘어와서 친한 밀라노를 거쳐 피렌쩨를 겁주고, 로마로 접근했다.(1494년 12월) 콜론나 일가는 수도 침공의 준비를 도와주어 프랑스 편을 들었다. 프랑스 함대는 오스티아(테베레 강의 하구에 있는 로마의 항구)를 포위하고, 시칠리아에서 들어오는 곡물 공급을 차단하겠다고 위협했다. 아스카니오 스포르짜를 포함하여 많은 추기경들이 샤를 편이라고 선언했다. 비르지니오 오르시니는 왕에게 자신의 요새 문을 열어 주었다. 로마에 있는 추기경의 절반이 그에게 교황을 폐위시키라고 간청했다.[24a] 알렉산더는 천사성으로 물러나 정복자와 협상할 사절단을 보냈다. 샤를은 교황의 제거를 시도함으로써 스페인이 자기에 맞서 일어나도록 자극할 생각이 없었다. 그의 목표는 나폴리였다. 나폴리의 부(富)는 전부터 그의 부하들의 생각 속에 들어 있었다. 그는 자신의 군대가 방해받지 않고 라티움 지방을 통과하도록 할 것, 그리고 프랑스 편을 든 추기경들을 용서할 것, 쳄을 넘겨줄 것 등의 조건으로 알렉산더와 평화를 맺었다. 알렉산더는 굴복하고 바티칸으로 돌아와서, 샤를이 자기 앞에 세 번이나 무릎 꿇는 것을 즐기고, 또 그가 교황의 발에 키스하려는 것을 너그럽게 말리고, 왕에게서 프랑스의 형식적인 '복종'을 받아들였다. 그러니까 알렉산더를 폐위한다는 계획은 완전히 철회된 것이다. 1495년 1월 24일에 샤를은 나폴리로 진군했다. 그는 쳄을 데려갔다. 2월 25일에 쳄이 기관지염으로 죽었다. 교묘한 알렉산더가 그에게 천천히 작용하는 독약을 먹였다는 소문이 돌았지만 지금은 아무도 그런 이야기를 믿지 않는다.[25]

프랑스 군대가 떠나고 나자 알렉산더는 용기를 회복했다. 이제 그는 세속 국가의 정복으로부터 교황청의 안전을 확보하기 위해서는 강력한 교황국가, 좋은 군대, 훌륭한 장군이 필수적인 것임을 깨달았다.[26] 베네찌아, 도이칠란트, 스페인, 밀라노와 함께 그는 신성 동맹(1495년 3월 31일)을 맺었다. 표면상으로는 터키에 맞선 전쟁에서 상호 보호를 내세웠지만 속으로는 프랑스 군대를 이탈리아에서 몰아내기 위한 것이었다. 샤를은 이러한 상황을 파악하고 다시 로마로 들어왔다가 피사로 갔다. 알렉산더는 그를 피하기 위해 오르비에토와 페루지아에 머물렀다. 샤를이 프랑스로 돌아가자 알렉산더는 의기양양하게 로마로 돌아왔다. 그는 피렌쩨 정부에게 신성 동맹에 동참할 것을 요구하고, 또 프랑스의 친구이며 교황의 적인 사보나롤라를 추방하든지 아니면 입 다물게 하라고 요구했다. 교황군대를 재정비하고, 살아남은 아들 중 가장 연장자인 죠반니를 대장으로 앉혔다. 그리고 반란을 일으킨 오르시니 요새들을 교황국으로 되찾아오라고 명령했다.(1496) 그러나 죠반니는 장군감이 아니었다. 그는 소리아노에서 패배하고 망신스럽게 로마로 돌아왔다. 그리고 조심성 없이 연애질을 계속했다. 어쩌면 그것이 그의 이른 죽음의 원인이 되었을 것이다. 그런데도 알렉산더는 비르지니오 오르시니에게 팔린 요새들을 되찾고, 오스티아를 프랑스에서 탈환했다. 온갖 장애물을 극복한 것으로 보였을 때 그는 핀투리키오에게 천사성의 교황 거처의 벽에 교황이 왕을 누르고 승리하는 벽화를 그리라고 주문했다. 알렉산더는 절정에 이르렀다.

3. 죄인

　로마는 그의 국내 행정을 찬양하고, 또 머뭇거림에도 불구하고 성공적인 외교를 찬양했다. 또 그의 애정 행각을 온건하게 나무라고, 그가 깃털로 자식들의 둥지를 덮어 준 것을 격하게 나무라고, 로마에서 이상한 언행으로 인해 이탈리아 사람들의 이를 갈게 만드는 스페인 사람을 잔뜩 관직에 임명한 일을 증오심으로 나무랐다. 100명쯤 되는 교황의 스페인 친척들이 로마로 몰려들었다. 어떤 관찰자는 이렇게 말했다. "교황청이 10개라도 이들 사촌들을 위해서는 자리가 모자랄 것이다."[27] 알렉산더 자신은 이 시기에 이미 문화, 정책, 행동 등이 완전히 이탈리아 방식이었지만 그래도 여전히 스페인을 사랑하고, 체사레나 루크레찌아와 너무 자주 스페인어로 이야기를 하고, 스페인 사람 19명을 추기경으로 만들고, 또 카탈루냐 출신 하인들과 시종들로 주변을 둘러쌌다. 질투심이 난 로마 사람들은 반은 유머로, 반은 화가 나서 그를 "마라노 교황"이라 불렀다.[28] 그가 그리스도교로 개종한 스페인계 유대인의 후손임을 빗댄 표현이었다. 알렉산더는 특히 추기경단에 있는 많은 이탈리아 사람들이 자신에게 충성스럽지 않고, 또 주변에 개인적 충성심으로 자신에게 결속된 지지자들을 둘 필요가 있다는 이유로 이 일을 변명했다. 이들은 그가 로마에서 자기들의 유일한 보호자라는 사실을 깨닫고 그에게 개인적 충성을 다했기 때문이다.

　그는 (나폴레옹에 이르기까지 유럽의 다른 통치자들도) 이런 방식으로 신뢰와 권력이 있는 자리에 친척을 임명하는 이유를 설명했다.* 그는 한동안 아들 죠반니가 교황국가를 보호하는 일을 도와주기를 희망했지만 죠반니는 남자들을

---

* 존경할 만한 크레이튼(Creighton)의 말을 참조하라. "이탈리아 정치의 불안정한 상황에서는 이해관계에 따라 확보된 것이 아니고는 자기편이라고 믿을 수가 없었다. 그래서 알렉산더 6세는 가족의 결혼을 확실한 정치적 자기편을 확보하는 수단으로 이용했다. 그는 자기 자식들 말고는 믿을 수 있는 사람이 없었고, 자식들을 자신의 계획을 위한 도구로 여겼다." M. Creighton, *History of the Papacy During the Period of the Reformation*, III, 263쪽. 영국 국교회 주교(크레이튼)의 편향되지 않은 관찰과 학식은 이 분야에서는 오로지 저 가톨릭 교도인 루드비히 폰 파스토르(Ludwig von Pastor)의 『교황들의 역사』의 학문적 성과 및 정직성하고만 견줄 수 있다. 이 두 권의 주목할 만한 역사서의 존재가 르네상스 교황들을 둘러싼 게릴라 방식 팸플릿들이 만들어 낸 전설의 안개를 흩뜨려 없애 준다.

통치하는 알렉산더의 능력은 없이, 오로지 여자들에 대한 민감성만 물려받았다. 아들들 중에서 오로지 체사레만이 이 폭력적인 시대 이탈리아의 정치 게임을 감당해 낼 만큼 강철과 배포를 지니고 있음을 알아챈 알렉산더는 그에게 성직을 잔뜩 마련해 주었다. 그런 성직들에서 나오는 수입은 젊은이의 세력에 재정적 뒷받침을 해 주었다. 온화한 루크레찌아조차 정치의 도구가 되어서, 그녀는 도시의 통치자 아니면 가치가 있는 공작의 침대로 보내졌다. 루크레찌아를 향한 교황의 애정이 아주 각별한 것이어서 그가 그녀와 근친상간의 관계를 가졌다는 소문과, 또 그가 그녀의 사랑을 얻기 위해 아들들과 경쟁을 벌였다는 잔인한 소문이 퍼졌다.[29] 그가 로마를 비우지 않을 수 없었던 두 번의 기회에 알렉산더는 루크레찌아에게 바티칸에 있는 자기 방들의 책임을 맡겼다. 편지를 열어 보고, 모든 일상적인 업무를 처리할 권한을 그녀에게 주었다. 여성에게 이런 권한을 부여하는 것은 이탈리아의 통치자 집안에서는 흔한 일이었지만(페라라, 우르비노, 만토바 등) 그러나 이 일은 닳고 닳은 로마에서도 충격이었다. 죠프레와 산치아가 나폴리에서 결혼한 다음 로마로 왔을 때 체사레와 루크레찌아가 그들을 마중하러 갔다. 네 사람은 모두 서둘러 바티칸으로 왔고 알렉산더는 그들을 주변에 두게 된 것을 행복하게 여겼다. 귀치아르디니는 이렇게 말한다. "다른 교황들은 자식들을 조카라고 부르는 것이 보통이었다. 그러나 알렉산더는 그들이 자기 자식이라는 것을 온 세상에 알리는 것을 기쁨으로 여겼다."[30]

도시는 교황이 저 소박한 바노짜와 관계를 가졌던 일을 용서했지만, 현재의 쥴리아에 대해서는 이상하게 여겼다. 쥴리아 파르네제(G. Farnese)는 그 아름다움이 특별했는데 금발머리로 특히 유명했다. 그녀가 이 머리를 풀면 그것은 발치까지 굽이쳐 흘러내렸고, 이것은 알렉산더보다 덜 정력적인 남자라도 온몸의 피를 흔들어 놓을 만한 모습이었다. 그녀의 친구들은 그녀를 "아름다운 여자(La Bella)"라고 불렀다. 사누도는 그녀가 "교황이 좋아하는 사람, 대단한 아름다움과 이해심을 가진, 품위 있고 상냥한 젊은 여인"이라고 말하고 있다.[31]

1493년에 인페쑤라는 그녀가 바티칸에서 열린 루크레찌아의 결혼 피로연에 참석했다고 기록했다. 그리고 그녀를 알렉산더의 "첩"이라고 표현했다. 페루지아 출신의 역사가인 마타라쪼도 쥴리아를 같은 용어로 부르고 있지만 아마도 인페쑤라의 말을 베낀 것으로 보인다. 1494년에 피렌쩨의 재치는 그녀를 "그리스도의 신부"라고 불렀다. 이것은 보통은 교회를 가리키는 표현이다.[32] 일부 학자들은, 루크레찌아가(연구를 통해 상당히 존경할 만한 여성임이 드러났다.) 마지막까지 그녀의 친구였다는 점, 그리고 쥴리아의 남편인 오르시노 오르시니가 그녀를 추억하기 위해 예배당을 지었다는 사실에 근거해서 쥴리아의 혐의를 풀어 주려고 노력했다.[33] 1492년에 쥴리아는 딸 라우라를 낳았다. 공식적으로는 오르시니의 자식으로 되어 있지만 알레싼드로 파르네제 추기경(쥴리아의 동생)은 이 소녀가 알렉산더의 자식이라고 인정했다.[34]* 그리고 또 다른 여자에게서 교황은 1498년 무렵 이름이 알려지지 않은 아들을 얻었다. 부르하르트의 기록에는 "로마의 아이(Infans Romanus)"라고 나타난다.[35] 이것은 불확실하고 밝히기 어려운 문제이다.

알렉산더가 감각적인 사람으로 독신주의에는 고통스러울 정도로 어울리지 않는 혈기왕성한 남자였다는 것은 의심의 여지가 없다. 한 번은 그가 바티칸에서 축제를 베풀 때 희극이 공연되었는데(1503년 2월) 그는 즐거움으로 큰 소리로 웃고, 또 주변에 아름다운 여인들이 많은 것과 그들을 자기 발치에 앉히게 된 것을 아주 좋아했다. 그는 남자였던 것이다. 당시의 많은 성직자들이 그랬듯이 그는 성직자의 독신주의가 힐데브란트의 오류였다고 느끼고, 추기경도 여자와 함께 지내는 즐거움과 고통을 맛보아야 한다고 느꼈던 것 같다. 그는 바노짜에게 남편으로서의 다정한 모습을 보여 주었고, 쥴리아에게는 어쩌면 아버지 같은 애정을 보였을지도 모른다. 다른 한편 자녀들을 향한 그의 헌신은 이따금 교회의 이익보다 더 많이 그의 관심을 차지했기에, 사제의 독신주의를 규정

---

*파스토르(V, 417n)는 이것이 명백하게 알렉산더의 책임이라는 증거로 받아들였다. 그러나 이 교황의 성격은 적대적인 소문에 의해 하도 더럽혀져서 여전히 판단을 망설이게 만든다.

한 교회법이 지혜로운 것이었음을 뒷받침하는 근거로 사용될 수 있다.

체사레 보르지아가 아직 그 그림자를 드리우기 이전 그의 교황 재임 중기에 알렉산더는 많은 미덕을 지녔다. 공적인 기능을 할 때는 당당한 품위를 지니고 있지만 사적인 자리에서는 쾌활하고 선량하고 낙천적이고 삶을 열심히 즐기고, 또 "남자 성기 모양을 한, 커다란 가짜 코를 붙인" 가면을 쓴 남자들의 행렬을 창문으로 내다보면서 즐겁게 웃어 댈 수 있는 사람이었다.[36] 그는 이제 어느 정도 뚱뚱한 모습이었다. 핀투리키오가 알렉산더 아파트의 벽에 그린 기도하는 모습이 정직한 것이라고 믿어도 된다면 말이다. 그러나 모든 기록들은 그가 검소하게 살았다는 점에서 일치를 보인다. 음식이 하도 소박해서 추기경들은 그와 함께 식탁에 앉기를 꺼릴 정도였다.[37] 그는 행정 일에 몸을 아끼지 않았다. 밤늦게까지 일하고, 그리스도교 세계 어디서 일어난 일이라도 교회의 일이라면 열심히 관찰했다.

그의 신앙심은 가짜였던가? 그렇지 않은 듯하다. 그의 편지들은, 심지어는 줄리아와 연관된 편지들조차도 개인적인 서한에 꼭 필요한 것이 아닌, 신앙심을 나타내는 구절들로 차 있다.[38] 그는 활동적인 남자였고, 그 시대의 편안한 도덕성에 하도 익숙해져서, 그리스도교 윤리와 자신의 생활 사이에 별로 모순을 느끼지 않았던 것이다. 대부분의 사람들이 신학에서 철저히 정교 신앙을 가지듯이 그는 행동에서 완전히 세속적이었다. 그는 자신의 처지에서 교황청은 성인이 아니라 정치가를 필요로 한다고 느꼈던 것으로 보인다. 그는 성스러움을 존경했지만, 언제나 섬세하고 욕심 많은 전제 군주들이나 양심의 가책도 없이 배신적인 외교관들을 상대해야 하는 사람이 아니라 수도원과 개인 생활에서 더욱 필요한 것이라고 생각했다. 그는 결국은 전제 군주와 외교관의 모든 방법을 다 채택하고, 교황청의 전임자들이 취했던 의문스러운 방책들을 거의 모두 선택했다.

통치와 전쟁을 수행하기 위해 돈이 필요했으므로 성직을 팔고 죽은 추기경들의 재산을 인수하고 1500년 희년 축제를 충분히 이용했다. 정치적 협상에서 이익이 많이 남는 특별 면제와 이혼을 허락해 주었다. 그렇게 해서 헝가리의 라디슬라우스 7세는 나폴리의 베아트리체와의 결혼을 무효로 만들기 위해 3만 두카트를 지불했다. 헨리 8세가 알렉산더 같은 사람과 협상할 수만 있었다면 그는 마지막까지 신앙과 가톨릭의 수호자로 남았을 것이다. 희년 축제를 위해 예상했던 순례자들이 강도와 질병과 전쟁이 두려워 길을 떠나지 않아 재정적 손실을 볼 위험이 생기자 알렉산더는 이익을 잃지 않으려고 전임 교황들의 예를 좇아 교령을(1500년 3월 4일) 발표했다. 그것은 그리스도교도가 얼마를 내면 로마로 오지 않고도 희년의 사면을 얻을 수 있는가, 얼마의 비용이면 회개한 사람이 근친혼에 대한 사죄를 받게 되는가, 성직자가 성직 매매나 '난잡한 행실'을 한 것을 용서받으려면 얼마나 지불해야 하는가를 상세히 설명한 것이었다.[39] 12월 16일에 그는 희년 축제를 이듬해 주현절(1월 6일)까지 연장했다. 돈을 모으는 사람들은 이번 희년 축제를 통해 모인 자금은 터키에 맞선 십자군 전쟁에 쓰일 것이라고 약속했다. 폴란드와 베네찌아의 모금원들 경우에는 이 약속이 지켜졌다. 그러나 체사레 보르지아가 희년의 수익금을 교황국가를 회복하기 위한 전쟁의 경비로 썼다.[40]

희년 축제를 위해 알렉산더는(1500년 9월 28일) 새로운 추기경 12명을 더 임명했고, 그들은 이 임명의 대가로 총 12만 두카트를 지불했다. 귀치아르디니는 이번 승진은 "가장 미덕이 큰 사람이 아니라 가장 많은 돈을 낸 사람들에게" 주어졌다고 말한다.[41] 1503년에 알렉산더는 비슷한 가격에 9명의 추기경을 더 임명했다.[42] 같은 해에 그는 교황청에 없던 자리 80개를 갑자기 만들어 냈다. 적대적인 베네찌아 대사 쥬스티니아니(Giustiniani)에 따르면 이런 자리들은 각기 760두카트에 팔렸다.[43] 풍자 작가 한 사람이 파스퀴노 동상에(1503) 날카로운 풍자문 하나를 붙였다.

Vendit Alexander claves, altaria, Christum;

vender iure potest, emerat ipse prius ——[44]

알렉산더는 열쇠와 제단과 그리스도를 판다네.

그 또한 옳지, 그 자신도 그것을 위해 돈을 냈으니.

교회법에 의하면 성직자가 죽을 때 남긴 재산은 교황이 다른 방식을 허용하는 경우가 아니면 교회로 복귀되었다.[45] 알렉산더는 추기경들의 경우를 빼고는 특별 면제를 자주 내주었다. 승리를 거두지만 돈을 많이 쓰는 체사레 보르지아의 압력을 받게 되면서 알렉산더는 고위 성직자들이 남긴 재산을 자기가 차지하는 것을 일반 원칙으로 삼았다. 이런 방식으로 상당한 금액이 국고로 들어왔다. 일부 추기경들은 죽음을 예상하면 큰 선물을 함으로써, 또 다른 사람들은 살아 있을 때 자신의 묘를 만들기 위해 엄청난 금액을 사용함으로써 교황의 손길을 벗어났다. 미키엘 추기경이 죽자(1503) 교황의 사람들은 즉시 그의 집에서 돈 되는 것을 벗겨 갔다. 쥬스티니아니의 말을 믿어도 된다면 교황은 15만 두카트를 훑어 냈다. 그리고도 오직 2만 3832두카트만 현금이라고 알렉산더는 투덜댔다.[46]

알렉산더나 체사레 보르지아가 너무 오래 죽지 않는 고위 성직자들에게 독약을 썼다는 소문에 대해 우리는 판단을 유예하고, 다만 최근 연구가 내린 결론을 받아들이기로 하자. "알렉산더 6세가 누군가를 독살했다는 어떤 증거도 없다."[47] 이것은 그의 결백함을 확인해 주는 발언은 아니다. 그리고 그는 어쩌면 역사에는 지나치게 영리한 사람이었을지도 모른다. 그러나 그는 풍자 작가와 팸플릿 작가와 또 재치 있는 사람들을 피할 수는 없었다. 그들은 치명적인 격언시를 그의 적들에게 팔아 넘겼다. 교황과 나폴리가 싸우는 동안 산나짜로가 치명적인 격언시로 교황과 그 아들에게 한 방 먹이는 것을 앞에서 이미 보았다. 인페쑤라는 콜론나 가문에 봉사하기 위해 추문을 퍼뜨리는 그 펜을 놀렸다. 그리고 제로니모 만치오네(G. Mancione)는 유명한 "실비오 사벨리에게 보내는 편지"를 썼다. 그것은 알렉산더와 체사레 보르지아의 악덕과 범죄를 자세히 다룬 글이다. 이런 문서들이 널리 돌아다니면서 알렉산더가 도착(倒錯)과 잔인성의 괴물이라는 전설을 만들어 내는 데 단단히 도움을 주었다.[48] 알렉산더는 칼의 전쟁에서는 이겼지만, 그의 귀족 적들은 그의 또 다른 적인 율리우스 2세가 아무런 통제도 하지 않은 가운데 글의 전쟁에서 이겼다. 그렇게 만들어진 알렉산더의 이미지가 역사에 남았다.

알렉산더는 또한 대중의 여론에 너무 주목하지 않았다. 그리고 자신의 잘못을 잔혹하게 몇 배로 부풀리는 중상모략에 드물게만 응수했다. 그는 강한 국가를 건설하기로 결심하고 그리스도교적인 수단으로는 그것을 이룩할 수 없다고 생각했다. 전통적인 정치적 수단들(선전, 속임수, 음모, 징계, 전쟁)은, 로마의 귀족들과 이탈리아의 세력들 중에서 강한 국가보다 그리스도교 교회를 더 좋아하는 사람과, 또 교황청과 교황국가가 혼란을 겪고 허약한 것이 자기에게 이익이 되는 사람을 성나게 만들었다. 알렉산더는 이따금 멈추어 서서 복음서의 기준에 따라 자신의 삶을 검토해 보았다. 그리고 자신이 성직을 매매하고, 간음하고, 또 (전쟁을 통해) 사람의 생명을 파괴했음을 시인했다. 그의 행운의 별이 갑자기 떨어지고 자랑스럽고 행복한 세상이 완전히 흔들린 것처럼 보였을 때 그는 마키아벨리 방식의 부도덕성을 다 잃어버리고, 자신의 죄를 고백하고, 자신과 교회를 개혁하겠노라 맹세했다.

그는 아들 죠반니를 딸 루크레찌아보다 더 사랑했다. 페드로 루이스가 죽자 알렉산더는 죠반니가 스페인의 간디아 공작 자리를 물려받아야 한다고 생각했다. 이 젊은이를 사랑하기란 쉬운 일이었다. 그는 훤칠한 용모에 친절하고 명랑했다. 아들을 사랑하는 아버지는 이 젊은이가 에로스(사랑)를 위해 만들어졌지 마르스(전쟁)를 위해 만들어진 존재가 아니라는 사실을 알아보지 못했다. 그래서 아들을 장군으로 만들었지만 젊은 장군이 무능하다는 사실이 드러났다. 죠반니는 도시를 포위하는 것보다 아름다운 여자가 더 소중하다고 여겼다. 1497년 1월 14일에 그는 동생 체사레와 다른 손님들과 함께 어머니 바노짜 집에서 저녁을 먹었다. 돌아오는 길에 죠반니는 체사레와 다른 손님들과 작별하면서 아는 숙녀를 방문하고 싶다고 말했다. 그 이후로 그는 다시는 모습을 나

타내지 않았다. 그가 사라진 것을 알게 되자 교황은 경계령을 내렸다. 뱃사공
한 사람이 14일 밤에 테베레 강에 던져진 시체를 보았다고 고백했다. 어째서 보
고하지 않았는가 하는 질문에 그는 살면서 그런 시체를 100구쯤 보았고, 그래
서 그런 일에는 신경 쓰지 않는 편이 좋다는 것을 배웠다고 대답했다. 강을 샅
샅이 훑어서 시체가 발견되었다. 아홉 군데나 칼에 맞은 상태였다. 젊은 공작이
몇 명의 남자들에게 공격을 받은 것이 분명했다. 알렉산더는 슬픔에 북받쳐 자
신의 방으로 물러나 음식을 거부했다. 그가 탄식하는 소리를 길거리에서도 들
을 수가 있었다.

그는 살인자들을 찾아내라고 명령했으나 곧 다시 이 사건을 그대로 내버려
두는 쪽으로 마음을 돌렸다. 시체는 안토니오 피코 델라 미란돌라의 성 부근에
서 발견되었다. 그의 아름다운 딸이 공작에게 유혹되었다는 소문이었다. 만토
바 대사인 스칼로나를 비롯하여 당시 사람들은 이 죽음을 미란돌라 백작이 고
용한 자객들 탓으로 돌렸다. 이것이 가장 그럴싸한 설명이었다.[49] 로마에 있던
피렌쩨 대사와 밀라노 대사를 비롯한 다른 사람들은 이 범죄가 당시 교황과 전
쟁 상태에 있던 오르시니 일족에 의해 저질러진 것이라고 생각했다.[50] 추문을
좋아하는 일부 사람들은 죠반니가 누이동생인 루크레찌아를 사랑했고, 그녀의
남편인 죠반니 스포르짜의 종자들에 의해 살해당했다는 소문을 퍼뜨렸다.[51]
당시 아무도 체사레 보르지아를 의심하지 않았다. 스물두 살이던 체사레는 형
과 사이가 아주 좋아 보였다. 그는 추기경으로 자신만의 발전의 길을 가고 있었
다. 이로부터 14개월이 지난 다음에야 비로소 그는 군사적 경력을 시작하게 된
다. 그는 형의 죽음에서 어떤 이익도 보지 않았다. 그는 죠반니가 바노짜의 집
을 떠나 집으로 돌아오는 도중 다른 곳으로 가리라는 예상을 하기도 어려웠다.
당시 체사레를 전혀 의심하지 않았던 알렉산더는 그를 죠반니의 유언 집행인
으로 만들었다. 체사레가 어쩌면 형을 살인한 사람이었을지도 모른다는 최초
의 발언은 사건이 있고 8개월이 지난 다음인 1498년 2월 22일 페라라 대사 피
냐(Pigna)가 쓴 편지에 나타난다. 체사레의 성품이 적나라하게 모습을 드러내

기 전까지는 여론은 그와 이 범죄를 연결시키지 않았다. 그러나 일단 그의 성품이 드러난 다음에는 마키아벨리와 귀치아르디니도 이 일을 그의 탓으로 돌리는 데 동의하고 있다. 그의 뒷날의 경력에서 만약 죠반니가 중요한 정책에서 자기에게 반대했다면 그는 형을 살해했을 수도 있는 사람이다. 그러나 이 살인에 대해서만큼은 그가 무죄였던 것이 거의 확실하다.[52]

교황은 자제력을 회복하자 추기경들의 회의를 소집하고(1497년 6월 19일) 그들의 조문을 받았다. 그리고 자기는 "세상에 다른 누구보다도 간디아 공작을 사랑했다."고 말했다. 자기에게 "떨어질 수 있는 가장 무거운" 이러한 일격은 하느님이 자신의 죄에 벌을 내리신 것이라고 했다. 그리고 말을 계속했다. "나는 나의 생활을 고치고, 교회를 개혁하기로 결심했어요. …… 성직은 그것을 받기에 합당한 사람에게만, 그것도 추기경들의 표결에 따라서만 주어질 것입니다. 친척 등용도 중단할 것입니다. 나 자신부터 개혁을 시작할 것이고 교회의 모든 등급을 통하여 모든 일이 이루어지기까지 계속할 것입니다."[53] 6명의 추기경으로 구성된 위원회가 개혁 프로그램을 작성하기로 했다. 위원회는 진지하게 이 일에 임해 아주 탁월한 개혁안을 제출했다. 이 규정들이 시행되었다면 아마도 교회는 종교 개혁도, 반종교 개혁도 겪지 않아도 되었을 것이다. 그러나 성직 임명의 대가로 받는 돈이 없이 어떻게 교황청을 운영할 수입을 얻을 것이냐 하는 질문에 봉착하자 교황은 설득력 있는 답변을 찾아낼 수가 없었다. 그사이에 프랑스 왕 루이 12세는 두 번째 이탈리아 침입을 준비하고 있었고, 곧이어 체사레 보르지아는 완강하게 반항하는 '교황 대리인'들에게서 교황국가를 되찾자고 제안했다. 이것은 저항적인 세계에서 교회에 현실적, 재정적 힘을 실어줄 강력한 정치적 구조를 향한 꿈으로서, 교황의 정신을 사로잡을 만한 것이었다. 그는 개혁을 하루씩 뒤로 미루었다. 마지막에는 아들의 성공에 흥분해서 개혁 같은 것은 까맣게 잊고 말았다. 아들은 그를 위해 영토를 정복하고, 그를 조금씩 왕으로 만들어 주었다.

4. 체사레 보르지아

알렉산더는 이제 장남이 된 이 아들을 자랑스럽게 여길 이유가 충분했다. 체사레(Cesare Borgia)는 많은 이탈리아 사람들이 원하는 대로 머리와 수염이 금발이었다. 눈은 예리하고, 키가 크고 꼿꼿하고, 두려움을 몰랐다. 레오나르도처럼 그도 맨손으로 말편자를 구부러뜨릴 수 있다는 말이 돌았다. 그는 자기 마구간에 수집한 튼튼한 말들을 길들이지 않고도 탈 수 있었다. 피 냄새를 맡은 사냥개와 같은 힘으로 사냥하러 나갔다. 희년 축제 동안 그는 로마의 광장에서 열린 소 꿇리기 대회에서 단 한 방에 황소의 목을 베어 모여든 군중을 놀라게 만들었다. 1502년 1월 2일에 그가 주관하여 성 피에트로 광장에서 열린 공식적인 투우 대회에서 그는 9명의 스페인 사람과 더불어 울타리 안으로 말을 타고 들어갔다. 손에 창을 든 채 단독으로 두 마리의 사나운 황소를 더 풀어놓게 했다. 그러고는 말에서 내리더니 한동안 '도보 투우사(torero)' 놀이를 해서 자신의 용기와 기술을 충분히 입증한 다음 경기장을 전문 투우사들에게 내주었다.[54] 그는 로마와 로마냐 지방에 이 경기를 도입했다. 그러나 몇 명의 아마추어 투우사들이 소의 뿔에 찔리는 사건이 발생하자 경기를 도로 스페인으로 돌려보냈다.

그를 도깨비 같은 사람으로 생각하는 것은 그를 사납게 오해한 것이다. 당시 사람 하나는 그를 가리켜 "위대하고 빼어난 영리함과 탁월한 소질을 가진 젊은 남자, 명랑하고, 즐겁고 항상 기분이 좋은 사람"이라고 표현했다.[55] 또 다른 사람은 그가 "외모와 재치에서 형인 간디아 공작보다 훨씬 뛰어나다."라고 서술했다.[56] 사람들은 그의 우아한 매너와 단순하지만 값진 의상, 명령하는 눈길, 그리고 세계를 물려받았다고 느끼는 사람의 분위기를 느꼈다. 여자들은 그를 숭배했지만 사랑하지는 않았다. 그들은 그가 자기들을 쉽게 취하고 쉽게 버릴 사람이라는 것을 알았다. 그는 페루지아 대학에서 법학을 공부했다. 그것은 타고난 정신의 예리함을 날카롭게 만들기에 충분했다. 그는 책과 '문화'를 위해 시간을 바치지 않았다. 물론 다른 사람들처럼 이따금 그도 시를 썼고 나중에 수행원들 중에 시인 한 사람을 두기는 했다. 그는 미술에 대해서 상당한 감식 능력을 가졌다. 라파엘로 리아리오 추기경이 「큐피드」상 하나가 고대의 작품이 아니라 알려지지 않은 피렌쩨 젊은이, 곧 미켈란젤로 부오나로티라는 젊은이의 작품이라는 이유로 그것을 사기를 거부하자 체사레는 좋은 값을 쳐 주고 그것을 사들였다.

그는 분명히 성직으로 경력을 쌓을 사람은 아니었다. 아버지 알렉산더가 공국을 나누어 주는 사람이 아니라 주교직을 나누어 주는 사람이었기에 아들을 발렌시아 대주교로(1492), 이어서 추기경으로(1493) 만들어 주었다. 아무도 이런 직위가 종교적인 것이라고 생각지 않았다. 이 직위는 영향력이 있는 친척을 둔 젊은이에게 수입을 마련해 주기 위한 수단이었다. 어쩌면 교회 재산과 사람을 관리하는 일을 실습하게 해 줄 수도 있을 것이다. 체사레는 작은 수도회에 소속되기는 했지만 사제가 된 적은 없었다. 교회법에 따르면 사생아는 추기경이 될 수가 없었으므로 알렉산더는 1493년 9월 19일자 교서에서 그가 바노짜와 다리냐노 사이의 합법적인 아들이라고 선포했다. 율리우스 2세가 1482년 8월 16일자 교서에서 체사레를 "주교이며, 부총리인 로드리고"의 아들이라고 서술했던 것은 마음이 불편한 일이었다. 대중은 눈을 찡끗하고 미소를 지으면서 법적인 허구가 시기에 맞지 않게 진실을 밝히는 꼴을 바라보았다.

죠반니가 죽은 직후 1497년에 체사레는 교황 사절 자격으로 나폴리로 가서 왕에게 관을 씌워 주는 스릴을 맛보았다. 아마도 왕관을 만진 일이 그의 피를 들끓게 했던 모양이다. 로마로 돌아오자 그는 자신의 성직 경력을 포기하게 해 달라고 아버지를 졸랐다. 그를 풀어주기 위해서는 알렉산더가 추기경단 앞에서 체사레가 자신의 불법적인 아들(사생아)이라는 것을 시인하는 방법 외에는 달리 방법이 없었다. 알렉산더는 그렇게 했고, 젊은 사생아의 추기경 임명이 무효라고 선언되었다.(1498년 8월 17일)[57] 사생아 신분을 되찾은 그는 정치 게임에 열렬히 덤벼들었다.

알렉산더는 나폴리 왕 페데리고 3세에게 체사레를 딸 카를로타의 남편으로 받아들여 달라는 희망을 비쳤다. 그러나 페데리고는 취향이 달랐다. 교황은 깊이 마음이 상해서 프랑스로 방향을 돌렸다. 프랑스의 도움을 받아 교황국가를 되찾으려는 희망을 가졌다. 루이 12세가 젊은 시절에 강요받은 결혼, 그의 주장에 따르면 신방도 치르지 않은 결혼의 무효를 요청하면서 알렉산더에게 기회가 찾아왔다. 1498년 10월에 알렉산더는 체사레에게 왕의 이혼 판결 문서를 주어서 프랑스로 보냈다. 그리고 그가 신부를 구할 수 있도록 20만 두카트도 함께 보냈다. 이혼 허가에 마음이 즐거워서, 게다가 샤를 8세의 미망인인 브르타뉴의 안(Anne)과 결혼해도 좋다는 교황의 특면장에 더욱 즐거워져서 루이 12세는 체사레에게 나바르 왕의 누이인 샤를로테 달브레(Ch. d'Albret)와의 결혼을 제안했다. 그리고 체사레를 발랑티누아와 디우아(Valentinois and Diois)의 공작으로 만들어 주었다. 이 두 곳은 교황청이 약간의 법적 권리를 가진 프랑스 지역이었다. 1499년 5월에 새로운 공작은(이후로 이탈리아에서는 그를 발렌티노 공작이라 부르게 된다.) 훌륭하고 아름답고 부유한 샤를로테와 결혼했다. 알렉산더에게서 이 소식을 들은 로마는 왕자의 결혼식 소식에 화톳불을 밝히고 기뻐했다. 이 결혼은 이탈리아로 침입하여 밀라노와 나폴리를 공격할 계획을 공공연히 밝히고 있던 왕을 교황청의 동맹국으로 만들어 주었다. 1494년 프랑스의 침입에 대해 밀라노의 로도비코와 피렌쩨의 사보나롤라가 책임이 있듯이, 1499년 침입에 대해서는 알렉산더가 책임이 있다. 이번 동맹은 1495년에 알렉산더가 도움을 주어 결성된 신성 동맹의 모든 노력을 허사로 만들었다. 그리고 이것은 율리우스 2세가 벌이는 여러 전쟁들을 위한 상황을 마련했다. 1499년 10월 6일 루이 12세가 밀라노로 들어올 때 체사레 보르지아는 프랑스 왕을 호위한 귀족들 사이에 끼어 있었다. 그것을 목격한 카스틸리오네는 발렌티노 공작이 왕의 당당한 수행원들 가운데 가장 키가 크고 가장 잘생긴 남자였다고 서술했다.[58] 그의 자부심은 이런 외모와 맞먹는 것이었다. 그의 반지에는 이런 구절이 새겨 있었다. "Fays ce que dois, advien que pourra." 곧, "어떤 일이 일어나든

네가 해야 할 바를 하라."라는 말이다. 그의 검에는 율리우스 카이사르의 생애에서 나온 두 가지 구절이 새겨 있었다. 한 면에는 "Alea iacta est. 주사위는 던져졌다."가 새겨져 있었고, 다른 면에는 "Aut Caesar aus nullus. 카이사르이거나 아무도 아니거나."라는 글귀였다.[59]

이 대담한 젊은이, 행복한 전사의 모습에서 알렉산더는 마침내 그토록 오래 소망하던 장군, 교황국을 되찾기 위해 무장한 교회의 군대를 지휘할 장군을 보았다. 루이 12세가 300명의 프랑스 창기병을 내주었고, 가스코뉴와 스위스 병사 4000명이 새로 모집되고, 이탈리아 용병 2000명이 모였다. 이것은 12명의 전제 군주들을 정복하기에는 너무 작은 군대였다. 그러나 체사레는 이 모험에 잔뜩 열을 올렸다. 군대의 무기에 영적인 도움을 주기 위해서 교황은 교서를 발간했다. 다음과 같은 내용이었다. 법과 정의로 보면 옛날부터 교회에 속하는 영토들을 권리 찬탈을 통해 다음과 같은 사람들이 차지하고 있다. 곧 카테리나 스포르짜와 그녀의 아들 오타비아노가 이몰라와 포를리를, 판돌포 말라테스타는 리미니를, 쥴리오 바라노는 카메리노를, 아스토레 만프레디는 파엔짜를, 귀도발도는 우르비노를, 죠반니 스포르짜는 페사로를 차지했는데, 이들은 모두 자신의 권한을 남용하고 신하를 착취한 폭군들이다. 이제 이들은 스스로 물러나든지, 아니면 힘으로 쫓겨날 것이라는 내용이었다.[60] 일부 사람들이 주장하듯이 알렉산더가 이들 영토들을 하나로 묶어서 아들을 위한 왕국을 만들기를 꿈꾸었다는 것도 가능한 일이다. 그러나 그럴 것 같지는 않다. 알렉산더는 자신의 후계자들도, 또 다른 이탈리아 국가들도 더욱 불법적이고, 더욱 환영하기 힘든 체사레의 탈환을 오래 참아 주지 않으리라는 것을 잘 알고 있었을 것이기 때문이다. 체사레 자신은 어쩌면 이런 일을 꿈꾸었을 수도 있다. 마키아벨리는 그것을 희망했다. 그리고 이토록 강한 손길이 이탈리아를 통합하고 모든 침입자를 쫓아내는 꼴을 보았다면 환호성을 질렀을 것이다. 그러나 생애 마지막까지 체사레는 교회를 위해 교회의 국가들을 되찾으려는 목적 이외에는 다른 목적을 갖지 않았으며, 자신은 교황의 충신으로서 로마냐 지역의 통치자가 되는 것으

로 만족했을 것이라고 주장했다.[61]

1500년 1월에 체사레와 그의 군대는 아펜니노 산맥을 건너 포를리로 행진해 갔다. 이몰라는 그가 보낸 대리인 앞에서 즉시 무릎을 꿇었다. 포를리의 시민들도 그를 환영하여 성문을 활짝 열었다. 그러나 카테리나 스포르짜는 12년 전에도 그랬듯이 수비대와 함께 용감하게 요새를 지켰다. 체사레는 그녀에게 손쉬운 조건들을 제시했으나 그녀는 싸우기를 원했다. 얼마동안 포위한 다음 교황 군대는 요새를 뚫고 들어가서 패배자들을 죽였다. 카테리나는 로마로 보내졌고, 그곳에서 고분고분하지 않은 손님으로 바티칸 벨베데레 궁전에 묵었다. 그녀는 포를리와 이몰라에 대한 통치권에서 물러나기를 거부했다. 탈출을 시도했고, 그래서 천사성으로 옮겨졌다. 18개월 뒤에 풀려난 그녀는 수녀원으로 들어갔다. 훌륭한 여성이었으나 완전히 여장부(virago)였다.[62] "그녀는 가장 고약한 유형의 봉건 군주였다. 체사레는 그녀의 영토와 로마냐 지방에서 억압과 불의의 시대를 고치기 위해 하늘이 보내 준 복수자로 여겨졌다."[63]

그러나 체사레의 처음 승리는 짧았다. 체사레가 외국인 군대에 월급을 지불할 돈이 충분치 못했기 때문에 그들은 곧 폭동을 일으켰다. 겨우 진정시킨 순간에 루이 12세가 프랑스 파견대를 불러들였다. 일시적으로 밀라노로 돌아온 로도비코에게서 밀라노를 되찾기 위해서였다. 체사레는 남은 군대를 거느리고 로마로 돌아가서 거의 승리한 로마 시대의 장군처럼 환영을 받았다. 알렉산더는 아들의 성공을 자랑스럽게 여겼다. 베네찌아 대사는 본국에 이렇게 보고했다. "교황은 전에 없이 명랑하다."[64] 알렉산더는 체사레를 정복한 도시들의 교황대리로 임명하고 아들의 충고에 기쁘게 귀를 기울이기 시작했다. 희년 축제와 추기경 자리를 팔아 생긴 돈이 국고를 채웠고, 이제 체사레는 두 번째 전쟁을 계획할 수 있게 되었다. 그는 파올로 오르시니에게 상당한 금액을 제시해서 오르시니가 군대를 거느리고 교황군에 합세했다. 몇몇 다른 귀족들도 그의 예를 따랐다. 이런 영리한 조치로 체사레는 자신의 군대를 더욱 크게 만들었을 뿐만 아니라 교황의 군대가 아펜니노 산맥 저편에 가고 없는 동안 로마를 남작들의 기습에서 안전하게 만들 수가 있었다. 아마도 비슷한 동기에서 그리고 약탈의 약속으로 그는 페루지아의 통치자인 쟌파올로 발리오니 군대를 합류시키고, 또 비텔로쪼 비텔리를 고용해서 포병대 지휘를 맡겼다. 루이 12세가 그에게 작은 창기병 부대를 보냈지만 체사레는 프랑스 파병 부대에 더 이상 의존하지 않았다. 1500년 9월에 알렉산더의 재촉을 받고 그는 라티움 지방에서 적대적인 콜론나 일가와 사벨리 일가가 점거한 성들을 공격했다. 그들은 하나씩 굴복했다. 머지않아 알렉산더는 교황청이 오래전에 잃어버린 지역을 통과하여 안전하고 승리에 찬 여행을 할 수 있게 되었다. 그는 어디서나 주민의 환영을 받았다.[65] 봉건적 남작들이 신하들의 사랑을 받지 못했기 때문이다.

두 번째로 큰 전투를 위해 출발할 때(1500년 10월) 체사레는 1만 4000명의 병사를 거느리고, 시인과 고위 성직자들로 이루어진 수행원과 군대에 봉사할 창녀들을 데리고 떠났다. 그들의 도착을 예상하고 판돌포 말라테스타는 리미니를 비우고, 죠반니 스포르짜는 페사로에서 도망쳤다. 두 도시는 체사레를 해방자라고 환영했다. 파엔짜의 아스토레 만프레디는 저항했고, 주민들은 충성스럽게 그의 편이 되어 싸웠다. 보르지아는 너그러운 조건을 제시했으나 만프레디는 거절했다. 겨우내 포위가 계속되었다. 파엔짜는 마지막에 모두에게 관대함을 약속한 체사레에게 굴복했다. 그는 시민들을 너그럽게 대하고, 만프레디의 확고한 저항을 따뜻하게 찬양했기에 패배한 사람들은 승리자를 사랑하게 되었다. 그리고 그의 수행원의 일부로 그의 곁에 머물렀다. 아스토레의 동생도 동일하게 행동했다. 두 사람은 어디로든 떠날 수 있는데도 그랬다.[66] 두 달 동안 그들은 체사레가 가는 곳마다 따라갔고, 존경에 찬 대우를 받았다. 그런 다음 로마에 도착하자 갑자기 그들은 천사성에 갇혔다. 그곳에서 그들은 1년간 머물렀다. 그런 다음 1502년 6월 2일에 그들의 시체가 테베레 강에 던져졌다. 체사레(혹은 알렉산더)가 이들을 이렇게 미워하게 된 이유는 알려지지 않았다. 보르지아 가문과 얽힌 다른 100가지의 이상한 사건들과 마찬가지로 이 사건도 완전히 수수께끼로 남았기에, 오직 공부가 부족한 사람만이 그것을 풀 수 있다고 장담한다.

이제 로마냐 공작이라는 칭호까지 덧붙여 얻게 된 체사레는 지도를 탐구하고 아버지가 자신에게 부여한 임무를 완수하기로 결심했다. 카메리노와 우르비노를 차지할 차례였다. 의심의 여지없이 법적으로 교황국에 속하는 우르비노는 당시 정치가 보여 주는 가장 모범적인 국가였다. 귀도발도와 엘리자베타처럼 사랑스러운 커플을 몰아낸다는 것은 수치스러운 일로 보였다. 그들은 어쩌면 실질적으로나 명목상으로 교황의 대리인이라는 지위를 만족스럽게 받아들였을 것이다. 그러나 체사레는 이 도시가 아드리아 해로 통하는 가장 중요한 길목을 막고 있고, 만일 적의 손에 들어간다면 페사로 및 리미니와의 소통을 가로막게 될 것이라고 주장했다. 알렉산더가 이 도시를 점령하는 일에 찬성했는지 우리는 알지 못한다. 그랬을 것 같지 않다. 이 시기에 그는 귀도발도에게 교황군대를 위해서 그의 대포를 빌려 달라고 설득하고 있었기 때문이다.[67] 오히려 체사레가 아버지를 속였거나 자신의 계획을 변경했다는 편이 더 그럴싸하다. 1502년 6월 12일에 이제는 레오나르도 다 빈치를 수석 엔지니어로 삼고서 체사레는 3차 원정을 떠났다. 카메리노로 방향을 잡은 것으로 보였다. 그런데 그는 갑자기 북쪽으로 방향을 돌려 우르비노로 갔다. 어찌나 빠른 속도로 접근했던지 병약한 우르비노 통치자는 도망칠 시간도 거의 없어서 도시를 아무런 방책도 없이 체사레의 손에 남겨두고 떠나 버렸다.(6월 21일) 만일 알렉산더가 미리 알고 동의한 가운데 이런 조치가 이루어진 것이라면, 마키아벨리라면 그 섬세함에 스릴을 느끼겠지만 이것은 역사상 가장 비열한 배신의 하나였다. 승리자는 주민들을 음흉한 너그러움으로 대했지만 도망친 공작의 값진 미술 수집품을 차지하고 그것을 팔아서 군대에 월급을 주었다.

그사이에 그의 장군 비텔리가 독단으로 아레쪼를 포위했다. 이 도시는 오래전부터 피렌체의 속령이었다. 충격을 받은 피렌체 정부는 볼테라의 주교와 마키아벨리를 보내 우르비노에 있던 체사레에게 항의를 했다. 그는 그들을 성공적인 매력으로 맞아들였다. "나는 여기서 폭군 노릇을 하려는 것이 아니라 폭군들을 쫓아내려는 것입니다." 하고 그는 말했다.[68] 그리고 비텔리를 조사해 보고 아레쪼를 피렌쩨에 돌려주겠다고 동의했다. 그 대신 그는 피렌쩨와 자신 사이에 확고한 상호 우호 관계를 요구했다. 주교는 그의 생각을 진지한 것이라 여겼고, 마키아벨리는 외교적이지 못한 열광으로 피렌쩨 정부에 보고하고 있다.

이 신사는 당당하고 훌륭하며 대단히 용감해서 어떤 기획이라도 그에게 작게 여겨지지 않을 만큼 대단한 것이 없습니다. 영광과 토지들을 얻고도 평온을 잃지 않으며, 위험도 피로도 알지 못합니다. 자신의 의도를 이해하기도 전에 이미 목적을 이룹니다. 자기 병사들과 함께하기를 좋아하고 이탈리아 최고의 남자들을 선택했습니다. 계속되는 행운까지 겹쳐서 이런 모든 것들이 그에게 승리를 가져다주고, 그를 두려운 존재로 만듭니다.[69]

7월 20일에 카메리노는 체사레의 군대에 무릎을 꿇었고, 교황국가들은 다시 교황의 소유가 되었다. 이들 모두에게 체사레는 직접 통치나 대리인을 내세워서 훌륭한 정부를 마련해 주었기에 그가 폭군을 쫓아내는 사람이라는 주장을 입증하는 것처럼 보였다.[70] 쟌프란체스코 곤짜가(엘리자베타의 오빠이며 이사벨라의 남편)가 다른 몇몇 탁월한 남자들과 함께 밀라노로 가서 루이 12세를 부추겨 그와 대적하게 하려고 한다는 소식을 듣고 체사레는 서둘러 이탈리아를 가로질러서 자신의 적들과 마주섰다. 그리고 왕의 마음을 재빨리 되찾았다.(1502년 8월) 이 시점까지, 그리고 가장 문제가 많은 그의 모험이 있고 난 다음에도 한 명의 주교(볼테라 주교), 한 명의 왕(프랑스 왕), 뒷날 음흉함으로 유명해진 한 명의 외교관(마키아벨리)이 체사레를 찬양하고 또 그의 행동과 그 목적의 정당성을 받아들이고 있었다는 사실은 주목할 가치가 있는 일이다.

그런데도 이탈리아에는 그의 몰락을 기도하는 사람들이 여기저기 많이 있었다. 베네찌아는 그를 자기들의 명예시민으로 만들었으면서도, 교황국가가 다시 강해져 아드리아 해안을 그토록 많이 통제하게 된 것을 보는 일이 그다지 유쾌하지 않았다. 피렌쩨는 자국 영토에서 겨우 13킬로미터 떨어진 포를리가 예측할 수 없고 파렴치한, 정치와 전쟁의 천재의 손에 장악되었다는 생각에 마음이 초조했다. 피사는 자발적으로 그의 통치를 청했다.(1502년 12월) 그는 예의 바르게 거절했다. 그러나 카메리노로 가는 길에 우르비노로 방향을 바꾼 것처럼 그가 만일 진로를 바꾼다면 어떻게 될 것인가? 이사벨라가 그에게 보낸 선물들은 어쩌면 그가 우르비노를 차지한 것에 대해 그녀와 만토바가 느끼는 원한을 감추기 위한 방편인지도 모른다. 콜론나와 사벨리, 그리고 정도는 약하지만 오르시니 사람들은 그의 승리에 의해 파멸을 겪었고, 따라서 그에 맞서 연합을 이루기에 적당한 때를 기다리고 있었다. 또 그의 군대를 탁월하게 지휘하고 있는 그의 '최고의 남자들'에게는 그가 다음번에는 자신들의 영지를 공격할지도 모른다는 것밖에는 확실한 것이 없었다. 그들 중 일부는 교회가 자기 것이라고 주장하는 곳의 통치자였다. 쟌파올로 발리오니는 페루지아를 차지한 채 떨었고, 죠반니 벤티볼리오는 자신의 볼로냐 통치로 인해 두려웠다. 파올로 오르시니와 그라비나의 공작인 프란체스코 오르시니는 체사레가 이미 콜론나 일가에게 행한 것을 얼마나 있으면 자기들 오르시니 가문에 행할 것인가를 궁금하게 여겼다. 아레쪼를 포기하도록 강요받고 분노한 비텔리는 이 사람들을 모두 초대하고, 또 페르모의 올리베로토와 시에나의 판돌포 페트루치와 귀도발도의 대리인들을 초대해서 트라시메네 호수에 있는 자신의 저택(La Magione)에 모였다.(1502년 9월) 그곳에서 그들은 군대를 돌려 체사레에 대항하고 그를 사로잡아 몰아내서 로마냐와 국경 지대에서 그의 통치를 끝내고, 영토를 잃은 영주들을 도로 불러오기로 합의했다. 이것은 두려운 음모였다. 그것이 성공하는 날에는 알렉산더와 그 아들이 가장 훌륭하게 시작한 계획을 유감스러운 하나의 문젯거리로 만들어 버릴 일이었다.

이 음모는 화려한 승리로 시작되었다. 우르비노와 카메리노에서 주민들의 도움을 받아 모반이 조직되었다. 그곳의 교황 수비대는 쫓겨났다. 귀도발도는 궁전으로 되돌아왔다.(1502년 10월 18일) 어디서나 쫓겨난 통치자들이 머리를 쳐들고 권력을 되찾을 계획을 세웠다. 체사레는 갑자기 자신의 장교들이 자기 말을 듣지 않는 것을 알았다. 그리고 군대가 줄어들어서 자신이 정복한 곳들을 지킬 수가 없음을 깨달았다. 이런 위기의 순간에 때마침 페라리 추기경이 죽었다. 알렉산더는 서둘러서 그가 남긴 5만 두카트를 차지하고 추기경의 성직들을 팔았다. 그리고 그 돈을 체사레에게 넘겨주었다. 그는 재빨리 6000명의 군대를 모았다. 그사이에 알렉산더는 음모에 가담한 사람들과 개인적으로 협상을 벌였다. 그들에게 훌륭한 약속을 해 주고 상당수의 사람들을 도로 복종하게 만들어서 10월 말에는 그들 모두가 체사레와 화해했다. 이것은 경이로운 외교의 묘기였다. 체사레는 말없는 의심을 품고 그들의 사과를 받아들였다. 그리고 귀도발도 공작이 우르비노에서 다시 도망쳤는데도 오르시니 일파가 공작의 요새들을 군대로 장악하고 있다는 사실을 알아챘다.

12월에 체사레의 장교들이 그의 명령에 따라 아드리아 해 연안에 위치한 세니갈리아를 포위했다. 도시는 머지않아 항복했지만 성의 통치자는 체사레에게가 아니라면 항복하기를 거절했다. 심부름꾼이 체세나에 있는 공작에게로 왔다. 그는 특별히 자기에게 헌신적인 2800명의 충성스러운 병사들을 거느리고 서둘러 해안을 따라 내려갔다. 세니갈리아에 도착한 그는 지난번 음모의 주동자 네 사람과 겉으로는 충심으로 인사를 나누었다. 비텔로쪼 비텔리, 파올로 오르시니와 프란체스코 오르시니, 올리베로토 등이었다. 그는 행정관 궁전에서 회동하자고 그들을 초대했다. 그들이 도착하자 그는 그들을 체포하게 했다. 그리고 그 밤으로(1502년 12월 31일) 비텔리와 올리베로토는 목 졸라 죽이게 했다. 오르시니 두 사람은 감옥에 가두어 놓고 먼저 아버지와 상의를 했다. 알렉산더의 의견은 분명 아들의 의견과 같았다. 이듬해 1월 18일에 두 남자도 죽임을 당했다.[71]

체사레는 세니갈리아에서의 영리한 행동을 자랑스럽게 여겼다. 그는 교회의 영토를 찬탈한 봉건적 영주일 뿐만 아니라 아무런 방책도 없는 신하들을 반동적으로 억압했던 이들 네 사람을 그토록 깨끗이 제거해 준 것에 대해 이탈리아 전체가 자기에게 감사할 것이라고 생각했다. 아마도 그는 한두 번 메스꺼움을 느끼기는 했던 모양이다. 마키아벨리에게 자신의 행동을 변명하고 있으니 말이다. "과거에 다른 사람들에게 덫을 놓았던 사람들에게 그렇게 덫을 놓는 것은 적합한 일"이라고 말했던 것이다.[72] 마키아벨리는 그와 완전히 동감이었다. 그는 이 무렵 체사레가 이탈리아에서 가장 용감하고 가장 현명한 사람이라고 생각했다. 역사가이며 주교였던 파올로 죠비오는 음모를 주도한 이 4명의 제거를 "가장 멋진 제거"라고 표현했다.[73] 이사벨라 데스테는 안전한 게임을 벌이면서 체사레에게 축하 인사를 보내고, "이런 통쾌한 원정의 피로와 싸움을 한 다음" 마음을 즐겁게 하라고 100개의 가면을 보냈다. 루이 12세는 이런 행동이 "위대한 로마 시대의 가치를 지닌 행동"이라고 환호성을 보냈다.[74]

알렉산더는 이제 아들과 교회 도시들의 탈환에 반대하는 음모에 대해 분노를 표현할 수 있게 되었다. 그는 오르시니 추기경이 친척들과 함께 체사레를 죽이려는 음모를 꾸몄다는 증거를 가지고 있다고 주장했다.[75] 그리고 추기경과 다른 몇몇 혐의가 있는 사람들을 체포하게 했다.(1503년 1월 3일) 추기경은 2월 22일에 감옥에서 죽었다. 아마도 흥분과 피로 때문이었던 것 같다. 로마는 교황이 그에게 독을 먹인 것이 아닐까 생각했다. 알렉산더는 체사레에게 이참에 로마와 캄파냐 지방에서 오르시니 일족을 완전히 제거하라고 충고했다. 체사레는 그렇게 열광적이지 않았다. 그도 지쳤던 모양이다. 그는 수도로 돌아오기를 미루다가 마지못해[76] 체리에 있는 쥴리오 오르시니의 강력한 요새를 포위하러 길을 떠났다.(1503년 3월 14일) 이 포위에서(어쩌면 다른 포위에서도) 체사레 보르지아는 레오나르도의 전쟁 기계 일부를 사용했다. 그중 하나는 이동 가능한 탑을 이용하여 300명의 병사를 적군의 성벽 꼭대기로 올려 보내는 기계였다.[77] 쥴리오는 항복하고 체사레와 함께 바티칸으로 가서 평화를 얻기를 구했다. 교황은 교황 영토에 있는 모든 오르시니 요새들을 교회에 넘긴다는 조건으로 그것을 받아들였다. 실제로 그렇게 되었다. 그사이에 페루지아와 페르모는 체사레가 보낸 통치자들을 조용히 받아들였다. 볼로냐는 아직 되찾지 못했지만 페라라는 즐겁게 루크레찌아 보르지아를 공작부인으로 맞아들였다. 이들 두 주요 영지를 제외하고(이 영지들은 알렉산더의 후계자들의 마음을 차지할 것이다.) 교황국가의 탈환은 완전했다. 이제 스물여덟 살이 된 체사레 보르지아는 반도 안에서는 오직 나폴리 왕국만이 크기가 비슷한 영토의 통치자가 되었다. 그는 이제 이탈리아 전체에서 가장 주목할 만한, 가장 강력한 남자였다.

한동안 그는 평소와는 달리 바티칸에 조용히 머물렀다. 우리는 그가 이 시점에 아내를 데리러 사람을 보낼 것이라고 기대하게 된다. 그러나 그는 그렇게 하지 않았다. 그녀를 프랑스에 있는 가족과 함께 그대로 남겨두었다. 그녀는 이 전쟁이 벌어지는 동안 그의 아이를 낳았다. 이따금 그는 그녀에게 편지를 쓰고 선물을 보냈다. 그러나 다시는 그녀를 만나지 않았다. 발랑티누아 공작부인은 부르주에서, 아니면 도피네에 있는 라 모트푀유 성에서 조용한 은둔 생활을 하면서 남편이 자기에게 사람을 보내거나 아니면 직접 찾아오기를 기다렸다. 그가 패망하고 버림받았다는 말을 듣고 그녀는 그에게 가려고 했다. 그가 죽자 그녀는 집에 검은색 휘장을 내려뜨리고 죽을 때까지 그를 애도하며 보냈다. 그가 몇 달만 더 평화를 누릴 수 있었다면 어쩌면 그녀를 데려오도록 사람을 보냈을지도 모른다. 그러나 그가 이 결혼을 그냥 정치적인 결혼이라 여기고 사랑의 의무감을 느끼지 않았다는 것이 더 그럴싸하다. 그의 내면에 애정이란 아주 조금밖에 없었는데 그 대부분을 누이인 루크레찌아에게 쏟아부었다. 그가 여자를 사랑할 수 있는 얼마 안 되는 한계 안에서 그는 루크레찌아를 사랑했다. 우르비노를 출발해서 적들보다 앞서 루이 12세와 담판을 지으려고 서둘러 밀라노로 가던 도중에도 그는 위험한 병을 앓고 있던 페라라의 누이를 방문했다. 밀라노에서 돌아오는 길에도 다시 그곳에 들러 의사들이 그녀에게서 나쁜 피를 빼내는 동안 그녀를 팔에 안고 있었고, 그녀가 위험에서 벗어날 때까지 그 곁에 머물렀다.[78] 체사레는 결혼을 위해 만들어진 사람은 아니었다. 애인들을 두었지만 누구도 오래 애인으로 삼지는 않았다. 어떤 여자가 그의 생활 안으로 점유하고 들어오기에는 그는 권력의 의지를 위해 너무 많이 마음을 뺏겼다.

로마에서 그는 거의 은신처에 숨어 살았다. 밤에 일을 하고 낮에는 모습을 나타내는 일이 드물었다. 그러나 그는 쉬고 있는 듯이 보이는 동안에도 열심히 일했다. 교황국가들에 임명한 사람들을 세세히 감시했고, 지위를 남용하는 사람들에게 벌을 주었다. 어떤 사람은 잔인함과 착취를 했다는 이유로 죽임을 당하기도 했다. 그는 로마냐의 통치나 로마의 질서를 유지하는 문제로 누군가가 자신의 지시를 필요로 할 때면 언제나 시간을 내서 만나 주었다. 그를 알았던 사람들은 그의 날카로운 지성과, 사태의 핵심을 직접적으로 찌르는 능력을 깊이 존경했다. 또한 우연히 주어진 모든 기회를 잡고, 재빠르고 단호하고 효율적으로 행동하는 능력을 가졌다. 그는 자신의 병사들 사이에서 인기가 있었다. 그들은 그가 가혹한 기율을 자주 사용하지 않는 것에 남몰래 경탄했다. 그가 뇌물, 책략, 속임수 등을 써서 적들의 숫자와 고집을 꺾고, 가능하면 군대의 전투와 사망자의 수를 줄이는 것을 좋게 여겼다.[79] 외교관들은 민첩하고 겁이 없는 젊은 장군이 자기들보다 생각을 더 잘하고, 가장 예리하고 민감한 문제에서 자기들보다 앞서 있고, 필요할 때면 자기들이 가진 매력과 책략과 언변을 쓸 수도 있다는 점을 분하게 여겼다.[80]

그는 비밀주의 성향으로 인해 이탈리아의 풍자가들의 손쉬운 희생자가 되었다. 그리고 적대적인 대사들이나 쫓겨난 귀족들이 꾸며 내거나 퍼뜨린 추한 소문의 희생자가 되었다. 오늘날 이들 소름끼치는 보고서들에 나타난 이야기에서 사실과 픽션을 분리하기란 불가능한 일이다. 널리 퍼진 이야기 하나는 알렉산더와 그 아들이 부유한 성직자들에게 억지 죄목을 붙여 체포하고, 그들이 많은 몸값이나 벌금을 지불하면 풀어주었다는 이야기다. 그래서 체세나의 주교는 그의 천성과 어울리지 않는 죄목으로 천사성에 갇혔다가 교황에게 1만 두카트의 돈을 내고 풀려났다고 한다.[81] 우리는 이것이 사법 절차에 따른 것인지 아니면 강도 짓인지 분명하게 말할 수가 없다. 다만 알렉산더에게 공정하기 위해서 당시 세속 법정이나 교회 법정의 관습에서는, 사람을 감옥에 가두어 두는 일이 값이 비싸게 먹히기 때문에 수입이 생기는 벌금형으로 바꾸어 주곤 했다는 사실을 기억해야 한다는 것이다. 베네찌아 대사인 쥬스티니아니와 피렌쩨 대사인 비토리오 소데리니의 말에 따르면 유대인들은 빈번히 이단의 죄목으로 체포되었고 교황의 금고에 상당한 기부를 하면 정교 신앙을 입증하는 것이 되었다고 한다.[82] 이것은 가능한 일이다. 그러나 로마는 유대인을 상대적으로 공정하게 대한 것으로 유명했다. 그리고 어떤 유대인도 이단으로 여겨지지 않았다. 아니면 유대인이라는 이유만으로 종교 재판관에 의해 기소되지는 않았다.

많은 소문들은 보르지아 부자(父子)가 부유한 추기경들이 교회에 물려줄 재산을 빨리 차지하기 위해 그들에게 독을 먹였다고 전한다. 이런 사건들 중 일부는 하도 잘 증명이 되어서(증거에 의해 입증되었다기보다는 반복적으로 진술됨으로써) 개신교 역사가들은 일반적으로 그것을 받아들였다. 저 분별이 있는 야콥 부르크하르트(1818~1897)에 이르기까지도 말이다.[83] 그리고 가톨릭 역사가인 파스토르는 "체사레가 원하는 돈을 얻기 위해서 미키엘 추기경을 독살했다는 것은 대단히 그럴싸한 일"이라고 믿었다.[84] 이런 결론은, 하위 사제였던 아퀴노 다 콜로레도가 율리우스 2세(알렉산더에 대해 극단적으로 적대적이었다.) 치하에서 고문을 당하고 나서 자기가 알렉산더와 체사레의 명령을 받아 미키엘 추기경을 독살했다고 자백한 것을 근거로 삼은 것이다.[85] 20세기 역사가라면 고문으로 이끌어낸 자백을 의심해도 용서를 받을 것이다. 어떤 진취적인 통계학자는 알렉산더 치하에서 추기경의 사망률이 그 이전이나 그 이후보다 더 높지 않다는 사실을 밝혀냈다.[86] 그러나 그의 통치의 마지막 3년 동안 로마 전체가 추기경이나 부자 노릇이 위험한 일이라고 여겼다는 것만은 의심의 여지가 없는 일이다.[87] 이사벨라 데스테는 남편에게 체사레에 대해 말하는 것을 조심하라고 편지에 써 보냈다. 그는 "자신의 혈족에 대항하여 음모를 꾸미는 것도 서슴지 않기" 때문이다.[88] 분명히 그녀는 그가 형인 간디아 공작을 죽였다는 이야기를 믿은 것이다. 로마의 소문은 '천천히 작용하는 독(cantarella)'에 대해 이야기하곤 했다. 그것의 기본 성분은 비소로서, 분말 형태의 비소를 음식이나 음

료에 떨어뜨리면(심지어는 미사에 사용하는 축성된 포도주에도) 인간이 그랬다고
는 추적하기 어렵도록 천천히 죽음을 불러온다고 믿었다. 오늘날 역사가들은
르네상스 시대의 천천히 작용하는 독 이야기가 꾸며낸 이야기라고 거부하고
있다. 다만 한 번이나 두 번 정도 보르지아 부자(父子)가 부자(富者) 추기경을
독살했을 것으로 믿는다.[89]* 연구를 계속한다면 이들도 모두 부인되고 그런 경
우가 하나도 남지 않을 수도 있다.

체사레에 대해 그보다 더 고약한 이야기들도 만들어졌다. 알렉산더와 루크
레찌아를 즐겁게 해 주기 위해서 그는 안마당에 사형이 확정된 몇 명의 죄수들
을 풀어놓고는 그들이 이리저리 도망치는 동안 안전한 지점에서 그들에게 차
례로 치명적인 화살을 쏘아서 자신의 활 솜씨를 보여 주었다는 이야기를 우리
는 듣는다.[90] 이런 이야기에 대한 유일한 근거는 베네찌아 대사인 카펠로의 보
고이다. 그러나 체사레가 실제로 이런 일을 행했다는 이야기보다는 외교관이
거짓말을 했다고 보는 편이 더욱 그럴싸하다. 르네상스 교황들의 역사는 상당
부분이 전쟁의 선전과 외교관들의 거짓말을 출전 삼아 쓰였다.

체사레에 대해서 가장 믿을 수 없는 이야기는 보통은 믿을 수 있는 알렉산더
의 의전관 부르하르트의 일기에 나타나고 있다. 1501년 10월 30일자로『연대기
(일기)』는 바티칸에 있는 체사레 보르지아 아파트에서의 저녁 식사를 서술하
고 있다. 알렉산더와 루크레찌아가 바라보는 가운데 벌거벗은 창녀들이 바닥
에 뿌려진 밤을 주웠다는 것이다.[91] 이 이야기는 페루지아 역사가인 마타라쪼
의 글에도 나타난다. 그는 부르하르트에게서 이것을 취한 것이 아니고(이『연대
기』는 아직 비밀이었다.) 로마에서 나와 이탈리아에 퍼진 소문에서 얻어 왔다. 그
는 "이 일은 널리 알려져 있었다."고 말하고 있다.[92] 만일 이것이 사실이라면

---

* "일반적인 탐구의 경향은 알렉산더를 모범적인 교황으로 묘사하려는 게으른 시도를 모조리 산산조각 내면서, 동
시에 그의 성격에 대한 증오스러운 비방의 대부분을 그에게서 없애 주는 방향으로 움직여 왔다. 그가 탐욕의 동기에
서 비밀리에 독살했다는 비난이 아직 남아 있는데, 그것은 오로지 한 경우에만 확인되었거나 아니면 거의 확인된 것
으로 보인다. 그러나 이것은 다른 가능성들을 암암리에 인정하는 것이 될 수도 있다." Richard Garnett, *The
Cambridge Modern History*, I, 242쪽.

이 시기에 로마에 머물고 있었고, 나중에 루크레찌아의 도덕성을 조사하고, 또 그녀가 에르콜레 공작의 아들 알폰소와 결혼하기에 적합한 사람인지를 조사했던 페라라 대사가 보고서에서 이 이야기를 언급하지 않고, (앞으로 보게 되겠지만) 그녀에 대해 아주 훌륭하다는 이야기만을 하고 있다는 것은 이상한 일이다. 그는 알렉산더에게서 뇌물을 받았거나 아니면 확인되지 않은 소문을 무시한 것이다. 그러나 이런 이야기가 어떻게 부르하르트의 일기에 들어갔을까? 그는 자기가 그 자리에 있었다고는 고백하지 않았다. 그리고 엄격한 도덕성을 지녔던 그가 그랬을 리도 없다. 보통 그는 자기가 직접 보았거나 아니면 믿을 만한 사람에게서 들은 이야기만을 기록했다. 이 이야기는 사본에 삽입된 것일까? 원본은 오로지 26쪽만이 남아 있다. 모두가 알렉산더가 마지막 병이 나고 난 이후의 시기에 관한 것이다. 『연대기』의 나머지 부분은 사본으로만 존재한다. 이들 사본들은 모두 이 이야기를 전하고 있다. 건조한 연대기에 재미있는 이야기를 끼워 넣어 재미있게 만들겠다고 생각한 적대적인 서기에 의해 멋대로 삽입된 것일 수도 있다. 아니면 부르하르트가 자신의 기록에 한 번쯤 소문을 적어 넣은 것일 수도 있다. 아니면 원본은 그것을 그냥 소문이라고 표시했을 수도 있다. 이 이야기는 실제로 있었던 잔치를 토대로 했지만, 소름 끼치는 이런 장식적 이야기는 상상력이나 악의에 의해 첨부되었을 것으로 보인다. 피렌쩨 대사 프란체스코 페피는 피렌쩨가 거의 언제나 보르지아 부자와 사이가 좋지 않았기 때문에 그들에게 거의 언제나 적대적인 사람이었다. 그는 이 사건 바로 다음 날짜로 교황이 지난밤 늦게까지 체사레의 아파트에 머물렀으며, 거기서는 "춤과 웃음"이 있었다고 보고하고 있다.[93] 창녀들 이야기는 없다. 교황이 자기 딸을 페라라의 공작 후계자와 결혼시키기 위해 있는 힘을 다하고 있던 이 시기에 루크레찌아가 그런 구경을 하게 함으로써, 결혼과 또 아주 중요한 외교적 동맹을 위태롭게 했을 것이라고는 믿기가 어렵다.[94]

하지만 루크레찌아 이야기를 살펴보기로 하자.

5. 루크레찌아 보르지아: 1480∼1519

알렉산더는 아들에게 경탄하고 아마도 두려워하기도 했겠지만 딸에 대해서는 그의 천성이 가진 온갖 감정적 깊이를 가지고 사랑했다. 그는 바노짜나 쥴리아의 매력에서 얻었던 것보다도, 그녀의 평범한 아름다움, 긴 금발 머리,(너무 무거워서 그녀는 두통을 앓곤 했다.) 가볍게 춤추는 리듬 등에서 훨씬 더 깊은 즐거움을 느꼈던 듯하다.[95] 게다가 그녀는 온갖 모욕과 슬픔을 겪으면서도 아버지에게 딸로서의 한결같은 사랑을 다했다. 특별히 아름답지는 않았지만 젊은 시절 그녀는 "사랑스러운 얼굴(dolce ciera)"이라고 서술되었다. 그리고 거칠고도 느슨한 시대와 환경 속에서도, 또 이혼하고 남편이 거의 자기 눈앞에서 살해당하는 꼴을 목격하는 등 그 모든 괴로움 속에서도 그녀는 경건한 마지막까지 이 "사랑스러운 얼굴"을 잃지 않았다. 그것은 페라라 문학에서 빈번히 주제가 되고 있다. 바티칸의 보르지아 아파트에 그린 핀투리키오의 초상화도 젊은 날 그녀에 대한 이런 서술과 잘 맞는다.

그것을 누릴 수가 있었던 모든 이탈리아 소녀들처럼 그녀도 교육을 받기 위해 수녀원으로 갔다. 알려지지 않은 나이에 그녀는 어머니 바노짜의 집을 떠나 알렉산더의 사촌인 아드리아나 밀라라는 여자의 집으로 옮겼다. 그곳에서 아드리아나의 며느리이고, 아버지(알렉산더)의 애인이라고 알려진 쥴리아 파르네제를 만나 평생의 우정을 쌓기 시작했다. 합법적인 탄생 말고는 모든 행운을 타고난 루크레찌아는 즐겁고 명랑한 소녀 시절을 보냈고, 그녀의 행복에 알렉산더도 행복했다.

이 근심 없는 어린 시절은 결혼과 더불어 끝나고 말았다. 아버지가 자기를 위해 신랑을 골랐을 때 그녀는 분명 성을 내지는 않았다. 그것은 당시 모든 선량한 소녀들이 겪는 정상적인 과정이었고, 또 낭만적 사랑이라는 선택의 지혜에 의존하는 우리 시대의 결혼보다 그런 결혼이 더 많은 불행을 만들어 낸 것도 아니었다. 알렉산더는 모든 통치자들이 그렇듯이 자녀들의 결혼은 국가의 이해를 증진시키는 것이어야 한다고 생각했다. 이것도 의심의 여지없이 루크레찌아에게 사리에 맞는 일로 보였다. 나폴리는 당시 교황청에 적대적이었고 밀라노는 나폴리에 대해 적대적이었다. 그래서 열세 살 난 그녀의 첫 번째 결혼은, 페사로의 군주이며 로도비코(밀라노의 섭정)의 조카인 스물여섯 살 된 죠반니 스포르짜와의 사이에 이루어졌다.(1493) 알렉산더는 바티칸 근처에 있는 쩨노 추기경의 궁전에 딸 부부를 위해 예쁜 집을 꾸며 주면서 아버지로서의 즐거움을 느꼈다.

그러나 스포르짜는 일정 기간은 페사로에서 지내야 했고 그래서 어린 신부를 그곳으로 데려갔다. 그녀는 사랑이 넘치는 아버지와 로마의 흥분과 영광에서 그토록 멀리 떨어진 곳에서 시들어 갔다. 몇 달 뒤에 그녀는 수도로 돌아왔다. 나중에 죠반니도 그곳으로 왔다. 그러나 1497년 부활절 이후로 그는 페사로에, 그녀는 로마에 머물렀다. 6월 14일에 알렉산더는 그에게 남편의 성교 불능을 이유로(교회법에 따라 합법적인 결혼을 취소할 수 있는 유일한 이유) 혼인을 무효로 만드는 일에 동의하는지 물었다. 루크레찌아는 슬픔 때문인지, 부끄러움 탓이었는지, 아니면 추문을 만들어 내는 사람들을 피하기 위해서였는지 수도원으로 들어갔다.[96] 며칠 뒤에 큰오빠 간디아 공작이 살해당하고, 로마에는 그가 루크레찌아를 유혹하려고 했기 때문에 스포르짜의 사람들에 의해 살해당한 것이라는 소문도 돌았다.[97] 그녀의 남편은 자신이 성교 불능이 아니라고 주장하고, 알렉산더가 딸과 통정했다고 암시했다. 교황은 추기경 두 사람이 지휘하는 위원회를 소집해서 이 결혼이 신방에서 실제로 완전하게 성립되었는지 조사하게 했다. 루크레찌아는 그렇지 않다고 맹세했으며, 위원들은 루크레찌아가 아직 처녀라고 알렉산더에게 확인해 주었다. 로도비코는 죠반니에게 밀라노의 교황 사절이 포함되어 있는 위원회 앞에서 그의 능력을 보여 주라고 제안했다. 용서할 수 있는 일이지만 죠반니는 거절했다. 그러나 어쨌든 그는 결혼이 실질적으로 성립되지 않았다는 문서에 서명했다. 그는 루크레찌아에게 지참금 3만 1000두카트를 돌려주었다. 1497년 12월 20일에 결혼은 취소되었다. 죠반니와의 사이에 아이가 없었던 루크레찌아는 뒤의 남편 두 사람 모두와의 사이에 자녀를 두었다. 그러나 스포르짜의 세 번째 아내도 1505년에 그의 아들을 낳았다.[98]

알렉산더가 정치적으로 스포르짜보다 더 유리한 결혼을 위해 이 결혼을 깨뜨렸다는 것이 전에는 인정되었다. 이런 짐작에 대한 증거는 없다. 루크레찌아가 괴로운 진실을 말했다는 것이 맞을 것 같다. 그러나 알렉산더는 그녀를 그대로 남편 없이 놓아둘 수는 없었다. 교황청의 적인 나폴리와의 우호적 관계를 모색하면서 그는 나폴리의 페데리고 왕에게 루크레찌아와 동 알폰소 사이의 결합을 제안했다. 동 알폰소는 페데리고의 후계자인 알폰소 2세의 사생아 아들로서 비셸리에(Bisceglie) 공작이었다. 페데리고 왕은 교황의 제안에 동의했고, 공식적인 약혼에 서명이 이루어졌다.(1498년 6월) 이 일을 위한 페데리고의 대리인은 이혼한 죠반니의 삼촌인 스포르짜 추기경이었다. 밀라노의 섭정인 로도비코 일 모로도 페데리고 왕에게 이 계획을 받아들이라고 격려했었다.[99] 죠반니의 삼촌들은 그의 결혼이 취소된 데 대해 전혀 유감이 없었던 것 같다. 8월에 바티칸에서 결혼식이 거행되었다.

루크레찌아가 남편을 사랑하게 되어 일이 순조로웠다. 사랑에 빠진 그녀는 남편을 어머니처럼 보살폈다. 그녀는 열여덟 살이고, 그는 열일곱 살 어린애였기 때문이다. 그러나 그들이 중요한 인물이라는 사실이 그들의 불운이었다. 그들의 결혼 침상에까지 정치가 끼어들었다. 체사레 보르지아는 나폴리에서 거절을 당하고 신부를 구하러 프랑스로 갔다.(1498년 10월) 알렉산더는 공공연히 나폴리의 적인 루이 12세와 동맹을 맺었다. 젊은 비셸리에 공작(루크레찌아의 남편)은 프랑스 사절들이 가득 찬 로마에서 점점 더 불편해졌다. 그는 갑자기 나폴리로 도망쳤다. 루크레찌아는 마음이 찢어졌다. 그녀를 달래고 이런 불화를 치유하기 위해서 알렉산더는 그녀를 스폴레토의 섭정으로 임명했다.(1499년 8월) 알폰소는 그곳에서 그녀와 다시 합쳤다. 알렉산더는 네피로 그들을 방문했고, 젊은이에게 확신을 주어 그들을 로마로 데려왔다. 그곳에서 루크레찌아는 아들을 낳았다. 외할아버지 이름을 따서 로드리고라고 이름 지었다.

그러나 이번에도 행복은 짧았다. 알폰소가 통제할 수 없을 정도로 신경이 예민했기 때문인지, 아니면 체사레 보르지아가 프랑스 동맹을 상징하기 때문이었는지 알폰소는 그를 극도로 싫어했고 체사레는 거기 거만하게 응수했다. 1500년 7월 15일 밤에 알폰소가 성 베드로 성당을 막 나서는데 자객 몇 명이 그를 공격했다. 그는 몇 군데 상처를 입었지만 산타 마리아 추기경의 집에 겨우 도착했다. 그곳으로 불려온 루크레찌아는 그의 상태를 보고 기절했다. 그러나 곧 다시 회복되어 그의 누이 산치아와 함께 그를 정성껏 간호했다. 알렉산더는 16명의 경호원을 보내서 그를 지키게 했다. 알폰소는 천천히 회복했다. 어느 날 그는 체사레가 근처 정원을 걷는 것을 보았다. 이 사람이 자객을 보냈을 것이라고 확신하고서 그는 화살과 활을 잡고 체사레를 겨누어 죽이려고 활을 쏘아 보냈다. 화살은 아슬아슬하게 표적을 빗나갔다. 체사레는 적에게 두 번째 기회를 줄 사람은 아니었다. 그는 경호원들을 불러서 아마도 죽이라는 명령과 함께 알폰소의 방으로 그들을 보냈다. 그들은 베개로 그의 얼굴을 눌러서 죽였다. 그의 누이와 아내가 지켜보는 가운데 그랬던 것 같다.[100] 알렉산더는 체사레의 설명을 받아들이고 조용히 알폰소를 매장하고, 위로할 길이 없는 루크레찌아를 위로하려고 애썼다.

그녀는 네피로 은둔해서, 편지에는 "가장 비참한 공주(la infelicissima principessa)"라고 서명하고 알폰소의 영혼의 안식을 위한 미사를 드렸다. 이상한 이야기로 들리지만 체사레는 네피로 그녀를 방문했다.(1499년 10월 1일) 알폰소가 죽고 겨우 두 달 반이 지났을 때였다. 그는 그녀의 손님으로 그곳에서 밤을 보냈다. 루크레찌아는 고분고분하고 참을성이 있었다. 그녀는 남편이 죽임을 당한 것이 목숨을 노린 시도에 대한 오빠의 자연스러운 반응이었다고 여겼던 것 같다. 그리고 그보다 앞서 알폰소의 생명을 노린 자객을 고용한 사람이 체사레였다고는 믿지 않았던 것 같다. 그러나 체사레가 자객을 보냈다는 것이 이 수수께끼에 대한 가장 그럴싸한 설명이다. 그녀는 생애 남은 기간의 온 갖 시련에도 불구하고 오빠에 대한 사랑을 그대로 지니고 있었음을 보여 주는 여러 행동들을 했다. 아마도 오빠도 아버지처럼 스페인 사람의 집념으로 그녀 를 사랑했기 때문일 것이다. 로마의 재치나 특히 나폴리의 재담들은[101] 그녀가 근친상간을 범했다고 고발하는 내용을 담고 있다. 어떤 서기는 그녀를 "교황의 딸이며 아내이며 며느리"라고 불렀다.[102] 이런 악담도 그녀는 조용한 체념으로 견뎠다. 오늘날 르네상스 시대를 공부하는 학생들은 이런 비난이 잔인한 비방 이라는 데 동의한다.[103] 그러나 이런 비방들이야말로 수백 년 동안이나 그녀의 명성을 만들어 냈다.*

루크레찌아를 더 나은 정치적 결과를 얻을 수 있도록 결혼시킬 생각으로 체 사레가 알폰소를 죽였다는 것은 그럴싸하지 않은 설명이다. 애도 기간이 지난 다음 오르시니 집안에, 이어서 콜론나 집안에 그녀의 혼담이 들어갔다. 나폴리 왕위 계승자의 아들과의 결혼보다 더 유리하다고 보기 어려운 자리들이다. 그 러다가 1500년 11월에 알렉산더가 페라라의 에르콜레 공작에게, 루크레찌아를 에르콜레의 아들 알폰소와 결혼시키자고 제안하는 것을 보게 된다.[104] 그리고 1501년 9월에 그녀는 그와 약혼했다. 알렉산더는 아마도 사위가 페라라를 다스 리기를 희망했을 것이다. 그러면 결혼을 통해 오래전부터 페라라와 결합되어 있던 만토바는 실질적으로 교황국가가 될 것이다. 체사레는 자신의 정복을 위 해 더 큰 안전을 확보하는 것으로 여기고 이 계획을 지지했다. 게다가 그것은 볼로냐 공격을 위해 아주 멋진 배후가 되는 일이었다. 앞서 이미 이야기한 이 유 때문에 에르콜레와 알폰소는 망설였다. 알폰소는 이미 앙굴렘 여백작에게 구혼한 상태였다. 그러나 알렉산더는 루크레찌아와의 혼사에 엄청난 지참금을 덧붙이고, 페라라가 매년 교황청에 지불해 온 조공을 실질적으로 줄여 준다는 조건까지 덧붙였다. 그렇다 하더라도 유럽에서 가장 오래되고 가장 번창하는

---

* *Cambridge Modern History*, I, 239쪽. **"극작가들과 소설가들이 만들어 낸 루크레찌아는 실제 루크레찌아와 전 혀 다르다."**

통치자 집안 하나가 로마의 지식층 뒷골목에서 돌아다니고 있는, 루크레찌아에 관한 저 끔찍한 소문들을 정말이라고 믿었다면 루크레찌아를 장래 통치자의 아내로 받아들였으리라고 생각하기는 어렵다. 에르콜레도 알폰소도 아직까지 루크레찌아를 본 적이 없었기에 그들은 이런 외교적 결혼에서 관례가 되어 있던 절차를 따랐다. 그래서 로마에 주재하는 페라라 대사에게 그녀의 인품, 품행, 소양 등에 대한 보고서를 올리라고 명령했다. 그는 다음과 같이 보고했다.

전하, 오늘 저녁 식사 후에 동 제라르도 사라체니와 저는 전하와 동 알폰소 전하의 이름으로 문안 인사를 올리기 위해 루크레찌아 전하를 방문하여 여러 가지 일들에 대해 오랫동안 이야기를 나누었습니다. 그녀는 아주 지적이고 사랑스러우며 대단히 너그러운 숙녀입니다. 전하와 동 알폰소 전하께서는 (우리가 내린 결론으로는) 그녀를 보고 몹시 기뻐하실 것입니다. 모든 점에서 대단히 품위가 있다는 것 말고도 그녀는 절도가 있고 사랑스럽고 단정한 분입니다. 게다가 하느님을 두려워하는 독실한 그리스도교도이십니다. 내일 고해성사에 갈 예정이고 크리스마스 주간에는 성체를 받을 예정입니다. 그녀는 매우 아름답지만 행동거지의 매력이 더욱 놀랍습니다. 짧게 말하자면 그녀의 성격은 그 어떤 '불길한' 의심도 가지는 것이 불가능한 종류의 것입니다. 반대로 우리는 오직 좋은 것만을 기대하게 됩니다. …… 로마, 1501년 12월 23일…….

전하의 종

요아네스 루카스[105]

에스테 집안은 확신을 가지고 로마에서 페라라로 신부를 호위해 오기 위해서 당당한 기사단을 보냈다. 체사레 보르지아는 200명의 기사를 데리고 그녀와 동행했다. 또한 힘든 여행을 즐겁게 하기 위해 악사들과 어릿광대들도 데리고 갔다. 알렉산더는 자랑스럽고도 행복해서 그녀에게 5명의 주교를 비롯하여 180명의 수행원을 붙여 주었다. 이 여행을 위해 특별히 수레들이 제작되고 150마리의 노새들이 그녀의 혼수를 날랐다. 이 중에는 1만 5000두카트(18만 7500달러?) 가격이 나가는 드레스, 1만 두카트짜리 모자, 그리고 각기 100두카트씩 하는 보디스(여성복의 몸통 부분) 200개가 포함되어 있었다.[106] 1502년 1월 6일에 어머니 바노짜에게 작별을 고하고 루크레찌아는 이탈리아를 가로질러 약혼자에게 가는 여행을 시작했다. 알렉산더는 그녀에게 작별 인사를 하고, 행렬을 하나하나 자세히 살펴보고 그녀가 가죽과 황금의 마구로 단장한 작은 스페인 말에 올라타는 모습을 한 번 더 바라보았다. 그녀와 천 명의 남녀로 구성된 수행원이 눈에 보이지 않게 될 때까지 그는 그들을 바라보았다. 다시는 딸을 보지 못하리라고 짐작하고 있었다.

로마는 일찍이 이렇게 화려한 출발을 본 적이 없었을 것이고, 페라라도 이런 도착을 본 적이 없었다. 27일간의 여행을 마치고 루크레찌아는 도시 바깥에서 귀족들과 교수들, 75명의 말 탄 궁수들, 80명의 나팔수와 피리 부는 사람들, 화려하게 차려입은 귀족 부인들을 실은 14대의 수레를 동반한 에르콜레 공작과 동 알폰소를 만났다. 이 행렬이 대성당에 도착하자 두 명의 줄타기 광대가 대성당의 탑에서 줄을 타고 내려와 루크레찌아에게 환영의 인사를 했다. 공작 궁전에 도착하자 모든 죄수들이 석방되었다. 사람들은 장래 공작부인의 아름다움과 미소를 보고 환호성을 올렸다. 알폰소는 이토록 화려하고 매혹적인 신부를 얻어서 행복했다.[107]

6. 보르지아 집안의 붕괴

알렉산더의 마지막 몇 해는 행복하고 번영을 누렸다. 딸은 공작 집안으로 시집을 갔고 페라라 전체의 존경을 받았다. 아들은 장군으로서 그리고 행정관으로서의 임무를 탁월하게 수행했고, 교황국가들은 뛰어난 통치를 받아 번성했다. 베네찌아 대사는 이 마지막 시기에 교황이 명랑하고 활동적이고 편안했으며, "아무 걱정도 없다."고 서술했다. 1501년 1월 1일에 그는 일흔 살이 되었지만, 대사 말로는 "그는 매일 젊어지는 것처럼 보인다."[108]

1503년 8월 5일에 알렉산더와 아들 체사레와 다른 사람들이 아드리아노 다 코르네토 추기경 저택의 실외에서 저녁 식사를 했다. 모두들 정원에 자정까지 머물러 있었다. 실내에서는 더위를 참기가 어려웠기 때문이다. 11일에 추기경이 심한 열병에 걸려 사흘 동안 앓다가 가라앉았다. 12일에 교황과 아들이 열병과 구토로 침대에 누웠다. 언제나 그렇듯이 로마 시에는 독약 이야기가 퍼졌다. 체사레가 추기경의 재산을 확보하려고 그에게 독을 먹이라고 명령했다는 것이다. 그러다 그만 실수로 독이 들어간 음식을 거의 모든 손님이 먹었다는 소문이었다. 오늘날 역사가들은 교황을 치료했던 의사들의 의견과 같이 한여름 로마의 밤 공기에 너무 오래 노출되어서 생긴 말라리아 감염이 원인이었다고 생각한다.[109] 그 8월에 말라리아 열병이 교황청 식솔의 절반을 쓰러뜨리고, 많은 경우는 죽었다.[110] 로마에서 이 시기에 같은 원인으로 수백 명이 죽었다.

알렉산더는 삶과 죽음 사이에 13일간을 머물렀다. 때로는 외교관들을 영접할 정도로 회복되기도 했다. 8월 13일에는 카드놀이를 했다. 의사들은 계속해서 방혈을 했다. 아마도 한 번은 피를 너무 많이 뽑아서 그의 자연적인 힘까지 빼냈던 모양이다. 8월 18일에 그는 죽었다. 곧바로 시체가 검게 변하고 냄새가 났다. 이것이 독약의 소문을 부채질했다. 목수들과 짐꾼들은 "농담과 불경스러운 말들을 지껄였다."고 부르하르트는 말한다. 그들은 그를 위해 만든 관에 부어오른 시체를 집어넣느라 애를 먹었다.[111] 알렉산더가 죽는 순간 그의 영혼을 지옥으로 데려가는 작은 악마가 보였다는 소문까지 덧붙여졌다.[112]

로마 사람들은 스페인 출신 교황이 죽은 것을 기뻐했다. 폭동이 일어나고 '카탈루냐 사람들'이 도시에서 쫓겨나거나 도중에 살해당했다. 그들의 집은 폭도들에게 약탈당했다. 100채의 주택이 불에 타서 주저앉았다. 콜론나와 오르시니 집안의 무장 병사들이 추기경단의 항의를 무릅쓰고 8월 22일과 23일에 도시에 진입했다. 애국적인 피렌쩨 사람인 귀치아르디니는 이렇게 말했다.

로마 시 전체가 믿을 수 없는 민첩성으로 달려가 성 베드로 성당에 있는 시체를 둘러싸고 죽은 뱀의 모습을 아무리 보아도 눈을 만족시킬 수가 없었다. 그는 절제 없는 야망과 혐오할 만한 배신으로, 무시무시한 잔인성과 극악한 육욕의 다양한 예들로, 또 성스러운 것과 세속적인 것을 구분하지 않고 모든 것을 팔아 버리는 일로 온 세상에 독을 퍼뜨렸던 사람이다.[113]

마키아벨리는 귀치아르디니와 같은 의견이었다. 그에 따르면 알렉산더는

속임수 외에 다른 일은 하지 않았으며, 평생동안 다른 것은 생각한 적도 없었다. 아무도 나중에 깨뜨릴 약속을 그보다 더 강하게 맹세한 사람은 없었다. 그런데도 그는 모든 일에 성공했다. 그가 세계의 이 부분을 그토록 잘 알고 있었기 때문이다.[114]

이런 비난들은 두 가지 확신을 전제로 한 것이었다. 알렉산더에 대해서 로마에 퍼진 이야기들이 사실이라는 것과 알렉산더가 교황국가를 길들이기 위해 사용한 방법이 정의롭지 못했다는 것이다. 가톨릭 역사가들은 알렉산더가 교황청의 세속적 권력을 복구시킨 것을 옹호하면서도 그의 방법과 도덕성에 대한 비난에는 대체로 동감하고 있다. 정직한 파스토르는 이렇게 말한다.

그는 어디서나 괴물로 묘사되고, 온갖 종류의 더러운 범죄를 저질렀다고 여겨졌다. 현대의 비판적 탐구는 많은 점에서 그를 더 정당하게 평가하고, 그에 대해 제기된 최악의 고발들을 받아들이지 않았다. 우리가 그의 동시대 사람들이 알렉산더에 대해서 말한 모든 것을 검토 없이 받아들이는 일을 경계해야 하고 …… 또 로마인들의 사나운 재치가 그를 무참하게 찢어 버리는 일에서 재미를 느끼고, 인기가 있는 파스퀴노 풍자문과 학자들의 격언시에서 믿을 수 없이 불순한 삶을 그에게 덧붙여 준 것을 경계해야 하는 것이 사실이지만, 그러나 그에게 불리한 많은 점들이 아주

분명하게 입증되어 있기에 그를 결백하게 만들어 주려는 현대의 시도들은 진실을 조작하는 무가치한 행동으로 여겨 거부하지 않을 수 없다. …… 가톨릭 교회의 관점에서 보자면 그를 아무리 엄격하게 비난해도 오히려 부족하다.[115]

개신교 역사가들은 이따금 알렉산더에 대해 너그러운 태도를 보여 주었다. 윌리엄 로스코(William Roscoe)는 『레오 10세의 생애와 재임 시기』(1827)를 통해 알렉산더 교황에 대해 좋은 말을 해 준 최초의 역사가들에 속한다.

그가 저지른 범죄들이 무엇이었든 그것이 모두 지나치게 과장되었다는 것만은 의심할 수 없다. 그가 자기 가족의 영광을 키우는 데 헌신했다는 것, 그리고 이탈리아에 자기 아들을 위한 항구적인 영토를 확립하기 위하여 자신의 높은 지위를 이용했다는 것은 의문의 여지가 없다. 그러나 유럽의 거의 모든 통치자들이 그와 똑같이 범죄적인 수단을 이용해서 자기들의 야망을 만족시키려고 하던 시대에 이런 측면에서 알렉산더의 성격만을 그토록 기묘하고 과장된 불명예로 낙인찍는 것은 공평하지 못한 일로 보인다. 프랑스의 루이 12세와 스페인의 페르디난드가 공모하여, 아무리 혐오해도 모자랄 정도로 끔찍한 배신을 통해 나폴리 왕국을 포위하고 분할하는 동안, 알렉산더는 소란을 일으키는 남작들을 억압하는 일이 정당하다고 생각할 만도 했다. 남작들은 오랫동안 내전을 수단으로 삼아 교회의 영토를 점유한 사람들이었다. 또 알렉산더는 교황이 통치권을 가진 로마냐 지방의 작은 영주들을 정복하는 것이 옳다고 생각했다. 이들 영주들은 대체로 정당화할 수 없는 수단으로 그 영토들을 얻었고 교황은 그들에 맞서 같은 방법을 사용했다. 일반적으로 받아들여지고 있는 고발, 곧 그가 딸과 범죄적인 사통을 했다는 고발에 관해서는 …… 그것이 개연성이 없음을 보여 주기란 그리 어려운 일이 아니다. 그다음으로, 그의 고약한 악덕들은 많은 훌륭한 특성들을 통해 보상까지는 아니라도 어쨌든 많은 훌륭한 특성들과 나란히 나타났던 것들이다. 그의 성격에 대해 생각할 때 결코 이런 점들을 간과해서는 안 된다. …… 그의 가장 심각한 적들조차도 그가 고양된 천재성과 놀라운 기억력을 지닌 사람이고, 능변이고 항상 깨어 있고 모든 임무를 수행하는 데 유능한 사람이었음을 인정했다.[116]

크레이튼 주교는 알렉산더의 성격과 업적을 요약하면서 전체적으로 로스코의 판단에 동의하고, 파스토르보다 훨씬 더 관대했다.[117] 뒷날의 평가는 그보다 더 후한 것이다. 개신교 학자인 리처드 가닛(Richard Garnett)은 『캠브리지 근·현대사(*The Cambridge Modern Histrory*)』에서 다음과 같이 말한다.

알렉산더의 성격은 분명히 현대사가들의 탐구를 통해 만들어졌다. 그렇게 많은 범죄를 저질렀다는 고발을 받고, 또 의심의 여지없이 그토록 많은 추문의 원인이었던 사람이, 폭군 아니면 쾌락을 좇는 사람으로 나타난다는 것은 지극히 당연한 일이다. 그러나 둘 중 어느 것도 그에게 어울리지 않는다. 그의 성격의 기본 원리는 극히 풍부한 자연성이다. 베네찌아 대사는 그를 가리켜 현세적인 사람이라고 불렀다. 그것은 어떤 도덕적인 경멸을 담은 표현이 아니라 자신의 정열과 감정을 통제할 줄을 모르는, 낙천적인 기질의 남자라는 의미였다. 이런 점은 통치자들과 정치가들 사이에 많은 외교관 유형의 냉철한 이탈리아 사람들을 당혹하게 했다. 그들의 이해심은, 실제로는 자기 시대 대부분의 통치자들보다 더욱 인간적이었던 알렉산더에 대해 부당한 편견을 지닌 것이었다. 과도한 '현세성'이 그에게 좋은 것과 나쁜 것을 만들어 냈다. 도덕적인 고려나 다른 어떤 종교적 개념들로 방해받지 않았기에 그는 나머지 다른 점에서는 절도가 있고 삼가는 사람이었는데도, 한 가지 종류의 강한 감각성을 드러냈다. 조금 더 나아 보이는 가족 사랑이라는 겉모습을 뒤집어쓴 이 감각성으로 인해 그는 온갖 정의의 원칙들을 위반했다. 물론 여기서도, 그의 대리인 한 사람이 말한 것처럼 '성수(聖水)'만으로 이룰 수가 없는 것 중에서 어쩔 수 없는 것만을 행했을 뿐이다. 다른 한편 그의 친절함과 쾌활한 성격은 그를 통상적인 의미의 폭군이 되지 않도록 해 주었다. …… 국민의 물질적 번영을 염려하는 통치자라는 측면에서 그는 자기 시대 최고의 통치자들에 속한다. 실질적인 정치가로서 당시의 어떤 통치자와도 겨룰 만한 사람이었다. 그러나 그의 통찰력은 정치적 도덕성의 결핍으로 손상을 입었다. 그는 한 시대의 특징을 이해하고 그 흐름을 예견하는 더 높은 지혜를 갖지 못했고, 또 원칙이 무엇인지를 알지 못했다.[118]

여성의 매력과 우아함에 대해서 알렉산더와 똑같은 감수성을 가진 사람은 마음속으로 그의 애정 행각 때문에 그에게 돌을 던질 수는 없다. 교황이 되기 이전 그의 일탈된 행동들은, 역사가들과 훨씬 더 사이가 좋은 에네아스 실비우스(피우스 2세)의 행동보다 더 나쁠 것도 없다. 아니면 시간이 너그럽게 용서해 준 율리우스 2세의 그것보다 더할 것도 없다. 이 두 교황들이 알렉산더가 한 것처럼 애인들과 자식들을 그렇게 세심하게 보살폈다는 기록은 없다. 만일 교회의 법이 르네상스 이탈리아와 개신교 도이칠란트, 혹은 국교도 영국의 법처럼 성직자의 결혼을 허용했더라면 알렉산더의 행동에는 상대적으로 존경할 만한 가정적인 요소들이 드러나 있다. 그의 죄는 자연이 아니라 그리스도교의 독신주의 원칙을 위반한 것이었다. 이런 원칙은 어차피 머지않아 그리스도교 세계의 절반(개신교)이 거부할 원칙이었다. 쥴리아 파르네제와의 관계가 육체적인 것이었는지 확실히 알 수가 없다. 우리가 아는 것은 바노짜도 루크레찌아도, 쥴리아의 남편도 그에 대해 어떤 항의도 하지 않았다는 것이다. 어쩌면 이것은 아름다운 여인의 매혹과 활달함을 보고 좋아하는 보통 남자의 기쁨에 지나지 않았을 것이다.

알렉산더의 정치를 평가하기 위해서는 그의 목적과 수단을 구분하지 않으면 안 된다. 그의 목적은 전적으로 적절한 것이었다. 곧 '베드로의 재산'(특히 고대 라티움 지방)을 무질서한 봉건적 남작들에게서 되찾는 것과, 교황(교회)국가들을 찬탈한 폭군들에게서 되찾는 일이었다. 알렉산더와 체사레가 이런 목적을 실현하기 위해 사용한 수단들, 즉 전쟁, 외교, 속임수, 배신, 조약 위반, 동맹국 버리기 등은 그때나 지금이나 다른 국가들도 모두 사용하는 방법이다. 알렉산더가 신성 동맹을 저버린 일, 프랑스 군인들을 돈 주고 산 것과 밀라노를 프랑스에 내준 것 등이 이탈리아에 행한 중요한 범죄 행위이다. 무법(無法)이 판치는 국제적 갈등이라는 밀림에서 국가들이 사용하고 또 불가피하다고 생각하는 세속적인 수단들을, 그리스도의 원칙에 따르겠다고 맹세한 교황이 사용했다는 점이 우리의 감정을 손상시킨다. 교회가 자신의 영토를 잃어버릴 경우 지배하는 정부에 종속될 위험이 아무리 크다 해도(아비뇽에서 프랑스에 종속되었을 때처럼) 교회가 정치적 목적을 이루기 위해 세속의 방법을 채택하는 것보다는, 세속의 권력을 잃어버리고 다시 저 갈릴리의 어부들처럼 가난해지는 편이 아마도 교회를 위해서는 더 좋았을 것이다. 세속의 방법을 받아들이고 그것을 재정적으로 후원하면서 교회는 하나의 국가를 얻고 그리스도교 세계의 3분의 1을 잃어버렸다.

체사레 보르지아는 교황을 죽게 만든 것과 동일한 병에서 천천히 회복되었다. 그러나 회복되고 보니 그는 전에는 생각지도 못한 수많은 위험에 빠져 있었다. 대체 누가 아버지와 그가 동시에 그토록 심한 병을 앓을 것이라고 예상할 수가 있었겠는가? 의사들이 그에게서 피를 빼내고 있는 동안, 콜론나 일가와 오르시니 일가는 재빨리 그에게 빼앗긴 성들을 도로 탈환했다. 로마냐 지방에서 쫓겨난 군주들은 베네찌아의 격려에 힘입어 자기들의 영지를 요구하기 시작했다. 이미 통제할 길이 없는 로마의 폭도들이 알렉산더가 죽은 지금 아무 때라도 바티칸을 약탈해서, 체사레가 군대의 월급을 주기 위해 의존하고 있던 바티칸 재산을 차지할 수도 있는 상황이었다. 그는 무장한 사람들 몇을 바티칸으로 보냈다. 그들은 카사누오바 추기경을 칼로 위협해서 금고를 내놓게 했다. 그렇게 해서 체사레는 1500년 전의 체사레(카이사르)가 했던 일을 되풀이했다. 부하들은 그에게 금화 10만 두카트와 30만 두카트에 상당하는 접시들과 보석들을 가져왔다. 동시에 그는 갤리선들과 군대를 내보내 가장 강력한 적인 쥴리아노 델라 로베레(G. d. Rovere) 추기경이 로마에 들어오는 것을 막으려 했다. 그는 추기경회의를 설득해서 자기에게 친절한 교황을 뽑지 않는다면 자기가 끝장난다고 느끼고 있었다.

추기경들은 체사레와 오르시니와 콜론나의 군대들이 모두 로마를 떠나야만 교황을 선출할 것이라고 고집했다. 세 그룹은 모두 이에 양보했다. 체사레는 군대를 거느리고 치비타 카스텔라나로 물러나고, 델라 로베레 추기경은 로마로 들어가 추기경회의에서 보르지아 가문에 적대적인 세력을 지휘했다. 1503년 9월 22일에 추기경단 안에서 대립하던 세력들이 타협안으로 프란체스코 피콜로미니 추기경을 교황으로 선출했다. 그는 아저씨 에네아스 실비우스를 기리는 뜻으로 피우스 3세라는 이름을 선택했다. 그도 또한 대가족의 아버지였지만 학식이 있고 성실한 사람이었다.[119] 예순네 살이었고, 다리에 난 종양으로 고생하고 있었다. 그는 체사레에게 친절해서 그가 로마로 돌아오는 것을 허락해 주었다. 그러나 10월 18일에 피우스 3세는 죽고 말았다.

체사레는 이제 델라 로베레 추기경의 당선을 막을 수 없음을 깨달았다. 그는 분명 추기경들 중에서 가장 유능한 사람이었다. 그와 직접 만나 은밀히 담판을 지으면서 체사레는 분명한 화해의 행동을 보였다. 그는 델라 로베레에게 (체사레에게 충성하는) 스페인 출신 추기경들이 그를 지지할 것이라고 약속했다. 그리고 로베레는 당선되면 체사레를 로마냐 공작으로 임명하고 교황군대의 지휘권을 주기로 약속했다. 로베레는 다른 추기경들을 간단하게 매수했다.[120] 쥴리아노 델라 로베레가 교황으로 선출되었고(1503년 10월 31일) 율리우스 2세(Julius II)라는 이름을 선택했다. 마치 자기도 카이사르(율리우스 카이사르)가 될 것이고, 알렉산더를 더욱 낮게 교정할 것이라고 말하는 듯했다. 그의 대관식은 11월 26일로 미루어졌다. 점성술사들이 그날이 별자리가 유리하게 결합되는 날이라고 예언했기 때문이다.

베네찌아는 행운의 별자리를 기다리지 않았다. 곧바로 리미니를 차지하고 파엔짜를 포위했다. 그리고 교회가 그 힘을 다시 조직하기 전에 가능한 한 많은 로마냐 땅을 차지할 조짐을 보였다. 율리우스는 체사레에게 이몰라로 가서 교황국가를 방어하기 위해 새로운 군대를 소집하라고 명령했다. 체사레는 동의하고 피사까지 배를 타고 갈 생각으로 오스티아로 갔다. 하지만 오스티아에서는 로마냐 지방 요새들의 통제권을 내놓으라는 교황의 명령이 그를 기다리고 있었다. 질병이 그의 판단력을 마비시키기라도 한 듯 중대한 오류를 범하면서 체사레는 이 명령에 거부했다. 그가 이제 적어도 자신의 것만큼이나 강한 의지를 가진 사람을 상대하고 있다는 사실이 아주 분명했는데도 그랬다. 율리우스는 그에게 로마로 돌아오라고 명령했다. 체사레는 복종했고, 가택 연금을 당했다. 우르비노 영토를 되찾았을 뿐만 아니라 새로 교황군대의 지휘자로 임명된 귀도발도 델라 로베레가 추락한 보르지아를 보러 찾아왔다. 체사레는 자기가 폐위시키고 약탈했던 남자 앞에서 자신을 낮추고 그에게 요새들의 암호를 내주고, 우르비노 약탈품들 가운데 아직 남아 있는 소중한 책들과 벽걸이들을 돌려주었다. 그리고 율리우스와의 사이에 중재를 간청했다. 체세나와 포를리는 체사레가 풀려나기 전에는 암호를 내주기를 거부했다. 율리우스는 체사레가 로마냐 요새들을 향해 교황에게 굴복하라고 설득하기 전에는 그를 풀어주지 않겠다고 했다. 루크레찌아는 남편에게 오빠를 도와달라고 하소연했다. 그러나 알폰소(여전히 후계자일 뿐 아직도 공작의 직위를 갖지 못하고 있었다.)는 아무런 조치도 취하지 않았다. 그녀는 이사벨라 데스테에게 요청했지만 그녀도 아무 일도 하지 않았다. 그녀와 알폰소는 아마도 율리우스를 움직일 수 없다는 것을 알았을 것이다. 체사레는 마침내 로마냐 지방에 있는 충성스러운 부하들에게 항복하라고 말했다. 교황은 그를 풀어주었고 그는 나폴리로 도망쳤다.(1504년 4월 19일)

그곳에서 그는 곤짤로 데 코르도바의 영접을 받았다. 그는 체사레에게 안전을 보장해 주었다. 훌륭한 판단력보다 용기부터 먼저 회복되었다. 체사레는 작은 군대를 조직하고, 그 군대를 이끌고 피옴보로 갈 준비를 하다가 스페인의 페르디난드 왕의 명령에 따라 곤짤로에게 붙잡혔다. 스페인의 '가톨릭 왕'은 율리우스의 강요를 받았던 것이다. 율리우스는 체사레가 내전을 시작하도록 내버려두지 않았다. 8월에 체사레는 스페인으로 호송되어 그곳 감옥에 2년간 갇혀 있었다. 루크레찌아가 다시 그를 석방시킬 길을 찾아보았으나 소용이 없었다. 버림받고 있던 그의 아내는 그를 위해 나바르의 왕인 장 달브레에게 선처를 하소연했다. 도주 계획이 세워지고, 1506년 11월에 체사레는 다시 자유의 몸이 되어 나바르 궁정에 나타났다. 그는 머지않아 달브레에게 은혜를 갚을 기회를 얻었다. 왕의 신하인 레랭(Lerin) 백작이 반란을 일으켰던 것이다. 체사레는 왕의 군대를 이끌고 비아나에 있는 백작의 요새에 마주섰다. 백작이 돌격했으나 체사레가 물리쳤다. 그러나 체사레는 패배한 사람을 너무 지나치게 몰아붙였다. 다시 무장을 갖춘 백작이 그에게 대항했고, 얼마 안 되는 체사레의 군대는 도망쳤다. 체사레는 단 한 명의 동료와 더불어 그 자리에 굳건히 서서 싸우다가 칼에 맞아 죽었다.(1507년 3월 12일) 그의 나이 서른한 살이었다.

이것은 문제 많은 삶에 명예로운 종말이었다. 체사레 보르지아의 생애에 있는 많은 요소들을 우리는 소화할 수가 없다. 그의 거만한 자부심, 충성스러운 아내를 무시한 것, 여자들을 일시적인 쾌락의 도구로 취급했던 점, 적들에 대해 간혹 보인 잔인성, 예를 들면 카메리노의 성주인 쥴리오 바라노뿐만 아니라 쥴리오의 두 아들을 죽이고, 두 명의 만프레디 사람들을 죽이라고 명령했을 때 보여 준 것 같은 잔인성. 그가 이름을 빌린 사람(율리우스 카이사르)의 조용한 자비심과는 비교할 수 없는 가혹함이었다. 보통 그는 목적의 달성이 수단을 정당화한다는 원칙에 따라 행동했다. 그는 자신이 거짓에 둘러싸여 있음을 알아채고 다른 누구보다도 더욱 거짓말을 잘했다. 그러다가 마지막에 율리우스가 그에게 결정적인 거짓말을 했다. 그는 형 죠반니의 죽음에 대해서는 거의 확실하게 죄가 없다. 그리고 아마도 비셸리에 공작(루크레찌아의 두 번째 남편)에게 자객을 보냈을 것이다. 그는 (아마도 병으로 인해) 자신의 불행을 용기와 품위로 맞이할 힘이 없었다. 오직 그의 죽음만이 그의 삶에 희미한 고귀함의 빛을 가져다주었다.

그러나 그도 미덕들을 가졌다. 그는 재빨리 일어서서 지휘와 협상과 전쟁의 기술을 재빨리 익혔다. 오직 작은 군대만을 이끌고 교황국가에 교황의 권위를 회복한다는 어려운 과제를 받아, 놀라운 기동력, 전략의 기술, 그리고 적절한 수단을 이용하여 그 과제를 수행했다. 정복뿐만 아니라 통치의 권한을 부여받자 그는 로마냐 지방에 수백 년 만에 가장 공평한 통치와 가장 번성하는 평화를 마련해 주었다. 캄파냐 지방에서 폭동을 일으키는 문제 많은 부하들을 몰아내라는 명령을 받고는 율리우스 카이사르 자신이 왔어도 그보다 더 잘 해내기 힘들 정도로 기민하게 그 일을 수행했다. 이런 업적들을 토대로 그는 어쩌면 페트라르카와 마키아벨리가 꿈꾸었던 일을 이룰 수 있었을지도 모른다. 즉 필요하다면 정복을 통해서라도 이탈리아를 통일시켜서 통합된 프랑스나 스페인에 맞설 수 있도록 하는 일 말이다.* 그러나 그의 승리와 수단과 권력과 어두운 비밀주의, 예측할 수 없이 빠른 공격 등은 그를 이탈리아의 해방자가 아니라 이탈리아의 두려움으로 만들었다. 그의 성격의 결함이 그의 정신의 업적을 파괴했다. 그의 기본적인 비극은 그가 사랑하는 법을 배우지 못했다는 것이었다.

루크레찌아를 향한 사랑을 빼고는 말이다. 그녀는 이렇게 몰락한 오빠에 비해 말년의 절도와 번성을 통해 얼마나 대조적인 모습을 보여 주는가! 로마에서 모든 험담꾼의 희생자였던 그녀는 페라라에서 여성적인 미덕의 모범으로 국민의 사랑을 받았다.[121] 그녀는 그곳에서 과거의 모든 두려움과 고난을 잊으려고 애썼다. 그리고 적절한 절도를 지니 채 젊은 날의 명랑함을 되찾고, 거기에다가 다른 사람들의 요구를 헤아리는 너그러움을 덧붙였다. 아리오스토, 테발데오, 벰보, 티토, 에르콜레 스트로찌 등은 각기 자기들의 시를 지어 적절하게 그녀를 찬양했다. 그들은 그녀를 "가장 아름다운 소녀"라 부르면서 아무도 눈을 깜박

---

*"이 민족들(프랑스, 스페인, 잉글랜드, 헝가리를 뜻함)은 이제 군사적 능력을 갖춘 거대한 군주 국가를 이루었고, 그에 맞서 (이탈리아에 있는) 작은 국가들의 느슨한 연합체는 전혀 겨룰 수가 없었다. 체사레 보르지아가 15세기 말이 아니라 15세기 초에 활동했더라면 이탈리아를 보호하는 것이 가능했을지도 모른다. …… 통일국가를 이룰 유일한 가능성은 알렉산더나 율리우스 같은 사람이 우두머리가 되어 교황의 세속적 권력을 확립하는 일이었다. 그런 통합을 만들어 내는 데 사용된 수단들은 대단히 비난받을 일이었지만 그러나 통합을 만들어 낸다는 것 자체는, 달리 아무런 대책도 없는 교황청의 상황에 의해 정당화되었다. 그리고 그것이 이탈리아에 남겨진 존엄과 독립의 유일한 흔적이 되었을 때 이용된 쓸모 있는 목적에 의해서도 정당화되었다." *Cambridge Modern History*, I, 252쪽.

거리지 않았다. 벰보는 아마도 그녀를 엘로이즈로 삼아 스스로 아벨라르 노릇을 하려고 했다. 루크레찌아는 어느 정도 언어에 소양을 보여서 스페인어, 이탈리아어, 프랑스어를 말하고, "라틴어 조금, 그리스어 약간"을 했다. 그녀가 이들 언어로 시를 썼다는 말을 들을 수 있다.[122] 알두스 마누티우스는 스트로찌 시집 간행본을 그녀에게 헌정했다. 그리고 서문에서 그녀가 그의 위대한 인쇄 사업을 위해 재정적 뒤받침을 해 주었음을 암시했다.[123]

이런 학문에 대한 관심 사이로 그녀는 남편을 위해서도 아들 넷과 딸 하나를 낳아 줄 시간을 가졌다. 알폰소는 대단히 감정적이지 않은 방식으로 그녀와 잘 생활했다. 1506년 페라라를 떠나야 했을 때 그는 그녀에게 섭정을 맡겼다. 그녀가 아주 훌륭한 판단력으로 그 일을 해냈으므로 페라라 사람들은 교황 알렉산더 6세가 언젠가 바티칸의 책임을 그녀에게 맡겼던 일까지도 용서하려고 했다.

그녀는 짧은 생애의 마지막에 자녀 교육에 헌신하고, 자선 사업에도 관심을 기울였다. 그리고 프란체스코 수도회의 속인 회원이 되었다. 1519년 6월 14일에 그녀는 일곱 번째 아이를 출산했으나 사산이었다. 그녀 자신도 이 출산에서 건강을 회복하지 못했다. 6월 24일, 서른아홉의 나이로 스스로 잘못을 범했다기보다는 남들이 잘못을 저지르는 대상이었던 루크레찌아 보르지아는 세상을 떠났다.

17장   율리우스 2세
1503~1513

1. 전사(戰士)

라파엘로가 그린 율리우스 2세의 탐색하는 듯한, 심오한 초상화를 앞에 두면 쥴리아노 델라 로베레(Giuliano della Rovere)가 교황의 직위에 오른 사람들 가운데 가장 강한 사람의 하나였다는 것을 즉시 알아볼 수 있다. 무거운 머리는 마지못한 겸손과 피곤으로 앞으로 약간 구부러지고, 넓고 높은 이마, 싸움 좋아하는 커다란 코, 근엄하고 깊이 박힌, 꿰뚫어 보는 듯한 눈길, 단호하게 꾹 다문 입술, 권위를 상징하는 반지들로 무거운 두 손, 권력에 환멸을 느낀 우울한 얼굴. 이것이 바로 이탈리아를 10년 동안 전쟁과 소란 속으로 몰아넣고, 외국의 군대에서 이탈리아를 해방시키고, 낡은 성 베드로 성당을 허물고 브라만테와 다른 100명의 미술가들을 로마로 데려오고, 미켈란젤로와 라파엘로를 찾아내어 격려하고 그들의 방향을 정해 준 사람, 그리고 그들을 통해 온 세계에 새로

운 성 베드로 성당과 시스티나 예배당 천장화, 그리고 바티칸의 방들을 선물해
준 바로 그 사람의 모습이다. "보라, 여기 한 남자가 있다!(Voila un homme!)"

그의 격한 성질은 아마도 첫 호흡을 하면서부터 그의 특징이었을 것이다. 사
보나 근처에서(1443) 태어났고, 식스투스 4세의 조카였던 그는 스물일곱 살에
추기경이 되었지만, 오래전부터 자신의 것으로 정해진 듯이 보이던 그 자리에
오르기까지 33년의 세월을 분노와 좌절 속에 기다려야 했다. 그는 동료 추기경
들보다 특별히 더 독신의 맹세를 중히 여기지는 않았다.[1] 바티칸에서 뒷날 그
의 의전관 노릇을 했던 사람은 율리우스 2세가 사람들이 교황의 발에 키스하는
일을 허락하지 않았다고 전하고 있다. 그의 발이 "프랑스 병(ex morbo gallico, 매
독)으로 인해" 모양이 일그러져 있었기 때문이다.[2] 그는 정식 결혼에 의하지 않
은(불법적인) 딸 셋을 두었다.[3] 그러나 알렉산더와 싸우느라 너무 바빠서, 인류
가 그토록 애지중지하는 위선(僞善)을 손상시킨 알렉산더처럼 노골적으로 자
녀들에게 애정을 표현할 시간이 없었다. 그는 알렉산더를 스페인 침입자라고
여겨 싫어했다. 그리고 그가 교황청에 적합한 사람이 아니라고 거부했으며 그
를 사기꾼이며 찬탈자라고 불렀다.[4] 그리고 그의 자리를 뺏기 위해서 할 수 있
는 일은 무엇이든 다 했다. 심지어 프랑스 왕에게 이탈리아를 침입하라고 부추
기기까지 했다.

그는 알렉산더와 정반대로 만들어진 사람처럼 보였다. 보르지아 추기경은
명랑하고 낙천적이고 선량했다.(아마 그가 독살한 한두 경우를 빼고 말이다.) 반면
율리우스는 강직하고 의젓하고 정열적이고 참을성이 없고, 쉽게 화를 내고 이
싸움에서 바로 저 싸움으로 넘어가고, 전쟁 때를 빼고는 진짜로 행복한 적이
한 번도 없었다. 알렉산더는 대리인을 내세워 전쟁을 수행했는데 율리우스는
직접 전투에 나갔다. 육십 대의 교황이 병사가 되어서 교황의 의상보다 병사의
의상을 더 편히 여기고 막사와 도시를 포위하는 일과, 자신의 명령하는 눈길 아
래서 대포를 발사하기와 기습하기를 사랑했다. 알렉산더는 게임을 할 수 있었
지만 율리우스는 절대로 쉬지 않고 이번 기획에서 다음번 기획으로 넘어갔다.

알렉산더는 외교관이 될 수 있었지만 율리우스는 그것이 극히 어려웠다. 사람들에게 맞대 놓고 그들에 대한 자기의 생각을 말하기를 좋아했기 때문이다. "그의 언어는 사나움과 격함이라는 점에서 자주 한계를 넘어"섰으며, "이런 잘못은 나이가 들어 갈수록 더욱 뚜렷하게 커졌다."[5] 그의 언어처럼 그의 용기도 한계를 몰랐다. 병에 짓눌리고 전투로 부상을 당했다가도 그는 도로 회복되어 적들을 다시 기습하여 놀라게 했다.

알렉산더처럼 그도 교황의 직위에 도달하는 길을 쉽게 하려고 추기경 몇 명을 매수했다. 그러나 1505년 교서에서 이런 관행을 비난했다. 이 점에서는 불편한 기습을 통해 개혁을 단행하지는 않았지만, 그러나 친척 등용만큼은 완전히 거부하고 친척들을 관직에 임명한 경우는 드물었다. 교회의 관직이나 승진을 매매하는 일은 알렉산더의 예를 따랐고, 또 성 베드로 성당을 건설하기 위해 면죄부를 판매해서 도이칠란트의 분노를 샀다.[6] 그는 수입을 잘 관리해서 전쟁과 미술을 동시에 후원하고도 레오 10세에게 흑자 재정을 넘겨주었다. 알렉산더의 마지막 시기에 상당히 망가진 로마의 사회질서를 회복했다. 그리고 교회 국가들을 지혜로운 임명과 정책으로 통치했다. 오르시니와 콜론나 가문이 자기들의 성(城)을 다시 점령하는 일을 허용했지만 교황은 자신의 친척들과 이들 가문 사람들을 결혼시켜서 그들의 충성심을 확보하려고 했다.

그가 권력을 잡았을 때 교회 국가들은 소요에 빠졌고, 알렉산더와 체사레 보르지아가 이룩한 작업의 절반이 도로 사라져 버렸다. 베네찌아는 파엔짜와 라벤나와 리미니를 차지했다.(1503) 죠반니 스포르짜는 페사로에 돌아왔다. 발리오니 일가는 다시 페루지아의 군주가 되었고, 벤티볼리오 일가도 볼로냐의 군주였다. 이들 도시들에서 들어오는 수입의 손실이 교황청의 지불 능력을 위태롭게 했다. 율리우스 교황은 알렉산더와 똑같이 교회의 영적인 독립성을 위해 교황국가들을 계속 점령할 필요가 있음을 인정했다. 그리고 알렉산더가 저질렀던 잘못을 저지르는 것으로 일을 시작했다. 곧 이탈리아에 있는 적들을 때려 주기 위해 프랑스에 (이어서 도이칠란트와 스페인에) 도움을 요청한 것이다. 프랑스는 세 명의 추기경을 얻는 대가로 8000명의 병사를 파견했다. 나폴리, 만토바, 우르비노, 페라라, 피렌쩨 등도 작은 파견대를 약속했다. 1506년 8월에 율리우스는 자신의 얼마 안 되는 군대의 선두에 서서(기병 400명, 스위스인 경호 부대와 4명의 추기경) 진군했다. 우르비노 공작으로 복귀한 귀도발도가 교황군대의 지휘권을 잡고 있었지만 교황 자신이 직접 선두에 서 있었다. 이탈리아가 지난 수백 년 동안 보지 못한 광경이었다. 쟌파올로 발리오니는 이런 연합 부대에 맞서 이기지 못할 것이라 생각하고 오르비에토로 와서 교황에게 항복하고 용서를 빌었다. 율리우스는 이렇게 으르렁거렸다. "나는 당신의 도덕적 죄를 용서하겠다. 그러나 당신이 단 하나만이라도 죄를 더 저지르면 그 모두에 대해 보상하게 만들겠다."[7] 자신의 종교적 권위를 믿고서 그는 작은 경호원 부대만 거느리고 페루지아로 들어갔다. 병사들이 성문에 도착하기도 전이었다. 발리오니는 부하들에게 명령해서 그를 체포하고 성문을 닫으라고 할 수도 있었겠지만 그렇게 하지 않았다. 그 자리에 있었던 마키아벨리는 발리오니가 이 기회를 놓친 것에 대해 놀라움을 표현했다. "영원히 기억될 행동을 할 기회였다. 그는 성직자들에게 그들처럼 살고 다스리는 사람이라도 단 한 명의 인간이 얼마나 하찮은 것인지를 보여 줄 최초의 사람이 될 수도 있었다. 그 행위의 위대함이 어쩌면 그에 뒤따를 수도 있는 온갖 위험과 오명을 훨씬 능가하는 행위를 할 수도 있었을 것이다."[8] 마키아벨리는 대부분의 이탈리아 사람들처럼 교황청의 세속적 권력에 반대하고 있었고, 왕처럼 군림하는 교황들에게 반대하고 있었다. 그러나 발리오니는 자신의 목숨을, 그리고 죽은 다음의 명성보다는 아마도 자신의 영혼을 더욱 소중히 여겼다.

율리우스는 페루지아에서 시간을 잃지 않았다. 그의 진짜 목표는 볼로냐였다. 그는 얼마 안 되는 군대를 이끌고 아펜니노 산맥의 험한 산길을 넘어 체세나로 갔다. 그리고 동쪽으로부터 볼로냐로 접근했다. 그동안 프랑스가 서쪽에서 볼로냐를 공격하고 있었다. 율리우스는 벤티볼리오와 그의 추종자들에게 파문령을 내렸다. 그리고 그들 중 누구라도 죽이는 사람은 누구든 완전히 사면해 주겠다고 제안했다. 이것은 새로운 전쟁이었다. 죠반니 벤티볼리오는 도망치고 율리우스는 남자들이 어깨에 멘 가마를 타고서 도시로 들어갔다. 사람들은 그를 폭군에게서 해방시켜 준 해방자로 환호하며 맞아들였다.(1506년 11월 11일) 그는 미켈란젤로에게 성 페트로니오 문을 위해 거대한 자신의 입상을 만들라고 명령했다. 그런 다음 로마로 돌아갔다. 그곳에서 승리의 개선 마차를 타고 거리를 달렸고, 개선한 카이사르처럼 영접을 받았다.

그러나 베네찌아는 아직도 파엔짜와 라벤나와 미리미를 차지한 채 이 교황의 전투적 기질을 제대로 평가하지 못하고 있었다. 로마냐를 얻기 위해 이탈리아 전체를 위험에 빠뜨리면서 율리우스는 프랑스, 도이칠란트, 스페인의 도움을 받아 저 아드리아 해의 여왕(베네찌아)을 굴복시키려 했다. 이들 외국 세력들이 캉브레 동맹에서(1508) 율리우스를 돕기 위해서가 아니라 이탈리아를 분할하기 위해 얼마나 활발하게 응답을 보냈는지 나중에 보게 될 것이다. 그들과 힘을 합치면서 율리우스는 베네찌아를 향한 원한이 이탈리아에 대한 사랑보다 더 커지게 만들었다. 동맹국들이 군대를 동원해서 베네찌아를 공격하는 동안 율리우스는 베네찌아를 향해 역사상 가장 솔직한 파문령 및 성무금지령을 내놓았다. 그가 이겼다. 베네찌아는 훔친 도시들을 교회에 되돌려주고 가장 비굴한 조건들을 받아들였다. 베네찌아 사절들은 무릎에 통증을 가져오는 긴 의식을 치르고 사면령과 성무금지령의 철회를 받았다.(1510) 프랑스를 불러들인 일을 후회하면서 율리우스는 그들을 이탈리아에서 쫓아내는 쪽으로 정책을 바꾸었다. 그러면서 그에 따라 신도 정책을 바꿀 것이라 굳게 믿었다. 프랑스 대사가 그에게 베네찌아에 대한 프랑스의 승리를 전하면서 "하느님이 원하셨다."라고 덧붙였을 때 율리우스는 화를 내며 대답했다. "악마가 그것을 원했다!"라고.[9]

이제 그는 전쟁의 눈길을 페라라로 향했다. 페라라는 스스로 교황의 봉신임을 인정하고 있었지만 루크레찌아를 약혼시킬 때 알렉산더의 양보를 통해 교황청에 오직 상징적인 정도의 공물만 바치고 있었다. 나아가 알폰소 공작은 교

황의 명에 따라 베네찌아에 맞선 전쟁에 참전하고 난 다음 교황의 명령에 따라
평화를 체결하기를 거부하고 여전히 프랑스와 동맹을 맺고 있었다. 율리우스
는 페라라를 완전히 교황국가로 만들어야겠다고 결정했다. 그는 또 다른 파문
령으로 전쟁을 개시했다.(1510) 이 파문령에 따르면 한 교황의 사위였던 사람
이 이제 다른 교황에게는 "죄악의 아들이요, 지옥의 뿌리"가 되고 말았다. 교황
은 별 어려움을 겪지 않고 베네찌아의 도움을 받아 모데나를 차지했다. 그의 군
대가 그곳에 머물고 있는 동안 교황은 볼로냐로 가는 실수를 저질렀다. 갑자기
알폰소를 지원하라는 명령을 받은 프랑스 군대가 볼로냐 성문에 나타났다는
소식이 왔다. 교황의 군대는 너무 멀리 떨어진 곳에 있어서 그를 도울 수가 없
었다. 볼로냐에는 겨우 900명의 병사만 있었고 도시 주민들은 교황대리인 알리
도시 추기경의 압제를 받았던 터라 프랑스 군대에 맞서 저항하리라고 기대할
수가 없었다. 열병으로 병상에 누운 율리우스는 한동안 절망하고서 독약을 마
실까 하는 생각까지 했다.[10] 그가 프랑스와의 굴욕적인 평화 조약에 서명을 하
려는 순간 스페인과 베네찌아 군대가 도착했다. 프랑스군은 퇴각했고 율리우
스는 그들이 가는 길로 모두에 대한 파문령을 바로 뒤따라 보냈다.

그사이에 페라라가 강력하게 무장을 해서 율리우스는 자신의 병력으로는
이 도시를 차지할 수 없다고 판단했다. 군사적 영광을 잃지 않기 위해서 그는
손수 군대를 이끌고 페라라 공작령의 북쪽 식민지인 미란돌라로 갔다.(1511)
이제 예순여덟의 나이에도 불구하고 그는 깊이 쌓인 눈을 헤치고 행군하고, 전
례를 깨며 겨울에 전투를 하고, 전략 회의를 주도하고, 대포의 작동과 위치를
지시하고 군대를 시찰하고 병사의 생활을 즐기면서 군사적인 맹세와 농담에서
그 누구에게도 뒤지지 않았다.[11] 이따금 군대는 그를 비웃기도 했다. 그러나 대
개는 그의 용기에 갈채를 보냈다. 적의 화력이 그의 바로 옆에 있던 하인을 죽
이자 그는 옆의 막사로 갔다. 이곳에도 미란돌라의 대포알이 떨어지자 그는 죽
음의 위험에 대해 어깨를 으쓱해 보이며 원래의 자리로 돌아갔다. 미란돌라는
2주간 저항한 다음 항복했다. 교황은 도시에서 발견된 모든 프랑스 병사를 죽

이라고 명령했다. 아마도 상호 조정에 의해서였겠지만 단 한 명도 찾아내지 못했다. 그는 도시를 약탈에서 보호하고 8명의 추기경직을 팔아서 군대에 식량과 재정 지원을 했다.[12]

그는 볼로냐에서 휴식을 취하려 했으나 머지않아 다시 프랑스군에 포위되었다. 그는 리미니로 도망쳤고, 프랑스군은 벤티볼리오를 다시 복구시켰다. 사람들은 쫓겨난 군주가 돌아오자 기뻐했다. 그들은 율리우스가 세운 성을 부수고, 미켈란젤로가 만든 교황의 조각상을 깨뜨려 페라라의 알폰소에게 청동 덩어리로 팔았다. 엄격한 공작은 그것을 녹여 대포를 만들고 교황을 기리는 뜻으로 대포를 "라 쥴리아(La Giulia, 율리우스의 이탈리아어 여성형 이름)"라 명명했다. 율리우스는 볼로냐에서 교황의 권위를 뒤엎는 데 동참한 모든 사람을 파문하는 또 다른 교서를 내렸다. 프랑스 군대는 미란돌라를 탈환하는 것으로 응수했다. 율리우스는 리미니에서 성 프란체스코 성당의 문에 아홉 명의 추기경이 서명한 문서 하나가 붙어 있는 것을 보았다. 그것은 1511년 9월 1일자로 피사에서 세계공의회를 소집하여 교황의 행동을 검토하자는 내용이었다.

율리우스는 건강이 망가진 채 로마로 돌아갔다. 재앙에 의해 압도되어 있었지만 여전히 패배에 무릎을 꿇지는 않았다. 귀치아르디니는 이렇게 말한다.

교황은 자신의 희망에 의해 대단한 실망을 겪었음에도 불구하고 그의 태도는 전설적인 작가들이 안테우스에 대해 이야기한 것과 비슷한 점이 있었다. 안테우스는 헤라클레스의 힘에 의해 기운을 잃고 땅에 떨어질 때마다 더 큰 힘과 활력을 얻었다고 한다. 역경이 교황에게 동일한 효과를 냈다. 그가 극도로 실망하고 낙담한 것으로 보일 때면 그는 정신을 되찾고, 더욱 확고하고 한결같은 정신과 더욱 굽히지 않는 결단으로 다시 일어서곤 했기 때문이다.[13]

불만을 품은 추기경들을 상대하기 위해서 그는 1512년 4월 19일자로 교황궁에서 세계공의회를 열겠다는 소집령을 발령했다. 그는 프랑스에 대항하여 강력한 동맹을 만들기 위해 밤낮 일했다. 거의 성공에 도달했을 때 심한 병에 걸렸다.(1511년 8월 17일) 사흘 동안 그는 거의 사경을 헤맸다. 8월 21일에는 그가 하도 오래 의식을 잃고 있어서 추기경들이 후계자를 선출할 추기경회의를 준비해야만 했다. 동시에 리에티의 주교인 폼페오 콜론나가 로마 시민들에게 교황의 로마 통치에 맞서 궐기하여 리엔쪼의 공화국을 다시 세우자고 호소했다. 그러나 22일 율리우스는 의식을 되찾았다. 그는 의사들 말을 어기고 한 모금 가득 포도주를 마셨다. 그리고 모두를 놀라게 하고, 많은 사람을 실망시키면서 회복했다. 공화주의 운동은 시들었다. 10월 5일에 그는 교황청, 베네찌아, 스페인이 합세한 신성 동맹을 결성했다고 발표했다. 11월 17일에 잉글랜드의 헨리 8세도 합세했다. 그렇게 힘을 보강하고는 피사의 공의회 소집령에 서명한 추기경들을 직위에서 쫓아내고 이 공의회가 모이는 것을 금지시켰다. 프랑스 왕의 명에 따라 피렌쩨 정부는 금지된 공의회가 피사에서 열리는 것을 허가해 주었다. 율리우스는 피렌쩨에 전쟁을 선포하고, 메디치 가문을 복구시킬 음모를 꾸몄다. 27명의 성직자 그룹과 프랑스 왕의 대표들과 몇몇 프랑스 대학의 대표들이 피사에서 만났다.(1511년 11월 5일) 그러나 주민들이 대단히 겁을 먹었고, 피렌쩨가 이 공의회를 못마땅히 여기고 있었으므로 공의회는 밀라노로 옮겨 갔다.(11월 12일) 그곳에서 프랑스 수비대의 보호를 받은 채 교황에 반대하는 공의회는 사람들의 조롱에서 겨우 안전하게 견딜 수가 있었다.

주교들과의 이 전투(공의회)에서 승리하고 난 다음 율리우스는 다시 진짜 전쟁으로 관심을 돌렸다. 그는 스위스의 동맹을 돈으로 사들였다. 스위스는 군대를 파견해서 밀라노에 있는 프랑스군을 공격했다. 공격은 실패로 돌아가고 스위스 사람들은 다시 자기 나라로 돌아갔다. 1511년 부활절 주일인 4월 11일에 가스통 드 푸아의 지휘를 받은 프랑스군은 알폰소의 대포의 도움을 받아 라벤나에서 신성 동맹 연합군을 물리쳤다. 로마냐 전 지역이 실질적으로 프랑스의 통솔 아래 들어갔다. 율리우스의 추기경들은 그에게 평화 조약을 체결하라고 간청했으나 그는 거절했다. 밀라노 공의회는 교황의 폐위를 선언함으로써 승리를 축하했다. 그러나 율리우스는 비웃었다. 5월 2일에 그는 가마를 타고 라테란 궁전으로 실려 가서 제5회 라테란 공의회를 시작했다. 그리고 머지않아 공의회를 그대로 느리게 진행되도록 놓아둔 채 자신은 전쟁터로 돌아갔다.

5월 17일에 그는 도이칠란트가 프랑스에 맞서 신성 동맹에 합세했다고 발표했다. 다시 돈을 받은 스위스가 티롤 지방을 통해 이탈리아로 들어와서 승리와 지도자의 죽음으로 혼란스러워진 프랑스 군대를 공격했다. 이번에는 수에서 밀린 프랑스군이 라벤나와 볼로냐와 밀라노까지 포기했다. 분열된 공의회에 참석했던 추기경들은 프랑스로 돌아갔다. 한 번 더 벤티볼리 일가는 도망치고, 율리우스는 볼로냐와 로마냐의 주인이 되었다. 그는 이 기회를 잡아 파르마와 피아첸짜까지 차지했다. 그리고 이번에는 프랑스의 원조를 기대할 수 없게 된 페라라를 이기리라는 희망을 품었다. 알폰소는 교황이 안전통행권을 준다면 로마로 가서 사면과 평화 조약을 청하겠노라고 제안했다. 율리우스가 통행권을 주었고 알폰소는 로마로 와서 너그럽게 사면을 받았다. 그러나 그가 페라라를 작은 아스티와 바꾸기를 거부하자 율리우스는 안전통행권이 무효라고 선언하고 그를 체포해서 가두겠다고 위협했다. 공작에게 안전통행권을 전해 준 파브리찌오 콜론나는 자신의 명예가 달린 문제라고 여겼다. 그는 알폰소가 로마에서 도망치는 일을 도와주었다. 힘든 모험 끝에 알폰소는 페라라로 돌아와 요새와 성벽에 무장을 갖추는 일을 다시 시작했다.

그리고 이번에는 전사 교황의 악마적인 에너지가 마침내 다 되었다. 1513년 1월 마지막에 그는 여러 가지 병의 합병증으로 병상에 누웠다. 그가 '프랑스 병(매독)'의 후유증을 앓고 있다는 가혹한 소문이 돌았다. 다른 소문은 이번 질병이 절제 없이 먹고 마신 탓에 생긴 것이라고 했다.[14] 그 어떤 처방도 그의 열을 내리는 데 소용이 없자 그는 죽음을 받아들이고, 장례식에 대한 지시를 내리고, 라테란 공의회는 중단 없이 계속하라고 촉구했다. 자신이 큰 죄인임을 고백하고 추기경들에게 작별을 고하고서 살았을 때와 똑같은 용기로 죽음을 맞이했다.(1513년 2월 20일) 로마 전체가 그를 애도했고, 뜻밖의 인파가 몰려들어 그에게 작별 인사를 고하고 시체의 발에 키스하려고 했다.

그가 이탈리아의 해방자, 성 베드로 성당의 건설자, 그리고 교황청이 그때까지 알았던 가장 위대한 미술 후원자라는 점을 탐구하기 전에는 역사에서 그의 위치를 가늠할 수가 없다. 그러나 그의 동시대 사람들이 그를 정치가이며 전사라고 보았던 것은 정확한 일이었다. 그들은 그의 예측할 길 없는 에너지, 무시무시한 특성, 그의 저주와 달랠 길 없는 분노를 두려워했다. 그러나 그들은 이런 격렬함 뒤에 동정심과 사랑의 능력을 갖춘 정신이 숨어 있음을 느꼈다.* 그들은 그가 보르지아 부자와 똑같이 거침없고 가차 없이 교황국가들을 방어하는 것을 보았다. 그러나 자기 가족을 위대하게 만들려는 생각은 없었다. 그의 적들만 빼고 모두가 그의 목적을 찬양했다. 심지어는 그의 사나운 언사에 떨고, 그의 수단을 탄식할 때에도 찬사를 보냈다. 그는 되찾은 나라들을 체사레 보르지아처럼 훌륭하게 통치하지 않았다. 전쟁을 너무 좋아해서 훌륭한 행정가가 될 수 없었기 때문이다. 그러나 그의 정복은 지속적인 것이었고, 교황국가들은 1870년 혁명이 일어나 교황의 세속적 권력이 끝날 때까지 계속 교회에 충성을 다했다. 율리우스는 베네찌아, 로도비코, 알렉산더와 마찬가지로 외국의 군대를 이탈리아에 끌어들임으로써 이탈리아에 잘못을 범했다. 그러나 그는 외국 세력들의 봉사가 끝난 다음에는 전임자나 후임자들보다 훨씬 성공적으로 이탈리아를 다시 이들의 힘에서 해방시켰다. 아마도 그가 이탈리아를 보호하면서 허약하게 만들었다고 해야 할 것이다. 그리고 '야만인들'에게 롬바르디아의 햇빛 빛나는 평원에서 자기들의 전쟁을 해도 좋다는 사실을 가르쳐 주었다. 그의 위대함에는 잔인함의 요소가 있었다. 그는 페라라를 공격하고, 피아첸짜와 파르마를 접수할 때 욕심에 이끌렸다. 합법적인 교회의 영토를 되찾는 것뿐만 아니라 스스로 유럽의 주인으로, 왕들에 대한 독재자가 되기를 꿈꾸었다. 귀치아르디니는 그가 "거룩한 삶의 모범을 보이려고 애쓰기보다는 전쟁과 그리스도

---

* 이사벨라 데스테의 아들 페데리고에 대한 그의 사랑을 보라. 소문은 그의 애정에 가장 천박한 해석을 덧붙이기를 주저하지 않았다.[15]

교도의 피를 흘림으로써 교황의 자리에 제국을 끌어들였다.”라고 비난했다.[16] 그러나 그 시대에 율리우스의 자리에서 그가 베네찌아나 다른 공격자들에게 교황국가를 내주고 교회의 존립을 오로지 정신적인 근거에만 세우기를 기대하기란 거의 불가능한 일이었다. 온 세상이 힘으로 무장한 권력 외에 다른 어떤 권력도 인정하지 않던 시대였다. 그는 자기 시대의 상황과 분위기에서 자기가 해야 할 바를 했다. 그리고 그의 시대는 그를 용서했다.

2. 로마의 건축: 1492~1513

그의 업적에서 가장 지속적인 부분은 미술 후원이었다. 율리우스 2세 치하에서 르네상스는 수도를 피렌쩨에서 로마로 옮겨 왔다. 그리고 르네상스 미술은 여기서 절정에 도달했다. 그런 다음 레오 10세 치하 로마에서 르네상스의 문학과 학문이 절정에 이르렀다. 율리우스는 학문에는 관심이 없었다. 그것이 너무 조용하고 여성적인 것이어서 그의 성질에 맞지 않았다. 그러나 미술의 기념비들은 그의 천성이나 생애와 잘 어울렸다. 그래서 그는 다른 모든 예술을 건축 아래 종속시키고, 새로운 성 베드로 성당을 그의 정신의 지표이자 교회의 상징으로 뒤에 남겼다. 그 자신은 교회의 세속적인 권력을 수호했다. 그가 브라만테, 미켈란젤로, 라파엘로, 그 밖에도 100명의 미술가들을 재정적으로 후원했다는 것, 그리고 12번의 전쟁을 치르고도 교황청 국고에 70만 플로린의 돈을 남겼다는 사실은 역사의 기적 중의 하나였고, 종교 개혁의 원인 중의 하나였다.

다른 어떤 사람도 일찍이 그렇게 많은 예술가들을 로마로 데려온 적이 없었다. 예를 들면 프랑스에서 기욤 드 마르시아(G. d. Marcillat)를 데려다가 산타 마리아 델 포폴로의 아름다운 스테인드글라스 창문을 만들게 한 사람이 그였다. 니콜라스 5세 교황이 학문 분야에서 그리스도교와 이교를 화해시킨 것처럼 자기는 미술에서 그 일을 해야겠다는 구상을 했다는 것이 그의 광대한 구상의 특징이었다. 라파엘로가 벽화들을 그려 놓은 바티칸의 방들(stanze)은 고전 신화와 철학, 히브리 신학과 시, 그리스도교의 감상과 신앙의 조화가 아니고 무엇이란 말인가? 성 베드로 성당의 저 주랑 현관과 둥근 지붕, 내부의 기둥들, 조각품, 회화, 무덤들보다 미술과 감정에서 이교와 그리스도교의 결합을 더 잘 나타내는 것이 무엇인가? 이제 풍요로워진 로마로 몰려들어 온 고위 성직자와 귀족들, 은행가와 상인들은 교황의 예를 좇아 화려한 경쟁을 벌이면서 거의 제국 시대의 영광을 지닌 궁전들을 지었다. 넓은 가로수 길들이 중세 도시의 혼잡을 뚫고, 혹은 그것을 가로지르며 뻗어 나갔다. 수많은 길들이 새로 열렸다. 그 길들 중 하나는 아직도 위대한 교황의 이름(쥴리아 가도(Via Giulia))을 지니고 있다. 고대 로마가 그 폐허에서 솟아올라 다시 카이사르의 집이 되었다.

성 베드로 성당을 제치면 로마에서 이것은 교회의 시대라기보다 궁전들의 시대였다. 건물들의 외관은 똑같고 평이하다. 벽돌이나 돌이나 치장 벽토로 만든 거대한 직사각형 정면부, 보통 약간 장식적인 도안들을 새겨 넣은 돌 현관. 각 층마다 삼각형이나 타원형 박공으로 처리된 똑같은 창문들의 일정한 배열, 그리고 거의 언제나 똑같은 처마 장식, 거기 배치된 우아한 형상이 건축가의 특별한 관심을 보여 줄 뿐이다. 이렇듯 별로 꾸밈이 없는 표면의 안쪽에 부자들은 화려한 장식을 감추고, 보통 사람들의 질투심 많은 눈길에 거의 아무것도 보여 주지 않았다. 중앙 통로는 보통 널찍한 대리석 계단으로 둘러싸이거나 아니면 나뉘게 된다. 지층에는 사업을 위한, 또는 물건을 쌓아 두기 위한 단순한 방들이 배치되어 있다. 1층(우리의 2층)에는 손님을 접대하거나 오락을 위한 넓은 홀들과 미술품을 위한 회랑들이 있는데, 바닥은 대리석이나 튼튼한 채색 타일들로 덮였다. 탁월한 재료와 형태를 갖춘 가구들과 카펫. 벽들은 대리석 벽기둥으로 보강되어 있고, 천장은 원형, 삼각형, 다이아몬드형, 정방형의 소란 반자들로 꾸며졌다. 벽과 천장에는 유명한 화가들의 그림들, 보통 이교의 주제를 그린 그림들이 있다. 유행은 이제 그리스도교 신사들, 심지어는 성직자들까지도 고전 신화의 장면 가운데 살 것을 명령하고 있기 때문이다. 그보다 위층에는 주인과 안주인, 제복을 입은 하인들, 아이들과 유모들, 가정 교사와 하녀들을 위한 방들이 있었다. 많은 사람들은 아주 부자여서 이런 궁전 말고도 도시의 소음이나 여름의 무더위를 피하기 위한 시골 별장들을 가질 수가 있었다. 이 별장들도 속에는 장식과 편안함의 사치스러운 영광을 감추었다. 라파엘로, 페루찌, 쥴리오 로마노, 세바스티아노 델 피옴보 등 유명한 화가들의 벽화들도 속에 감추고 있었다. 이런 궁전과 별장 건축물은 많은 점에서 이기적인 것이었다. 보이지 않는 수많은 노동자들과 멀리 떨어진 나라에서 가져온 부(富)는 화려한 장식을 갖춘 채 오로지 소수의 사람들에게만 그 모습을 보여 주었다. 이런 점에서 보면 자신들의 부를 개인적인 사치가 아니라 사원과 대성당들을 짓는 데 사용한 고대 그리스와 중세 유럽이 훨씬 훌륭한 정신이었다. 그런 건물들은 모두의 소유이고 자랑이고 영감이었으며, 사람들의 집이며 동시에 신의 집이었기 때문이다.

알렉산더 6세와 율리우스 2세 시대 로마에서 활동한 뛰어난 건축가들 중에 두 사람은 형제이고 세 번째 사람은 그들의 조카였다. 쥴리아노 다 상갈로(G. d. Sangallo)는 피렌쩨 군대에서 엔지니어(공학자)로 경력을 시작했다. 이어서 나폴리의 페란테를 위해 일했다. 그러다가 쥴리아노 델라 로베레 추기경의 초기 시절에 그의 친구가 되었다. 추기경 쥴리아노를 위해 건축가 쥴리아노는 그로타페라타의 수도원을 요새로 개축했다. 아마도 알렉산더 6세의 명령을 받고 그는 산타 마리아 마죠레 성당의 소란 반자가 들어간 대규모 천장을 설계하고 아메리카 대륙에서 들여온 최초의 금으로 그 가장자리를 도금했다. 그리고 델라 로베레 추기경이 망명을 떠날 때 그를 따라가서 사보나에서 그를 위해 궁전을 건축하고, 그와 함께 프랑스로 갔다가, 마지막에 이 후원자가 교황이 되었을 때 로마로 돌아왔다. 율리우스 2세는 그에게도 새로운 성 베드로 성당의 설계도를 제출하라고 초대했다. 브라만테의 설계도가 선택되자 늙은 건축가는 새로운 교황을 비난했지만 그러나 교황은 자기가 원하는 것이 무엇인지 알고 있었다. 상갈로는 브라만테와 율리우스 2세보다 오래 살아남았다. 그리고 뒷날 성 베드로 성당 건설에 라파엘로와 함께 공동 건축가로 고용되었다가 2년 뒤에 죽었다. 그의 동생 안토니오 다 상갈로도 피렌쩨에서 로마로 와서 알렉산더 6세의 건축가 겸 군사 공학자로 일했고, 율리우스 2세를 위해 당당한 산타 마리아 디 로레토 교회를 지었다. 그들의 조카인 안토니오 피코니 다 상갈로는 로마의 르네상스 궁전들 중 가장 위풍당당한 건물, 곧 파르네제 궁전의 건설을 시작했다.(1512)

이 시기 건축에서 가장 위대한 이름은 도나토 브라만테(Donato Bramante)이다. 밀라노를 떠나 로마로 왔을 때(1499) 그는 이미 쉰여섯 살이었다. 그러나 로마의 유적지를 탐색하면서 그의 내면에서 고전 양식을 르네상스 건축에 적용하고 싶다는 젊은이의 열정이 불타올랐다. 성 피에트로 인 몬토리오 근처에 있는 프란체스코회 수도원 안뜰에 그는 둥근 사원을 설계했다. 아주 고전적인 양식의 기둥과 둥근 지붕을 가진 건축물이기에, 많은 건축가들은 그것이 마치 새로 발견된 고대 미술의 걸작이기라도 한 것처럼 이것을 연구하고 측정해 보곤 했다. 이것을 시작으로 브라만테는 산타 마리아 델라 파체의 회랑, 성 다마소의 우아한 안마당 등 몇 가지 걸작들을 만들어 낸다. 율리우스 2세는 건축과 군사 공학의 두 분야에서 그에게 일을 잔뜩 맡겼다. 브라만테는 쥴리아 가도를 설계하고, 벨베데레 궁전을 완성하고, 바티칸의 로지아를 시작하고, 새로 짓는 성 베드로 성당을 설계했다. 그는 일에만 빠져 돈에는 별로 관심이 없었기에, 율리우스 2세는 그에게 생계를 위해서 몇 가지 관직들을 받아들이라고 명령했다.[17] 그러나 일부 경쟁자들은 그가 교황청 공금을 착복하고, 자기가 짓는 건물에 싸구려 자재를 이용했다고 고발했다.[18] 다른 사람들은 그가 쾌활하고 너그러운 사람이며, 그의 집은 페루지노, 시뇨렐리, 핀투리키오, 라파엘로, 그 밖에도 로마에 있던 다른 예술가들이 자주 드나드는 집이 되었다고 말한다.

벨베데레 궁전은 인노켄티우스 8세를 위해 건축된 여름 궁전이었다. 그것은 나머지 바티칸 건물들로부터 약 90미터 정도 떨어진 언덕에 자리 잡고 있다. 이 이름은 눈앞에 펼쳐지는 "아름다운 전망(bel vedere)"이란 말에서 얻은 것이다.

그리고 또 벨베데레라는 이름은 이 궁전의 내부나 뜰에 있는 많은 조각품에 그 이름을 주었다. 율리우스 2세는 오래전부터 고대 미술품 수집가였다. 그가 가장 자랑스럽게 여기는 소장품은 인노켄티우스 8세 시대에 발견된 아폴론 조각상이었다. 율리우스가 교황이 되면서 그는 이 작품을 벨베데레 궁전의 안뜰에 두었고, 이 「벨베데레의 아폴론」은 세계에서 가장 유명한 조각상의 하나가 되었다. 브라만테는 이 궁전에 새로운 정면부와 안뜰을 만들고, 이 궁전과 바티칸 사이에 몇 개의 그림 같은 구조물과 정원들을 조성하여 건물들을 연결할 계획을 세웠다. 그러나 그와 율리우스 2세는 이 계획이 실현되기 전에 두 사람 모두 죽었다.

종교 개혁의 직접적인 원인이 성 베드로 성당의 건설을 위한 면죄부 판매라고 여긴다면, 율리우스 2세 교황 시대 가장 중대한 사건으로 낡은 성 베드로 성당의 파괴와 새 건물 건설의 시작을 꼽을 수 있다. 전해 내려오는 이야기에 따르면 옛날 교회는 교황 실베스테르 1세가(326) 네로의 서커스장 근처에 있던 사도 베드로의 무덤 위에 세운 건물이었다. 샤를마뉴 대제부터 많은 황제들이 이 교회에서 대관식을 올렸으며, 많은 교황들도 여기서 대관식을 치렀다. 이 건축물은 거듭 확장 공사를 했기에 15세기에는 본당 및 이중 날개로 이루어진 널찍한 바실리카 건물과, 더 작은 교회들과 예배당들, 수도원들이 옆에 나란히 서 있었다. 그러나 니콜라스 5세 시대에 이 성당은 1100년 세월의 피로를 보이고 있었다. 사방 벽에는 핏줄과 같은 균열이 드러나고, 사람들은 그것이 언제 무너질까, 특히 신도들 위로 무너져 내릴까 두려워했다. 1452년에 베르나르도 로쎌리노와 레온 바티스타 알베르티는 이 건축물에 새로운 벽들을 보강 건설하라는 주문을 받았다. 작업이 시작되자마자 니콜라스 교황이 죽었다. 그 뒤를 이은 교황들은 십자군 전쟁을 위해 돈이 필요했기에 공사를 연기했다. 1505년에 여러 가지 계획들을 검토하고 물리치는 과정을 겪은 다음 율리우스 2세는 사도 베드로의 무덤 위에 세워진 낡은 교회를 허물고 완전히 새로운 교회를 세우기로 결정했다. 그는 몇몇 건축가들에게 설계도를 제출하라고 초대했다. 그리스 십자가(사방이 같은 길이인 십자가) 모형의 새로운 대성당을 세우고, 교차되는 부분에 거대한 둥근 지붕을 올린다는 계획으로 브라만테의 계획이 채택되었다. 널리 알려진 바에 따르면 브라만테는 콘스탄티누스의 바실리카(정방형 대성당) 위에 판테온(고대 로마의 만신전. 둥근 지붕으로 유명함)의 둥근 지붕을 올려놓으려 했다. 브라만테의 의도에 따르면 새로운 건물은 약 2만 4000제곱미터 넓이였다. 오늘날 성 베드로 성당의 면적보다 약 9700제곱미터가 더 넓다. 1506년 4월에 공사가 시작되었다. 4월 11일에 예순세 살의 율리우스 2세는 기초석을 놓기 위해 커다란 구덩이에 길고 흔들리는 줄사다리를 내렸다. 율리우스와 그의 재정이 점점 더 전쟁에 흡수되면서 공사는 느리게 진척되었다. 1514년에 브라만테가 죽었다. 자신의 설계가 결국 실현되지 못하리라는 사실을 다행스럽게도 모르는 상태였다.

많은 훌륭한 그리스도교도들은 존엄한 옛 성당을 파괴한다는 이 계획에 충격을 받았다. 대부분의 추기경들은 강경하게 반대했고, 많은 예술가들은 브라만테가 고대에 세워진 본당의 기둥과 기둥머리들을 좀 더 조심스럽게 다룬다면 상하지 않게 철거할 수 있을 텐데 함부로 다루어 부순다고 비난했다. 건축가가 죽은 지 3년 만에 다음과 같은 내용의 풍자문이 나돌았다. 브라만테가 천국의 문에 도착했을 때, 문을 지키던 베드로에게서 심한 질책을 받고 천국에 들어가는 일을 거부당했다. 그러나 브라만테는 어차피 천국의 설비가 마음에 들지 않았고 또 지상에서 가파른 길을 올라 그곳으로 접근하는 것도 좋아하지 않았다. "넓고 큰길을 새로 내서 늙고 힘없는 영혼들이 말을 타고 올 수 있도록 하겠습니다. 그러고 나서 축복 받은 영혼들을 위해 더욱 쾌적한 집이 되도록 천국을 새로 짓겠습니다." 베드로가 이 제안을 거절하자 브라만테는 그럼 지옥으로 내려가서 옛날 지옥은 지금쯤 불에 다 타 버렸을 테니까 더 나은 새 지옥을 짓겠다고 제안했다. 그러나 베드로가 질문했다. "진지하게 말해 보게, 어쩌자고 내 교회를 망가뜨렸나?" 브라만테가 그를 위로하려고 했다. "레오 교황이 새 교회를 지어 드릴 겁니다." "그럼 좋아." 베드로가 말했다. "자넨 그것이 완성될 때까지 천국 문 앞에서 기다려야겠네."[19]

새 교회는 1626년에 완성되었다.

3. 젊은 라파엘로

1. 형성기: 1483~1508

브라만테가 죽은 다음 레오 10세는 그의 뒤를 이어 새 베드로 성당 건설을 감독하는 직책에 서른한 살 된 젊은 화가를 임명했다. 그는 브라만테의 둥근 지붕의 무게를 어깨에 짊어지기에는 너무 젊었지만 그래도 역사상 가장 행운아이고 가장 성공적이고 또 가장 많은 사랑을 받은 화가였다.

그가 우르비노의 대표적인 화가이던 죠반니 데 산티(G. d. Santi)의 아들로 태어나면서 벌써 행운이 시작되었다. 아버지 죠반니가 그린 그림들 몇 점이 남아 있다. 그 그림들은 죠반니의 대단치 않은 재능을 짐작게 한다. 그러나 또한 라파엘로(대천사의 이름을 따서 지었다.)가 회화의 분위기에서 자랐음을 보여 준다. 피에로 델라 프란체스카 같은 화가들이 찾아와서 죠반니의 집에 머물곤 했다. 또 죠반니는 자기 시대 미술에 대해 아주 잘 알고 있어서, 그가 쓴 『우르비노 운문 연대기』에는 12명 정도의 이탈리아 및 플랑드르 화가들과 조각가들에 대한 이야기가 나온다. 라파엘로가 겨우 열한 살 되었을 때 아버지는 죽었다. 1495년에 볼로냐에서 우르비노로 돌아온 티모테오 비티(T. Viti)가 그의 교육을 맡아서, 자기가 프란치아, 투라, 코스타 등에게서 배운 것을 라파엘로에게 전수해 주었다. 소년은 궁정에 출입하는 사람들 사이에서 자랐다. 이것은 바로 카스틸리오네가 『궁정인』에 서술한 섬세한 궁정 사회로서, 라파엘로는 바로 우르비노의 지식인층 사이에 퍼져 있던 성격과 행동거지와 말씨의 고결함을 그림과 생애를 통해 보여 주었던 것이다. 옥스퍼드에 있는 애쉬몰 박물관은 1497년에서 1500년 사이에 라파엘로가 그린 것으로 알려진 주목할 만한 드로잉 한 점을 소장하고 있다. 이것은 전통적으로 그의 자화상으로 여겨지고 있다. 거의 소녀 같은 얼굴과 시인의 부드러운 눈길을 하고 있다. 이런 모습은 피티 미술관에 소장된 약간 더 검고 그리움에 찬 모습의 자화상에서도(약 1506년) 볼 수 있다.

초기 초상화의 젊은이가 열여섯 살에 조용하고 질서가 잡힌 우르비노를 떠나 폭정과 폭력이 일상의 질서였던 페루지아로 옮겨 간 것을 상상해 보라. 그러나 그곳에는 이탈리아 전역에 명성을 날리던 페루지노가 있었다. 라파엘로를 돌봐 주던 삼촌들은 소년의 뛰어난 재능이 이탈리아 최고 화가들에게서 가르침을 받을 만하다고 생각했다. 그들은 그를 피렌쩨의 레오나르도에게 보낼 수도 있었을 것이다. 그곳에서 신비스러운 매력을 지닌 이 대가의 깊이 있는 특성들을 배울 수도 있었을 것이다. 그러나 이 위대한 피렌쩨 사람에게는 어딘지 기벽스러운 요소가 있었고, 그의 사랑에는 왼손잡이의 (그러니까 어딘지 불길한) 요소가 섞여 있어서 선량한 삼촌들을 불안하게 했다. 페루지아는 우르비노와 더 가까웠고, 페루지노는 자신의 붓끝에 당시 피렌쩨 화가들이 지닌 모든 기술을 익히고 페루지아로 돌아왔다.(1499) 그래서 이 잘생긴 젊은이는 3년 동안 피에트로 반누치(페루지노)를 위해서 일했다. 그를 도와 캄비오(상업 건물)를 장식하고 스승의 비밀을 터득하고, 또 페루지노 자신과 똑같이 푸른색으로 경건한 성모의 모습을 그릴 수 있게 되었다. 움브리아 언덕들은(라파엘로는 페루지아 고원 지대로부터 아씨시를 둘러싼 지역 전체를 내려다볼 수 있었다.) 선생과 제자에게 그토록 단순하고 헌신적인 어머니들을 잔뜩 제공해 주었다. 젊고 아름다우면서도, 그들이 숨 쉬는 프란체스코 성인의 공기에 의해 훌륭한 경건함을 지니게 된 여성들이었다.

페루지노가 다시 피렌쩨로 돌아갔을 때(1502) 라파엘로는 페루지아에 남아서 스승이 닦아 놓은 종교적 그림들에 대한 주문을 받는 후계자가 되었다. 1503년에 그는 성 프란체스코 성당을 위해 「성모의 대관식」을 그렸다. 이 그림은 지금은 바티칸에 있다. 사도들과 막달레나가 텅 빈 관을 둘러싸고 서서 위를 바라보고 있다. 위에서는 구름을 탄 그리스도가 성모의 머리에 관을 씌워 주고, 사랑스러운 천사들은 류트와 탬버린의 음악으로 그녀를 찬양한다. 이 그림에는 아직 많은 미숙함의 흔적들이 있다. 머리들은 아직 충분히 개인의 모습을 얻지 못했고, 얼굴은 인상적이지 못하고 손은 잘못 그려지고 손가락은 뻣뻣하고, 아름다운 어머니보다 분명히 늙은 모습의 그리스도는 방금 견습을 마친 사람처럼 서투르게 움직이고 있다. 그러나 천사 음악가들에게서(그들의 행동의 우아함, 의상의 선, 그 모습의 부드러운 윤곽) 라파엘로는 미래의 약속을 보여 주고 있다.

그림은 성공적이었던 것 같다. 이듬해 페루지아에서 약 50킬로미터 떨어진 카스텔로에 있는 또 다른 성 프란체스코의 교회에서 그에게 비슷한 그림을 주문했기 때문이다. 「성모의 결혼식(Sposalizio)」(브레라)이다. 초기 그림들에 나타나는 몇몇 인물들이 다시 나타나고, 페루지노의 비슷한 그림의 양식을 모방하고 있다. 그러나 성모 자신은 라파엘로가 그린 여성들의 특이한 표지와 우아함을 지닌다. 머리는 약간 기울이고, 계란형 얼굴은 부드럽고 얌전하고, 어깨와 팔과 의상의 선이 매끈하다. 그녀 뒤에는 더 풍만하고 생동하는, 금발의 사랑스러운 여성이 있다. 오른쪽에 있는 딱 붙는 의상을 입은 신랑은 라파엘로가 인체 형태를 열심히 탐구했음을 보여 준다. 이제 모든 손들은 아주 잘 그려져 있고, 일부는 아름답다.

이 무렵쯤 해서 페루지아에서 라파엘로와 알게 되었던 핀투리키오가 그에게 시에나로 와서 조수가 되어 달라고 부탁했다. 시에나에서 라파엘로는 대성당 도서관에 핀투리키오가 제작한, 교황 피우스 2세가 된 에네아스 실비우스의 생애 이야기 벽화 일부를 위해서 스케치와 밑그림을 제작했다. 이 도서관에서 라파엘로는 피콜로미니 추기경이 로마에서 사서 시에나로 가져온 고대 그룹 조각상인 「세 명의 우미(優美)의 여신들」을 보고 충격을 받았다. 젊은 화가는 분명 자신의 기억을 돕기 위해 서둘러 그것의 드로잉을 만들었다. 그는 세 명의 나체 조각상에서 우르비노와 페루지아에서 자기에게 인상을 주었던 것과는 다른 세계와 다른 도덕성을 보았던 것 같다. 그것은 여성이 신의 근심스러운 어머니이기보다 아름다움을 지닌 즐거운 여신으로 나타나는 세계이며, 아름다움을 숭배하는 것이 순결함과 경건함을 높이는 것과 똑같이 합법적인 것이라 생각하는 세계였다. 라파엘로의 이교적 측면, 뒷날 어떤 추기경의 욕실에 장밋빛 나체화들을 그리고, 또 바티칸의 방들에 그리스도교 성인들과 나란히 그리스 철학자들을 그린 이교적 측면은, 「볼세나의 미사」, 「시스티나 성모」를 제작하는 그의 종교적 천성 및 예술의 측면과 더불어 조용히 함께 발전했다. 르네상스의 다른 어떤 영웅보다도 라파엘로에게서 그리스도교 신앙과 이교의 재탄생이 조화로운 평화를 이루어 살아가게 된다.

시에나를 방문하기 직전이나 직후에 그는 잠깐 우르비노로 돌아왔다. 그곳에서 귀도발도를 위해, 아마도 체사레 보르지아에 대한 그의 승리를 상징하는 두 점의 그림을 그렸다. 「성 미카엘」과 「성 죠르죠」로 지금은 둘 다 루브르에 있다. 우리가 아는 한 이전의 어떤 예술가도 동작을 표현하는 데서 이토록 성공한 적이 없었다. 성 죠르죠는 칼을 내리치려고 뒤로 쳐들고, 말은 두려움으로 놀라 뒷다리로 서고, 용이 기사의 다리에 발톱을 꽂는 이 모습은 그 생동감이 놀라울 정도이고, 그러면서도 우아함이 쾌감을 준다. 도안가 라파엘로가 등장한 것이다.

피렌쩨는 페루지노와 다른 수많은 젊은 예술가들을 불러들였듯이 이제 그를 불러들였다. 그는 경쟁과 비판의 자극적인 꿀벌통 같은 피렌쩨에 한동안 살면서 벽화와 템페라와 유화 등에서 선과 구성과 색채의 최신 발전을 직접 배우지 않았다가는 재능은 있지만 한계를 지닌 지방 화가 이상이 되지 못할 것이고, 결국 고향 도시의 화가로서 구석에 파묻혀 잊혀질 운명이 되고 말 것이라는 사실을 느꼈던 것 같다. 1504년에 그는 피렌쩨를 향해 떠났다.

그곳에서도 그는 원래의 겸손함으로 행동했다. 이 도시에 수집된 고대의 조각들과 건축의 유물을 탐구했다. 브랑카치 예배당으로 가서 마사쵸의 그림을 베꼈다. 레오나르도와 미켈란젤로가 베키오 궁전의 대회의실 그림을 위해 제작한 유명한 밑그림들을 찾아내 탐구했다. 그는 아마도 레오나르도를 만났을 것이다. 그리고 한동안 잡기 어려운 이 대가의 영향에 굴복했다. 레오나르도의 「동방 박사의 경배」, 「모나리자」, 「성모와 아기와 성 안나」와 나란히 놓고 보면 페라라, 볼로냐, 시에나, 우르비노 유파의 그림들은 경직된 죽음에게 한 방 얻어맞은 것 같고, 심지어는 페루지노의 성모들조차도 아름다운 꼭두각시에 지나지 않으며, 어울리지 않는 신성(神性)을 갑자기 부여받은 미숙한 시골 처녀들에 지나지 않았다. 어떻게 레오나르도는 그러한 선의 우아함, 표정의 섬세함, 명암의 그런 구조를 획득한 것일까? 「마달레나 도니의 초상」(피티 미술관)에서 라파엘로는 분명 「모나리자」를 모방했다. 미소는 빠져 있다. 도니가 미소를 짓지 않았기 때문이다. 그러나 그는 피렌쩨 기혼 부인의 건강한 모습, 넉넉한 편안함으로 길들여진 부드럽고 통통한 반지를 낀 손, 그녀의 형태에 위엄을 부여하는 의상의 풍성한 주름과 색채를 잘 잡아냈다. 같은 시기에 그는 그녀의 남편 「안젤로 도니」의 초상화를 그렸다. 어둡고 깨어 있는, 엄격한 모습이다.

라파엘로는 레오나르도에게서 프라 바르톨레메오에게로 넘어갔다. 성 마르코 수도원에 있는 그의 방으로 그를 찾아가고 이 우수에 찬 수도사의 그림에 나타난 온화한 표현, 따뜻한 감정, 부드러운 윤곽, 조화로운 구성, 깊고 풍부한 색채 등에 경탄했다. 프라 바르톨로메오는 뒷날 1514년 로마에서 라파엘로를 방문하고, 이번에는 그가 그리스도교 세계의 수도에서 명성의 절정에 도달한 이 겸손한 예술가의 급격한 출세에 놀라게 된다. 라파엘로는 부분적으로는 셰익스피어의 순진함으로 남의 것을 훔치고, 이런저런 방법과 태도를 시도하고, 그 모두에게서 소중한 요소를 뽑아내 이런 수집품들을 창작의 열기 속에 녹여 자기만의 양식으로 만들어 낸 덕분에 위대해진 사람이다. 이탈리아 회화의 풍부한 전통을 조금씩 흡수한 그는 머지않아 이탈리아 회화를 완성하게 된다.

이미 피렌쩨 시기에(1504~1505, 1506~1507) 그는 오늘날 그리스도교 세계와 그 너머까지 명성을 얻은 그림들을 그렸다. 부다페스트 박물관은 「젊은 남자의 초상화」를 소장하고 있다. 그의 자화상일 것으로 여겨지는데, 피티 미술관에 보존된 「자화상」에서와 동일한 베레모와 눈길을 보인다. 라파엘로는 스물세 살에 사랑스러운 「대공의 성모」(피티)를 그렸다. 이 성모의 완벽한 계란형 얼굴, 비단결 머리, 작은 입, 생각에 잠겨 레오나르도 방식으로 내리뜬 눈꺼풀 등이 녹색 베일과 붉은 의상의 따뜻한 대조로 둘러싸여 있다. 토스카나의 대공 페르디난드 2세는 이 그림을 바라보는 것을 너무 좋아해서 여행에도 가지고 갈 정도였다. 그래서 이런 이름을 얻었다. 「황금방울새의 성모」(우피찌)는 조용하고 아름답다. 아기 예수는 도안으로는 걸작이 아니지만 놀이에 열중한 성 요한이 방금 잡은 새를 들고 의기양양하게 들어오고 있다. 그의 모습은 정신과 눈에 즐거움을 주고, 성모의 얼굴은 젊은 어머니의 참을성 많은 부드러움을 잊을 수 없게 표현하고 있다. 라파엘로는 이 그림을 로렌쪼 나시(L. Nasi)의 결혼식에 선물했다. 1547년에 지진이 나시의 저택을 덮치면서 그림을 조각 냈다. 이 조각들이 아주 훌륭하게 다시 재결합되었기에 베렌슨(Berenson) 정도의 사람만이 우피찌 미술관에서 그것을 보고 이 그림이 겪은 운명을 짐작할 수 있었다. 「풀밭 위의 성모」(빈)는 조금 덜 성공적인 변이 형태이다. 그러나 여기서 라파엘로는 주목할 만한 풍경을 제공한다. 녹색 풀밭에 떨어지는 저녁의 부드러운 푸른빛에 잠겨 조용히 흐르는 강물, 탑들이 있는 도시, 그리고 멀리 떨어진 곳에 언덕들이 펼쳐져 있다. 「풀밭 위의 성모」(루브르)는 피렌쩨 성모들 중에서 가장 유명한 것이라고 하기는 어렵다. 그것은 빈에 있는 「풀밭 위의 성모」를 거의 복제한 것으로 어린 요한은 코에서부터 발까지 모두 이상한 모습이고, 오로지 성모의 벗은 발 위에 통통한 발로 서서 사랑스러운 확신으로 어머니를 올려다보는 이상적인 모습의 아기 예수를 통해서만 구원을 받고 있다. 이 시기에 나온 성모 그림들 중 마지막이고 가장 유명한 것은 「옥좌의 성모」(피티)이다. 성모는 두 천사가 가장자리를 잡고 있는 옥좌에 앉아 있고 양편에 두 성인이 있고, 두 천사가 그녀의 발치에서 노래하고 있다. 모두 전통적인 모습으로 오로지 라파엘로의 작품이라는 이유만으로 그토록 유명한 것이다.

1505년에 그는 피렌쩨를 잠깐 떠나 페루지노로 돌아가서 그곳에서 두 개의 주문을 완성했다. 성 안토니우스 수녀회를 위해서 제단화를 그렸는데, 그것은 오늘날 뉴욕 메트로폴리탄 박물관에서 가장 소중한 그림의 하나이다. 아름답게 짜여진 틀 안에 그려진 그림에서 옥좌에 앉은 성모는 워즈워스의 말을 빌리자면 "경배로 숨이 멎을 듯한 수녀"처럼 보인다. 그녀의 무릎에 앉은 아기는 손을 올려 아기 요한을 축복한다. 두 명의 훌륭한 여성 인물, 즉 성 체칠리아와 알렉산드리아의 성 카타리나가 성모의 양쪽에 있다. 앞에는 성 베드로가 눈살을 찌푸리고 성 바울은 책을 읽는다. 위에 있는 삼각면에는 천사에 둘러싸인 하느님 아버지가 한 손으로는 성자의 어머니를 축복하고, 다른 손으로는 세계를 받치고 있다. 제단에 있는 한 패널에서 제자들이 잠들어 있는 사이 그리스도는 올리브 산에서 기도를 드리고 있다. 다른 그림에서 마리아는 죽은 그리스도를 받치고 있고 막달레나는 구멍이 뚫린 그의 발에 키스를 한다. 이 그룹의 완벽한 구도, 명상적이고 동경에 가득 찬 여성 성인들의 호소력 있는 모습, 베드로의 강력한 모습, 산 위에 있는 그리스도의 특이한 모습 등이 합쳐진 이「콜론나 성모」는 의심의 여지없이 라파엘로의 최초의 걸작이다. 같은 해인 1506년에 그는 조금 덜 인상적인 그림인 안시데이 가문을 위한「성모」(런던, 국립 미술관)를 그렸다. 비좁게 의자에 앉은 성모가 그리스도에게 읽기를 가르치고, 그녀 왼편에 아름다운 주교의 의상을 입고 있는 바리의 성 니콜라스도 공부에 열중하고 있다. 오른편에는 세례자 요한이 놀이 친구인 그리스도는 여전히 아기인데 갑자기 어른이 된 모습으로 하느님의 아들이 오심을 손가락으로 가리키는 전통적인 모습으로 등장한다.

라파엘로는 페루지아에서 다시 우르비노로 갔던 것 같다.(1506) 이제 그는 귀도발도를 위해 두 번째로「성 죠르죠」(레닌그라드)를 그렸다. 이번에는 창을 든 모습이다. 잘생긴 젊은 기사는 갑옷을 입은 모습인데, 갑옷의 빛나는 푸른색은 라파엘로의 기술의 또 다른 단계를 보여 준다. 아마도 이번 방문에서 그는 친구들을 위해 가장 유명한 자화상을(피티) 그렸던 것 같다. 검은 베레모가 길고 검은 곱슬머리 위에 놓여 있다. 얼굴은 아직 젊은 모습이고 수염의 흔적도 없다. 긴 코, 작은 입술, 부드러운 눈길이다. 모두 합쳐져 깨끗하고 신선한 정신과 세상의 모든 아름다움에 대한 민감성을 드러내는 잊을 수 없는 얼굴(키츠의 얼굴일 수도 있는)이 되고 있다.

1506년에 그는 피렌쩨로 돌아갔다. 그곳에서 덜 유명한 작품 몇 가지, 즉「알렉산드리아의 성 카타리나」(런던), "니콜리니 코우퍼"의「성모와 아기」(워싱턴) 등을 그렸다. 1780년 코우퍼 백작은 이 그림을 마차의 안감 속에 숨겨서 피렌쩨에서 몰래 빼냈다. 이것은 라파엘로의 가장 아름다운 그림은 아니지만 앤드류 멜론(A. Mellon)은 이것을 수집품에 집어넣기 위해 85만 달러를 지불했다.(1928)[20] 라파엘로는 1507년 피렌쩨에서 이보다 훨씬 더 위대한 그림을 시작했다.「그리스도의 매장」(보르게세 미술관)이었다. 이것은 페루지아의 아탈란타 발리오니가 성 프란체스코 교회를 위해서 주문한 것이었다. 그녀는 7년 전에 길거리에서 죽어 가는 아들 앞에 무릎을 꿇었던 바로 그 여인이다. 어쩌면 이 그림에 들어 있는 마리아의 슬픔에는 그녀의 모습이 들어 있는지 모른다. 페루지노가 그린「십자가에서 내림」을 모델로 삼고 라파엘로는 이 인물들을 거의 만테냐의 힘으로 대가와도 같은 구도 안에 포착했다. 수척한 모습으로 죽은 그리스도를 헝겊에 싸서 건장한 근육질의 젊은이와 수염이 난 힘들어하는 남자가 들고 있다. 아리마테아의 요셉의 머리는 훌륭하다. 사랑스러운 막달레나는 두려움에 잠겨 시체 위로 몸을 숙이고 있다. 성모는 기절해서 주변에 있는 여인들의 품속으로 쓰러진다. 모든 사람이 다른 태도를 하고 있지만 모두가 해부학적인 진실성과 코레죠 방식의 우아함을 지니고 있다. 붉은색, 푸른색, 갈색, 녹색 등의 진지한 교향곡이 섞여 신비로운 통합을 만들어 낸다. 죠르죠네 방식의 풍경이 저녁 하늘 아래 골고다에 세워진 세 십자가의 모습을 보여 준다.

1508년 라파엘로는 피렌쩨에서 그의 삶의 흐름을 변화시킨 부름을 받았다. 우르비노의 새 공작인 프란체스코 마리아 델라 로베레는 율리우스 2세의 조카였다. 라파엘로의 먼 친척이었던 브라만테는 이제 교황이 사랑하는 건축가였다. 아마도 공작과 건축가 두 사람이 율리우스 2세에게 라파엘로를 추천했던 모양이다. 머지않아 로마로 오라는 초청장이 젊은 화가에게 전달되었다. 그는 기꺼이 로마로 갔다. 이제는 피렌쩨가 아니라 로마가 흥분시키고 자극을 주는 르네상스 세계의 중심지였다. 율리우스 2세는 이미 4년 동안 바티칸의 보르지아 아파트에 살았다. 그리고 벽에서 쥴리아 파르네제가 성모 노릇 하는 것을 보는 데 지쳤다. 그는 존경하는 니콜라스 5세가 사용하던 네 개의 방으로 옮기고 싶었다. 그래서 이 방들을 자신의 영웅적인 위상과 의도에 어울리는 회화들로 꾸미고 싶었다. 1508년 여름, 라파엘로가 로마로 왔다.

2. 라파엘로와 율리우스 2세: 1508~1513

페이디아스 이후로 그토록 많은 위대한 예술가들이 한 해에 한 도시에 있은 적은 드물다. 미켈란젤로는 율리우스의 거대한 기념묘를 위한 조각을 하면서 동시에 시스티나 예배당 천장에 그림을 그리고 있었다. 브라만테는 성 베드로 성당을 새로 설계하는 중이었다. 목수인 베로나의 프라 죠반니는 스탄쩨(stanze, 라파엘로가 그림을 그린 방들)를 위해 문과 의자들을 조각하고 있었다. 페루지노, 시뇨렐리, 페루찌, 소도마, 로토, 핀투리키오 등이 이미 벽에 그림을 시작한 상태였다. 카라도쏘(Caradosso)라 불리던 암브로지오 포파는 자기 시대의 첼리니(금세공사)로서 온갖 종류의 금세공을 하고 있었다.

율리우스 2세는 라파엘로에게 '서명의 방(stanza della Segnatura, 대법관실)'에 그림을 그리라고 주문했다. 이 방에서 교황이 상고를 듣고 사면장에 서명을 해주곤 했기 때문에 이런 이름으로 불린다. 교황은 이 젊은이가 여기에 그린 처음 그림들이 너무 마음에 들어서, 그리고 이 젊은이가 교황의 머리에서 부글부글 끓고 있는 대규모 개념들을 수행하기에 아주 알맞은 고분고분한 인물임을 알아보았기에, 페루지노, 시뇨렐리, 소도마 등을 해고하고 그들이 이미 그린 그림을 하얗게 지운 다음 라파엘로에게 네 개의 방 모두에 그림을 그릴 기회를 주었다. 라파엘로는 교황에게 다른 화가들이 이미 시작한 그림들을 보존하라고 권했다. 그러나 대부분이 지워지고, 중요한 그림들은 하나의 정신, 하나의 손길이 지닌 통일성을 얻게 되었다. 각각의 방에 대해 라파엘로는 1200두카트(1만 5000달러?)씩을 받았다. 그리고 율리우스를 위해서 방 두 개를 그리는 데 4년 반이 걸렸다. 그는 이제 스물여섯 살이었다.

'서명의 방'을 위한 계획은 당당하고도 숭고한 것이었다. 이 그림들은 르네상스의 문명에서 종교와 철학, 고전 문화와 그리스도교, 교회와 국가, 문학과 법 등이 하나로 통합된 것을 보여 주는 작품들이 되었다. 아마도 교황은 전체 구상을 이해하고 있었을 것이고, 라파엘로와 궁정의 학자들, 즉 인기라미, 사돌레토, 나중에는 뱀보와 비비에나 등과 함께 상의해서 주제를 골랐을 것으로 보인다. 한쪽 벽면에 라파엘로는 거대한 반원의 형태로 삼위일체와 성인들의 모습으로 종교를, 또 성체론을 중심으로 한 그리스도교 신앙의 본질을 논의하는 교부들과 신학 박사들의 모습으로 신학을 그렸다. 그가 기념비적인 스케일로 그림을 그릴 수 있다는 자신의 능력을 보여 주려고 얼마나 세심한 준비를 했던가는, 이 「성체 논쟁」을 제작하기 위해 사전에 30번의 탐구를 했다는 사실로도 알 수 있다. 그는 피렌쩨의 산타 마리아 누오바에 있는 프라 바르·로메오의 「최후의 심판」을 기억했다. 그리고 페루지아의 산 세베로에 자신이 그린 「삼위일체의 경배」를 기억해 냈다. 그리고 이 그림들을 모델로 삼아 자신의 도안을 만들어 냈다.

그 결과 신앙의 신비에 대해 가장 고집 센 회의주의자라도 개심시킬 만큼 대단한 파노라마가 만들어졌다. 과격한 선(線)들을 통해 위로 모아진 아치의 꼭대기에 최고의 존재들이 약간 앞쪽을 향한 듯한 모습으로 나타난다. 바닥에는 수렴하는 대리석 바닥의 선들이 그림에 깊이를 부여한다. 맨 꼭대기에 하느님 아버지(성부(聖父), 엄격하고 친절한 아브라함의 모습)가 한 손에 지구를 들고, 다른 손으로는 이 장면을 축복한다. 그의 아래에 그리스도(성자(聖子))가 허리까지 벗은 모습으로 조가비 형태 안에 앉아 있다. 그의 오른쪽에 성모는 겸손한 경배로, 왼쪽에는 세례 요한이 위쪽에 십자가가 붙은 양치기 막대기를 들고 있다. 그리스도 아래로 삼위일체의 세 번째 존재인 성령(聖靈)이 비둘기의 모습으로 나타난다. 구세주 둘레로 약간 얇은 구름 위에『구약 성서』나 그리스도교 역사에 나오는 12명의 중요한 인물들이 앉아 있다. 미켈란젤로 방식의 근육질을 자랑하는, 거의 벗은 아담은 수염이 나 있다. 아브라함, 또 법궤를 들고 있는 당당한 모세, 다윗, 유다스 마카베오스, 베드로와 바울, 요한복음을 쓰고 있는 성 요한, 큰 야고보, 성 스테판, 성 로렌쪼, 그리고 다른 두 사람의 정체는 아직도 논란을 빚어 낸다. 그들 사이로, 그리고 구름 속에(수염 기른 사람들을 빼고는 어디서나) 아기 천사인 케루빔과 세라핌 천사들이 돌진하고, 날개 달린 천사들이 노래책을 펴 들고 날고 있다. 이 하늘의 모임을 아래쪽에 있는 지상의 모임과 나누기도 하고 하나로 통합시키기도 하는 것이 복음서를 들고 있는 아기 천사들과 성체를 담고 있는 성체(聖體) 현시대이다. 이 성체 현시대를 둘러싸고 신학자들이 모여서 신학의 문제들에 대해 논쟁을 벌이고 있다. 성 히에로니무스는 불가타 성서와 사자와 나란히 나타난다. 성 아우구스티누스는『하느님의 도시〔神國〕』를 구술하는 중이다. 성 암브로시우스는 성직자의 의상을 입고 있고, 교황 아나클레투스와 인노켄티우스 3세도 있다. 아퀴나스, 보나벤투라, 둔스 스코투스 등의 철학자들도 나타난다. 무뚝뚝한 단테는 가시로 만든 관을 쓴 것 같다. 부드러운 프라 안젤리코, 화가 난 사보나롤라(알렉산더 6세를 향한 율리우스 교황의 또 다른 복수) 그리고 구석에는 대머리에 못생긴 모습으로 라파엘로의 보호자인 브라만테가 나와 있다. 이들 인간의 모습들에서 젊은 예술가는 개인적 특성 표현의 놀라운 능력을 보이고 있으며, 모든 얼굴에 신뢰가 가는 전기(傳記)를 담았다. 그리고 그들 대부분에게 인간을 넘어서는 품위를 부여해서 전체 그림과 주제를 고귀한 것으로 만들었다. 일찍이 회화가 그리스도교 신앙의 서사적 숭고함에 대해 이토록 성공적으로 표현한 적은 없었다.

그러나 이제 스물여덟 살이 된 이 젊은이가 똑같은 힘과 장엄함으로 인간들 사이에서 학문과 철학의 역할도 표현할 수 있을까? 라파엘로가 그렇게 많은 독서를 했다는 증거는 없다. 그는 자신의 붓으로 말하고 눈으로 들었던 사람이다. 그는 형태와 색채의 세계에 살았고, 이런 세계에서 남자와 여자들의 심오한 행동으로 표현되지 않는 한 말이란 하찮은 것에 지나지 않았다. 그는 분명 서둘러 플라톤과 디오게네스 라에르티우스, 마르실리오 피치노 등을 공부하면서 준비를 해야만 했을 것이다. 그리고 공부를 많이 한 사람들과 겸손한 대화를 나누어 「아테네 학당」의 탁월한 구상을 해내야 했다. 그리스 사상의 탁월한 수백 년을 나타내는 50여 명의 학자들이 불멸의 순간에 거대한 이교의 주랑 현관에서 소란 반자로 장식된 아치 아래 모여 있다. 「성체 논쟁」으로 신학을 이상화한 바로 맞은편 벽에 철학에 대한 예찬이 나타난다. 플라톤은 유피테르와 같은 이마에 깊은 눈과 수염과 머리가 허옇게 흘러내리고, 손가락 하나를 위로 쳐들어 완전한 국가를 가리켜 보인다. 그의 옆에서 조용히 걷는 아리스토텔레스는 30년이나 젊은 잘생기고 유쾌한 모습으로 손바닥을 아래로 한 손을 앞으로 뻗고 있다. 마치 스승의 원대한 이상주의를 다시 땅으로, 가능성의 영역으로 잡아 끌어내리려는 것 같다. 소크라테스는 자신의 주장들을 손가락을 꼽아 헤아리고, 무장한 알키비아데스는 사랑스러운 태도로 그의 말에 귀를 기울이고 있다. 피타고라스는 화음판 안에 우주의 음악을 잡으려고 애를 쓴다. 아름다운 여인은 아마도 아스파시아일 것이다. 헤라클리투스는 에페수스 수수께끼를 쓰고 있다. 디오게네스는 옷을 벗고 아무런 걱정 없이 대리석 계단 위에 비스듬히 주저앉았다. 아르키메데스는 네 명의 열중한 젊은이들을 위해서 석판에 기하학 도표들을 그리고 있다. 프톨레마이오스와 조로아스터는 각기 구체를 들고 논쟁을 벌이는 중이다. 왼편에서 소년 하나가 책들을 들고 열심히 달려가는 중이다. 분명 서명을 받기 위해서이다. 근면한 젊은이가 구석에 앉아 열심히 기록을 하고 있다. 그림의 왼편에서 이쪽을 바라보는 꼬마는 이사벨라의 아들이며 율리우스 2세가 사랑하는 만토바의 페데리고이다. 브라만테가 다시 나타난다. 그리고 겸손하게 숨어서 거의 잘 보이지 않는 모습으로 라파엘로 자신도 등장하는데 이제는 콧수염이 난 모습이다. 다른 사람들도 더 많지만 그들의 정체에 대해서는 한가한 현학자님들에게 맡겨 두기로 하자. 어쨌든 이러한 지혜의 전당이 전에는 그림으로 그려진 일이 없으며 아마도 생각조차 되어 본 적이 없을 것이다. 이단에 대해서는 말이 없고, 어떤 철학자도 화형을 당하지 않았다. 교황의 보호가 너무 커서 이런저런 오류 사이의 차이점에 대해 떠들어 델 수가 없는 가운데 젊은 그리스도교도는 갑자기 온갖 이교도를 다 집합시켜서 그들을 원래의 특성대로, 또 놀라울 정도의 이해심과 공감을 지닌 채 그렸고, 또 신학자들이 그들을 바라보면서 서로의 오류를 교환할 수 있는 자리에 그려 놓았다. 교황은 두 개의 기록 사이에 앉아 인류의 사색의 협동적인 진보와 창조를 명상할 수 있었을 것이다. 이 그림과 「성체 논쟁」은 르네상스의 이상(理想)이었다. 이교도 고대와 그리스도교 신앙이 하나의 방에서 조화를 이루어 함께 살고 있는 것이다. 이들 경쟁적인 두 그림은 그 구상과 구도와 기법을 하나로 합치면 일찍이 아무도 본 적이 없는 유럽 미술의 절정을 이루고 있다.

　세 번째 벽면은 앞의 둘보다는 좁고, 창틀이 가운데로 솟아올라, 그림 주제의 통합을 이루기가 불가능한 것처럼 보이는 곳이다. 이 공간에 시와 음악이 드러나도록 한 것은 탁월한 선택이었다. 신학과 철학으로 무겁게 장식된 방이 조화로운 상상력의 세계를 통해 빛과 밝음을 만들어 내고, 부드러운 멜로디는 삶과 죽음 사이에서 더 이상 항고할 수 없는 최종 결정이 내려지던 여러 세기를 통해 조용히 노래 부를 수 있게 되었다. 이 벽화 「파르나쏘스」에서 아폴론은 신성한 산꼭대기에 몇 그루의 월계나무 아래 앉아 비올을 들고 "소리 없는 소곡" 들을 켠다. 그의 오른편에 뮤즈는 아주 우아한 편안함으로 사랑스러운 젖가슴을 바로 옆의 벽에 있는 성인들과 현자들에게로 향하고 있다. 호메로스는 눈먼 황홀감에 젖어 6운각 시들을 낭송하고 단테는 이들 여신들과 시인들과 함께 있으면서도 화해할 길 없는 엄격함을 지니고 있다. 사포는 레즈비언으로서는 너무 아름다운 모습으로 키타라를 켜고 있다. 베르길리우스, 호라티우스, 오비디오스, 티불루스, 또 시간이 혼란스러운 다른 시인들, 곧 페트라르카, 보카치오, 아리오스토, 산나짜로와 최근 이탈리아의 덜 중요한 목소리들도 등장한다. 이렇게 해서 젊은 화가는 "음악이 없는 삶은 잘못된 것"이라고 알려 준다.[21] 문학의 긴장과 비전들이 지혜의 단견이나 신학의 오만함과 똑같은 높이로 인간을 들어 올릴 수 있음을 말하고 있다.

네 번째 벽도 창으로 갈라졌다. 여기서 라파엘로는 문명에서 법(法)을 높이고 있다. 삼각면에 신중함, 힘, 절도를 나타내는 인물들이 그려져 있다. 창의 한쪽 면에는 「유스티니아누스 법을 선포하는 유스티니아누스 황제」라는 그림으로 시민법을, 다른 면에는 「교령집을 내놓는 그레고리우스 9세」에서 교회법을 그렸다. 성미 급한 후원자에게 아부하기 위해 라파엘로는 그레고리우스를 율리우스 2세의 모습으로 그렸다. 그래서 다시 한 번 훌륭한 초상화가 그려졌다. 천장의 장식적인 원, 육각형, 직사각형 등에다가 그는 「솔로몬의 재판」 같은 작은 걸작들과 신학, 철학, 법학, 천문학, 시학 등의 상징적인 인물들을 그렸다. 이런저런 묘사들과 또 소도마가 남겨 놓은 메달들로 저 위대한 '서명의 방'이 완성되었다.

라파엘로는 이곳에서 힘을 다 소진했기에 이토록 거대한 탁월함을 다시 성취할 수는 없었다. 1511년에 그가 다음 방(지금은 이 방의 가장 중요한 주인공 이름을 따서 '헬리오도로스의 방(Stanza d'Eliodoro)'이라 불린다.)을 시작했을 때, 교황과 화가의 구성 능력은 힘과 그 불길을 잃어버린 것 같다. 율리우스는 자신의 아파트 전체가 고전 문화와 그리스도교의 통합을 예찬하는 일에 몰두하기를 기대할 수는 없었다. 그러므로 몇 개의 벽들을 성서와 그리스도교 이야기로 채우는 것은 자연스러운 일이기도 했다. 아마도 프랑스 군대를 이탈리아에서 쫓아내려는 기대를 상징하기 위해서인 듯 그는 한쪽 벽면에 『마카베오 하(下)』에 나오는 이야기, 헬리오도로스와 이교도 부대가 예루살렘 사원의 보물을 들고 도망치려다가(기원전 186년) 세 명의 천사들에게 공격당하는 이야기를 선택했다. 큰 기둥과 안쪽으로 수렴하는 아치들로 이루어진 건축물을 배경으로 대사제 오니아스가 제단 앞에 무릎을 꿇은 채로 하느님의 도움을 기도하고 있다. 그림 오른편으로 말을 탄 천사가 항거할 수 없는 분노로 도둑 장수를 내리밟고, 다른 두 천사가 쓰러진 이교도에게 달려들고 있는데 도둑이 훔친 주화들이 바닥에 흩어져 있다. 그림 왼편에는 연대기를 당당하게 무시하면서 율리우스 2세가 조용한 위엄을 지닌 채 옥좌에 앉아 침입자들이 쫓겨 가는 광경을 바라본다. 그의 발치에는 한 무더기의 유대인 여자들이 어울리지 않게 라파엘로(이제는 수염도 나고 엄숙한 모습)와 뒤섞여 있고, 그의 친구들인 조각가 마르칸토니오 라이몬디와 교황청 서기국에 속하는 죠반니 디 폴리아리의 모습이 보인다. 이것은 「성체 논쟁」이나 「아테네 학당」처럼 고양시키는 그림은 아니다. 그리고 구성의 통일성을 희생시키면서 한 명의 교황과 일시적인 주제를 찬양하는 데 지나치게 몰두하고 있다. 그런데도 여전히 이것은 동작이 풍부하고, 건축물이 당당하고, 또 분노한 근육의 해부학을 보여 준다는 점에서 거의 미켈란젤로와 겨룰 정도의 걸작이다.

다른 벽에 라파엘로는 「볼세나의 미사」를 그렸다. 1263년 무렵에 보헤미아 출신인 볼세나(오르비에토 근처) 사제가 성찬용 빵이 축성을 통해 정말로 그리스도의 살과 피로 변화된다는 것을 의심했다. 그러나 그는 미사 도중에 자기가 방금 축성한 성체에서 핏방울이 스며 나오는 것을 보고 놀란다. 이 기적을 기리기 위해 교황 우르바누스 4세는 오르비에토에 대성당을 세우고 해마다 그리스도의 성체 축제를 하라고 명했다. 라파엘로는 이 장면을 탁월한 능력으로 표현했다. 의심이 많은 사제가 피 흐르는 성체를 바라보고, 그의 뒤에 있던 복사들이 그 광경에 놀라고 있다. 한쪽 편에는 여자들과 아이들이, 다른 편에는 스위스 경호병들이 앉아 있는데, 그들은 이 기적을 볼 수가 없기에 움직이지 않고 있다. 리아리오 추기경, 쉰너 추기경과 다른 성직자들은 놀라움과 두려움이 뒤섞인 태도로 이 광경을 바라보고 있다. 제단 맞은편에 기묘한 형상들이 조각된 기도대에 무릎 꿇고 앉은 율리우스 2세는 평온한 기품을 유지하고 이 광경을 바라본다. 마치 성체가 피를 흘릴 것을 미리 알고 있었다는 듯한 태도이다. 기술적인 면에서 보면 이 작품은 이 방들에 그려진 벽화들 중에서 가장 훌륭한 작품에 속한다. 라파엘로는 벽 위로 솟아오른 창문 둘레와 위에 아주 솜씨 있게 인물들을 배치했다. 선의 확고함과 조심스러운 솜씨로 그들을 도안했다. 그리고 인체와 의상에 새로운 깊이와 색채의 따뜻함을 부여했다. 무릎 꿇은 율리우스의 모습은 말년의 교황을 보여 주는 초상화이다. 여전히 강하고 단호한 전사이고, 여전히 자부심이 강한 왕 중의 왕인 그는 노고와 전투로 지치고, 분명히 죽음이 드리워진 모습이다.

이런 주요 작품을 제작하던 시기에(1508~1513) 라파엘로는 몇 가지 기억할 만한 성모들을 그렸다. 「왕관을 쓴 성모」(루브르)는 온건한 경건함을 지닌 움브리아 양식으로 되돌아 간다. 「카사 알바의 성모」(말 그대로 ‘하얀 집의 성모’)에서는 미켈란젤로의 시빌레들(시스티나 천장화에 나오는 여자 예언자들)처럼 크고도 흐르는 선들을 지닌 모습으로, 분홍과 녹색과 황금색을 우아하게 탐색한다. 앤드류 멜론은 이 그림의 대가로 소련 정부에 116만 6400달러를 지불했다.(1936) 「폴리뇨의 성모」(바티칸)에서 사랑스러운 성모와 아기는 구름을 타고 있고, 무서운 모습의 세례 요한이 그녀를 가리켜 보이고, 튼튼한 모습의 성 히에로니무스가 이 그림을 기증한 시지스몬도 데 콘티를 그녀에게 소개하고 있다. 여기서 라파엘로는 베네찌아 사람 세바스티아노 델 피옴보의 영향을 받아 신비로운 색채의 새로운 광채를 보여 준다. 「물고기가 있는 성모」(프라도)는 아주 아름답다. 성모의 얼굴과 분위기, 그리고 라파엘로 자신도 그보다 더 잘 그릴 수 없을 정도의 아기 예수, 어린 토비트는 성모에게 물고기를 보여 주고 있다. 이 물고기의 간으로 그는 아버지의 시력을 고쳤다. 그를 데려온 천사의 의상과 성 히에로니무스의 당당한 얼굴에 이르기까지 모두가 아름답다. 구도, 색채, 빛 등의 측면에서 이 그림은 「시스티나 성모」와 견줄 만한 것이다.

라파엘로는 이 시기에 초상화로 오로지 티찌아노만이 도달할 수 있는 높이에 도달했다. 초상화는 특징적인 르네상스 산물로, 이 빛나던 시대 당당한 개인의 해방에 잘 어울리는 장르이다. 라파엘로의 초상화들은 수가 많지는 않지만 그들 모두 미술의 최고 수준에 도달해 있다. 가장 아름다운 초상화 하나는 「빈도 알토비티」이다. 상냥하지만 기민한 젊은이, 건강하고 맑은 눈길에 소녀같이 아름다운 이 젊은이가 시인이 아니라 은행가이며, 라파엘로부터 첼리니에 이르는 예술가들을 너그럽게 후원해 주었던 사람이라는 것을 누가 짐작이나 할까? 그는 이 초상화가 그려질 때 당시 스물두 살이었다. 1556년에 그는 피렌쩨에 맞서 시에나의 독립을 지키려고 고귀하고 피곤한, 그리고 결국 파멸을 불러온 노력을 한 다음 로마에서 죽었다. 그리고 라파엘로의 초상화들 중에서도 가장 위대한 초상화, 우피찌 미술관에 있는 「율리우스 2세」도 이 시기의 작품이다. 이것이 라파엘로의 손에서 직접 나온 원본인지는 알 수가 없다. 작업장에서 복제한 작품일 수도 있다. 피티 궁전에 있는 경탄스러운 모작은 다름 아닌 초상화 분야에서 그의 경쟁자인 티찌아노의 작품이다. 원작의 운명은 알 길이 없다.

율리우스 2세는 「헬리오도로스 방」이 완성되기 전에 죽었다. 라파엘로는 네 방의 원대한 계획이 그대로 실현될지 알 수가 없었다. 그러나 종교와 결혼했듯이, 예술과 문학과도 결혼한 레오 10세 같은 교황이 어떻게 망설일 수가 있겠는가? 레오 교황은 우르비노 출신의 젊은이에게 가장 충실한 벗이 되어 주었다. 살아 있는 행복한 천재는 행복한 교황 치하에서 가장 행복한 나날들을 보내게 된다.

4. 미켈란젤로

1. 젊은 시절: 1475~1505

율리우스가 사랑하던 화가이며 조각가, 성급한 기질과 무시무시한 성격, 그리고 정신의 힘과 깊이라는 면에서 그와 경쟁할 만한 사람, 인류의 기록에 남은 가장 위대하고 가장 슬픈 예술가를 살펴볼 차례가 되었다.

미켈란젤로의 아버지는 로도비코 디 리오나르도 부오나로티 시모니라는 이름으로, 피렌쩨에서 아레쪼로 가는 길가에 있는 카프레제라는 작은 도시의 행정관이었다. 로도비코는 카노싸 백작과 먼 친척 관계라고 주장했고 이런 관계를 인정하는 것을 기쁘게 여겼다. 미켈란젤로는 자신에게 한두 방울 귀족의 피가 흐르는 것을 자랑으로 여겼다. 그러나 가차없는 탐구의 결과 그가 잘못 생각

했음이 밝혀졌다.[22]

1475년 3월 6일에 카프레제에서 태어난 미켈란젤로는 라파엘로와 마찬가지로 대천사에게서 이름을 따왔고, 4형제 중 둘째였다. 그는 세티냐노의 대리석 채석장 근처에서 유모의 젖을 먹었으므로 출생하면서 곧바로 조각의 먼지를 숨 쉬었던 셈이다. 그는 뒷날 자신이 유모의 젖과 함께 끌과 망치를 빨아들였다고 말했다.[23] 그가 태어난 지 6개월이 되었을 때 가족은 피렌쩨로 이사했다. 그곳에서 약간의 교육을 받았고 그래서 뒷날 그는 훌륭한 이탈리아어 시구를 쓸 수 있을 정도가 되었다. 라틴어는 배우지 않았으며, 당시 많은 예술가들처럼 고대의 최면에 완전히 빠져든 적도 없었다. 그는 고전보다는 히브리 쪽이고, 정신적으로는 가톨릭보다는 개신교 쪽이었다.

그는 글보다 드로잉을 더 좋아했다. 이것은 드로잉의 고약한 점이었다. 그의 아버지는 아들의 이런 성향을 개탄했지만 마지막에는 거기 굴복하고 열세 살의 미켈란젤로를 당시 피렌쩨에서 가장 인기 있는 화가이던 도메니코 기를란다요에게 견습하도록 보냈다. 계약서에 따르면 젊은이는 도메니코 밑에서 "회화 기술을 배우며" 3년을 보내도록 되어 있었다. 그는 첫해에 6플로린, 두 번째 해에 8플로린, 세 번째 해에 10플로린을 받았다. 그리고 숙소와 식사를 제공받았다. 소년은 기를란다요의 가르침에다가 자신이 피렌쩨 시내를 돌아다니면서 배운 것을 덧붙였다. 무엇이든지 예술을 위한 대상으로 보았다. 그의 친구 콘디비는 이렇게 말한다. "그는 자주 생선 시장으로 가서 지느러미의 모양과 색깔을 살펴보고, 또 그 눈의 색깔과 몸의 모든 부분을 자세히 탐구했다. 그리고 이 모든 세부 사항들을 그림에서 극단적인 근면함으로 재생하였다."[24]

기를란다요와 함께 지낸 지 채 1년도 되지 않아서 천성과 기회가 그를 조각으로 이끌었다. 다른 미술학도들처럼 그도 메디치 가문이 고대의 조각과 건축물 수집품을 전시한 정원에 자유롭게 드나들 수 있었다. 그는 이 대리석 조각상 몇 개를 특별한 관심과 기술로 베꼈다. 로렌쪼가 피렌쩨에 조각 학교를 세울 욕심으로 기를란다요에게 이 방향으로 재능을 보이는 학생 몇을 보내 달라고 요청했을 때 기를란다요는 프란체스코 그라나치와 미켈란젤로 부오나로티를 보내 주었다. 소년의 아버지는 그가 미술의 장르를 이렇게 바꾸는 것을 보고 망설였다. 아들이 결국은 돌이나 깎는 일을 하게 되지 않을까 두려웠던 것이다. 정말로 미켈란젤로는 한동안 라우렌찌아나 도서관을 위해 필요한 대리석을 깎는 일을 했다. 그러나 머지않아 소년은 조각상을 만들게 되었다. 온 세상은 미켈란젤로가 대리석으로 사튀로스를 조각한 이야기를 안다. 쓸모 없게 된 대리석 조각을 다듬어서 늙은 판신으로 만들었다. 그리고 지나가던 로렌쪼가 이토록 늙은 판신이 그토록 완벽하게 이빨을 죄다 가지고 있을 리가 없다고 한마디 하자 미켈란젤로가 단 한 방에 위쪽 턱에 붙은 이빨 하나를 부러뜨려 이 잘못을 수정한 이야기도 안다. 소년의 작품과 재능을 보고 로렌쪼가 그를 자기 집으로 받아들여 아들처럼 대우해 주었다는 이야기도 모두 안다. 2년 동안 (1490~1492) 어린 예술가는 메디치 궁전에서 살았다. 그리고 로렌쪼, 폴리찌아노, 피코, 피치노, 풀치 등과 한 테이블에 앉아 식사를 하면서 정치, 문학, 철학, 미술에 대해 당대 가장 개명한 이야기를 들었다. 로렌쪼는 그에게 훌륭한 방을 내주고, 개인적 경비로 쓰라고 한 달에 5두카트(62.5달러?)씩 주었다. 미켈란젤로가 어떤 작품을 만들든지 그것은 그 자신의 것으로서, 그가 원하는 대로 처분할 수가 있었다.

메디치 궁전에서 보낸 이 시절은 피에트로 토리지아노만 아니었다면 아마 즐거운 성장기가 되었을 것이다. 어느 날 피에트로는 미켈란젤로의 농담에 성이 났다. 피에트로는 첼리니에게 다음과 같은 이야기를 들려주었다. "그래서 주먹을 꽉 움켜쥐고 녀석의 코에 한 방 날렸지. 내 주먹 아래서 뼈와 연골이 비스킷처럼 주저앉는 걸 느꼈어. 내가 만들어 준 이 표시를 그는 무덤까지 가지고 갈 거야."[25] 정말 그랬다. 미켈란젤로는 그 후 74년 동안 콧날이 주저앉은 코를 하고 살았다. 그렇다고 이 일이 그의 성정을 부드럽게 만들지는 못했다.

이 시기에 사보나롤라가 청교도적인 개혁의 불같은 복음을 설교하고 있었다. 미켈란젤로는 자주 그의 설교를 들으러 갔다. 그리고 다시는 그것을 잊지 않았다. 아니면 부패한 이탈리아의 종말을 알리는 이 수도사의 성난 외침이 사람이 빽빽이 들어찬 대성당의 고요를 뚫고 지나갈 때 그의 젊은 피를 관통하던 그 전율을 결코 잊지 않았다. 사보나롤라가 죽고 나서도 그의 정신의 어떤 요소가 미켈란젤로 안에 남았다. 자기 주변의 끔찍한 도덕적 부패, 독재에 대한 열렬한 원한, 종말에 대한 우울한 예감 등이었다. 이런 기억과 두려움이 그의 성격을 형성하고 또 그의 끌과 붓을 이끌어 가는 데 어떤 역할을 했다. 시스티나 예배당 천장 아래 받침대에 등을 기대고 누운 채 그는 사보나롤라를 기억했다. 「최후의 심판」에서 그는 사보나롤라를 부활시켰다. 그리고 이 수도사의 성난 부르짖음을 여기 표현하여 수백 년을 두고 전파되게 만들었다.

1492년에 로렌쪼가 죽자 미켈란젤로는 아버지의 집으로 돌아왔다. 그는 조각과 회화를 계속했다. 그리고 그의 교육에 이상한 경험이 덧붙여졌다. 산토 스피리토 병원 원장이 그에게 사적인 방에서 시체를 해부하는 것을 허용해 준 것이다. 해부를 많이 하다 보니 그의 위장이 말을 듣지 않아 그는 한동안 음식을 전혀 입에 대지 못했다. 그러나 해부학을 익혔다. 피에로 데 메디치가 궁전의 뜰에 세울 거대한 눈사람을 만들어 달라고 청했을 때 그는 자신의 재능을 보여 줄 기묘한 기회를 가졌다. 미켈란젤로는 그의 말에 따랐고, 피에로는 그에게 메디치 궁전에서 다시 거주하라고 설득했다.(1494년 1월)

1494년 말에 미켈란젤로는 한 번 더 격한 움직임을 보였다. 그는 겨울의 눈을 뚫고 아펜니노 산맥을 넘어 볼로냐로 왔다. 어떤 이야기에 다르면 꿈에 나타난 친구에게서 피에로가 곧 몰락하리라는 경고를 받았다고 한다. 아마도 그 자신의 판단으로 이런 일을 예견했을 것이다. 어찌 됐든 그렇게 되면 메디치 가문이 그토록 사랑한 사람에게 피렌쩨는 그다지 안전한 곳이 못될 것이다. 볼로냐에서 그는 성 페트로니오 성당 정면부에 있는 야코포 델라 퀘르치아의 돋을새김을 조심스럽게 탐구했다. 그리고 성 도미니크의 무덤을 완성하는 데 동참했다. 이 무덤을 위해 우아한 모습의 「무릎 꿇은 천사」를 조각했다. 그러나 볼로냐의 조각가 조합에 속한 조각가들이 그에게 경고를 보냈다. 외국인이며 침입자인 그가 계속해서 자기들의 손에서 일을 빼앗아 간다면 그들은 르네상스 시기에 새로 만들어진 여러 장치의 하나를 이용해서 그를 처리해 버리겠노라 했다. 그사이에 사보날롤라가 피렌쩨의 통치를 맡고 미덕이 지배하게 되었다. 미켈란젤로는 피렌쩨로 돌아왔다.(1495)

메디치의 방계 친척인 로렌쪼 디 피에르 프란체스코가 그를 후원해 주었다. 그를 위해서 미켈란젤로는 「잠자는 큐피드」를 조각했다. 이 작품은 이상한 역사를 가졌다. 로렌쪼는 그에게 이것의 표면을 고대 작품처럼 보이게 처리해 달라고 부탁했다. 미켈란젤로는 그대로 했다. 로렌쪼는 이것을 로마로 보냈다. 로마에서 그것은 어떤 상인에게 30두카트에 팔렸다. 상인은 200두카트를 받고 성(聖) 죠르죠의 추기경인 라파엘로 리아리오에게 이 작품을 팔았다. 추기경은 이것이 진짜 고대 조각품이 아니라는 사실을 알아내고 「큐피드」를 도로 돌려주고 돈을 돌려받았다. 이 작품은 나중에 체사레 보르지아에게 팔렸다. 체사레는 이것을 우르비노의 귀도발도에게 주었다. 체사레는 도시를 접수하면서 이 작품을 되찾아 이사벨라 데스테에게 보내 주었다. 이사벨라 데스테는 이 작품에 대해 "현대의 작품들 사이에 비슷한 것이 없다."고 서술했다.[26] 그 이후 이 작품에 대해서는 알려진 것이 없다.

다양한 능력을 지니고도 미켈란젤로는 예술가들이 거의 시민 수만큼이나 많은 도시에서 예술로 먹고살기란 어려운 일임을 느꼈다. 리아리오의 심부름꾼이 그를 찾아와 추기경이 그에게 일거리를 마련해 줄 것이고, 또 로마에는 부자 후원자들이 아주 많으니 로마로 오라고 불렀다. 그래서 1496년에 미켈란젤로는 희망에 넘쳐 수도로 가서 추기경의 집안에서 일거리를 얻었다. 리아리오는 너그러운 사람이 아니었다. 그러나 은행가인 야코포 갈로가 미켈란젤로에게 「바쿠스」와 「큐피드」를 조각하라는 주문을 냈다. 하나는 피렌쩨 바르젤로 미술관에 있고 다른 하나는 런던의 빅토리아와 앨버트 박물관에 있다. 「바쿠스」는 술에 취한 젊은 주신(酒神)의 모습을 심술궂게 보여 주고 있다. 머리는 술꾼에게는 알맞은 것인지 모르지만 몸에 비해 약간 작다. 그러나 몸은 훌륭하게 만들어져 있고, 살결은 남녀 양성적인 부드러움을 지니고 있다. 「큐피드」는 몸을 웅크린 모습으로, 사랑의 신이라기보다는 스포츠 선수처럼 보인다. 미켈란젤로는 이것을 이렇게 안 어울리는 이름으로 부르지 않았을지도 모른다. 조각품으로서는 탁월한 작품이다. 거의 시작 단계에서 이미 이 예술가는 동작의 순간과 자세를 표현함으로써 작품을 완전히 차별화했다. 그리스 사람들은 미술에서 정지 상태를 좋아했지만, 그에게 있어 그러한 정지 상태는 「피에타」만 빼고는 낯선 일이다. 또 그리스 사람들이 좋아한 보편성(보편적 유형들의 표현)도 마찬가지다. 미켈란젤로는 개념에서는 개인적인 상상력을, 디테일에서는 사실적인 모습을 그려 내는 편이었다. 그는 의상을 빼고는 고대를 모방하지 않았다. 그의 작품은 특징적으로 그 자신의 것이었다. 르네상스가 아니라 독특한 자신만의 창조물이었다.

로마에 처음 머물 때 만든 가장 위대한 작품은 「피에타」(아들의 죽음을 슬퍼하는 성모)이다. 이 작품은 지금 성 베드로 성당의 영광들 중의 하나이다. 이 작품의 계약서에는 교황궁에 머물고 있던 프랑스 대사 장 드 비예르(J. d. Villiers) 추기경이 서명했다.(1498) 사례금은 450두카트(5625달러?)였다. 시간은 1년이었다. 미켈란젤로의 은행가 친구가 너그러운 보증을 여기에 덧붙였다.

나 야코포 갈로는 위에 말한 미켈란젤로가 1년 이내에 위에 말한 작품을 끝낼 것이고, 그것이 로마가 오늘날 보여 주고 있는 것 중에서 대리석으로 만든 가장 아름다운 작품이 될 것이고, 오늘날 어떤 대가(大家)도 이보다 더 나은 것을 만들어 낼 수 없을 것이라는 점을 존경하는 추기경님께서 보증합니다. 같은 방식으로 …… 나는 위에 말한 미켈란젤로에게도, 존경하는 추기경께서 위에 적은 항목에 따라 지불해 주실 것을 보증합니다.[27]

성모가 무릎에 죽은 아들을 안고 있는 이 위대한 그룹 조각상에서 몇 가지 흠을 찾아낼 수는 있다. 의상은 과도하게 보이고, 성모의 머리는 몸에 비해 너

무 작고 그녀의 왼손은 적절하지 못한 방식으로 뻗어 나와 있다. 그녀의 얼굴
은 분명 아들보다 더욱 젊은 여인의 그것이다. 콘디비의 보고에 따르면 이 마지
막 불만에 대해 미켈란젤로는 다음과 같이 대답했다.

정결한 여인들은 그렇지 못한 여자들보다 훨씬 오랫동안 신선함을 보존한다는
것을 모르는가? 신체에 영향을 미치는 호색한 욕망을 마음에 전혀 품지 않은 성모
님의 경우에는 얼마나 더욱 그렇겠는가! 아니, 난 앞으로도 계속 그렇게 할 것이다.
더럽혀지지 않은 이 젊음의 꽃이 자연적인 이유에서 그대로 보존되고 있으며 또 성
모의 처녀성과 영원한 순결함을 세상에 확인시켜 주기 위해 기적을 통해서도 보존
될 수 있다는 신념을 위험을 무릅쓰고 계속 주장할 것이다.[28]

재미있고도 용서할 수 있는 생각이다. 구경꾼들은 금세 그 온화한 얼굴과 화해
를 하게 된다. 비참한 고통에 찢기지 않고, 조용히 슬픔과 사랑에 잠긴 모습으
로 아들을 잃은 어머니는 체념한 채 신의 뜻을 따르고 있다. 상처가 깨끗이 씻
기고, 온갖 수치에서 벗어난 소중한 아들의 몸은 마지막 한순간 그를 낳아 준
여인의 무릎에서 쉬고 있는데, 죽어서도 아름다운 모습이다. 삶의 모든 정수
와 비극과 구원이 이 단순한 그룹상에 나타나 있다. 종족을 이어 가는 출산의
흐름, 모든 탄생에 대한 형벌로서 죽음의 확실함, 그 친절함으로 우리 죽을 운
명을 고귀하게 만들고, 또 새로운 탄생을 통해 모든 죽음에 도전하는 사랑. 이
작품을 미켈란젤로의 가장 위대한 업적이라고 프랑수아 1세가 선언했는데, 그
것은 옳았다.[29] 조각의 역사에서, 이름이 알려지지 않은 그리스 조각가, 영국
박물관에 있는 「데메테르」를 만든 사람을 빼고는 이 작품을 능가한 사람은 없
었다.

「피에타」의 성공은 미켈란젤로에게 명성만이 아니라(그것을 그는 인간적으
로 좋아했다.) 돈을 가져다주었다. 그의 친척들이 그와 함께 이 돈을 사용하기
시작했다. 그의 아버지는 메디치 가문의 몰락과 더불어 로렌쪼 마니피코가 마

련해 준 한직을 잃어버렸다. 미켈란젤로의 형은 수도원으로 들어갔다. 두 동생은 앞날을 대비하지 않았고, 이제 미켈란젤로가 가족의 주요 수입원이었다. 그는 이런 일을 불평했지만 그래도 너그럽게 돈을 내주었다.

아마도 가족들의 이런 혼란스러운 재정 상태가 그를 불렀기 때문이겠지만 그는 1501년에 피렌쩨로 돌아왔다. 특이한 주문이 그해 8월에 그에게 내려졌다. 대성당 관리 위원회는 4미터 길이에 이르지만 특이하게 생겨서 백 년 동안이나 사용하지 않은 채 그대로 놓아둔 카라라산 대리석 덩어리를 소유하고 있었다. 위원회는 미켈란젤로에게 그것으로 조각상을 만들 수 있겠는가 물었다. 그는 해 보겠노라고 동의했다. 그리고 8월 16일에 대성당 위원회와 모직물 조합은 계약서에 서명했다.

유능한 장인(匠人) 미켈란젤로는 …… 높이가 아홉 팔꿈치에 이르는「거인」이라 불리는 남자 조각상을 구상하고 완성하도록 선택되었다. …… 이 작업은 9월부터 계산해서 2년 안에 완성해야 하며, 매달 금화 6플로린의 봉급을 지급한다. 이 작업의 완성을 위해 필요한 것, 노동자, 목재 등은 성당 위원회에서 지급하기로 한다. 조각상이 완성되면 조합 대표와 위원회는 그가 그 이상의 보상을 받아야 할지를 다시 평가할 것이며, 이것은 그들의 양심에 맡겨 두기로 한다.[30]

조각가는 2년 반 동안이나 이 다루기 힘든 재료를 가지고 일했다. 영웅적인 노동으로, 대리석의 높이를 다 이용해서 그는「다윗」을 만들었다. 1504년 1월에 성당 위원회는 피렌쩨의 주요한 예술가들의 위원회를 소집했다. 당시 그들이 이름으로 사용하던「거인」상을 어디에 세울까 의논하기 위해서였다. 코시모 로셀리, 산드로 보티첼리, 레오나르도 다 빈치, 쥴리아노 다 상갈로와 안토니오 다 상갈로, 필리피노 리피, 다비드 기를란다요, 페루지노, 죠반니 피페로(첼리니의 아버지), 피에로 디 코시모 등이었다. 그들은 합의점을 찾아내지 못했고, 마지막에 미켈란젤로에게 그 일을 맡겨 버렸다. 그는 이 조각상을 베키오 궁전 앞에 세우면 어떨까 물었다. 시 정부는 동의했다. 그러나 대성당 근처의 작업장에서 「거인」을 베키오 궁전까지 옮기는 일은 40명의 남자들이 동원되어 나흘이나 걸렸다. 이 거인상이 지나갈 수 있도록 벽을 부수어 출입문을 높여야 했다. 그리고 다시 조각상을 제자리에 세우는 데 21일이 더 걸렸다. 369년 동안 이 조각상은 궁전의 정문 앞 노천에 그대로 세워져 비바람과 장난꾸러기들과 혁명에 노출되어 있었다. 어떤 의미에서 그것은 당당하게 복구된 공화국의 상징이며, 과격한 선언서였다. 그래서 권력 찬탈자들에게는 직접적인 위협이었다. 1513년에 권력을 되찾은 메디치 가문 사람들은 그것을 건드리지 않고 그대로 두었다. 그러나 그들을 다시 쫓아낸 봉기가 일어났을 때(1527) 궁전의 창문에서 날아온 의자 하나가 조각상의 왼팔을 부러뜨렸다. 당시 열여섯 살이던 프란체스코 살비아티와 죠르죠 바사리가 그 조각들을 모아서 보존했고, 뒷날 메디치 가문의 코시모 공작이 이 조각들을 다시 붙여서 수선했다. 1873년에 조각상이 날씨에 의해 풍화 작용을 겪은 다음 「다윗」상은 미술 아카데미로 옮겨졌다. 그곳에서 이 작품은 피렌체에서 가장 인기 있는 작품으로서 명예로운 자리를 차지하고 있다.

이것은 힘으로 만든 작품이었으며, 충분히 다 칭찬하기 어려울 정도이다. 기술적인 어려움을 탁월하게 극복했다. 미적으로는 몇 가지 결함들을 찾아낼 수 있다. 오른손은 너무 크고 목은 너무 길고 왼발은 무릎 아래가 너무 길고, 왼쪽 엉덩이는 적절하게 솟아오르지 않았다. 공화국의 수장이었던 피에로 소데리니는 코가 너무 크다고 생각했다. 바사리는 이런 이야기를 들려준다. 어쩌면 전설에 지나지 않을 이야기다. 미켈란젤로는 손에 대리석 가루를 조금 감추고 사다리를 올라가서 끌을 가지고 코를 약간 다듬는 시늉을 하면서 실제로는 건드리지도 않았다. 그러면서 대리석 가루를 손에서 조금씩 아래로 떨어뜨렸다. 그러자 소데리니는 조각상이 훨씬 좋아졌다고 선언했다고 한다. 작품의 전체적인 효과는 비판을 잠재운다. 화려한 전체 틀, 아직은 뒷날 미켈란젤로의 영웅들처럼 근육으로 부풀어 오르지 않은 모습, 살결의 매끈한 감촉, 강하면서도 섬세한 모습들, 콧구멍은 긴장으로 부풀어 오르고, 분노로 얼굴을 찌푸린 단호한 모습이, 무서운 골리앗을 마주보며 팔매질을 준비하는 젊은이의 내면의 두려움과 섬세하게 섞여 있다. 이런 것들은 「다윗」을 단 하나의 예외만 빼고* 세계에서 거의 가장 유명한 조각상으로 만들었다.[31]

대성당 위원회는 미켈란젤로에게 「다윗」의 사례금으로 총 400플로린을 지불했다. 1400년에서 1500년 사이의 가치 하락을 고려해 보면 이것은 1952년도 미국 돈으로 환산해서 대략 5000달러에 해당할 것이다. 이것은 30개월 노동의 보상으로는 좀 적은 액수로 보인다. 위원회와 조합은 「다윗」 상이 제작되는 동안에도 또 다른 조각상을 조각하는 일에 그를 고용했다. 약 2미터 높이로 대성당에 세울 12사도의 모습을 조각하라는 주문이었다. 이 일을 위해 12년의 기간을 받았고, 매달 2플로린씩을 받기로 했다. 그리고 그가 자유롭게 사용할 집을 하나 지어 주기로 했다. 이 조각상들 중에서 유일하게 남은 것은 「성 마태오」이다. 이것은 로댕의 조각상처럼 돌덩어리에서 절반만 밖으로 드러난 모습이다. 피렌쩨 아카데미에서 이것을 바라보면 우리는 미켈란젤로가 조각이란 "떼어 냄으로써 작업하는" 예술이라고 정의를 내린 것을 더 잘 이해하게 된다. 그리고 그의 시 하나에는 이런 말이 나온다. "단단하고 울퉁불퉁한 돌에서 표면을 제거하기만 하면 조각상에 존재를 만들어 준다. 돌이 많이 벗겨져 나갈수록 이 모습은 점점 더 자라난다."[32] 그는 자주 자신이 떨어진 돌에 파묻힌 광부를 찾아내는 것처럼 표면을 떼어 냄으로써 돌 속에 갇힌 인물상을 찾아내려고 하는 사람이라고 말하곤 했다.

1505년 무렵 그는 어떤 플랑드르 상인을 위해 오늘날 브뤼게의 성모 교회에 보존된 「성모」를 조각했다. 이것은 많은 칭찬을 받는 작품이지만 이 예술가가 만든 빈약한 작품 중의 하나이다. 의상은 단순하게 고귀하고, 아기 예수의 머리는 신체에 비해 비례가 안 맞고, 성모의 얼굴은 마치 이 모든 것이 잘못이라는

---

* 프락시텔레스의 「헤르메스」나, 혹은 더 적절하게 말하자면 뉴욕 항구에 있는 자유의 여신상이 아마 이 예외에 해당할 것이다.

듯이 뾰로통하고 슬픔에 찬 모습이다. 그러나 더욱 이상한 것은 안젤로 도니를 위해 그린 「성모」(1505)이다. 미켈란젤로는 아름다움에는 별로 신경을 쓰지 않았다. 그는 신체, 특히 남성의 신체에 관심이 많아서 이따금 신체가 보여주는 온갖 결함들을 다 표현한다. 그리고 신체는 어떤 교훈이나 생각을 전달하는 방식으로 표현된다. 아름다움을 포착해서 그것을 오래 보존되는 돌에 새겨 넣으려는 관점을 보이는 경우는 드물다. 도니의 「성모」(흔히 「성가록」으로 불림)에서 그는 성모 뒤에 있는 난간에 몇 명의 나체 젊은이들을 배열함으로써 좋은 취향을 손상시킨다. 이교적인 모습을 보여 주려 했던 것이 아니다. 그는 신실하고, 심지어는 청교도적인 그리스도교도였다. 그러나 「최후의 심판」에서 그렇듯이 이 작품에서도 인체를 향한 관심이 그의 신앙심을 누르고 승리하고 있다. 그는 또한 위치의 해부학, 곧 인체가 자세를 바꿀 때, 팔다리, 관절, 골격, 근육 등에 어떤 변화가 생기는지에 관심이 있었다. 그래서 여기서 성모는 뒤로 몸을 돌리고 뒤쪽에서 요셉이 그녀의 어깨 너머로 넘겨주는 아기를 받으려 하고 있다. 이것은 탁월한 조각이지만 생명이 없고 거의 색채가 없는 회화이다. 미켈란젤로는 회화가 자신의 특기가 아니라고 거듭 항의하곤 했다.

그래서 그는 소데리니가 그를 초대해서, 베키오 궁전 대회의실 벽에 그림을 그려 달라고 주문했을 때 큰 기쁨을 느끼지 못했다. 게다가 맞은편 벽에는 그가 혐오하는 레오나르도 다 빈치가 그림을 그리기로 했으니 더욱 그랬다. 그는 수많은 이유에서 레오나르도를 싫어했다. 그의 귀족적인 태도, 값비싸고 겉치레하는 옷차림, 아름다운 젊은이들을 거느리고 있는 것, 그리고 아마도 그때까지만 해도 화가로서 그가 더 큰 성공과 명성을 얻고 있다는 사실 때문이었다. 미켈란젤로는 조각가인 자기가 회화 부분에서 레오나르도와 경쟁할 수 있는지 확신이 서지 않았다. 이것을 시도한다는 것은 그로서는 대단히 용기가 필요한 일이었다. 밑그림을 위해서 그는 아마포로 뒤를 댄 넓이 27제곱미터 판지를 만들었다. 이 스케치를 어느 정도 진척했을 때 로마에서 초대장이 왔다. 율리우스 2세는 이탈리아에서 가장 훌륭한 조각가를 필요로 했다. 시 정부는 성이 나기는 했지만 미켈란젤로를 떠나보냈다.(1505) 그는 목탄과 붓을 던져버리고 자기가 좋아하는 힘든 조각 일로 돌아가는 것이 그다지 유감이 아니었을 것이다.

2. 미켈란젤로와 율리우스 2세: 1505~1513

그는 율리우스 2세와 잘 지낼 수 없으리라는 것을 한눈에 알아보았을 것이다. 그들은 너무나도 비슷했다. 두 사람 다 불같은 성질을 지녔다. 교황은 폭군 같고 불같으며, 예술가는 무뚝뚝하고 자부심이 강했다. 두 사람 다 정신과 목표에서 거인들이고 자기보다 나은 것을 참지 못하고 타협을 모르며 하나의 거대한 기획에서 또 다른 거대한 기획으로 넘어가고 자기들의 시대에 자기들의 개성의 인장을 확실하게 찍은 사람들이었다. 그리고 두 사람이 죽자 온 이탈리아가 지치고 텅 빈 것처럼 보일 정도로 미칠 듯한 에너지로 일을 한 사람들이었다.

율리우스는 오래전부터 추기경들의 예를 좇아 자신의 뼈를 묻을 기념묘를 만들기를 원했다. 그 크기와 장엄함이 먼 후세까지 남아 그의 위대성을 전해 줄 만한 그런 기념비였다. 그는 안드레아 산소비노가 방금 산타 마리아 델 포폴로 성당에 아스카니오 스포르짜 추기경을 위해 조각한 아름다운 무덤을 시샘에 찬 눈길로 바라보았다. 미켈란젤로는 8미터, 넓이 2.4미터 크기의 거대한 기념묘를 제안했다. 그 안에 40개의 조각상을 넣는다는 계획이었다. 일부는 교황 국가를 구원한 것을 상징하고 일부는 회화, 건축, 조각, 시, 철학, 신학 등을 의인화해서 표현한다. 이들 모두를 저항할 길이 없는 교황의 포로로 만들기로 했다. 다른 인물들은 그의 중요한 선배들, 예를 들면 모세 같은 사람들을 표현한다. 천사도 둘 있다. 한 천사는 율리우스가 지상을 떠나는 것을 보고 울고, 다른 천사는 그가 천국에 들어가는 것을 보고 미소 짓는 모습으로 한다. 맨 꼭대기에는 죽은 교황의 유해를 담은 아름다운 관을 안치한다. 기념묘의 표면을 따라 만든 청동 부조상은 교황이 전쟁, 통치, 미술에서 이룩한 업적들을 이야기한다. 이 모든 것은 성 베드로 성당의 강단에 안치된다. 이것은 대리석 여러 톤, 수천 두카트, 또 조각가의 생애의 아주 여러 해를 필요로 하는 엄청난 구상이었다. 율리우스 2세는 이것을 승인하고 미켈란젤로에게 대리석을 살 돈으로 2000두카트를 주어 카라라로 보냈다. 그곳에서 가장 아름다운 돌을 사 오라는 지시였다. 그곳에서 미켈란젤로는 바다를 내려다보는 언덕을 보자, 이 작은 산을 거대한 인간의 모습으로 만들어서 꼭대기에 불을 켜면 멀리 있는 뱃사람들에게 횃불이 될 수 있으리라고 생각했다. 그러나 율리우스의 무덤이 로마로 돌아오라고 그를 부르고 있었다. 그가 구입한 대리석이 도착해서 성 베드로 성당 근처 그의 숙소 옆 광장에 쌓이자 사람들은 그 양과 비용을 보고 놀라고 율리우스는 좋아했다.

연극은 비극이 되었다. 새로 짓는 성 베드로 성당을 위해 돈이 필요했던 브라만테는 이 초대형 프로젝트를 못마땅하게 흘겨보았다. 그는 미켈란젤로가 자기를 대신해서 교황의 총애를 받는 예술가가 될까 두려웠다. 그래서 자신의 영향력을 이용해서 교황의 재정과 정열을 무덤에서 다른 곳으로 돌려놓았다. 교황은 교황대로 페루지아와 볼로냐를 정복할 전쟁의 계획을 세우고 있었고 (1506), 전쟁 신은 돈이 많이 드는 신이었다. 무덤은 평화가 찾아올 때까지 기다려야 했다. 미켈란젤로는 봉급을 못 받고, 교황이 미리 준 돈은 대리석 값으로 모두 쓰고, 교황이 자기를 위해 마련해 준 집에 가구를 넣기 위해 자기 호주머니를 털었다. 그는 돈을 요구하려고 1506년 부활절 전주 토요일에 바티칸으로 찾아갔다. 월요일에 다시 오라는 말을 들었다. 월요일에 가자 화요일에 다시 오라는 말을 들었다. 화요일, 수요일, 목요일에도 계속 퇴짜를 맞았다. 금요일에 그는 교황이 그를 만나기를 원치 않는다는 무뚝뚝한 말을 듣고 돌아섰다. 그는 집으로 돌아가면서 율리우스에게 편지 한 통을 남겼다.

축복 받은 아버지, 나는 오늘 당신의 명령을 듣고 궁전을 나섰습니다. 그런 이유로 이 시간 이후로는 나를 만나고 싶다면 로마가 아닌 다른 곳에서 나를 찾으셔야 하리라는 말씀을 드리는 바입니다.[33]

그는 자기가 사들인 가구들을 팔라는 지시를 남기고 말을 타고 피렌쩨로 출발했다. 포지본시에서 그는 교황의 편지를 지닌 교황의 사절들에게 잡혔다. 즉시 로마로 돌아오라는 지시를 담은 편지였다. 그 자신의 말을 믿어도 된다면(그리고 그는 특별히 정직한 사람이었다.) 그는 교황께서 무덤을 위해 합의한 조건들을 이행하기로 동의하실 경우에만 돌아갈 것이라는 답변을 보냈다. 그리고 피렌쩨로 돌아가 버렸다.

이제 그는「피사의 전투」를 위한 엄청난 밑그림 작업을 다시 시작했다. 진짜 전투를 주제로 선택하지 않고, 아르노 강에서 수영을 하던 병사들이 갑자기 전투 명령을 받은 순간을 선택했다. 미켈란젤로는 전투에는 별로 관심이 없었다. 그는 온갖 형태의 남자 나체상을 탐구하고 그리기를 원했다. 그리고 여기서 기회를 얻었다. 몇몇 남자들은 강에서 기어오르는 중이고, 다른 사람들은 무기를 향해 달려가고, 다른 사람들은 젖은 다리에 바지를 입으려고 애쓰고, 다른 사람들은 말 등으로 뛰어오르거나 말을 타고 있고 다른 사람들은 무기를 정리하고, 다른 사람들은 벗은 채로 전쟁터로 달려가고 있다. 배경에 풍경은 없다. 미켈란젤로는 한 번도 풍경에 관심을 가진 적이 없으며, 인체 이외에는 자연에 대해서도 관심을 갖지 않았다. 밑그림이 완성되자 그것은 레오나르도의 그것과 나란히 산타 마리아 노벨라 성당 교황의 홀에 놓였다. 그곳에서 라이벌 화가들의 스케치는 수많은 예술가들을 위한 학교가 되었다. 안드레아 델 사르토, 알론소 베르구에테, 라파엘로, 야코포 산소비노, 페리노 델 바가, 그리고 다른 사람들도 많았다. 1513년 무렵에 미켈란젤로의 밑그림을 베꼈던 첼리니는 젊은이의 열광을 가지고 이렇게 서술했다. "그 동작이 하도 훌륭해서 고대의 예술이나 현대의 예술을 막론하고 이 정도의 탁월함의 높이에 도달한 작품은 없다. 신과 같은 미켈란젤로가 뒷날 저 위대한 (시스티나) 예배당을 완성했지만 그래도 여기서 도달한 힘의 표현의 절반에도 미치지 못했다."[34]

우리는 그렇게 말할 수는 없다. 그림은 완성된 적이 없고 밑그림은 사라졌으며, 오직 많은 복사품 중에 일부만이 살아남았다. 미켈란젤로가 이 스케치를 하는 동안 율리우스 2세 교황은 피렌쩨 정부로 계속 메시지를 보내서 그를 로마로 보내라고 명령했다. 이 예술가를 사랑하고 또 로마에서의 그의 안전을 걱정하던 소데리니는 우물쭈물 시간을 끌었다. 교황의 세 번째 편지가 도착한 다음 그는 미켈란젤로에게 복종하라고 말했다. 그가 복종하지 않으면 교황과 피렌쩨 사이의 평화로운 관계가 위험하게 될지도 모른다고 했다. 미켈란젤로는 볼테라 추기경이 서명한 안전통행권을 요구했다. 이렇게 지체하는 동안 율리우스는 볼로냐를 점령했다.(1506년 11월) 그러자 그는 미켈란젤로가 중요한 일을 위해 볼로냐로 오라는 단호한 명령을 피렌쩨로 보냈다. 소데리니가 교황에게 보낸 "그에게 사랑을 보여 주시고 그를 너그럽게 대해" 주시라는 편지 한 통으로 무장하고 미켈란젤로는 아펜니노 산맥의 눈을 넘어 볼로냐로 갔다. 율리우스는 사납게 찌푸린 얼굴로 그를 맞아들이고는, 그곳에 있던 주교에게 방에서 나가라고 명령했다. 주교는 복종하지 않은 예술가를 질책하리라고 짐작했다. 교황은 불만스러운 어조로 미켈란젤로를 용서해 주고 특징적인 주문을 내놓았다. "거대한 청동상으로 내 조각상을 만들어 주기 바라네. 그러니까 성 페트로니오의 정면부에 놓을 조각상 말야."[35] 미켈란젤로는 조각으로 돌아갈 수 있어서 기뻤다. 물론 높이가 4.2미터나 되는 앉은 인물상을 성공적으로 주조할 수 있는지 자기 능력에 대해 확신도 없었다. 율리우스는 이 일을 위해 1000두카트를 내놓았다. 미켈란젤로는 뒷날 겨우 4두카트를 빼고 모두 재료비로 들어갔다고 말했다. 그러니 그는 볼로냐에서 2년 동안이나 일한 대가로 겨우 그 돈을 받은 셈이었다. 이 일은 아주 힘이 들었다. 첼리니는 피렌쩨 로지아에 있는 「페르세우스」를 주조한 일을 두고 "나는 밤낮 일을 했다."고 묘사하고 있으며, 미켈란젤로는 자기 동생에게 보낸 편지에 이렇게 적었다. "내가 이 모든 일을 처음부터 다시 해야 한다면 난 그 일을 견디고 살아남을 수 없을 것 같다."[36] 1508년 2월에 청동 조각상은 대성당 정문 위 제자리에 놓였다. 미켈란젤로는 3월에 피렌쩨로 돌아갔다. 아마도 다시는 율리우스 교황을 만나지 않게 해 달라고 기도를 했음직도 하다. 앞에서 이미 보았듯이 3년 뒤에 이 청동상은 용해되어 대포로 주조되었다.

거의 갑작스럽게 교황은 그에게 사람을 보냈다. 미켈란젤로가 로마로 돌아가자 율리우스 교황이 대형 무덤을 위해 조각을 하라는 것이 아니라 식스투스 4세의 예배당 천장에 그림을 그리라고 말하는 것을 듣고 그는 원통했다. 그는 바닥에서 20미터 높이에 있는 천장에 그림을 그리면서 원근법과 단축의 문제에 부딪치는 일을 망설였다. 그리고 다시 자기는 조각가이지 화가가 아니라고 항의했다. 라파엘로가 그 일에 더 적합한 사람이라고 추천했으나 헛일이었다. 율리우스는 3000두카트(3만 7500달러?)의 보상금을 약속하면서 명령하고 달랬다. 미켈란젤로는 교황이 두렵고 그 돈도 필요했다. "이 일은 내 분야가 아닌데……."라고 투덜대면서 그는 힘들고 자기에게 안 어울리는 일을 시작했다. 피렌쩨로 사람을 보내 도안 훈련이 된 조수 다섯 명을 구했다. 브라만테가 만든 서툰 받침대가 무너져 내리자, 그는 스스로 받침대를 만들었다. 그리고 900제곱미터 넓이의 천장을 측량하고 도표를 작성했다. 그리고 전체 도안을 만들고, 분할된 각 부분을 위한 밑그림을 제작했다. 삼각면과 네 귀퉁이의 둥근 삼각면, 반월창 등을 포함하여 총 343명의 인물이 들어가게 되었다. 많은 사전 연구가 행해지고, 일부는 살아 있는 모델들에서 취했다. 밑그림의 최종 형태가 완성되자 그것을 조심스럽게 받침대 위로 들어 올려 그림 면을 이쪽으로 해서, 새로 회반죽을 바른 벽의 표면 해당 자리에 가져다 댔다. 도안의 선들을 회반죽에 찔러서 새겨 넣고 밑그림은 떼어 내고, 조각가는 그림을 그리기 시작했다.

1508년 5월부터 1512년 10월까지 4년 이상 동안 미켈란젤로는 시스티나 천장에서 일을 했다. 계속한 것은 아니었다. 불확실한 길이의 중단 기간들이 있었다. 예를 들면 돈을 더 달라고 율리우스에게 조르기 위해 볼로냐로 찾아간 일 따위였다. 그리고 혼자서 일한 것도 아니었다. 그는 안료를 갈고, 회반죽을 준비하고, 이따금 작은 인물들을 그리거나 색칠하는 조수들을 두었다. 프레스코 일부는 그보다 못한 솜씨를 드러낸다. 그러나 그가 로마로 불러온 다섯 명의 예술가들은 머지않아 모조리 해고되었다. 미켈란젤로의 개념, 도안, 색채의 방식은 다른 사람들이나 피렌쩨 전통과 워낙 달라서 그들이 도움이 되기보다는 방해가 된다고 여겼기 때문이다. 그 밖에도 그는 다른 사람과 잘 어울리는 법을 몰랐다. 저 받침대 위에 혼자 있다는 것이 그가 얻은 위안의 하나였다. 그곳에서 그는 고통스럽지만 평화롭게 생각에 잠길 수가 있었다. 그는 레오나르도의 말, "혼자 있을 때면 너는 완전히 너 자신의 주인이 된다."는 말에 대한 한 예가 되었다. 기술적인 어려움 외에 율리우스 교황이 위대한 작품을 얼른 끝내서 자기에게 보여 달라고 졸라서 그 자신의 문제를 덧붙여 주었다. 늙은 교황이 허약한 받침대를 올라와서 예술가가 있는 받침대 바닥까지 다가와 경탄을 표현하면서 언제나 거듭 "언제 끝나나?" 하고 묻는 모습을 그려 보라. 답변은 그 자체로 하나의 교훈이었다. "내가 이 예술을 만족시키기에 필요하다고 생각하는 일을 모두 다 하면 끝납니다."[37] 이에 대해서 율리우스는 화를 내며 대꾸했다. "내가 자네를 이 받침대에서 아래로 던져 버리기를 원하나?"[38] 마지막에 교황의 성급함에 굴복한 미켈란젤로는 최종 마무리가 다 되기도 전에 받침대를 치웠다. 그러자 율리우스는 이곳저곳에 황금색을 덧입히면 좋겠다고 생각했다. 그러나 피곤한 예술가는 황금색 마무리는 예언자들과 사도들과는 어울리기 어렵다고 설득했다. 마지막으로 미켈란젤로가 받침대에서 내려왔을 때 그는 지치고 기운이 없고 나이보다 일찍 늙었다. 어떤 이야기에 따르면 그의 눈은 예배당의 어두운 조명에 익숙해져서 태양 광선을 견디기가 어려웠다고 한다.[39] 그리고 또 다른 이야기에 따르면 그는 이제는 책을 눈 아래에 놓는 것보다 위에 놓고 읽는 것이 더 쉬웠다고 한다.[40]

이 천장을 위한 율리우스의 원래 구상은 단순히 사도들을 그리는 것이었다. 미켈란젤로는 그를 설득해서 훨씬 더 넓고 고귀한 구도를 허락 받았다. 그는 볼록한 천장에 기둥들과 쇠시리들을 그려 넣어 100개 이상의 칸으로 나누었다. 그리고 처마 장식과 기둥머리를 떠받치는 튼튼한 젊은이들을 그려서 천장을 세 개의 영역으로 나누었다. 천장 가운데 용마루를 따라 배열된 주요 그림판들에는 창세기의 이야기들을 그려 넣었다. 창조의 첫 행동은 어둠과 빛을 가르는 일이다. 태양, 달, 별들이 창조주의 명에 따라 생겨난다. 창조주는 단호한 얼굴의 거대한 모습에 강력한 몸을 가진 인물로 수염과 옷자락을 휘날리며 날고 있다. 전능하신 창조주는 이전의 패널화에서 보다 더욱 섬세한 형태와 모습으로 오른팔을 뻗어 아담을 창조한다. 왼손으로는 아름다운 천사를 붙잡고 있다. 이 그림은 미켈란젤로 그림의 걸작이다. 이제 더 나이가 들고 근엄한 신성을 갖춘 신은 아담의 갈비뼈에서 이브를 창조한다. 아담과 이브는 나무 열매를 먹고 에덴동산에서 쫓겨난다. 노아와 그 아들들이 신에게 감사제를 드린다. 홍수가 닥친다. 노아는 술을 너무 많이 마신다. 이 모든 그림들은 구약 성서이고 모두가 히브리 이야기들이다. 미켈란젤로는 종말을 예언하는 예언자들에 속하는 사람으로 사랑의 복음을 전파하는 복음서 저자는 아니었다.

아치와 번갈아 나타나는 삼각면에는 다니엘, 이사야, 즈가랴, 요엘, 에제키엘, 예레미야, 요나 등 예언자들의 당당한 모습을 그렸다. 다른 쪽에는 그리스도를 예언한 것으로 믿어지는 이교의 예언자들을 그렸다. 우아한 리비아의 시빌레(여자 예언자)는 미래의 책을 펼쳐들고 있다. 어둡고 불행하고 강인한 쿠마에의 시빌레. 공부에 빠진 페르시아 시빌레, 델피의 시빌레와 에리트레아 시빌레들. 이들도 모두 페이디아스의 조각상과 겨룰 만한 그림들이다. 정말이지 이 인물들은 조각상 같다. 낯선 예술 분야에 징집 당한 미켈란젤로는 이 낯선 분야를 자기의 분야로 변화시켰다. 천장의 한쪽 끝에 있는 거대한 삼각형 안에, 그리고 다른 쪽 끝에 있는 두 개의 삼각형 안에서도 그는 여전히 구약 성서에 머물러 있다. 놋쇠 지팡이가 뱀으로 변하는 모습, 다윗이 골리앗에게 승리를 거두는 장면, 하만의 교수형, 홀로페르네스의 목을 치는 유디트. 마지막으로 고백과 뒷궁리를 통해서인 듯 반월창과 창문의 위로 솟은 아치 속에 성모와 그리스도의 조상들의 이야기를 그려 놓았다.

이 그림들 중 구상, 드로잉, 색채, 기법의 면에서 라파엘로가 그린 「아테네학당」과 같은 인물은 없다. 그러나 전체를 다 합쳐 보면 미켈란젤로의 이 그림은 회화 역사에서 가장 위대한 업적을 이룬다. 반복과 조심스러운 명상의 전체 효과는 서명의 방의 경우보다 훨씬 더 위대하다. '서명의 방'에서 우리는 행복하게 완성된 예술성과, 이교와 그리스도교 사유의 세련된 통합을 느낀다. 그러나 시스티나 천장화에서 우리는 기술적인 성취만을 느끼는 것이 아니다. 원근법과 단축, 그 누구의 것과도 비할 수 없이 다양한 자세들만이 아니다. 여기서 우리는 공중으로 날아가면서 전능하신 창조주가 흙으로 아담을 빚어내는 모습과 거의 비슷하게, 창조적인 천재의 돌풍과 숨결을 느낀다.

여기서 다시 미켈란젤로는 자신의 정열에 자유를 주었다. 이 장소가 교황의 예배당인데도 그의 예술의 주제와 대상은 인체이다. 그리스 사람들처럼 그는 얼굴과 그 표정보다는 신체의 전체 구조에 더 관심을 가졌다. 시스티나 천장에는 50명의 남자와 몇 명의 여자들이 나체로 등장한다. 식물의 창조를 그린 부분을 빼면 식물도 풍경도 없다. 장식적인 아라베스크 무늬도 없다. 오르비에토에 있는 시뇨렐리의 벽화처럼 인간의 신체가 표현의 수단이자 유일한 장식의 수단이다. 시뇨렐리는 미켈란젤로가 조심스럽게 탐구했던 화가이며, 야코포 델라 퀘르치아는 그가 탐구한 조각가였다. 전체적인 그림의 계획에서 남겨진 작은 공간들은 누드 인물이 차지했다. 아름답다기보다 근육질의 강인한 몸이다. 그들에게서 성적인 연상은 나타나지 않고, 오로지 에너지와 생동성과 생명의 최고 구현으로서 인체가 끈질기게 표현되어 있다. 소심한 영혼들이 하느님의 집에 있는 이 많은 누드를 보고 항의했으나 율리우스가 어떤 반대를 했다는 기록은 없다. 그는 분노만큼이나 도량이 넓은 사람이었다. 그리고 보는 순간 위대한 예술을 알아보았다. 아마도 그는 자기가 승리한 전쟁을 통해서가 아니라 미켈란젤로 안에서 들끓고 있는 이상하고 예측할 수 없는 신적인 힘에 자유를 허용함으로써, 교황 예배당 천장에 그 힘이 스스로의 모습을 펼칠 기회를 준 일로 자신이 불멸의 존재가 되었다는 사실을 이해했을지도 모른다.

율리우스는 시스티나 천장화가 완성되고 넉 달 뒤에 죽었다. 미켈란젤로는 서른여덟 살이 되어 가고 있었다. 그는 「다윗」과 「피에타」로 이탈리아 조각가들 사이에서 으뜸이 되었다. 이번 천장화로 그는 회화에서 라파엘로와 대등하거나 오히려 그를 능가했다. 그가 정복할 세계는 더 이상 남아 있지 않은 듯했다. 분명히 그 자신도 앞으로 50년 이상을 더 살면서, 자신의 가장 유명한 회화와 가장 성숙한 조각이 앞으로 만들어지게 될 것이라고는 거의 꿈도 꾸지 못했을 것이다. 그는 위대한 교황의 죽음을 슬퍼했다. 그리고 새로운 레오 교황이 미술의 고귀함에 대해 율리우스와 똑같은 본능을 갖고 있을까 궁금하게 여겼다. 그는 자신의 집에 틀어박혀서 자신의 때가 오기를 기다렸다.

18장

레오 10세
1513∼1521

1. 소년 추기경

로마 역사에서 가장 빛나고 부도덕한 시대 하나에 자신의 이름을 주었던 교황은 아버지의 정치적 전략 덕분에 성직의 경력을 시작했다. 로렌쪼 데 메디치는 식스투스 4세에 의해 거의 파괴되다시피 했다. 로렌쪼는 메디치 한 사람이 교회의 권력 핵심부인 추기경단에 들어간다면 피렌쩨에서 자기 가족의 권력과 후손의 안전에 도움이 될 것이라고 생각했다. 그래서 둘째 아들이 어릴 적에 장차 성직을 갖도록 운명을 정했다. 일곱 살에(1482) 소년은 머리 가운데를 밀었다. 그리고 곧 여러 성직을 받게 되었다. 그러니까 부재 상태로 교회 재산의 성직록을 얻고 잉여의 수입을 받게 된 것이다. 여덟 살에 그는 프랑스에 있는 퐁두스의 수도원장이 되었다. 아홉 살에는 파씨냐노의 부유한 수도원장, 열한 살에는 역사적인 몬테 카씨노의 수도원장이 되었다. 교황으로 선출되기 전에 죠반니는 이런 성직을 16가지나 수집했다.[1] 여덟 살에 이미 교황청 서기장으로 임명되었고 열네 살에는 추기경이 되었다.*

젊은 성직자는 백만장자의 아들이 받을 수 있는 온갖 교육을 다 받으며 학자들, 시인들 정치가들 그리고 철학자들 사이에서 성장했다. 그는 마르실리오 피치노에게서 가르침을 받았다. 데메트리우스 칼콘딜레스에게서 그리스어를, 베르나르도 다 비비에나에게서 철학을 배웠다. 비비에나는 뒷날 그의 추기경의 한 사람이 되었다. 예술품 수집과 예술에 관한 대화를 통해서, 또 아버지 궁전 안이나 주변에서 그는 뒷날 거의 종교가 되다시피 한 아름다움의 취향을 흡수했다. 아마도 아버지에게서 때로 무모해지는 너그러움을 배운 듯하다. 그리고 즐겁고 거의 쾌락주의적인 삶의 태도를 배웠다. 이런 것들은 그의 추기경 시절과 교황 시절의 특징들로서, 그리스도교 세계에 길게 미치는 결과들을 가져왔다. 열세 살에 그는 아버지가 피사에 다시 정비한 대학에 들어갔다. 3년 동안 철학과 신학, 교회법과 시민법을 공부했다. 그리고 열여섯 살이 되자 그는 로마 추기경단에 합류하게 되었다. 아버지 로렌쪼는 길을 떠나는 아들에게 역사상 가장 흥미로운 편지 한 통을 보냈다.(1492년 3월 12일)

> 너와 너의 안녕을 염려하는 우리 모두는 하느님의 섭리의 높으신 은혜에 감사드려야 한다. 우리 가문에 내린 많은 영광과 은총에 대해서뿐만 아니라 특별히 너 개인을 통해 우리가 지금까지 누려 온 것 중에서 가장 위대한 직위를 보내 주신 것에 대해서 말이다. 이 은혜는 그 자체로 아주 중요하지만, 여기 수반된 상황과 특별히 세상에서 우리가 차지하는 위치와 네가 어린 나이라는 점 때문에 더욱 중요해진다. 그래서 내가 네게 말해 줄 첫째 일은 하느님께 감사드려야 한다는 점이다. 너의 미덕과 신중함이나 너의 애태움을 통해서 이런 일이 이루어진 것이 아니라 오로지 하느님의 은혜를 통해서 일어난 것임을 기억하고, 또 이 은혜에 대해서는 오로지 경건

---

* 사제가 되지 않고도 추기경이 될 수 있었다는 것을 상기시켜야겠다. 추기경들은 종교적 자질보다는 정치적 능력과 정치적 관계를 고려해서 임명되었다.

하고 순결하고 모범적인 생활을 통해서만 보답할 수 있다는 사실을 항상 명심하라
는 말이다. 네가 아직 나이가 어리므로 장차 성년이 되면 더욱 큰 결실을 맺을 수도
있다는 합당한 기대를 갖게 되기에, 이런 임무들을 수행할 너의 의무는 그럴수록 더
욱 커지는 것이다. …… 그러므로 규칙적으로 생활하고, 또 인내심을 가지고 너의
직업에 어울리는 연구들을 해서 이른 나이에 얻은 높은 직위의 짐을 덜도록 노력해
라. 지난해 동안 네가 스스로의 생각으로 자주 성찬식과 고해를 하러 가곤 했다는
말을 듣고 나는 대단히 만족했다. 이런 일들과 비슷한 임무들을 수행하는 일에 스스
로 익숙해지는 것보다 하늘의 은총을 얻을 더 나은 방법이 있다고는 나도 생각지 않
는다…….

　네가 앞으로 부정의 소굴인 로마에 살게 되었기에, 이런 훈계를 통해 처신의 어
려움이 더욱 커질 것이라는 사실을 나도 잘 안다. 모범의 영향은 그 자체로 이미 잘
알려진 것이다. 그러나 너는 아마도 너를 부패하게 하고 악으로 이끌려고 특별히 노
력하는 사람들을 만나게 될 것이다. 너 스스로도 이미 알아챘을지 모르겠다마는 그
렇게 이른 나이에 그토록 대단한 직위를 얻게 된 일이 시샘을 유발하지 않을 수 없
기 때문이며, 또 네가 그런 명예를 얻는 것을 막을 수가 없는 사람들은, 네가 일반 대
중의 좋은 평가를 없애는 방향으로 행동하도록 유도함으로써 남몰래 너의 명예를
줄이려고 노력할 것이기 때문이다. 그래서 그들은 자기들이 이미 빠진 심연으로 너
를 떨어뜨리려고 한다. 이런 시도를 하면서 네가 어리다는 사실이 그들에게 성공의
확신을 줄 것이다. 현재의 동료들에게 미덕이 적을수록 너는 더욱 확고한 태도로 이
런 어려움에 맞서야 한다. 그들 중 몇 사람은 훌륭하고 학식을 쌓은 사람들임을 나
도 안다. 그들의 생활은 모범적인 것이며, 네게 그들을 행동의 모범으로 삼으라고
권하고 싶다. 그들을 열심히 따라하는 가운데 너는 더욱 잘 알려지고 높은 평가를
받게 될 것이고, 또 네 나이와 상황의 특수성에 비례해서 너의 동료들보다 더욱 두
드러지게 될 것이다. 그러나 …… 위선의 허물을 피하라. 행동이나 말에서 온갖 겉
치레의 유혹을 벗어나라. 돈을 너무 아끼지 말고 지나치게 진지하게 보이지도 마라.
때가 되면 너는 이런 충고를 내가 기대하는 것보다 더 잘 이해하고 행하게 되리라

희망한다.

네가 지켜야 할 특성이 대단히 중요한 것이라는 사실을 너는 아직은 알지 못한다. 추기경들이 그들의 직분에 합당한 특성을 지닌다면 그리스도교 세계가 번영을 누리리라는 것을 너도 알게 될 것이다. 그렇게 되면 언제나 좋은 교황이 나오게 될 것이기 때문이다. 그리고 그리스도교 세계의 평화는 실질적으로 그것에 의존하고 있다. 그러므로 다른 사람들이 모두 너와 같다면, 우리가 전 세계의 축복을 기대할 수 있는 그런 사람이 되도록 노력해라. 너의 행동과 담화가 아주 작은 어려움도 만들어 내지 않는 방향을 선택해라. 그것을 위해서 추기경들이나 지위가 높은 사람들과 교제할 때 공손하고 정중한 말씨를 쓸 것을 권한다. …… 이번에 로마를 처음 방문하는 기회이니 너로서는 스스로 말을 많이 하기보다 다른 사람의 말을 경청하는 것이 더욱 바람직한 일이다.

공식적인 기회에 너의 마차와 의상이 보통보다 넘치기보다는 보통보다 못하게 해야 한다. 아름다운 집과 질서가 잡힌 가족이, 많은 수행원과 화려한 저택보다 더 낫다. …… 비단과 보석은 너의 처지에 있는 사람에게는 적당하지 않다. 몇 가지 훌륭한 고대의 유물을 수집하는 일이나 훌륭한 책을 수집하는 일을 통해서 또 너를 수행하는 사람들의 숫자가 많은 것보다 학식이 있고 훌륭하게 배운 사람들이라는 사실을 통해서 너의 취향이 더욱 잘 드러난다. 초대를 받는 것보다 더 자주 사람들을 집에 초대해라. 그렇다고 너무 자주 초대하지는 마라. 소박한 음식을 취하고 충분한 운동을 해라, 너와 같은 습관을 가진 사람들은 조심하지 않으면 질병을 끌어들이기가 쉽다. …… 다른 사람을 너무 많이 믿기보다는 너무 적게 믿어라. 다른 무엇보다도 특히 네게 권하고 싶은 한 가지 규칙이 있다. 아침에 일찍 일어나라는 것이다. 이것은 너의 건강에 도움이 될 뿐만 아니라, 하루 일과를 정돈하고 처리할 수 있게 해 준다. 성직을 수행하고, 연구하고, 사람들을 만나는 등 너의 지위에 따르는 다양한 임무가 있기에 너는 이 훈계를 따르는 일이 매우 쓸모 있는 일이라는 사실을 알게 될 것이다. …… 너는 아마 특별한 기회에 교황의 은총을 얻도록 주선해 달라는 청을 듣게 될 것이다. 그러나 그를 너무 자주 힘들게 하지 마라. 여러 가지 간청으로 자신을 가장 조금 괴롭힌 사람들에게 그는 가장 너그럽게 될 것이기 때문이다. 그를 성나게 하지 않기 위해서는 이것을 반드시 지켜야 한다. 그리고 이따금 그와 조금 더 공감이 잘 되는 대화를 나누어야 한다는 점도 기억해라. 네가 그에게서 친절함을 얻어야 하는 상황이라면 그가 친절을 베푸는 일이 즐거움이 되도록 온건함과 겸손함으로 행동하라. 잘 있거라.[2]

로렌쪼는 이 편지를 쓰고 한 달도 지나지 않아 죽었다. 그리고 죠반니는 '부정의 소굴'에 도착하자마자 정치적 권위를 상속하는 일에서 위험에 빠진 형 피에로를 도우러 피렌쩨로 서둘러 돌아왔다. 피에로가 몰락할 때 그가 피렌쩨에 있었다는 것은 죠반니가 겪은 드문 불운의 하나였다. 메디치 가문을 향해 무차별적으로 분노하는 시민들을 피해서 그는 프란체스코 수도사로 변장하고 적대적인 군중에게 들키지 않고 빠져나가 성 마르코 수도원으로 들어가려고 했다. 그곳은 그의 조상들이 넉넉한 기부를 해 준 곳이었지만 지금은 아버지의 적인 사보나롤라의 수중에 들어가 있었다. 수도사들은 그가 들어오는 것을 거부했다. 그는 한동안 교외에 숨어 있다가 산을 넘어 볼로냐에 있는 형제들에게로 갔다. 알렉산더 6세를 싫어했기에 그는 로마를 피했다. 6년 동안을 도망자 혹은 망명객으로 지냈지만 돈이 부족한 적은 한 번도 없었던 듯하다. 사촌인 쥴리오 (뒷날의 클레멘스 7세)와 몇몇 친구들과 함께 그는 도이칠란트, 플랑드르, 프랑스 지역을 방문했다. 마침내 알렉산더와 화해하고 로마에 자리를 잡았다. (1500)

그곳의 모든 사람이 그를 좋아했다. 그는 겸손하고 붙임성 있고 거만하지 않게 너그러웠다. 옛날의 선생들인 폴리찌아노와 칼콘딜레스에게 넉넉한 선물을 보냈다. 책과 미술품을 수집하고, 시인들, 미술가, 음악가 그리고 학자 들을 후원하느라 넉넉한 수입이 모자랄 정도였다. 그는 삶의 모든 기술과 우아함을 즐겼다. 그런데도 항상 교황들을 사랑했던 귀치아르디니는 그가 "순결한 사람이고 흠잡을 데 없는 매너를 지닌 사람이라는 명성을 얻었다."라고 서

술했다.[3] 그리고 알두스 마누티우스도 그가 "경건하고 나무랄 데 없는 생활"을 한다고 칭찬했다.[4]

율리우스 2세가 볼로냐와 로마냐 지방을 통치하는 교황 사절로 임명하면서(1511) 그의 운명은 다시 시작되었다. 그는 라벤나로 교황군대를 따라갔다. 전투 한가운데로 무장도 하지 않고 돌아다니면서 병사들을 격려했다. 그리고 죽어 가는 사람들에게 성사를 베풀어 주느라 패배한 전쟁터에 지나치게 오래 머물렀다. 또 승리한 프랑스 군대를 위해 일하다가 그리스 파견대에 체포되었다. 포로로 밀라노로 끌려갔지만 그곳의 프랑스 병사들이, 교황 분열을 야기한 추기경들과 또 떠돌아다니는 그들의 공의회에는 별로 주목하지 않고, 자기에게서 축복과 사면과 아마도 자신의 돈을 얻기 위해 열심히 달려오는 것을 보고 그는 좋아했다. 그는 자신을 체포한 이들 너그러운 사람들에게서 도망쳐 스페인과 연합한 교황군에 합류했다. 이들은 프라토를 유린하고 피렌쩨를 접수했다. 그는 동생 쥴리아노와 함께 메디치 가문의 권력을 복구하기 위해 노력했다.(1512) 몇 달 뒤에 그는 율리우스 2세의 후임을 선출하는 회의에 참석하러 로마로 오라는 연락을 받았다.

그는 겨우 서른일곱 살이었고, 자신이 교황으로 선출되리라는 기대는 거의 하지도 않았다. 그는 치루로 고생하고 있었기에 가마를 타고 추기경회의에 들어갔다.[5] 일주일 동안 토론을 벌인 끝에, 분명 성직 매매도 없이 죠반니 데 메디치가 교황으로 선출되고(1513년 3월 11일) 레오 10세라는 이름을 취했다. 그는 아직 사제도 아니었지만 이런 결함은 3월 15일에 교정되었다.

누구나 놀라고 즐거워했다. 알렉산더 6세와 체사레 보르지아의 시커먼 음모, 그리고 율리우스 2세의 전쟁과 소란과 분노를 겪은 다음, 태평스럽고 편안한 천성과 재치와 예의 바름으로, 그리고 학문과 예술의 후원으로 이미 유명한 젊은 남자가 아마도 평화로운 방법으로 교회를 이끌게 되었다는 것은 모두에게 안심이 되는 일이었다. 율리우스에 의해 가차 없는 전쟁에 말려들었던 페라라의 알폰소는 두려움 없이 로마로 왔다. 레오는 그에게 공작 직분을 돌려주었고, 이에 감사하는 통치자는 5월 17일에 레오가 대관식을 위해 말에 올라탈 때 그의 등자를 잡아 주었다. 이 취임식은 총 10만 두카트의 비용이 들어서[6] 그 어떤 전임자보다도 넉넉한 것이었다. 은행가인 아고스티노 키지(A. Chigi)는 라틴어 문구들이 새겨진 축제용 이동식 무대차를 마련했다. 거기에는 이렇게 적혀 있었다. "옛날에는 베누스(알렉산더, 애정 행각을 가리킴)가 통치하고, 다음에는 마르스(율리우스, 전쟁)가 통치하고, 이제는 팔라스(지혜, 레오 10세)가 통치한다." 그보다 더욱 간결한 2행시가 나돌았다. "과거에 마르스가 있었고 지금은 팔라스가 있네, 나 베누스는 항상 있으리."[7] 시인, 조각가, 화가, 금세공사들은 기뻐했다. 인문주의자들은 아우구스투스 시대가 돌아오리라고 기대했다. 일찍이 어떤 남자도 대중의 찬양이라는 이렇게 유리한 원조를 받으며 교황의 직위에 오른 사람은 없었다.

그 시대의 서기들의 말을 믿어도 좋다면 레오 자신은 형제 줄리아노에게 이렇게 흥겹게 말했다. "신께서 우리에게 교황직을 주셨으니 그것을 즐기기로 하자."[8] 출처가 의심스러운 이 말은 불경스러움보다는 너그럽고 행복할 준비가 된 태평스러운 정신을 보여 주고 있다. 행운의 한가운데서, 그리스도교 세계의 절반이 교회에 맞선 반란으로 부풀어 오르고 있다는 사실을 전혀 의식하지 못한 발언이기도 했다.

2. 행복한 교황

그는 탁월한 조치들을 취하면서 직무를 시작했다. 피사와 밀라노의 반(反)공의회를 개최했던 추기경들을 용서해 준 것이다. 교황 분열의 위기는 끝났다. 그는 추기경들이 남긴 재산을 건드리지 않겠다고 약속하고 이 약속을 지켰다. 라테란 공의회를 재개하고, 공의회에 참석하는 대표들에게 유려한 라틴어로 환영 인사를 했다. 일부 작은 성직 개혁을 하고 세금을 줄였다. 그러나 좀 더 큰 개혁을 위한 교서는(1514년 5월 3일) 그를 통해 수입이 줄어들 직책에 있는 사람들의 완강한 반대에 부딪쳤기에 그것의 실행을 위해 격렬한 노력을 하지 않았다.[9] 그는 이렇게 말했다. "이 일은 끝났다고 생각할 것이고, 어떻게 하면 모든 사람이 만족할 수 있을까를 알아보지요."[10] 이것이 그의 성격이었으며 그의 성격이 곧 그의 운명이었다.

라파엘로가 그린 그의 초상화는(피티) 1517년에서 1519년 사이에 그린 것으로 율리우스 2세의 초상화처럼 유명하지는 않은데 부분적으로는 레오 자신의 잘못이었다. 이 경우 얼굴과 체격에 존엄성을 부여하기에는 정신의 깊이, 행동의 영웅적 특성, 내적 영혼의 가치 등이 부족했다. 라파엘로의 표현은 가차 없다. 중간 키보다 크고, 중간 몸무게보다 훨씬 더 무거운 거대한 남자는 그 비만한 모습이 모피로 가장자리를 댄 하얀 벨벳 웃옷과, 진홍색 케이프 아래 감추어져 있다. 손은 부드럽고 토실토실하다. 보통은 교황들의 손을 장식하곤 하던 많은 반지들이 여기엔 없다. 독서용 안경이 근시인 눈을 돕고 있다. 둥근 머리와 통통함 뺨, 풍만한 입술과 이중 턱. 커다란 코와 귀. 코에서 입 가장자리로 괴로움의 흔적이 나 있다. 무거운 눈길과 약간 찌푸린 이마. 이것은 외교에 실망하고, 어쩌면 버릇없는 종교 개혁으로 우울해진 모습의 레오이다. 사냥과 음악가들을 좋아하고, 너그러운 후원자이며, 로마 전체가 그의 즉위를 기뻐했던 저 세련된 쾌락주의자의 모습이 아니다. 그에게 공정하기 위해서는 이 그림에 그의 기록을 덧붙여야 한다. 한 명의 사람이 시기와 상대에 따라 여러 명의 사람이 된다. 그리고 가장 위대한 초상화가라도 이 모든 모습들을 단 한 순간의 얼굴에서 보여 줄 수는 없다.

행운의 삶을 타고난 레오의 기본적인 특성은 선량함이었다. 그는 누구에게나 기쁨을 주는 말을 하고, 개신교도만 빼고는(이들에 대해서는 제대로 이해할 수가 없었다.) 모든 사람에게서 가장 좋은 면을 보았으며, 아주 많은 사람들에게 너그럽게 베풀어 주었기에, 이런 너그러운 자선 행위는 그리스도교 재원에 대한 무거운 어음 발행과 더불어 종교 개혁을 만들어 내는 원인의 하나가 되었다.

우리는 그의 예의 바름, 재치, 상냥함, 그리고 병이나 고통 중에서도 쾌활한 기질 등에 대해 많은 말을 듣게 된다. (치질은 여러 번이나 치료를 해도 거듭 재발했으며 때로는 죽음의 고통을 만들어 내곤 했다.) 그는 할 수 있는 한 다른 사람들이 제각기 고유의 삶을 살도록 해 주었다. 그러나 그의 온건함과 친절함은 일부 추기경들이 자신의 생명을 노리는 음모를 꾸민 것을 알고 혹독함으로 바뀌었다. 이따금 그는 우르비노의 프란체스코 마리아 델라 로베레나 페루지아의 쟌파올로 발리오니 같은 사람들에게 했듯이 가차 없이 쌀쌀맞은 수도 있었다.[11] 그는 필요하면 외교관처럼 거짓말을 할 수도 있었고, 때에 따라서는 자신을 곤경에 빠뜨린 배신적인 정치가들의 가르침을 능가하는 수도 있었다. 그러나 보통은 아주 인도적이었다. 예를 들면 아메리카 인디언을 노예로 삼는 일을 금지했고,(그러나 소용이 없었다.) 가톨릭 왕 페르디난드의 종교 재판의 무시무시함을 제지하기 위해 최선을 다했다.[12] 전체적인 세속성에도 불구하고 그는 종교적 의무를 모두 양심적으로 이행했고, 금식일을 지키고 종교와 즐거움 사이의 전통적인 대립을 인정하지 않았다. 그는 벰보에게 다음과 같이 말했다는 비난을 들어 왔다. "그리스도의 우화가 우리에게 얼마나 이득이 남는 것인지 모든 시대에 잘 알려진 일이오." 그러나 이런 이야기의 유일한 출처는 논란의 여지가 많은 『교황들의 축제 행렬』이라는 책이다. 이것은 신분이 분명치 않은 영국 사람 존 베일이 1574년 무렵에 쓴 책이다. 독자적인 생각을 가진 바일과 개신교도인 로스코는 이 이야기야말로 우화라고 여겨 거부했다.[13]

그의 즐거움은 철학에서 익살꾼의 익살에까지 걸쳐 있었다. 아버지의 식탁에서 시, 조각, 회화, 음악, 서예, 사본 장식 그림, 직물, 꽃병, 유리 등 아름다움의 원천이며 기준인 여성만 빼고 모든 아름다움의 형식들을 감상하는 법을 익혔다. 예술에 대한 그의 즐거움이 너무 무차별적이어서 취향을 위한 안내자가 될 수 없었는데도 그의 예술과 문학 후원은 피렌쩨에서 조상들이 이룩한 너그러운 전통을 로마에서 계속한 것이었다. 그는 마음에 철학을 담기에는 너무 태평스러운 사람이었다. 온갖 결론들이 얼마나 불확실한 것인지를 그는 알고 있었고, 그래서 대학 시절 이후로는 형이상학으로 마음을 힘들게 만들지 않았다. 식사 시간에는 보통 역사책을 낭송하게 했고 음악을 즐겨 들었다. 음악에서 그의 취향은 분명했다. 그는 훌륭한 귀를 가지고 있었고, 멜로디 풍부한 목소리를 가졌다. 즉흥시인인 베르나르도 아콜티('우니코 아레티노'라 불렸다. 아레쪼 태생이었기에, 그리고 즉흥시와 즉흥 음악에서 비할 바 없이 탁월한 사람이었기에.)는 레오가 지불해 준 사례금으로 네피에 있는 작은 공작령을 살 수가 있었다. 어떤 유대인 류트 연주자는 성(城)과 백작 작위를 얻었다. 가수인 가브리엘레 메리노는 대주교가 되었다.[14] 레오의 보살핌과 격려 아래서 바티칸 합창대는 전례 없는 탁월한 수준이 되었다. 라파엘로는 교황이 종교적 음악 책을 읽는 것으로 그렸는데 옳은 일이었다. 레오는 소리 때문에, 그러나 또한 그 아름다움 때문에 악기들을 수집했다. 그중 하나는 설화석고로 장식된 오르간이었는데 카스틸리오네는 자기가 일찍이 보았거나 들어 본 것 중에서 가장 아름다운 것이라고 말했다.

레오는 궁정에 다수의 어릿광대와 익살꾼을 두기를 좋아했다. 이것은 아버지나 당시 왕들의 관습과도 어울리는 일이었다. 그리고 부(富)와 성적 탐닉 다음으로 웃음을 사랑하는 로마에서는 전혀 놀라운 일이 아니었다. 오늘날 후세에 태어난 우리 눈에는 종교 개혁이 도이칠란트에서 분노한 목소리를 내고 있는 동안 교황의 궁전에서는 가벼운, 혹은 저급한 익살이 울리고 있었다는 것이 상당히 불쾌한 일로 여겨진다. 레오는 수도사 익살꾼들 중 한 사람이 비둘기를 한입에 삼키는 것이나 40개의 달걀을 차례로 삼키는 것을 바라보고 즐거워했다.[15] 또 포르투갈 대사에게서 인도에서 가져온 하얀 코끼리를 받았는데, 코끼리가 성하께 인사를 드리기 위해 세 번 무릎을 꿇는 것을 보고 몹시 기뻐했다.[16] 또 재치나 기형이나 저능함으로 그의 명랑한 기분을 북돋워 줄 사람을 데려오는 일은 그의 마음의 문을 여는 열쇠였다.[17] 그는 이따금 이런 오락에 빠져드는 일이 신체적 고통으로부터 잠시 다른 곳으로 마음을 돌리게 하고, 또 세계에 대한 근심에서 마음을 잠시 풀어 주고, 생명을 연장해 주는 일이라고 느꼈던 것 같다.[18] 그에게는 천진한 아이 같은 어떤 요소가 있었다. 이따금 그는 추기경들과 카드놀이를 하고, 대중이 거기 앉아 구경하는 것을 허용하고는 사람들에게 금화를 나누어 주었다.

이런 모든 즐거움보다도 그는 사냥을 사랑했다. 사냥은 그의 비만 성향을 조절해 주었고, 또 바티칸에서 죄수처럼 살고 난 다음 탁 트인 시골 공기를 마음껏 즐기게 해 주었다. 그는 백 명의 하인들이 관리하는 커다란 마구간을 가지고 있었다. 10월 한 달을 거의 모두 이 일에 바치는 것이 그의 습관이었다. 의사들은 이런 취향을 격려해 주었지만 의전관인 파리 드 그라씨는 교황이 계속 무거운 장화를 신고 있어서 "아무도 그의 발에 키스를 할 수가 없다."고 불만을 터뜨렸다. 그 말을 듣고 레오는 마음껏 웃었다.[19] 그가 동네를 지나갈 때면 농부들과 시골 사람들이 나와서 작은 선물을 그에게 바쳤고 그에 대해 교황이 넉넉하게 보상을 해 주었기 때문에 사람들은 그가 사냥 여행을 떠날 날을 기다리곤 했다는 이야기를 읽으면 라파엘로의 그림에 나타난 것보다는 교황에 대해 더욱 친근한 관점을 얻게 된다. 그들 중 가난한 소녀들에게는 결혼 지참금을 대주고, 병들거나 나이 든 사람들, 혹은 대가족의 부모들을 위해 빚을 대신 갚아 주었다.[20] 이들 단순한 사람들이 바티칸에서 그의 살림을 맡아 하는 2000명의 사람들보다도 더욱 충심으로 그를 사랑했다.*

그러나 레오의 궁정은 단순히 즐거움과 놀이판의 중심지인 것만은 아니었다. 그것은 책임이 있는 정치가들이 모인 장소였고 레오도 그들 중 한 사람이었다. 로마의 지식인과 재치 있는 사람들의 중심지였고, 학자, 교육자, 시인, 미술가와 음악가들이 환영을 받거나 아니면 아예 그곳에서 거주하는 장소였다. 엄숙한 성직의 기능들, 의전적인 외교적 접대, 값진 향연, 연극이나 음악의 공연,

---

* 이런 사냥 기간에 레오가 즐겨 머물곤 하던 곳은 빌라 말리아나였다. 이 빌라는 식스투스 4세를 위해 지은 것으로, 인노켄티우스 8세와 율리우스 2세가 확장한 것이다. 율리우스 2세를 위해서 움브리아 화가 죠반니 디 피에트로(로 스파냐)가 아폴로와 뮤즈의 벽화들을 그렸다. 이곳의 예배당을 위해서 라파엘로는 (1513년에서 1520년 사이에) 세 개의 벽화를 구상했다. 그중 두 개는 루브르에 남아 있다. 그것들은 라파엘로의 밑그림에 따라 로 스파냐가 그린 것으로 추정된다.[21]

시의 낭송, 미술의 전시 등이 이루어졌다. 물론 의문의 여지없이 당시 세계에서 가장 세련된 궁정이었다. 니콜라스 5세에서 레오에 이르는 교황들이 바티칸을 개축하거나 장식하고, 또 문학적 천재와 예술적 천재들을 불러 모으고, 유럽에서 가장 유능한 외교관들이 몰려들었기에, 레오의 궁정은 미술의 절정일 뿐만 아니라(그것은 이미 율리우스 치하에서 도달한 부분이었다.) 르네상스 문학과 광채의 절정을 이루었다. 문화사를 단순히 양으로만 보면 그와 비슷한 것이 역사상 없었다. 페리클레스 시대 아테네나 아우구스투스 시대 로마도 그만 못했다.[22]

레오가 모아들인 황금이 경제의 동맥을 따라 흐르면서 도시 자체도 번성하고 확장되었다. 어떤 베네찌아 대사의 말에 따르면 그가 즉위하고 13년이 지났을 때 로마에 1만 가구의 주택들이 지어졌다. 주로 르네상스의 이동을 따라 북부에서 이사 온 사람들의 저택들이었다. 특히 피렌쩨 사람들은 피렌쩨 교황의 열매를 따기 위해 로마로 몰려들었다. 레오의 궁정으로 이주했던 파올로 죠비오는 로마의 인구를 8만 5000명으로 추정했다.[23] 아직도 피렌쩨나 베네찌아처럼 훌륭한 것은 아니었지만 일반적인 합의에 따르면 이 도시는 서양 문명의 중심지였다. 마르첼로 알베리니는 1527년에 로마가 "세계의 집결지"라고 불렀다.[24] 레오는 온갖 즐거움과 외교 업무 한가운데서도 식량의 수입과 가격을 통제하고, 전매와 '매석'을 없애고 세금을 줄이고, 공평하고 정의롭게 행정을 펼치고, 폰티네 늪지대를 말리기 위해 분투하고, 캄파냐 지방의 농업을 진작시키고, 알렉산더와 율리우스가 하던 대로 로마의 도로를 새로 내거나 개선했다.[25] 아버지가 피렌쩨에서 그랬듯이 그도 서커스와 축제를 마련하고, 예술가들을 고용해서 화려한 축제 행렬을 계획하게 하고, 추기경들의 가면 축제를 후원하고, 심지어는 보르지아 사람들이 도입한 투우도 성 베드로 광장(산피에트로 광장)에서 열게 했다. 그는 사람들이 새로운 황금기의 행복과 즐거움에 동참하기를 원했다.

도시는 교황에게서 그 신호를 받아들여 즐거움에 제한이 없었다. 고위 성직자, 시인, 기식자, 뚜쟁이, 창녀들이 황금의 비를 맞기 위해 로마로 몰려들었다.

추기경들은 교황들, 특히 레오 교황에 의해 무수히 많은 성직에 임명되어, 가톨릭 그리스도교의 모든 구석에서 흘러오는 성직록을 받았으므로 옛날 귀족들보다 훨씬 더 부유했다. 옛날 귀족들은 경제적 정치적 쇠퇴를 겪으면서 무너지고 있었다. 일부 추기경들은 연수입 3만 두카트(37만 5000달러)를 벌어들였다.[26] 그들은 당당한 궁정에서 300명이나 되는 하인들을 거느리고 살았다.[27] 그리고 그 시대에 알려진 온갖 예술과 사치품으로 궁정을 꾸몄다. 그들은 스스로 성직자라고 생각지 않았다. 그들은 정치가이며 외교관이고 행정가들이었다. 그리고 로마 그리스도교의 로마 상원 의원들이었다. 그리고 상원 의원처럼 살아야 한다고 생각했다. 그들은 자기들에게 사제의 금욕과 극기를 기대하는 외국인들을 보고 빙그레 미소 지었다. 그 시대 수많은 사람들이 그랬듯이 그들은 도덕적 기준으로 사람들의 행동을 판단하지 않고 미적 기준으로 판단했다. 예의 바르고 취향이 있게 행하기만 하면 몇몇 계율을 깨뜨려도 벌을 받지 않았다. 그들은 시종, 악사, 시인, 인문주의자들에 둘러싸여 지내고 이따금 우아한 궁정의 여인들과 식사를 하기도 했다.[28] 그들은 자기들의 살롱에 여성이 없음을 탄식했다. 비비에나 추기경에 따르면 "로마 전체가 말하기를, 이곳에는 궁정을 이끌어갈 마돈나만 빼고는 없는 것이 없다고 한다."[29] 그들은 페라라, 우르비노, 만토바를 부러워했다. 그리고 이사벨라 데스테가 로마로 와서 남성만으로 이루어진 이들의 향연에 그녀의 의상과 여성적인 우아함을 뿌리자 그들은 모두 기뻐했다.

행동거지, 취향, 양식, 예술에 대한 감식안 등은 절정에 도달했고, 후원은 너그러웠다. 이보다 작은 수도들에도 교양 있는 그룹들이 있었고, 카스틸리오네는 범세계적이고 더욱 시끄럽고 번쩍이는 로마의 문명보다 조용한 우르비노의 세계를 더 좋아했다. 그러나 우르비노는 작은 문화의 섬이었다. 로마는 거대한 강물이며 바다였다. 루터는 와서 그것을 보고 충격을 받고 불쾌감을 느꼈다. 에라스무스는 와서 보고 황홀감에 빠졌다.[30] 수많은 시인들은 "사투르누스의 통치" 시대(고대의 황금시대)가 되돌아왔다고 선언했다.

3. 학자들

1503년 11월 5일에 레오는 허약해진 두 개의 교육 기관을 하나로 합치는 교서를 발행했다. 그것은 "성스러운 궁정의 대학(Studium sacri palatii)", 바티칸과 "시립 대학(Studium rubis)"의 두 대학이었다. 이들은 합쳐져 이제 로마 대학교가 되었고, 머지않아 사피엔짜(Sapienza)라는 이름으로 알려진 건물에 자리 잡게 되었다.[31] 이들 학교들은 알렉산더 6세 치하에서 번영을 누렸으나 율리우스 2세 치하에서 힘을 잃었다. 율리우스 교황은 재정을 다 전쟁으로 돌렸고, 게다가 책보다 칼을 더 좋아했다. 레오는 그 자신도 경쟁적인 파괴라는 값비싼 전쟁 게임에 빠져들기 전까지는 이 새로운 대학을 상당히 너그럽게 후원했다. 그는 헌신적인 학자들의 무리를 데려왔고, 머지않아 대학은 88명의 교수들을 두게 되었다. 의학부에만 15명의 교수들이 있었다. 그들은 연봉을 50플로린부터 530플로린(625달러부터 6625달러?)까지 받았다. 레오는 처음 교황 시절에 이 통합 대학을 이탈리아에서 가장 학문적이고 번성하는 대학으로 만들기 위해 할 수 있는 일을 모두 다했다.

셈 언어(Semitic) 학문을 정착시킨 것은 그의 공로 중의 하나였다. 로마 대학에 히브리어 교수직이 하나 마련되었고, 테세오 암브로지오는 볼로냐 대학에서 시리아와 칼데아어를 가르치게 되었다. 산테 파니니(S. Pagnini)가 『구약 성서』를 원어인 히브리어에서 라틴어로 번역하고 있다는 말을 듣고 그는 견본을 보기를 청했다. 그리고 그것이 마음에 들자 즉석에서 이 힘든 기획의 비용을 떠맡았다.

그리고 방금 쇠퇴하기 시작한 그리스 연구를 회복시킨 사람도 레오였다. 그는 나이 든 학자 요한 라스카리스를 로마로 초빙했다. 그는 피렌체, 프랑스, 베네찌아 등지에서 그리스어를 가르쳤던 사람이다. 레오는 그와 함께 대학과는 별도로 로마에 그리스 아카데미를 조직했다. 벰보는 레오를 대신해서 라스카리스의 제자인 마르쿠스 무수루스, 당시 마누티우스의 핵심 보조자였던 무수루스에게 편지를 써 보냈다.(1513) 그에게 "자유 학문의 세미나를 구성할 수 있고, 또 그들에게서 이탈리아 사람들이 적절한 그리스어 지식을 얻을 수 있는, 10명 혹은 당신이 적합하다고 생각하는 숫자의 젊은이들"을 찾아 달라는 편지였다.[32] 한 달 뒤에 마누티우스는 무수루스가 완성한 플라톤 판본을 출간했다. 이 위대한 출판업자는 이 책을 교황에게 헌정했다. 레오는 마누티우스에게 앞으로 15년 동안 그가 이미 출간했거나 앞으로 출간할 그리스나 라틴어 책들을 다시 인쇄할 독점적인 권리를 확보해 줌으로써 이에 보답했다. 이 특권을 침해하는 사람은 누구든 그 행동으로 인해 파문당할 것이며 또 벌금을 물어야 했다. 이러한 '단독 출판 특권'은, 이 인쇄업자에게 출판의 준비를 위해 그가 돈을 지불한 판본들에 대한 판권을 주는 르네상스 방식의 저작권이었다. 레오는 이 특권에다가 덧붙여서 알두스 판본들의 가격이 비싸지 않아야 할 것이라는 솔직한 추천의 말을 해 주었다. 그것들은 실제로 가격이 비싸지 않았다. 그리스 대학은 퀴리날리스 언덕에 있는 콜로치의 집에 설립되었다. 그리고 인쇄소도 세워져서 학생들을 위한 교과서와 주석서들이 여기서 인쇄되었다. 그리스 연구를 위한 '메디치 아카데미'가 이 시기에 피렌쩨에서도 만들어졌다. 레오의 격려에 힘입어 바리노 카메르티(V. Camerti, 라틴어 이름으로 파보리누스(Favorinus)라고 개명했다.)는 르네상스에서 그때까지 출판된 것 중에서 가장 뛰어난 그리스-라틴 사전을 편집했다.

고전에 대한 교황의 열광은 거의 종교의 수준이었다. 그는 베네찌아 사람들에게서 "리비우스의 어깨뼈"를 마치 주요 성인의 성 유물이기라도 한 것처럼 경건한 심정으로 받았다.[33] 즉위한 직후에 그는 누구라도 아직 출간되지 않은 고대 문헌의 필사본을 가져오는 사람에게 넉넉한 보상을 해 줄 것이라고 공표했다. 아버지처럼 그도 밀정들과 심부름꾼을 외국으로 보내 고대의 이교나 그리스도교 서적들을 찾아서 사 오도록 시켰다. 그리고 때로는 오로지 이 특별한 목적만을 위해서 사절을 급파하기도 했다. 왕과 통치자들에게 함께 이 탐색 작업을 벌이자고 호소하는 편지를 그들에게 주어 보냈다. 그의 심부름꾼들은 사본을 살 수가 없을 때는 이따금 훔치기도 했던 것 같다. 베스트팔렌의 코르비에 수도원에서 발견된 타키투스의 『연대기』 처음 6권이 이런 경우였던 것 같다. 『연대기』가 편집되어 출간된 이후에 교황 사절 하이트머스(Heitmers)에게 보내는 레오의, 혹은 대리인의 매혹적인 편지가 있기 때문이다.

개정되어 인쇄된 책의 사본 한 부를 아름답게 제본해서, 수도원장과 수도사들이 그곳 도서관에서 잃어버린 원래의 책 대신 그 자리에 다시 꽂아 놓을 수 있도록 보내 드립니다. 이런 도둑질이 수도사들에게 해를 입혔다기보다는 훨씬 더 좋은 일을 한 것이라는 사실을 이해해 주기를 바랍니다. 나는 그곳의 교회에 전체 사면령을 함께 보냅니다.[34]

레오는 훔친 사본을 필리포 베로알도에게 보내 텍스트를 수정하고 편집해서 우아하면서도 사용하기 편한 형태로 출판하도록 했다. 레오는 이 지시의 편지에서 다음과 같이 말하고 있다.

이미 젊은 시절부터 나는 창조주께서 인류에게 주신 것 중에서 창조주에 대한 지식과 참된 숭배만 빼고는 이러한 탐구보다 더 탁월하고 쓸모가 있는 것은 없다고 생각하곤 했습니다. 이것은 인간의 삶을 장식하고 그의 길을 안내해 줄 뿐만 아니라 모든 특수한 상황에 적응할 수도 있고, 역경에서는 위안이 되고, 번영할 때는 즐거움과 명예를 주는 유용한 것입니다. 만일 그것이 없다면 우리는 삶의 온갖 우아함과 사회의 온갖 광채를 뺏기는 것이 되겠지요. 이러한 학문 탐구를 확보하고 확장하는 것은 주로 두 가지 상황에 달려 있는 듯이 보입니다. 이 분야에서 학식이 풍부한 사람들의 수와, 탁월한 텍스트의 넉넉한 공급이 그것입니다. 이들 중 첫 번째 문제에 대해서 나는 하느님의 축복으로, 그들의 미덕을 보상하고 명예로 만들어 주고자 하는 나의 가장 정직한 소망과 성향을 앞으로도 아주 뚜렷하게 보여 줄 수 있기를 소망합니다. 이것은 이미 지난 시절 오랫동안 나의 가장 소중한 즐거움이었으니까요.

> …… 책들을 얻는 문제에 관해서 나는 이 점에서도 또한 인류의 이점을 더욱 크게
> 할 기회를 얻었음을 하느님께 감사드리는 바입니다.[35]

레오는 어떤 문헌이 인류를 이롭게 할 것이냐 하는 것을 교회가 결정해야 한다고 생각했다. 책들을 주교가 검열해야 한다는 알렉산더의 칙령을 다시 새롭게 했기 때문이다.

메디치 궁전이 유린될 때(1494) 레오의 조상들이 수집한 일부 책들이 이리저리 흩어졌다. 그 책들 대부분은 성 마르코 수도사들이 사들였다. 이렇게 구해 낸 책들을 레오는 아직 추기경으로 있던 시절에 2652두카트(3만 3150달러?)를 주고 사들여서 로마에 있는 자기 궁전으로 옮겼다. 라우렌티아나 도서관의 책들은 레오가 죽은 다음 다시 피렌쩨로 돌아왔다. 그것이 행운이었음을 앞으로 보게 될 것이다.

바티칸 도서관은 소장 도서가 이제 상당한 분량으로 늘어나서 그것을 보살피기 위해 학자들이 잔뜩 필요하게 되었다. 레오가 교황이 되었을 때 도서관 책임자는 토마소 인기라미(T. Inghirami)였다. 그는 귀족이고 시인이며, 뛰어난 재치를 가진 사람들의 모임에서 재치나 유머를 기록한 사람이기도 했다. 또 배우로서 세네카의 「히폴리투스」에서 페드라 역할을 아주 훌륭하게 해냈기 때문에 페드라라는 별명을 얻기도 했다. 그가 1516년 교통사고로 죽고 나서 필리포 베로알도(F. Beroaldo)가 도서관장이 되었다. 그는 타키투스와 학식 있는 기생 임페리아에게 자신의 정열을 나누어 바치고 있었다. 아주 탁월한 라틴어 시를 썼기 때문에 프랑스어로 여섯 번이나 번역되었다. 그중 하나는 클레망 마로가 번역했다. 1519년에 도서관장이 된 지롤라모 알레안드로(G. Aleandro), 혹은 알레안더는 급한 기질과 학식과 능력을 가진 사람이었다. 그는 라틴어와 그리스어와 히브리어를 능숙히 구사해서 루터는 그가 유대인인 줄로 잘못 알았다. 아우그스부르크 의회에서(1520) 그는 개신교 물결을 저지시키기 위해 지혜보다는 정열로 싸웠다. 파울루스 3세는 그를 추기경에 임명했다.(1538) 그러나 4년 뒤

알레안드로는 지나치게 건강을 염려해서 너무 자주 약을 사용한 나머지 죽게 되었다.[36] 그는 예순둘의 나이에 하느님이 자신을 이렇게 데려가시는 것에 대해 대단히 격분했기에 친구들을 화나게 만들었다.[37]

로마에는 개인 도서관들도 많았다. 알레안드로 자신도 책을 상당히 수집했는데 그것을 베네찌아에 물려주었다. 에라스무스의 부러움을 샀던 그리마니 추기경은 여러 언어로 된 8000권의 책을 소유했다. 그는 이 책들을 베네찌아의 성 살바도르 교회에 기증했지만 불로 소실되었다. 사돌레토 추기경은 소중한 도서관을 가지고 있었고, 책들을 배에 실어서 프랑스로 보냈지만 도중에 잃어버렸다. 벰보의 도서관에는 프로방스의 시인들과 원본들이 풍부했다. 예를 들어 페트라르카의 원본들이 있었다. 이 수집본들은 우르비노로 갔다가 다시 바티칸으로 왔다. 아고스티노 키지나 빈도 알토비티 같은 부유한 속인들도 교황과 추기경들을 흉내 내서 책들을 수집하고 예술가들을 고용하고, 시인과 학자들을 후원했다.

레오가 통치하던 로마에서 시인과 학자들이 그 이전이나 이후보다 훨씬 많았다. 많은 추기경들은 그들 자신이 학자였다. 에지디오 카니시오, 사돌레토, 비비에나 같은 추기경들은 오랫동안 교회를 위해 봉사한 학자였기 때문에 추기경으로 임명되었다. 로마의 추기경들은 대부분 후원 활동을 했다. 대개는 학자나 시인들의 헌정을 받았다. 그리고 리아리오, 그리마니, 비비에나, 알리도시, 페트루치, 파르네제, 소데리니, 산세베리노, 곤짜가, 카니시오, 쥴리오 데 메디치 등의 추기경들의 집은, 교황궁 다음으로 중요한 도시의 지식인들과 재능 있는 예술가들의 모임 장소였다. 카스틸리오네는 붙임성이 좋아서 사랑스러운 라파엘로와 무뚝뚝하고 접근이 힘든 미켈란젤로와도 친분을 맺었는데, 그도 아담한 살롱을 운영했다.

물론 레오는 아주 탁월한 후원자였다. 훌륭한 라틴어 격언시를 읊은 사람치고 선물을 받지 않고 그에게서 떠난 사람은 없었다. 니콜라스 5세 시대처럼 학자들은(그러나 이제는 시인들도) 아주 수가 많은 교회의 관직에서 어떤 자리를 분배받을 수 있게 되었다. 교황청의 서기들은 조명을 덜 받았다. 더 밝은 빛은 수사나 주교, 교황청 서기장 등으로 올라섰다. 사돌레토나 벰보 같은 스타들은 교황의 비서가 되었다. 사돌레토와 비비에나 같은 일부 사람들은 추기경에 임명되기도 했다. 키케로 방식의 연설이 다시 로마에서 울려 퍼졌다. 운율을 맞춘 이 시대에 서간문들이 다시 나타났다가 사라졌다. 베르길리우스와 호라티우스 시구들이 수많은 작은 개울을 이루어 최종 목표인 테베레 강(로마)으로 흘러들었다. 벰보는 문체의 기준이 되었다. 그는 이사벨라 데스테에게 이렇게 써 보냈다. "교황이 되는 것보다 키케로처럼 말하는 편이 훨씬 낫다."고 말이다.[38] 그의 친구이며 동료인 야코포 사돌레토는 흠잡을 데 없는 라틴어 문체와 흠잡을 데 없는 도덕성을 결합시켰기에 대부분의 인문주의자들을 부끄럽게 만들었다. 이 시대의 추기경들 중에는 대단히 성실한 사람들이 여럿 있었다. 그리고 레오 시대 인문주의자들은 전체적으로는 그 이전 세대의 인문주의자들보다 생애와 성격이 더 나았다.[39] 그러나 일부는 본업으로 삼는 사도신경만 빼고는 모든 점에서 이교 상태로 머물렀다. 이 시기에는 누가 무엇을 믿거나 의심하거나 간에 신사라면, 도덕적으로 너그럽고 게다가 그토록 너그러운 후원자인 교회에 대해 어떤 비판도 입에 올리지 않는다는 것이 불문율이 되었다.

베르나르도 도비찌 다 비비에나(B. D. d. Bibbiena)는 이 모든 자질을 복합적으로 갖춘 인물이었다. 학자이며 시인이고, 극작가이고 외교관이며, 예술 감식가이고 대화 기록자이고 이교도이고 사제이고 추기경이었다. 라파엘로가 그린 초상화는 그의 한 면만을 잡아냈다. 바로 교활한 눈과 날카로운 코이다. 붉은 추기경 모자는 대머리를 감추어 주고, 그의 명랑함은 익숙하지 않은 근엄함으로 가려졌다. 그는 발과 언어와 정신이 가벼운 사람으로, 미소 하나로 온갖 운명의 흥망성쇠에서 도망쳤다. 로렌쪼 일 마니피코에게 비서 겸 가정 교사로 고용되었다가 1494년에 로렌쪼의 아들들과 함께 피렌쩨에서 도망쳤다. 그러나 그곳에서 다시 우르비노로 감으로써 영리함을 보여 주었다. 격언시로 우르비노의 궁정 모임을 홀리고, 여가 시간을 이용하여 아슬아슬한 희곡을 써서 무대에 올렸다. 가장 오래된 이탈리아어 산문 희극인 「칼란드라」(1508년)라는 작품이었다. 비비에나는 전혀 소동을 일으키지 않고 아주 조용히 레오를 교황에 당선시켰기 때문에 레오는 처음에 그를 교황청 서기장으로, 다음 날로 다시 교황청 재무관리자로 만들었다가 6개월 뒤에는 추기경으로 임명했다. 그런 직함들을 가졌어도 그는 레오를 위해 미술품 감정가 겸 축제 조직자로 계속 봉사했다. 그의 연극은 교황 앞에서 공연되었고, 교황은 튼튼한 위장으로 그것을 즐겼다. 교황청 사절로서 프랑스로 파견되자 프랑수아 1세에게 완전히 반했고, 외교관으로는 너무 감정적이었기에 도로 소환되었다. 라파엘로가 그의 욕실에 그림을 그릴 때 추기경의 선택에 따라 「베누스와 큐피드 이야기」가 주제로 잡혔다. 이것은 사랑의 승리를 이야기하는 몇 개의 그림들로 이루어져 있다. 거의 모든 것이 진짜 고대의 폼페이 양식으로 그려졌고, 그리스도교는 여기서 그리스도에 대해 들어 본 적도 없는 세계로 돌아갔다. 레오는 비비에나의 집에 있는 베누스에 대해서는 모르는 척하면서 마지막까지 그에게 신의를 지켰다.

레오는 희극의 온갖 형태와 정도를 지닌 연극을 좋아했다. 가장 단순한 소극(笑劇)에서부터 비비에나와 마키아벨리의 가장 섬세한 이중 의미까지도 좋아했다. 교황이 되던 첫해에 그는 카피톨리니 언덕에 극장을 열었다. 1518년 그곳에서 그는 아리오스토의 작품(「I Suppositi」)의 공연을 보았다. 그리고 전체 구성에서 나온 이중적인 농담들에 마음껏 웃어 댔다. 이 연극은 아가씨를 유혹하려는 젊은이의 노력을 다룬 극이다.[40] 이런 축제 공연들은 단순한 희극 이상의 것이었다. 그들은 예술적인 무대 미술을 포함하고(이 경우 무대는 라파엘로가 그렸다.) 또 춤, 도입부의 음악, 즉 합창대의 노래와, 류트, 비올라, 코넷, 백파이프, 피리, 작은 오르간 따위로 이루어진 오케스트라 연주도 포함했다.

르네상스의 가장 중요한 역사서 하나는 레오 교황의 시기에 속한다. 파올로 죠비오(P. Giovio)는 코모 태생이었다. 그곳에서, 또 밀라노와 로마에서 그는 의학을 공부했다. 그러나 레오가 즉위하면서 등장한 문학적 흥분에 자극을 받아 그는 여가 시간에 자기 시대의 역사를 라틴어로 썼다. 샤를 8세가 이탈리아를 침입한 시기부터 레오 10세까지의 시대를 다룬 것이다. 그는 앞부분을 레오에게 낭독해 줄 수가 있었는데, 교황은 습관이 된 너그러움으로 그것이 리비우스 이래로 가장 유려하고 우아한 역사 서술이라고 선언하고 그에게 연금으로 보답해 주었다. 레오가 죽은 다음 죠비오는 그의 표현대로 "황금의 펜"으로 죽은 후원자의 생애를 찬양하는 글을 쓰고, "쇠의 펜"으로 자기를 무시한 하드리아누스 4세를 고발하는 글을 썼다. 그 사이에 그는 『현대의 역사』를 계속 써서 1547년에까지 이르렀다. 1527년에 로마가 유린되었을 때에 그는 이 원고를 어떤 교회에 감추어 두었다. 한 병사가 그것을 찾아내고, 저자에게 자신의 책을 도로 사라고 요구했다. 파올로는 클레멘스 7세를 통해 이런 모욕에서 구원을 받았다. 클레멘스 7세는 도둑을 설득해서 그렇게 즉각적인 보상 대신 스페인의 성직록을 하나 받으라고 했던 것이다. 죠비오는 노체라의 주교로 임명되었다. 그의 『현대의 역사』와 그가 거기 덧붙인 전기들은 그 유려하고 생동하는 문체로 찬양을 받았지만 조심성 없는 부정확성과 악명 높은 편견으로 인해 비난을 받았다. 죠비오는 자기 역사에 나오는 인물들을, 그들이나 그 친척들이 자신에게 돈을 주었느냐 아니냐에 따라 찬양하거나 욕을 했다고 태평스럽게 고백했다.[41]

4. 시인들

이 시대의 핵심적인 영광은 문학이었다. 사무라이 시대 일본에서 농부로부터 황제까지 모두가 그랬듯이, 레오 시대 로마에서 교황으로부터 그의 어릿광대에 이르기까지 모두가 시를 썼다. 그리고 거의 모든 사람이 자신의 최근 시를 관대한 교황에게 읽어 드리겠노라고 고집했다. 그는 영리한 즉흥적 능력을 사랑했고, 이런 게임에서 그 자신이 전문가였다. 시인들은 시구를 뻗쳐들고 어디든 그를 따라다녔다. 그는 보통은 그들에게 보답을 해 주었다. 때로는 즉석에서 라틴어 경구시로 대답해 주기도 했다. 천 권의 책이 그에게 헌정되었다. 그 중 하나를 바친 안젤로 콜로치에게 400두카트(5000달러?)를 주었다. 그러나 시로 된 논문 「연금술」을 바친 죠반니 아우구렐리에게는 속이 빈 지갑을 주었다. 그는 자기에게 헌정된 이 모든 책들을 읽을 시간이 없었다. 그에게 바쳐진 작품 하나가 5세기 로마 시인 루틸리우스 나마티아누스(Rutilius Namatianus)의 판본이었다. 이 시인은 그리스도교가 사람을 약화시키는 독이라 여겨 그리스도교를 억압하고, 그 대신 건강한 이교의 신들을 숭배할 것을 주장했다.[42] 아리오스토에게(레오의 눈에는 아마도 그가 페라라에서 충분히 보호를 받는 것으로 보였던 모양이다.) 교황은 그의 시구를 도둑질하는 것을 금지하는 교서만을 내려 주었다. 아리오스토는 서사시의 길이만큼 넉넉한 선물을 기대했다가 화를 내고 말았다.

아리오스토를 잃어버린 레오는 더 못한 광채와 더 짧은 숨결을 가진 시인들로 쉽게 만족했다. 그의 너그러움은 간혹 표피적인 재능에게도 천재에게 하듯이 넉넉한 보상을 해 주었다. 페사로의 귀족인 귀도 포스투모 실베스트리는 페사로와 볼로냐를 포위한 알렉산더와 율리우스에 맞서 열렬히 싸우고, 격렬하게 글을 썼다. 이제 그는 레오에게 우아한 비가를 바쳤다. 새로운 교황 아래서 맛보는 이탈리아의 행복을 앞의 교황들에게서 겪은 소란 및 비참과 비교하는 시였다. 그것을 높이 산 교황은 그가 뺏긴 땅을 도로 내주고 그를 교황의 사냥에 동참하게 해 주었다. 그러나 실베스트리는 (당시 사람의 말에 따르면) 레오의 식탁에서 너무 많이 먹었기에 금세 죽었다.[43] 안토니오 테발데오는 나폴리에서 이미 어느 정도 명성을 얻은 시인이었는데, 레오가 당선되자 로마로 달려와서(라고 출처가 불확실한 이야기는 전한다.) 멋진 2행시를 바치고 레오에게서 500두카트를 받았다.[44] 아무튼 교황은 그에게 소르가(Sorga) 다리의 감독권과 통행세를 주었다. 그래서 "테발데오는 넉넉하게 지낼 수가 있었다."[45] 그러나 돈은 학자들의 재능을 재정적으로 지원할 수는 있어도, 시인들의 천재성을 먹여 살릴 수는 없는 모양이다. 테발데오는 많은 격언시를 쓰고, 레오가 죽은 다음에는 벰보의 자선에 기대어 지내다가 마지막에 앓아 누워서 친구의 말에 따르면 "포도주 입맛을 잃어버린 일 말고 다른 불만은 없었다." 그는 오랫동안 편안하게 누워 지내다가 일흔네 살에 죽었다.

모데나의 프란체스코 마리아 몰짜는 레오가 즉위하기 전에 이미 어느 정도 시에 능했다. 그러나 교황이 시를 좋아한다는 이야기를 듣고는 부모와 아내와 자식들을 다 버리고 로마로 옮겨 갔다. 그곳에서 그는 로마의 어떤 숙녀에 홀딱 빠져서 가족을 완전히 잊어버렸다. 그는 파우스티나 만치니를 찬양하는 유려한 전원시를 써서 「요정 티베리나」라는 제목을 붙였다. 그리고 낮모르는 자객에게 찔려 심한 상처를 입었다. 그는 레오가 죽은 다음 로마를 떠나 볼로냐에서 이폴리토 데 메디치 추기경의 수행원에 합류했다. 메디치 추기경은 자기 궁정에 300명의 시인, 음악가, 재치꾼들을 두었다고 한다. 몰짜의 이탈리아어 시들은 아리오스토의 것까지 셈하여도 그 시대 가장 우아한 것들이다. 그의 노래는 문체 면에서 페트라르카와 대등하고, 불길이라는 측면에서는 페트라르카의 작품을 능가한다. 몰짜는 거듭 사랑의 불길에서 다음 사랑의 불길로 빠져들었고, 항구적으로 불타고 있었다. 그는 1544년에 매독으로 죽었다.

덜 중요한 시인들 가운데 두 명의 시인이 레오의 통치 시대를 영광스럽게 한다. 마르칸토니오 플라미니오(M. Flaminio)는 이 시대를 즐거운 빛 속에 보여 준다. 문인들을 향한 교황의 친절함, 플라미니오, 나바제로, 프라카스토레, 카스틸리오네 등 네 사람 모두 시인이었으면서도 서로 시샘 없는 우정, 그리고 성적인 방종이 널리 용서되던 시대에 이들이 영위한 깨끗한 삶 등을 보여 준다. 플라미니오는 베네토의 세라발레에서 태어났다. 아버지 쟌안토니오 플라미니오도 시인이었다. 수많은 전례들을 위반하면서 아버지는 소년에게 시를 훈련시키고 용기를 주어서, 그가 열여섯 살이 되었을 때 소년이 쓴 시를 레오에게 바치게 했다. 그것은 터키에 맞서 십자군 전쟁을 촉구하는 시였다. 레오는 십자군 전쟁에는 관심이 없었지만 이 시를 좋아해서 소년이 로마에서 계속 교육을 받을 수 있도록 해 주었다. 카스틸리오네가 그를 맡아서 우르비노로 데려갔다.(1515) 나중에 아버지는 철학을 배우라고 아들을 볼로냐로 보냈다. 마지막에 시인은 영국 추기경 레지날드 폴의 보호를 받으면서 비테르보에 정착했다. 그는 두 가지의 높은 관직을 받았다. 사돌레토와 함께 레오의 비서가 되었고, 트리엔트 공의회의 서기가 되었다. 개신교 종교개혁가들에 대해 호감을 가지고 있다는 의혹에도 불구하고 그는 여러 추기경들에게서 넉넉한 후원을 받았다. 이런 온갖 여행을 하면서도 그는 이몰라 근처에 있는 아버지 별장의 평화로운 생활과 깨끗한 공기가 그리웠다. 그의 시들은 거의 모두가 라틴어이며, 거의 모두가 짧은 송가, 목가, 비가, 찬가, 그리고 친구들에게 보내는 호라티우스 방식 서간 등이다. 이들은 거듭 옛날 시골 생활에 대한 사랑을 보여 준다.

Iam vos revisam, iam iuvalbit arbores

manu paterna consitas

videre, iam libebit in cubiculo

molles inire somnulos[46]

이제 나는 너를 다시 보네.

아버지 손길로 심어진 나무들을 보니

마음이 즐겁구나.

내 작은 방에서 조용한 잠을 얻으면 기쁘리.

그는 로마의 소란 속에 죄수로 지내는 것을 불평하고, 조용한 시골 마을에 은둔하여 사는 친구를 시샘하고 있다. 그 친구는 "소크라테스 책들"을 읽으며, "천박한 대중이 수여하는 저속한 명예를 생각하지 않는다."[47] 그는 베르길리우스의 「농부가」와 테오크리투스의 목가를 친구로 삼고서 푸른 골짜기를 이리저리 산책하는 것을 꿈꾸었다. 가장 감동적인 시는 죽어 가는 아버지를 위해 쓴 것이다.

Vixisti, genitor, bene ac beate,

nec pauper, neque dives, eruditus

satis, et satis eloquens, valente

semper corpore, mente sana, amicis

iucundus, pietate singulari.

Nunc lustris bene sexdecism peractis

ad divum proficisceris beatas

oras; i, genitor, tuumque natum

olympi cito siste tecum in arce.[48]

아버지 당신은 훌륭하고 행복하게 살았습니다.

부자도 아니고 가난하지도 않게, 충분히 배우고, 충분히 능변이고,

언제나 튼튼한 몸과 건강한 마음으로.

상냥하고 비할 바 없는 경건함으로.

이제 팔십 평생을 마치고

당신은 신들의 은총이 내린 물가로 떠납니다.

가십시오, 아버지, 당신의 아들도 곧

하늘의 높은 자리로 데려가 주십시오.

마르코 지롤라모 비다(M. G. Vida)는 레오의 목적에는 더욱 유연한 시인이었다. 크레모나에서 태어나 훌륭한 라틴어 교육을 받은 그는 이 언어에 아주 능해서 교육적인 시 「시학」이나, 누에 키우는 법, 체스 두는 법 따위도 훌륭하게 시로 쓸 수가 있었다. 레오는 이런 시를 보고 기뻐서 사람을 보내 그에게 수당을 지급하고 그리스도의 생애에 대한 라티어 서사시를 써서 그 시대 최고 문학의 왕관을 쓰라고 청했다. 그렇게 해서 비다는 「그리스도 이야기」를 시작했다. 행복한 레오는 빨리 죽었기에 이 작품을 보지 못했다. 클레멘스 7세는 비다를

계속 후원했다. 그에게 주교직을 주었지만, 클레멘스 교황도 이 서사시가 출판되기(1535) 전에 죽었다. 시작할 때는 수도사였다가 끝날 때는 주교가 되었지만 비다는 레오 시대의 분위기에 들어 있던 고전 신화를 암시하는 일을 그만둘 수가 없었다. 그리스와 로마 신화를 잊어버리고, 이번에는 그리스도교를 문자 그대로 신화로 만들고 있는 사람들에게 그것은 적절하지 않는 것으로 보일지도 모른다. 비다는 하느님 아버지를 "구름을 부리는 신들의 아버지(Superum Pater nimbipotens)"라 부르고, 또 "올림포스의 통치자(Regnator Olympi)"라고 부른다. 그리고 예수를 "영웅(Heros)"이라 부른다. 그리스도의 죽음을 위해서는 고르곤, 하르피아이, 켄타우로스, 히드라 등을 불러온다. 주제가 고귀한 것이기에 「에네아스 이야기」의 적용보다는 오히려 자신에게 적합한 시 형식을 얻었다. 비다의 가장 아름다운 구절들은 「그리스도 이야기」에서 그리스도를 향한 것이 아니라 「시학」에서 베르길리우스를 향한 것이다.

O decus Italiae! lux o clarissima vatum!

te colimus, tibi serta damus, tibi thura, tibi aras;

et tibi rite sacrum semper dicemus honorem

carminibus memores. Salve, sanctissime vates!

Laudibus augeri tua gloria nil potis ultra,

et nostrae nil vocis eget; nos aspice praesens,

pectoribusque tuos castis infunde calores

adveniens, pater, atque animis tete insere nostris. [49]

이것은 대략 다음과 같이 번역될 수 있을 것이다.

오 이탈리아의 영광! 시인들 중의 가장 밝은 빛이여!
우리는 화환으로 너를 예배하고 네게 유향과 사당들을 바치네.

너를 위해 영원히 성스러운 승리의 노래들을 부르며,

찬가를 불러 너를 기억하네. 만세! 가장 거룩한 시인이여!

너의 영광은 우리의 찬양으로 더 커지는 것이 아니며

우리 목소리를 필요로 하지도 않는구나. 와서 너의 아들들을 보라,

우리의 순결한 마음에 너의 따뜻한 정신을 부어 다오,

오라, 아버지여, 우리 영혼 안에 너 자신을 넣어 다오.

5. 고전 예술의 복구

시대의 이교적인 정신은 고전 예술의 존재와 구원을 통해 더욱 강해졌다. 포지오, 비온도, 피우스 2세, 그 밖의 사람들이 고전 구조의 붕괴를 탄식했으나 붕괴는 지속되었고, 돈이 흘러 들어와 낡은 로마의 유물을 가지고 더 큰 건축물을 새로 지을 수 있게 되었을 때 오히려 더욱 강해졌다. 건축을 하는 사람들은 고대의 대리석을 가져다가 태워서 석회로 만드는 일을 계속했다. 파울루스 2세는 성 마르코 궁전을 짓기 위해 콜로세움의 돌벽을 가져다 썼다. 식스투스 4세는 헤라클레스 사원을 허물고, 테베레 강의 다리 하나를 대포알로 사용했다. 태양의 사원은 산타 마리아 마죠레 성당과 두 개의 분수, 퀴리날리스 언덕에 있는 교황 궁전을 위한 건축 자재가 되었다. 예술가들도 아무런 의식이 없이 이런 훼손에 동참했다. 미켈란젤로는 카스토르와 폴룩스 사원의 기둥들을 가져다가 마르쿠스 아우렐리우스의 기마상을 위한 대석을 만들었다. 라파엘로는 같은 사원의 또 다른 기둥을 가져다가 요나의 조각상을 만들었다. 시스티나 예배당을 위한 자재는 하드리아누스 기념묘에서 가져온 것이었다. 성 베드로 대성당을 세우는 데 사용된 대리석은 실제로 고전 건물들에서 가져온 것이었다. 안토니우스와 파우스티나 사원, 파비우스 막시무스와 아우구스투스의 개선문, 막센티우스의 아들 로물루스 사원의 대석, 계단, 박공벽 등이 역시 성 베드로

성당으로 넘어갔다. 1546~1549년 사이 4년 동안에도 새로운 건축물을 세우는 사람들은 카스토르와 폴룩스 사원, 율리우스 카이사르 사원, 아우구스투스 사원들을 파괴하고 껍질을 벗겨 갔다.[50] 이런 파괴자들은 이교의 유물이 아직 충분히 남아 있다고 주장했다. 이렇게 보호받지 못한 유적들이 소중한 공간을 차지하고 도시의 재건을 방해한다는 것이었다. 게다가 이렇게 전용된 자재들은 대부분 유적과 똑같이 아름답고, 신에게는 더욱 기쁨을 드리는 그리스도교 성당들을 세우는 데 사용되고 있지 않은가. 그러나 보이지 않는 시간의 활동이 포룸과 다른 역사 유적지들을 먼지, 쓰레기, 식물의 켜로 덮어 버렸으며, 그 결과 포룸 광장은 주변의 도시보다 약 13미터 아래쪽에 놓이게 되었다. 포룸은 전체적으로 버려져 목초지가 되었고 '캄포 바치노', 곧 암소들의 들판이라 불리고 있었다.

예술가와 인문주의자들의 물결이 밀려 들어오면서 붕괴의 정도가 약해지고, 옛 기념물들을 보존하기 위한 운동이 생겨났다. 교황들은 이교의 조각과 건축물 잔해를 수집해서 바티칸과 카피톨리니 박물관에 보관했다. 포지오, 메디치 일가, 폼포니우스 라에투스, 은행가들, 추기경들도 고대의 유물 중에서 얻을 수 있는 것은 무엇이든지 수집하여 소장했다. 많은 고전 조각상들은 개인의 궁전과 정원으로 옮겨져 19세기까지 그곳에 서 있게 되었다. 그렇게 해서 '바르베리니 사튀로스', '루도비지 옥좌', '파르네제 헤라클레스' 등의 이름들이 생겨난 것이다.

발굴자들이 티투스 목욕탕 근처에서 복잡한 그룹 조각상을 새로 발굴했을 때(1506) 로마 전체가 전율했다. 율리우스 2세는 쥴리아노 다 상갈로를 보내 그것을 검사하게 했다. 미켈란젤로도 함께 갔다. 쥴리아노는 이 조각 작품을 보자마자 소리쳤다. "이건 플리니우스가 말한 「라오콘」이다." 율리우스 2세는 그것을 사다가 벨베데레 궁전에 두고, 발견자와 그 아들에게는 평생 600두카트(7500달러?)의 연금을 주었다. 고전 조각들은 그렇게 소중한 것이 되었다. 이런 보상이 예술품을 발굴하는 사람들에게 힘이 되었다. 1년 뒤에 이런 사람 하나가 또 다른 고대 그룹 조각상을 찾아냈다. 「헤라클레스와 아기 텔레푸스」였다. 머지않아 「잠자는 아리아드네」가 발굴되었다. 고대 걸작들의 발견에 대한 열광에 이어 사라진 고대 예술품을 발견하려는 열성이 나타났다. 레오는 열광과 열성이 모두 아주 강했다. 바로 그의 재임 시절에 발굴자들은 이른바 「안티노우스」를 찾아내고, 나일과 테베레 강의 신들의 조각상을 발굴했다. 이들은 모두 바티칸 박물관에 안치되었다. 레오는 할 수 있을 때마다 보석들과 카메오(양각) 세공, 한때 메디치 가문이 소유했다가 이리저리 흩어진 예술품들을 사들여 이들도 바티칸에 보관했다. 그의 후원에 힘입어, 그리고 프라 죠콘도와 다른 사람들이 미리 해 놓은 작업을 시작으로, 야코포 마쪼키와 프란체스코 알베르티니는 4년 동안 로마의 유적지에서 찾아낼 수 있는 모든 비명(碑銘)들을 찾아내서 그것을 『고대 로마 시의 경구(*Epigrammata antiquae urbis Romae*)』라는 제목으로 출간했다. 고전 고고학에서 하나의 중대 사건이었다.

1515년 레오는 라파엘로를 고대 유물 감독관으로 임명했다. 마쪼키, 안드레아 폴비오, 파비오 칼보, 카스틸리오네와 다른 사람들의 도움을 받아서 젊은 예술가는 야심 찬 고고학 계획을 세웠다. 1518년에 그는 레오에게, 고전 유물의 보존을 위해 그리스도교의 권위를 이용할 것을 간청하는 기안을 제출했다. 이 기안의 내용은 카스틸리오네의 생각처럼 보이고, 정열은 라파엘로의 울림을 가진다.

이들 고대 영혼의 신성(神性)을 생각해 보면 …… 세계의 어머니이며 여왕인 이 고귀한 도시의 시체가 그토록 비참하게 난도질당한 것을 보면 …… 얼마나 많은 교황들이 고대 사원, 조각상, 개선문과 다른 건물들과 그 설립자들의 영광을 파손하는 일을 허용했던가! …… 지금 우리가 보는 이 새로운 로마가 아무리 장엄하고 아름답고 또 궁전과 교회와 다른 건축물들로 장식되어 있다 해도, 그것이 고대의 대리석으로 만든 석회로 단단히 접합되었다고 감히 말씀드립니다.

이 편지는 라파엘로가 로마에 머문 지난 10년 동안에도 얼마나 많은 파괴가 이루어졌는지를 말한다. 그리고 건축의 역사를 조사하고, 로마네스크 양식과 고딕 양식(여기서는 고딕과 튜튼 양식이라고 표현되어 있다.)의 조잡한 야만주의를 고발하고, 그레코로만 양식들을 완전성과 취향의 모델이라고 드높인다. 마지막으로 이 편지는 전문가 집단이 구성되어 로마를 아우구스투스가 지정한 14개 구역으로 분할하고, 이들 각 구역을 세밀하게 조사하여 모든 고전 유물에 대해 기록할 것을 제안하고 있다. 라파엘로의 이른 죽음, 그리고 뒤이어 레오의 죽음으로 인해 이 대단한 기획은 오랜 세월 지연되었다.

예술과 사고의 모든 영역에서 발굴된 유물의 영향이 작용했다. 이런 영향은 브루넬레스코, 알베르티, 브라만테 등에게도 작용했다. 이제 이것은 가장 높은 것이 되었다. 그러다가 팔라디오가 나타나서 고대 양식을 거의 굴종적으로 베끼는 수준까지 되었다. 기베르티와 도나텔로는 형태를 고전 방식으로 만들려고 노력했다. 미켈란젤로는「브루투스」에서 고대의 방식을 완전하게 습득했으나 나머지 작품에서는 자신의 정열적이고 비고대적인 방식을 고수했다. 문학은 그리스도교 신학을 이교의 신화로 바꾸고, 낙원 대신 올림포스를 밀어 넣었다. 회화에서 고대의 영향은 이교적 주제라는 형식을 취했다. 그리고 그리스도교 주제의 경우에도 이교적인 나체화를 그렸다. 교황들의 총아였던 라파엘로조차도 궁전 벽에 프시케와 베누스와 큐피드를 그렸다. 고전적 도안과 아라베스크 양식이 벽기둥에 나타났고, 로마의 수많은 건물의 처마 장식과 띠 장식을 따라 계속되었다.

고전의 승리는 새로 지은 성 베드로 성당에서 가장 뚜렷한 모습을 드러낸다. 레오는 가능한 한 계속 브라만테를 '공사 책임자' 자리에 놓아두었다. 늙은 건축가를 위해 통풍으로 쩔뚝거리는 프라 죠콘도가 그의 설계를 돕도록 임명되었다. 그러나 프라 죠콘도는 이미 일흔 살인 브라만테보다도 10년이나 더 위였다. 1514년 1월에 레오는 역시 일흔 살인 쥴리아노 다 상갈로를 공사 감독으로 임명했다. 브라만테는 임종의 침상에서 교황에게 이 기획을 더 젊은 사람, 특히 라파엘로에게 맡기라고 추천했다. 레오는 타협했다. 1514년 8월에 그는 젊은 라파엘로와 늙은 프라 죠콘도를 공동 감독으로 임명했다. 한동안 라파엘로는 어울리지도 않는 건축가 노릇을 열성적으로 해냈다. 앞으로 자기는 로마에서만 살 것이다, "지금까지 사람들이 본 것 중 가장 위대한 건물인 …… 성 베드로 대성당 건설에 대한 사랑으로 인해"라고 말했다. 그는 특유의 겸손으로 이렇게 말한다.

이 비용은 금화로 100만 두카트까지 들 것이다. 교황은 이 공사를 위해 6만 두카트를 지정했다. 그는 다른 것은 생각지 않는다. 그리고 나를 여든 살이 넘은 경험 많은 수도사와 결합시켰다. 교황은 이 수도사가 그리 오래 살 수 없다고 생각했고, 그 때문에 내가 심오한 지식을 갖추고 있는 이 탁월한 장인의 가르침을 받아 건축 예술을 더욱 익혀야 한다고 결정했다. …… 교황은 매일 우리를 만나서, 건물에 대한 긴 대화로 우리를 붙잡아 놓는다.[51]

프라 죠콘도는 1515년 7월 1일에 죽었다. 같은 날 쥴리오 다 상갈로는 설계 그룹에서 물러났다. 혼자 책임자로 남은 라파엘로는 브라만테의 기본 구상(사방 길이가 같은 그리스 십자가 모양)을 십자가 길이가 다른 라틴 십자가로 대체하고, 둥근 지붕을 스케치했다. 안토니오 다 상갈로(쥴리아노의 조카)는 이 둥근 지붕이 주변의 받침 벽이 받칠 수 없을 정도로 무거운 것임을 밝혀냈다. 1517년에 안토니오가 라파엘로와 함께 공동 건축가로 임명되었다. 이제 단계마다 논쟁이 일어났고, 회화의 임무로 이미 어깨가 무겁던 라파엘로는 이 사업에 흥미를 잃어버렸다. 그사이 재정이 딸리게 된 레오는 면죄부를 발행해서 돈을 더 많이 만들어 내려고 했다. 그 결과 도이치 종교 개혁은 그의 책임이 되었다. (1517) 성 베드로 성당은 1546년 미켈란젤로가 책임을 맡기 전까지는 중요한 진전을 보지 못했다.

6. 미켈란젤로와 레오 10세

율리우스 2세는 미켈란젤로가 자기를 위해 설계한 무덤을 조금 더 작은 규모로 완성할 돈을 유언 집행관들에게 남겼다. 레오가 즉위하고 처음 3년 동안 예술가는 이 일에 매달렸다. 그리고 집행관들에게서 이 3년 동안 6100두카트(7만 6250달러?)를 받았다. 이 기념비에서 오늘날까지 남은 부분은 대개 이 시기에 만들어졌다. 그리고 산타 마리아 소프라 미네르바의 「부활한 그리스도」가 있다. 이것은 원래 아름다운 근육질 나체상이지만 후세의 취향이 이 조각상에 청동의 허리 가리개를 입혀 놓았다. 1518년 5월에 미켈란젤로가 쓴 편지에 보면 시뇨렐리가 그의 작업장으로 찾아와서 80줄리(800달러?)를 빌려 간 이야기가 나온다. 이 돈은 결국 돌려받지 못했는데, 그는 이렇게 덧붙였다. "그는 높이 4팔꿈치의 대리석상에서 일을 하는 나를 찾아냈다. 이것은 두 손이 등 뒤로 묶인 상이다."[52] 이것은 아마도 전사(戰士) 교황에 의해 포로가 되어 버린 도시들이나 예술을 표현하려는 의도로 만들어진 「포로」들 중의 하나일 것이다. 루브르에 있는 조각상 하나가 이 서술과 들어맞는다. 근육질의 인물이 허리 가리개만 걸치고 있는데 양손을 뒤로 꽉 묶여서 끈이 살 속으로 파고들었다. 이 옆에는 그보다 아름다운 「포로」가 있다. 가슴에 걸친 좁은 띠를 빼고는 벌거벗은 상인데, 여기서 근육은 앞의 작품처럼 그렇게 과장되어 있지 않다. 이 신체는 건강과 아름다움의 교향곡으로 그리스의 완전성을 지니고 있다. 피렌쩨 아카데미에 있는 미완성의 네 「노예들」은 아마도 율리우스 무덤의 상부 구조를 떠받치기 위한 기둥 노릇을 하도록 만들어졌던 것 같다. 중지된 무덤은 성 피에트로 인 빈콜리 성당에 있다. 막강한 옥좌에 우아하게 장식된 벽기둥이 있고, 모세가 앉아 있다. 수염과 뿔이 달려 있고 성난 이마를 지닌, 비례가 맞지 않는 거대한 조각상이 법의 궤를 들고 있다. 바사리에 나오는 정말 같지 않은 이야기를 들어 보면 어느 토요일에 유대인들이 이 그리스도교 교회에 들어와서 "인간의 손으로 만들어진 작품이 아니라 신적인 것으로 여겨 이 조각상에 예배를 드렸다."[53] 모세의 왼편으로 레아가, 오른편으로 라헬이 있다. 미켈란젤로가 "활동적인 삶과 명상적인 삶"이라 불렀던 것이다. 무덤의 남은 조각상들은 그의 조수들이 조각한 것이다. 모세 위에 「성모」가 있고, 그녀의 발치에 반쯤 누운 자세로 교황의 관을 쓴 율리우스 2세의 모습이 있다. 전체 기념비는 토르소가 되었다. 1506년에서 1545년 사이에 산발적으로 만들어진 것으로 혼란스럽고 거대하고 맞지 않고 부조리하다.

이 인물들이 조각되고 있을 때 레오는 (아마 피렌쩨에 머무는 동안) 그곳의 성 로렌쪼 예배당을 완성해야겠다는 생각을 했다. 이것은 메디치 예배당으로 코시모, 로렌쪼와 다른 가족들의 묘지가 여기 있었다. 브루넬레스코가 예배당을 건설했지만 정면부는 미완성인 채로 남았다. 레오는 라파엘로, 쥴리아노 다 상갈로, 바치오 다뽈로, 안드레아와 야코포 산소비노 등에게 정면부를 완성할 계획안을 제출하라고 요구했다. 미켈란젤로는 분명히 요청도 받지 않고 제멋대로 자신의 안을 보냈고, 레오는 이것이 가장 훌륭하다고 판단했다. 그러므로 많은 사람이 교황을 비난하고 있지만 미켈란젤로가 율리우스 무덤에서 다른 곳으로 관심을 돌린 것을 레오의 탓으로 비난할 수는 없다. 레오는 그를 피렌쩨로 보냈다. 그곳으로부터 미켈란젤로는 대리석 덩어리를 구하러 카라라로 갔다. 피렌쩨로 돌아와서 이 일을 위해 조수들을 고용했지만 그들과 싸우고는 모조리 돌려보냈다. 그러고는 건축가라는 어울리지도 않는 역할을 맡아 놓은 채 아무런 일도 하지 않고 빈둥거리며 지냈다. 레오의 사촌인 쥴리오 데 메디치 추기경이 여기 쌓아 놓은 대리석 일부를 대성당 공사에 쓰려고 가져갔다. 미켈란젤로는 불같이 화를 냈지만 여전히 빈둥거렸다. 마침내(1520년) 레오는 그를 계약에서 풀어 주고 이 예술가에게 미리 지불한 돈에 대해서는 아무런 요구도 하지 않았다. 세바스티아노 델 피옴보가 교황에게 미켈란젤로에게 다른 일을 주라고 요구하자 레오는 이렇게 변명했다. 미켈란젤로의 탁월함은 인정하지만 "그는 자네도 보다시피 불안정한 사람이고 아무도 그와 잘 지낼 수가 없어." 세바스티아노는 이 대화를 친구(미켈란젤로)에게 보고하면서 이렇게 덧붙였다. "성하께 자네의 불안함은 어떤 사람도 해치지 않고, 그냥 자네가 위대한 작업에 헌신하는 방식일 뿐이라고, 또 자네가 일에 헌신하는 방식이 다른 사람들에게는 무시무시하게 보이는 것이라고 말씀드렸어."[54]

이 유명한 무시무시함은 무엇이었을까? 그것은 무엇보다 에너지였다. 미켈란젤로의 몸을 괴롭히기도 하고 또 89년 동안이나 지탱해 주기도 한, 사납게 불타오르는 힘이었다. 둘째로 그것은 그 에너지를 단 하나의 목표, 곧 예술에 집중시키고, 나머지 모든 일을 다 무시해 버리는 의지의 힘이었다. 통합시키는 의지력에 의해 통제된 에너지란, 천재에 대한 정의(定義)와도 같다. 형태 없는 돌을 도전으로 보고, '분노로(con furia)' 그것을 잡아 망치로 때리고 끌로 파서 중요한 의미를 드러내는 이 에너지는 자신의 관심을 분산시키는 삶의 하찮은 것들을 분노로 휩쓸어 내버리는 힘이기도 했다. 그 힘은 의상이나 청결함이나 표피적인 예의 같은 것은 생각하지도 않고 목표를 향해 나아갔다. 눈이 멀지는 않았으나 눈가리개를 하고서, 약속도 깨뜨리고 우정도, 건강도 깨뜨리고, 나중에는 정신까지 깨뜨리고 몸과 정신이 산산이 부서져 버리지만 그러나 작품은 완성되었다. 그 시대의 가장 위대한 회화, 가장 위대한 조각, 그리고 가장 위대한 건축 일부를 만들어 낸 것이다. 그는 이렇게 말했다. "신이 나를 도우신다면 나는 이탈리아가 본 것 중에서 가장 아름다운 것들을 만들어 낼 것이다."[55]

그는 개인의 당당한 아름다움과 의상의 화려함으로 빛나던 시대에 그런 일에 가장 적게 마음을 뺏긴 사람이었다. 중간 키에 넓은 어깨, 호리호리한 골격, 커다란 머리, 높은 이마, 귀는 뺨보다 높이 솟고 관자놀이는 귀보다 높이 부풀어 오르고, 찌푸린 우울한 얼굴, 부러진 코, 날카롭고 작은 눈, 잿빛 머리와 수염. 이것이 전성기 미켈란젤로의 모습이었다. 낡은 옷을 입고, 그것이 거의 자기 살의 일부가 될 때까지 걸치고 다녔다. 아버지가 해 준 충고를 절반 정도는 지킨 것 같다. "씻지 않도록 조심해라. 박박 문질러 닦기는 하되 씻지는 마라."[56] 돈은 있었으나 가난한 사람처럼 살았다. 검소한 정도가 아니라 궁핍하게 살았다. 닥치는 대로 손에 잡히는 것을 먹고 때로는 빵 한 덩이로 저녁을 대신했다. 볼로냐에서 그와 세 명의 일꾼이 한 방을 쓰고 한 침대에서 잠을 잤다. 콘디비는 이렇게 말한다. "완전히 힘이 있는 동안에는 옷을 입은 채로 심지어는 긴 장화까지 신은 채 잠을 잤다. 그는 항상 쥐가 나고 있었기 때문에 언제나 이 장화를 신고 있었다. …… 그가 이 장화를 하도 오래 신어서 어떤 계절에는 마침내 그 것을 벗으면 가죽과 함께 살갗이 떨어져 나가는 수도 있었다."[57] 바사리가 말한 대로 "그는 다시 주워 입어야 할 옷을 벗을 마음이 없었다."[58]

그는 귀족의 혈통에 대해 자부심을 가지고 있었으나 부자보다 가난한 사람을 더 좋아하고, 지식인보다 단순한 사람을, 부유함의 사치보다 일꾼들의 노역을 더 좋아했다. 수입의 대부분을 빈둥거리는 친척들의 생계를 위해 내주었다. 그리고 고독을 좋아했다. 삼류급 정신과 하찮은 이야기를 주고받는 일을 참을 수 없다고 여겼다. 그리고 어디에 있든 자신의 생각의 흐름을 계속 따라갔다. 아름다운 여자들에게 관심이 없었고, 금욕을 통해 돈을 아꼈다. 어떤 사제가 미켈란젤로가 결혼하지 않고 자식도 두지 않은 것이 유감이라고 말하자 그는 이렇게 대꾸했다. "예술만 해도 마누라가 너무 많아요. 그게 충분히 말썽을 만들어 냅니다. 자식을 얘기하자면 내가 앞으로 만들 작품이 내 자식입니다. 이 작품들이 그리 큰 가치가 없다고 해도 어쨌든 한동안은 계속 살아갈 테니까요."[59] 그는 자기 집에서 여자들이 얼씬대는 것을 참지 못했다. 친구를 위해서나 예술을 위해서 남자들을 더 좋아했다. 여자들을 그리기는 했으나 언제나 어머니로서 성숙한 모습뿐이었고, 젊은 여자의 밝은 매력을 그린 적은 없었다. 그와 레오나르도가 모두 여성의 신체적인 아름다움에 무감각했었다는 것은 특이한 일이다. 여성의 아름다움은 대부분의 예술가들에게는 미의 정화(精華)이며 원천으로 여겨지곤 했으니 말이다. 그가 동성애자였다는 증거는 없다. 어쩌면 그의 경우 성(性)으로 들어갔을 에너지가 모조리 작품으로 들어간 것인지도 모른다. 카라라에서 그는 이른 아침부터 말에 올라타고서 석수장이와 도로 공사를 하는 사람들을 지휘하면서 낮을 보냈다. 저녁에는 자신의 오두막에서 램프를 켜 놓고 계획을 검토하고 비용을 계산하고 내일의 일을 계획하면서 보냈다.

그는 빈둥거리는 기간들을 갖기도 했지만 그런 다음 갑자기 창작의 열기가 그를 다시 사로잡으면 나머지 모든 일은 아무래도 상관이 없었다. 심지어 로마 유린 같은 역사적 사건도 그에게는 아무 상관이 없었다.

일에 빠져서 그는 우정을 위한 시간이 거의 없었다. 그래도 헌신적인 친구들이 있었다. "친구나 다른 사람이 그의 식탁에서 함께 식사를 하는 일은 드물었다."[60] 그는 충실한 하인 프란체스코 델리 아마도리와 함께 지내는 것으로 만족했다. 이 사람은 25년 동안이나 그를 돌보았고, 오랜 세월을 그와 침대를 함께 썼다. 미켈란젤로의 선물이 프란체스코를 부자로 만들어 주었다. 그리고 그가 죽었을 때(1555) 예술가는 가슴이 찢어지는 듯이 슬퍼했다. 다른 사람들에 대해서는 고약한 성질과 심술궂은 혀를 가지고 사납게 비판하고 언제나 공격했으며, 모든 사람을 의심했다. 그는 페루지노를 바보라 부르고, 프란치아의 잘생긴 아들 이야기를 통해 프란치아의 그림에 대한 자기 의견을 표현했다. 프란치아는 낮의 일보다 밤의 일을 더 잘한다고 말했던 것이다.[61] 미켈란젤로는 라파엘로의 성공과 인기를 질투했다. 두 예술가는 서로 존경했지만 그들의 지지자들은 서로 싸우는 비밀 결사단으로 나뉘었다. 야코포 산소비노는 미켈란젤로에게 사나운 욕설을 담은 편지를 보냈다. "당신이 지상의 누군가에 대해 좋은 말을 하는 날이여, 저주를 받아라."[62] 그러나 많지는 않아도 그런 날들도 있었다. 티찌아노가 그린 페라라의 알폰소 공작 초상화를 보고 미켈란젤로는 이 예술이 이렇게 많은 일을 해낼 수 있다고는 생각지 못했으며, 오로지 티찌아노만이 화가라는 말을 듣기에 합당하다고 말했다.[63] 그의 가혹한 성질과 우울한 기질은 평생 동안의 비극이었다. 때때로 그는 우울증이 광증의 경계까지 이르렀다. 그리고 나이가 들어서는 지옥에 대한 두려움에 완전히 사로잡혀 자기 예술을 죄라고 생각하고 분노한 신을 달래기 위해 가난한 소녀들에게 돈을 나누어 주었다.[64] 신경증을 일으키는 감수성은 그의 일상을 비참하게 만들었다. 1508년에 이미 그는 아버지에게 이렇게 써 보냈다. "단 한 시간 행복한 순간을 보낸 뒤로 이제 거의 15년이 지나갔습니다."[65] 그는 앞으로도 58년이라는 긴 세월을 살아가면서도 행복한 시간은 몇 번밖에 갖지 못한다.

7. 라파엘로와 레오 10세: 1513~1520

레오가 미켈란젤로를 소홀히 한 것은 일부는 그가 균일한 성질을 지닌 남자와 여자들을 좋아했던 탓이고, 일부는 그가 건축이나 강력한 예술을 그다지 좋아하지 않은 탓이었다. 그는 대성당보다 보석을 좋아했고, 기념비보다 세밀화를 더 좋아했다. 줄곧 카라도쏘, 산티 데 콜라 삽바, 미켈레 나르디니와 금세공사들에게 보석 세공, 카메오 세공, 메달, 주화, 예배에 쓰는 용기들을 만들도록 했다. 그는 죽을 때 소중한 보석들, 루비, 사파이어, 에메랄드, 다이아몬드, 진주 등과 교황의 관, 주교의 관, 가슴 장식 등 20만 4655두카트(250만 달러 이상) 상당의 보석들을 남겼다. 물론 이들 대부분은 선배들에게서 물려받은 것들이고, 이런 보물들은 시간의 감가상각을 벗어난 교황청의 보물이라는 점을 기억해야 한다.

그는 20여 명의 화가들을 로마로 불러왔지만 그가 언제나 보살핀 거의 유일한 사람은 라파엘로뿐이었다. 레오나르도를 시험해 보고, 느림보라고 도로 쫓아냈다. 프라 바르톨로메오도 1514년에 로마로 와서 「성 베드로」와 「성 바울」을 그렸다. 그러나 이곳의 분위기와 흥분은 그와 잘 맞지 않았고, 그는 곧 피렌째 수도원의 평화 속으로 돌아갔다. 레오는 소도마의 작품을 좋아했지만 이 악명 높은 난봉꾼이 바티칸 주변에서 자유롭게 설치도록 내버려 두지는 못했다. 세바스티아노 델 피옴보는 레오의 사촌인 쥴리오 데 메디치에게서 인정을 받았다.

라파엘로는 레오와 기질이나 취향이 잘 맞았다. 두 사람 다 그리스도교 세계를 즐겁게 만들고 이 세상을 낙원으로 삼은 상냥한 쾌락주의자들이었다. 그러나 두 사람은 잘 놀았듯이 일도 열심히 했다. 레오는 행복한 예술가에게 일을 잔뜩 안겨 주었다. 바티칸의 유명한 '스탄쩨(방)'들을 완성하는 일, 시스티나 예배당 벽걸이를 위한 밑그림 도안, 바티칸 로지아의 장식, 성 베드로 성당의 건설, 고전 예술의 보존 등이었다. 라파엘로는 이런 임무를 선량한 즐거움과 욕망으로 받아들였고, 그러면서도 짬을 내서 20여 점의 종교화, 몇 개의 이교적인 벽화, 약 50점의 성모 그림, 부와 명성을 보장해 주는 몇몇 사람들의 초상화 등을 그렸다. 레오는 상냥한 태도로 그에게 축제를 감독하고, 연극을 위한 무대 그림을 그리고, 사랑하는 코끼리의 초상화를 만들 것을 부탁했다.[66] 아마도 과로와 사랑으로 인해 라파엘로는 그토록 때 이른 죽음을 맞이했을 것이다.

그러나 그는 이제 힘의 절정에 이르렀고 번영을 누렸다. "나를 아버지처럼 돌봐 주시는 …… 사랑하는 시모네 삼촌", 그리고 그가 아직 결혼하지 않았다고 나무라는 이 삼촌에게 보낸 편지에서(1514년 7월 1일) 라파엘로는 행복한 자신감에 넘쳐 다음과 같이 말하고 있다.

아내에 대해서 말인데 나는 삼촌이 구해 주신 사람을 아내로 얻지 않고, 또 아무도 아내로 삼지 않은 것을 매일 감사하고 있다고 말씀드려야겠군요. 이 점에 있어서만은 내가 삼촌보다 더 똑똑했던 것 같아요. …… 내가 나 자신보다 더 낫다는 사실을 삼촌도 분명히 보실 거예요. 로마에 3000두카트의 재산을 가지고 있으며 50두카트가 이미 확보되어 있습니다. 성하께서는 성 베드로 성당 재건을 위한 감독직의 대가로 300두카트의 봉급을 약속하셨고, 내가 살아 있는 한 그것이 없어지지 않을 것입니다. …… 그 밖에도 사람들은 내가 일을 위해 필요로 하는 것은 무엇이든 다 줍니다. 나는 성하의 큰 홀을 장식하는 일을 시작했어요. 그 일에 대해 금화로 1200두카트를 받기로 했습니다. 사랑하는 삼촌, 보시다시피 나는 가족을 위해서 그리고 나라를 위해서 명예로운 일을 하고 있습니다.[67]

서른한 살이 된 그는 이제 의식이 뚜렷한 남자가 되어 가고 있었다. 아마 젊은 나이를 감추기 위해서인 듯 수염을 길렀다. 브라만테가 지은 궁전을 라파엘로는 3000두카트를 주고 사서 안락하게, 아니 화려하게 살았다. 그는 젊은 귀족처럼 옷을 입었다. 바티칸을 찾아갈 때는 제자들과 고객들로 이루어진 수행원들을 거느리고 갔다. 미켈란젤로가 그를 나무랐다. "장군처럼 수행원을 거느리고 있네." 이에 대해 라파엘로가 대꾸했다. "당신은 교수형 집행인처럼 혼자네요."[68] 그는 여전히 선량한 사람이었다. 시샘은 없었지만 경쟁에는 열심이고 전처럼 그렇게 겸손하지는 않았다.(어떻게 그럴 수가 있겠는가?) 그래도 여전히 다른 사람들을 도와주려 하고 친구들에게 걸작들을 선물하고 자기보다 행운이 적거나 재능이 적은 다른 예술가들을 위해 후원자 노릇을 했다. 그러나 이따금 그는 날카로운 재치를 보일 때도 있었다. 두 명의 추기경이 그의 작업장을 방문해서 그의 그림에서 흠을 잡아내면서 좋아했다. 이를테면 사도들의 얼굴이 너무 붉다고 말했다 치자. 그러면 그는 이렇게 대꾸했다. "그런 일에 그렇게 놀라지 마십시오, 추기경 님, 일부러 그렇게 그렸답니다. 하늘에서 사도들이 교회가 두 분 같은 사람들에 의해 통치되는 것을 보고 얼굴을 붉혔다고 생각할 수는 없을까요?"[69] 그러나 그는 성 베드로 성당 계획안의 경우에서 보여 주었듯이 별 원망 없이 수정안을 받아들일 줄도 알았다. 그는 탁월한 예술가들을 흉내 내서 그들에게 아첨을 했지만 그렇다고 자신의 독립성이나 독창성을 잃어버리지 않았다. 그는 자기 자신의 특성을 살리기 위해 고독할 필요가 없었다.

그의 도덕성은 그의 매너처럼 훌륭하지는 못했다. 그는 여인들의 매력에 아주 강하게 끌리지 않고는 그들을 매혹적으로 그리지 못했다. 그리고 「성체 논쟁」을 위한 드로잉들 뒷면에 사랑의 소네트를 썼다. 그리고 애인들을 잔뜩 두었다. 그러나 교황을 포함하여 모든 사람은 이렇게 위대한 예술가가 그런 즐거움을 누릴 권리가 있다고 생각했던 듯하다. 바사리는 라파엘로의 성적인 문란함을 서술하고 겨우 두 쪽 지난 다음에 "미덕이 많은 그의 삶을 그대로 따라하는 사람은 하늘나라에서 보상을 받을 것"이라고 말하는 것에 아무런 모순을 느끼지 않았다.[70] 카스틸리오네가 라파엘로에게 그가 그린 아름다운 여성들의 모델을 어디서 찾아내느냐고 묻자 그는 여러 여인들에게 들어 있는 아름다움의 다양한 요소들을 자신의 상상력 속에서 합쳐서 그들을 만들어 낸다고 대답했다.[71] 그러므로 그는 다양한 표본들이 필요했다. 그런데도 그의 성격과 작품에는 건강하고, 삶을 강화시키는 톤이 들어 있다. 또 갈등과 불화, 시샘, 나이에 대한 비난 등의 한가운데서도 그의 경력에는 통일성과 평화와 명랑함이 있다. 그는 레오와 이탈리아를 소모시키던 정치를 무시했다. 권력과 특권을 위한 당파와 국가들 간에 되풀이되는 싸움이 단조로운 역사의 공허함이라고 느끼고, 선, 아름다움, 진실을 위한 헌신 이외에는 그 무엇도 상관이 없다고 생각했던 것인지도 모른다.

라파엘로는 진실의 추구는 더욱 단호한 정신들에게 맡기고 자신은 아름다움에 봉사하는 일로 만족했다. 레오의 통치 처음 몇 년 동안 그는 '헬리오도로스 방'의 장식을 계속했다. 상황에 따른 변덕 탓이었는지(이탈리아에서 '야만인들'을 쫓아낸 것을 상징하기 위해서) 율리우스는 이 방의 두 번째 벽화의 주제로 아틸라와 레오 1세의 역사적 만남(452)이라는 장면을 골랐다. 라파엘로가 이미 첫 번째 레오 교황의 모습에 두 번째 율리우스의 모습을 그리기 시작했을 때 열 번째 레오가 교황 자리에 올랐다. 드로잉이 수정되고 레오(10세)가 레오(1세)가 되었다. 이 거대한 만남의 장면보다 더욱 성공적인 것은 라파엘로가 같은 방의 창문 위로 난 아치에 그린 규모가 작은 그림이었다. 새로운 교황은 어쩌면 자신이 밀라노에서 프랑스 군대로부터 도망친 것을 기념하기 위해서였는지, 감옥에 갇힌 베드로가 천사들에 의해 풀려나는 장면을 주제로 제안했다. 라파엘로는 자신이 가진 구성의 기법을 총동원해 창문턱이 중간으로 올라와 있는 이 공간을 셋으로 나누어서 이야기에 통일성과 생명을 만들어 냈다. 왼편에는 경비병들이 잠들어 있고, 가운데에서는 천사가 베드로를 깨우고 있다. 오른편에는 천사가 졸리고 당황한 베드로를 안내해서 풀어 주고 있다. 천사로부터 나오는 빛이 방을 비추고, 병사들의 갑옷에 반사하여 그들의 눈을 멀게 만든다. 그리고 반달이 구름을 하얗게 비추고 있다. 이런 조명은 이 그림을 회화에서 빛의 탐구에 대한 모범으로 만들어 주었다.

젊은 예술가는 새로운 기법에 대단히 욕심이 많았다. 브라만테는 미켈란젤로의 허락도 구하지 않고 친구인 라파엘로를 비밀리에 데리고 가서 시스티나 천장화가 완성되기도 전에 그림을 보여 주었다. 라파엘로는 깊은 인상을 받았다. 어쩌면 그의 자부심에 아직도 남아 있던 겸손함으로 그는 자신의 재능보다 훨씬 더 강력한 천재(인정은 덜 받아도)를 보고 있다고 느꼈던 것인지도 모른다. 그는 이 새로운 인상을 '헬리오도로스 방'의 천장화의 주제와 형태에 받아들였다. 「하느님이 노아에게 나타나심」, 「아브라함의 감사제」, 「야곱의 꿈」, 「불타는 덤불」 등이다. 그리고 그가 성 아우구스티누스 교회에 그린 「예언자 이사야」에도 다시 모습을 나타내고 있다.

1514년에 그는 그곳의 주요 그림으로 인해 "보르고 화재의 방"이라고 알려진 방의 그림을 시작했다. 중세의 이야기에 따르면 레오 3세 교황이(798~816) 그냥 십자가 표시만 했는데도 불이 났고, 그 불이 보르고를 거의 다 태울 뻔했다고 한다. 보르고는 바티칸 주변에 있는 로마의 한 지역이다. 아마도 라파엘로는 이 벽화를 위한 밑그림만을 제작하고 실제 그림은 제자인 쟌프란체스코 페니에게 주었던 듯하다. 그렇다 해도 여전히 이 구도는 아주 훌륭하고 라파엘로의 가장 훌륭한 서사 양식을 보여 준다. 고전과 그리스도교 이야기를 뒤섞어 라파엘로는 왼편에 잘생긴 근육질의 에네아스가, 늙었지만 역시 근육질인 아버지 안키세스를 업은 모습을 그렸다. 또 다른 완벽하게 그려진 나체의 남자가 불타는 건물의 벽 끝에 매달려 떨어지려고 한다. 이들 세 누드화에서 미켈란젤로의 영향이 아주 뚜렷하다. 흥분한 어머니가 벽에 기대어, 바닥에서부터 발끝으로 서서 손을 뻗치고 있는 남자에게 젖먹이를 넘겨주는 그림은 훨씬 더 라파엘로답다. 강력한 기둥들 사이로 여자들이 여러 그룹을 이루어 교황의 도움을 간청하고, 교황은 발코니에서 아주 평온한 모습으로 불에게 그만 그치라고 명한다. 라파엘로는 여기서 여전히 선(線)의 절정에 있음을 보여 준다.

이 방에 있는 나머지 그림을 위해 라파엘로가 밑그림을 그렸는데, 어쩌면 이것조차 제자들의 도움을 받았을지 모른다. 이 밑그림을 바탕으로 페리노 델 바가가 창문 위에 「레오 3세의 맹세」를 그렸다. 교황은 샤를마뉴 대제 앞에서 자신의 결백을 밝히고 있다.(800) 출입구가 있는 벽에는 더욱 위대한 제자인 쥴리오 로마노(G. Romano, 르네상스 미술에서 유일하게 로마 출신의 유명한 화가)가 「오스티아의 전투」를 그렸다. 여기서 레오 4세는(레오 10세와 아주 비슷한 모습이다.) 사라센 침입자들을 물리쳤다.(849) 다른 공간들에서 유능한 제자들은 교회의 안위를 지켜 낸 군주들의 이상적인 초상화를 그렸다. 마지막 그림 「샤를마뉴의 대관식」에서 레오 10세가 레오 3세 노릇을 하고 있다. 그리고 이 그림에서 프랑스의 왕 프랑수아 1세가 샤를마뉴로 그려졌는데, 그는 황제가 되고자하는 야망을 이렇게 대리로 성취한 셈이다. 이 그림은 전년도에(1516) 볼로냐에서 레오가 프랑수아 1세를 만났던 일을 반영하고 있다.

라파엘로는 네 번째 방인 '콘스탄티누스의 방(Sala di Costantino)'을 위해서 사전 스케치를 했다. 그가 죽은 다음 클레멘스 7세의 후원을 받아 다른 화가들이 이 그림을 완성했다. 그사이 레오 10세는 라파엘로에게 로지아(바티칸에 있는 성 다마수스 안뜰을 둘러싸고 있는 열린 회랑. 브라만테 건설)의 장식을 시작하도록 독촉했다. 라파엘로가 이 회랑의 건설을 완성했다. 이제(1517~1519) 그는 한 회랑의 천장을 위해 창조부터 최후의 심판에 이르는 성서 이야기를 다룬 52개의 벽화를 도안했다. 진짜 그림은 쥴리오 로마노, 쟌프란체스코 페니, 페리노 델 바가, 폴리도로 칼다라 다 카라바지오와 다른 사람들이 맡았다. 죠반니 다 우디네는 벽기둥과 아치의 아래쪽에 즐거운 그림들과 아라베스크 그림을 그렸다. 이들 로지아 벽화들은 이곳저곳에 시스티나 천장화에서 이미 다룬 주제들을 사용했지만 훨씬 더 손쉬운 솜씨와 더욱 편하고 즐거운 정신으로 그린 것이다. 장엄함이나 숭고함을 추구하지 않고 그냥 즐거운 이야기들, 이를테면 에덴의 과일을 즐기는 아담, 이브 그리고 그 자녀들, 세 천사의 방문을 받은 아브라함, 레베카를 포옹하는 이삭, 샘가에서 만난 야곱과 라헬, 요셉과 포티파의 아내, 모세의 발견, 다윗과 밧세바, 양치기들의 경배 등을 그렸다. 이들 작은 회화들은 물론 미켈란젤로의 그림에 비할 수 없다. 그들은 다른 세계, 다른 장르에 속한다. 여성적인 우아함의 세계이지 남성적인 강함의 세계가 아니다. 그들은 마지막 5년 동안 가벼운 마음으로 지낸 라파엘로의 표지들이다. 그에 반해 시스티나 천장화는 힘의 절정에 도달한 미켈란젤로이다.

아마도 레오는 이 천장화에 대해서, 그리고 율리우스 통치 기간에 속하는 그 영광에 대해서 어느 정도 질투심을 느꼈던 모양이다. 그는 즉위하고 머지않아 시스티나 예배당 벽에 벽걸이 장식을 해서 자신의 시대를 기념하겠다는 생각을 품었다. 이탈리아에는 플랑드르의 벽걸이 직조공 같은 기술자들이 없었다. 그리고 레오 생각에 플랑드르에는 라파엘로에 맞먹는 화가가 없었다. 그는 화가에게(1515) 사도들의 활동을 보여 주는 10개의 장면을 밑그림으로 만들라고 주문했다. 루벤스는 브뤼셀에서 이 밑그림 7점을 잉글랜드의 찰스 1세를 위해 사들였고, 그래서 이것들은 지금 런던의 빅토리아와 앨버트 박물관에 있다. 그들은 역사상 가장 주목할 만한 드로잉들이다. 라파엘로는 여기서 구도와 해부학과 극적 효과에 관한 자신의 지식을 죄다 사용했다. 드로잉의 전 영역에서 라파엘로의 이 작품들, 「기적의 고기잡이」, 「베드로에게 책임을 맡기는 그리스도」, 「아나니아의 죽음」, 「앉은뱅이를 고치는 베드로」, 「아테네에서 설교하는 바울」 등을 능가하는 작품은 거의 없다. 마지막 작품에서 바울의 멋진 모습은 피렌쩨에 있는 마사쵸의 벽화에서 훔쳐 온 것이기는 하지만.

10점의 밑그림들은 브뤼셀로 보내졌고, 그곳에서 옛날 로마에서 라파엘로의 제자였던 베르네르트 판 오를리가 이 도안들이 비단과 모직 천으로 짜여지는 것을 감독했다. 3년이라는 짧은 기간에 7점의 벽걸이가 완성되었고, 1520년에는 10점이 모두 완성되었다. 1519년 12월 26일에 7점의 벽걸이가 시스티나 벽에 걸렸다. 로마의 상류층은 와서 그것을 보라고 초대를 받았다. 그들은 열광했다. 파리 드 그라씨는 일기에 이렇게 적었다. "예배당 전체가 이 벽걸이들의 모습을 보고 말을 잃었다. 이 세상에 이보다 더 아름다운 것은 없다고 모두 동의했다."[72] 벽걸이 하나 당 총 2000두카트(2만 5000달러)의 경비가 들었다. 10점의 벽걸이 경비는 레오의 재정을 고갈시키는 데 단단히 한몫을 했고, 더 많은 면죄부 판매와 관직 판매를 유도했다.* 레오는 이제 자신과 라파엘로가 율리우스와 미켈란젤로에 맞서 동일한 공간에서 예술의 전투를 벌였으며, 자기들이 이겼다고 여겼다.

라파엘로의 경이로운 생산성은(37년의 생애 동안에 미켈란젤로가 89년 동안 이룩한 것보다 더 많다.) 그의 작품을 공정하게 요약하기를 어렵게 한다. 거의 모든 작품이 걸작이기 때문이다. 그는 모자이크, 목판, 보석, 메달, 도자기, 청동 그릇과 돈을새김, 향수 그릇, 조각, 궁전 등을 도안했다. 미켈란젤로는 라파엘로가 고래를 타고 있는 요나의 조각상을 위한 모델을 만들고 이 모델에 따라 피렌쩨 조각가인 로렌쩨토 로티가 대리석상을 제작한다는 말을 듣고 긴장했다. 그러나 그 결과를 보고는 안심했다. 라파엘로는 현명하지 못하게 회화적 요소로 인해 길을 잃고 만 것이다. 건축 분야는 그보다 나았다. 그곳에서는 친구인 브라만테가 그를 안내해 주었기 때문이다. 1514년 무렵 성 베드로 성당의 책임을 맡았을 때 그는 친구인 파비오 칼보에게 비트루비우스(1세기의 로마 건축가)의 건축론을 이탈리아어로 번역해 달라고 부탁했다. 그 이후로 그는 고전 건축 양식과 형태들을 열렬히 사랑하게 되었다. 브라만테가 짓던 로지아를 이어받아 그가 건축한 부분이 레오를 기쁘게 해서 교황은 그를 바티칸의 모든 건축과 미술 부분에 대한 책임자로 임명했다. 라파엘로는 로마에 몇 가지 특징 없는 궁전들을 건설하고, 쥴리오 데 메디치 추기경을 위한 우아한 빌라 마다마의 도안에 동참했다. 그러나 이것은 건축 부분은 주로 쥴리오 로마노, 장식 부분은 죠반니 다 우디네의 작품이다. 아직 전해지는 라파엘로 건축의 걸작품은 판돌피니 궁전이다. 이것은 그가 죽은 다음 그의 도안에 따라 완성된 것이다. 이것은 피렌쩨에서 가장 아름다운 궁전들에 속한다. 고상한 무심함으로 그는 은행가 친구

---

* 레오가 죽었을 때 벽걸이들은 교황청 재정 파탄을 완화하기 위해 저당을 잡혔다. 로마 유린(1527) 시기에 이 벽걸이들은 심각한 손상을 입었다. 하나는 조각조각 잘렸고, 둘은 콘스탄티노플로 팔렸다. 1554년까지는 이들 모두가 시스티나 예배당으로 돌아왔다. 해마다 그리스도 성체 축일 때 이들은 성 베드로 광장에 전시되었다. 프랑스의 루이 14세는 이들을 유화로 베끼도록 했다. 1798년 프랑스에 점유되었다가 1808년에 다시 바티칸으로 돌아왔다. 이들은 지금은 원래의 홀인 아라찌 회랑에 전시되고 있다.

인 키지를 위해서 산타 마리아 델 포폴로 성당에 제단을 하나 짓고, 그의 말들을 위해 마치 궁전을 짓듯이 마구간들을 지었다.(스탈레 키지아네, 1514) 라파엘로와 레오 시대 로마를 이해하기 위해 잠시 쉬면서 이 악명 높은 키지를 살펴보기로 하자.

8. 아고스티노 키지

아고스티노 키지(Agostino Chigi)는 로마의 새로운 그룹을 대표했다. 이 그룹은 보통 로마 출신이 아닌 부유한 상인이나 은행가로 그들의 부는 로마의 오래된 귀족들을 밀어내고, 예술가와 문인들을 향한 너그러운 후원은 오로지 교황과 추기경들하고만 겨룰 수 있는 사람들이었다. 시에나에서 태어난 키지는 매일의 음식과 함께 재정 기술을 흡수했다. 마흔세 살에 이탈리아의 유력한 금융업자가 되어 공화국과 왕국, 그리스도교와 이교도에게 돈을 빌려 주었다. 그의 금융업은 터키를 포함하여 12개국에 이르렀고, 율리우스 2세의 위임을 받아 그는 명반과 소금의 전매권을 가졌다.[73] 1511년에 그는 율리우스가 페라라와 전쟁을 벌일 추가의 이유를 제시했다. 페라라 공작 알폰소가 그가 감당할 수 있는 가격보다 더 낮은 가격에 소금을 팔려고 했던 것이다.[74] 그의 회사는 이탈리아의 모든 주요 도시에 지점을 두었고, 콘스탄티노플, 알렉산드리아, 리옹, 런던, 암스테르담에도 지점을 두었다. 100척의 배들이 그의 깃발을 달고 항해했다. 2만 명의 사람들이 그에게서 월급을 받았다. 대여섯 명의 왕들이 그에게 선물을 보냈다. 그의 가장 훌륭한 말은 술탄에게서 받은 것이었다. 베네찌아를 방문할 때면(그곳에 그는 12만 5000두카트를 빌려 주었다.) 그는 총독 바로 옆자리에 앉았다.[75] 레오 10세가 그의 부가 얼마나 되느냐고 묻자 아마도 세금의 이유에서였겠지만 측량이 불가능하다고 대답했다. 그러나 그의 연수입은 7만 두카트(87만 5000달러)에 이를 것으로 계산되었다. 은 쟁반과 보석은 로마의 귀족들이 가진 것을 모두 합친 것과 양이 같았다. 그의 침대의 뼈대는 상아를 깎아 만든 것에 황금과 값진 보석을 박아 넣었다. 욕실의 설비들은 강화된 은으로 만들어 졌다.[76] 그는 12개의 궁전과 빌라들을 소유했고 그중에서 가장 화려한 것은 테베레 강 서편에 위치한 빌라 키지였다. 발다싸레 페루찌가 설계하고, 페루찌, 라파엘로, 소도마, 쥴리오 로마노, 세바스티아노 델 피옴보의 그림들로 꾸며진 이 궁전은 로마에서 가장 화려한 궁전으로 손꼽혔다.

키지의 향연은 카이사르 시대 루쿨루스의 그것과 맞먹는 명성을 얻었다. 라파엘로가 방금 완성한 마구간에서, 인간보다 더 아름다운 짐승들이 그것을 차지하기 전에 아고스티노 키지는 1518년에 레오 교황과 14명의 추기경들을 초대하여 2000두카트(2만 5000달러?) 경비가 들어간 향연을 베풀었다. 이 특별한 기회에 11개의 훌륭한 은 쟁반이 도둑맞았다. 아마도 손님들을 수행한 하인들의 소행이었을 것이다. 키지는 그것을 찾는 일을 금지하고 그렇게 조금밖에 도둑맞지 않은 것이 놀랍다고 예의 바르게 말했다.[77] 향연이 끝나고 나자 비단 카펫과 벽걸이들과 화려한 설비들이 치워지고, 100마리의 말들이 마구간으로 들어왔다.

몇 달 뒤에 은행가는 또 다른 만찬을 베풀었다. 이번에는 강이 내려다보이는 빌라의 로지아에서였다. 한 코스가 끝날 때마다 거기 사용된 은 쟁반이 테베레 강으로 던져졌다. 같은 쟁반을 두 번 사용하지 않는다는 것을 보여 주기 위해서였다. 잔치가 끝나고 나서 키지의 하인들은 로지아의 창문 아래 흐르는 강물 속에 몰래 쳐 놓았던 그물에서 쟁반을 끌어올렸다.[78] 1519년 8월 29일 빌라의 중앙 홀에서 베풀어진 만찬에서(레오 교황과 12명의 추기경) 사용된 은 또는 금 쟁반에는 그의 모토인 갑옷의 관모와 외투가 흠 없이 새겨져 있었다. 그리고 특별한 생선, 사냥으로 잡은 고기, 야채, 과일, 이 기회를 위해 특별히 산지에서 방금 수입된 포도주들이 제공되었다.

키지는 문학과 예술을 너그럽게 후원함으로써 자신의 부(富)를 이렇게 평민적으로 과시한 것에 대해 보상했다. 그는 비테르보 출신 학자인 코르넬리오 베니뇨가 핀다루스를 편집하는 것을 후원하고, 자신의 집에 그것의 인쇄를 위한 인쇄 설비를 갖추었다. 그리고 이 인쇄소를 위해, 알두스 마누티우스가 2년 전에「송가」들을 출판하는 데 사용한 것보다 더 아름다운 그리스어 활자들을 제작했다. 이것은 로마에서 인쇄된 최초의 그리스어 텍스트였다.(1515) 1년 뒤에 같은 인쇄소는 테오크리투스를 편집하여 발행했다. 그 자신은 중간 정도의 교육을 받았을 뿐이지만 아고스티노 키지는 뱀보, 죠비오, 심지어는 아레티노와의 친분을 자랑으로 삼았다. 이 마지막 경우 "돈은 냄새가 나지 않는다.(pecunia non olet)"라는 로마의 격언이 행동하는 동사(타동사)를 포함했다. 돈과 애인들 다음으로 키지는 예술이 만들어 낸 온갖 아름다움의 형식을 사랑했다. 그는 레오와 경쟁적으로 예술가들에게 주문을 했고, 르네상스의 이교 해석에서는 즐겁게도 레오를 이겼다. 자신의 궁전과 빌라들에 박물관을 차려도 될 만큼 예술품을 수집했다. 그는 아마도 자신의 빌라를 단순히 자신의 집이 아니라 공공 미술관이라고 생각했던 모양이다. 간혹 일반인이 이곳에 입장하는 것이 허락되었다.

이 빌라에서 베풀어진, 앞에 서술한 1519년 8월 28일의 저녁 식사에서 레오의 집전으로 키지는 이미 8년 동안이나 함께 살았던 충실한 애인과 결혼식을 올렸다. 8개월 뒤에 그는 죽었다. 라파엘로가 죽은 지 며칠 만이었다. 80만 두카트(1000만 달러?)로 추정되는 그의 재산은 주로 자식들 사이에 분배되었다. 장남인 로렌쪼는 낭비의 삶을 살았다. 그리고 1553년에 정신병 판정을 받았다. 빌라 키지는 겨우 1580두카트의 돈에 알레쌴드로 파르네제 추기경에게 팔렸다. 그 이후로 이 집은 '파르네시나'라는 이름을 얻었다.

9. 라파엘로의 마지막 시기

라파엘로는 1510년에 이 즐거운 은행가에게서 작은 주문들을 받았다.

1514년에는 산타 마리아 델라 파체 예배당에 그를 위해 벽화를 그렸다. 이 공간은 좁고 고르지 못했다. 라파엘로는 네 명의 시뷜레(여자 예언자)들을 배치해서 이것을 고르게 보이게 만들었다. 쿠마에, 페르시아, 프리기아, 티부르티노 시뷜레들이었다. 여기서 이교의 예언들은 이 자리에 온 천사들로 인해 힘을 잃고 있다. 그들은 모두 우아한 모습이다. 라파엘로는 우아함이 없이는 그 무엇도 그릴 수가 없었기 때문이다. 바사리는 이들이 젊은 대가의 가장 훌륭한 작품이라고 생각했다. 이들은 티부르티노만 빼고 미켈란젤로 시뷜레들을 더 허약하게 모방한 것이다. 나이로 수척해지고, 스스로 예언하는 나쁜 운명으로 인해 두려워하는 이 여사제는 독창적이고 극적인 힘을 지닌 인물이다. 17세기 이전의 출전이 없어서 진위를 알 수 없는 어떤 이야기에 따르면 라파엘로와 키지의 재무관 사이에 이 시뷜레들에 대한 사례금을 두고 어떤 오해가 일어났다고 한다. 라파엘로는 이미 500두카트를 받았지만 작업이 끝났을 때 추가 사례금을 요구했다. 재무관은 그 500두카트로 지불이 완전히 끝났다고 생각했다. 라파엘로는 재무관에게 경쟁적인 예술가에게 이 벽화의 가치를 평가시키라고 제안했다. 그는 미켈란젤로를 선택했고 라파엘로는 동의했다. 미켈란젤로는 라파엘로에 대해 질투심을 품고 있었는데도 이 그림에 등장하는 머리 하나가 100두카트는 된다고 평가했다. 놀란 재무관이 이 판단을 키지에게 전하자 은행가는 라파엘로에게 추가로 400두카트를 지불하라고 명했다. 그리고 이렇게 경고했다. "그가 만족하도록 친절하게 대하게. 만일에 그가 의상에 대해서도 지불을 요구하면 난 파산할 게야."[79]

키지는 그를 조심스럽게 대해야 했다. 같은 해에 라파엘로는 그를 위해서 빌라 키지에 즐거운 벽화를 그리고 있었기 때문이다. 「갈라테아의 승리」였다. 이야기는 폴리찌아노가 쓴 「마상 창 시합(Giostra)」에서 가져온 것이었다. 퀴클롭스(외눈박이 거인)인 폴리페무스는 노래와 피리 연주로 요정 갈라테아를 유혹하려고 한다. 그녀는 그를 싫어해서 멀리한다. 마치 대체 누가 예술가와 결혼한단 말인가 하고 말하려는 듯하다. 두 마리 돌고래에게 앞길을 맡기고, 돌고래들은 그녀를 조가비 같은 탈것에 태워서 바다로 끌고 간다. 그녀의 왼편에는 건강한 요정이 힘센 트리톤에게 즐겁게 잡혀 있고, 사랑을 부추기려고 구름에서 큐피드들이 필요치도 않은 사랑의 화살을 쏜다. 여기서 이교 르네상스가 한창 절정에 이르렀고, 라파엘로는 즐겁게 자신의 밝은 상상력이 생각하는 대로 여성의 모습을 그린다.

1516년에 그는 비비에나 추기경의 욕실을 베누스와 사랑의 승리를 찬양하는 벽화로 장식했다. 1517년에 키지 저택 중앙 홀의 천장과 천장의 아치 삼각면을 위한 그림들에서 더욱 쾌락적인 모습을 드러낸다. 여기서 그는 아풀레이우스의 「변신 이야기」에서 얻은 이야기를 위해 천재적인 상상력을 동원했다. 왕의 딸인 프시케는 그 아름다움으로 베누스의 질투심을 불러일으켰다. 심술이 난 여신은 아들 큐피드를 불러 프시케에게 세상에서 찾아낼 수 있는 가장 경멸할 만한 남자에게 정열을 느끼게 만들라고 명령했다. 큐피드는 임무를 완수하기 위해 지상으로 내려갔지만 첫눈에 자신이 프시케에게 반하고 말았다. 그는 어둠을 틈타 그녀를 방문하고는 자신이 누군지 알려고 하지 말라고 했다. 그러나 그녀는 어느 날 밤에 침대에서 일어나 램프를 켜고 자신이 신들 중에서 가장 잘생긴 신과 동침하고 있었음을 알고 대단히 기뻐했다. 흥분한 나머지 그녀는 뜨거운 기름 한 방울을 신의 어깨에 떨어뜨리고 말았다. 그는 깨어나 그녀의 호기심을 나무라고 분노해서 그녀 곁을 떠났다. 이런 경우 여자가 호기심이 없다면 사회가 뒤죽박죽이 되리라는 점을 그는 미처 생각지 못했다. 프시케는 슬픔에 잠겨 온 세상을 이리저리 떠돌았다. 베누스는 어머니 말을 듣지 않았다는 이유로 큐피드를 감옥에 가두고 유피테르에게 가서 하늘의 기강이 엉망이 되었다고 불평했다. 유피테르는 메르쿠리우스를 보내 프시케를 잡아왔고, 그녀는 베누스의 노예가 되었다. 큐피드는 감옥에서 도망쳐 유피테르에게 찾아가 프시케를 자기에게 달라고 간청했다. 언제나 그렇듯이 서로 상반되는 두 청원자들 사이에서 혼란스러워진 유피테르는 올림피아 신들을 불러 이 문제를 논의했다. 젊은 남자의 매력에 잘 넘어가는 유피테르는 큐피드 편에 섰다. 고분고분한 신들은 프시케를 석방하여 여신으로 만들고 큐피드와 결합시키자고 결의했다. 마지막 장면에서 그들은 신들의 잔치를 열어 큐피드와 프시케의 결혼식을 축하한다. 우리는 이 이야기가 훌륭한 알레고리이고, 프시케는 인간의 영혼을 상징하는 것으로 고통을 통해 정화되어 낙원으로 들어가는 과정을 들려주는 이야기라고 들었다. 그러나 라파엘로와 키지는 이 신화에서 종교적인 상징성 따위는 보지도 않고 완전한 남자와 여자들의 형태를 명상할 기회로 이용하고 있다. 여기서 라파엘로의 감각주의에는 청교도의 비판을 무력하게 만드는 섬세함과 우아함이 들어 있다. 상냥한 레오는 이런 그림에 비난할 요소가 있다고 생각지 않았다. 이 그림에서 인물과 구도만 라파엘로의 것이다. 쥴리오 로마노와 프란체스코 페니가 그의 도안에 따라 장면들을 그리고, 죠반니 다 우디네는 과일과 꽃들이 피어나는 매혹적인 화환으로 주변을 둘러쌌다. 라파엘로 유파는 최종 산물이 거의 언제나 사랑스러운 형태가 될 것이 보증된 제작소가 되었다.

이교와 그리스도교가 라파엘로에서처럼 그렇게 잘 혼합된 경우는 없었다. 왕자처럼 살고 많은 여인들을 순간적으로만 사랑했고(이런 것을 변칙적인 일이라고 생각할 수도 있지만) 천장에 남자와 여자 누드화들을 그리면서 좋아하던 이 세속적인 젊은이는 동일한 시기에(1513~1520) 역사상 가장 호소력이 있는 그림들을 그렸다. 자신의 적나라한 감각주의를 그대로 지닌 채 그는 언제나 좋아하는 주제인 성모 그림으로 돌아오곤 했다. 그는 성모를 50번이나 그렸다. 때로는 「마돈나 델 임판나타」처럼 제자가 그를 도운 때도 있었다. 그러나 대부분 그는 이런 유형의 그림은 자기 손으로 직접 그렸다. 그리고 옛날 움브리아 방식 경건함의 요소를 지녔다. 이제(1515) 그는 피아첸짜에 있는 산 시스토 수도원을 위해 「시스티나 성모」를 그렸다.* 완전한 피라미드 구도이고 늙은 순교

---

* 이 그림은 1753년에 작센의 프리드리히 아우구스투스 2세가 6만 탈러(45만 달러?) 가격에 사들였고 거의 200년 동안이나 드레스덴 미술관의 핵심적인 보물이었다. 코레죠의 「성스러운 밤」, 죠르죠네의 「베누스」, 그리고 다른 92만 점의 미술품과 함께 이것은 2차 세계대전이 끝난 다음 승리한 러시아가 도이칠란트에서 빼앗아 갔다.[80]

자 성 식스투스의 모습은 분명히 사실적이다. 새침한 성 바르바라는 약간 지나치게 아름답고 약간 지나치게 화려한 의상을 입었다. 붉은색이 들어간 성모의 녹색 겉옷은 천상의 바람에 부풀어 올랐다. 아기 예수는 헝클어진 순수함을 지녔기에 지극히 인간적이다. 성모의 단순한 장밋빛 얼굴은 약간 슬프고 놀란 모습이다.(이 그림을 위해 성모 노릇을 맡은 것으로 보이는 라 포르나리나가 자신이 적합하지 않다는 것을 깨달은 것처럼) 성모 뒤에 있는 커튼이 천사들에 의해 양쪽으로 젖혀져 그녀를 천국으로 받아들이고 있다. 이것은 온 그리스도교 세계가 좋아하는 그림이고, 라파엘로가 그린 것 중에서도 가장 널리 사랑 받는 작품이다. 전통적인 형식에도 불구하고 거의 이것만큼 아름답고 이보다 더욱 감동적인 작품이 「떡갈나무 아래의 성가정」(프라도), 혹은 「진주의 성모(La Perla)」라고 불리는 작품이다. 「옥좌에 앉은 성모」에서 분위기는 복음서보다는 오히려 인간적이다. 성모는 가슴이 풍만하고 상당히 정열적인 젊은 이탈리아 어머니이다. 통통한 아기를 소유욕 강한, 보호하는 사랑으로 꼭 붙잡고 있고, 아기는 마치 살해당한 아기들 이야기를 듣기라도 한 것처럼 겁먹은 모습으로 어머니에게 바싹 기대고 있다. 이런 「성모」 그림 하나면 여러 점의 포르나리나(라파엘로의 애인으로 여겨지는 여성 인물의 초상화) 그림들을 보상하고도 남음이 있다.

라파엘로는 그리스도 그림은 상대적으로 적게 그렸다. 그의 낙천적인 정신은 수난에 대한 생각이나 모습을 피했다. 어쩌면 레오나르도처럼 그도 신을 표현하기가 불가능함을 깨달았기 때문인지도 모른다. 1517년에 아마도 페니의 협조를 받아 팔레르모에 있는 산타 마리아 델로 스파시모 수도원을 위해 「십자가를 지고 가는 그리스도」를 그렸다. 이 그림은 「시칠리아의 스파시모」라 불리게 되었다. 바사리에 따르면 이 그림은 특이한 경력을 가지고 있다. 이것을 싣고 시칠리아로 가던 배가 폭풍에 길을 잃었다. 나무 상자에 담은 그림은 안전하게 물위를 떠돌다가 제노바에 닿았다. "사나운 바람과 파도마저도 이 그림을 존경했다."라고 바사리는 말했다. 그림은 다시 배에 실려 팔레르모에 도착했고, 그곳에서 "그림은 화산이 있는 산보다도 더 유명해졌다."[81] 17세기에 스페인의 필립 4세가 이것을 남몰래 마드리드로 가져갔다. 이 그림의 그리스도는 어떤 사명을 받았거나 완수한다는 감각이 없이 그냥 피로에 지친 좌절한 남자이다. 라파엘로는 「에제키엘의 환상」에서 신성(神性)을 더 낮게 그렸다. 여기서 그는 강력한 하느님의 모습을 미켈란젤로의 「아담의 창조」에서 얻어 왔다.

거의 「시스티나 성모」만큼이나 인기가 있는 「성 체칠리아」도 이 시기의 작품이다. 1513년 가을에 한 볼로냐 여성이 하늘의 음성이 자기에게 들려와 성 죠반니 델 몬테 교회에 성 체칠리아를 위한 제단을 만들라고 명령했다고 선언했다. 어떤 친척이 예배당을 짓기 시작했고, 그의 아저씨인 로렌쪼 푸치 추기경에게 청하기를, 라파엘로에게 금화 1000스쿠디를 대가로 받고 제단에 어울리는 그림을 그려 달라는 주문을 해 달라고 했다. 악기 부분은 죠반니 다 우디네에게 맡겨서 라파엘로는 1516년에 그림을 끝내고 앞에서 보았듯이 프란치아에게 보내는 친절한 편지와 함께 볼로냐로 그림을 보냈다. 우리는 프란치아가 이 작품의 광채를 느끼가 위해 그 아름다움에 치명적인 상처를 받았다고 믿을 필요는 없다. 음악의 감각은 거의 천상의 요소를 가지며, 성 바울은 '갈색 탐구'이고, 성 요한은 거의 소녀와 같은 무아경에 빠졌고, 사랑스러운 체칠리아, 그리고 그보다 더욱 사랑스러운 막달레나(여기서는 매력적인 천진한 모습으로 바뀌었다.) 그리고 의상과 막달레나의 발 위에 살아 있는 빛과 그림자가 등장하고 있다.

이제 몇몇 대작 초상화들도 나타났다. 「발다싸레 카스틸리오네」(루브르)는 라파엘로의 가장 성실한 작품의 하나로서 무한히 매혹적이고, 그가 그린 초상화들 중에서는 「율리우스 2세」 다음으로 대단한 작품이다. 우리는 맨 먼저 이상하게 부풀어 오른 모자를 보게 되고, 이어서 모피 외투와 풍부한 수염을 보고, 이 사람은 이슬람교도 시인이거나 철학자이거나 렘브란트가 그린 랍비 같은 사람이라고 상상하게 된다. 그런 다음 부드러운 눈길과 입, 마주잡은 손 등이 온화한 마음의 소유자이며 감상적인 사람임을 보여 준다. 그는 당시 레오의 궁전에 파견된 이사벨라 데스테의 대사로서 아내를 잃었다. 누구든 그의 『궁정인』을 읽기 전에 이 초상화 앞에 서서 자세히 들여다보는 것이 좋다. 「비비에나」는 노년의 추기경의 모습을 보여 준다. 그는 베누스들에 지쳐서 그리스도교와 다시 화해를 했다.

「돈나 벨라타」는 라파엘로의 작품이라는 사실이 아주 명백하지는 않다. 그러나 이것은 바사리가 라파엘로의 애인의 초상화라고 서술한 그림임이 거의 분명하다. 그녀의 모습은 그가 막달레나, 그리고 체칠리아, 어쩌면 「시스티나 성모」를 위해 모델로 사용한 그 모습이다. 이 그림에서 그녀는 거무스름한 머리카락에 새침한 모습이고 머리에서 길다란 베일을 내려뜨리고 있고, 목에 보석 목걸이를 한 채로 관능적인 의상이 느슨하게 몸을 감싸고 있다. 아마도 라파엘로가 그린 것이겠지만, 그러나 옛날의 관점들이 주장하는 것처럼 그의 애인이라는 것이 확실하지는 않은 「포르나리나」는 보르게세 미술관에 있다. 이 단어는 여자 제빵공이나 제빵공의 아내 혹은 딸을 나타내는 표현이다. 그러나 스미스(대장장이)나 카펜터(목수) 같은 이름들이 반드시 그 이름을 지닌 사람의 직업을 나타내는 것은 아니다. 이 여성이 특별히 매력적인 것은 아니다. 그녀의 평범한 모습에서는 그 노골적인 노출이 더욱 매력적이다.* 온건한 모습의 「베일을 쓴 숙녀」가 이 성급한 기쁨의 대담한 분배자와 동일 인물이라는 것이 거의 믿어지지 않는다. 그러나 어쨌든 라파엘로는 한 명 이상의 애인을 두었다.

그래도 그는 이성보다는 아름다움에 더 민감한 예술가에게 기대할 수 있는 이상으로 애인들에게 충실했다. 비비에나 추기경이 그에게 자신의 조카딸인 마리아 비비에나와 결혼하라고 권하자 그의 덕분에 많은 주문을 받았던 라파엘로는 마지못해 승낙했다.(1514) 그러나 그는 한 달 한 달, 한 해 한 해 그 약속을 미루었다. 그리고 전해지는 이야기에 따르면 거듭 결혼을 연기 당한 마리아는 마음이 괴로워서 죽었다.[82] 바사리는 라파엘로가 추기경에 임명될 것이라는 희망에서 결혼을 미루었다고 말하고 있다. 추기경 자리로 올라서는 데 결혼

---

* 우피찌에 있는 더 아름다운 「포르나리나」는 세바스티아노 델 피옴보의 작품이다.

은 (애인은 눈감아 줄 수 있지만) 가장 방해가 되는 일이었다. 이 예술가는 어디서 일을 하든 쉽게 가서 닿을 만한 곳에 애인들을 두곤 했던 것 같다. 라파엘로가 「프시케 이야기」를 그리고 있던 키지 저택과 그의 애인의 거처 사이 거리가 멀어서 시간을 너무 많이 뺏기자 은행가는 이 숙녀를 저택의 한쪽에 살게 해 주었다. 바사리의 말에 따르면 "그래서 이 일이 끝날 수가 있었다."[83] 이 여자가 바사리의 표현에 따르면 라파엘로가 "너무 빠져들어서" 이른 죽음에 이르게 만든 그 사람인지는 확실하지가 않다.[84]

그의 마지막 그림은 복음서 이야기에 대한 탁월한 해석의 하나였다. 1517년에 쥴리오 데 메디치 추기경은 라파엘로와 세바스티아노 델 피옴보 두 사람에게 나르본 대성당을 위한 제단화를 그려 달라고 주문했다. 프랑수아 1세는 그를 그곳의 주교로 만들었다. 세바스티아노는 자신의 재능이 인정은 못 받아도 적어도 라파엘로의 그것과 대등하다고 오래전부터 느끼고 있었다. 여기서 그는 자신을 증명할 기회를 얻은 셈이었다. 그는 라자로가 소생하는 것을 주제로 선택하고, 도안에서 미켈란젤로의 도움을 받았다. 이 경쟁에 자극을 받은 라파엘로가 최종 승리를 거두었다. 그는 「마태복음」에 나오는 타보르 산에서의 이야기를 주제로 삼았다.

엿새 후에 예수께서는 베드로와 야고보와 야고보의 동생 요한만을 데리고 따로 높은 산으로 올라가셨다. 그때 예수의 모습이 그들 앞에서 변하여 얼굴은 해와 같이 빛나고 옷은 빛과 같이 눈부셨다. 그리고 난데없이 모세와 엘리야가 나타나 예수와 함께 이야기하고 있었다. …… 그들이 군중에게 돌아오자 한 사람이 예수께 와서 무릎을 꿇고 "주님, 제 아들이 간질병으로 몹시 시달리고 있으니 자비를 베풀어 주십시오. 그 아이는 가끔 불속에 뛰어들기도 하고 물속에 빠지기도 합니다. 그래서 주님의 제자들에게 데려가 보았지만 그들은 고치지 못했습니다.[85]

라파엘로는 이 두 장면을 다 취해서 그들을 합치고, 시간과 장소의 통일성을 얻기 위해 비상한 노력을 했다. 산꼭대기에서 그리스도의 모습은 공중으로 떠올라 있고, 그의 얼굴은 황홀경으로 변화되어 있으며 그의 의상은 하늘에서 내려온 빛으로 빛나는 흰색이 되었다. 그의 한편에는 모세가 다른 편에는 엘리야가 있다. 그들 아래에 평평한 곳에 세 명의 사랑하는 제자들이 누워 있다. 산 아래쪽에는 절망한 아버지가 정신이 나간 아들을 앞으로 밀어붙인다. 어머니와 다른 여인이(두 사람 다 고전적인 아름다움을 지녔다.) 소년의 양옆에서 무릎을 꿇고 그곳에 남은 아홉 사도들에게 치유를 간청하고 있다. 사도들 중 한 사람은 책에 깊이 빠져 있다가 깜짝 놀라고 있다. 다른 사람은 변모한 그리스도를 가리키면서 오직 그분만이 소년을 치유할 수 있음을 알린다. 아마도 라파엘로가 마무리 작업을 했을 것으로 여겨지는 이 그림의 위쪽 부분이 찬양받고, 아래쪽에 나타난 어떤 조잡함과 억지의 요소가 비난받는 것이 보통이다. 아래쪽은 쥴리오 로마노가 그렸다. 그러나 가장 아름다운 인물 둘이 아래쪽 전면에 나타난다. 책을 읽다가 놀란 사도와 어깨를 드러낸 채 빛나는 의상을 한 무릎 꿇은 여자가 그들이다.

라파엘로는 1517년에 「그리스도의 변모」를 시작했지만 죽을 때까지 작품을 끝내지 못했다. 이 사건이 있고 약 30년이 지난 다음 쓴 바사리의 이야기가 어느 정도나 진실인지는 확실하지 않다.

라파엘로는 모든 정도를 넘어 비밀스러운 즐거움을 계속 즐겼다. 특별히 사나운 밤을 보내고 난 다음 그는 심한 열을 지닌 채 집으로 돌아왔다. 의사들은 그가 감기에 걸렸다고 생각했다. 그가 이런 질병의 원인을 고백하지 않았기 때문에 의사들은 경솔하게 방혈(放血)을 했다. 그럼으로써 원기를 회복시켜 줄 강장제가 필요한 순간에 그를 허약하게 만들었다. 상황에 맞게 그는 유언장을 만들었다. 우선 그리스도교도답게 애인이 정직하게 살 수 있도록 재산을 주어 집에서 내보냈다. 그런 다음 물건들을 제자들에게 나누어 주었다. 그가 언제나 사랑했던 쥴리오 로마노, 피렌쩨의 죠반니 프란체스코 페니, 우르비노의 사제, 친척 등에게 나누어 주었다. …… 고백성사를 하고 회개한 후 그는 자신의 생일인 수난의 금요일에 삶을 마감했다. 서른 일곱 살이었다.(1520년 4월 6일)[86]

그의 고백성사를 들으러 온 사제는 라파엘로의 애인이 집을 떠나기 전에는 병자의 방에 들어가기를 거부했다. 아마도 이 사제는 그녀가 계속 옆에 있으면 라파엘로가 사죄를 받기 전에 필요한 회개가 부족할 것이라 생각했던 모양이다. 장례 행렬에도 참석이 거부된 그녀는 거의 미칠 정도로 우울증에 걸렸다. 비비에나 추기경은 그녀에게 수녀가 되라고 설득했다. 로마의 모든 예술가들이 죽은 젊은이를 따라 그의 무덤으로 갔다. 레오는 사랑하는 화가를 잃은 것을 탄식했다. 교황의 비서 겸 시인인 벰보는 라틴어와 이탈리아어에 아주 능한 사람이었는데 판테온에 있는 라파엘로의 무덤을 위해 비명(碑銘)을 쓰면서 수사법을 다 버렸다.

Ille Hic Est Raphael(여기 라파엘로가 잠들다)

그것으로 충분했다.

동시대 사람들의 생각으로는 그는 그 시대 가장 위대한 화가였다. 그는 숭고함에서 시스티나 천장화에 맞먹는 것을 제작하지 못했다. 그러나 미켈란젤로는 라파엘로가 그린 50점의 성모상의 아름다움에 필적하는 것을 만들어 내지 못했다. 미켈란젤로가 더 위대한 예술가였다. 그는 세 분야에서 위대했고, 또 사유와 예술에 더욱 깊이가 있었기 때문이다. 그가 라파엘로에 대해서 "그는 깊은 탐구가 만들어 낼 수 있는 한 모범적 사례"[87]라고 말했을 때 그는 아마도 라파엘로가 모방을 통해서 다른 여러 예술가들의 탁월함을 습득했고, 근면한 재능으로 그런 탁월한 점들을 결합시켜서 완성된 양식으로 만들어 낸 것을 뜻했을 것이다. 미켈란젤로는 라파엘로에게서 길잡이를 내동댕이치고, 거의 과격하게 자신의 길을 스스로 만들어 내는 창조적인 분노를 느끼지 못했던 것이다. 라파엘로는 너무 행복해서 전통적인 격렬한 의미의 천재가 될 수가 없었다. 그는 자신의 내면의 갈등을 잘 해결했기에 가장 위대한 영혼들을 창조와 비극으로 이끌어 가는 악마적인 정신이나 힘의 흔적을 보이지 않았다. 그는 율리우스 2세, 이어서 레오 10세, 이어서 키지의 요구와 기분에 자신을 맞췄다. 그러나 언제나 그는 성모와 애인들 사이를 즐겁게 왕복하는 솔직한 젊은이였다. 이것은 이교와 그리스도교를 화해시키는 그만의 명랑한 방법이기도 했다.

기술자라는 의미에서의 예술가로서는 아무도 그를 능가하지 못했다. 그림의 요소들을 배열하는 것, 대중의 리듬, 선의 매끄러운 흐름이라는 측면에서 아무도 그와 견줄 수 없다. 그의 삶은 형태에 바쳐진 것이었다. 그는 항상 사물의 표면에 머물려는 경향을 지녔다. 율리우스 2세의 초상화를 제외하고 삶이나 신앙의 신비나 모순에 깊이 빠져들려 하지 않았다. 레오나르도의 섬세함과 미켈란젤로의 비극적 감각은 그에게는 거의 의미가 없었다. 삶의 쾌락과 즐거움, 아름다움의 창조와 소유, 친구와 애인의 성실함으로 충분했다. 러스킨이 다음과 같이 말했을 때 그는 옳았다. 고딕 조각과 이탈리아와 플랑드르의 ‘라파엘로 이전’ 회화에는, 라파엘로의 아름다운 성모와 관능적인 베누스들보다 더욱 깊이 영혼으로 내려가는 신앙과 희망의 섬세함, 단순함, 성실함이 있다는 것이다. 그런데도 「율리우스 2세」와 「진주의 성모」는 전혀 표피적인 작품이 아니다. 그들은 남자의 야망과 여성의 부드러움의 핵심에 도달하고 있다. 「율리우스 2세」는 「모나리자」보다 더욱 위대하고 깊이가 있다.

레오나르도는 우리에게 수수께끼를 던지고 미켈란젤로는 우리를 두렵게 하고 라파엘로는 우리에게 평화를 준다. 그는 질문하지 않고, 의심도 만들어 내지 않고 어떤 두려움도 불러일으키지 않고 우리에게 신의 음료와도 같은 삶의 사랑스러움을 제공한다. 그는 지성과 감정 사이, 육체와 영혼 사이에 어떤 갈등도 허용하지 않는다. 그에게 있어서 모든 것은 피타고라스의 음악을 만들어 내는 대립의 조화이다. 그의 예술은 그것이 건드리는 모든 것을 이상적인 것으로 만든다. 종교, 여인, 음악, 철학, 역사, 전쟁까지도. 그 자신 행운이 많고 행복했던 사람이라 그는 명랑함과 우아함을 사방으로 내뿜는다. 천재에 유사했던 덕에 그는 가장 위대한 존재의 바로 아래쪽에, 그러나 여전히 그들과 함께 자리를 잡았다. 단테, 괴테, 키츠. 베토벤, 바흐, 모차르트, 미켈란젤로, 레오나르도, 라파엘로.

10. 정치가 레오

이 모든 예술과 문학의 한가운데서 레오가 정치 놀음을 해야 했다는 것은 유감이다. 그러나 그는 한 국가의 수장이었고, 알프스 북쪽의 세력들이 야심적인 지도자와 대규모 군대와 탐욕스러운 장군들을 가진 시대에 살았다. 프랑스의 루이 12세와 스페인의 페르디난드는 나폴리 왕국을 분할하기로 동의했던 것처럼 언제라도 이탈리아를 분할하기로 동의할 수도 있는 상황이었다. 이런 위협에 맞서기 위해서, 그리고 덧붙여서 교황국가를 강화하고 자기 가문을 더욱 위대하게 만들기 위해서 레오는 피렌쩨를(그는 형 쥴리아노와 조카 로렌쪼를 통해 이미 피렌쩨를 통치하고 있었다.) 밀라노, 피아첸짜, 파르마, 모데나, 페라라, 우르비노 등과 연합해서 충실한 메디치 가문 사람에 의해 통치되는 새롭고 강력한 연방체를 만들 계획을 세웠다. 이것을 다시 이미 존재하고 있던 교회 국가들과 결합시키면 북쪽에서 내려오는 공격에 맞서는 울타리가 될 참이었다. 가능하기만 하다면 자기 가문의 누군가가 결혼을 통해 나폴리 왕국도 물려받도록 할 생각이었다. 그리고 그렇게 용접된 이탈리아가 강해지면 유럽을 지휘하여 한 번 더 위협적인 터키에 맞서 십자군 전쟁을 일으킬 계획이었다. 마키아벨리는 그리스도교나 교황들에 유리한 생각을 가진 적이 없었지만 이런 계획이라면 열렬히 찬성했을 것이다. 적어도 이탈리아의 통일과 보호라는 점에서는 그렇다. 이탈리아의 통일과 보호가 바로『군주론』의 핵심적인 생각이었다.

매우 제한된 군사력만을 지닌 채 이런 목표를 추구하면서 레오는 자기 시대 통치자들이 채택했던 것과 같은 정치적 수완과 외교적 수완을 모두 사용했다.

그리스도교의 수장이 거짓말하고 맹세를 깨뜨리고 도둑질하고 사람을 죽여야 했다는 것은 마음이 불편해지는 일이다. 그러나 왕들의 일반적 합의에 따르면 이런 일들은 국가를 유지하기 위해 불가피한 일이었다. 레오는 첫째로 메디치 일원이었고 그다음으로 교황이었다. 그래서 그는 비만, 치질, 사냥, 손이 큼, 재정 등이 허용하는 한 이런 게임을 했다. 모든 왕들은 그를 비난했고, 그가 성인처럼 행동하지 않는다고 실망했다. 귀치아르디니는 이렇게 말했다. "레오는 그가 즉위할 때 사람들이 품었던 기대를 저버렸다. 그는 모두가 상상했던 것보다 신중함이 더 크고 선량함은 훨씬 적었기 때문이다."[88] 그의 적들은 오랫동안 마키아벨리 방식의 섬세함이 그의 사촌 쥴리오(뒷날의 클레멘스 7세)나 추기경 비비에나의 영향 탓이라고 생각했다. 그러나 사정이 점차 드러나면서 사자가 아니라 여우인 레오를 상대하고 있다는 것이 점차 분명해졌다. 상냥하고 교활하고 간교하고 예측할 수 없고, 탐욕스럽고 우회적이고, 때로는 두렵고 대단히 자주 망설이지만 최후의 수단으로서 결정과 단호함과 지속적인 정책의 능력을 지닌 사람이었다.

알프스 이북 국가들과의 관계는 뒤의 장으로 미루고 여기서는 이탈리아 내부 관계만을 다루기로 하자. 그것도 개략적으로만 다룬다. 레오 시대의 미술이 그 정치보다 훨씬 더 생동하는 것이기 때문이다. 그는 전임자들에 비해 훨씬 유리한 입장에 있었다. 알렉산더 6세나 율리우스 2세와 대립했던 피렌쩨가 이제 기꺼이 그의 영토가 되었기 때문이다. 그는 피렌쩨 시민들에게 넉넉한 교황의 보상을 해 주었다. 그가 자기 조상들의 도시를 방문할 때면 피렌쩨는 그를 환영하기 위해 12개나 되는 예술적인 아치들을 세웠다. 피렌쩨와 로마를 근거로 삼고 그는 자기 나라를 키우기 위해 외교관과 후원과 군대를 적절하게 배치했다. 1514년에 그는 모데나를 확보했다. 1515년에 프랑수아 1세가 이탈리아를 침입해서 밀라노를 접수할 준비를 했다. 레오는 그에 맞서기 위해 군대를 조직하고 이탈리아 동맹을 조직했다. 그리고 교황의 봉신이며 교회에 봉사하는 장군인 우르비노의 공작에게 동원할 수 있는 모든 병력을 거느리고 볼로냐로 와서 자신의 군대와 합세하라고 명령했다. 우르비노 공작인 프란체스코 마리아 델라 로베레는, 교황이 최근에 군대에 지급할 돈을 자기에게 선불해 주었는데도 동참하기를 단호히 거절했다. 교황은 어느 정도 타당하게 그가 프랑스와 비밀 약속을 했다고 의심했다.[89] 외국의 사건에서 놓여나자마자 레오는 프란체스코를 로마로 소환했다. 그러나 공작은 만토바로 도망쳐 버렸다. 레오는 그를 파문하고 그의 고모인 엘리자베타 곤짜가와 장모인 이사벨라 데스테가 간청하는데도 꿈쩍도 하지 않았다. 교황군대는 아무런 저항도 없는 우르비노를 접수했고, 프란체스코는 폐위되고, 레오의 조카인 로렌쪼가 우르비노의 공작이 되었다.(1516) 1년 뒤에 이 도시의 시민들이 궐기하여 로렌쪼를 쫓아냈다. 프란체스코는 군대를 조직해서 자신의 공작령을 되찾았다. 레오는 재정을 마련하고 군대를 일으켜 그것을 탈환하려고 열성이었다. 여덟 달이나 전쟁을 벌인 끝에 그는 승리했지만, 이 전쟁의 비용은 교황청 재정을 고갈시켰고, 교황과 그의 탐욕스러운 가문에 대해 이탈리아의 호감이 사라졌다.

프랑수아 1세는 교황의 호의를 얻을 수 있는 이 기회를 잡아서 우르비노 공작에 복귀된 로렌쪼와 투르 도베르뉴의 마들렌과의 사이에 결혼을 제안했다. 그녀는 1년에 1만 크라운(12만 5000달러?)이라는 매혹적인 수입을 갖고 있었다. 레오는 이에 동의했다. 로렌쪼는 저 체사레 보르지아와 비슷하게 프랑스로 가서(1518) 마들렌과 그녀의 지참금을 가지고 돌아왔다. 1년 뒤에 그녀는 딸 카테리나를 낳다가 죽었다. 카테리나는 장차 프랑스 왕비가 되는 메디치의 카트린이다. 바로 뒤이어 로렌쪼 자신도 일설에 따르면 프랑스에서 얻은 성병으로 인해 죽었다.[90] 레오는 이제 우르비노가 교황국가라고 선언하고 그곳을 통치할 교황 사절을 보냈다.

이런 갈등이 일어나고 있는 동안 그는 자신의 정치적 약화와 점차 인기가 없어지는 것에 대한 두 가지 쓰라린 표지를 견뎌야 했다. 그의 장군의 한 사람인 쟌파올로 발리오니는 교황의 은총을 받아 페루지아의 통치자가 된 사람인데 그가 페루지아의 통치권을 지닌 채 프란체스코 마리아 편으로 넘어갔다. 레오

는 나중에 쟌파올로를 안전통행권으로 꼬여 로마로 불러서 죽였다.(1520) 발
리오니는 알폰소 페트루치와 다른 추기경들이 주도하는 교황 암살 음모(1517)
에도 동참했다. 이 추기경들은 레오의 너그러움조차도 들어 줄 수가 없을 정도
의 요구를 했었다. 게다가 페트루치는 자신의 형제가 레오의 묵인 아래 시에나
통치에서 쫓겨난 일에 대해 앙심을 품었다. 그는 처음에는 레오를 자기 손으로
죽일 계획을 세웠으나 그만두고 대신 레오의 의사에게 뇌물을 주고 교황의 치
질을 치료할 때 그에게 독을 주입하라고 시켰다. 이 음모는 발각되었다. 의사와
페트루치는 쫓겨나고 공모한 몇몇 추기경들은 감옥에 갇히고 직위를 뺏겼다.
일부는 엄청난 벌금을 물고 풀려났다.

　돈의 결핍은 한때 행복하던 레오의 통치를 힘들게 만들었다. 친척, 친구, 예
술가, 작가, 음악가들에 대한 선물과 전례 없이 많은 궁정 유지비, 그리고 끝도
없이 돈이 필요한, 새로 짓는 성 베드로 대성당, 우르비노 전쟁 경비, 십자군 전
쟁의 준비 등이 합쳐져 그를 파산 상태로 이끌었다. 사례비, 교황청에 바치는
것으로 되어 있는 성직자들의 첫해의 수입, 그리고 십일조 등으로 이루어진 정
상적인 연수입 42만 두카트(525만 달러?)로는 전혀 감당할 수 없는 비용이었다.
게다가 로마로 흘러 들어가는 돈에 대해 원한이 많은 유럽 국가들에서 돈을 받
기도 점점 더 어려워졌다. 레오는 교황청 국고를 채우기 위해 1353개의 새로운
직위들을 만들어 냈다. 거기 임명된 사람들은 그 대가로 총 88만 9000두카트
(1111만 2500달러?)를 지불했다. 우리는 이 문제에 지나치게 엄격할 필요는 없
다. 대부분의 직위들은 한직이어서 그 임무는 쉽게 하급직에게 위임될 수 있는
것들이었다. 이런 임명을 위해 지불된 총액은 실질적으로는 교황청에 대부를
해 준 것과 같았다. 처음에 낸 돈에 대해 평균 해마다 10퍼센트의 돈이 대부이
자였다. 레오는 오늘날 우리 같으면 국채라고 부를 만한 것을 팔았던 것이다.[91]
그리고 그는 오늘날의 정부가 지불하는 것보다 훨씬 나은 보상을 해 주었다고
주장할 수 있었다. 그러나 그는 이런 한직만을 판 것이 아니라 교황청 의전관
같은 최고 직책도 팔았다.[92] 1517년 7월에 그는 31명의 추기경을 새로 임명했

다. 그들 중 일부는 능력이 있는 사람들이었지만 대부분은 이 명예와 권력을 위해 큰돈을 지불할 수 있는 능력으로 인해 임명되었다. 그렇게 해서 의사이며 학자이며 작가인 폰쩨티 추기경은 3만 두카트를 지불했다. 이번 기회에 레오가 펜을 움직인 대가로 총 50만 두카트가 국고로 들어왔다.[93] 웬만한 일에는 놀라지 않는 이탈리아도 경악하고 말았다. 그리고 도이칠란트에서 루터가 일으킨 반란의 분노에는 이런 이야기도 한몫을 했다.(1517년 10월) 이 중대한 해에 술탄 셀림은 이집트를 정복해서 오토만 터키의 영토로 삼았다. 레오는 십자군을 호소했지만 허사였다. 맹목적인 열성으로 그는 그리스도교 세계에 사절을 보내 계획된 십자군 전쟁의 경비를 마련하기 위해 회개, 고백, 기부를 하면 그 대가로 특별사면장을 주겠다고 제안했다.

이따금 그는 로마의 은행가들에게서 40퍼센트의 이자로 돈을 빌리기도 했다. 은행가들은 그가 조심성 없는 재정 운영 탓에 결국 파산에 이르고 말 것이라는 두려움에서 이렇게 높은 이자율을 요구했다. 이런 대출의 담보물로 그는 은 쟁반, 벽걸이, 보석 등을 약속했다. 그는 절약할 생각은 별로 하지 않았다. 그런 생각을 할 경우 그것은 그리스 아카데미와 로마 대학에 월급을 지불하지 않는 것으로 나타났다. 1517년에 이미 그리스 아카데미는 재정 결핍으로 문을 닫았다. 그 자신은 절도 있게 먹고 마시면서도 절제를 모르는 자선을 계속하고, 그리스도교 세계의 수도원, 병원, 자선 단체에 너그러운 지원금을 보내고, 메디치 가문에 관직과 재정을 계속 퍼주고, 손님들에게 호사스러운 식사 대접을 계속했다.[94] 그는 교황으로 재직하는 기간에 450만 두카트(5625만 달러?)의 돈을 소비하고도 죽을 때 40만 두카트의 빚을 더 남겼다. 당시의 풍자문 하나가 로마의 의견을 표현한다. "레오는 교황 3인분을 해먹었다. 율리우스 2세의 국고와 레오의 수입, 그리고 후계자의 수입을."[95] 그가 죽었을 때 로마는 역사상 최악의 재정 곤란을 경험했다.

그의 마지막 해는 전쟁이 풍성했다. 우르비노와 페루지아를 이미 얻은 다음이라 그에게는 교황국가의 안전을 위해, 그리고 밀라노에 있는 프랑스군을 견제할 능력을 위해, 페라라와 포 강의 통제권을 얻는 것이 필수적인 일로 보였다. 알폰소 공작은 교황에 대항하여 사용할 군대와 대포를 프란체스코 마리아에게 보냄으로써 꼭 필요한 전쟁 원인을 제공해 주었다. 거의 30년이나 교황청에 대립한 다음이라 지치고 병까지 났는데도 알폰소 공작은 언제나 가졌던 용기로 싸움을 계속했고, 레오가 죽음으로써 구원되었다.

교황도 1521년 8월에 병에 걸렸다. 부분적으로는 치질의 고통으로, 또 부분적으로는 전쟁의 근심과 흥분으로 인한 병이었다. 그는 회복되었지만 10월에 다시 병이 들었다. 11월에는 다시 좋아져 말리아나에 있는 시골 별장으로 옮길 수가 있었다. 그곳에서 교황과 황제군이 밀라노에서 프랑스를 몰아내고 도시를 차지했다는 소식을 들었다. 25일에 그는 로마로 돌아왔다. 그리고 전쟁의 승리자에게나 어울리는 사나운 주연을 베풀었다. 그는 그날 너무 많이 걸어서 옷이 축축해질 정도로 땀을 흘렸다. 다음 날 열이 나서 침대에 누웠다. 이제 급속도로 병세가 악화되었고, 그는 종말이 다가오고 있음을 느꼈다. 12월 1일에 피아첸짜와 파르마가 교황군대에 의해 접수되었다는 소식을 듣고 기뻤다. 옛날에 그는 이 도시들을 교회 국가에 덧붙일 수만 있다면 기꺼이 자기 생명을 바치겠노라고 선언한 적이 있었다. 1521년 12월 1일에서 2일 사이 자정에 그는 죽었다. 마흔다섯 살 생일을 열흘 남겨 놓은 참이었다. 그 자리에 있던 많은 사람들(그 중 일부는 메디치 가문 사람들)은 손길이 미치는 한 모든 것을 바티칸에서 들고 나갔다. 귀치아르디니, 죠비오, 카스틸리오네 등은 그가 아마도 알폰소나 프란체스코 마리아의 교사를 받아 독극물을 주입 받았을 것으로 생각했다. 그러나 그는 알렉산더 6세처럼 말라리아 열병으로 죽은 것으로 보인다.[96]

알폰소는 이 소식을 듣고 기뻐하면서 "사자(레오)의 입에서 벗어남(Ex ore Leonis)"이라는 메달을 새겼다. 프란체스코 마리아는 우르비노로 복귀했고, 한 번 더 자신의 옥좌를 차지했다. 로마에서는 은행가들이 자기 자신들을 약탈했다. 비니 회사는 레오에게 20만 두카트를, 가디 집안은 3만 2000두카트를, 리카솔리 집안은 1만 두카트를 빌려 주었다. 푸치 추기경은 그에게 15만 두카트를,

살비아티 추기경은 8만 두카트를 빌려 주었다.[97] 건질 수 있는 것에 대해서는 추기경들이 우선권을 갖게 될 것이다. 레오는 파산보다 더 고약한 상황을 남기고 죽었다. 일부 사람들은 죽은 교황이 큰 부를 잘못 관리한 사람이라고 욕했다. 그러나 거의 모든 로마 사람들이 그를 역사상 가장 너그러운 자선가라고 여기고 애도했다. 예술가, 시인, 학자들은 이제 행운의 전성기가 지나갔다는 것을 알았다. 물론 그들은 자기들이 얻은 재앙이 어느 정도인지는 아직 알아채지 못하고 있었다. 파올로 죠비오는 이렇게 말했다. "지식, 미술, 일반적인 복리, 삶의 즐거움(한마디로 하면 온갖 좋은 것)이 레오와 함께 무덤으로 들어갔다."[98]

그는 좋은 사람이었지만 자신의 미덕으로 파괴되었다. 에라스무스는 그의 친절함과 인간애, 너그러움과 학식, 예술에 대한 사랑과 후원을 올바르게 찬양했고, 또 레오의 재임 시절을 황금의 시대라고 불렀다.[99] 그러나 레오는 너무나 황금에 길들여져 있었다. 궁전에서 자라서 예술과 함께 사치도 배웠다. 그는 용감하게 난관에 맞서기는 했지만 자신의 수입을 위해 노동을 해 본 적이 없었다. 그리고 교황청의 재정이 그의 손에 들어왔을 때 돈을 받는 사람들의 행복에 그가 같이 행복해 하거나 비싼 전쟁을 계획하는 동안 그의 조심성 없는 손길을 통해 돈이 마구 새나갔다. 알렉산더 6세와 율리우스 2세에게서 물려받은 노선을 계속하고, 그들의 업적을 물려받아 그는 교황국가들을 이전보다 더욱 강하게 만들었다. 그러나 그의 과도함과 강제 징수를 통해 도이칠란트를 잃어버렸다. 그는 꽃병의 아름다움은 볼 줄 알았지만 알프스 저편에서 개신교 종교 개혁이 형태를 잡아 나가는 것은 보지 못했다. 그는 자기에게 오는 백 가지의 경고들을 주의하지 않고 이미 반란 중인 민족에게 더 많은 금을 요구했다. 그는 교회에 영광이며 재앙이었다.

그는 예술 후원에서 가장 너그러운 사람이었지만 가장 깨인 사람은 아니었다. 온갖 후원에도 불구하고 그의 통치 시절에 위대한 문학이 나타나지 않았다. 아리오스토와 마키아벨리는 그의 손이 닿지 않는 곳에 있었다. 물론 그는 벰보와 폴리찌아노를 평가했다. 미술에서의 취향은 율리우스의 그것만큼 확실하고 당당한 것이 아니었다. 성 베드로 대성당이나 아테네 학당은 그의 덕분에 생겨난 것이 아니다. 그는 아름다운 형태를 너무 사랑했고, 위대한 예술이 아름다운 형태 속에 감추고 있는 깊은 뜻을 너무 적게 사랑했다. 라파엘로를 너무 혹사시켰고 레오나르도를 너무 낮게 평가했고, 율리우스 2세처럼 미켈란젤로의 격한 성질을 통해 그의 천재성에 도달하는 길을 찾아내지 못했다. 그는 위대하기에는 지나치게 안락을 좋아했다. 그를 이렇게 가혹하게 평가하기란 유감스러운 일이다. 그는 사랑스러운 사람이었기 때문이다.

이 시대는 그의 이름을 지녔다. 그리고 그것이 옳을 것 같다. 그가 로마 르네상스에 인장을 찍기보다는 오히려 빼앗아 갔지만 그래도 피렌쩨에서 부와 취향의 메디치 전통을 로마로 가져온 사람은 그였다. 그리고 그는 아버지 집에서 보았던 너그러운 후원을 로마로 가져왔다. 그 부와 교황의 승인을 가지고 그는 문학과 예술에 대단한 자극을 주었기에 그것은 양식과 형태에서 뛰어난 것이 되었다. 그의 모범이 다른 수많은 사람들을 자극해서 그들은 재능 있는 사람을 찾고 후원하고 또 북부 유럽에 식별과 가치의 전례와 기준을 제공했다. 그는 다른 어떤 교황보다도 고전 로마의 유물들을 보호했고, 그것을 다시 살려 내도록 격려했다. 그리고 삶의 이교적 즐거움을 받아들였다. 그 자신은 이 절제를 모르는 시대에 특이할 정도로 금욕적인 태도를 유지했다. 로마 인문주의자들에 대한 그의 후원은 프랑스 사람들이 고전 문학과 형태에 대한 그들 자신의 사랑을 널리 퍼뜨리는 일을 도왔다. 그의 보호 아래서 로마는 유럽 문화의 생동하는 심장부가 되었다. 예술가들이 떼를 지어 이리로 와서 그림을 그리고 조각을 하고 건물을 지었다. 그리고 학자들이 연구를 하고 시인들은 노래를 하고 재치 있는 사람들은 재치의 불꽃을 만들어 냈다. 에라스무스는 이렇게 썼다. "로마여, 내가 너를 잊으려면 레테의 강물에 몸을 던져야 하리라. …… 얼마나 소중한 자유이며, 책의 방식으로 된 얼마나 대단한 보물들이며, 지식인들 사이에서 얼마나 깊은 학식이고, 그 얼마나 유익한 사회적 교류들이었던가! 다른 어디서 대체단 한 장소에서 그렇듯 학식 있는 모임, 그렇게 다양한 재능들을 찾아볼 수 있겠는가?"[100] 신사적인 카스틸리오네, 세련된 벰보, 학식이 풍부한 라스카리스, 프라 죠콘도, 라파엘로, 산소비노 사람들, 상갈로 사람들, 세바스티아노, 미켈란젤로…… 대체 어디서 한 번 더 하나의 도시에 10년 동안 이렇듯 많은 인재들이 모인 것을 볼 수 있단 말인가?

붕괴

<table>
<tr><td>19장</td><td style="text-align:right">지식인의 반란
1300~1534</td></tr>
</table>

1. 비밀 종교

모든 시대와 민족에서 문명이란 소수의 산물이며 특권이고 책임이다. 무의미함이 끈덕지게 널리 퍼지는 일에 익숙해진 역사가는 미신의 찬란한 미래를 어느 정도 각오하게 된다. 불완전한 인간에게서 완전한 국가들이 나올 것이란 기대도 하지 않는다. 어떤 세대든지 오직 적은 비율의 사람들만이 경제적 고민에서 벗어나, 조상이나 주변의 사고방식 대신 자신만의 사고를 펼칠 여가와 에너지를 가진다는 사실을 알고 있다. 역사가는 또한 모든 시대에 소수의 남자와 여자들이 두뇌의 힘으로, 아니면 태생이나 상황의 이점으로, 미신과 신비주의와 경박한 믿음에서 벗어나 그것의 무한한 무지를 의식하고서 지식과 친절함을 갖춘 지성의 경지에 도달한다는 것을 알면 그것만으로도 기쁘게 여긴다.

그렇듯 르네상스 이탈리아에서도 문명은 소수의, 소수에 의한, 소수를 위한 것이었다. 다수를 이루는 단순한 보통 사람들은 땅을 갈고 파고, 수레를 끌거나 짐을 짊어지고 새벽부터 밤까지 노동을 하느라 저녁이면 생각을 위한 힘은 조금도 남지 않았다. 그런 사람들은 주변의 분위기에서 자신의 의견, 종교, 삶의 수수께끼에 대한 답변 등을 얻거나, 아니면 조상들의 오두막집과 함께 그것을 그냥 물려받았다. 다른 사람들이 자기들에게 노동을 시키는 판이니 그들은 다른 사람이 자기들을 위해 생각을 하도록 했다. 전통 신학의 매혹적이고 위안을 주는, 용기도 주고 두려움도 주는 경이로움을 그대로 받아들일 뿐만 아니라(이것은 접촉, 배움, 미술 등을 통해 매일 새로 다가왔다.) 여기에 자신들도 몇 가지를 덧붙였다. 악마학, 마법, 징조, 점치기, 점성술, 성 유물 숭배, 그리고 교회에 의해 인정을 받지 못한 채 대중 형이상학이 되는 기적 이야기 등이었다. 교회는 이런 일들을 때로는 불신앙보다 더 말썽이 많은 것이라 여겨 비난했다. 이탈리아의 특권층은 부유함과 문화에서 북유럽의 비슷한 계층보다 50년이나 그 이상 앞서 있었지만 보통 사람들은 북유럽의 동료들과 함께 그 시대의 미신을 공유했다.

인문주의자들도 자주 정령(genius)이나 자기들이 사는 지역의 미신에 굴복하곤 했다. 그들은 키케로 방식으로 쓰인 글에 자기 주변의 정령이나 어리석음을 뒤섞곤 했다. 포지오는 머리가 없는 기사들이 코모에서 도이칠란트로 가고 있었다는 따위의 전조나 기적에 빠져들곤 했다.[1] 마키아벨리는 종교에 대해 그토록 회의적이었으면서도 "공기 중에 정령들이 득실거리"는 것이 가능하다고 보았으며, 위대한 일들은 기적, 예언, 계시, 하늘의 표지 등을 통해 미리 예고된다는 믿음을 가졌다.[2] 피렌체 사람들은 자기들이 숨쉬는 공기가 자기들을 비할 바 없이 영리하게 만든다고 생각하기를 좋아했지만, 모든 중요한 일들은 토요일에 일어난다고 여겼으며, 또 어떤 거리를 통과해서 전쟁에 나가는 것이 확실한 불운이라고 여겼다.[3] 폴리찌아노는 파찌 가의 음모에 몹시 화를 냈는데, 그 뒤에 심한 폭우가 내리자 이 음모 때문이라고 여겼다. 그리고 젊은이들이 비를 그치게 하려고 모반 주동자의 시체를 파내서 거리를 통해 끌고 다니다가 아르노 강에 던져 버리는 일을 묵인했다.[4] 마르실리오 피치노는 점치기, 점성술, 악마학 등을 옹호하는 글을 썼으며, 별들이 불리한 별자리를 이루었다는 이유로 피코 델라 미란돌라를 방문하지 않았다.[5] 아니면 이것은 변덕이었던가? 인문주의자들이 그렇게 믿었다면 여가나 교육의 이점을 갖지 못한 보통 사람들이 자연의 세계란 수많은 초자연적인 힘들의 껍질이며 도구라고 생각한 것을 어떻게 비난할 수가 있단 말인가?

이탈리아 사람들이 아주 많은 물건들을 그리스도나 사도들의 진짜 유물이라고 여겼기 때문에 르네상스 시대 로마의 교회들이 간직한 유물만 가지고도 복음서의 모든 장면에 필요한 비품을 만들어 낼 수 있을 정도였다. 어떤 교회는 아기 예수의 포대기를 가지고 있다고 주장했다. 다른 교회는 베들레헴의 마구간에서 나온 건초를 보관했다. 또 다른 교회는 점점 늘어만 가는 빵과 물고기의 조각들을 보관했다. 다른 교회는 최후의 만찬에 쓰인 식탁을, 또 다른 교회는 천사들이 성 루가를 위해 그린 성모의 그림을 보존했다.[6] 베네찌아 교회들은 성 마르코(마가)의 시신과 성 조지의 팔, 성 바울의 귀, 그리고 불에 탄 성 로렌스의 살점, 성 스테판을 죽일 때 사용된 돌 몇 개 등을 보관했다.[7]

거의 모든 물건(모든 숫자와 철자)이 어떤 마법의 힘을 가진 것으로 여겨졌다. 아레티노에 따르면 로마의 일부 매춘부들은 애인들에게 일종의 사랑의 미약으로서 공동묘지에서 파 온 인간의 썩은 살점을 먹였다.[8] 수많은 일들을 위해 주문이 사용되었다. 아풀리아 농부들의 말로는 적절한 주문을 외우면 미친 개에게서 자신을 보호할 수도 있었다. 호의적인 혹은 악의적인 정령들이 공기를 가득 채웠다. 사탄은 직접 혹은 대리인을 통해 출몰해서 시험하거나 두려움을 주고, 유혹하고, 권한을 주거나 명령을 내렸다. 악령들은 신비로운 지식을 잔뜩 가지고 있어서 누군가 적절하게 그들을 구슬릴 수만 있다면 그것을 얻을 수 있었다. 볼로냐의 카르멜 수도사들은(식스투스 4세가 1474년에 그들을 책망하기 전까지) 악령들에게서 지식을 구하는 것이 해롭지 않은 일이라고 가르쳤다.[9] 또 직업적인 마법사들은 돈을 지불한 고객들을 위해 악령의 도움을 불러내는 특별한 주문을 지니고 있었다. 마녀들은(마법사들은 보통 여자였기에) 그렇게 도움을 주는 정령들에게 접근하는 힘을 가지고 있다고 믿어졌다. 그들은 정령들을 애인이나 신들로 대접했다. 사람들의 믿음에 따르면 이런 여자들은 자기에게 권한을 준 정령의 힘을 통해 미래를 예측할 수도 있고, 한순간에 아주 먼 거리를 날아갈 수도 있으며, 닫힌 대문이나 방문을 통과할 수도 있고, 자기를 해치는 사람들에게 무시무시한 재앙을 가져올 수도 있었다. 그들은 사랑이나 미움을 만들어 내고, 낙태를 시키고, 독(毒)을 제조하고 주문이나 한 번 흘끗 바라보는 것만으로도 죽음을 초래할 수 있다고 믿어졌다.

1484년에 인노켄티우스 8세의 교서는 마녀들에게 의존하는 일을 금지하고, 그들이 주장하는 힘의 일부를 당연한 일로 여겨 폭풍과 질병 일부를 이들의 탓으로 돌렸다. 그리고 많은 그리스도교도들이 정교 신앙을 벗어나 악마와 현세적인 결합을 계약하고 마법의 주문을 통해서, 또 저주와 다른 악마의 기술로 남자, 여자, 아이들, 가축들에게 통탄할 만한 해를 끼쳤다고 탄식했다.[10] 교황은 종교 재판관들에게 이런 일들을 빈틈없이 경계하라고 충고했다. 교서는 마법을 그리스도교의 정통 교리로 믿을 것을 요구하지 않고 또 마녀들의 활동을 인정해 주지도 않았다. 마녀들에 대한 믿음이나 이따금 그들을 벌주는 일은 이 교서보다 훨씬 전부터 있었다. 교황은 여기서 "마녀들이 살아가는 것을 허용하지 말라."[11]는 구약 성서의 입장에 충실했다. 교회는 수백 년 동안이나 정령이 인간에게 영향력을 미칠 수 있음을 인정해 왔다.[12] 그러나 교황이 마법의 현실성을 인정한 일은 그에 대한 믿음을 강화시켰고, 종교재판관들에 대한 그의 경고는 마녀 박해에 중요한 역할을 했다.[13] 교서가 발표된 이듬해에 코모에서만 41명의 여자들이 마법을 행한 죄로 화형을 당했다.[14] 1486년에 브레시아의 종교재판관들은 마녀라고 알려진 몇 사람을 "세속의 재판에" 넘겼다. 즉 사형을 선고했다. 그러나 정부는 형 집행을 거부했고, 이 일에 대해 인노켄티우스는 대단히 화를 냈다.[15] 1510년에는 일이 협조적으로 진행되어 브레시아에서 마법을 행했다는 이유로 140명이 화형되었다. 상냥한 레오 10세의 재임 시절인

1514년에 코모에서 300명이 화형을 당했다.[16]

마녀 박해에 대한 반대의 자극을 통해서였든지 아니면 다른 이유에서였든지, 마법을 행한다고 스스로 믿거나 아니면 다른 사람들이 믿는 사람들의 숫자가 특히 알프스 지역 이탈리아에서 빠른 속도로 늘어났다. 이것은 거의 전염병의 특성과 비율로 전파되었다. 민간의 소문에 따르면 브레시아 근처 평원에서 열린 '악마의 연회'에 2만 5000명이 참석했다고 한다. 1518년 종교재판관들은 이 지역에서 마녀로 고발된 70명을 화형시키고 혐의자 수천 명을 감옥에 가두었다. 브레시아 시 의회는 이렇게 대량의 감금에 항의하고 형 집행을 계속하는 것을 방해했다. 이에 대해 레오 10세는 교서를 발행해서(1521년 2월 15일) 종교 재판관의 선고에 대해 검토나 수정이 없이 형 집행을 거부할 경우 관리는 파문하고, 단체에는 성무금지령을 내렸다. 시 의회는 이 교서를 무시하고 두 명의 주교, 두 명의 브레시아 의사, 그리고 한 명의 종교 재판관에게 앞으로 벌어질 모든 마녀 재판을 감독하고, 이전에 내려진 처형 판결의 옳고 그름을 조사하라는 임무를 맡겼다. 이 사람들만이 피고인에게 유죄 판결을 내릴 권한을 갖게 되었다. 시 의회는 교황 사절에게, 사형 판결을 멈추고 그들의 재산을 몰수하라고 권고했다.[16a] 이것은 훌륭한 방식이었다. 그러나 무지와 잔혹성이 우세했고, 그래서 다음 200년 동안 가톨릭 국가나 개신교 국가에서, 구세계나 신세계에서 마녀 화형은 인류 역사에서 가장 어두운 측면들을 형성하게 되었다.

미래를 알고자 하는 인류의 열광이 다양한 종류의 점쟁이들을 후원해 왔다. 즉 손금쟁이, 꿈 해몽가, 점성술사 등이다. 특히 점성술은 유럽의 다른 지역보다 이탈리아에 수가 많고 세력이 강했다. 거의 모든 이탈리아 정부는 공식 점성술사들을 두었다. 이들은 정부의 중요한 계획을 언제 시작하는 것이 좋은지 유리한 시간을 결정했다. 율리우스 2세는 자신의 점성술사가 길한 시간을 점지하기 전에는 볼로냐를 떠나려 하지 않았다. 식스투스 4세와 파울루스 3세는 중요한 회의의 시간을 점성술사들이 결정하도록 했다.[16b] 별들이 인간의 성격과 사건들을 지배한다는 믿음이 너무나 보편적인 것이었기에, 이탈리아에서 많은 대학 교수들은 해마다 점성술에 근거한 예언서들을 발행했다.[16c] 아레티노의 유머러스한 도구 하나가 바로 이들 학식 있는 사람들의 예언서를 패러디로 만드는 일이었다. 로렌쪼 데 메디치는 피사 대학을 재정비하면서 점성술 강의를 마련하지 않았다. 그러나 학생들이 그것을 요구했고 그는 굴복했다.[16d] 로렌쪼의 지식인 그룹에서 피코 델라 미란돌라는 점성술에 대해 강력하게 공격하는 글을 썼다. 그러나 그보다 더욱 학식이 많았던 마르실리오 피치노는 그것을 옹호했다. 귀치아르디니는 이렇게 소리쳤다. "점성술사들은 얼마나 행복할까! 백 가지 틀린 말을 하고 단 하나만 맞혀도 사람들이 그들의 말을 믿어 준다. 다른 사람들은 백 가지 진실을 말하고 단 하나만 틀리게 말해도 온갖 신뢰를 다 잃어버리는데 말이다."[16e] 그래도 점성술에는 우주를 과학적으로 바라보는 방향으로 더듬거리며 나아가는 요소가 들어 있었다. 우주가 신이나 악마의 변덕에 의해 지배된다는 믿음에서 어느 정도 벗어나 서로 협동하는 우주의 자연법칙을 찾아내려는 태도였다.

2. 과학

교회의 반대보다는 오히려 사람들의 미신이 과학의 발전을 늦추었다. 출판물의 검열은 트리엔트 공의회(1545년 이후)에 뒤이어 반(反)종교 개혁이 나타나기 전까지는 과학에 중대한 장애가 되지 않았다. 식스투스 4세는 15세기의 가장 유명한 천문학자인 요한 뮐러(Johann Müller)를 로마로 데려왔다. 그는 자주 '레기오몬타누스'라는 이름으로 불렸다. 알렉산더 6세 시절 코페르니쿠스가 로마 대학에서 수학과 천문학을 가르쳤다. 코페르니쿠스는 아직 세계를 뒤흔들어 놓을 지동설에 도달하기 전이었지만 쿠사의 니콜라스는 이미 그런 생각을 내놓고 있었다. 두 사람 다 성직자였다. 14세기와 15세기를 통해 종교 재판은 이탈리아에서 상대적으로 약했다. 일부는 교황들이 아비뇽으로 가서 이탈리아에 없었던 탓이고, 교황 분열의 싸움 때문이기도 했고, 또 르네상스의 계몽주의에 전염된 탓이기도 했다. 1440년에 유물론자인 아마데오 데 란디(A. d. Landi)가 밀라노에서 종교 재판을 받았지만 무죄 석방되었다. 1497년에 독자적인 생각을 가진 의사 가브리엘레 다 살로(G. d. Salo)는 "그리스도는 신이 아니고 요셉의 아들이라고 주장하는 버릇을"[16f] 가졌는데도 후원자 덕분에 종교 재판을 벗어났다. 종교 재판에도 불구하고 이탈리아에서 사상은 자유였다. 교육은 15세기와 16세기 초 다른 어떤 나라보다 앞서 있었다. 천문학, 법학, 의학, 문학 등을 가르치는 학교들은 유럽 여러 나라 출신 학생들의 목적지였다. 영국의 의사이며 학자인 토머스 리나커(Th. Linacre)는 이탈리아에서 대학 과정을 마친 다음 고향으로 돌아가는 길에 이탈리아 알프스 지역에 제단을 세우고 마지막으로 이탈리아를 바라보면서 이 제단을 "학문을 길러 주는 어머니(Alma mater studiorum)"인 이탈리아에 바쳤다. 이탈리아는 그리스도교 세계의 대학원 과정이었다.

이렇듯 밑에는 미신, 위에는 자유주의가 판치는 분위기에서 과학은 베살리우스(Vesalius, 1514~1564)가 나오기 이전 200년 동안 그저 평범한 발전을 했을 뿐이다. 전체적으로는 미술, 인문학, 시 등의 분야로 후원과 명예가 집중되었기 때문이며, 이탈리아의 경제적 혹은 지적 생활에서 과학적 방법과 사유에 대한 명백한 요청이 아직 나타나지 않았기 때문이다. 레오나르도 같은 사람은 광범위한 우주적 전망을 갖고, 또 열성적인 호기심으로 10개 이상의 과학 분야를 건드릴 수가 있었다. 그러나 아직 큰 실험실도 없었고, 해부학은 이제 막 시작 단계였으며, 생물학이나 의학을 도와줄 현미경도 없고, 별들을 확대해 주거나 달을 자세히 관찰하도록 해 줄 망원경도 아직 없었다. 아름다움을 향한 중세의 사랑이 성숙하여 위대한 미술이 되었다. 그러나 중세에 과학으로 발전해 나갈 수 있는 진리에 대한 사랑은 별로 없었다. 고대 문헌의 발견은 고대를 이상화하는 회의적 에피쿠로스주의를 더욱 자극하고, 미래의 틀을 만들려는 의도를 지닌 과학 탐구를 위해 스토아적으로 헌신하는 태도를 자극하지는 않았다. 르네상스는 미술에 자신의 영혼을 바치고, 작은 부분을 문학에, 철학에는 아주 조금, 그리고 과학에는 가장 조금 영혼을 바쳤다. 이런 의미에서 르네상스에는 페리클레스와 에스킬로스로부터 스토아주의자인 제논과 천문학자 아리스타르코스에 이르는 고대 그리스 전성 시대의 다양성이 결핍되어 있다.

그러므로 르네상스 미술가의 이름을 10명 이상 알고 있는 독자라도 르네상스 이탈리아 과학자의 이름을 생각해 내기란 어렵다. 레오나르도를 빼고 말이다. 아메리고 베스푸치(A. Vespucci)만 해도 이름을 들어야 생각이 난다. 갈릴레오(1564~1642)는 17세기 사람이다. 실제로 지리학과 의학을 빼고는 이렇다 할 이름이 없다. 포르데노네의 오데릭(Oderic)은 선교사로 인도와 중국에 갔다가(1321년경) 티베트와 페르시아를 거쳐 돌아와, 자기가 본 것을 보고서로 썼다. 이것은 한 세대 전에 마르코 폴로가 보고한 것에 많은 가치를 덧붙인 일이었다. 의사이며 지리학자인 파올로 토스카넬리(P. Toscanelli)는 1456년 핼리 혜성에 대해 기록했고, 콜럼버스에게 대서양 모험을 위한 지식과 격려를 준 것으로 유명하다.[16g] 피렌쩨 출신인 아메리고 베스푸치는 신세계로 네 번의 여행을 했으며(1497년 이후) 처음으로 본토를 발견하고 그 지도를 준비했다고 주장했다. 이 지도들을 출간하면서 마르틴 발트제밀러는 이 대륙을 아메리카라는 이름으로 부르자고 제안했다. 그런 제안이 이탈리아 사람들의 마음에 들었고, 그래서 이 이름을 글에 사용해서 널리 보급시켰다.[16h]

생물학은 가장 늦게 발전한 과학이었다. 특별한 창조의 이론(그리스도교의 이론)이 (거의 어디서나 받아들여진) 인간의 자연적 기원의 탐색을 필요 없고 위험한 일로 만들었다. 대부분의 경우 이 분야는 치료 식물학, 원예, 화초원예, 농업 등을 위해 실용적인 목적에만 한정되었다. 피에트로 데 크레셴찌는 일흔의 나이로(1306) 『이로운 시골 생활(*Ruralia commoda*)』을 펴냈다. 이 분야에서 스페인 이슬람교도들이 쓴 더 나은 책자들을 빼면 이것은 찬양할 만한 농업 안내서였다. 로렌쪼 데 메디치는 희귀 식물을 모아 놓은 카레지의 정원을 절반쯤 개방했다. 최초의 공공 식물원이 1544년 루카 기니(L. Ghini)에 의해 피사에 만들어

졌다. 당시 취향을 지닌 통치자들은 거의 모두 동물원을 가졌다. 추기경 이폴리
토 데 메디치는 인간 동물원을 가졌는데 20개국 이상 출신의 야만인들을 모아
놓은 것으로 모두가 아주 훌륭한 육체를 지녔다.

3. 의학

　가장 번창한 과학은 의학이었다. 사람들은 건강을 위해 식욕 빼고는 무엇이
든 다 희생하려는 각오가 되어 있기 때문이다. 의사들은 이탈리아의 새로운 부
(富)에서 충분한 몫을 얻었다. 파도바는 어떤 의사에게 상임 고문으로 일해 주
는 대가로 1년에 2000두카트를 지불했다. 그와 동시에 그는 개인적인 의사 영
업을 계속할 수 있었다.[16i] 페트라르카는 자신의 성직록을 바탕으로 의사들의
높은 보수, 진홍빛 의상과 담비 모피로 만든 두건,[16j] 빛나는 반지와 황금의 박
차를 몹시 비난했다. 그는 병든 교황 클레멘스 6세에게 의사들을 믿는 일에 반
대하는 심각한 경고를 했다.

　성하의 침대가 의사들로 둘러싸여 있다는 사실을 알고 있으며, 자연스럽게 이 일
은 나를 두려움으로 가득 채웁니다. 그들의 의견은 언제나 서로 다투는 것이며, 새
로운 말을 할 수 없는 사람은 다른 사람의 말을 따라하는 것을 수치스럽게 여깁니
다. 플리니우스가 말했듯이 무언가 새로움을 도입해서 자기들 사이에 이름을 얻기
위해 그들은 우리 목숨을 거는 것이지요. 그들에게 우리는 (다른 직업과는 달리) 그
냥 의사라는 이름만으로 벌써 마지막 한마디 말까지 그대로 신뢰하지만, 의사의 거
짓말은 다른 어떤 거짓말보다 더 큰 위험을 품고 있습니다. 오로지 달콤한 희망으로
인해 우리는 이런 상황에 대해 생각하지 않게 됩니다. 그들은 우리를 희생시켜 자기
들의 기술을 익히고, 심지어 우리의 죽음까지도 그들에게는 경험이 되지요. 의사만
이 벌을 받지 않고 사람을 죽일 권리를 가집니다. 오, 가장 상냥한 아버지, 그들 패거

리를 원수의 군대처럼 바라보십시오. 어떤 불행한 사람이 비석에 새겨 넣은 경고의 비명을 기억하십시오. "나는 너무 많은 의사로 인해 죽었다."라는.[17]

문명화된 모든 나라, 모든 시대에 의사들은 인류의 가장 탐나는 존재이며, 또 가장 풍자를 받는 존재라는 명예를 두고 여자들과 경쟁을 벌이곤 했다.

의학에서 진보를 이룬 바탕은 해부학이 부활했다는 점이었다. 성직자들은 의사 및 미술가들과 협력을 해서 이따금 자기들이 통제하는 병원에서 해부를 위한 시신을 공급해 주었다. 몬디노 데 루찌(M. d. Luzzi)는 볼로냐에서 시신을 해부하고 『해부학』이라는 책을(1316) 썼는데, 이것은 300년 동안이나 고전으로 남았다. 그런데도 여전히 시신을 얻기가 힘들었다. 1319년에 볼로냐의 의학부 학생들 몇이 공동묘지에서 시체 한 구를 훔쳐서 대학교의 선생에게 가져왔고, 선생은 그들을 가르치기 위해 이 시체를 해부했다. 학생들은 고발되었지만 무죄로 풀려났다. 그 이후로 시민관청은 처형당한 범죄자들 중 연고자가 없는 시신을 "해부"에 사용하는 일을 눈감아 주었다.[18] 볼로냐 대학의 해부학 교수인 베렌가리오 다 카르피(B. d. Carpi, 1470~1550)는 100구 이상의 시체를 해부한 것으로 여겨졌다.[19] 피사 대학에서는 1341년에 해부가 행해졌다. 머지않아 로마 교황청 대학 의학부를 포함하여 이탈리아의 모든 의학부에서 이것이 허용되었다. 식스투스 4세(1471~1484)는 이런 해부를 정식으로 인정해 주었다.[20]

르네상스 해부학은 잊힌 고전 전통을 천천히 되찾았다. 안토니오 베니비에니(A. Benivieni), 알레싼드로 아킬리니(A. Achillini), 알레싼드로 베네데티(A. Benedetti), 마르칸토니오 델라 토레(M. d. Torre) 같은 사람들은 해부학을 아라비아의 영향에서 해방시켜 갈레노스와 히포크라테스의 전통으로 돌아갔으며, 심지어는 이들 성스러운 권위에 대해서도 의문을 던졌다. 그리고 신경, 근육, 뼈 등을 하나씩 세심하게 덧붙여서 신체에 대한 과학적 지식의 단계에 이르렀다. 베니비에니는 질병에 대해 신체 내부의 원인을 찾아내는 쪽으로 해부의 방향을 잡았다. 그의 논문 「질병과 치유의 감추어진 몇 가지 놀라운 원인들(De abditis nonnullis ac mirandis morborum et sanationum causis, 1507)」은 병리 해부학의 기초가 되는 것이고, 사후(死後) 검진을 현대 의학 발전의 한 가지 중요한 인자로 만들었다. 게다가 새로운 인쇄술이 의학 서적들의 확산과 국제적 교류를 쉽게 해 주어 의학 발전에 속도를 붙여 주었다.

가장 진보한 해부학자와 의사들도 1500년에 이르기까지 기원전 450년에서 기원 200년 사이에 히포크라테스, 갈레노스, 소라누스 등이 가졌던 지식의 수준에 미치지 못했다는 사실을 지적한다면, 중세 시대 라틴 그리스도교 세계에서 의학이 퇴보한 정도를 짐작할 수 있을 것이다. 히포크라테스의 4체액(humors) 이론에 근거를 두고 환자 치료가 이루어졌고, 방혈(放血)이 만병통치 요법이었다. 최초로 알려진 인간의 수혈은 어떤 유대인 의사가 교황 인노켄티우스 8세에게 행한 일이었다.(1492) 이미 보았듯이 이 일은 실패로 돌아갔다. 남성의 성교 불능과 건망증 등을 치료하기 위해 악마를 몰아내는 사람들이 와서 종교적 주문을 외우거나 아니면 성 유물에 키스를 했다. 이런 암시 요법이 때에 따라 효과가 있었던 모양이다. 약제사들은 이상한 알약과 약제들을 팔았다. 그들은 문구류, 니스, 과자류, 양념, 보석류 등을 상품에 포함시켜서 수입을 늘렸다.[21] 불같은 수도사 사보나롤라의 아버지인 저 미켈레 사보나롤라는 「치료법(Practica medicinae)」(1440년경)과 몇 가지 짧은 논문들을 썼다. 그중 어떤 것은 위대한 예술가들에게 나타난 정신병(bizaria)을 다루었다. 또 다른 논문은 매일 알코올을 이용함으로써 오래 산 사람들의 이야기를 들려준다.

돌팔이 의사들이 여전히 수가 많았지만 의학적 치료는 더욱 조심스럽게 법으로 통제되었다. 의학 학위 없이 의료 행위를 하는 사람에게 벌금이 부과되었다. 이 경우 학위란 4년간의 의학부 과정을 뜻했다.(1500) 어떤 의사도 동료와 상의하지 않고 중병을 진단해서는 안 되었다. 베네찌아 법은 의사와 외과 의사들이 한 달에 한 번씩 모여서 임상 기록을 교환할 것을 규정하고 있으며, 적어도 1년에 한 번 해부학 과정에 참석해서 지식을 혁신하도록 했다. 의학부를 졸업하는 학생은 환자의 질병을 절대로 질질 끌지 않을 것이며, 자신의 처방을 제조하는 일을 감독할 것이며, 이 처방전에 따라 약을 짓는 약제사가 받는 요금의 일부를 받지 않을 것을 맹세해야만 했다. 같은 법률은(베네찌아, 1368) 처방전에 따라 약을 짓는 약제사의 요금을 10스쿠디 이내로 제한하고 있다.[22] 이것은 지금은 가치를 추정할 수 없는 동전이다. 특수한 계약에 따라, 병이 나을 경우에만 의료비를 지불하기로 한 사례들도 있다.[23]

외과 분야는 수술의 종류와 도구들이 고대 이집트 사람들이 가졌던 다양성과 기능에 접근하면서 빠른 속도로 좋은 평판을 얻었다. 베르나르도 다 라팔로(B. d. Rapallo)는 결석을 제거하기 위해 회음부 수술을 고안했고(1451) 마리아노 산토(M. Santo)는 옆구리를 째서 결석을 성공적으로 깨뜨린 수많은 사례들로 유명해졌다.(1530년경) 율리우스 2세의 외과의였던 죠반니 다 비고(G. d. Vigo)는 동맥과 정맥을 동여매는 더 나은 방법을 발전시켰다. 고대인들에게 알려졌던 성형 수술이 1450년 무렵 시칠리아에 다시 나타났다. 부러진 코, 입술, 귀 등은 신체 다른 부위의 피부 조각을 이식함으로써 고쳤는데, 접합선을 찾기가 어려울 정도로 정교했다.[24]

공중위생은 점점 나아졌다. 베네찌아 총독인 안드레아 단돌로(A. Dandolo, 재위 1343~1354)는 최초로 공중위생위원회를 만들었다.[25] 다른 이탈리아 도시들이 그 예를 따랐다. 이 위원회는 일반에 판매되는 모든 식품과 약들을 검사하고, 일부 전염병 환자들을 격리시켰다. 흑사병의 결과로 베네찌아는 1374년에 감염이 의심되는 사람이나 물건을 싣고 온 모든 배들을 항구에서 배제시켰다. 라구사에서는(1377) 이런 하물을 특별 구역에 격리시켜서 30일을 기다렸다가 도시에 받아들였다. 마르세유 항구가(1383) 이 구류 기간을 40일로 늘렸고, 베네찌아는 1403년에 이 예를 따랐다.[26]

속인이나 성직자들의 열성 속에서 병원들은 수가 늘었다. 시에나는 1305년에 크기와 서비스로 유명한 병원을 지었다. 프란체스코 스포르짜는 밀라노에 오스페달레 마죠레(큰 병원)를 지었다.(1456) 1423년에 베네찌아는 산타 마리아 디 나짜레트 섬을 나병원으로 만들어 환자들을 수용했다. 이것은 유럽에 알려진 이런 종류 최초의 치료 기관이다.[27] 피렌쩨에는 15세기에 35개의 병원들이 있었다.[28] 이들 기관들은 공공기금과 개인의 후원을 받았다. 오스페달레 마죠레 같은 일부 병원들은 건축물로 유명했다. 일부 병원들은 벽을 미술품으로 장식했다. 피스토야에 있는 오스페달레 델 체포는 죠반니 델라 로비아에게 주문해서 전형적인 병원 장면들을 보여 주는 생생한 테라 코타 돋을새김들로 벽을 꾸몄다. 피렌쩨에 있는 오스페달레 델리 인노첸티의 정면부는 브루넬레스코가 설계한 것이며, 매혹적인 테라 코타 메달들이 안드레아 델라 로비아가 만든 주랑 현관 아치의 삼각면에 자리 잡고 있다. 1511년 이탈리아의 부도덕성에 그토록 충격을 받았던 루터는 자선 기관과 의료 기관들을 보고 깊은 인상을 받았다. 그는 「좌담」에서 이 병원들을 이렇게 묘사했다.

> 이탈리아의 병원들은 아름답게 지어졌고, 훌륭한 음식과 음료, 조심스러운 직원, 교육받은 의사를 제공하고 있다. 침대와 시트는 깨끗하고 벽들은 그림으로 덮였다. 환자가 실려 오면 공증인이 참석한 자리에서 옷을 벗기는데, 공증인이 환자의 소지품 목록을 작성하고, 소지품은 조심스럽게 보관된다. 환자의 몸에는 하얀 가운을 입히고 깨끗한 린넨으로 덮인 편안한 침대에 눕힌다. 곧이어 의사 두 명이 오고, 하인들은 깨끗한 그릇에 담긴 음식과 음료를 가져온다. …… 많은 숙녀들이 돌아가면서 병원을 방문해서 환자를 보살피는데 얼굴을 베일로 가리고 있어서 누군지 알 수가 없다. 각기 며칠 동안만 남아 있다가 집으로 돌아가고 나면 다른 사람이 그 일을 맡는다. …… 피렌쩨의 버림받은 아이 수용소도 똑같이 훌륭하다. 버려진 아이들은 이곳에서 잘 먹이고 가르침을 받으며, 적절한 옷을 입고 훌륭한 보살핌을 받는다.[29]

의학적 치료에서 영웅적인 발전을 거두면 거의 뒤따라오듯이 새로운 질병이 나타나곤 한다는 것이 의학의 숙명인 경우가 많다. 16세기 이전에 유럽에는 거의 알려지지 않은 질병이던 천연두와 홍역이 두드러지게 나타났다. 유럽은

1510년 최초의 기록된 인플루엔자 전염병을 경험했다. 또한 1477년 이전에는 언급된 적이 없는 질병인 티푸스도 1505년과 1528년에 이탈리아를 휩쓸었다. 15세기 말경 이탈리아와 프랑스에 매독이 갑자기 나타나서 빠르게 전파된 일은 가장 놀라운 현상이었고, 또 르네상스 의학의 시험대가 되었다. 1493년 이전에 유럽에 매독이 존재했었는지, 혹은 이해에 콜럼버스가 돌아오는 길에 이 병을 아메리카 대륙에서 가져온 것인지는 지금도 전문가들 사이에 논쟁이 되는 문제로 여기서 다룰 문제는 아니다.

분명한 사실들은 유럽에서 자연발생했다는 기원론을 뒷받침해 준다. 1463년 7월 25일에 어떤 매춘부는 디종의 법정에서, 원치 않는 고객을 자신이 '큰 병'을 지니고 있다고 설명해서 쫓아 보냈다고 증언했다. 그 이상은 설명이 되어 있지 않다.[30] 1494년 3월 25일에 파리의 도붓장수는 '큰 두창(痘瘡)'에 걸린 사람은 모두 도시를 떠나라는 도시의 명령을 들었다.[31] 이 '큰 두창'이 대체 무엇인지는 알 수가 없다. 매독이었을 가능성이 있다. 1494년에 프랑스 군대가 이탈리아에 침입했다. 1495년 2월 21일에 프랑스 군대는 나폴리를 점령했다. 바로 뒤이어 나폴리에서 질병이 퍼졌다. 그것을 이탈리아인들은 프랑스인이 이탈리아로 가져왔다고 생각하고 '프랑스 병'이라 불렀다. 많은 프랑스 병사들이 병에 걸렸다. 1495년 10월에 병사들이 프랑스로 돌아오자 사람들 사이에 이 질병이 퍼졌다. 그래서 프랑스에서는 '나폴리 병'이라 불렸다. 프랑스 군대가 나폴리에서 이 병을 가져온 것이라는 짐작에서였다. 프랑스 군대가 이탈리아에서 프랑스로 돌아오기 두 달 전인 1495년 8월 7일에 막시밀리안 황제는 '프랑스 병'을 언급하는 칙령을 내렸다. 분명히 이 '프랑스 병'이 이탈리아에서 아직 돌아오지도 않은 프랑스 군대의 탓이 될 수는 없었다. 1500년 이후로 '프랑스 병(morbus gallicus)'은 유럽 전역에서 매독을 나타내는 단어로 쓰였다.[32] 매독이 유럽에 1493년 이전에도 이미 존재했었다고 짐작은 되지만 확실한 증거는 없다.

아메리카 기원설은 1504년과 1506년 사이에 스페인 의사 루이 디아즈 데 리슬라(R. E. d. l'Isla)가 쓴(그러나 1539년에야 출간된) 보고서에 근거한 것이다. 그는 콜럼버스가 돌아오는 항해에서 기함의 키잡이가 끔찍한 피부 발진을 동반하는 심한 열병에 걸렸다고 보고한다. 그리고 자신이 바르셀로나에서 이 새로운 질병에 감염된 병사들을 직접 치료했다고 덧붙인다. 이 질병은 그곳에서는 전에 알려진 적이 없는 병이었다. 그는 이것을 유럽 사람들이 '프랑스 병'이라고 부르는 질병과 동일한 것이라 보았고, 이 전염병은 아메리카에서 온 것이라고 주장했다.[33] 콜럼버스가 서인도 제도에서 처음으로 돌아오던 1493년 3월 15일에 스페인의 팔로스에 이르렀다. 같은 달에 알렉산더 6세의 의사인 핀토르는 로마에 '프랑스 병'이 처음으로 나타났다고 기록했다.[34] 콜럼버스의 귀환과 프랑스 병사들의 나폴리 점령 사이에는 거의 2년의 시간 차가 있어서 질병이 스페인에서 이탈리아로 퍼지기에 충분한 시간이다. 다른 한편 1495년 나폴리를 황폐하게 만든 질병은 매독이었다는 것이 확실하지가 않다.[35] 콜럼버스 이전 유럽의 유골 중에서 매독에 감염되었을 것으로 보이는 뼈는 극히 적다. 콜럼버스 이전 아메리카 유골에는 그런 뼈들이 상당히 많다.[36]*

어쨌든 새 질병은 무서운 속도로 퍼져 나갔다. 체사레 보르지아는 분명 프랑스에서 이 병을 얻었다. 많은 추기경들과 율리우스 2세 자신도 감염되었다. 그러나 이런 경우 활동성 세균을 지닌 사람이나 사물과의 단순 접촉에 의해 감염되었을 가능성도 인정해야 한다. 피부 농포는 유럽에서 옛날부터 수은 연고로 치료를 하곤 했다. 이제 수은은 오늘날 페니실린만큼이나 인기 있는 치료제가 되었다. 외과의사나 돌팔이 의사들은 연금술사라고 불렸다. 수은을 황금으로 변화시켰기 때문이다. 예방 조치들이 취해졌다. 로마에서 1496년도의 법은 이발사가 매독 환자를 받거나, 환자들이 쓰던 도구 또는 환자들에게 사용한 도구를 사용하는 일을 금지했다. 창녀들에 대한 검사도 더욱 자주 행해졌다. 일부 도시들은 창녀들을 쫓아냄으로써 이 문제를 피하려고 했다. 그래서 페라라와

---

*사턴(Sarton)은 이렇게 결론을 내린다. "매독에 관해서 나는 1495년과 그 이후에 빠르게 퍼져 나간 사례들 이전에 나온 이 질병에 대한 단일한 서술을 찾아내지 못했다. 최근에 콜럼버스 이전 유럽에 매독이 있었다는 확인이 거듭되고 있지만 나는 그것을 받아들일 수 없다."[37]

볼로냐는 1496년에 이런 여성들이 "사람들이 욥의 나병이라 부르는 비밀스러운 두창"[38]을 지녔다는 이유로 도시에서 추방했다. 교회는 하나의 예방법으로 순결을 설교했고 많은 성직자들이 이것을 지켰다.

'매독(syphilis)'이란 명칭은 르네상스에서 가장 다양하면서도 가장 성실한 사람의 하나인 지롤라모 프라카스토로(G. Fracastoro)에 의해 처음으로 쓰였다. 그는 처음에 출발이 좋았다. 당시 이미 탁월한 의사들을 배출했던 명문가의 아들로 베로나에서 태어났다.(1483) 파도바에서 그는 거의 모든 것을 다 공부했다. 코페르니쿠스와는 함께 공부했고, 폼포나찌와 아킬리니는 그에게 철학과 해부학을 가르쳐 주었다. 스물네 살에 그는 논리학 교수가 되었다. 그러나 곧 그만두고 과학, 특히 의학 탐구에 헌신했고, 또 고전 문헌 연구를 좋아했다. 과학과 문헌학을 이렇게 결합시키면서 원만한 성품이 만들어졌다. 그는 베르길리우스의 「농경가」를 모범 삼아 라틴어로 「매독, 혹은 프랑스 병에 대하여 (Syphilis, sive de morbo gallico)」(1521)라는 특이한 시를 썼다. 루크레티우스 이후로 이탈리아 사람들은 교훈시 분야에서 탁월하긴 했지만, 그러나 이 나선형의 매독균이 유창한 시에 모습을 나타낼 줄이야 누가 생각이나 했겠는가? 고대 신화에서 시필루스(Syphilus)는 양치기였는데, 눈에 보이지 않는 신들을 섬기지 않고, 눈으로 잘 볼 수 있는, 양 떼들의 주인인 왕을 섬겼다. 이에 화가 난 아폴론 신이 공기를 유독성 수증기로 오염시켰고, 이렇게 오염된 공기에서 시필루스는 전신에 두창이 돋아나는 질병을 얻었다. 이것은 근본적으로 구약 성서에 나오는 욥의 이야기와 같다. 프라카스토로는 병의 처음 출현, 전염성, 원인, 치료 등을 추적했다. "불과 같고 희귀한 질병, 이전 수백 년 동안 한 번도 나타나지 않았다가 유럽의 모든 도시와 아시아와 리비아의 번창하는 도시들을 휩쓸고, 저 불운한 전쟁에서 이탈리아에 침입한 질병, 그 때문에 갈리아(프랑스) 사람들의 이름을 얻은 이 질병"에 대해서 말이다. 그는 이 질병이 아메리카에서 왔다는 주장을 의심했다. 유럽 대륙에서 서로 멀리 떨어진 나라들에서 거의 동시적으로 병이 나타났기 때문이다. 이 감염은 즉시 모습을 나타내지 않고 일정한 기간, 때로는 한 달 …… 심지어는 넉 달 동안이나 잠복기를 갖는다. 대부분의 경우에 작은 농포가 생식기에 나타나기 시작한다. …… 다음으로 피부에 외피가 덮인 농포들이 출현하고 …… 이 농포들이 피부를 잠식해 들어간다. …… 심지어는 뼈에도 감염된다. …… 일부의 경우는 입술이나 코나 눈이 잠식되고, 다른 경우에는 생식기 전체가 잠식된다.[39]

시는 계속해서 수은이나 유창목으로 병을 치료하는 방법을 논한다. 유창목이란 아메리카 인디언이 이용하는 "거룩한 목재"이다. 뒷날의 작품「전염병(De contagione)」에서 프라카스토로는 산문으로 여러 전염병들, 즉 매독, 티푸스, 결핵 등을 다루고, 이들이 퍼지는 전염의 방식을 논했다. 1545년에 그는 파울루스 3세의 부름을 받아 트리엔트 공의회를 위한 수석 의사가 되었다. 베로나는 그를 기념하기 위해 고귀한 기념비를 세웠고, 죠반니 달 카비노는 그의 초상을 새긴 메달을 만들었다. 이것은 이런 종류의 작품 중에서 가장 훌륭한 것의 하나이다.

1500년 이전에 이미 모든 전염병들을 통칭해서 구분 없이 '역질(전염병, plague)'이라는 명칭으로 불렀다. 전염병의 특별한 성질을 명료하게 구분하고 진단하게 된 것은 의학 발달의 한 과정이었고, 그래서 매독처럼 급격하고 고약한 질병을 치료할 준비가 되었다. 이런 위기를 맞이하여 단순히 히포크라테스나 갈레노스에게 의지하는 것만으로는 충분치가 않았다. 이렇게 예상하지 못한 시련에 맞설 수 있었던 것은 당시 의학 분야 사람들이 경험을 넓히고 그것을 서로 공유하면서 증세, 원인, 치료에 대해 새롭고도 상세한 연구를 할 필요성을 이미 잘 알고 있었기 때문에 가능한 일이었다.

훌륭한 의사들이 이탈리아의 작위 없는 귀족층으로 인정을 받게 된 것은 이들이 지닌 이와 같이 훌륭한 자질, 헌신, 치료의 성공 때문이었다. 그들은 이 직업을 완전히 세속화함으로써 그것을 성직자 계층보다 오히려 더욱 존경받는 것으로 만들었다. 그들 중 일부는 의학적인 조언자일 뿐만 아니라 정치적 조언자가 되었다. 그리고 통치자와 고위 성직자와 왕들의 친구가 되기도 했다. 그들 중 상당수는 인문주의자였기에 고전 문헌에 친숙했고, 사본과 미술품을 수집 했다. 자주 그들은 위대한 예술가들과 가까운 친구가 되었다. 결과적으로 상당 수의 의사들은 의학에 철학을 더한다는 히포크라테스의 이상을 실현했다. 그 들은 연구나 가르침에서 한 분야에서 다른 분야로 쉽게 넘어갔다. 그리고 직업 철학자들에게 플라톤, 아리스토텔레스, 아퀴나스 등의 말을 따라서 (자기들이 히포크라테스, 갈레노스, 아비첸나 등의 말을 따르듯이) 현실을 두려움 없이 새로 검토하라는 자극을 주었다.

4. 철학

첫눈에 이탈리아 르네상스는 철학에 이렇다 할 결실을 제공하지 못한 것으로 보인다. 그 생산품은 '아테네 학파'는 그만두고라도 아벨라르에서 아퀴나스에 이르는 프랑스 스콜라 철학 전성기와도 비교할 수 없다. 철학에서 가장 유명한 이름은 (르네상스의 시간적 한계를 약간 넓히자면) 죠르다노 브루노(Giordano Bruno, 1548?~1600)이다. 그의 작품은 우리 책의 탐구 시기 바깥에 놓여 있다. 그리고 폼포나찌가 남는다. 그러나 오늘날 누가 그의 가련하고 영웅적인 회의주의 발언들을 생각이나 한단 말인가?

인문주의자들은 그리스 철학의 세계를 발견하고 조심스럽게 표현함으로써 철학적 혁명을 예비했다. 그러나 발라(Valla)를 제외하고 대부분의 경우 그들은 너무나 영리해서 자기들의 신념을 그냥 책상에 놓아두지 않았다. 대학의 철학 교수들은 스콜라 전통으로 방해를 받았다. 이 어수선하고 거대한 영역을 돌아 다니며 7, 8년간 악전고투를 겪고 나면 그들은 이 분야를 포기하고 아예 다른 분야로 가든지, 아니면 다른 세대를 끌어들여 자기들의 의지를 파괴하는 장애 물들(스콜라 전통)에 영광을 돌리면서 자신의 지성을 안전한 종착역으로 데려갔다. 그러나 그들이 실은 이해할 수 없는 전문 용어를 동원해서 조심스럽게 아무런 결실도 없이 심오한 문제들을 다루는 일에 자신을 한정함으로써, 분명한 정신적 경제적인 안전을 느꼈다는 사실을 다른 사람이 어떻게 알겠는가? 대부분의 철학부에서 스콜라 철학은 여전히 필요한 것으로 여겨졌지만 차츰 죽음이 다가오면서 이미 경직되는 중이었다. 낡은 중세의 질문들이 낡은 중세의 논쟁 방식으로 교수들의 출판물에서 다시 다루어졌다.

삶의 두 가지 요소들이 다시 등장하면서 철학을 되살려 냈다. 플라톤주의와 아리스토텔레스주의의 갈등이 그 하나이고 아리스토텔레스주의가 다시 정통 그리스도교 신앙과 아베로에스(Averroes, 혹은 이븐 루시드(1126~1198), 이슬람교 철학자. 이슬람교 전통과 그리스 사상을 통합시켰다.)주의로 갈라진 일이 그것이다. 볼로냐와 파도바에서 이런 갈등은 정말로 결투가 되었고, 글자 그대로 삶과 죽음의 문제가 되었다. 인문주의자들은 대개 제미스투스 플레토, 베싸리온, 테오도루스 가짜와 다른 그리스인들의 영향을 받아 플라톤주의자가 되었다. 그들은 플라톤의「대화」편이라는 포도주를 깊이 들이마셨다. 그리고 생산력이 없는「도구(Organon, 논리학)」와, 조심스러운 아리스토텔레스의 납덩어리 중용을 대체 어떻게 참을 수 있는지 거의 이해하지 못했다. 그러나 이들 플라톤주의자들은 그리스도교도로 남았다. 그들의 대표이자 대리인인 마르실리오 피치노(Marsilio Ficino)는 생애의 절반을 이 두 사상 체계를 화해시키는 데 바쳤다. 이 목적을 위해서 그는 광범위한 연구를 행했고, 심지어는 조로아스터와 공자를 연구하기에 이르렀다. 그러다가 플로티누스(Plotinus)에 이르러 스스로「아홉 논문」을 번역했을 때, 그는 신비주의적인 신플라톤주의에서 플라톤과 그리스도를 결합시켜 주는 비단 끈을 찾아냈다고 믿었다.「플라톤 신학」이라는 글에서 그는 자신이 찾아낸 이런 종합을 서술했다. 이것은 정통 그리스도교 신앙, 신비학, 헬레니즘 등을 혼란스럽게 뒤섞어 놓은 것으로 망설이면서 범신론적 결론에 도달하고 있다. 곧 신은 세계의 영혼이라는 결론이다. 이것은 로렌쪼와 그의 주변 사람들의 철학이 되었고, 로마, 나폴리와 다른 곳에 세워진 플라톤 아카데미의 철학이 되었다. 이 사상은 나폴리에서 죠르다노 브루노에 이르렀다. 브루노를 통해서 그것은 스피노자에게로 넘어가고, 이어서 헤겔에 이르렀다. 이 사상은 아직도 살아 있다.

그러나 아리스토텔레스의 편을 들어서 말할 것도 있었다. 특히 그가 잘못 해석될 수 있는 경우는 더욱 그랬다. 아리스토텔레스가 개인의 불멸을 가르쳤다고 이해한 아퀴나스가 옳았을까, 아니면 「영혼에 대하여」를 인류의 집합적인 영혼의 불멸성만을 단언한 것으로 읽은 아베로에스가 옳았을까? 아라비아 사람이었던 두려운 아베로에스, 이탈리아 미술이 오래전부터 성 토마스 아퀴나스의 발치에 무릎을 꿇은 모습으로 그렸던 이 인물은 아리스토텔레스주의자들의 우세를 위해 활동적인 경쟁 상대였기에 볼로냐와 파도바는 그의 이단 사상으로 뜨겁게 달아올랐다. 파도바의 마르실리우스는 바로 파도바에서 교회에 대한 존경심을 잃어버렸다.* 놀라에서 태어난 브루노의 선배인 필리포 알제리다 놀라(F. Algeri d. Nola)는 파도바에서 이 두려운 오류를 흡수했고, 그 결과 슬픔에 가득 찬 채로 끓는 수지가 가득 찬 통 속에 던져졌다.[40] 니콜레토 베르니아스(N. Vernias)는 파도바의 철학 교수를 지냈는데(1471~1499) 그곳에서 개인의 영혼이 아니라 세계 영혼만이 불멸이라고 가르쳤다.[41] 그의 제자인 아고스티노 니포(A. Nifo)는 「인식과 정신(De intellectu et daemonibus)」(1492)이라는 논문에서 같은 주장을 되풀이했다. 보통 회의주의자들은 (아베로에스가 한 것처럼) 두 가지 종류의 진리, 곧 종교적 진리와 철학적 진리를 구분함으로써 종교 재판관들을 달래려고 애썼다. 어떤 생각은 철학에서 이성의 관점으로 보면 거부될 수도 있지만 성서나 교회의 말씀으로 된 신앙에서는 받아들일 수도 있다고 주장했다. 니포는 이 원칙을 무모하게 단순화시켜서 고백했다. "말은 많은 사람들처럼 하되 생각은 극소수의 사람처럼 하라."[42] 니포는 헤어스타일을 바꾸듯이 생각이나 말을 바꾸었다. 그리고 정통 신앙과 화해했다. 볼로냐의 철학

---

*파도바의 마르실리우스는 르네상스보다는 종교 개혁에 속하는 사람이고 그에 따라 이 인물을 다루는 일은 뒤로 미루기로 한다.

교수로서 그는 강의 도중 얼굴을 찡그리고 기묘한 언행을 하고, 또 여러 일화들과 재치 등을 섞어서 신사와 숙녀들을 자신의 강의에 끌어들였다. 그는 폼포나찌의 적수 중에서 사회적으로 가장 성공한 사람이었다.

피에트로 폼포나찌(P. Pomponazzi)는 르네상스 철학의 작은 폭탄이었다. 하도 작아서 가까운 사람들은 그를 '작은 피에트로'라는 뜻으로 '페레토'라 불렀다. 그러나 그는 큰 머리와 넓은 이마, 매부리코, 작고 꿰뚫어 보는 듯한 검은 눈을 가졌다. 고통스러운 진지함으로 삶과 사유를 했던 사람으로, 만토바에서 귀족 혈통으로 태어나(1462) 파도바에서 철학과 의학을 공부하고, 스물다섯 살에 두 분야에서 학위를 취득하고 이어서 그곳의 교수가 되었다. 파도바의 모든 회의주의 전통이 그에게 전수되었고, 그에게서 절정에 도달했다. 그를 숭배했던 바니니는 이렇게 표현했다. "피타고라스라면, 아베로에스의 영혼이 폼포나찌의 몸으로 들어간 것이라고 판단했을 것이다."[43] 지혜는 분명 계속 환생을 하거나 아니면 메아리처럼 보인다. 수없이 많은 오류의 세대를 거치면서도 그것은 언제나 동일한 것으로 남아 있기 때문이다.

폼포나찌는 1495년에서 1509년까지 파도바에서 가르쳤다. 그런 다음 전쟁의 바람이 도시를 휩쓸었고 역사적인 대학 강의실들을 닫게 만들었다. 1512년에 그는 볼로냐 대학에 등장한다. 그곳에서 그는 마지막 날까지 살면서, 세 번 결혼했고, 언제나 아리스토텔레스를 강의했고, 스승에 대한 자신의 관계를 코끼리를 탐색하는 곤충의 관계에 비교했다.[44] 그는 자신의 사유를 자신의 것이라고 말하지 않고, 아프로디시아스의 알렉산더가 해석한 아리스토텔레스에 함축되어 있거나 아니면 직접 표현된 것이라고 출전을 제시하는 쪽이 더욱 안전하다고 여겼다. 그의 태도는 때로는 지나치게 자신을 낮춘 것으로, 죽은 권위를 위해 보조적인 자세를 취했다. 그러나 교회가 아퀴나스를 좇아 교회의 가르침은 아리스토텔레스의 가르침과 동일한 것이라고 주장하자, 폼포나찌는 어떤 이단 사상이 진짜 아리스토텔레스의 사상이라는 사실을 밝히는 것은 화형을 당하지 않고도 정교 신앙의 꼬리를 붙잡는 일이라 느꼈던 모양이다. 레오 10세가 사회를 본 제5회 라테란 공의회(1513)는, 모든 인간의 영혼이 하나이고 나눌 수 없으며 개인의 영혼은 죽게 된다고 단언하는 사람들을 유죄라고 선언했다. 3년 뒤에 폼포나찌는 그의 주요 저작인『영혼의 불멸에 대하여(*De immortalitate animae*)』에서 공의회가 유죄라고 판결한 견해가 정확하게 아리스토텔레스의 그것임을 보여 주려고 했다. 그가 설명하는 아리스토텔레스에 따르면 정신은 모든 단계에서 물질에 의존하고 있다. 가장 추상적인 지식도 궁극적으로는 감각에서 이끌어낸 것이다. 정신은 오로지 물체를 통해서 세상에 작용할 수가 있다. 따라서 죽을 운명을 지닌 껍질보다 오래 살아남아 신체에서 분리된 영혼이란 아무런 기능도 없고 도움도 주지 못하는 망령에 지나지 않는다. 그러면서도 폼포나찌는 우리는 그리스도교도이며 신앙심이 깊은 교회의 아들로서 개인 영혼의 불멸성을 믿어야 한다는 결론을 내렸다. 자신의 주장이 영혼과 몸의 부활을 가르친 가톨릭에 맞서 아무런 효력도 갖지 못한다는 생각이 폼포나찌에게는 떠오르지 않았던 것 같다. 어쩌면 그는 이런 주장을 진지하게 생각하지 않고, 자신의 독자들도 진지하게 받아들이지 않을 것이라고 생각했을지도 모른다. 우리가 아는 한 아무도 그에게 반박하지 않았다.

이 책은 시대의 흐름에 휩쓸려 들어갔다. 프란체스코 수도사들이 베네찌아 총독을 설득해서 입수할 수 있는 한 이 책들을 모두 모아 공개적으로 태우라고 설득했고 그대로 되었다. 교황청에 항의했지만 레오의 추기경회의에서 높은 지위를 차지하고 있던 벰보와 비비에나가 교황에게 이 책의 결론이 완전히 정교 신앙에 맞는다고 충고했다. 결론은 정말 그랬다. 그러나 레오는 속지 않았다. 그는 두 가지의 진리라는 이 작은 속임수를 정확하게 알고 있었다. 그런데도 그는 폼포나찌에게 단정한 복종의 글을 쓰라고 명령하는 것으로 만족했다.[45] 폼포나찌는「변명의 서」(1518)에서 그리스도교도로서 자신은 교회의 가르침을 모두 받아들였다고 거듭 단언했다. 같은 시기에 레오는 아고스티노 니포에게 폼포나찌의 책에 대한 답변을 쓰라고 명령했다. 아고스티노는 싸움을 좋아했기에 즐거이 온갖 기술을 다 동원해서 이 일을 행했다. 이것은 주목할 만한 일이며, 또한 대학과 성직자들 간의 반목이 계속된 것을 보여 주는 일이기도 하다. 폼포나찌의 머리가 그야말로 아슬아슬하게 종교 재판의 균형에 매달려 있는 동안 세 군데 대학들이 그를 차지하려고 경쟁했다. 피사 대학이 그를 끌어들이려 한다는 소식을 듣고, 볼로냐 당국은 교황청에 복종하고 있었는데도 프란체스코 수도사들의 분노에는 귀를 막고서 폼포나찌의 재직 기간을 8년 더 연장하고, 연간 봉급을 1600두카트(2만 달러?)로 올려 주었다.[46]

폼포나찌가 살아 있을 때 출판되지 않은, 덜 중요한 두 권의 저서에서 그는 회의주의를 계속 유지했다. 『주문에 대하여(*De incantatione*)』에서 그는 초자연적인 것이라 생각되는 많은 현상들을 자연적인 원인으로 귀결시켰다. 의사 한 사람이 그에게 주문이나 마법의 덕분에 이루어진 치료에 대해 편지를 써 보냈다. 폼포나찌는 의심해 보라고 말했다. 그는 이렇게 썼다. "보이지 않는 원인에 의존하기 위해서 눈에 보이는 자연적인 것을 경멸하는 것은 우스꽝스럽고 부조리한 일이다. 보이지 않는 것의 현실성은 어떤 확실한 개연성으로도 보장되어 있지 않다."[47] 그리스도교도로서 그는 천사와 성령을 받아들였다. 철학자로서는 그들을 모두 거부했다. 모든 원인은 다 자연에서 온 것이다. 그는 자신이 받은 의학적 훈련을 돌아보면서 널리 퍼져 있는, 신비적인 기원을 가진 치료를 비웃었다. 정령들이 환자의 육체를 치료할 수 있다면 정령들 자신이 물질로 되어 있거나, 아니면 육체에 영향을 주기 위해 물질적 수단을 사용해야 한다. 그리고 그는 치유해 주는 정령들이 고약과 연고와 알약을 들고 달려오는 모습을 아이러니컬하게 그려 보인다.[48] 그런데도 그는 일부 식물과 돌이 가진 치유 능력을 인정했다. 성서의 기적을 받아들이지만 그것이 자연적 과정일 것이라고 생각했다. 우주는 단일한 불변의 법칙에 의해 지배된다. 기적이란 그 힘과 방법이 오직 부분만 우리에게 알려진 자연적 힘의 특이한 표출이다. 사람들은 자기가 이해하지 못하는 것을 정령이나 신의 탓으로 돌린다.[49] 자연 원인이라는 이러한 관점을 부인하지 않은 채 그는 점성술을 상당히 받아들였다. 인간의 생명만이 천체의 움직임에 종속되는 것이 아니라, 인간의 단체들도, 심지어는 종교까지도 하늘의 영향에 따라 부흥하거나 멸망한다고 여겼다. 이것은 그리스도교에도 타당하다. 폼포나찌의 말에 따르면 당시 현재의 순간에 그리스도교가 죽어 가고 있다는 표지들이 있다고 했다.[50] 그리스도교도로서는 이 모든 것을 다 헛소리로 여겨 부정한다는 말을 덧붙였다.

그의 마지막 책『운명에 대하여(*De fato*)』는 더 정통 신앙으로 보인다. 자유 의지를 옹호하고 있기 때문이다. 그는 자유 의지란 신이 앞일을 미리 안다는 것, 또 모든 것을 안다는 것과 양립되지 않음을 인정했다. 그런데도 인간에게 도덕적 책임감이 있어야 한다면, 선택의 자유가 꼭 필요한 것이고, 자유로운 활동이라는 의식이 있어야 한다고 주장했다. 불멸성에 대한 논문에서 그는 이미 초자연적인 형벌과 보상이 없이도 도덕적 규범이 성공할 수 있는가 하는 질문을 다루었었다. 그는 스토아적인 자부심으로 미덕에 대한 보상은 죽은 다음의 낙원이 아니라 미덕 자체라고 주장했다.[51] 그러나 대부분의 사람들은 오로지 초자연적인 희망과 두려움을 통해서만 단정한 생활 태도를 갖도록 유도될 수 있다고 인정했다. 그렇기 때문에 위대한 통치자들은 온 세상에 경찰관을 배치하는 대신 경제적인 대체물로서 미래 국가에 대한 믿음을 가르쳤다고 그는 설명했다. 플라톤처럼 그는 우화와 동화들이 인간의 자연적 약점을 통제하는 데 도움이 될 수 있다면 이들의 설득력을 정당화했다.[52]

그래서 그것(우화와 동화)들은 미덕을 가진 사람들은 다른 삶에서 영원한 보상을 받을 것이고, 죄가 있는 사람들은 영원한 형벌을 받을 것임을 인정해 주었다. 영원한 형벌은 사람들을 대단히 두려움에 떨게 만들었다. 인간의 대다수는 영원히 좋은 것에 대한 희망보다는 영원한 형벌에 대한 두려움에서 좋은 일을 한다. 형벌이 영원한 선보다 우리에게 더 잘 알려져 있기 때문이다. 그리고 이런 장치가 계층을 막론하고 모든 인간에게 유리한 것이기에 입법자는 인간이 악을 향하는 경향이 있음을 보고, 또 보편적인 선의 의도에서 영혼이 불멸이라고 선포했다. 입법자는 진리가 아니라 정의만 염두에 두고 그렇게 선포함으로써 사람들을 선으로 이끌 수가 있

는 것이다.[52a]

그의 생각에 따르면 대부분의 사람들은 정신적으로 아주 단순하고, 또 도덕적으로 잔인하기에 그들을 아이들이나 환자처럼 다루어야 한다. 그들에게 철학의 이치들을 가르치는 것은 지혜로운 일이 아니다. 그는 자신의 생각을 이렇게 표현한다. "이런 것(철학적 가르침)들은 보통 사람들에게 알려 주기 위한 것이 아니다. 그들은 이 비밀을 받아들일 수가 없기 때문이다. 우리는 무지한 사제들과 이 문제에 대해 토론하는 것도 경계해야 한다."[53] 그는 인류를 철학자와 종교적인 사람으로 나누고 순진하게도 이렇게 믿었다. "철학자들만이 지상의 신이다. 그들은 지위나 조건이 어떻든 다른 모든 사람들과 다르다. 마치 진짜 사람이 캔버스에 그려진 사람과 다른 것처럼."[54]

이보다 겸손한 순간에 그는 인간 이성의 좁은 한계를 인정하고, 형이상학이 훌륭하지만 쓸모없음을 인정했다. 그는 말년에 자신을 이런 생각으로 지치고 수척한 사람이라고 묘사했다. 그리고 철학자를 프로메테우스에 비교해서, 하늘에서 불을 훔치려고 했기 때문에, 즉 신의 지식을 훔쳐 냈기 때문에 바위에 묶여 끝도 없이 독수리에게 심장을 파 먹히도록 저주를 받았다고 말했다.[55] "신의 신비에 대해 질문하는 사상가는 프로메테우스와 같다. …… 종교 재판은 그를 이단으로 몰아 박해하고, 대중은 그를 바보라고 비웃는다."[56]

그가 빠져들었던 이런 논쟁들이 그를 지치게 하고, 그의 건강을 망치는 데 일조를 했다. 그는 이런저런 병으로 고생하다가 마침내 죽기로 결심했다. 그래서 힘든 자살 방식을 선택했으니 굶어 죽기로 한 것이다. 온갖 설득과 위협을 물리치고, 심지어는 강제에도 맞서 먹기와 말하기를 거부했다. 7일간을 이렇게 보내고 나서 그는 죽을 권리를 얻으려는 전투에서 승리했다고 느끼고 이제 안전하게 말할 수 있다고 여겼다. "나는 기쁘게 떠난다." 그가 말했다. 어떤 사람이 물었다. "어디로 갑니까?" "모든 죽어야 할 존재들이 가는 곳으로."라는 대답이었다. 그의 친구들은 음식을 먹도록 마지막 권고를 했지만 그는 죽음을 선택했다.(1525)[57] 그의 옛날 제자였던 곤짜가 추기경이 유해를 만토바로 옮겨 그곳에 묻고 르네상스의 전형적인 관용으로 그를 위해 기념비를 세웠다.

폼포나찌는 지난 200년 동안 그리스도교 신앙의 근거를 공격했던 회의주의를 철학적 형식 안으로 끌어들였다. 십자군 전쟁의 실패, 또 십자군 전쟁과 무역과 아라비아 철학을 통해 이슬람교 사상이 유입된 일, 교황청이 아비뇽으로 옮겨 간 일과 우스꽝스러운 교황 분열. 그리스-로마의 이교 세계는 성서나 교회가 없이도 지혜로운 사람들과 위대한 예술로 가득 찼었다는 폭로. 교육의 전파와 성직자의 통제에서 교육이 점차 벗어나게 된 점. 성직 계급, 심지어 교황들의 부도덕함과 세속성으로 인해 공식적으로는 직업적인 신앙을 내세우면서도 속으로는 믿음을 갖지 않는다는 점. 성직자들이 자신들의 목적에 필요한 돈을 마련하기 위해 연옥을 이용한 것. 성직자 지배에 맞서 상업 계층이 일어나게 된 것. 이 모든 요인들과 더 많은 다른 요인들이 합쳐져서 15세기말과 16세기초 이탈리아 중간층과 상류층은 "유럽의 민족 중에서 가장 회의적인 사람들"이 되었다는 것 등이었다.[58]

폴리찌아노와 풀치의 문학과 피치노의 철학을 보면 로렌쪼 주변의 사람들이 내생에 대해 아무런 믿음도 갖지 않았다는 것이 분명한 일이다. 페라라 사람들이 느꼈던 감정은, 단테에게 그토록 두려울 정도로 사실로 여겨졌던 지옥을 가지고 아리오스토가 만들어 낸 갖가지 재미에서 드러난다. 르네상스 문학의 거의 절반이 성직자에 반대했다. 많은 용병대장들은 명백히 무신론자였다.[59] 궁정인들은 분명 궁정의 여인(고급 창녀)들보다 덜 종교적이었다. 공손한 회의주의는 신사의 표지이자 필수품이었다.[60] 페트라르카는 많은 학자들의 마음속에서 이교 철학보다 그리스도교 신앙을 더 좋아하는 것이 무지의 표지가 되었다고 탄식했다.[61] 1530년 베네찌아에서 대부분의 상류층 인사들은 부활절 의무를 소홀히 했다. 그러니까 1년에 한 번도 고백성사에 가지 않은 것이다.[62] 루터는 이탈리아에서 교육받은 계층 사람들이 미사에 가면서 다음과 같이 말하는 것을 들었다고 주장했다. "가서 인기 좋은 오류에 우리도 합세하자."[63]

대학에 대해서는 어떤 사건 하나가 교수들과 학생들의 기질을 보여 준다. 폼 포나찌가 죽은 직후에 그의 제자인 시모네 포르찌오가 피사 대학에서 강의를 해 달라는 초빙을 받았다. 그는 아리스토텔레스의 『기상학』을 교재로 선택했다. 청중은 이 주제를 좋아하지 않았다. 몇 사람이 참지 못하고 소리쳤다. "영혼이 어때요(Quid de anima)?" 포르찌오는 『기상학』을 옆으로 치우고 아리스토텔레스의 『영혼에 대하여』를 잡았다. 갑자기 청중은 모두 주목했다.[64] 이 강의에서 그가 인간의 영혼은 사자나 식물의 영혼과 본질적인 점에서 전혀 차이가 없다는 자신의 신념을 밝혔는지는 알 수 없다. 그러나 그는 저서 『인간의 정신에 대하여(De mente humana)』에서는 그렇게 밝혔다.[65] 그러고도 아무런 해도 입지 않고 빠져나간 것으로 보인다. 에우제니오 타랄바(E. Tarralba)는 1528년에 스페인 종교 재판에 고발되었는데, 젊은 시절 로마에서 공부할 때 세 명의 선생이 모두 그에게 영혼이 불멸이 아니라고 가르쳤다고 말했다.[66] 에라스무스는 로마에서 그리스도교 신앙의 근간이 추기경들 사이에서 회의적인 토론의 주제가 되는 것을 보고 깜짝 놀랐다. 어떤 성직자는 에라스무스에게 내생에 대한 믿음의 어리석음을 설명하려고 했다. 다른 사람들은 그리스도와 사도들을 비웃었다. 많은 사람들은 교황청 직원들이 미사에 대해 불경스럽게 말하는 것을 들었다고 주장했다.[67] 앞으로 보게 되겠지만 하층 계급 사람들은 신앙을 지켰다. 사보나롤라의 설교를 들은 수많은 사람들은 분명 믿음을 가졌다. 그리고 비토리아 콜론나(Vittoria Colonna)의 예는 교육을 받아도 신앙심이 살아남을 수가 있음을 보여 준다. 그러나 위대한 사도신경의 영혼은 의심의 화살들로 꿰뚫렸다. 중세 신화의 장엄함은 중세가 쌓아 놓은 황금에 의해 녹이 슬어 있었다.

5. 귀치아르디니

귀치아르디니(Guicciardini)의 정신은 시대의 회의적인 환멸을 요약해 준다. 그는 이 시대의 가장 예리한 정신의 한 사람이었다. 우리 취향에는 지나치게 시니컬하고, 우리의 희망에는 지나치게 비관적이지만, 하늘을 떠도는 탐조등처럼 시대를 훑어보고, 오로지 사후의 출판만을 염두에 둔 작가의 솔직함으로 숨김없이 표현한 사람이었다.

프란체스코 귀치아르디니는 귀족 태생으로 삶을 유리하게 출발했다. 어린 시절부터 훌륭한 이탈리아어로 행해지는 학식 높은 대화들을 들었고, 자신의 발판을 확신하는 사람의 현실주의와 우아함으로 삶을 받아들였다. 할아버지의 형제 한 사람은 여러 번이나 공화국의 정의의 수호자를 지냈다. 할아버지는 정부에서 중요한 직책 거의 모두를 돌아가며 맡았다. 아버지는 라틴어와 그리스어에 능통했고, 여러 번이나 외교 업무를 맡았다. 귀치아르디니는 이렇게 썼다. "나의 대부는 당시 세계에서 가장 위대한 플라톤 철학자인 마르실리오 피치노 씨였다."[68] 그렇다고 이것이 이 역사가(귀치아르디니)가 아리스토텔레스주의자가 되는 것을 막지는 못했다. 그는 시민법을 공부하고 스물세 살에 피렌쩨에서 법학 교수로 임명되었다. 수많은 지역을 여행했는데, 심지어는 플랑드르 지방에서 히에로니무스 보쉬가 그린 "가장 환상적이고 기묘한 창안물"까지도 보았다.[69] 스물여섯 살에 그는 마리아 살비아티와 결혼했다. "살비아티 가문은 부(富)에 더해 영향력과 권력이라는 점에서 다른 가문들을 능가했기 때문이다. 그리고 나는 그런 것들을 아주 좋아했다."[70]

그런데도 그는 탁월함에 대한 정열을 지녔고, 또 글쓰기 작업을 할 수 있을 정도로 자기 기율을 가졌다. 『피렌쩨 역사(*Storia Fiorentina*)』는 스물일곱 살에 쓴 책인데, 다시 발견된 전통으로 가슴 벅차 하면서도 전통에서 벗어난 천재들이 수많은 흐름들을 이루어 흘러가던 시대에 나온 가장 놀라운 작품의 하나이다. 이 책은 1378년에서 1509년까지의 피렌쩨 역사만 한정적으로 다루었다. 그러나 이 책은 정밀한 세부 묘사, 자료에 대한 비판적 검토, 원인에 대한 예리한 분석, 판단의 성숙함과 공정함, 아름다운 이탈리아어로 된 생생한 서술의 힘 등으로 이 시대를 다루고 있으며, 이보다 11년 뒤에 마키아벨리가 육십 대에 이르러 쓴『피렌쩨 역사』도 이를 따라갈 수가 없을 정도이다.

1512년에 아직도 약관 서른의 나이로 귀치아르디니는 외교관이 되어 스페인의 가톨릭 왕 페르디난드에게 파견되었다. 레오 10세와 클레멘스 7세 시대에 연속적으로 그는 레지오 에밀리아, 모데나, 파르마의 통치자로 임명되었고, 로마냐 총독이 되었다가 이어서 교황군대의 장군이 되었다. 1534년에 피렌쩨로 돌아와 알레싼드로 데 메디치를 지원해서 이 악당이 통치한 5년간의 독재를 뒷받침했다. 1537년에 그는 코시모 1세를 피렌쩨 공작으로 승격시키는 데 핵심적인 역할을 맡아 했다. 코시모를 조종하려는 희망이 시들자 귀치아르디니는 시골 별장으로 은퇴해서 1년 만에 대작인『이탈리아 역사』를 썼다.

이것은 문체의 신선함과 역동성이라는 점에서는 초기 저작만 못하다. 귀치아르디니는 그사이에 인문주의자들을 탐구하면서 형식주의와 수사학에 빠져들었다. 그런데도 이 작품은 여전히 기번(Gibbon)의 기념비적인 작품을 예견하게 하는 장엄한 문체를 자랑한다. "전쟁의 역사"가 부제(副題)로서 군사 및 정치 문제들에 주제를 한정시켰다. 동시에 관찰 영역은 이탈리아 전역과 이탈리아와 관련된 유럽 전역으로 확장되었다. 이것은 유럽의 정치 체제를 하나의 연관된 전체로 관찰한 최초의 역사서이다. 귀치아르디니는 대부분 그가 직접적으로 알고 있는 것을 썼고 마지막 부분에서는 자신이 직접 역할을 맡았던 사건들을 서술했다. 그는 열성적으로 자료를 수집했고, 마키아벨리보다 훨씬 정밀하고 신뢰할 수 있다. 자신보다 더 유명한 마키아벨리가 그랬듯이 이따금 자기 이야기의 인물들을 위해 스스로 고안한 연설문을 끼워 넣는 고대의 관습을 따를 경우, 그는 솔직하게 그것이 내용만 진짜라는 것을 시인하고 있다. 일부 이야기는 진짜라고 말한다. 이 모든 것들이 다 논쟁하는 양편을 위해, 아니면 유럽 국가들의 정책과 외교를 보여 주기 위해서 효과적으로 쓰이고 있다. 이 훌량한 역사서와 『피렌쩨 역사』를 모두 합쳐 보면 귀치아르디니는 16세기 가장 위대한 역사가이다. 나폴레옹이 괴테를 만나기를 열망했듯이, 카를 5세는 볼로냐에서 마침내 귀치아르디니와 만나 오래 이야기를 나누는 동안 귀족들과 장군들을 모두 대기실에서 기다리게 만들었다. 그는 이렇게 말했다. "귀족은 한 시간 안에 100명이라도 만들 수 있지만 이런 역사가는 20년이 걸려도 만들 수 없다."[71]

세속의 인간으로서 귀치아르디니는 우주를 진단하려는 철학자들의 노력을 너무 진지하게 받아들이지 않았다. 그가 만일 폼포나찌가 만들어 낸 흥분을 알았더라면 그것을 보고 웃었을 것이다. 초자연적인 것이 우리의 시야를 벗어나는 것이므로 그는 경쟁적인 철학자들과 싸움을 벌이는 것이 소용없는 일이라고 생각했다. 모든 종교는 가설과 신화에 근거하고 있는 것이 분명하다. 그러나 종교가 사회질서와 도덕적 기강을 유지하는 데 도움을 준다면 이런 것은 용서할 수 있는 일이다. 귀치아르디니의 견해에 따르면 인간은 천성적으로 이기적이고 부도덕하고 무법적인 존재이다. 인간은 관습, 도덕성, 법, 아니면 강제로 언제나 통제해야 할 존재이다. 종교는 보통은 이런 목적을 위해서 가장 덜 불쾌한 수단이다. 그러나 종교가 타락해서 풍속을 강화하지 않고 오히려 풍속을 해치는 영향을 발휘할 경우에 사회는 고약한 처지에 놓이게 된다. 사회의 도덕적 규범에 대한 종교의 후원이 약해지기 때문이다. 귀치아르디니는 비밀 보고서에서 다음과 같이 썼다.

사제들의 야망, 탐욕, 무절제 등을 보는 것은 다른 누구보다도 더욱 나를 불쾌하게 만드는 일이다. 이런 사악함이 그 자체로 가증스러운 것이기 때문에만 그런 것이 아니고, 이런 사악함은 …… 삶의 상황이 신과의 특별한 관계를 포함하는 사람에게 나타나서는 안 되는 것이기 때문이다. …… 몇몇 교황들과 관계를 가지면서 나는 자신의 이익을 희생하는 한이 있더라도 그들이 진정 위대해질 것을 소원하게 되었다. 이런 생각이 아니었더라면 나는 마르틴 루터를 나 자신처럼 사랑했을 것이다. 그리스도교에 의해 우리에게 부과된 법에서 자유로워지고 싶어서가 아니라 …… 이 악당들이(questa caterva di scelerati) 지극히 당연한 한계 안에 머무는 것을 보고 싶기 때문이다. 그래서 그들이 범죄가 없는 삶이나 아니면 권력이 없는 삶 중에서 하나를 선택하도록 강요받기를 바라기 때문이다.[72]

그런데도 그 자신의 도덕성은 사제들보다 더 나을 것이 없었다. 그의 개인적인 규범은 무엇이 되었든 현재의 최고 권력에 순응한다는 것이었다. 그는 자신의 책을 위해서 이런 일반 원칙을 유지했다. 책에서 그는 마키아벨리처럼 시니컬해질 수가 있었다.

정직함은 칭찬을 얻고 위장은 비난과 미움을 받는다. 그러나 정직함은 자신보다는 다른 사람에게 더 쓸모가 많다. 그래서 나는 삶의 보통 상황에서는 개방적이고 정직하다가 아주 중요한 어떤 일들의 경우에만 위장을 이용하는 사람을 찬양해야겠다. 정직하다는 평판을 많이 얻을수록 이것은 더욱더 성공적이다.[73]

그는 피렌쩨의 여러 정치적 당파들의 특성을 두루 살펴보았다. 각각의 그룹은 자유를 외치지만 결국은 권력을 원한다.

자신의 동료들을 지배하고, 또 더욱 우세함을 확보하려는 소망이 인간에게 지극히 당연한 것임이 내게는 분명하게 보인다. 그렇기에 자유를 진짜로 사랑해서, 그것을 통제하고 지배할 유리한 기회를 잡지 않을 사람은 거의 없다. 동일한 도시의 주민들의 행동을 면밀히 관찰해 보라. 그들의 의견 충돌을 자세히 살펴보고 검토해 보라, 그러면 목적은 자유가 아니라 우위를 차지함이라는 것을 보게 될 것이다. 최고의 시민들은 말로는 그렇게 외쳐도 자유를 얻기 위해 노력하는 것이 아니다. 자신의 지배와 우세함을 키우는 것만이 그들의 마음속에 들어 있다. 자유는 유행하는 용어일 뿐이고, 권력과 명예를 높이려는 그들의 열망을 감추어 주는 표현일 뿐이다.[74]

그는 소데리니의 상인 공화국을 경멸했다. 그들은 군대 대신 황금을 이용해서 공화국의 자유를 옹호하는 것이 버릇이었다. 귀치아르디니는 또한 민중이나 민주주의에 대해 아무런 신뢰도 갖지 않았다.

민중에 대해 이야기하는 것은 미친 사람 이야기를 하는 일이다. 사람들은 혼란과 오류로 가득 찬 괴물이기 때문이다. 그들의 공허한 믿음이란 스페인이 인도에서 멀리 떨어져 있는 것처럼 진실에서 멀리 떨어진 것이다. …… 세상일이란 다수 사람들의 기대에 부합하는 경우가 아주 드물다는 것을 경험은 가르쳐 준다. …… 영향이란 …… 보통은 소수의 의지에 달린 것이고, 그들의 의도와 목적은 거의 언제나 다수의 그것과는 다르기 때문이다.[75]

귀치아르디니는 무엇이 되었든 전혀 신앙을 갖지 않은, 르네상스 이탈리아의 수많은 사람 중 하나였다. 그들은 그리스도교 이상을 잃어버렸고, 정치의 공허함을 맛보았으며, 유토피아는 기대하지 않고, 그 어떤 꿈도 꾸지 않았다. 전쟁과 야만의 세계가 이탈리아를 휩쓰는 동안 그들은 전혀 아무 일도 하지 않고 뒤로 물러나 있었다. 정신은 해방되고 희망은 깨어진 우울한 노인들이었다. 그들은 신화가 죽으면 폭력이 풀려난다는 것을 너무 늦게 발견한 사람들이었다.

6. 마키아벨리

1. 외교관

외교관, 역사가, 극작가, 철학자 등 어디에도 분류해 넣기가 어려운 한 사람이 남는다. 자기 시대 가장 냉소적인 사상가이며 고귀한 이념으로 불타던 애국자였다. 시도한 모든 일에서 실패했으나 역사에는 자기 시대 다른 어느 누구보다도 뚜렷한 흔적을 남긴 사람.

니콜로 마키아벨리(Niccolo Machiavelli)는 피렌쩨 법률가의 아들이었다. 아버지는 중간 정도의 재산을 소유하고, 정부에서 중요하지 않은 지위를 얻었고, 도시 밖 16킬로미터 떨어진 성 카쉬아노에 작은 시골 별장을 소유했다. 소년은 보통의 교육을 받았다. 라틴어 읽기는 배웠으나 그리스어 교육은 받지 못했다. 로마 역사에 애착을 가졌고, 리비우스에 홀딱 반해서 자기 시대의 거의 모든 정치적 기구나 사건을 보고 로마 역사에서 그와 비슷한 사건을 찾아내곤 했다. 그는 법학 공부를 시작했으나 제대로 끝마치지는 않은 것으로 보인다. 르네상스 미술에는 거의 관심이 없었고 아메리카 대륙의 발견에도 거의 흥미를 보이지 않았다. 어쩌면 그는 정치의 무대가 조금 더 넓어졌을 뿐 그 음모와 등장인물은 실질적으로 바뀌지 않으리라고 느꼈던 것 같다. 그의 한 가지 핵심적인 관심은 정치, 곧 영향력의 기술이자 권력의 장기놀이를 향한 것이었다. 1498년 스물아홉의 나이로 그는 10인전쟁위원회의 비서가 되었다. 그리고 이 직위를 14년 동안 유지했다.

처음에 그것은 별것 아닌 기능이었다. 회의록과 보고서를 손질하고, 보고서를 요약하고 편지를 쓰는 등의 일이었다. 그러나 그는 정부에 있었고, 유럽의 정치를 내부에서 관찰할 수가 있었다. 그는 자신의 역사 지식을 적용함으로써 그 발전을 미리 예측해 볼 수가 있었다. 그의 열성적이고 굳세고 야망이 큰 정신은 시간만 지나면, 밀라노 공작, 베네찌아 시 의회, 프랑스 왕, 나폴리 왕, 교황, 황제 등에 맞선 무모한 게임을 통해 자신이 정상에 서게 될 것을 느꼈다. 머지않아 그는 이몰라와 포를리의 백작 부인인 카테리나 스포르짜에게 파견되었다.(1498) 그러나 그녀는 아주 섬세한 사람이었고, 그는 조금 세련되어서 빈손으로 돌아왔다. 2년 뒤에 그는 프랑스의 루이 12세에게 사절로 파견되는 프란체스코 델라 카사를 보조하는 역할을 맡았다. 델라 카사가 병이 나자 마키아벨리가 이 임무를 떠맡게 되었다. 그는 프랑스어를 배우고, 프랑스 궁정을 따라 이 성 저 성 옮겨 다니면서 피렌쩨 시 정부에 민첩한 정보를 전달하고, 아주 예리한 분석을 덧붙였기에 그가 피렌쩨로 돌아올 때 그의 친구들은 그를 완전한 외교관으로 맞아들였다.

그의 지적 발전에서 전환점은 소데리니 주교의 보조자로 당시 우르비노에 있던 체사레 보르지아에게 파견된 일이었다.(1502) 직접 보고를 위해 피렌쩨로 불려왔다가 아내를 얻음으로써 그는 세상에 태어난 일을 축하했다. 10월에 다시 체사레에게 급파되어 이몰라에서 합류했다. 이어서 세니갈리아에 도착해서 마침 보르지아가 자신에 맞서 음모를 꾸민 남자들을 성공적으로 함정에 빠뜨려서 목 졸라 죽이거나 가두는 것을 목격했다. 이런 일들은 이탈리아 전체를 뒤흔든 사건이었다. 이 탁월한 괴물을 직접 만난 마키아벨리에게 이것은 철학에서의 교훈이 되었다. 사상의 사람이 행동의 사람과 직접 얼굴을 맞대고 경의를 표했다. 자신이 분석적·이론적 사색에서 위풍당당한 행동에 이르기까지 나아가야 할 거리를 깨닫자 젊은 외교관의 영혼에 질투심이 불타올랐다. 자기보다 여섯 살이나 아래인 남자가, 2년 만에 12명의 폭군을 물리치고, 12개의 도시에 명령을 내리고, 스스로를 시대의 유성으로 만든 남자가 여기 있었다. 말을 그토록 아끼는 이 젊은이 앞에서 말이란 얼마나 허약하게 보이는 것인가! 이 순간부터 체사레 보르지아는 마키아벨리 철학의 주인공이 되었다. 비스마르크가 니체 철학의 주인공이 된 것과 같은 일이다. 권력에의 의지를 이렇게 분명하게 구현하고 있는 존재에게서 선악을 넘어선 도덕성, 초인의 모델이 나타난 것이다.

피렌쩨로 돌아온(1503) 마키아벨리는 정부의 사람들 일부가 체사레 보르지아가 자신의 정신적 발판을 휩쓸어 간 것이 아닌가 의심하는 것을 보았다. 그러나 도시의 이익을 증진시키기 위해 그가 열심히 만들어 낸 계획 덕분에 머지않아 정의의 수호자 소데리니와 10인전쟁위원회의 존경심을 얻게 되었다. 1507년에 그의 핵심적인 사상 하나가 승리를 거두었다. 그는 오래전부터 스스로를 귀하게 여기는 국가는 용병에게 방어를 맡기지 않는다고 주장했다. 용병은 위기에서는 믿을 수가 없다. 병사들이나 아니면 용병의 지도자가 거의 언제나 충분한 황금으로 무장한 적에 의해 매수될 수 있기 때문이다. 시민군대가 결성되어야 한다고 마키아벨리는 주장했다. 시민들, 특히 힘든 일과 탁 트인 대기에 익숙한 건장한 농부들로 구성된 군대를 만들어야 한다. 이 군대는 언제나 훌륭한 장비를 갖추고 잘 훈련된 상태로 있어야 한다. 이 군대는 공화국 최후의 든든한 방어선이 될 것이다. 오랫동안 망설인 끝에 정부는 이 계획을 받아들였고, 마키아벨리에게 이 일을 실현시킬 임무를 맡겼다. 1508년에 그는 자신이 새로 조직한 군대를 이끌고 피사의 포위를 지휘했다. 이 싸움에서 군대는 훌륭하게 행동했다. 피사는 항복하고 마키아벨리는 경력의 절정기를 맞이하여 피렌쩨로 돌아왔다.

프랑스로 두 번째로 임무를 띠고 파견되었을 때(1510) 그는 스위스를 지나갔다. 스위스 연방의 무장 독립을 보고 그의 열광이 솟아올랐다. 그는 이것이야말로 이탈리아를 위한 이상(理想)이라고 여겼다. 프랑스처럼 통합된 국민이 이탈리아 반도 전체를 흡수하기로 결심한다면 여럿으로 쪼개진 공국들이 어떻게 통합되어 이탈리아를 방어할 수가 있겠는가?

그의 군대에는 머지않아 최고의 시련이 닥쳤다. 1512년에 율리우스 2세는 피렌쩨가 이탈리아에서 프랑스 군대를 쫓아내는 데 동참하기를 거부했다는 이유로 피렌쩨에 대해 불같이 화를 내면서 신성동맹군에게 피렌쩨 공화국을 진압하고 메디치 일가를 복구시키라고 명령했다. 프라토에서 피렌쩨 전선을 방어할 임무를 맡은 마키아벨리 군대는 잘 훈련된 신성 동맹의 용병들을 맞이하자 그만 전선을 깨뜨리고 도망쳤다. 피렌쩨는 점령당하고 메디치 일가가 승리했다. 마키아벨리는 명성과 정부 직위 둘 다 잃었다. 그는 승리자들의 비위를 맞추기 위해 모든 노력을 다했고 거의 성공할 뻔했다. 그러나 두 명의 열렬한 젊은이들이 공화국을 다시 세울 음모를 꾸몄다가 들켰다. 그들이 작성한 문서에서 후원을 기대할 수 있는 사람들의 명단이 발견되었다. 이 명단에 마키아벨리 이름이 들어 있었다. 그는 체포되어 네 번이나 호된 고문을 받았다. 그러나 그가 공모했다는 어떤 증거도 발견되지 않았고, 그는 풀려났다. 다시 붙잡힐까 겁이 나서 그는 아내와 네 아이들을 데리고 조상이 살던 산카쉬아노의 별장으로 돌아갔다. 그는 남은 15년의 삶을 마지막 한 해만 빼고 그곳에서 보냈다. 그러나 이 재앙이 없었다면 우리는 그에 대해 아무 말도 듣지 못했을 것이다. 세상을 움직인 책을 쓴 것은 바로 굶주림에 시달리던 이 시기였기 때문이다.

2. 작가이며 인간

피렌쩨 정치의 한복판에서 살아온 사람에게 그것은 황량한 고립이었다. 이따금 그는 피렌쩨로 달려가 옛 친구들과 이야기를 나누고 새로운 고용 기회를 알아보고 싶었다. 여러 번이나 그는 메디치 일가에게 편지를 써 보냈으나 아무런 답도 듣지 못했다. 당시 로마 주재 피렌쩨 대사로 있던 친구 베토리에게 보낸 유명한 편지에서 그는 자신의 삶을 서술하고, 어떻게 『군주론(*De principatibus*)』을 쓰게 되었는지를 설명하고 있다.

지난번 불행 이후로 나는 조용한 시골 생활을 하고 있네. 태양이 뜨는 것과 함께 일어나 숲으로 가서 몇 시간 동안 어제의 작업을 살펴보곤 하지. 때로는 벌목꾼들과 이야기를 나누기도 하네. 그들은 언제나 내게 들려줄 소소한 이야기들을 가지고 있지. 자기 집안일이나 아니면 이웃 사람들 이야기 말이야. 숲을 떠나 샘으로 가서, 그곳에서 다시 새의 덫을 놓은 울타리로 올라가네. 책 한 권을 팔 아래 끼고 말이야. 단테, 페트라르카, 혹은 조금 못 미치는 시인들, 티불루스나 오비디우스 같은 사람들 말일세. 그들의 호색한 이야기나 사랑의 이야기들을 읽고 나 자신의 경험을 되돌아보고 있노라면 시간이 즐겁게 흘러가지. 그런 다음 길가에 있는 주막집으로 가서 행인들과 이야기를 나누고, 그들이 떠나온 곳의 소식을 묻고, 여러 가지 일들을 듣곤 하지. 인류의 다양한 취향이며 다양한 기호를 보게 된다네. 이런 일을 하다 보면 점심시간이 되고 그러면 식솔들과 함께 내가 물려받은 얼마 안 되는 재산과 사례금이 제공해 주는 것을 삼킨다네. 오후에 다시 주막집으로 가지. 거기엔 보통 주막집 주인과 정육점 주인, 물방앗간 주인, 그리고 벽돌공 몇 사람이 있지. 이들 촌뜨기들과 하루 종일 어울려서 이런저런 카드놀이를 하네. 그런데 이 카드놀이라는 것이 수많은 싸움을 만들어 내고 욕설들을 주고받게 만들지. 우리는 보통 동전 몇 개를 놓고 싸움질을 해 대는데 우리가 외치는 소리들이 산카쉬아노 마을에서도 들릴 정도야. 이런 형편없는 짓에 몰두하다 보면 나의 재치도 점차 녹이 슬게 되지. 나는 운명의 냉대에 분통을 터뜨리는 거야……

저녁 무렵 집으로 돌아와 서재로 간다네. 문지방에서 진흙과 먼지가 잔뜩 묻은 촌뜨기의 옷을 벗어 던지고 궁정의 예복을 입는다고 생각을 한다네. 이렇게 어울리는 옷을 차려입고서, 고대인들로 이루어진 고대의 궁정으로 들어가는 거지. 그들에게서 충심으로 환영을 받고, 오직 나만을 위한 식사를 대접받고, 부끄러움 없이 그들과 토론을 벌이고, 그들 행동의 동기를 물어본다네. 그러면 이 사람들은 친절하게 내게 대답을 해 주지. 이 네 시간 동안 나는 전혀 피로를 느끼지 않고, 그 어떤 말썽도 기억하지 않고, 가난도 두려워하지 않고, 두려운 죽음도 무서워하지 않아. 내 존재 전체가 그들 속으로 빨려 들어가 있네. 단테가 이미 들은 것을 기억 속에 보존하지 않고는 어떤 학문도 존재할 수 없다고 말하고 있으므로, 나는 이들 훌륭한 사람들에게서 얻은 것을 기록해서, 『군주론』이라는 책자를 만들었다네. 이 책에서 나는 이 주제에 대해 할 수 있는 한 깊이 생각 속으로 들어갔네. 군주의 특성을 논하고, 어떤 종류의 특성들이 있는지, 이들은 어떻게 획득되는지, 어떻게 유지되는지, 또 어째서 잃게 되는지 등을 논했네. 자네가 만일 내 글에 조금이라도 관심이 있다면 이것만은 자네를 불쾌하게 하지 않을 거야. 특히 새로운 군주가 이것을 보고 좋아할 것 같네. 그런 이유에서 나는 이 책을 쥴리아노 전하께 헌정했네.(1513년 12월 10일)[76]

마키아벨리는 여기서 이야기를 너무 단순하게 만들어 버렸다. 그는 분명히 『리비우스 처음 10권에 대한 논의』를 쓰기 시작한 상태였다. 오직 처음 세 권에 대한 주석만을 완성했지만. 이 『논의』를 짜노비 부온델몬티와 코시모 루첼라이에게 헌정하면서 이렇게 말했다. "내가 제공할 수 있는 가장 값진 선물을 당신께 보냅니다. 이것은 내가 오래전부터 경험한 것과 꾸준한 연구에서 배운 것을 모두 포함하고 있기 때문입니다." 그는 현대의 글쓰기와 실천을 밝혀 주기 위해 고전 문헌과 법학과 의학을 되살려야 한다고 말하고 있다. 마찬가지로 통치에 대한 고전의 원칙들을 되살려 내서 그것을 현대의 정치에 적용할 것을 제안한다. 그는 역사에서 자신의 정치철학을 이끌어 내지 않고, 역사적 사건들에서 자신의 경험과 사유를 통해 얻은 결론들을 뒷받침해 줄 만한 것들을 골라내고 있다. 거의 전적으로 리비우스에게서 예들을 끌어내고 있으며, 이따금 서둘러서 설화에서 기본적 논의를 이끌어내고, 간혹 폴리비우스에게서 작은 도움을 받는다.

이 『논의』를 작업하면서 그는 이것이 너무 길고, 완성까지 너무 시간을 오래 끌게 될 것이어서 현재 통치하는 메디치 한 사람에게 실용적인 선물로 쓰기 어렵다는 사실을 깨달았다. 그래서 그는 작업을 중단하고 자신의 결론을 담은 요약본을 썼다. 이것은 읽기도 더 낫고 당시(1513) 이탈리아 절반을 통치하던 강력한 가문의 우정이라는 훌륭한 보상을 가져다 줄 기회도 더 나은 것으로 보였다. 그는 이것을 당시 피렌쩨를 통치하던 쥴리아노 데 메디치에게 헌정할 계획이었다. 그러나 마키아벨리가 이 책을 보내기로 작정하기도 전에 쥴리아노가 죽었다.(1516) 그래서 그는 이것을 고쳐서 우르비노의 공작 로렌쪼에게 보냈지만 공작은 거기에 대해 아무런 답례도 하지 않았다. 이것은 원고 상태로 돌아다니면서 몰래 복제되기도 했다. 저자가 죽고 5년이 지난 1532년에야 인쇄되었다. 그 이후로 그것은 어떤 언어로든지 가장 자주 인쇄된 책의 하나가 되었다.

자신에 대한 그의 서술에다가 우리는 우피찌 미술관에 있는 익명의 화가가 그린 그의 초상화를 덧붙일 수 있다. 이 초상화는 창백한 얼굴, 움푹 꺼진 뺨, 날카로운 눈, 꼭 다문 얇은 입술을 지닌 야윈 모습을 보여 준다. 분명히 행동보다는 사색의 사람이고, 사랑스러운 의지보다는 예리한 지성인의 모습이다. 그는 훌륭한 외교관이 될 수 없었다. 그러기에는 보기에도 지나치게 예민했기 때문이다. 그리고 훌륭한 정치가가 될 수도 없었다. 초상화에서 자신의 어설픈 지위를 확보해 주는 장갑을 그토록 꼭 움켜잡고 있듯이 거의 광신적으로 자신의 생각들을 집요하게 움켜쥐고 있기 때문이다. 그렇게 자주 빈정대는 사람처럼 글을 쓰고 그토록 자주 비꼬느라 입술이 뒤틀린 사람, 하도 완벽하게 거짓말을 했기에 진실을 말할 때도 사람들이 그가 거짓말을 한다고 생각하게 만들 수 있었던[77] 이 사람은 마음 가장 깊은 곳에서는 불타는 애국자였다. 그는 국민의 안위와 최고의 규정을 만들었고, 이탈리아의 통일과 구원을 모든 도덕성보다 위에 두었던 사람이다.

그에게는 좋아하기 힘든 특성들이 많다. 보르지아가 흥할 때 그는 보르지아를 이상화했다. 보르지아가 추락하자 대중에 합류하여 무너진 보르지아를 범죄자이며 "그리스도에 대항한 반도"[78]라고 욕했다. 메디치 가문이 쫓겨났을 때 그들을 유창한 언변으로 저주했다. 그들이 다시 돌아오자 자리를 얻기 위해 그들의 장화를 핥았다. 결혼 전이나 이후에도 사창가를 찾아갔을 뿐만 아니라, 친구들에게 그곳에서의 모험을 상세히 서술한 편지들을 보냈다.[79] 그의 편지들 중 몇 가지는 하도 조잡해서 가장 넉넉하고 그에게 경탄하는 그의 전기 작가들조차도 감히 이것을 책에 넣기 어려울 정도였다. 쉰이 다 된 나이에 마키아벨리는 이렇게 썼다. "큐피드의 그물이 아직도 나를 얽어매고 있다. 길이 나빠도 나의 인내심을 다 없애지 못하고, 어두운 밤도 나의 용기를 꺾지 못한다. …… 내 온 마음이 사랑을 향하니, 그에 대해 나는 베누스 여신께 감사를 드린다."[80] 남자들이란 원래 일부일처제를 위해 만들어진 존재가 아니니 이런 일들은 용서할 수도 있다. 비록 시대의 관습과는 아주 잘 어울리는 일이지만 그래도 더욱 용서하기 힘든 일은 현존하는 마키아벨리의 모든 편지에서 아내에 대해서 단 한 마디도 다정한 말이 없다는 사실이다.

어쨌든 그는 유능한 펜을 놀려 다양한 형식의 글을 썼는데, 모든 분야에서 최고의 대가들과 겨룰 만한 것들이었다. 전쟁 기술에 대한 논문에서(「전쟁의 기술」, 1520) 그는 자신의 상아탑에서 국가와 장군들에게 군대의 힘과 성공의 법칙을 설명해 주고 있다. 전쟁의 미덕을 잃어버린 국민은 멸망하게 된다. 군대는 금뿐만이 아니라 사람을 필요로 한다. "금만으로는 훌륭한 병사들을 구할 수 없지만 훌륭한 병사들은 언제나 금을 만들어 낼 수 있다."[81] 황금은 강한 국민에게로 흘러가지만 부유한 국민에게서는 힘이 떠나간다. 부(富)가 손쉬움과 쇠약함을 만들어 내기 때문이다. 군대는 언제나 바쁘게 만들어야 한다. 이따금 일어나는 작은 전쟁은 군대의 근육과 기구를 훈련시킨다. 튼튼한 창과 만나는 경우만 빼면 기병은 아름답다. 보병은 군대의 핵심이자 기반으로 간주되어야 한다.[82] 용병은 이탈리아의 수치이며 게으름이고 파괴이다. 모든 국가는 자신의 나라를 위해 싸울 남자들로 이루어진 시민 군대를 가져야 한다.

손길을 픽션으로 옮겨서 마키아벨리는 이탈리아의 가장 인기 있는 단편 소설의 하나인 「대악마 벨파고르(Belfagor arcidiavolo)」를 썼다. 이것은 결혼 제도에 대한 풍자적 재치가 가득한 작품이다. 희곡으로 눈길을 돌려서 그는 이탈리아 르네상스 무대에서 아주 뛰어난 희극 「만드라골라」를 썼다. 프롤로그는 비평가들을 향한 새로운 도전을 담고 있다.

누구라도 고약한 말을 해서 작가를 위협하려 한다면, 나는 작가도 또한 고약하게 말하는 법을 잘 알며 이 기술에서 정말 뛰어나다는 점을 경고해 두겠다. 그리고 그는 자기보다 옷을 더 잘 입은 사람들에게 굽실거리기는 하지만 이탈리아에서 그 누구에 대해서도 존경심이 없다는 사실도 말해 두겠다.[83]

이 희곡은 놀라울 정도로 르네상스 도덕성을 보여 준다. 장소는 피렌쩨로 설정되어 있다. 칼리마코(Callimaco)는 아는 사람이 니치아스의 아내 루크레찌아의 아름다움을 칭찬하는 말을 듣고서 그녀를 한 번도 보지 못했으면서 평화롭게 잠을 잘 수 있기 위해서라도 그녀를 유혹해야겠다고 결심한다. 루크레찌아가 아름다움뿐만 아니라 정숙함으로도 유명하다는 것을 알자 곤란을 느낀다. 그러나 니치아스가 아내를 임신시키지 못해 고민한다는 말을 듣자 희망을 갖게 된다. 그는 친구를 매수해서 자신을 니치아스에게 의사라고 소개하도록 한다. 그는 어떤 여자라도 임신할 수 있게 해 주는 약을 가지고 있다고 말한다. 그러나 그녀가 그 약을 먹은 다음 그녀와 동침한 최초의 남자는 머지않아 죽게 된다고 했다. 그리고 이런 치명적인 모험을 자신이 감수하겠다고 제안한다. 작품 주인공들이 작가에 대해 가지는 전통적인 친절함으로 니치아스는 이런 제안을 수락한다. 그러나 루크레찌아가 고집스럽게 미덕을 고수한다. 그녀는 하룻밤에 간통에다가 살인까지 저지르는 일을 망설이는 것이다. 그러나 아직 끝나지 않았다. 자손을 보기를 간절히 원하던 그녀의 어머니가 수도사를 매수해서 그녀가 고백성사를 하러 올 때 일이 잘 되는 방향으로 그녀에게 충고를 하도록 한다. 루크레찌아는 마침내 굴복하고 약을 마시고 칼리마코와 동침하고 임신한다. 이야기는 모든 사람이 행복해하는 것으로 끝맺는다. 수도사는 루크레찌아의 죄를 용서하고, 니치아스는 대리 아버지 노릇에 기뻐하고, 칼리마코는 이제 편하게 잠을 잘 수 있다. 이 희곡은 구조가 탁월하고 대화가 빼어나며, 풍자가 강력하다. 우리를 놀라게 하는 것은 이미 고전 희극에서부터 닳고닳은 유혹이라는 주제가 아니다. 그리고 사랑을 단순히 육체적인 것으로 해석한 것도 아니다. 희극의 플롯에서 수도사가 25두카트의 돈을 받고 간통을 권유하고 있다는 사실, 그리고 1520년에 이 희곡이 로마에서 교황 레오 10세 앞에서 공연되어 큰 성공을 거두었다는 사실이 오히려 놀랍다. 교황은 이것을 보고 하도 즐거워서 쥴리오 데 메디치 추기경에게 마키아벨리에게 작가로서의 일을 주라고 권했다. 쥴리오는 마키아벨리에게 피렌쩨 역사를 쓸 것을 주문했고, 300두카트(3750달러?)를 제안했다.

그 결과 나타난 『피렌쩨 역사』(1520~1525)는 『군주론』이 정치철학에서 하나의 혁명이듯이 역사 서술에서 거의 혁명적인 작품이다. 이 책이 중요한 결함들을 가졌다는 것은 사실이다. 너무 서둘러서 정보가 정확하지 않고, 자기보다 앞선 역사가들의 중요한 구절들을 표절하고 있으며, 제도의 발전보다는 당파들의 싸움에 더욱 관심이 많고, 전체적으로 문화사를 무시하고 있다. 이 점은 볼테르 이전에는 거의 모든 역사가들이 그랬다. 그러나 이 책은 이탈리아어로 쓴 최초의 중요한 역사서이고, 여기 쓰인 이탈리아어는 명료하고 힘차고 솔직하다. 그는 피렌쩨의 기원을 미화시키곤 하던 이야기들을 거부했다. 그리고 당시 널리 쓰이던 연대기적 기록을 포기하고, 매끈하게 흐르는 논리적 서술을 선택했다. 단순히 사건들만을 다루지 않고 원인과 작용을 함께 다루었다. 그리고 서로 싸우는 가문들, 계층들, 이익들을 날카롭게 분석함으로써 피렌쩨 정치의 혼란상을 설명했다. 그리고 전체를 통합하는 두 개의 주제에 따라 이야기를 전개한다. 교황들이 교황청의 세속적 독립성을 유지하기 위해 이탈리아를 이렇게 분열 상태로 놓아 두고 있다는 것이 그 하나이다. 그리고 이탈리아의 위대한 발전은 테오도릭, 코시모, 로렌쪼 같은 군주들 치하에서 나타났다는 것이 또 다른 주제다. 이런 경향성을 가진 책이 교황의 돈을 얻으려는 사람에 의해서 쓰여졌다는 것, 그리고 교황 클레멘스 7세는 아무런 불평도 없이 이 책의 헌정을 받아들였다는 것은, 작가의 용기와 교황의 정신적·재정적 너그러움을 보여주는 부분이다.

『피렌쩨 역사』는 마키아벨리에게 5년 동안의 일거리를 주었다. 그러나 그것만으로 한 번 더 더러운 정치의 강물 속에서 헤엄치고 싶다는 그의 소망이 충족된 것은 아니었다. 프랑스 왕 프랑수아 1세가 파비아에서 명예와 맨몸만 빼놓고 모든 것을 다 잃어버리고(1525), 교황 클레멘스 7세가 황제 카를 5세에 맞서 전혀 아무런 힘이 없음을 알게 되었을 때 마키아벨리는 교황과 귀치아르디니에게 편지들을 써 보내서, 눈앞에 닥쳐온 이 스페인-도이치 군대의 이탈리아 정복에 맞서 무슨 일을 해야 할지 설명했다. 교황이 죠반니 델레 반데 네레를 무장시켜 권한을 주고, 재정 지원을 하라는 그의 제안은 어차피 닥쳐온 숙명을 잠시 늦추었을지도 모른다. 죠반니가 죽고, 프랑스와 동맹을 맺고 있는 부유하고 약탈할 것이 많은 피렌쩨를 향해 도이치 군대가 진군하고 있을 때 마키아벨리는 클레멘스 교황의 요청을 받고 어떻게 성벽을 복구해서 방어에 유리하게 만들지 보고서를 준비했다. 1526년 5월 18일에 그는 메디치 정부에 의해 5명으로 구성된 '성벽 관리 위원'들을 지휘하도록 임명되었다. 그러나 도이치 군대는 피렌쩨를 우회해서 로마로 향했다. 로마가 유린당하고 클레멘스 7세가 폭도들의 죄수가 되고 피렌쩨에서 공화주의자들이 한 번 더 메디치 일가를 쫓아내고 공화국을 복구시켰다.(1527년 5월 16일) 마키아벨리는 기뻐하면서 10인 전쟁위원회의 비서라는 옛날 직위를 다시 신청했다. 그의 신청은 거절당했다.(1527년 6월 10일) 메디치 사람들과 교류한 일이 공화주의자들의 후원을 없애 버린 것이다.

그는 이 타격을 견디고 오래 살아남지 못했다. 생명과 희망의 불꽃이 깜빡거리다가 꺼지고 그의 육체에는 영혼이 없어졌다. 병이 들어서 심각한 위장 경련으로 고생했다. 아내와 자식들과 친구들이 그의 침상 둘레에 모였다. 그는 사제에게 죄를 고백하고 죽었다. 복직 신청이 거절된 지 12일 만이었다. 가족은 극단적인 빈곤 속에 남겨 두었고, 그가 통일을 위해 그토록 애쓰던 이탈리아는 파괴된 상태였다. 그는 산타크로체 성당에 묻혔다. 그곳의 아름다운 비명은 이렇게 되어 있다. "아무리 훌륭한 찬양의 말도 이토록 위대한 이름에 어울리지 않는다.(Tanto nomini nullum par elogium.)" 이 비명은 마침내 통일된 이탈리아가 그의 잘못을 용서하고 그의 꿈을 기억하는 것을 목격했다.

3. 철학자

'마키아벨리즘'을 할 수 있는 한 공정하게 검토해 보기로 하자. 윤리학과 정치학에서 이토록 독립적이고 두려움이 없는 사유를 달리 찾아볼 길이 없다. 마키아벨리는 상대적으로 인적이 드문 뱃길로 새로운 항로를 열었다고 주장할 만도 하다.

이것은 거의 전적으로 정치철학이다. 여기에는 어떤 형이상학도 신학도 유신론이나 무신론도 없으며, 결정론이나 자유의지에 대한 논의도 없다. 윤리학 자체는 옆으로 밀려나서 정치학에 종속된 것으로, 거의 도구로 다루어지고 있다. 그가 이해한 정치학은 국가를 만들고 보존하고 보호하고 강화하는 고급 기술이다. 그는 인류보다 국가에 더 관심이 많다. 그리고 개인을 단순히 국가의 구성원으로 본다. 그들이 국가의 운명을 결정하는 데 도움을 준다는 점 말고는 시간의 풍경을 가로질러 지나가는 개인들의 행진에는 전혀 주목하지 않는다.

그는 어째서 국가들이 일어나고 몰락하는지, 어떻게 하면 피할 수 없는 그 붕괴를 가능하면 오래 연기할 수 있는지 알고자 한다.

인간의 천성이 절대로 변하지 않기 때문에 역사의 철학, 곧 통치의 학문이 가능하다고 그는 생각한다.

> 지혜로운 사람들이 말하기를 미래를 예견하고자 하는 사람은 누구든 과거와 상의해야 한다고들 하는데, 이것은 틀린 말이 아니다. 인간사란 앞선 시대의 그것과 비슷하기 때문이다. 이것은 인간사란 과거에 존재했던 사람들에 의해 만들어졌고, 또 똑같은 정열에 따라 움직이게 될 미래의 사람들에 의해 만들어진다는 사실에서 나온다. 그러므로 인간사란 필히 동일한 결과를 가질 수밖에 없는 것이다.[84] …… 나는 세계는 항상 똑같았으며, 언제나 똑같이 많은 선과 악을 포함했다고 믿는다. 비록 시대에 따라, 민족에 따라 그것이 다르게 분포하기는 하지만 말이다.[85]

가장 가르침이 풍부한 역사의 규칙들 중에는 문명과 국가의 성장과 멸망이라는 현상도 있다. 여기서 마키아벨리는 아주 복잡한 문제를 극히 단순한 공식으로 처리한다. "용맹함은 평화를 만들어 낸다. 평화는 휴식을 만들고 휴식은 무질서를 만든다. 무질서는 파괴를 만든다. 무질서에서 질서가 생겨난다. 질서에서 용맹함이 생긴다. 그리고 용맹으로부터 영광과 행운이 나온다. 따라서 무기가 탁월한 시대에 뒤이어 문자가 빼어난 시대가 나타나고, …… 철학자들보다 먼저 위대한 전사(戰士)들이 온다는 사실을 지혜로운 남자들이 관찰했다."[86] 성장과 붕괴에서의 보편적인 인자들에다가 사람들을 이끄는 개인들의 활동과 영향력을 덧붙일 수 있을 것이다. 자신의 목적을 위해 자원의 부족함을 보지 못하는 통치자의 과도한 야망이 자기보다 더 강한 세력과의 전쟁으로 국가를 이끌어 감으로써 국가를 망가뜨릴 수도 있다. 행운이나 기회도 국가의 흥망에 관계한다. "행운은 우리 활동의 절반을 결정한다. 그래도 여전히 다른 절반은 우리가 결정하도록 남겨져 있다."[87] 한 인간이 용맹함이 클수록 그는 행운에 덜 종속되거나 덜 굴복한다.

한 국가의 역사는 인간의 본성적인 사악함에 의해 결정된 일반적 법칙을 따른다.

> 누구든 국가를 창설하고 국가에 법을 부여하려는 사람은 모든 인간이 악하고 기회가 있을 때마다 이 악한 본성을 드러낼 준비가 되어 있는 존재라는 것을 사실로 여기고 출발해야 한다. 그들의 악한 본성이 한동안 감추어져 있다면 그것은 알려지지 않은 어떤 이유 때문이라고 생각해야 한다. 그것을 드러낼 기회가 없었다고 생각해야 하며, 시간이 …… 반드시 그것을 밖으로 드러내고야 만다. …… 얻고자 하는 소망은 실로 대단히 자연스럽고 일반적인 것이며, 인간은 할 수 있을 때마다 언제나 얻으려 한다. 이런 이유로 해서 그들이 비난받을 것이 아니라 오히려 칭찬을 받아야 한다.[88]

사정이 이렇기 때문에 인간은 좋게 만들어질 수도 있다. 다시 말해 하나의 사회에서 질서를 지키며 살 능력도 있다. 오직 강제와 속임수와 습관을 차례로 적용함으로써만 그것이 가능하다. 이것이 국가의 기원이다. 인간 그룹 안에서 지도력의 유지와 질서를 위해, 군대와 경찰을 통한 힘의 조직, 통치와 법의 확립, 점진적인 습관의 형성 등을 이루어 나가는 것이다. 한 국가가 발달할수록 힘은 덜 사용되거나 어쨌든 덜 보이게 된다. 가르침과 습관으로 충분해진다. 유능한 입법자나 통치자의 손에서 사람들은 마치 조각가의 손에 들어간 찰흙처럼 말랑말랑해지기 때문이다.

천성적으로 사악한 인간을 법과 질서에 익숙하도록 길들이는 가장 훌륭한 수단은 종교이다. 그를 숭배하던 파올로 죠비오가 부르는 대로 "비꼬기 좋아하는 무신론자(irrisor et atheos)"[89]인 마키아벨리는 열광적인 어조로 종교에 대해 다음과 같이 쓰고 있다.

로마의 창설자가 로물루스이기는 하지만 …… 신들은 이 통치자의 법이 충분하다고 생각하지 않았다. …… 그래서 신들은 로마 원로원에 영감을 주어 누마 폼필리우스를 그의 후계자로 선출하도록 했다. …… 누마는 사람들이 매우 야만적인 것을 보고 평화의 기술을 통해 그들을 시민적인 복종으로 데려가기를 소망했기에 시민 사회의 가장 필수적이고 확실한 지주인 종교에 의지했다. 그는 종교를 든든한 초석에 세워서 수백 년 동안 다른 어떤 곳에서도 이 공화국에서처럼 그렇게 신들을 두려워하는 곳이 없게 만들었다. 이것은 원로원이나 위대한 사람들이 시도하는 계획들을 아주 수월하게 이룰 수 있도록 도와주었다. …… 누마는 요정과 대화를 하는 것처럼, 그리고 이 요정이 그가 사람들에게 설득하고자 하는 것을 알려 준 것처럼 행동했다. …… 실제로 신의 권위에 의존하지 않는 …… 비범한 입법자란 일찍이 없었다. …… 그렇지 않고는 그의 법은 사람들에 의해 받아들여지지 않았을 것이기 때문이다. 그 중요성이 현명한 입법자에게 잘 알려진 훌륭한 법은 많지만, 다른 사람들에게 그것을 따르라고 설득할 수 있을 정도로 법의 근거가 명백한 것은 아니기 때문이다. 그렇기 때문에 지혜로운 남자들은 이런 어려움을 없애기 위해 신의 권위에 의존한다.[90] …… 종교를 따르는 일은 공화국의 위대함의 원인이다. 종교가 무시되는 것은 국가의 파멸을 초래한다. 신에 대한 두려움이 없는 곳에서, 통치자에 대한 두려움이 그것을 대체하지 않는다면 국가는 파괴될 것이기 때문이다. 통치자에 대한 두려움은 한동안 종교의 결핍을 대체할 수 있겠지만 통치자들의 삶은 짧다…….

스스로를 계속 유지하고자 하는 통치자와 공화국은 …… 무엇보다도 종교적 복종의 순수성을 유지하고, 종교적 복종을 적절한 존경심으로 대해야 한다.[91] …… 찬양을 받는 모든 사람들 중에서 저술가와 종교의 창설자들이 가장 많은 찬양을 받을 만하다. 그다음으로는 공화국이나 왕국을 설립한 사람들이다. 이들 다음으로 가장 유명한 사람들은 군대를 지휘하고 국가의 부를 확장한 사람들이다. 이들에 이어서 학문하는 사람들을 덧붙일 수 있을 것이다. …… 거꾸로 종교를 파괴한 사람, 공화국이나 왕국을 뒤집어엎은 사람, 용감함의 적이나 학문의 적인 사람들은 불명예를 당하고 전 세계의 미움을 받을 운명이다.[92]

종교를 일반적으로 받아들이고 나서 마키아벨리는 그리스도교로 방향을 돌려 그리스도교가 훌륭한 시민을 만드는 데 실패했다고 맹렬히 비난했다. 그리스도교는 너무 많은 관심을 하늘로 돌렸고, 여성적인 미덕을 설교함으로써 남자들을 허약하게 만들었다는 것이다.

> 그리스도교는 우리가 이 세상에 대한 사랑을 조금만 갖도록 만들고 우리를 더욱 부드럽게 만든다. 그와 반대로 고대인들은 이 세상에서 최고의 즐거움을 찾았다. …… 그들의 종교는, 군대의 지도자나 공화국의 창설자처럼 세속의 영광으로 관을 쓴 사람들 말고 다른 누구에게도 복을 내리지 않았다. 그에 반해 우리의 종교는 행동의 사람보다는 유약하고 명상적인 사람을 더욱 찬양했다. 그리스도교는 정신의 겸손과 허약함과, 또 세속적인 일에 대한 경멸을 최고선의 자리에 놓았다. …… 이렇게 해서 세계는, 낙원에 가기 위해서 한 방 얻어맞고 원한을 품기보다는 그것을 감수할 각오가 되어 있는 약자에게 먹이로 주어졌다.[93] ……
>
> 그리스도교가 그 창설자의 법령을 따라 그대로 보존되었다면 그리스도교 국가들과 복지는 오늘날의 현실보다 훨씬 더 통합되고 행복한 것이 되었을 것이다. 로마 교회에 가까이 있는 사람일수록, 이 종교의 수장에 가까이 있는 사람일수록 신앙심이 적다는 사실보다 이 종교의 타락을 더 잘 증언하는 것은 없다. 이 종교가 기반하고 있는 원칙을 검토해 본 사람이라면, 그리고 오늘날의 종교적 실천과 적용이 이런 원칙들에서 얼마나 멀리 떨어져 있는가를 본 사람이라면 누구든 이 종교의 파멸 혹은 징벌이 가까워졌다고 판단할 것이다.[94] …… 성 프란체스코나 성 도미니크가 …… 그리스도교를 원래의 원칙으로 복구시키지 않았더라면 …… 아마도 그리스도교는 그 부패로 인해 완전히 절멸되었을지도 모른다. …… 종교적 분파나 공화국의 오랜 유지를 보장하기 위해서는 그들을 자주 원래의 원칙으로 돌아가도록 하는 일이 꼭 필요하다.[95]

이런 말들이 개신교 종교 개혁의 소식이 이탈리아에 닿기 전에 쓰였는지는 알

수가 없다.

　마키아벨리의 그리스도교에 대한 반감은 볼테르, 디드로, 페인, 다윈, 스펜서, 르낭 등의 반감과는 아주 다르다. 이 사람들은 그리스도교의 신학을 거부했으나 그리스도교의 도덕적 규범은 유지하고 존중했다. 이런 태도는 니체에까지 계속되었고, '종교와 과학 사이의 갈등'을 완화시켰다. 마키아벨리는 그리스도교 교리의 신뢰성이 없음에 대해서는 신경을 쓰지 않았다. 그는 그것을 당연한 것으로 여겼으며, 초자연적인 믿음의 체계가 사회질서를 유지하는 데 꼭 필요한 것이라는 이유로 그리스도교 신학을 상당히 뱃심 좋게 받아들였다. 그가 그리스도교에서 가장 결정적으로 거부한 부분은 바로 그리스도교의 윤리, 선함과 온화함, 겸손, 무저항에 대한 생각들이었다. 그리스도교가 평화를 사랑하고 전쟁을 비난한 부분이었다. 또 국가가 그 시민들과 똑같이 동일한 도덕적 규범에 묶여 있다는 그리스도교의 주장이었다. 그의 입장에서 보면 그는 국민이나 국가의 안전이 최고법이라는 원칙에 근거한 로마의 윤리를 더 좋아했다. "우리 나라의 안녕이라는 절대적 문제가 나타나는 곳에서 우리는 정의나 불의, 자비심이나 잔인성, 찬양이나 불명예 등을 생각할 수는 없다. 이런 모든 것을 다 옆으로 제치고 우리는 민족의 생존과 자유를 보호해 줄 그 어떤 노선이라도 받아들이지 않을 수 없다."[96] 전체적으로 보아 도덕성이란, 집단적 질서, 통합, 힘 등을 유지하기 위해 사회나 국가의 구성원들에게 주어진 행동의 규범이다. 정부가 국가를 방어하면서 국가가 국민에게 주입할 수밖에 없는 도덕적 규범들에 의해 스스로도 제한을 받는 일이 생긴다면 그 의무를 이행하는 데 실패하게 될 것이다. 따라서 외교관은 국민의 도덕적 규범에 얽매이지 않는다. "행동이 그를 고발한다면 결과가 그를 용서해 주게 된다."[97] 목적이 수단을 정당화한다. "선량한 사람이라면 다른 사람이 국가를 방어하기 위해 애쓰면서 어떤 방식을 취하든지 그것을 비난하지는 않을 것이다."[98] 국가를 보존하기 위해 저지르는 기만, 잔인함, 범죄 등은 "명예로운 기만"이요, "영광스러운 범죄"[99]이다. 그래서 로물루스가 형제를 죽인 일은 정당하다. 이제 막 생겨난 정부는 통합을 이루어야 한다. 그렇지 않으면 갈기갈기 찢기고 말 것이다.[100] 보편적으로 합의된 '자연적인 법칙'이나 '권리'란 없다. 정치적 수완이라는 의미에서 보면 정치란 도덕성에서 완전히 분리된 것이어야 한다.

이런 생각을 전쟁의 윤리에 적용해 보면, 마키아벨리는 전쟁 윤리가 그리스 도교의 평화주의를 우스꽝스럽고 배신적인 것으로 만든다는 것을 확신하고 있다. 전쟁은 모세의 모든 계율을 실질적으로 위반한다. 수많은 사람들이 맹세하고 거짓말하고 도둑질하고 사람을 죽이고 간통을 저지른다. 그런데도 사회를 보호하기 위해서나 강화하기 위해서라면 그것은 좋은 일이다. 한 국가가 확장을 그치면 그것은 멸망을 시작한다. 전쟁의 의지를 잃어버리면 이미 끝장난 국가이다. 평화가 너무 오래 유지되면 그것은 힘을 약하게 하고 분열을 일으킨다. 이따금씩 전쟁을 하는 것은 기율과 활력과 통일성을 회복시켜 주는, 민족의 강장제이다. 공화제 시대 로마인들은 언제나 전쟁의 준비가 되어 있었다. 그들은 다른 국가와 말썽이 생기면 전쟁을 피하기 위한 일을 하지 않고 곧바로 군대를 보내 마케도니아의 필립 5세와 그리스의 안티오쿠스 3세를 공격했다. 적이 전쟁의 재앙을 이탈리아에 가져올 때까지 기다리지 않은 것이다.[101] 로마인에게 있어서 미덕(용맹)이란 겸손이나 온화함이나 평화가 아니라 힘과 지성을 갖춘 강인함, 남자다움, 용감함 등이었다. 이것이 바로 마키아벨리가 "미덕(virtù)"이란 말로 뜻한 것이었다.

도덕적 제약을 완전히 벗어난 이런 정치적 수완이라는 관점으로부터 마키아벨리는 자기 시대의 핵심적 문제로 보이는 것을 다루게 된다. 곧 이탈리아에 집단의 자유를 위해 꼭 필요한 통합과 힘을 만들어 내는 문제이다. 그는 자기 나라가 갈라지고, 무질서하고, 부패하고 허약한 것을 분노의 눈길로 바라본다. 여기서 우리는 페트라르카의 시대에는 드물었던 것, 곧 자기 도시를 사랑하면서도 자기 나라를 더욱 사랑하는 유형을 보게 된다. 이탈리아를 이토록 분열 상태에 놓아 두고, 그럼으로써 외국인들에 맞서 어찌할 바가 없게 만드는 것은 대체 누구의 책임이었던가?

한 국민은 공화국이 되었든 군주국이 되었든 저 프랑스와 스페인의 경우처럼 오직 하나의 정부에 복종하는 방법을 빼고는 절대로 통합되고 행복할 수가 없다. 이탈리아가 이런 조건에 들어 있지 못한 하나의 원인은 교회이다. 세속의 지배권을 이미 얻었고 그것을 유지하고 있지만 그러나 교회는 나라의 나머지를 포위하여 자신을 이탈리아의 유일한 통치자로 만들 충분한 힘도 용기도 가진 적이 없다.[102]*

우리는 여기서 새로운 생각을 얻게 된다. 마키아벨리는 교회가 세속의 권력을 가졌다는 이유로 비난한 것이 아니라, 교회가 모든 원천을 다 동원해서 이탈리아를 자신의 정치적 통치 아래 두지 않았다고 비난하고 있는 것이다. 그렇기에 마키아벨리는 이몰라와 세니갈리아에서 체사레 보르지아를 숭배했다. 이 가차없는 젊은이가 통일 이탈리아의 개념 및 약속이라고 생각했기 때문이다. 그는 보르지아가 이 영웅적인 성취를 위하여 사용할 수도 있는 어떤 수단이라도 정당화해 줄 각오가 되어 있었다. 그가 1503년 로마에서 체사레 보르지아에게 맞섰을 때 어쩌면 이토록 숭배하는 우상이 꿈을 파괴할 독 한 컵(이라고 마키아벨리는 믿었다.)을 허용한 것에 대한 분노에서 그랬던 것인지도 모른다.

200년 동안 분열되어 있던 이탈리아는 물리적인 허약함과 사회적인 붕괴에 빠져 지금은(마키아벨리의 말) 오로지 폭력적인 수단만이 이탈리아를 구할 수 있게 되었다. 각국의 정부들과 시민들은 똑같이 부패했다. 성적인 악덕이 군사적 열의와 기술을 대체하기에 이르렀다. 고대 로마가 몰락하던 시절처럼 시민들은 다른 나라들로(저기서는 야만인에게, 여기서는 용병에게) 대표를 보내 자기

---

* 귀치아르디니는 이 구절에 중요한 주석을 달았다. "교회가 이탈리아를 하나의 국가로 통합하는 것을 방해했다는 것은 진실이다. 그러나 나는 이것이 좋은 일인지 나쁜 일인지 모르겠다. 하나의 공화국은 어쩌면 이탈리아의 이름을 영광스럽게 만들었을지도 모르고, 수도에는 극단적인 이익이 되었을 것이다. 그러나 다른 모든 도시의 파괴로 드러나게 되었을 것이다. 우리의 분열이 우리에게 많은 재앙을 가져왔다는 것도 진실이다. 비록 야만인들의 침입은 로마인들의 시대, 정확하게 이탈리아가 통일되어 있던 시기에 시작되었다는 점을 기억해야겠지만 말이다. 그리고 나뉜 이탈리아는 그토록 많은 자유로운 도시들을 가지는 데 성공했기에 나는 단일 공화국이 이탈리아에 행복보다는 비참함을 가져왔을 것이라고 생각한다. …… 이 나라는 언제나 자유를 원했고, 그렇기 때문에 한 번도 단일한 통치 아래 통합될 수가 없었던 것이다."(*Considerazioni interno ai Discorsi di Machiavelli*, i, 12)[103]

들의 도시와 나라를 방어하고자 한다. 그러나 이런 용병 부대나 용병대장들이 이탈리아의 통일을 위해 대체 무엇을 했단 말인가? 그들은 이탈리아가 갈라진 것으로 인해 생활의 기반을 얻고 번영을 누렸다. 그들은 상호 동의를 통해 전쟁을 거의 정치만큼이나 안전한 게임으로 만들었다. 용병군인들은 살해당하는 일을 불편하게 여겨 반대했다. 외국의 군대를 만나면 부리나케 달아나서 "이탈리아를 노예 상태와 수치에 빠뜨렸다."[104]

그렇다면 대체 누가 이탈리아를 하나로 만들까? 어떻게 해야 그런 일이 이루어질 수 있을까? 민주적인 설득을 통해서는 아니다. 남자들과 도시들은 너무나 개인주의적이 되었고, 너무나 당파적으로 되었고 너무나 부패해서 평화로운 방법으로 통일을 받아들이지 못하는 상황이다. 통일은 정치력과 전쟁의 모든 수단을 다하여 그들에게 강요되어야 한다. 오로지 무자비한 독재자만이 이 일을 할 수 있다. 양심으로 인해 겁쟁이가 되지 않고, 오히려 강철의 손길로 싸워서 자신의 위대한 목적이 모든 수단을 정당화하도록 만들 사람이어야 한다.

우리는 『군주론』이 이런 의미로 쓰인 것이라고 확신할 수는 없다. 이 글을 쓰기 시작하던 1513년에 마키아벨리는 한 친구에게 이렇게 써 보냈다. "이탈리아 통합이라는 생각은 웃기는 것이다. 국가의 수장들이 동의한다 할지라도 우리는 동전 한 푼의 가치 정도인 스페인 군대 말고 다른 군대가 없다. 게다가 사람들은 지도자들의 뜻에 절대로 동의하지 않을 것이다."[105] 그러나 바로 같은 1513년에 젊고 부유하고 영리한 레오 10세가 교황의 직위를 차지했다. 피렌쩨와 로마는 그토록 오래 적대 관계에 있었으나 이제 메디치 가문의 영도 아래 하나로 합쳐졌다. 마키아벨리가 이 책을 우르비노의 공작 로렌쪼 데 메디치에게 헌정하는 것으로 바꾸었을 때는 이 국가도 메디치 가문의 손으로 들어왔을 때였다. 새로운 공작은 1516년에 겨우 스물네 살이었다. 그는 야망과 용기를 보여 주었다. 마키아벨리는 어쩌면 이 냉혹한 젊은이를 보고, 레오 10세의 지도와 외교 아래(그리고 자신의 가르침을 받고서) 이 젊은이가 알렉산더 6세 시절 체사레 보르지아가 시작했던 일을 성취할 사람이라고 생각했던 것인지도 모른다.

그러니까 이탈리아 국가들, 적어도 나폴리 북부와 오만한 베네찌아를 제외한 이탈리아 국가들을 지휘해서 외적의 침입을 단념하도록 만들 정도로 충분히 강력한 연방국가로 만들 수 있을 것이라고 말이다. 이것이 레오 10세의 희망이기도 했다는 증거가 있다.『군주론』을 메디치 가문에 헌정한 일은, 무엇보다도 저자에게 고용 기회를 만들어 주는 것이 첫째 목표였지만, 어쨌든 이 가문이 이탈리아 통합을 만들어 낼 수도 있다고 생각했던 때문일 수도 있다.

『군주론』의 형식은 전통적인 것이다. 이것은 중세의 수많은『군주론』들의 윤곽과 방법을 따르고 있다. 그러나 내용은 얼마나 혁명적인 것인가! 여기서는 군주가 성인(聖人)이 되어야 한다는 이상(理想)의 부담이 없다. 그리고 통치자의 문제를 예수의 산상수훈으로 풀어 가라는 호소 같은 것도 없다. 그와 반대다.

이것을 깨닫는 사람에게 유리한 것을 글로 쓰는 것이 나의 의도이기에 사태에 대한 상상이 아니라 사태의 진실을 따르는 것이 내게는 더욱 적절하게 보인다. 많은 사람들은 실제로 한 번도 알려지거나 본 적이 없는 공화국과 공국들을 그려 보였다. 사람들이 사는 방법은 마땅히 그래야 하는 것과는 아주 거리가 멀다. 옳은 일을 위해서 실제로 이루어지는 일을 무시하는 사람은 자신을 보존하기보다는 자신의 멸망을 초래한다. 그리고 미덕을 모두 완전히 행하기를 원하는 사람은 이렇게 많은 악의 한가운데에서 머지않아 붕괴를 맛보게 될 것이다. 그러므로 자신의 영토를 지키기를 원하는 군주는 어떻게 하면 잘못하는 것인지, 또 필요성에 따라 그것을 이용하거나 안 하는 방법을 알아야 한다.[106]

그러므로 군주(통치자)는 도덕성과 정치적 능력, 개인적 양심과 공적인 이익을 명료하게 구분해야 하고, 또한 개인으로 보면 사악함이라 불릴 만한 일이라도 국가를 위해서 행할 각오가 되어 있어야 한다. 그는 절반의 조치들을 비웃어야 한다. 자기편으로 만들 수 없는 적은 박멸해야 한다. 옥좌를 놓고 경쟁한 자들은 죽여야 한다. 강한 군대를 가져야 한다. 정치가는 자신이 지닌 무기보다 더 큰 소리를 낼 수는 없기 때문이다. 통치자는 군대를 항상 건강하고 기율이 있고 무장한 상태로 유지해야 한다. 그리고 어렵고 위험한 사냥을 자주 함으로써 전쟁을 위해 스스로를 훈련해야 한다. 그와 동시에 외교의 기술을 탐구해야 한다. 때로는 간교함과 속임수가 힘보다 더 많은 것을 얻을 수 있으며 비용도 적게 들기 때문이다. 조약은 국민에게 손해가 될 경우에는 존중할 필요가 없다. "지혜로운 군주는 조약의 준수가 자신에게 불리하게 작용할 수도 있을 경우에, 또 그 조약에 서명할 수밖에 없었던 원인들이 존재하지 않게 된 경우에 그것을 충실하게 지킬 수가 없고 또한 그래서도 안 된다."[107]

어느 정도 대중의 지원은 필수적인 것이다. 그러나 통치자가 사랑 없이 두려움만 얻거나, 아니면 두려움 없이 사랑을 얻는 두 가지 중 하나를 선택해야 하는 상황이라면 그는 사랑을 버려야 한다.[108] 다른 한편(「논의」에서) "대중은 거만함과 잔인함보다는 자비와 온화함으로 더 쉽게 다스릴 수 있다.[109] …… 티투스, 네르바, 트라야누스, 하드리아누스, 안토니누스, 마르쿠스 아우렐리우스 등 다섯 명의 현명한 황제들은 자신들을 방어하기 위해 경호원이나 연대가 필요치 않았다. 그들은 자신들의 훌륭한 태도, 국민의 선의, 원로원의 사랑으로 보호를 받았기 때문이다."[110] 대중의 지원을 확보하기 위해서 통치자는 예술과 학문을 후원하고, 대중의 구경거리와 놀이를 제공하고, 조합들을 존중해야 하지만, 그러나 언제나 자신의 직급의 권위를 유지해야 한다.[111] 그는 사람들에게 자유를 주어서는 안 되지만 가능한 한 많은 자유의 겉모습으로 그들을 위로해 주어야 한다. 피렌쩨의 경우 피사나 아레쪼처럼 식민 도시는 처음에는 활발하게, 심지어는 잔인하게 대해야 한다. 그러나 복종이 확립되면 더욱 온화한 수단으로 그들의 복종을 습관으로 만들 수가 있다. 무차별적이고 오래 지속되는 잔인성은 자멸적인 것이다.[112]

통치자는 종교를 지원해야 한다. 그리고 자기 개인적인 신념이야 무엇이 되었든 스스로 종교적인 모습을 보여야 한다.[113] 군주가 실제로 미덕을 갖추는 것보다 미덕이 있는 사람으로 보이는 것이 더욱 중요하고 유리한 일이다.

군주가 모든 미덕을 가질 필요는 없지만, 미덕을 가진 것처럼 보이는 일은 쓸모가 있다. 예를 들어 자비롭고 충성스럽고 인도적이고, 종교적이고 성실한 것으로 보이는 일이다. 실제로 이런 미덕을 가지는 것도 유리한 일이기는 하지만 그러나 필요성이 있을 때면 반대로도 행동할 수 있는 유연한 마음으로 그래야 한다. …… 그는 위에 언급한 다섯 덕목들로 가득 차지 않은 말이 자신의 입에서 튀어나오지 않도록 조심해야 한다. 그리고 자신을 직접 보고 들을 수 있는 사람들에게 동정심, 충성, 인도적 요소, 종교성, 성실성 등을 보여 주어야 한다. …… 자신의 행동에 색채를 부여해야 하며 또한 시치미를 뚝 뗄 수 있어야 한다. 인간은 극히 단순하고 현재의 필요성에 깊이 몰두하는 존재이기 때문에 속이기가 쉽다. …… 누구나 당신의 겉모습을 보지만 당신의 진짜 모습을 아는 사람은 아주 드물다. 그리고 이 드문 사람들은 다수의 의견에 감히 반대하지 못한다.[114]

이런 교훈에다가 마키아벨리는 예들을 덧붙였다. 교황 알렉산더 6세의 성공을 언급하고, 이것은 놀라운 거짓말 덕분이라고 생각한다. 또 스페인의 가톨릭왕 페르디난드가 군사를 일으키면서 언제나 전면에 종교적 이유를 들이대는 것에 경탄한다. 또 프란체스코 스포르짜가 밀라노의 권좌에 오를 때 사용한 수단들을(호전적인 용기와 전략적 기술과 외교적 능력) 칭찬했다. 그러나 그 누구보다도 그의 가장 위대하고 가장 완벽한 예는 체사레 보르지아이다.

공작의 모든 행동들을 돌아볼 때 나는 그를 비난할 점을 모르겠다. 오히려 통치권을 얻게 된 …… 사람들에게 그를 흉내 내라고 제안하는 편이 더 낫겠다. …… 그는 잔인한 사람이라고 여겨졌다. 그런데도 그의 잔인성은 로마냐 지방 전체를 차지하여 통합하고, 이 지역이 평화와 충성심을 갖도록 만들었다. …… 높은 정신과 원대한 목적을 가지고 있었기에 그는 다른 방식으로는 행동할 수가 없었다. 오로지 알렉산더의 목숨이 짧았던 것과 그 자신의 질병이 그의 계획을 좌절시켰다. 그러므로 자신의 새로운 공국에서 스스로 안전을 확보하고, 친구를 얻고, 힘이나 속임수로 적을 정복하고, 국민의 두려움과 사랑을 받고, 병사들의 추종과 숭배를 받고, 자신을 해칠 힘이나 이유를 가진 사람들을 없애고, 낡은 질서를 새 질서로 바꾸고, 엄격하고도 너그럽고, 관대하면서도 자유롭고, 또 불충한 군대를 없애며 새 군대를 만들고, 왕들 및 통치자들과 우정을 유지함으로써 그들이 열성으로 나를 돕고 나의 기분을 상하는 일을 조심하도록 만드는 일이 꼭 필요하다고 생각하는 사람은, 바로 이 사람의 행동에서보다 더 생생한 예를 찾아낼 수가 없다.[115]

마키아벨리는 아버지와 아들이 동시에 병에 걸린 일만 없었다면 보르지아의 방법과 성격이 이탈리아를 통일할 수 있었을 것이라 느꼈기에 체사레를 찬양했다. 이제 『군주론』의 결론을 내리면서 그는 젊은 공작 로렌쪼에게, 그리고 그를 통해 레오와 메디치 가문에게 조직적으로 이탈리아 반도를 통일하라고 하소연하고 있다. 그는 이탈리아 사람들이 "히브리 사람들보다 더욱 노예가 되었고, 페르시아 사람들보다 더욱 억압을 받았으며, 아테네 사람들보다 더욱 흩어졌다. 머리도 질서도 없이, 외국의 힘에 얻어터지고 망가지고 약탈당하고 찢기고 정복당했다." "이탈리아는 생명이 없는 것처럼 남겨져 자신의 상처를 치료해 줄 사람을 기다리고 있다. …… 이탈리아는 신께 이렇듯 잘못된 이방의 오만함에서 해방시켜 줄 사람을 보내 달라고 간청하고 있다."[116] 상황은 힘들지만 기회는 무르익었다. "이탈리아는 누군가 깃발을 쳐들어 올리면 따라갈 준비와 각오가 되어 있다." 그리고 이탈리아에서 가장 유명한 집안인 메디치 가문, 지금은 교회를 지휘하고 있는 메디치 가문보다 누가 그 일에 더 적합하겠는가?

이탈리아가 자신의 해방자를 맞아들일 그 사랑을 누가 표현할 수 있단 말인가, 어떤 복수의 갈망, 어떤 고집스러운 신념, 어떤 헌신, 어떤 눈물을 가지고 있는지 누가 표현할 수 있는가? 어떤 문인들 그에게 열리지 않을까? 누가 그에게 복종을 거부

할까? 우리 모두에게 야만인의 지배는 콧구멍에 들어 있는 악취이다. 그러므로 이
유명한 집안이, 정당한 시도를 할 때 얻게 되는 용기와 희망으로 이 책임을 떠맡고
이 집안의 깃발 아래 우리 나라가 고귀해지고, 이 집안의 보호 아래서 저 페트라르
카의 말이 진실이 되어야 한다.

    Virtu contr'al furore

    Prendera l'arme e sia il combatter corto,

    Che l'antico valore

    Negl'Italici cuor non e ancor morto

    어른이 되면 광기에 맞서 무기를 집어들리라,

    싸움은 짧으리,

    고대인의 용기가 아직도

    이탈리아의 혈관 속에 죽지 않고 살아 있으니.

4. 고찰

단테와 페트라르카가 이방의 황제들에게 보냈던 외침이 여기서는 메디치
가문을 향해 울리고 있다. 그리고 정말이지 레오가 좀 더 오래 살고 카드놀이
를 좀 적게 했더라면 마키아벨리는 해방이 시작되는 것을 보았을지도 모른다.
그러나 젊은 로렌쪼는 1519년에 죽고, 레오는 1521년에 죽었다. 마키아벨리가
죽던 1527년에 외국 세력에 대한 이탈리아의 종속은 완벽해졌다. 해방은 343년
을 더 기다려서야 카부르(Cavour)가 마키아벨리 방식의 수완으로 그것을 만들
어 내게 된다.

철학자들은 거의 한 목소리로 『군주론』과 그것의 가르침을 실천하는 정치
가들을 욕했다. 이 책이 출판되던(1532) 아침에 벌써 이 책에 반대하는 수많은
책들이 나타나기 시작했다. 그러나 카를 5세는 이것을 조심스럽게 연구했고,

카테리나 데 메디치는 이 책을 프랑스로 가져갔으며, 프랑스의 앙리 3세와 앙리 4세는 이것을 죽을 때까지 지녔고, 리슐리외는 이 책에 감탄했으며, 오렌지 공 윌리엄은 삼투압으로 이것을 외우려는 듯이 책을 베개 밑에 두었다.[117] 프로이센의 프리드리히 대제는 이제『군주론』의 시효가 지났음을 알리는 전주곡으로『반(反) 마키아벨리』를 썼다. 물론 대부분의 통치자들에게 있어서 이 책의 가르침은 특별한 계시도 아니었다. 다만 자기 동업자들의 비밀을 조심성 없게 폭로한 것일 뿐이었다. 몽상가들은 마키아벨리를 쟈코뱅 당원으로 갑자기 변화시켜서 그가 자신의 철학을 표현하기 위해서가 아니라 비꼬는 에두름으로 통치자들의 방식과 엉큼한 수단을 폭로하려 한 것이라고 생각했다. 그러나 그의「논의」는 같은 관점을 더욱 길게 설명하고 있다. 프랜시스 베이컨은 묵인하는 말을 하고 있다. "우리의 감사는 마키아벨리와 그 비슷한 저술가들을 향한 것이다. 그들은 공개적으로 전혀 위장하지 않고 사람들이 무엇을 해야 하는가가 아니라, 그들이 무슨 일을 하는 데 익숙한가를 보여 주었다."[118] 헤겔의 판단은 지적이고 너그럽다.

> 『군주론』은 가장 불쾌한 폭군의 원칙들을 포함한 것으로 여겨져 자주 공포와 더불어 옆으로 밀쳐지곤 했다. 그러나 국가를 구성할 필연성에 대한 마키아벨리의 높은 감각이야말로, 경우에 따라서는 오로지 거기 근거해서만 국가들이 형성될 수 있는 이런 원칙들을 그가 글로 적은 원인이었다. 고립된 군주들 및 통치권은 완전히 없어져야 했다. 우리의 자유 개념은 그가 제안한 방법들과 양립할 수 없는 것이긴 하지만 …… 그러니까 가장 냉혹한 폭력, 온갖 종류의 기만, 살인 등을 포함하는 방법 말이다. 그래도 우리는 없애야 할 전제 군주들을 바로 이런 방식으로 공격할 수밖에 없다는 점을 고백하지 않을 수 없다.[119]

그리고 매콜리(T. B. Macaulay)는 유명한 에세이에서 마키아벨리의 철학이란, 오래전부터 이미 전제 군주들에 의해『군주론』의 원칙들에 길들여져 있던, 탁월하고 부도덕한 이탈리아의 자연 반사광이라고 설명했다.

마키아벨리는 다시 살아난 이교주의가 허약해진 그리스도교를 향해 던진 최후의 도전을 대변한다. 그의 철학에서 종교는 다시 고대 로마 시대와 마찬가지로 실질적으로 신의 노릇을 하는 국가의 겸손한 하인이 된다. 존경받는 미덕들은 용기, 인내, 자주(自主), 지성 등 이교도 로마의 미덕들이다. 유일하게 죽지 않고 살아남는 것은 시들어 가는 명성이다. 아마도 마키아벨리는 그리스도교의 약화시키는 영향을 과장했던 것 같다. 중세 역사의 수많은 전쟁들을 그는 잊었단 말인가? 콘스탄티누스 대제, 벨리사리우스, 샤를마뉴, 사원 기사단, 튜튼 기사들, 그리고 최근에 율리우스 2세의 전쟁들을 잊었는가? 남자들이 파괴적일 정도로 풍부하게 반대의 기질을 드러냈기 때문에 그리스도교 도덕성이 여성적 미덕을 강조한 것이다. 원형 극장의 가학적인 로마인들에게 몇 가지 해독제와 반대의 이상을 설교해야만 했고, 또 이탈리아에 들어선 사나운 야만인들에게도, 법을 모르는 사람들에게도 설교해야만 했다. 그들을 진정시켜 문명으로 바꾸기 위해서였다. 마키아벨리가 비웃은 미덕들은 질서와 평화가 있는 사회를 만들기 위한 것들이었다. 그가(니체처럼 그도 이런 미덕들이 없었기 때문에) 숭배한 미덕들은 강하고 호전적인 국가들을 위한 것이며, 또한 일체감을 강요하기 위해 무수히 많은 사람을 죽일 수 있고, 또 자신들의 통치를 확대하기 위해 지상을 붉은 피로 물들일 수 있는 독재자들을 위해 만들어진 것이다. 그는 통치자에게 좋은 것과 국민에게 좋은 것을 혼동했다. 그리고 권력의 보존에 대해서는 너무 많이, 권력의 의무에 대해서는 너무 적게 생각하고, 권력의 부패에 대해서는 전혀 생각하지 않았다. 그는 이탈리아 도시 국가들이 지닌, 서로를 자극하는 경쟁과 문화적 비옥함을 무시했다. 그리고 자기 시대의 위풍당당한 예술에도 관심이 없었고, 심지어는 고대 로마의 예술에도 전혀 관심이 없었다. 그는 국가라는 우상을 숭배하느라 길을 잃었다. 국가를 교회에서 해방시키는 일을 도왔지만, 원자론적인 민족주의를 세우는 데 동참했다. 이런 민족주의는, 교황이 대표하는 국제적 도덕성에 굴복한 중세의 국가 개념보다 확실하게 뛰어난 것은 아니다. 각각의 이상은 인간이 지닌 본성적인 이기심으로 인해 무너졌다. 솔직한 그리스도교도라면 이교도와의 약속은 지킬 필요가 없다는 원칙을 설파하고 실천함으로써,(콘스탄츠에서 후스에게 발부한 안전통행권을 무시한 일과, 로마에서 페라라의 알폰소에게 발부한 안전통행권을 무시한 일 따위) 도덕적 권력이라고 자부하는 교회 자신도 자신의 임무에 치명적인 해를 입힌 마키아벨리 방식의 게임을 했다는 사실을 인정하지 않을 수 없다.

마키아벨리의 솔직함에는 어떤 자극의 요소가 있다. 그의 글을 읽고 있으면, 다른 어디서보다도 생생하게, 거의 어떤 철학자도 감히 토론하려고 하지 않았던 질문에 마주치게 된다. 곧 정치가의 수완은 도덕성에 묶여 있는 것일까? 하는 질문이다. 우리는 적어도 한 가지 결론에 도달할 수 있을 것 같다. 도덕성이란 그것을 가르치고 강요할 준비를 갖춘 사회에서 그 구성원들 사이에만 존재할 수 있다는 것이다. 국가들 사이의 도덕성은 국제법을 지켜야 한다는 대중의 의견과 물리적 힘을 갖춘 국제 기구가 구성될 때까지 기다려야 한다. 그때까지 각국의 국민들은 밀림의 맹수들과 같다. 각국의 정부가 어떤 원칙을 고백하든 그들이 실제로 행하는 것은 『군주론』의 그것이 될 것이다.

페트라르카에서 마키아벨리에 이르는 200년 동안 이탈리아의 지적 반란을 돌아보면, 그것의 정수와 기초는 단순히 다른 세계를 향한 훈련된 관심에 있음을 알게 된다. 그리고 삶에 대한 긍정이 점차 커진다는 점도 알 수 있다. 사람들은 이교 문명을 다시 발견하고 기뻐했다. 그 이교 문명의 시민들은 원죄나 형벌의 지옥에 대해 근심하지 않았고, 또 그곳에서 자연적인 충동들은 활기에 찬 사회에서 용서될 수 있는 요소들로 받아들여졌다. 이탈리아 상류층 주민들 사이에서 금욕주의, 자기 억제, 죄의 감정 등이 그 지주를, 거의 그 의미를 잃어버렸다. 수도원들은 신참의 부족으로 기력을 잃고, 수도사들과 교황들도 그리스도의 성흔보다는 오히려 지상의 쾌락을 추구했다. 전통과 권위의 결합이 느슨해졌다. 튼튼하게 짜인 그리스도교 조직이 사람들의 생각과 목적에 별 무게를 주지 못했다. 삶은 다시 외향적이 되고, 이것이 자주 폭력의 형태를 취하기는 했어도, 어쨌든 많은 영혼들에게서 중세인의 정신을 어둡게 했던 신경질적인 두려움과 무질서를 씻어 냈다. 족쇄를 매달지 않은 지성은 과학만 빼고 모든 분야에서 행복하게 뛰어놀았다. 풍성한 해방은 아직은 (과학적인 태도에 나타나는) 실험의 기율 및 탐구의 끈기와 잘 어울리지 못했다. 그것은 해방의 건설적인 여파 속에 앞으로 나타날 것이다. 그사이에 교육받은 사람들 사이에서 신앙의 실천은 지성과 천재성의 숭배에 자리를 내주었다. 불멸에 대한 믿음은 영속하는 명성의 문제로 바뀌었다. 이교(異敎)의 이상은, 그리스도교 신의 개념을 침식해 들어간 행운, 운명, 자연 따위를 좋아했다.

이 모든 것을 위해 대가를 지불해야만 했다. 빛나는 정신의 해방이 도덕성에 대한 초자연적 존재의 승인을 없앴다. 그리고 이것을 효과적으로 대체할 다른 어떤 가치도 찾아내지 못했다. 그 결과 모든 금지를 거부하고, 또 충동과 욕망을 풀어놓고, 즐거운 태도로 부도덕성을 잔뜩 만들어 냈다. 고대 그리스에서 소피스트들이 그렇게 행한 이후에 역사가 목격하지 못한 규모로 신화를 산산이 부수고 정신을 해방시키고 도덕을 느슨하게 만들었다.

20장

풀어진 도덕
1300~1534

1. 불사(不死)의 원천과 형태들

역사가가 한 시대의 도덕적 수준을 결정하려고 할 때처럼 자기가 가진 선입견에 오도되기 쉬운 경우도 없다. 이러한 탐구가 종교적 신앙의 쇠퇴라는 결론에 도달하는 종류의 것이 아니라면 말이다. 어느 경우든 극적인 예외들이 역사가의 눈길을 잡아끌기 때문에, 그의 눈길은 기록되지 않는 평범함의 영역에서 곧잘 벗어나곤 한다. 역사가가, 예를 들어 종교에 대한 의심이 도덕적 붕괴를 가져온다는 등의 어떤 주장을 입증하면서 문제에 접근하려 할 경우 그의 눈길은 더욱 흐려진다. 기록 자체도 이미 이중 의미를 가지고 있기에 각각의 선택적인 성향에 따라 거의 어떤 주장이든지 다 뒷받침해 줄 수가 있다. 아레티노의 작품들, 첼리니의 자서전, 마키아벨리와 베토리의 편지 왕래 등은 분열의 냄새를 전달해 주는 것이라고 강조될 수 있다. 그런가 하면 이사벨라 데스테와 베아트리체 데스테의 편지들, 엘리자베타 곤짜가와 알레싼드라 스트로찌의 편지들이 자매간의 사랑과 이상적인 가족 생활의 풍경을 보여 주는 것으로 인용될 수 있다. 독자는 방심하지 말고 경계해야 한다.

르네상스의 지적인 상승을 동반한 도덕적 쇠퇴에는 많은 요인들이 작용했다. 기본적인 사실은 아마 부(富)의 성장을 꼽을 수 있을 것이다. 그것은 서유럽과 동양(중동) 사이의 무역로에 자리 잡은 이탈리아의 전략적 위치와 또 수많은 그리스도교 공동체들에서 십일조와 성직 첫해 수입 등이 로마로 흘러 들어와서 만들어진 부였다. 더 많아진 돈이 죄악의 비용을 감당해 주면 죄는 더욱 널리 퍼지게 된다. 부의 전파는 금욕적 이상(理想)을 약하게 만들었다. 남자와 여자들은 빈곤과 두려움에서 생겨난 도덕률, 잘살게 된 지금은 자기들의 충동과 방식에 반대하는 도덕률을 원망하게 되었다. 그들은 인생은 즐겨야 하고, 모든 쾌락은 유죄임이 입증되지 않는 한 무죄로 간주되어야 한다는 에피쿠로스적인 관점에 점점 더 공감을 갖게 되었다. 여성의 매력이 신학의 금지에 대해 승리했다.

부 다음으로 부도덕성의 주요 원천은 이 시대의 정치적 불안정이었다. 당파들의 싸움, 빈번한 전쟁, 외국 용병들의 유입, 그리고 뒷날에는 이탈리아 땅의 도덕적 제약들을 알지 못하는 외국 군대가 이탈리아를 침입한 일, 전쟁의 광분에 의해 농업과 무역이 거듭 파괴된 일, 독재의 폭력으로 평화로운 정권을 대신한 전제 군주들에 의해 자유가 파괴된 일. 이런 모든 것들이 이탈리아의 생활에서 질서를 없애고 보통 도덕성을 담고 있던 '관습'을 깨뜨렸다. 사람들은 자신들이 폭력의 바다에서 떠돈다고 느꼈다. 그래서 무기나 기술을 동원해서 할 수 있는 한 자신을 보호했다. 법을 무시하고 짧지만 장쾌한 삶을 선택한 전제 군주들은 온갖 쾌락에 빠져들었다. 그리고 돈을 가진 소수 계층은 그들을 흉내 냈다.

인류가 가진 자연적인 부도덕성이 풀려나올 때에 종교적 무신앙의 역할을 평가하려면 우선 교육받은 소수의 회의주의와 다수의 끈질긴 신앙심을 구분하는 일부터 시작해야 한다. 계몽이란 소수의 것이요, 해방은 개인적인 일이다. 정신은 모두 한꺼번에 해방되지 않는다. 일부 회의주의자들이, 거짓 성 유물과 가짜 기적과, 현찰을 받고 약속 증서를 내주는 면죄부에 대하여 항의했을지도 모른다. 그러나 다수의 사람들은 이런 것들을 경외심과 희망으로 받아들였다. 1462년에 학자 교황인 피우스 2세는 몇 명의 추기경들을 거느리고 밀비아 다리로 나가서 그리스에서 이리로 오는 사도 안드레의 머리를 맞아들였다. 학자 추기경인 베싸리온은 이 소중한 허구가 성 베드로 성당에 안치될 때 장엄한 연설을 했다. 사람들은 로레토와 아씨시로 순례를 떠나고, 희년 축제가 열릴 때면 떼를 지어 로마로 몰려오고, 교회에서 다음 교회까지 십자가의 길들을 만들고, 또 그리스도가 빌라도의 재판정으로 올라갈 때 밟았다는 '거룩한 계단(Scala Santa)'을 무릎으로 기어서 올라갔다. 강인한 성격을 가진 사람들은 아직 건강이 좋을 동안에는 이 모든 일들을 비웃을 수 있을지도 모르지만 르네상스 이탈리아 사람들 중에서 임종의 침상에서도 성사(聖事)를 구하지 않은 사람은 드물었다. 사나운 용병대장으로 알렉산더 6세와 체사레 보르지아에 맞서 싸웠던 비텔로쬬 비텔리는, 로마로 사람을 보내 체사레의 부하가 자기 목을 올가미로 조르기 전에 자신에게 죄 사함을 내려 주십사고 교황에게 간청했다. 여자들은 특히 성모를 숭배했다. 거의 마을마다 기적을 행하는 성모상이 있었다. 이제 (1524년경)는 로사리오 기도가 선호하는 기도 형식이 되었다. 점잖은 집안마다 십자가 하나와 성화(聖畵) 한두 점을 지녔다. 그리고 많은 집에서 이런 성화 앞에는 1년 내내 끊이지 않고 램프가 켜져 있었다. 마을 광장과 도시의 거리들은 예수나 성모의 상으로 꾸며지고, 독립적인 벽감이나 성벽의 우묵벽에도 그런 상이 놓였다. 종교 달력에 따라 화려하고 당당하게 축제가 벌어져 사람들의 노동 사이에 감격을 만들어 주었다. 대략 10년마다 교황의 대관식이 있을 때면 고대 로마의 장관을 연상시키는 흥겨운 축제 행렬이 벌어졌다. 르네상스 예술가들이 사당을 꾸미고 종교의 영웅들과 전설들을 그림으로 그리고, 또 연극, 음악, 시와 향불이 한데 어우러져 화려하고 향기롭고 값비싼 예배를 올리던 이 시대보다 종교가 더 아름다웠던 적은 없었다.

그러나 이것은 너무나 다양하고 서로 모순되어 짧게 서술할 수가 없는 풍경의 한 단면일 뿐이다. 도시에서 많은 교회들은 오늘날처럼 당시에도 사람이 없어 어느 정도 비어 있었다.[1] 피렌쩨의 대주교인 안토니노가 1430년 무렵 자기 교구의 시골 농부들을 묘사한 것을 들어 보라.

교회에서 그들은 때로 여자들과 함께 춤을 추고 뛰고 노래를 부르곤 한다. 축제일이면 그들은 예배나 미사를 드리는 데는 시간을 별로 들이지 않고 대부분의 시간을 선술집에서 카드놀이나, 교회 문간에서 말다툼하느라 보낸다. 신과 성인들에 대해 약간 도전적으로 못된 말들을 한다. 그들은 거짓과 위증으로 가득 차 있다. 간통과 그보다 더 나쁜 죄에 대해 양심의 가책이 없다. 그들 중 아주 많은 사람들이 1년에 단 한 번도 고백성사에 가지 않는다. 성체를 받는 사람은 더 적다. …… 신앙심이 두터운 민족처럼 가족을 가르치지 않는다. 그들은 자신과 가축들을 위해 주문을 사용한다. 하느님이나 자신들의 영혼의 건강에 대해서는 전혀 생각지도 않는다. …… 교구 사제들은 자기들에게 맡겨진 양 떼에 대해서는 걱정도 하지 않고 오직 양 떼의 털과 젖에만 관심이 있으며, 설교나 고백을 통해 아니면 개인적인 훈시를 통해 그들을 가르치지도 않는다. 그리고 자기 양 떼의 타락한 길을 따라감으로써 그들과 같은 잘못을 범한다.[2]

폼포나찌나 마키아벨리 같은 사람들이 존재했고 또 자연사했다는 사실을 보면, 1500년 무렵 이탈리아에서 교육받은 계층의 상당수가 가톨릭 신앙을 잃어버렸다고 결론을 내릴 수 있을 것 같다. 그리고 조금 더 불확실하기는 하지만 학식이 없는 사람들 사이에서도 종교가 도덕적 생활을 통제하는 힘의 일부를 잃어버렸다고 생각할 수 있을 것 같다. 점점 더 큰 비율의 주민들이 도덕적 규범이 신에게서 나왔다는 것을 믿지 않게 되었다. 계율이 인간의 손에 의한 것이라 여겨지고, 하늘과 지옥에서의 초자연적인 상벌이 효력을 잃자 도덕규범이 두려움과 효과를 잃어버렸다. 금지들이 사라지고, 편리함의 계산법이 대신하게 되었다. 죄의 감정, 잘못의 두려움이 시들었다. 양심은 상대적으로 자유로워졌다. 모든 사람은 각기 전통적으로는 옳지 않을지라도 자기에게 편해 보이는 일들을 했다. 사람들은 더는 선하기를 원치 않고 강하기를 원했다. 많은 개인들은 마키아벨리가 나오기 훨씬 전에 이미 힘과 기만의 특권을 자신의 것으로 삼았다. 이런 것을 마키아벨리는 국가의 통치자들에게만 승인해 주었다. 그의 윤리는 아마도 그가 사방에서 실제로 목격한 당시 도덕의 잔상이었을 것이다. 플라티나는 다음과 같은 말이 피우스 2세가 한 말이라고 전한다. "그리스도교 신앙이 기적에 의해 확인되지 않는다 하더라도 그 도덕성 때문에 그것을 받아들이는 것이 옳다."[3] 그러나 사람들은 그렇게 철학적인 방식으로 생각하지 않는다. 그들은 단순히 이렇게 말한다. 천국도 지옥도 없다면 우리는 이승에서 삶을 즐겨야 하고, 또 죽은 다음에 벌 받을 걱정이 없이 입맛대로 즐길 수가 있다고 말이다. 오로지 강력하고 지적인 여론만이 잃어버린 초자연적 상벌을 대신할 수가 있었을 것이다. 그러나 당시 성직 계층도 인문주의자들도 대학도 이런 과제를 감당하지 않았다.

인문주의자들은 자기들이 비판하는 성직자 계층과 똑같이 도덕적으로 타락했다. 물론 눈부신 예외들이 있어서 지적 해방과 점잖은 태도를 함께 지닌 사람들도 있었다. 암브로지오 트라베르사리, 비토리노 다 펠트레, 마르실리오 피치노, 알두스 마누티우스 등. 그러나 그리스 로마 문학을 되살려 낸 소규모 지식인들 중에 압도적 다수는 그리스도교에 대해 들어 본 적이 없는 이교도들처럼 살았다. 그들은 이리저리 돌아다녔기에 뿌리가 뽑혔다. 이 도시 저 도시를 돌아다니며 월계관과 사례비를 구했고, 안정을 찾지 못했다. 그들은 고리대금업자와 그 마누라만큼이나 돈을 좋아했다. 그리고 자신들의 천재성, 수입, 외모, 옷차림 등을 자랑스럽게 여겼다. 그들은 말투가 거칠고, 싸울 때는 졸렬하고 치사했으며, 우정은 신뢰가 없고, 사랑은 덧없는 것이었다. 앞에서 이미 지적했듯이 아리오스토는 도덕적으로 오염될까 겁나서 아들을 인문주의자 선생에게 맡기지 못했다. 그러면서도 아마 운율을 갖춘 외설로 양념되어 있는 자신의「분노한 오를란도」를 읽는 일을 아들에게 금지할 필요는 없다고 생각했을 것이다. 발라, 포지오, 베카델리, 필렐포 등은 도덕적으로 느슨한 생활로, 윤리와 문명의 기본적인 문제 하나를 요약해 주었다. 곧 도덕적 규범이 효과적으로 기능하기 위해서는 초자연적인 상벌이 필요한 것일까? 내생에 대한 믿음, 혹은 도덕적 규범이 신에게서 나왔다는 믿음이 꼭 필요한 것일까? 하는 질문이었다.

2. 성직자의 도덕성

교회는 그 성직자들이 점잖고 헌신적인 생활을 했더라면 히브리 문헌들과 교회 전통이 제공하는 초자연적인 상벌 체제를 유지했을지도 모른다. 그러나 그들 대부분은 시대의 도덕성에서 좋은 것과 함께 나쁜 것도 받아들이고, 속인들과 정반대의 면모를 보였다. 교구 사제들은 교육을 많이 받지 못한 단순한 보좌역이었지만 보통 모범적인 생활을 했다.[4] 그들은 지식인 계층에게 무시를 당했지만 일반인들 사이에서는 환영을 받았다. 주교와 수도원장 중에는 일부 고급스러운 생활을 하는 사람들이 있었지만 일부는 훌륭한 사람들이었다. 그리고 추기경단의 절반 정도는 경건한 그리스도교도의 태도를 유지하면서 동료들의 즐거운 세속성을 부끄럽게 여겼다.[5] 이탈리아 전체를 통해 성직자들이 관리하는 병원, 고아 수용소, 학교, 구빈원, 대출 사무소, 그 밖에 여러 자선 기관들이 있었다. 베네딕트 수도회, 프란체스코파의 수도회 규칙 엄수파, 카르투지오 수도회원들은 상대적으로 높은 도덕적 수준을 유지하는 것으로 존경을 받았다. 전도자들은 '이교도' 나라와 그리스도교의 이교도들 사이에 신앙을 전파하느라 수많은 어려움에 직면했다. 신비주의자들은 시대의 폭력을 피하여 신과 더욱 가까운 친교를 가졌다.

이런 헌신 한가운데서도 성직 계급의 도덕적 느슨함이 하도 심해서 그것을 입증하는 증언들을 수없이 인용할 수 있을 정도이다. 마지막까지 그리스도교에 충실하게 남아 있으면서 자신의 형제가 살았던 카르투지오 수도회의 기율과 경건함을 즐겨 그렸던 페트라르카는 아비뇽 성직자들의 도덕성을 거듭 비난했다. 14세기 보카치오의 단편 소설부터 시작해서 15세기 마수치오의 단편 소설을 지나, 16세기의 반델로의 작품들에 이르기까지 이탈리아 성직자들의 느슨한 삶은 거듭 이탈리아 문학의 주제가 되곤 했다. 보카치오는 "자연스런 또는 동성애의" 죄를 짓는 "성직자들의 음탕하고 더러운 삶"을 이야기한다.[6] 마수치오는 수도사들과 성직자들을 간통, 동성애, 탐욕, 성직 매매, 불경 등에 중독된, "사탄의 집행인들"이라고 욕하고 성직자들보다는 차라리 군인들의 도덕성이 더 높다고 공언했다.[7] 온갖 더러운 일을 잘 알고 있던 아레티노는 인쇄공들의 오자(誤字)를 욕하면서 성직자들의 죄의 숫자만큼이나 많다고 했다. "정말이지 오자 없는 책을 찾기보다는 로마가 맑은 정신에 정결한 상태에 있는 것을 보는 편이 더 쉬울 것"이라는 것이다.[8] 포지오는 수도사들과 사제들의 부도덕함, 위선, 탐욕, 무지, 거만함을 폭로하면서 독설을 표현하는 어휘에 거의 한계를 느꼈다.[9] 폴렝고의 「작은 오를란도」가 같은 이야기를 들려준다. 오늘날에는 천사이며 우아함의 사절로 인식되고 있는 수녀들도 당시 이런 질펀한 환락을 함께 했다. 특히 베네찌아에서 이런 일이 심했는데, 그곳에서는 수도원과 수녀원들이 충분히 가까이 있어서 그 안에 사는 사람들이 이따금 침대를 함께 나누기가 좋았던 것이다. 수도원 관련 문서고에는 수도사와 수녀들의 동거에 대한 재판을 기록한 것이 20권이나 있다.[10] 아레티노는 베네찌아의 수녀들에 대해 인용하기 어려운 말들을 한다.[11] 귀치아르디니는 평소에는 온건한 사람이지만 로마를 묘사하다가 균형을 잃었다. "로마의 궁정에 대해 충분히 가혹하게 말하는 것이 불가능하다. 그곳은 언제나 수치이며, 세상에서 가장 타락하고 수치스러운 모든 일의 예이기 때문이다."[12]

이런 증언들은 과장된 것으로 보이며 편견에 사로잡힌 것일지도 모른다. 그러나 시에나의 성 카타리나의 말을 들어 보라.

어느 쪽으로 얼굴을 돌리든, 성직자와 주교들 중 수도원 밖의 성직자를 보든, 아니면 수도회 성직자를 보든, 하위 성직자를 보든, 고위 성직자를 보든, 늙은 사람이나 젊은 사람이나 가리지 않고 누구를 보든 …… 언제나 규칙 위반을 보게 된다. 모두가 치명적인 죄의 악취로 내 코를 찌른다. 편협하고 탐욕스럽고 탐식하고 …… 영혼을 보살피는 일을 포기했다. …… 자신들의 배를 신으로 만들어서 무질서한 향연을 베풀어 먹고 마시고, 모두들 더러움에 빠져 음탕하게 살고 …… 가난한 사람들의 재산으로 자기 자식을 먹이고 …… 성가대 봉사를 마치 독약 피하듯 피한다.[13]

이 말도 조금은 감하고 들어야 한다. 성인들이 보통 사람의 행동을 경멸감을 품지 않고 말할 것이라고 생각하기 힘들기 때문이다. 그러나 솔직한 가톨릭 역사가의 요약은 받아들일 수 있을 것이다.

가장 높은 직위의 성직자들이 그 정도라면, 보통의 성직자와 세속 사제들 사이에서 온갖 종류의 악덕과 난잡함이 점점 더 일반적인 것으로 되었다는 게 놀라운 일도 아니다. 지상의 소금은 그 맛을 잃었다. …… 율리우스 2세 시절 로마를 방문했던 에라스무스와 루터가 성직자들에 대해 어느 정도 과장된 서술을 할 계기를 마련해 준 사람들은 바로 이런 성직자들이었다. 그러나 로마에서 성직 계급의 부패가 다른 곳보다 더 심했다고 생각하는 것은 잘못이다. 이탈리아 반도에 있는 거의 모든 도시에서 사제들의 부도덕성을 증언하는 기록들이 있다. 많은 곳에서(예를 들면 베네찌아) 사정은 로마보다도 훨씬 더 나빴다. 당시의 작가들이 슬픈 어조로, 성직자의 영향이 시들었다고 증언하는 것이 이상할 것이 없으며, 또한 많은 곳에서 성직자들에 대해 거의 어떤 존경심도 보이지 않았다는 것도 이상할 것이 없다. 그들의 부도덕성이 얼마나 심각했던지 성직자들을 위해 결혼을 허용하자는 제안들이 들리기 시작했을 정도였다. …… 많은 수도원들은 통탄스러운 상태에 있었다. 일부 수도원에서 청빈, 순결, 복종의 세 가지 핵심적인 맹세는 전적으로 무시되었다. …… 많은 수녀원들의 기강도 똑같이 느슨했다.[14]

종교 재판의 활동들은 성(性)과 향연보다도 더 용서하기가 어려웠다. 그러나 15세기 이탈리아에서 종교 재판의 활동은 특이할 정도로 세력이 약했다. 1440년에 수학자인 아마데오 데 란디는 유물론 탓으로 고발되었지만 방면되었다. 1478년에 갈레오토 마르치오는 훌륭한 삶을 산 사람은 누구라도 종교야 어찌 되었든 천국에 갈 것이라고 썼기 때문에 사형을 선고받았다. 그러나 식스투스 4세는 그를 구해 주었다.[15] 1497년에 의사 가브리엘레 다 살로는 그리스도가 신이 아니고 요셉과 마리아의 아들이었으며, 정상적인 웃기는 방식으로 임신되었다고 주장했는데도, 환자들의 보호를 받아 종교 재판을 벗어났다. 그는 또 축성된 성찬식의 빵 속에 그리스도의 몸이 들어 있지 않으며, 그리스도가 행한 기적들은 신적인 힘에 의해 이루어진 것이 아니라 별들의 영향을 통해 이루어진 것이라고 주장했다.[16] 이렇게 해서 하나의 신화에서 또 다른 신화가 나온다. 1500년에 죠르죠 다 노바라는 볼로냐에서 화형을 당했다. 그리스도의 신성을 부정한 것이 죄목이었는데, 분명 영향력이 있는 친구들이 없는 탓이었다. 같은 해에 아란다의 주교는 천국도 지옥도 없고, 면죄부는 단순히 돈을 모으기 위한 수단에 지나지 않는다고 주장했는데도 벌을 받지 않았다.[17] 1510년에 스페인의 가톨릭 왕 페르디난드는 나폴리로 종교 재판을 도입하려 했지만 주민들의 모든 계층이 단호하게 저항했기 때문에 이 시도를 포기해야만 했다.[18]

성직 계층의 타락 가운데서도 몇 가지 전체적인 개혁의 중심점들이 있었다. 피우스 2세는 도미니크 수도회의 총장을 면직시키고 베네찌아, 브레시아, 피렌쩨, 시에나의 느슨한 수도원들을 징계했다. 1517년에 사돌레토, 기베르티, 카라파, 또 다른 성직자들은 신의 사랑 수도회(오라토리오)를 설립하고, 로마의 이교적 세속성에서 도주하기를 원하는 경건한 사람들을 위한 중심지로 삼았다. 1523년 카라파는 테아토 수도회를 조직했다. 이곳에서는 수도원 바깥 성직자들이 자비, 복종, 청빈이라는 수도원의 규칙에 따라 살았다. 카라파 추기경은 자신의 성직을 전부 사임하고 재산을 가난한 사람들에게 나누어 주었다. 성 가에타노도 그렇게 했고, 또 테아토 수도회의 다른 설립자들도 그렇게 했다. 이런 열렬한 신앙인들이(그들 중 일부는 귀족 태생이며 큰 부를 소유한 사람들이었다.) 스스로 만든 규칙을 엄격히 지키고, 또 전염병에 걸린 사람들을 두려워하지 않고 방문함으로써 로마를 놀라게 했다. 1533년에 안토니오 마리아 짜카리아는 밀라노에 비슷한 성직자 공동체를 세웠다. 처음에는 성 바울의 수도회 성직자라고 불렀지만 이어서 성 바르나바의 교회에서 이름을 따서 바르나바 수도회로 알려지게 되었다. 카라파는 베네찌아 성직자를 위해 쓸모가 있는 개혁 프로그림을 작성했으며, 기베르티는 베로나 교구에서 비슷한 개혁을 시도했다.(1528~1531) 에지디오 카니시오는 아우구스티누스 은자들을 개혁했고, 그레고리오 코르테제는 파도바에 있는 베네딕트 수도사들에게 비슷한 개혁을 실행했다.

이 시기에 수도원 개혁에서 가장 두드러진 성과는 카푸친 수도회의 설립이었다. 프란체스코 수도회 규칙 엄수파였던 수도사 마테오 디 바씨(M. d. Bassi)는 성 프란체스코의 환상을 보았으며 그가 말하는 소리를 들었다. "나의 규칙을 문자 그대로 엄수하기를 바란다. 문자 그대로, 문자 그대로." 성 프란체스코가 네 귀퉁이가 뾰쪽한 두건을 썼다는 말을 듣고 그는 이런 두건을 도입했다. 로마로 가서 클레멘스 7세에게서 프란체스코 수도회의 새로운 분파 설립의 허가를 받았다.(1528) 그것은 '카푸치오', 곧 두건 달린 겉옷과, 성 프란체스코의 마지막 규칙을 엄수한다는 점이 달랐다. 그들은 가장 거친 천으로 된 옷을 입고, 1년 내내 맨발로 지내고, 빵과 야채와 과일과 물만 먹고 살았으며, 엄격하게 금식을 지키고, 목재와 진흙으로 만든 빈곤한 오두막 좁은 방에서 살며, 오직 걸어서만 여행을 했다. 새로운 수도회의 수가 많지는 않았지만 감동적인 예와 자극을 주어 자기 개혁이 널리 퍼지도록 촉발했다. 이것은 16세기와 17세기에 탁발 수도회로 발전했다.[19]

이런 개혁의 일부는 개신교 종교 개혁에 대한 반응으로 나타났다. 그들 중 일부는 자발적으로 생겨나 그리스도교와 교회의 생동성을 보여 주었다.

3. 성도덕

속인들의 도덕성으로 옮겨 가면서, 그리고 성 문제로 이야기를 시작하면서 우선 남자는 천성적으로 일부다처를 지향한다는 점을 상기시켜야겠다. 극히 엄격한 도덕적 형벌 체계, 적절한 가난과 힘든 일, 또 마누라의 끊임없는 감시만이 남자를 일부일처제로 안내할 수 있다. 르네상스 시대보다 중세 시대에 간통이 덜 유행했다고 단언하기는 힘들다. 그리고 중세의 간통이 기사도를 통해 완화되었듯이 르네상스 시대에도 교육받은 계층에서는 교육받은 여성의 섬세함과 정신적 매력을 이상으로 만들어서 어느 정도 부드럽게 되었다. 교육과 사회적 위치라는 측면에서 남성과 여성 사이의 대등함이 더 커진 것이 남녀 사이에 새로운 지적 동지 관계를 가능하게 만들었다. 만토바, 밀라노, 우르비노, 페라라, 나폴리 등지에서 삶은 매력적이고 세련된 여성들이 두드러지게 됨을 통해 우아하고 자극적인 것이 되었다.

좋은 가문의 소녀들은 자기 집안사람이 아닌 남자들로부터 어느 정도 격리되어 있었다. 그들은 혼전 순결의 이점에 대해 열렬한 교육을 받았다. 그리고 이따금 아주 성공을 거두어서 어떤 젊은 여성은 강간을 당한 다음에 물에 빠져 자결했다는 이야기를 우리는 듣게 된다. 그녀는 분명 예외적인 존재였다. 주교가 그녀를 위해 동상을 세우자고 제안하는 것을 보면 그렇다.[20] 어떤 젊은 여성이 유혹을 피하기 위해 로마의 지하 묘지에서 스스로 목을 매 자살했다. 그녀의 시체는 머리에 월계관을 씌워 로마 시내를 개선행진 하듯이 옮겨졌다.[21] 그렇지만 상당한 혼전 모험들이 있었던 것이 분명하다. 그렇지 않다면 르네상스 시대 이탈리아 어떤 도시에서도 발견되는 그 많은 사생아들의 숫자를 설명하기가 어려워질 것이다. 사생아를 갖지 않은 것은 빼어난 일이었지만, 사생아를 가진 것이 심각하게 불명예가 되는 일은 아니었다. 남편은 결혼할 때 보통 아내를 설득해서 그녀가 합법적이지 않은 후손을 받아들여 그녀 자신의 자식들과 함께 양육하게 만들었다. 사생아로 태어났다는 것이 큰 흠은 아니었다. 사회적인 치욕은 거의 무시할 만한 일이었으며, 성직자에게 뇌물을 주고 합법성을 얻을 수도 있었다. 합법적인 자식들 중에 유능한 후계자가 없으면 사생아 아들이 재산을 이어받을 수도 있었고, 심지어는 옥좌를 물려받을 수도 있었다. 나폴리의 페란테 1세는 알폰소 1세의 뒤를 물려받았고, 페라라의 레오넬로 데스테는 니콜로 3세의 뒤를 물려받아 공작이 되었다. 피우스 2세가 1459년에 페라라를 방문했을 때 그는 일곱 왕자의 영접을 받았는데, 모두가 사생아들이었다.[22] 사생아들과 합법적인 아들들 사이의 경쟁은 르네상스 폭력의 원천이었다. 단편소설의 절반 정도는 유혹에 관한 것이다. 그리고 보통 그런 이야기들은 일시적으로 눈을 내리뜨는 여성들이 읽거나 들었다. 아퀴노의 주교인 로베르토는 15세기 말 무렵 자기 교구의 젊은 남자들의 행실이 끔찍하게 타락한 것이었다고 서술했다. 그의 말에 따르면, 그들은 간통은 죄가 아니며, 순결은 구식의 터부이고, 처녀성은 시들었다고 그에게 말했다고 한다.[23] 근친상간의 신봉자들도 있었다.

마찬가지로 동성애도 그리스의 부활의 거의 필수적인 부분처럼 되었다. 인문주의자들은 동성애에 대해 일종의 학문적인 애정으로 서술했고, 아리오스토는 그들이 모두 동성애에 빠져 있다고 판단했다. 폴리찌아노, 필리포 스트로찌, 또 연대기 기록자 사누도 등이 그런 혐의를 받았는데 그럴 만한 이유가 있었다.[24] 미켈란젤로, 율리우스 2세, 클레멘스 7세 등은 별 신빙성은 없지만 그래도 동성애 혐의를 받았다. 성 베르나르디노는 나폴리에 그런 것이 많음을 보고 소돔과 고모라의 운명으로 이 도시를 위협했다.[25] 아레티노는 이런 탈선이 로마에서 상당히 인기가 있다고 서술했다.[26] 그 자신도 여러 애인들을 두었으면서 만토바 공작에게 매력적인 소년 하나를 자기에게 보내 달라고 청하고 있다.[27] 1455년에 베네찌아의 10인위원회는 "이 도시에서 혐오스러운 동성애가 어떻게 퍼져 나가는지", 그리고 "신의 분노를 피하는" 방도 등을 공식적으로 기록했다. 그리고 이 일을 진정시키기 위해 베네찌아 각 구역에 두 사람씩을 임명했다.[28] 위원회는 또 일부 남자들이 여자들의 옷을 입는 데 익숙하고, 일부 여자들은 남자들의 옷을 입는다고 기록하고, 이것을 가리켜 "동성애의 일종"이라 불렀다.[29] 1492년에 한 귀족과 한 사제가 동성애 판결을 받고 피아쩨타에서 참수형을 당하고, 그 시체는 화형을 당했다.[30] 물론 이들은 일반화할 수 없는 예외적인 경우였다. 그러나 동성애가 반종교 개혁 이전 르네상스 이탈리아에서는 보통 때보다 더 많이 나타났었다고 생각할 수가 있을 것 같다.

매춘에 대해서도 같은 말을 할 수 있다. 인페쑤라(교황이 있는 로마에 해가 되는 통계를 내놓기를 좋아했다.)에 따르면 1490년 로마에는 인구 9만 명에, 몰래 영업하는 사람을 빼고도 명부에 오른 매춘부가 6800명이나 있었다고 한다.[31] 베네찌아에서 1509년에 행한 인구 조사에 따르면 인구 약 30만 명에 매춘부가 1만 1654명이나 되었다.[32] 어떤 오락물 인쇄업자는 "베네찌아의 중요하고, 가장 존경받는 여인들의 명단, 그들의 이름, 주소, 요금"을 출판했다.[33] 도로변에서는 주로 선술집에 그런 여자들이 있었다. 도시에서는 젊은 멋쟁이들과 열렬한 예술가들이 환영받는 손님이었다. 첼리니는 창녀와 함께 밤을 보내는 일을 아무렇지도 않은 일처럼 기록하고 있다. 그리고 줄리오 로마노와 자신이 참석한 예술가들의 저녁 식사를 서술하고 있는데, 이 모임에 참석한 남자들 각자에게 저항이 적은 여자를 한 명씩 데려올 것이 요구되었다. 더 높은 계층에서는 은행가 로렌쪼 스트로찌가 1519년에 4명의 추기경과 3명의 화류계 여성이 포함된 14명에게 향연을 베풀었다.[34]

부와 세련이 증가할수록 교육을 받고 사회적 매력을 지닌 고급 기생들에 대한 요구가 나타났다. 소포클레스 시대 아테네에서 헤타이라(그리스 기생)들이 이런 요구를 만족시켰듯이 15세기 후반 로마에서, 그리고 16세기 베네찌아에서 "고귀한 기생(cortigiane oneste)" 계층이 나타났다. 이들은 의상, 행동거지, 교양, 심지어는 주일날의 예배에 이르기까지 당시의 가장 세련된 귀족 부인들과 경쟁할 정도였다. "단순한 창녀(cortigiane di candela)"들이 사창가에서 사업을 벌였다면 이들 로마의 헤타이라들은 자신들의 집에 살면서 넉넉하게 오락을 즐겼으며, 시를 읽고 쓰고, 노래와 연주를 하고, 또 학식 높은 대화에 동참했다.

일부 여성들은 그림과 조각, 희귀한 책, 최신의 책들을 수집하기도 했다. 일부는 문학 살롱을 열기도 했다. 인문주의자들과 교류하기 위해서 그들 중 일부는 고전적 이름을 지녔다. 카밀라, 폴릭세나, 펜테질리아, 파우스티나, 임페리아, 툴리아 등이다. 알렉산더 6세 시대 악명이 높은 재치꾼 한 사람은 경구시들을 썼다. 성모나 성인들을 찬양하는 것으로 시작해서 전혀 거리낌없이 당대의 탁월한 기생들을 기리는 말을 이어 가는 시였다.[35] 이런 여성이었던 파우스티나 만치나가 죽자 로마의 절반이 그녀를 애도했으며, 그녀를 추억하는 소네트를 쓴 사람들 중에는 미켈란젤로도 있었다.[36]

이들 고귀한 기생들 중에서 가장 유명한 여성은 임페리아 데 쿠냐티스(Imperia de Cugnatis)였다. 후원자인 아고스티노 키지를 통해 부자가 된 그녀는 화려한 가구와 선별된 예술품으로 집을 장식하고, 자기 주변에 한 떼의 학자, 미술가, 시인, 성직자 등을 두었다. 경건한 사돌레토조차 그녀를 찬양하는 노래를 불렀다.[37] 라파엘로가 「파르나쏘스」의 사포를 위해 모델로 선택했던 사람이 그녀였던 것으로 보인다. 그녀는 스물여섯의 나이로(1511) 아름다움의 절정에서 죽었다. 성 그레고리오 교회(산그레고리오 교회)에 가장 아름다운 양식으로 비명이 새겨진 대리석 관에 담겨 매장되었다. 약 50명의 시인들이 고전 비가 형식으로 그녀를 추모했다.[38] (그녀의 딸은 유혹을 당하기보다 자살을 선택했다.[39]) 아라곤 추기경의 사생아 딸인 툴리아 다라고나(Tullia d'Aragona)도 거의 그 정도로 유명했다. 금발 머리와 빛나는 눈, 그리고 너그러움과 돈에 신경 쓰지 않는 태도, 우아한 몸가짐과 대화의 매력 등으로 숭배를 받았던 그녀는 나폴리, 로마, 피렌째, 페라라 등지에서 공주처럼 환영을 받았다. 페라라 주재 만토바 대사는 이사벨라 데스테에게 보낸 외교관답지 못한 편지에서 그녀의 등장을 다음과 같이 서술했다.(1537)

상냥한 귀부인이 우리들 사이에 도착했음을 기록해야겠군요. 그녀는 아주 온화하고 태도가 매력적이어서 신적인 존재처럼 생각지 않을 수 없을 정도입니다. 그녀는 온갖 종류의 아리아와 성가곡을 즉석에서 부릅니다. …… 페라라의 귀부인 중 누구도 툴리아와 견줄 만한 여성은 없으며, 심지어는 페스카라의 공작부인인 비토리아 콜론나도 그럴 수는 없을 것입니다.[40]

모레토 다 브레시아는 그녀의 매혹적인 초상화를 그렸다. 신참 수녀처럼 청순한 모습이다. 그녀는 자신의 매력보다 더 오래 살아남는 잘못을 저질렀다. 그리고 테베레 강변의 비참한 오두막에서 죽었다. 그녀가 남긴 소유물을 몽땅 정리하자 12크라운(150달러?)이 나왔다. 그러나 이런 빈곤 속에서도 그녀는 마지막까지 류트와 합시코드를 지켰다. 그녀는 『완전한 사랑의 무한성에 대하여』라는 저서를 한 권 남겼다.[41]

이 제목은 물론 플라톤적 사랑에 대해 이야기하고 글을 쓰던 르네상스 시대의 유행을 반영한 것이다. 여성이 간통을 저지를 수 없을 경우, 그녀는 어떤 남자에 대해 일종의 시적인 애정을 느끼는 것만은 스스로에게 허용할 수 있을지도 모른다. 이런 애정은 그녀에게 시, 호의, 헌신 등의 대상을 만들어 주었다. 음유 시인들의 헌신, 단테의 「새로운 생활」, 영적인 사랑에 대한 플라톤의 논의 등이 소수의 서클에서 여성(통상적으로 다른 남자의 아내)을 향한 섬세한 숭배의 감정을 만들어 냈다. 대부분의 사람들은 이런 생각에 전혀 주목하지 않고 솔직하게 감각적인 형식의 사랑을 더 좋아한다. 그들은 사랑의 소네트를 썼을지도 모르지만 결국 목적은 성교였다. 소설가들이 온갖 이야기를 다 해도 자신이 사랑하는 대상과 결혼한 경우는 100에 한 번도 드물었다.

결혼은 재산의 문제였다. 그리고 재산은 신체적 욕망이라는 일시적 변덕에 종속될 수는 없었다. 집안의 회의를 통해 약혼이 성립되었고 대부분의 젊은 사람들은 자기들에게 주어진 짝을 별다른 저항도 없이 받아들였다. 소녀들은 세 살에 약혼을 하는 수도 있었다. 결혼은 열두 살까지 미루어졌다. 15세기에는 열다섯 살이 되도록 결혼하지 않은 딸은 집안의 수치였다. 16세기에 수치의 연령이 열일곱 살로 늦추어졌다. 더 많은 교육을 받을 시간을 주기 위해서였다.[42]

난잡한 행실의 특권을 지닌 남자들은 오직 신부가 가져오는 상당한 지참금을 보고서만 결혼을 생각했다. 사보나롤라 시대에 지참금이 없어서 신랑감을 찾지 못한 소녀들이 많았다. 피렌쩨는 일종의 국립 지참금 보험, 혹은 일종의 소녀재단을 만들어서 결혼지참금을 내주고, 그녀들은 매년 일정 금액의 수수료를 지불했다.[43] 시에나에는 총각들이 하도 많아서 법은 그들을 법적 무능 상태로 선고하여 피해를 주었다. 루카에서 나온 1454년의 칙령은 스무 살에서 쉰 살 사이의 결혼하지 않은 남자들이 공직에 취임하는 것을 금지했다. "시대는 결혼에 유리하지 않다."고 1455년에 알레싼드라 스트로찌가 썼다.[44] 라파엘로는 성모를 50장이나 그렸지만 아내는 얻지 않았다. 이것은 미켈란젤로가 그와 의견 일치를 보았던 한 가지였다. 결혼 자체도 엄청난 비용이 들었다. 레오나르도 브루니는 자신의 결혼(matrimonium)이 부친의 유산(patrimonium)을 다 낭비해 버렸다고 불평했다.[45] 사람들 사이에서는 기근이 돌고 있는데도, 왕들과 왕비들, 공자들과 공주들은 결혼식에 50만 달러씩을 썼다.[46] 나폴리의 위풍당당한 알폰소가 결혼할 때 그는 만(灣)의 해변가에 3만 명의 손님을 위한 식탁을 차렸다. 귀도발도 공작이 만토바에서 신부 엘리자베타 곤짜가를 데려올 때 우르비노가 그를 위해 베푼 환영식이 더 사랑스럽다. 언덕의 경사면에 도시의 귀부인들이 아름답게 치장하고 섰다. 그들 앞에는 그 자녀들이 올리브 가지를 들고 있었다. 말을 탄 소년 합창대원들이 우아한 진형을 이루고 이 기회를 위해 특별히 작곡된 칸타타를 노래했다. 특별히 점잖은 부인 한 사람이 여신으로 분장하고서 새로운 공작부인에게 국민의 충성심과 사랑을 바쳤다.[47]

결혼을 한 다음에도 여자들은 흔히 자신의 원래 이름을 그대로 지녔다. 그래서 로렌쪼의 아내는 계속해서 클라리체 오르시니 부인이라고 불렸다. 그러나 때로는 아내가 자기 성 뒤에 남편의 성을 붙이는 수도 있었다. 마리아 살비아티 데 메디치 같은 경우였다. 결혼에 대한 중세의 이론에서는 사랑이란 남편과 아내가 즐거움과 괴로움, 번성과 역경을 거치면서 여러 가지 결혼의 동반자 관계를 통해 발전되는 것이라고 여겼다. 그리고 이런 기대가 대부분의 경우에 충족되었던 것 같다. 소녀를 향한 젊은이의 사랑이, 페스카라 후작을 향한 비토리아 콜론나의 사랑보다 더 깊거나 더 참될 수는 없었다. 그녀는 네 살에 이미 그와 약혼한 사이였다. 그리고 엘리자베타 곤짜가가 온갖 불행과 망명 생활 동안 불구 남편을 따라다니고, 또 죽을 때까지 남편을 성실하게 추모한 것보다 아내의 정절이 더 위대할 수는 없을 것이다.

그런데도 간통이 널리 퍼져 있었다.[48] 상류층에서 대부분의 결혼이 경제적인 혹은 정치적인 이해관계에 따른 외교적 결합이었기 때문에 많은 남편들은 애인을 두는 것이 당연한 권리라고 느꼈다. 그리고 아내들은 탄식을 했을지는 몰라도 대개는 눈을 감고 (혹은 입을 다물고) 공격하지 않았다. 중간 계층의 남편들은 간통이란 합법적인 기분 전환이라고 여겼다. 마키아벨리와 그 친구들은 자기들이 바람 피운 일에 대해 이야기를 주고받는 일을 아무렇지도 않게 여겼다. 그런 경우 아내가 남편을 따라함으로써 복수를 하면 남편은 십중팔구 그것을 못 본 척하고, 이 곤경을 너그러움으로 덮었다.[49] 그러나 나폴리를 통해, 또 알렉산더 6세 교황과 카를 5세 황제를 통해 스페인 사람들이 이탈리아로 들어오면서, 스페인 방식의 '명예'가 이탈리아인의 생활에 들어오게 되었다. 그래서 16세기에 남편들은 원래 비할 바 없이 큰 자기들의 특권은 그대로 간직한 채 아내들의 간통을 죽음으로 벌주어야 한다고 느꼈다. 남편은 아내를 버릴 수도 있고, 그러고도 여전히 번영을 누릴 수도 있었다. 버림받은 아내는 지참금을 돌려받고, 친척들에게 돌아가서 외로운 생활을 하는 수밖에 달리 도리가 없었다. 그런 여자가 다시 결혼하는 일은 허용되지 않았다. 그녀는 수도원에 들어갈 수도 있었지만 그럴 경우에는 지참금을 헌금으로 바칠 것이 기대되었다.[50] 일반적으로 라틴 국가에서 간통이란 이혼에 대신하는 것으로 여겨 용인되었다.

4. 르네상스 남자

　지적인 해방과 도덕적 해이가 결합되어 '르네상스의 남자'가 만들어졌다. 이런 명칭을 쓰기에 적합할 만큼 전형적인 유형이 있었다는 말은 아니다. 이 시대에도 다른 시대와 마찬가지로 10가지 이상의 남자들의 유형이 있다. 다만 르네상스 남자는 아마도 예외적이기 때문에 가장 흥미로운 존재일 뿐이다. 르네상스 농부는 기계가 농업을 산업으로 만들기 이전의 농부들과 같은 농부였다. 1500년의 이탈리아 프롤레타리아는 카이사르나 무솔리니 치하 로마의 프롤레타리아와 별로 다르지 않았다. 직업이 사람을 만든다. 르네상스 사업가들은 과거나 현재의 동료들과 비슷했다. 그러나 르네상스 사제들은 중세나 현대의 사제들과는 달랐다. 그들은 믿음이 덜하고 즐거움을 더 누렸다. 사랑하고 전쟁을 하기도 했다. 이런 유형들 가운데는 인상적인 변종들이 나타난다. 종족과 시대의 변종으로서, 르네상스를 회상할 때면 알키비아데스를 제외하고 역사상 독특한 유형으로 머리에 떠오르는 종류의 남자들이다. 알키비아데스가 르네상스 남자를 본다면 자신이 다시 태어났다고 느꼈을 것이다.

　르네상스 남자의 특질은 두 가지 초점을 중심으로 선회한다. 지적 용감성과 도덕적 용감성이다. 예리하고 깨어 있는 다재다능한 정신으로, 모든 인상과 사상에 열려 있고 아름다움에 민감하며 명성을 갈망한다. 자신의 모든 잠재 능력을 개발하려고 노력하는 냉혹하도록 개인적인 정신이다. 자부심이 강한 정신으로 그리스도교의 겸손을 비웃고, 나약함과 비겁함을 경멸하며, 관습과 도덕성과 교황들과 때에 따라서는 신까지도 무시한다. 도시에서 이런 남자는 소란스러운 당파를 지휘할 수 있고 국가에서는 군대를 지휘할 수 있다. 교회에서는 100가지의 성직록을 혼자서 긁어모을 수도 있고, 자신의 부를 이용하여 권력을 늘린다. 예술 분야에서는 중세 시대처럼 다른 사람들과 힘을 합쳐 익명으로 집단적 기획에 종사하는 한 사람의 장인(匠人)으로 활동하지 않는다. 그는 '분리된 개인'으로서 작품에 자신의 개성을 각인하고, 그림에 자기 이름을 서명하며, 때로는 미켈란젤로가 「피에타」에 한 것처럼 조각에도 자기 이름을 새긴다. 그 업적이 무엇이 되었든 '르네상스 남자'는 한계에 봉착하면 안달하고 '보편인(universal man, 전인)'이 되기를 갈망하면서, 항상 움직이고 불만스러워하고 있다. 보편인이란 구상이 대담하고 행동이 단호하며 언변은 유려하고 기예에 뛰어나고, 문학과 철학에 능하며, 궁정에서는 여자들과 잘 지내고 전쟁터에서는 병사들과 잘 지내는 사람이다.

그의 부도덕성은 그의 개인주의의 일부이다. 자신의 개성을 성공적으로 표현하는 것을 목적으로 하고, 주변 환경이 성직자의 예를 통해서 초자연적인 신앙의 두려움을 통해 그에게 어떤 제지의 기준도 제시하지 않으므로, 그는 자신의 목적을 위해 어떤 수단이든지 사용하고 도중에 만나는 어떤 쾌락도 마다하지 않는다. 그럼에도 불구하고 르네상스 남자도 자신만의 미덕을 가졌다. 그는 현실주의자이며, 마음에 안 드는 여자에게 하는 것만 빼고는 헛소리를 하는 경우가 드물었다. 사람을 죽이지 않을 때는 매너가 훌륭했으며, 심지어 그럴 경우에도 우아하게 죽이는 쪽을 좋아했다. 그는 에너지와 성격의 힘, 의지의 방향과 통일성을 지녔다. 고대 로마 사람들처럼 남자다움을 미덕으로 여겼지만 거기에 기술과 지성을 덧붙였다. 필요가 없이는 잔인하지 않았고, 동정심의 능력에서 로마인들을 능가했다. 허영심이 많았지만, 이것은 그가 가진 아름다움과 형식 감각의 일부였다. 여자와 자연, 기술과 범죄에서 아름다움을 인정했다는 것이 르네상스의 핵심 태엽이었다. 르네상스 남자는 미적 감각으로 도덕성을 대체했다. 이런 유형이 많아져서 지배적인 것이 되었다면, 책임감 없는 취향의 귀족이 출생이나 부(富)의 귀족을 대신하게 되었을 것이다.

그러나 다시 이런 유형은 르네상스 남자의 다양한 유형 중의 하나였을 뿐이다. 인류의 도덕적 완전성을 믿었던 이상주의자 피코, 아니면 아름다움에 대해서는 눈먼 채 오로지 정의에만 몰두했던 엄격한 사보나롤라, 아니면 열린 손길로 사방에 아름다움을 마구 뿌렸던 우아하고 상냥한 라파엘로, 아니면 최후의 심판 그림을 그리기도 전에 이미 최후의 심판을 지니고 다녔던 악마적인 미켈란젤로, 아니면 지옥에도 동정심이 있을 것이라고 생각했던 운율적인 시인 폴리찌아노, 아니면 제논과 그리스도를 아주 성공적으로 결합시킨 정직한 비토리노 다 펠트레, 아니면 하도 친절해서 동생인 교황이 정치에 적합하지 않을 것이라 생각했던 두 번째 줄리아노 데 메디치, 이런 사람들은 모두 서로 얼마나 다른가! 단축하고 요약하려는 온갖 노력을 한 다음 결국 '르네상스의 남자' 유형은 없다는 사실을 알게 된다. 오로지 한 가지 점에서만 공감할 수 있는, 여러 유형의 남자들이 있었다. 곧 이전 어느 때보다도 삶을 강렬하게 살았다는 것. 중세는 삶에 대해 부정적으로 말했다. 혹은 부정하는 척 했었다. 르네상스는 충심으로, 그리고 영혼과 힘으로 삶을 긍정했다.

5. 르네상스 여성

여성의 출현은 이 시대의 가장 밝은 측면의 하나이다. 유럽 역사에서 여성의 지위는 보통 부가 늘어나면서 함께 높아지곤 했다. 페리클레스 시대의 그리스는 중동 지역과 너무 가까웠던 탓으로 예외였다. 배고픔을 두려워하지 않게 되면 남자들의 갈망은 섹스를 향한다. 그리고 남자들이 황금을 얻기 위해 자신을 파괴하는 동안에도 그들은 황금을 여자의 발치에, 아니면 여자가 자기에게 낳아 준 아이들 앞에 가져다 놓는다. 그녀가 자기를 거부하면 그는 그녀를 이상적인 존재로 만든다. 여자들은 보통 남자들을 거부하는 훌륭한 감각을 지니고 있다. 그리고 마침내 승낙한 것에 대해서는 남자가 값비싸게 보상하도록 만들 줄을 안다. 여성의 그런 승낙을 생각하면 남자의 혈관은 부풀어 오른다. 게다가 여자가 육체의 매력에다 정신과 성격의 우아함을 덧붙이면 그녀는 남자가 이런 측면에서 찾아낼 수 있는 최고의 만족을 제공하는 것이다. 그에 대한 보상으로 그는 그녀가 자기 삶에서 여왕과도 같은 지배력을 갖도록 해 준다.

이것이 르네상스 시대 평균적인 여자들의 즐거운 역할이었다고 상상해서는 안 된다. 오로지 행운을 타고 난 소수의 운명이었다. 훨씬 더 많은 수의 여성들이 집안일을 감당하느라 죽을 때까지 결혼을 미루었다. 성 베르나르디노가 마누라를 때릴 적합한 때에 대해서 말하는 것을 들어 보라.

남자들에게 말합니다, 아내가 임신하여 배가 부를 때에는 절대로 때리지 마시오, 대단히 위험한 일이 될 수 있으니까. 그렇다고 마누라를 전혀 때리지 말라는 말은 아닙니다. 그러나 때를 잘 선택해서 때리세요. …… 매일 신선한 알을 낳아 주는 암탉을 마누라보다 더욱 소중히 여기는 남자들이 있다는 것도 압니다. 암탉은 이따금 항아리나 컵을 깨뜨리지만 그렇다고 암탉을 때리지는 않지요. 그랬다가 소중한 열매인 달걀을 잃어버릴까 두려워서 말입니다. 그러나 많은 사람들은 그렇게 멋진 열매를 배고 있는 마누라가 한마디 하는 것도 참지 못하고 얼마나 미친 듯이 화를 내는지요. 필요하다고 생각되는 것보다 마누라가 한마디라도 더 하기만 하면 당장 몽둥이를 들고 두들겨 패는 남자들이 있으니 말입니다. 암탉은 하루 종일 쉬지 않고 꼬꼬댁거려도 달걀을 얻기 위해 잘도 참으면서 말이죠.[51]

좋은 가문의 소녀는 번영하는 짝을 얻고 유지하는 일에 성공하기 위해 조심스럽게 훈련을 받았다. 이것이 그녀가 받는 주요한 교육 내용이었다. 결혼하기 몇 주 전까지도 소녀는 수도원이나 집안에 상대적으로 감금되어 있었다. 그리고 선생이나 수녀에게서 엄격한 교육을 받았는데, 그것은 그녀와 같은 계층의 남자들 중 학자들을 제외한 남자들이 받는 것과 같은 정도의 엄격한 교육이었다. 그녀는 보통 라틴어를 조금 했고, 그리스와 로마의 역사, 문학, 철학의 중요한 인물들에 대해 어느 정도 배웠다. 음악의 일부 형식을 익히고, 때로는 조각이나 회화를 조금 배우기도 했다. 일부 여성들은 학자가 되어 공식적인 자리에서 남자들과 더불어 철학의 문제들을 토론했다. 베네찌아의 카싼드라 페델리 같은 여성이 그 예였다. 그러나 이것은 극단적인 예외였다. 코스탄짜 바라노, 베로니카 감바라, 비토리아 콜론나 등 일부 여성들은 훌륭한 시를 썼다. 그러나 르네상스의 교육받은 여성들은 여성성과 그리스도교 신앙과 도덕적 규범을 그대로 유지했다. 이것이 그녀에게 교양과 성격을 결합시킨 면모를 부여했기에, 더욱 높은 르네상스 남자에게 저항할 수 없는 매력을 만들어 냈다.

그 시대 교육받은 남자들은 그런 여성의 매력을 깊이 느꼈기에, 심지어는 학자의 정교함으로 여성의 매력을 분석하는 책들을 쓴 경우까지 있었다. 발롬브로사의 수도사인 아뇰료 피렌쭈올라(A. Firenzuola)는 『여성의 아름다움에 대하여(*Sopra la bellezza delle donne*)』라는 대화편을 썼는데 이 어려운 주제를 수도사에게는 어울리지 않는 기술과 박식함으로 잘 다루었다. 아름다움 자체는 플라톤과 아리스토텔레스의 예를 좇아서 "여러 부분들의 구성, 통일성, 결합에서 나오는 정돈된 조화이고 일치이다. 각 부분은 다시 그 자체로 균형이 맞고 어떤 의미에서 아름다워야 하지만 그러나 합쳐져 전체를 이루기 전에 그들끼리 서로 달라야 한다."[52] 그는 여성 골격의 각 부위를 자세히 검토해서 각 부위의 아름다움의 기준을 내놓는다. 머리카락은 굵고 길며 금발이어야 한다. 갈색에 가까운 부드러운 노랑이다. 피부는 밝고 깨끗해야 하지만 창백할 정도로 흰색이어서는 안 된다. 눈은 짙고 크고 풍부하고, 하얀 홍채에 푸른색 터치가 있어야 한다. 코는 매부리코여서는 안 된다. 이것은 여성에게 특히 안 어울리기 때문이다. 입은 작아야 하지만 입술은 풍성해야 한다. 턱은 둥글고 보조개가 있어야 한다. 목은 둥글고 긴 편이 좋지만 돌기가 드러나서는 안 된다. 어깨는 넓고 가슴은 풍만하면서 약간 아래쪽으로 떨어지면서 부풀어 올라야 한다. 손은 희고 통통하고 부드러워야 한다. 다리는 길고 발은 작아야 한다.[53] 피렌쭈올라가 이 주제를 오랫동안 명상했으며 철학을 위해 놀라운 새 주제를 찾아냈음을 알 수 있다.

이런 자연의 선물만으로는 만족하지 못하고 르네상스 여성들은 다른 시대 여성들처럼 (거의 언제나 금발로) 머리를 염색하고 또 거기에 가발을 덧붙였다. 농부 여인네들은 한창때가 지나고 나면 머리카락을 잘라 매달아 놓고 팔았다.[54] 향수는 16세기 이탈리아에서 열광적 인기를 얻었다. 머리카락, 모자, 셔츠, 양말, 장갑, 신발, 모두에 향수를 뿌렸다. 아레티노는 코시모 공작이 보내 준, 향수 뿌린 돈다발에 대해 감사하고 있다. "그 시기의 물건 일부는 아직도 그 향기를 잃지 않고 있습니다."[55] 유복한 여성의 화장대는 보통 상아, 은, 금으로 만든 아름다운 통 안에 든 여러 화장품들로 어지러웠다. 루주는 얼굴뿐만 아니라 가슴에도 쓰였다. 대도시 여성들은 가슴을 대부분 그대로 드러내고 있었다.[56] 흠을 가리기 위해 세심한 준비가 행해졌고, 손톱에 칠을 하거나 피부를 부드럽게 만들었다. 머리와 드레스에는 꽃을 꽂았다. 진주, 다이아몬드, 루비, 사파이어, 에메랄드, 마노, 자수정, 녹주석, 황옥, 석류석 등을 반지로 만들어 손가락에 끼고, 팔찌로 팔을 장식하고, 관으로 머리를 장식하고, 귀걸이로 귀를 장식했다. 그 밖에도 머리덮개, 의상, 신발, 부채 등에도 보석류가 점점이 박혔다.

초상화로 판단해 보면 여성의 의상은 풍부하고 무겁고 불편했다. 우단, 비단, 모피 등이 어깨로부터 혹은 (어깨가 그대로 비어 있을 경우에는) 가슴 위의 죔쇠로부터 강력한 주름을 이루며 아래로 떨어져 내렸다. 의상들은 보통 허리 부분이 거들로 조여지게 되어 있고, 발 뒤로 바닥을 쓸었다. 부유층 여성의 신발은 거리의 흙이 발에 묻지 않도록 앞 축과 뒤축이 다 높여져 있었다. 그런데도 신발 윗부분은 자주 섬세한 능라 직물이 쓰였다. 이 시기에 상류층에서 손수건이 쓰였다. 아름다운 린넨으로 만들어졌고, 때로는 금실이 들어갔거나 가장자리가 레이스로 장식되었다. 페티코트와 속옷은 레이스로 마무리되고, 비단으로 장식되었다. 때로 의상은 금속 심을 넣어 뻣뻣한 주름 깃을 이루어 목둘레까지 올라오기도 했고, 이따금 머리 위로 치솟는 수도 있었다. 여성들의 머리 장식물은 수많은 형태를 취했다. 터번, 티아라, 커치프(머리 스카프), 진주가 박힌 베일, 혹은 와이어를 넣어 뻣뻣하게 고정시킨 두건, 소년이나 삼림관의 것과 같은 모자 등. 만토바를 방문했던 프랑스 사람들은 후작 부인 이사벨라가 보석이 박힌 깃털로 된 아름다운 모자를 쓰고, 어깨와 젖가슴을 거의 젖꼭지까지 드러낸 옷차림을 한 것을 보고 즐겁게 놀랐다.[57] 설교자들은 남자의 눈길을 잡아끄는 여자들의 가슴을 비난했다. 노출 취향은 한계를 몰랐다. 사케티는 일부 여성들이 신발만 벗으면 완전히 벌거벗는 셈이 될 것이라고 관찰했다.[58] 대부분의 여자들은 열쇠로 잠가 고정시킬 수 있는 코르셋 속에 몸을 가두었기에 페트라르카는 이렇게 탄식했다. "그들의 배는 하도 잔인하게 조여져서 순교자들이 종교를 위해 고통을 받았던 만큼이나 허영심으로 고통을 당하고 있다."[59]

이런 모든 무기들로 무장한 르네상스 상류층 여성들은 자신들의 성을 중세의 억압과 수도원의 명상에서 해방시켜 거의 남자와 대등할 정도로 만들었다. 여성은 문학과 철학에 대해 남자와 똑같은 말로 대화를 했다. 또 이사벨라처럼 지혜로 국가를 통치했고, 혹은 카테리나 스포르짜처럼 온통 남성적인 힘으로 국가를 통치했다. 때로는 갑옷으로 무장하고 남편을 따라 전쟁터로 나가 그의 힘의 지시를 좀 더 낮게 고쳐 주기도 했다. 그녀는 거친 이야기들이 나올 때도 방을 떠나기를 거부했다. 그리고 튼튼한 위장을 가지고 있어서 온화함이나 매력을 잃어버리지 않고도 사실적인 말들을 들을 수가 있었다. 이탈리아 르네상스에는 자신의 지성이나 미덕으로 스스로 높은 자리를 만들어 낸 여성들이 많았다. 비앙카 마리아 비스콘티는 남편 프란체스코 스포르짜가 없을 때 밀라노를 어찌나 유능하게 통치했던지 그는 자신의 군대 전체보다도 그녀를 더욱 믿는다고 말하곤 했다. 그녀는 그러면서도 "경건함, 동정심, 자비심, 개인적인 아름다움"[60] 등으로 유명했다. 혹은 에밀리아 피오(E. Pio)는 남편이 젊은 시절 죽었는데도 그의 기억을 소중하게 간직하고 있어서 남은 세월 동안 다른 남자들에게 용기를 준 적이 한 번도 없었다. 혹은 저 당당한 로렌쪼 일 마니피코의 어머니이며 교육자였던 루크레찌아 토르나부오니, 아니면 엘리자베타 곤짜가, 베아트리체 데스테, 아니면 중상과 비방을 당했지만 상냥했던 루크레찌아 보르지아, 아니면 아솔로를 시인들과 예술가들과 신사들의 학교로 만든 카테리나 코르나로 그리고 코레죠의 여성 시인이자 살롱의 여주인이었던 베로니카 감바라, 아니면 미켈란젤로가 건드리지도 못했던 여신 비토리아 콜론나.

비토리아는 당당하게 뽐내지는 않았지만 공화국 시대 로마 여성의 조용한 미덕을 모두 지녔으며, 거기 덧붙여 그리스도교의 가장 고귀한 모습을 결합시켰다. 그녀는 뛰어난 조상을 두었다. 아버지는 나폴리 왕국의 고관인 파브리찌오 콜론나였고 어머니 아그네제 다 몬테펠트로는 저 우르비노의 학자 공작인 페데리고의 딸이었다. 어린 시절에 페스카라 후작인 페란테 프란체스코 다발로스와 약혼했고, 열아홉 살에(1509) 그와 결혼했다. 두 사람을 결혼 전과 후에 결합시켜 주었던 사랑은 아름다운 시(詩)였다. 그가 전쟁에 나가 있는 동안 그들은 소네트를 주고받았다. 라벤나 전투에서(1512) 그는 치명적인 상처를 입고 포로로 잡혔다. 이렇게 잡혀 있는 기간을 이용해서 그는 『사랑의 책』을 써서 그것을 아내에게 헌정했다. 그사이에 그는 이사벨라 데스테의 궁녀들 중의 한 사람과 연애를 했다.[61] 풀려난 다음 그는 잠깐 비토리아에게로 돌아왔다가 다시 출정해서 전쟁터를 이리저리 옮겨 다녔다. 그녀는 그를 거의 보지 못했다. 그는 파비아에서 카를 5세 황제의 군대를 지휘해서(1525) 결정적인 승리를 거두었다. 황제에 반대하는 음모에 가담한다면 나폴리 왕관을 주겠다는 제안을 받고 한동안 곰곰 생각한 다음 황제에게 이 음모를 폭로했다. 그가 죽었을 때(1525년 11월) 그는 아내를 3년 동안이나 보지 못한 상태였다. 그가 바람 피운 것을 몰랐던지 아니면 무시했던지 그녀는 남은 22년 동안의 세월을 자선과 경건한 일에 바치면서 남편을 추억하며 보냈다. 다시 결혼하라는 권고를 받자 그녀는 이렇게 대답했다. "당신의 눈에는 내 남편 페르디난드가 죽은 것으로 보이겠지만 내게는 죽지 않았어요."[62] 그녀는 이스키아에서 조용히 은퇴해서 살다가 오르비에토와 비테르보의 수도원에서 지냈고, 이어서 로마에서 절반쯤 수도원 같은 은둔 생활을 했다. 그곳에서 그녀는 분명히 정통 그리스도교 신앙을 유지하고 있었지만 종교 개혁에 동조하는 몇몇 이탈리아 사람들과 친분을 가졌다. 한동안 그녀는 종교 재판의 감시를 받았다. 그녀와 친구가 된다는 것은 이단으로 고발될 위험을 얻는다는 뜻이었다. 미켈란젤로는 이런 위험을 감수했고, 그녀에 대해서 강한 정신적인 애정을 갖게 되었지만 이것은 시의 영역을 넘어서지 않았다.

르네상스의 교육받은 여성들은 그 어떤 해방의 구호 없이 자신들을 해방시켰다. 오로지 그녀들의 지성, 성격, 전략을 통해서, 또 그녀들의 만질 수 있는 혹은 없는 매력에 끌리는, 남자들의 고상해진 감수성을 통해서였다. 여성들은 모든 영역에서 그 시대에 영향을 주었다. 남편이 없을 때 국가를 통치하는 능력을 통해 정치 분야에 영향을 남겼다. 자유와 훌륭한 매너와 신앙심을 결합시켜서 도덕에도 영향을 주었다. 수많은 성모의 모델이 된 모성적인 아름다움을 발전시켜 미술에도 흔적을 남겼다. 시인들과 학자들에게 집과 미소를 열어 주어 문학에도 영향을 주었다. 어느 시대나 그렇듯이 여자들에 대한 수많은 풍자문이 있었다. 그러나 이런 풍자문과 쓰라린 글귀에 대해 헌신과 찬양의 문구들도 있었다. 이탈리아 르네상스는 프랑스 계몽주의와 마찬가지로 양성적이었다. 여성들은 삶의 모든 영역으로 나섰다. 남자들은 거칠고 잔인하기를 그치고 세련된 매너와 언변을 갖추었다. 온갖 느슨함과 폭력에도 불구하고 문명은 유럽이 지난 천 년 동안 알지 못했던 정도의 우아함과 세련미를 얻었다.

6. 가정생활

가정의 형태와 생활에도 점차 세련된 요소가 나타났다. 서민의 집은 예전과 똑같았다. 장식이 없는 흰색 벽토나 기둥이 박힌 벽, 판석으로 만든 바닥, 그리고 보통 우물이 있는 안마당, 마당을 둘러싸고 단층이나 이층으로 생활에 꼭 필요한 가구들을 갖춘 방들이 있었다. 그러나 귀족들과 신흥 부자들의 궁전은 로마 제정 시대를 연상시키는 화려함과 사치스러움을 얻었다. 중세에 대성당에 집중되었던 부는 이제 개인들의 집으로 퍼져서, 북부 유럽에서는 통치자나 왕의 거처에서도 생각하기 힘들 정도의 가구와 편의 시설, 장식품 등을 갖추었다. 빌라 키지와 마씨미 궁전은 둘 다 발다싸레 페루찌가 설계한 건물이었는데, 그 건물들은 미로를 이룬 방들이 가득하고, 각각의 방에는 기둥과 벽기둥, 아니면 격자 세공을 한 처마 장식, 도금된 소란 반자로 꾸민 천장, 천장이나 벽에 그린 벽화들, 조각된 굴뚝, 아니면 벽토 조각이나 아라베스크 무늬로 장식하고, 바닥에는 대리석이나 타일을 깔았다. 모든 호화 주택에는 백 년은 갈 것 같은 우아한 침대, 테이블, 의자, 장롱, 장식장 등이 눈을 즐겁게 만들었다. 당당한 제구(祭具) 받침대나 식탁에는 은 쟁반과 아름다운 도자기들이 놓였다. 부드럽고 편안한 침대, 아름다운 카펫, 훌륭한 천과 리넨이 풍성하고, 이들은 모두 견고한 것으로 향수가 뿌려져 있었다. 커다란 벽난로가 방에 난방을 해 주고, 램프, 횃불, 샹들리에 등이 방들을 밝혔다. 이런 궁전에 부족한 것이라고는 아이들뿐이었다.

아이를 보살필 수 있는 재산이 늘어날수록 가족의 수는 오히려 줄어들기 때문이다. 교회와 성서는 인간에게 자손을 늘리라고 명령했지만 편안함은 불임을 권한다. 자녀들이 재산으로 여겨지는 시골에서도 여섯 명의 애들을 둔 가정은 드물었다. 애들이 부담이 되는 도시에서 가족은 소규모였다. 부자일수록 애들이 더 줄었고, 많은 가정은 아예 자녀를 하나도 두지 않았다.[63] 예술가가 그린 아기나 동자들을 보면 이탈리아 가족은 얼마나 사랑스러운 아이들을 보여 주는가. 도나텔로와 루카 델라 로비아가 만든 성가대석, 또 워싱턴 국립 미술관에 있는 안토니오 로쎌리노의 「어린 성 요한」에서처럼 조각 작품에서도 그렇다. 가족의 유대, 부모와 자식 간의 사랑과 성실함은 이 시대의 도덕적 느슨함 가운데서 그럴수록 더욱 매력적인 것으로 두드러져 보였다.

가족은 여전히 경제적, 도덕적, 지리적 연합체였다. 가족의 한 사람이 빚을 지면 보통 나머지 사람들이 갚았다. 이 시대의 개인주의에서 특이한 예외였다. 어떤 사람이라도 가족과 상의하지 않고 결혼하거나 나라를 떠나는 일은 드물었다. 하인들은 자유롭게 태어나 자유롭게 말하는 가족의 구성원이었다. 부모의 권위는 최고의 것이었고 위기의 순간에 모두 그에 따랐다. 그러나 보통은 어머니가 집안일을 돌보았다. 어머니의 사랑은 명문가나 빈민층이나 똑같이 다정한 것이었다. 베아트리체 데스테는 어린 아들에 대해서 언니 이사벨라에게 이렇게 써 보냈다. "언니가 와서 아기를 보았으면 하는 생각이 자주 들어. 언니는 아기를 어르고 키스하는 일을 그만둘 수가 없을 거야."[64] 대부분의 중간층 가족은 생일, 결혼일, 기일, 흥미로운 행사일 등을 기록한 명부를 가지고 있었고, 이곳저곳에 친근한 주석을 붙여 놓았다. 이런 가족의 기록부에 죠반니 루첼라이(G. Rucellai, 같은 이름의 극작가의 조상)는 생애 마지막 무렵에(1460년경) 피렌쩨 사람의 자부심 강한 말을 이렇게 적어 놓았다.

하느님께서 나를 합리적이고 불멸하는 존재로 만들어 주신 것을 감사드린다. 그리스도교 국가에서 그리스도교 신앙의 중심지인 로마에 이렇게 가까운 곳에. 그리고 그리스도교 세계에서 가장 고귀한 나라인 이탈리아에. 그리고 온 세상에서 가장 아름다운 도시인 피렌쩨에 말이다. …… 나는 훌륭한 어머니를 주신 일을 주님께 감사드린다. 20대에 우리 아버지의 죽음을 맞이했으면서도 온갖 재혼의 제안을 거절하고 오로지 자식들에게만 헌신한 어머니. 그리고 똑같이 훌륭한 아내를 주신 것에 대해서도 감사드린다. 그녀는 나를 진심으로 사랑했고, 집안일과 아이들을 가장 성실하게 보살폈다. 벌써 여러 해 전에 죽었고 그녀의 죽음은 내게 일어난 가장 큰 손실이었다. 이 모든 헤아릴 수 없는 좋은 일과 은총들을 돌아볼 때 나는 늙은 나이가 된 지금 내 모든 영혼을 다하여 내 존재의 살아 있는 원천인 주님, 당신께 찬양과 감사를 바치기 위하여 지상의 모든 일에서 멀어지기를 소망할 뿐이다.[65]

두 남자가, 아니면 어쩌면 한 사람이 1436년 무렵에 가족과 그 경영에 대한 논문을 썼다. 아뇰로 판돌피니(A. Pandolfini)는 저 유려한 『가정의 경영에 대하여』라는 글의 저자였다. 바로 뒤이어 레온 바티스타 알베르티도 『가정에 대하여』를 썼는데, 이 중 제3권 「경제」가 전체적으로 앞의 글과 아주 비슷해서 어떤 사람들은 두 작품이 알베르티가 쓴 글의 두 가지 다른 형태라고 생각하고 있다. 아마도 이들이 모두 진품이고 다만 그들이 크세노폰의 『경제』를 토대로 삼았기 때문에 그토록 닮아 있었을 것으로 보인다. 판돌피니의 설명이 조금 더 낫다. 루첼라이처럼 그도 재산가였고 피렌쩨를 위해 외교관으로 봉사했고, 공적인 일에 너그럽게 기부했다. 그는 긴 생애의 마지막 무렵에 이 논문을 썼는데, 세 아들과의 대화 형식으로 만들었다. 아들들이 그에게 관리직을 얻어야 할지를 묻는다. 아버지는 그것이 정직하지 않음, 잔인성, 도둑질을 피할 수 없게 하고, 또 의심과 질투와 남용에 노출시키는 일이라고 여겨 그에 반대한다. 남자의 행복의 원천은 공직이나 명성에 있지 않고 아내와 아이들, 경제적인 성공, 좋은 평판, 친구들에 있는 것이다. 남자는 자기보다 나이가 충분히 어려서 자신의 가르침과 교육에 순종하는 아내를 얻어야 한다. 그리고 결혼 초기에 아내에게 어머니의 의무와 가정 경영의 기술을 가르쳐야 한다. 번영하는 생활은 건강, 재능, 시간, 돈을 경제적으로 반듯하게 사용하는 데서 온다. 건강은 절제와 운동과 적절한 식사를 통해서 얻을 수 있다. 재능은 종교와 모범을 보고 정직한 성격을 형성하는 것과 공부를 통해서 얻을 수 있다. 돈은 수입과 지출과 저축을 조심스럽게 계산하고 균형을 맞추는 것으로 얻을 수 있다. 지혜로운 사람은 무엇보다도 농장이나 부동산에 투자한다. 그것은 그와 가족에게 시골에 거주할 장소를 마련해 줄 뿐만 아니라 곡식, 포도주, 기름, 가금, 목재, 그리고 생활에 필요한 다른 많은 것들을 제공해 준다. 도시에도 집을 소유하는 것이 좋다. 그러면 자녀들은 그곳의 교육 시설을 이용할 수가 있고, 산업 기술 일부를 배울수 있기 때문이다.[66] 그러나 가족은 한 해의 대부분을 별장과 시골에서 보내는 것이 좋다.

다른 모든 직업은 일과 위험, 두려움과 실업을 만들어 내지만 별장은 정직하고 큰 이점을 만들어 내기 때문이다. 별장은 언제나 진실하고 친절하다. …… 봄이면 초록의 나무와 새들의 노래가 즐겁고도 희망에 넘치게 해 줄 것이다. 가을이면 적당한 일의 대가로 100배의 수확을 얻게 된다. 1년 내내 우울함이 가까이 오지 않는다. 별장은 훌륭하고 정직한 남자들이 모이기를 좋아하는 장소이다. …… 서둘러 그리로 가라, 그래서 부자의 자부심과 나쁜 사람들의 수치에서 벗어나라.[67]

죠반니 캄파노라는 사람이 이에 대해 수백만, 수천만 농부들을 대신하여 이렇게 대답했다. "내가 시골뜨기로 태어나지 않았다면 나도 감동을 받았을 것이다." 시골의 행복에 대한 이런 묘사를 보고 말이다. 그러나 농부가 되었기에 "네게는 즐거운 그것이 내게는 지루함일 뿐이다."[68]

7. 일반적인 도덕성

판돌피니는 적어도 한 가지 점에서는 옳았다. 상업과 공공 도덕은 르네상스 생활에서 가장 덜 매력적인 측면이었다. 오늘날처럼 그때도 미덕이 아니라 성공이 사람들의 판단 기준이었다. 공정한 판돌피니조차도 불멸을 위한 삶보다는 부를 달라고 기도하고 있다. 지금이나 그때나 사람들은 돈을 좋아하고, 그것을 얻기 위해 양심을 신축적으로 늘렸다. 왕들과 통치자들은 돈이 부르는 소리를 들으면 동맹국을 배신하고, 가장 진지한 맹세도 깨뜨렸다. 예술가들도 이보다 더 낮지 않았다. 많은 예술가들이 선금을 받아 놓고 작품을 끝내지 않았으며 시작하지도 않는 경우도 있었고, 그러면서도 돈만은 토해 내지 않았다. 교황청은 돈 욕심에 대한 최고의 모범을 제시했다. 교황청의 위대한 역사가의 말을 다시 들어 보라.

> 깊이 뿌리 박힌 부패가 교황청의 거의 모든 자리를 점령했다. …… 지나치게 많은 선물과 강제 징수가 모든 한계를 넘었다. 게다가 모든 부문에서 관리들이 일을 부정직하게 수행했고, 심지어는 위조했다. 그리스도교 세계의 모든 구석에서 교황청 관리들의 부패와 재정적 강제에 대해 극히 높은 소리로 불만이 터져 나온 것이 하나도 놀라운 일이 아니었다. 심지어 로마에서는 모든 일에 돈이 든다는 말까지 돌았다.[69]

교회는 여전히 이자를 받는 일을 고리대금으로 여기고 비난했다. 설교자들도 그것을 통렬히 비난했다. 도시들은(예를 들면 피아첸짜) 때로 성사 금지와 그리스도교식 매장을 금지한다는 벌을 내세워 고리대금업을 금했다. 그러나 이자를 내고 돈을 빌리는 일은 계속되었다. 이런 대부는 상업 및 산업 경제가 확장되는 한 피할 수 없는 일이었다. 법률은 20퍼센트 이상의 이자를 금지했지만 이따금 30퍼센트가 요구되었다는 기록을 보게 된다. 그리스도교도도 유대인과 똑같이 대부업에 나섰고, 베로나 정부는 그리스도교도가 유대인보다 더욱 가혹한 조건을 내건다고 불평하고 있다.[70] 그러나 대중의 불만은 주로 유대인에게로 쏠렸고, 이따금 반유대주의 폭력이 나타나곤 했다. 프란체스코 수도사들은 가장 형편이 안 좋은 대출자들의 문제를 해결하기 위해 선물과 유산으로 "자비 금고(monti di pieta)"를 설립했다. 그들은 꼭 필요한 사람에게 처음에는 이자 없이 돈을 빌려 주었다. 이런 금고는 1463년 오르비에토에서 시작되었다. 곧 중요한 도시마다 금고가 세워졌다. 금고가 커지면서 관리 비용이 늘어났다. 제 5회 라테란 공의회(1515)는 프란체스코 수도사들에게 대부해 줄 때 관리 비용으로 필요한 경비를 받는 것을 허락해 주었다. 이런 경험에서 많은 것을 배운 16세기의 신학자들은 대부해 줄 때 적절한 정도의 이자를 받는 일을 허용했다.[71] 자비 금고의 경쟁을 통해서, 그리고 아마도 전문적인 은행가들까지도 경쟁에 끼어들면서 16세기에는 이자율이 급격히 떨어졌다.

산업은 크기가 커지고 고용자와 피고용자 사이에 개인적 관계가 사라지면서 더욱 무자비하게 되었다. 봉건 제도에서 농노는 무거운 의무를 지녔지만 또 확실한 권리를 누리기도 했다. 병이 들었을 때나 경제적 침체기, 전쟁, 노년에 주인은 그를 보살펴 줄 것으로 기대되었다. 이탈리아 도시에서는 조합들이 형편이 좋은 노동 계층을 위해서 이와 비슷한 역할을 했다. 그러나 전체적으로 '자유' 노동자는 일거리가 없을 때는 굶어 죽도록 방치되었다. 일거리를 찾게 되면 그것은 고용자의 조건에 따른 것이었다. 대개는 몹시 가혹한 조건이었다. 생산과 재정에 새로운 발명과 진보가 나타나면 그것이 이윤을 더 키워 줄 뿐 임금을 키워 주는 경우는 드물었다. 사업가들은 서로에게 가혹하고 또 피고 용인에게도 가혹했다. 경쟁에서 그들이 행사한 많은 속임수와 기만적인 계약, 그리고 수도 없는 속임수에 대해 듣게 된다.[72] 그들이 협동할 경우에는 다른 도시에 있는 경쟁자들을 파괴하기 위해서였다. 그러나 많은 이탈리아 상인들 사이에는 명예의 감정을 가졌던 예들이 있다. 이탈리아의 금융가들은 유럽에서 성실성으로 가장 평판이 좋았다.[73]

사회적 도덕은 폭력과 자비심의 혼합체였다. 이 시대의 편지에서 우리는 온화하고 친절한 정신의 수많은 증언들을 보게 된다. 이탈리아 사람들은 잔혹함에서 스페인 사람들과 겨룰 수가 없고, 프랑스 병사들이 저지른 무차별적 학살과도 비할 수가 없었다. 그러나 유럽의 어떤 민족도 로마에서 모든 유명인사들을 둘러쌌던 무자비한 욕설과는 경쟁할 수가 없었다. 르네상스의 이탈리아 사람을 빼면 대체 누가 아레티노를 신적인 사람이라고 부를 수가 있단 말인가? 개인적 폭력도 난무했다. 관습과 신앙이 무너지고, 법을 적절하지 못하게 관리하면서 가문들 간의 싸움이 다시 나타났다. 사람들은 스스로 복수에 나섰고, 가문들은 여러 세대에 걸쳐 서로를 죽였다. 페라라에서는 1537년에 죽음에 이르는 결투를 합법적인 것으로 만들었다. 소년들까지도 이런 합법성의 이름으로 칼을 들고 서로 싸웠다.[74] 당파들의 싸움은 유럽의 다른 어떤 지역보다도 끔찍했다. 폭력의 범죄들은 아주 많았다. 암살은 면죄부 정도의 가격으로 싸게 팔렸다. 로마의 귀족 궁정에는 자객들이 우글거렸다. 주인의 눈짓만으로 사람을 죽일 준비가 된 자들이었다. 누구나 단도를 갖고 다녔고, 독약 제조업자에겐 고객이 많았다. 마지막에는 로마 사람들은 부유하거나 유명한 사람의 자연사를 믿지 않게 되었다. 중요한 사람들은 자기들을 위한 음식과 음료를 전부 다른 사람에게 먼저 맛보게 시켰다. 로마에서는 '독약(venenum atterminatum)'에 대한 이상한 이야기들이 떠돌았다. 독약을 준 사람의 흔적을 지우기 위해 오랜 간격을 두었다가 효과를 낸다는 독약이었다. 이 시대에는 방심하지 말고 살아야 했다. 저녁에 집을 나섰다가는 길에서 매복에 당하거나 강도를 당할 수가 있었고, 죽임을 당하지 않으면 행운이었다. 교회에서도 안전하지 않았다. 큰길에서는 비적 떼를 만날 각오를 해야 했다. 이런 위험 속에 살다 보니 르네상스 정신은 암살자의 칼날만큼이나 날카로워지지 않을 수가 없었다.

때로 잔인성은 집단적이고 전염성을 지녔다. 1502년에 아레쪼에서 강압적인 피렌쩨 위원회에 맞서 폭동이 일어났다. 아레쪼에 있던 피렌쩨 사람 수백 명이 거리에서 살해되었다. 가족 전체가 전멸되었다. 어떤 희생자는 옷을 벗기고 매달린 채로 불붙인 횃불이 엉덩이 사이에 꽂혔다. 그러자 즐거워진 무리는 이 시체를 '동성애자'라는 별명으로 불렀다.[75] 폭력과 잔인성과 탐욕의 이야기들이 미신만큼이나 인기를 끌었다. 문학과 예술로 빛나던 페라라 궁정은 왕자들의 범죄와 형벌로 무시무시했다. 비스콘티 가문과 말라테스타 가문과 같은 전제 군주의 무책임함은 일반인의 아마추어 잔인성에 모범과 자극을 주었다.

전쟁의 도덕성은 시간이 흐르면서 더 나빠졌다. 르네상스 초기에 거의 모든 전쟁은 용병들의 온건한 싸움이었다. 그들은 광포함 없이 싸웠고 언제 그만둬야 할지를 알았다. 병사 몇 명이 쓰러지면 곧바로 승리를 얻은 것으로 여겼다. 그리고 몸값을 받을 수 있는 살아 있는 죄수가 죽은 적보다 더욱 귀했다. 용병 대장들이 점차 힘이 강해지고, 군대가 더욱 커지고 비용이 많이 들면서 정규적인 보수 대신 정복한 도시를 약탈하는 것이 군대에 허용되었다. 약탈에 대한 저항이 주민에 대한 대량 학살을 만들어 냈고, 그래서 흘린 피의 냄새에 잔인성은 더욱 커졌다. 그래도 전쟁에서 이탈리아인의 잔인성은 침략자인 스페인 사람이나 프랑스 사람들보다 적은 것이었다. 1501년 프랑스가 카푸아를 접수했을 때 귀치아르디니의 말에 따르면 그들은 "대량 살상을 저지르고 …… 모든 신분의 여성들, 심지어는 신에 봉사하기로 성별(聖別)된 여성들까지도 …… 그들의 육욕이나 탐욕에 희생되었다. 이들 가련한 여성들 중에 상당수가 나중에 로마에서 적은 금액으로 팔렸다."[76] 분명 그리스도교도들에게 팔린 것이다. 죄수를 노예로 삼는 일은 르네상스의 전쟁이 진보하면서 점점 더 늘어났다.

인간이 인간에 대한, 또 시민이 국가에 대한 충성심의 예들도 있었다. 그러나 전체적으로 잔꾀가 발달하면서 속임수 쪽이 더 늘었다. 장군들은 가장 돈을 많이 내는 사람에게 자신들을 팔았고, 전쟁 중간에 더 높은 가격을 부르는 적과 협상했다. 정부들도 전쟁 중간에 편을 바꾸어서 펜을 갈겨쓰면 동맹국이 적국이 되었다. 통치자들과 교황들은 스스로 발급한 안전통행권을 지키지 않았다.[77] 각국 정부들은 다른 나라에 있는 적들의 비밀 암살에 동의했다.[78] 어느 도시, 어느 진영에나 배신자들이 있었다. 예를 들어 베르나르디노 델 코르테는 로도비코가 자기에게 맡긴 카스텔로를 프랑스에 팔아 넘겼다. 스위스와 이탈리아 군대는 로도비코를 배신하고 프랑스 군대 편을 들었다. 프란체스코 마리아 델라 로베레는 자신이 지휘하고 있던 교황군대가 1527년에 교황을 구하러 가는 것을 가로막았다. 말라테스타 발리오니는 1530년에 피렌쩨를 팔았다. 종교적 신앙이 시들자 많은 사람의 마음에서 선악의 관념이 유용성의 관념으로 대체되었다. 많은 정부가 시간에 의해 확립된 정당성을 갖지 못했기 때문에 법에 복종하는 습관이 사라지고, 관습은 힘으로 대체되어야 했다. 폭군 살해가 정부의 폭력 정치에 대항하는 수단이 되었다.

부패는 행정부의 모든 부서를 통해서 퍼졌다. 시에나에서 재정 부처는 마지막에 성인과 같은 수도사의 손으로 넘겨졌다. 다른 사람은 모두 돈을 횡령했기 때문이다. 베네찌아를 빼고 법정은 악명이 자자할 정도로 매수가 빈번했다. 사케티의 이야기 하나는, 황소를 선물로 받고 매수된 판사의 이야기를 들려준다. 그러나 상대편이 암소와 송아지를 보내서 재판에 승소했다.[79] 소송은 이렇듯 값이 비쌌다. 가난한 사람들은 그것 없이 지내야 했다. 그리고 소송보다 죽이는 편이 값이 싸다는 사실을 알았다. 법 자체는 진보를 했으나 주로 이론적으로만 그랬다. 파도바와 볼로냐, 피사와 페루지아에는 유명한 법학자들이 있었다.(치노 다 피스토야, 사쏘페라토의 바르톨루스, 발도 델리 우발디 등) 이들의 로마법 재해석은 다음 200년 동안 법학을 지배했다. 외국 무역이 증대되면서 항해법과 상법이 확대되었다. 죠반니 다 레냐노는 『전쟁법(*Tractatus de bello*)』으로 그로티우스의 길을 열었다. 이것은 전쟁법에 대한 최초의 저서였다.

그러나 법의 실제는 그 이론보다 훨씬 못했다. 생명과 재산에 대한 경찰의 보호가 특히 피렌쩨에서 형태를 잡아 가고 있었지만 범죄를 따라갈 형편은 못 되었다. 법률가들은 많았다. 피고인을 조사할 때뿐만 아니라 증언을 조사하기 위해서도 고문이 쓰였다. 형벌은 야만적이었다. 볼로냐에서는 기결수 한 사람이 새장에 갇혀서 기울어진 탑 하나에 매달려 햇빛에 짓무르도록 방치되었다.[80] 시에나에서 유죄 판결을 받은 사람 하나는 거리를 통해 천천히 움직이는 수레에 묶인 채로 빨갛게 달구어진 집게로 살점을 뜯겼다.[81] 밀라노에서는 페트라르카를 대접했던 죠반니 비스콘티 시절에 죄수들은 조각조각 절단되었다.[82] 16세기 초에 유죄 판결을 받은 죄수들에게 갤리선의 무거운 노를 젓도록 하는 관습이 시작되었다. 율리우스 2세의 배들은 다리를 사슬로 묶은 갤리선의 노예들에 의해 운행되었다.[83]

이런 야만성에 대하여 자비의 단체들이 많이 조직된 것을 인정해야 할 것이다. 유언장을 작성하는 사람은 누구나 일정 금액을 교구의 가난한 사람들에게 분배하도록 했다. 거지들이 아주 많았으므로 일부 교회는 현대의 "무료 급식소" 비슷한 것을 제공했다. 로마의 캄포산토에 있는 산타 마리아 교회는 매일 13명의 거지에게 식사를 제공했고, 월요일과 금요일마다 2000명을 먹였다.[84] 병원, 나병원, 불치병 환자를 위한 보호 시설, 가난한 사람, 고아, 가난한 순례자, 개심한 매춘부들을 위한 보호 시설 등이 이탈리아 중세 시절처럼 르네상스 시대에도 무수히 많았다. 피스토야와 비테르보는 자선 단체의 다양함으로 유명했다. 만토바에서 로도비코 곤짜가는 가난하고 병든 사람들을 돌보기 위해서 대병원을 세웠고, 정부 기금에서 매년 3000두카트씩을 내주었다.[85] 베네찌아에서 '순례자(펠레그리니)'라고 알려진 단체 하나는(회원 중에는 티찌아노와 두 명의 산소비노도 있었다.) 회원들 상호간에 도움을 주고 가난한 소녀들에게 지참금을 주고 그 밖의 다른 자선 활동을 했다. 1500년에 피렌쩨에는 자선 활동을 하는 시민 조직이 73개나 되었다. '자비의 형제회(Confraternita della Misericordia)'가 1244년에 설립되었으나 쇠퇴했다가 1475년에 다시 나타났다. 이 단체의 회원들은 일반 속인들로서 병든 사람들을 방문하고 다른 자선 활동을 했다. 그리고 전염병의 희생자들을 용감하게 방문해서 사람들의 사랑을 받았다. 그들의 말없는 검은 의상의 행렬은 오늘날에도 피렌쩨에서 가장 인상적인 모습의 하나이다.[86] 베네찌아에는 그와 비슷한 성 로코 형제회가 있었고, 로마에는 돌로로사 교우회가 생긴 지 당시 벌써 504년이나 되었다. 쥴리오 데 메디치 추기경은 1519년에 자비의 형제회를 세우고, 빌어먹는 계층 바로 위의 가난한 사람들을 보살피고, 또 가난한 사람들을 위해 적절한 매장을 해 주도록 했다. 기록에 남지 않은 수백만의 개인적인 자선은 인간, 자연, 죽음에 맞서 싸우는 인간의 투쟁을 완화해 주었다.

8. 훌륭한 몸가짐과 오락

폭력과 부정직의 한가운데, 또 대학생들의 떠들썩한 생활과 농부와 프롤레타리아의 거친 유머와 친절함의 한가운데서 훌륭한 몸가짐은 르네상스 예술의 하나로 성장했다. 이탈리아는 이제 개인적·사회적 위생, 의상, 식탁의 예의, 요리, 대화, 오락 등에서 유럽의 맨 앞에 섰다. 의상을 제외하고 이 모든 것에서 피렌쩨는 이탈리아의 지휘권을 주장할 만했다. 피렌쩨는 다른 도시의 더러움을 애국적으로 탄식했고, 이탈리아 사람들은 '도이치 사람(Tedesco)'을 언어와 생활의 조잡함과 동의어로 사용했다.[87] 자주 목욕하는 옛날 로마인의 관습이 교육받은 계층 사이에 다시 이어졌다. 유복한 계층은 아름다운 옷을 자랑하고, 다양한 온천에서 "물을 가져다가" 소화 기관의 죄를 제거하기 위한 연례고행으로 유황천(硫黄泉)을 마셨다. 남자들의 의상은 보석만 빼고 여자들의 옷처럼 장식적이었다. 꽉 조이는 소매와 색깔 있는 바지, 그리고 라파엘로가 카스틸리오네의 초상화에 그려 넣은 것과 같은 기묘하게 부풀어 오른 모자 등이었다. 타이츠(호스)가 다리를 허리까지 끌어올려서 남자들을 우스꽝스럽게 만들었다.

그러나 허리 위로는 비단 주름과 레이스 깃이 달린 벨벳 웃옷을 입어서 남자도 우아할 수가 있었다. 장갑과 신발까지도 한 무더기 레이스를 뽐냈다. 로렌쪼 데 메디치가 베푼 마상 창 시합에 출전한 동생 쥴리아노는 8000두카트나 나가는 의상을 입었다.[88]

음식을 집어 입으로 나르는 일을 손가락 대신 포크가 하면서 15세기에 식탁 예법의 혁명이 일어났다. 1600년경에 이탈리아를 여행하던 토머스 코리에트는 이 고귀한 관습에 깜짝 놀랐다. 그는 이렇게 적었다. "이것은 내가 여행 중에 본 다른 어떤 나라에도 없던 것이었다." 그리고 그는 이런 발상법을 잉글랜드에 도입하는 데 한몫을 했다.[89] 나이프, 포크, 숟가락 따위는 놋쇠로, 이따금 은으로 만들어졌고 이것을 잔치를 준비하는 이웃에게 빌려 주곤 했다. 식사는 특별한 기회나 국가 행사 때를 빼고는 소박했다. 그러나 이런 기회에는 과도함이 필수였다. 음식의 맛을 내고 갈증을 자극하기 위해 후추, 정향, 육두구, 계피, 곱향나무, 생강 등 양념 종류가 넉넉하게 쓰였다. 그리고 손님을 접대하는 주인마다 손님들에게 다양한 포도주를 제공했다. 이탈리아에서 마늘이 사용된 것은 1548년까지 추적이 가능하지만 분명히 그보다 이전에 벌써 사용되었다. 만취하거나 폭식하는 일은 아주 드물었다. 르네상스 이탈리아인들은 뒷날의 프랑스 사람들처럼 미식가이지 대식가는 아니었다. 남자들이 자기 가족의 여성들과 떨어져서 식사를 할 때는 한두 명의 매춘부를 초대하는 경우도 있었다. 아레티노는 티치아노를 즐겁게 하려고 할 때면 그렇게 했다. 좀 더 조심스러운 사람들은 음악과 즉흥시, 그리고 고상한 대화들로 식탁을 우아하게 만들었다.

대화의 기술(bel parlare), 말하자면 지성, 세련됨, 예의, 명료함, 재치 등은 르네상스에 의해 다시 만들어졌다. 그리스와 로마는 그것을 알고 있었고, 중세 이탈리아에서도(예를 들면 프리드리히 2세의 궁정과 인노켄티우스 3세의 궁정 등) 그것은 불확실하게 살아 있었다. 그러나 이제 로렌쪼가 다스리는 피렌쩨, 엘리자베타의 우르비노, 레오의 로마에서 그것은 다시 번성했다. 귀족과 귀부인, 시인과 철학자, 장군과 학자, 예술가와 음악가들이 정신의 친구가 되어 서로 만나고 유명한 작가들을 인용하고, 이따금 종교에 경의를 표하고, 가볍게 환상적인 터치를 섞어서 자기들의 언어를 우아하게 만들고, 서로 다른 사람의 말을 경청했다. 이런 대화들은 하도 찬탄을 들었기에 많은 에세이와 논문들이 우아함을 얻기 위해 이런 대화 형식으로 쓰였다. 마지막에 이런 놀이가 도가 넘쳤다. 언어와 사유가 지나치게 섬세하고 세련되어졌다. 기력을 약화시키는 딜레탕티즘이 남성다움을 부드럽게 만들었다. 우르비노는 프랑스에서는 랑부예가 되었고, 몰리에르는 "우스꽝스러운 재치꾼들"을 공격하여 프랑스에서 훌륭한 대화 기술을 제때에 구원해 냈다.

몇 가지 까다로움에도 불구하고 이탈리아의 담화는 오늘날의 사회적 예법으로는 허용되기 어려울 것 같은 주제와 형용어구를 자유롭게 선택했다. 결혼하지 않은 좋은 집안의 여성들이 일반적인 대화에 끼는 경우는 아주 드물었기 때문에 성적인 이야기도 공개적으로 이루어질 수 있었던 것으로 보인다. 그러나 이것을 넘어서, 그리고 최고의 남자들의 모임에서조차도, 느긋한 성적인 농담, 시에서의 즐거운 자유, 연극에서의 조잡한 음란함 등이 있었다. 이것은 오늘날 우리에게는 르네상스의 훌륭함이라고 내놓기 어려워 보인다. 교육받은 남자들이 조각상에 음란한 시구를 쓸 수도 있었고, 섬세한 벰보도 풍요의 신인 프리아포스를 찬양하는 글을 썼다.[90] 젊은이들은 성숙함을 입증하려고 음란함과 불경을 경쟁적으로 행했다. 모든 계층의 남자들은 맹세와 저주를 퍼붓고, 자주 그리스도교 신앙에서 가장 신성한 이름들을 모독하는 발언을 했다. 그런데도 예의의 표현들이 이렇듯 꽃피어난 적이 없었고, 연설의 형식이 이보다 더 품위가 있었던 적이 없었다. 여자들은 만날 때나 헤어질 때 친근한 남성 친구의 손에 키스를 하고, 남자들은 여성의 손에 키스를 했다. 친구에게서 친구에게로 선물이 건네졌다. 말과 행동의 재치는 북부 유럽에서는 도달하기 어려워 보이는 정도의 발전을 이루었다. 이탈리아 예법의 안내서는 알프스 저편에서 좋아하는 교과서가 되었다.

춤과 펜싱과 다른 오락의 요령을 적은 책들도 마찬가지였다. 오락, 대화, 신성 모독 등에서 이탈리아는 그리스도교 세계의 맨 앞장에 섰다. 여름 저녁이면 소녀들은 피렌쩨의 광장에서 춤을 추었고, 가장 우아한 여성이 은으로 만든 화환을 받았다. 시골에서는 풀밭 위에서 젊은 남자들과 여자들이 춤을 추었다. 집과 공식적인 무도회에서 여자들은 여자들이나 남자들과, 그리고 남자들은 남자들이나 여자들과 춤을 추었다. 어느 경우나 목적은 우아함이었다. 르네상스 시대에 발레가 흥했다. 동작의 시(詩)가 미술에 덧붙여진 것이다.

카드놀이는 춤보다 더 인기가 좋았다. 15세기에 이것은 모든 계층의 열광이 되었다. 레오 10세는 중독자였다. 분명 이것은 도박을 포함하는 것이었다. 라파엘로 리아리오 추기경이 인노켄티우스 8세의 아들과 두 번 게임에서 1만 4000두카트를 땄던 것을 기억해 보라. 사람들은 주사위로도 게임을 했다. 그리고 때로는 주사위 속에 납을 넣어 속이기도 했다.[91] 도박은 정열이 되어 입법부가 완화시키려 해도 소용이 없었다. 베네찌아에서 도박이 여러 고귀한 가문을 파멸시켰기에 10인위원회는 카드나 주사위를 파는 것을 두 번이나 금지하고, 하인들에게 주인들이 이 규정을 어기면 보고하라고 명령했다.[92] 1495년 사보나롤라는 자비 금고를 설립했는데, 돈을 빌리는 사람들에게 빚을 다 갚기 전까지는 도박을 하지 않겠다는 맹세를 하도록 했다.[93] 점잖은 사람들은 체스 판을 보고 명상에 잠겼고, 비싼 체스 기구를 사랑했다. 베네찌아의 쟈코모 로레다노는 5000두카트에 상당하는 체스 말들을 가졌다.

젊은 남자들은 그들만의 게임을 했는데, 주로 노천에서 하는 것이었다. 상류층 이탈리아 사람들은 말타기를 좋아하고 칼과 창을 휘둘렀으며, 마상 창 시합을 했다. 특별한 휴일에는 이런 시합을 위해 도시 광장에 밧줄을 쳐서 출입을 막았다. 창가와 발코니는 구경하기에 좋았고, 그곳에서 귀부인들은 자기들의 기사에게 격려를 보낼 수가 있었다. 이런 싸움이 충분히 치명적이지 않음을 알자 일부 격한 젊은이들은 1332년 로마의 콜로세움에 투우를 도입했다. 창만 든 사람이 도보로 싸우는 것이었다. 이런 기회에 한 번은, 로마의 오래된 가문 출신의 기사 18명이 죽고, 황소들은 겨우 11마리만 죽었다.[94] 이런 시합들은 로마와 시에나에서 이따금 되풀이되었지만 이탈리아 사람들의 취향을 완전히 사로잡지는 못했다. 말타기가 더 인기가 있었고, 로마, 시에나, 피렌쩨 사람들 사이에서 비슷하게 열광이 일어났다. 사냥, 매사냥, 달리기, 보트 레가타, 테니스, 권투 등이 당시의 스포츠들로 이탈리아 사람들의 몸매를 개별적으로 유지해 주었다. 집단적으로 도시의 방어는 외국 용병들에게 맡겨 두었다.

　전체적으로 보아 노동과 위험, 자연적·초자연적 공포에도 불구하고 즐거운 삶이었다. 도시 주민들은 걷거나 말을 타고 시골이나 강변 또는 바닷가로 놀러 나갔다. 그들은 집과 사람을 꾸미기 위해 꽃을 가꾸고 별장 주변에 기하학적인 형태로 당당한 정원을 꾸몄다. 교회는 축제일에 대해 너그러웠고, 국가는 자신의 축제일을 덧붙였다. 베네찌아 바닷가, 피렌쩨의 아르노 강, 만토바의 민치오 강, 밀라노의 티치노 강에서는 물(수상) 축제들이 벌어졌다. 아니면 특별한 날이면 국제적 명성을 얻은 예술가들이 상인 조합들을 위해 설계한 이동 무대차와 깃발들로 이루어진 거대한 행렬이 도시의 거리를 따라 움직였다. 악단이 연주를 하고 아름다운 소녀들이 노래하고 춤추고, 유명인사들이 행진을 했다. 저녁이면 불꽃을 쏘아 올려 하늘에 그 덧없는 순간의 기적을 자랑했다. 성 토요일(부활절 전 토요일)이면 피렌쩨에서는 예루살렘의 성스러운 묘지에서 가져온 세 개의 부싯돌로 작은 초에 불을 붙이고, 그것으로 다시(기계 비둘기에 의해 철사 줄을 따라 옮겨져서) 등에 불을 붙여 대성당 앞의 광장으로 국가의 상징적인 무대차(Carro)에 있는 불꽃놀이용 폭죽을 발사시켰다. 그리스도의 성체 축일에는 행렬이 멈추어 서서 소녀와 소년들의 합창대가 부르는 칸타타를 듣거나 어떤 교우회가 극으로 꾸민 성서 이야기나 이교의 신화를 구경했다. 대단한 명사가 도시를 방문할 때면 개선 행렬(trionfo)로 환영을 받았다. 이것은 로마 시대 개선하는 장군을 맞아들일 때와 같은 방식으로 마차들로 이루어진 행렬이었다. 레오 10세가 1513년 그가 사랑하는 피렌쩨를 방문하게 되었을 때 도시 전체가 나와서 그의 개선 행렬을 구경했다. 폰토르모가 꾸미고 그림을 그린 마차가 도시의 중심 도로에 마련된 대형 아치들 아래로 지나갔다. 로마 역사에서 유명한 인물들로 분장한 사람들을 태운 다른 마차 7대가 행렬을 이루어 움직였다. 마지막 마차에는 사내아이 하나가 전신을 금으로 칠하고 레오와 더불어 황금 시대가 시작됨을 알렸다. 그러나 소년은 몸에 금칠을 한 부작용으로 바로 죽고 말았다.[95]

　사육제 때 피렌쩨에서는 행렬을 이룬 무대 차들이 신중함, 희망, 두려움, 죽음과 같은 이념들을 상징적으로 표현하거나(알레고리) 자연의 원소, 바람이나 계절 등을 표현했고, 또는 파리스와 헬레나, 바쿠스와 아리아드네 등의 이야기들을 무언극으로 들려주고, 각 장면마다 그에 어울리는 노래들을 동반했다. 이런 '가장행렬'을 위해 로렌쪼는 청춘과 즐거움에 대한 그의 유명한 송가를 썼다. 사육제의 밤이면 개구쟁이에서 추기경에 이르기까지 모든 사람이 가면을 쓰고 장난을 치고 사랑을 나누었다. 사순절의 금지에 대비하여 앞당겨 자유를 누리는 것이었다. 1512년 피렌쩨는 아직 번영을 누리는 듯이 보였지만 뜻밖의 불운이 겨우 몇 달 뒤에 마련되어 있는데 피에로 디 코시모와 프란체스코 그라나치가 사육제 행렬을 위해 "죽음의 개선 가장행렬"을 고안했다. 검은 물소들이 끄는 엄청난 개선 마차가 해골과 흰 십자가들이 그려진 검은 천으로 덮였다. 마차에는 엄청난 크기의 죽음이 손에 낫을 든 모습으로 세워졌다. 그 주변으로 무덤들이 있고, 어둠 속에서 하얀색으로 뼈가 그려진 검은 가운을 입은 애처로운 모습들이 있었다. 무대 차 뒤로 가면을 쓴 모습들이 걸어갔는데, 그들이 뒤집어쓴 검은 두건에는 앞과 뒤에 죽음의 머리들이 그려져 있었다. 무대 차 위에 있는 무덤으로부터 해골처럼 보이는 다른 모습들이 일어났다. 이들 해골들은 모두가 죽게 되리라는 사실을 알려 주는 노래를 불렀다. 무대 차 앞과 뒤에 노쇠한 말들이 죽은 몸들을 태우고 행렬을 이루어 나아갔다.[96] 이렇게 축제의 절정에서 피에로 디 코시모는 마치 저 사보나롤라의 메아리처럼 이탈리아의 쾌락에 대한 자신의 판결을, 곧 다가올 파멸의 예언을 말했던 것이다.

9. 연극

이탈리아 연극은 이런 가면극과 사육제가 그 기원의 일부였다. 성서 이야기의 일부 장면들이 무대 차나 아니면 행렬이 지나가는 길가 특정한 지점에 만들어진 임시 무대에서 공연되곤 했기 때문이다. 그러나 이탈리아 연극의 가장 중요한 원천은 신앙극(devozione)이었다. 이것은 조합의 회원들이나 때로는 이런 공연을 직업으로 삼은 교우회에 속하는 전문 배우들이 공연하는 그리스도교 이야기들이었다. 일부 신앙극 텍스트들은 시간을 뛰어넘어 전해졌고, 놀라운 극적 힘을 갖는다. 예루살렘에서 소년 예수를 찾았다가 다시 잃어버린 성모는 미친 듯이 소리치며 그를 찾는다. "오 사랑하는 아들아! 오 내 아들아, 어디로 갔니? 오 사랑스러운 아들아, 어떤 문으로 갔니? 신 같은 내 아들아, 어미를 잃고 너는 얼마나 힘드니! 하느님, 사랑을 위해 내게 말해 주세요, 내 아들이 어디로 갔는지?"[97]

15세기에 특히 피렌쩨에서 더욱 발전된 형태의 연극인 성사극(sacra rappresentazione)이 조합의 예배당이나, 수도원의 식당이나, 들판이나 광장에서 공연되었다. 이런 공연을 위한 장면 배열은 분명히 복잡하고 독창적인 것이었다. 별들이 그려진 거대한 차일이 하늘을 표현했다. 구름은 넓게 퍼뜨려 공중에 매단 양털로 나타냈다. 물결치는 의상으로 가려진 금속 틀로 공중에 띄워진 소년들이 천사 노릇을 했다. 이런 공연을 위한 대본은 보통 시의 형식으로 쓰이고, 비올이나 류트 음악이 여기에 반주를 맞추었다. 이런 종교극을 위한 대본을 쓴 사람들 중에는 로렌쪼 데 메디치와 풀치 같은 사람도 있었다. 폴리찌아노는 「오르페오」에서 이런 성사극의 형식을 이교적 주제에 적용했다.

그사이 이탈리아의 삶의 다른 요소들이 이탈리아 연극의 탄생에 동참하게 되었다. 익살 광대극(farse)은 중세 도시에서 유랑하는 무언극 배우들에 의해 공연되곤 했는데 이것은 이탈리아 희극의 기원이 되었다. 일부 배우들은 단순한 장면이나 줄거리를 위해 무대에서 즉흥적인 대사를 하는 재능이 뛰어났다. 이런 즉흥 희극(코메디아 델라르테)은 이탈리아의 재능이 풍자와 익살 연극을 표현하는 방식이었다. 이 익살 광대극에서 인기 있는 희극의 전통적인 가면과 인물들이 만들어지고 그 이름을 얻었다. 곧 판탈로네, 아를레키노, 풀치넬라 혹은 푼키넬로 등이었다.

인문주의자들은 고대 로마 희극의 텍스트를 복원하고 공연을 주선함으로써, 연극의 발전에 기여한 복합적인 요인들 중에서 자기들의 역할을 다했다. 플라우투스의 연극 12편이 1427년에 발견되었고, 이것은 또 다른 자극이 되었다. 베네찌아, 페라라, 만토바, 우르비노, 시에나, 로마 등지에서 플라우투스와 테렌티우스의 희극들이 무대에 올랐고, 고전의 전통이 여러 세기를 뛰어넘어 다시 한 번 세속 무대를 형성하게 되었다. 1486년에 플라우투스의 「두 명의 메나에크」가 처음으로 이탈리아어로 공연되었다. 그러면서 고대에서 르네상스 연극으로의 이행이 완전히 준비되었다. 15세기 말에 교육받은 계층 사이에서 종교적 연극은 효력을 잃었다. 이교의 주제들이 점차 그리스도교 주제들을 대체했다. 그리고 비비에나, 마키아벨리, 아리오스토, 아레티노 같은 타고난 극작가들이 대본을 썼다. 그것은 한때 사랑 받았던 성모와 그리스도 이야기와는 아주 동떨어진, 플라우투스의 상스러운 방식의 희극이었다. 고대 로마 희극의 모든 장면들, 성(性)이나 정체성이나 지위가 뒤바뀐 것을 다루는 온갖 피상적인 플롯, 뚜쟁이와 매춘부를 포함한 고정된 주인공들, 저 플라우투스가 로마의 저급한 관객들을 즐겁게 했던 온갖 천박한 상스러움과 거친 연극이 이탈리아 희극으로 다시 모습을 나타냈다.

세네카의 희곡들이 보존되었고 그리스 연극이 재발견되었는데도 비극은 르네상스 무대에서 다시는 입지를 얻지 못했다. 심지어는 상류층도 깊이보다는 즐거움을 원했고, 쟌 트리씨노의 「소포니스바」(1515)와 죠반니 루첼라이의 「로자문다」를 향해 차가운 눈길을 던졌다. 루첼라이의 작품은 같은 해에 피렌쩨의 루첼라이 정원에서 레오 10세 앞에서 공연되었다.

이탈리아의 도덕성이 바닥으로 떨어졌을 때 이탈리아 희극이 형성되었다는 것은 불행한 일이었다. 비비에나의 「칼란드라」와 마키아벨리의 「만드라골라」 같은 연극들이 이탈리아 상류층의 취향을 만족시켰다는 것, 심지어는 세련된 우르비노 같은 곳에서도 그랬다는 것, 그리고 아무런 저항도 없이 교황들 앞에서도 공연될 수 있었다는 것은, 지적인 자유가 도덕적 타락과 결합되는 모습을 한 번 더 보여 주는 부분이다. 트리엔트 공의회와 더불어(1545년 이후) 반종교 개혁이 나타나면서 성직 계급과 속인들의 도덕성이 심각한 검열을 받았고, 르네상스 희극은 이탈리아 사회의 오락에서 제외되고 말았다.

10. 음악

발레, 무언극, 음악 연주 등이 연극의 막들 사이에 막간극의 형태로 제공되었다는 것은 이탈리아 희극을 보충해 주는 측면이다. 음악은 이탈리아의 모든 계층에서 사랑 다음으로 중요한 오락이며 위안이었기 때문이다. 몽테뉴는 1581년에 토스카나 지방을 여행하면서 "농부들이 손에 류트를 들고 그들 옆에서 양치기들이 아리오스토를 외어서 낭송하는 것을 보고 깜짝 놀랐다." 그는 이런 일이 "이탈리아 전국에서 볼 수 있는 것"이라고 덧붙이고 있다.[98] 르네상스 회화는 음악을 연주하는 사람들을 수도 없이 묘사했다. 수많은 성모의 대관식 그림에서 성모의 발치에 앉아 류트를 타는 천사들로부터 「음악회」에서 합시코드 앞에 앉아 있는 남자의 고결한 모습에 이르기까지 말이다. 그리고 세바스티아노 델 피옴보의 「남자의 세 연령」에서 소년의 모습(화가 자신이라고는 믿기 어려운 모습)을 보라. 문학도 이와 비슷하게 집이나 일터나 거리에서, 음악 아카데미에서, 수도원, 수녀원, 교회, 축제 행렬, 가장 행렬, 개선 행렬, 야외극, 종교극이나 세속극, 서정시 낭송, 연극의 막간극, 보카치오가 『데카메론』에서 보여 준 것 같은 나들이 등에서 노래하거나 연주하는 사람들의 모습을 수없이 보여 준다. 부자들은 집에 다양한 악기를 수집해서 작은 음악회들을 열었다. 여성들은 연구와 음악 연주를 위한 클럽들을 조직했다. 이탈리아는 예나 지금이나 음악에 열광한다.

민요는 모든 시대에 번창했다. 교육을 통한 고급 음악은 민요라는 이 원천에서 정기적으로 젊은 힘을 회복하곤 했다. 인기 있는 멜로디들은 복잡한 마드리갈, 찬가, 미사 음악의 구절을 위해서도 이용되었다. 첼리니는 이렇게 말한다. "피렌쩨에서 사람들은 여름밤이면 길거리로 나가서" 노래하고 춤을 추었다.[99] 거리의 악사들은 슬픈 혹은 즐거운 음악을 아름다운 류트로 연주했다. 성모의 거리나 길거리에 있는 성모의 사원에 사람들이 모여서 찬가를 부르곤 했다. 베네찌아에서는 수백 개의 곤돌라로부터 짝짓기 노래가 달을 향해 올라갔으며, 목청 좋은 애인들은 희망을 품고 수없이 갈라진 수로(水路)의 신비로운 그늘 속에서 망설이는 젊은 여자에게 세레나데를 불렀다. 거의 모든 이탈리아 사람들이 노래를 잘 불렀고, 거의 모든 사람들이 단순한 화음을 만들어 낼 수 있었다. 이런 인기 있는 노래들 수백 개가 '작은 열매(frottole)'라는 이름으로 오늘날까지 전해진다. 보통 짧은 사랑 노래이다. 그리고 테너, 알토, 베이스가 받쳐주는 가운데 소프라노가 멜로디를 주도하도록 만들어져 있다. 그보다 이전 시대에는 테너가 멜로디를 주도했기에 '테너'라는 이름을 얻었다.(ténore는 중심 내용이라는 뜻) 그러나 15세기의 아리아는 소프라노가 주도하게 되었다. 소프라노(soprano, '위쪽의'라는 뜻)라는 명칭은 이 음악이 나머지보다 위에 놓이기 때문에 붙여진 것이다. 이 부분은 꼭 여성의 목소리를 요구했던 것은 아니다. 자주 여성이 불렀지만 또 자주 소년이나 어른 남자의 가성으로 불렀다. (교황청 성가대에서 카스트라토는 1562년 이전에는 나타나지 않았다.)[100]

교육받은 계층 사이에서는 상당한 정도의 음악적 지식이 요구되었다. 카스틸리오네는 궁정인에게 음악에서 수준급 아마추어의 능력을 요구했다. "사람의 마음을 달콤하게 할 뿐만 아니라 많은 경우 사나운 짐승도 길들일 수 있을" 정도의 수준이었다.[101] 모든 문화인은 간단한 악보를 보고 읽을 수 있어야 하고, 몇 가지 악기를 다루고, 즉석 음악회에 동참할 수 있어야 한다고 보았다.[102] 이따금 사람들은 모여서 발라드(ballata)를 만들어 내기도 했는데, 그것은 노래, 춤, 악기 연주 등이 합쳐진 것이었다. 1400년 이후로 대학들은 음악의 과정과 학위들을 제공했다. 수백 개의 음악 아카데미들이 있었다. 비토리노 다 펠트레는 1425년 무렵에 만토바에 음악 학교를 세웠다. 오늘날에도 음악 학교를 '콘서바토리'라고 하는 것은 나폴리에서 많은 고아원들(conservatori)이 음악 학교로 쓰였기 때문에 이런 이름이 붙여졌다.[103] 인쇄술이 악보에도 적용되면서 음악은 더욱 널리 퍼졌다. 1476년 무렵에 울리히 한(U. Hahn)은 로마에서 음표와 오선 활자를 이용해서 완벽한 미사 음악을 인쇄했다. 1501년에 오타비아노 데 페트루치는 베네찌아에서 모테트와 프로톨레(작은 사랑 노래) 곡들을 상업적으로 인쇄하는 일을 시작했다.

궁정에서 음악은 사람들의 몸단장을 빼고는 다른 무엇보다도 두드러진 기예였다. 보통 통치자들은 좋아하는 교회를 선택해서 그 성가대를 후원했다. 통치자는 이탈리아, 프랑스, 부르군트 지방에서 가장 뛰어난 성악가와 연주자를 자신의 성가대로 끌어들이기 위해 상당한 금액을 지불했다. 그리고 우르비노의 페데리고가 한 것처럼 새로운 가수들을 어린 시절부터 훈련시켰다. 부르군트의 기욤 뒤페는 리미니와 페사로에 있는 말라테스타 궁정과, 로마의 교황 예배당에서 25년 동안이나(1419~1444) 음악을 지휘했다. 갈레아쬬 마리아 스포르짜는 1460년 무렵 두 개의 성가대를 조직하고 그들을 위해 프랑스에서 조스켕 드프레를 데려왔다. 그는 당시 서유럽에서 가장 유명한 작곡가였다. 로도비코 스포르짜가 레오나르도를 밀라노로 불렀을 때 레오나르도는 음악가 자격으로 간 것이었다. 그리고 레오나르도와 함께 아탈란테 밀리오로티가 피렌쩨에서 밀라노로 따라갔는데, 그는 유명한 연주자 겸 악기 제조자였다. 그보다 더 유명한 파비아의 로렌쬬 구스나스코는 리라, 류트, 오르간, 클라비코드 등을 제조하는 사람이었는데, 밀라노를 여러 고향의 하나로 삼았다. 로도비코 궁정은 가수들이 많았다. 나르치쏘, 테스타그로싸, 플랑드르의 코르디에, 크리스토포로 로마노 등이 베아트리체에게서 순결한 사랑을 받았다. 스페인 출신인 페드로 마리아는 궁정에서 그리고 대중을 위해서 음악회를 지휘했다. 프란키노 가푸리는 밀라노에 유명한 사설 음악 학교를 세우고 가르쳤다. 이사벨라 데스테는 음악에 푹 빠져 음악을 내실의 주요한 장식 주제로 삼았고, 그녀 자신 몇 가지 악기를 연주할 수 있었다. 그녀는 로렌쬬 구스나스코에게 클라비코드를 주문하면서 가볍게 쳐도 건반이 반응할 수 있게 해 달라는 특별 주문을 했다. "나의 손이 너무 약해서 건반이 너무 단단하면 잘 연주할 수가 없기 때문"[104]이었다. 그녀의 궁정에는 당시 대표적인 류트 연주자이던 마르케토 카라가 살고 있었고, 또 바르톨로메오 트롬본치노는 매혹적인 마드리갈 곡들을 작곡했기 때문에 바람 피운 아내를 죽이고도 아무런 벌도 받지 않았고, 불협화음이 고쳐지듯이 이 일도 그냥 지나가고 말았다.

마지막으로 대성당과 교회들, 수도원과 수녀원들에 음악이 울려퍼졌다. 베네찌아, 볼로냐, 나폴리, 밀라노 등지에서 수녀들은 저녁 기도를 몹시 감동적으로 노래해서 사람들이 노래를 들으러 오곤 했다. 식스투스 4세는 유명한 시스티나 예배당의 성가대를 조직했다. 율리우스 2세는 이에 덧붙여 성 베드로 대성당에 율리우스 성가대를 조직하고 시스티나 성가대를 위한 가수들을 훈련시켰다. 이것은 르네상스 시대 라틴 세계의 음악에서 정상이었다. 모든 로마 가톨릭 국가들에서 가장 위대한 가수들이 이리로 모여들었다. 교회법은 교회 음악에 단조로운 노래만을 규정했다. 그러나 여기저기서 프랑스의 '새 음악(ars nova)'(복잡한 대위법의 일종)이 로마 성가대로 넘어와서 팔레스트리나(Palestrina)와 빅토리아(Victoria)를 준비했다. 한때는 교회 성가대를 오르간 이외의 악기가 반주하는 것은 품위 없는 일이라고 생각되었다. 그러나 16세기에는 여러 종류의 악기들이 도입되면서 세속 연주의 우아함과 장식 일부를 교회 음악에도 부여했다. 베네찌아의 성 마르코 성당에는 플랑드르 출신의 대가인 브뤼게의 아드리안 빌레르트(Adrian Willaert)가 35년 동안이나 성가대를 지휘하고, 로마가 시샘할 정도로 훌륭하게 훈련시켰다. 피렌쩨에서는 안토니오 스콰르치알루피가 화음 학교를 조직했는데, 로렌쪼도 이곳의 회원이었다. 한 세대 동안 안토니오는 교회 성가대를 지휘하고, 또 위대한 대성당은 음악으로 모든 철학적 의심을 조용히 잠재웠다. 레온 바티스타 알베르티는 회의론자였지만 성가대가 노래하는 동안에는 이렇게 믿었다.

모든 다른 노래 형식은 반복이 싫증난다. 오로지 종교 음악만은 반복을 통해서 절대로 맥이 빠지지 않는다. 다른 사람들은 어떻게 느끼는지 모른다. 그러나 내게는 교회의 찬가와 송가들은 이 음악이 원래 그것을 위해 고안된 그 효과를 낸다. 영혼의 온갖 혼란을 진정시키고, 말로 표현할 수 없는, 신을 향한 존경심으로 가득 찬 심정을 만들어 낸다. 저 목소리들이 박자에 맞추어 올라가고 내려가는 소리, 완전하고 참된 소리로 그토록 달콤하고 유연하게 종결되는 이 음악을 들으면서 어떤 거친 인간의 마음인들 부드러워지지 않을까? 나는 우리 인간의 비참함에 대하여 신에게 도움을 구하는 그리스 단어(Kyrie eleison: 주여 불쌍히 여기소서)에 귀를 기울이면서 눈물을 흘리지 않은 적이 없다고 확실하게 단언한다. 그리고 음악이 우리를 부드럽게 하고 달래 주는 얼마나 대단한 힘을 가진 것인가 하고 생각한다.[105]

이런 인기에도 불구하고 음악은 르네상스 대부분의 기간 동안 이탈리아가 프랑스에 뒤진 예술 분야였다. 교황청이 아비뇽으로 가면서 교황청 수입이 없었고, 또 14세기 전제 군주의 궁정들이 문화적으로 성숙하지 못했던 탓에 이탈리아에는 더 높은 수준의 음악을 위한 돈과 정신이 부족했다. 사랑스러운 마드리갈(이 말은 기원이 불확실하다.)을 만들어 냈지만, 프로방스의 음유 시인들의 노래를 모델로 한 이 노래들은 엄격하게 규정된 다성부 음악의 틀에 고정되어 있어서, 이런 음악 형식은 자체의 엄격함으로 인해 사라지고 말았다.

이탈리아 14세기 음악의 자부심은 피렌쩨에 있는 성 로렌쪼 교회의 오르간 연주자인 프란체스코 란디니(F. Landini)였다. 그는 어린 시절부터 눈이 멀었지만 자기 시대 가장 아름답고 가장 사랑받는 음악가의 한 사람이었으며 오르간과 류트 연주자로, 또 시인과 철학자로 존경받았다. 그러나 그도 프랑스의 영향을 받아들였다. 200곡에 이르는 그의 세속적 작곡들은 한 세대 이전에 프랑스를 사로잡았던 새 음악을 이탈리아 서정시에 적용한 것이었다. 이 '새 음악'은 두 가지 점에서 새로웠다. 이것은 이중 리듬과 함께 이전에 교회 음악에서 요구된 3박자를 받아들였다. 그리고 또 더욱 복잡하고 유연한 악보 기록 방식을 고안했다. 교황 요한 22세는 사방을 향해 사나운 위협을 해 댄 인물이었는데, 이 새 음악을 향해서도 기묘하고 타락한 것이라고 비난했다. 그의 금지는 이탈리아에서 음악의 발전을 방해하는 영향을 남겼다. 그러나 요한 22세도 영원히 살수는 없었다. 이따금 그렇게 보이기도 했지만. 그가 아흔 살의 나이로(1334) 죽은 다음 새 음악은 프랑스의 학교 음악에서, 곧이어 이탈리아에서도 승리를 거두었다.

아비뇽에서는 프랑스와 플랑드르 가수와 작곡가들이 교황청 성가대를 구성했다. 교황청이 로마로 돌아올 때 상당수의 프랑스, 플랑드르, 네덜란드 작곡가와 가수들도 함께 왔다. 그리고 백 년 동안이나 이들 외국 음악가와 그 후계자들이 이탈리아 음악을 지배했다. 식스투스 4세 시절에도 교황청 성가대의 성악부는 모두 북부 유럽 출신이었다. 그리고 15세기 궁정의 음악에서도 비슷하게 외국의 힘이 우세했다. 스콰르치알루피가 죽자(1475년경) 로렌쪼는 피렌쩨 대성당의 오르간 연주자 자리에 그의 뒤를 이어 네덜란드 사람인 하인리히 이삭을 임명했다. 하인리히는 사육제 노래 일부를 위해 작곡을 하고 또 폴리찌아노의 서정시를 음악으로 만들었다. 또 장래의 레오 10세에게 프랑스 음악을 사랑하도록 심지어 작곡하도록 가르쳤다.[106] 한동안 프랑스의 샹송이 이탈리아에서 널리 유행했다. 전에 이탈리아가 프랑스 음유 시인들의 노래를 음송했던 것과 비슷한 일이었다.

프랑스 음악의 이탈리아 공격은 프랑스 군대의 공격보다 백 년 앞선 것이었다. 이것은 1520년 무렵 이탈리아 음악에 혁명을 만들어 냈다. 북부의 사람들, 그리고 그들이 훈련시킨 이탈리아 사람들은 '새 음악'에 깊이 젖어서 이탈리아의 서정시를 음악으로 만들 때 그것을 적용했다. 페트라르카, 아리오스토, 산나짜로, 벰보 등에서(뒤에는 타쏘와 과리니에서) 그들은 음악을 요구하는 즐거운 운율을 찾아냈다. 정말이지 시는 언제나 노래 아니면 적어도 낭송되기를 지향하는 것이 아니던가? 페트라르카의 「노래(칸쪼니에레)」들은 전에도 이미 음악가들을 유혹했다. 이제 모든 시행이 음악으로 만들어지고, 일부 시들은 열두 번 혹은 그 이상이나 음악으로 만들어졌다. 페트라르카는 세계 문학에서 가장 완벽하게 음악적인 시인이다. 또한 알려지지 않은 작가의 것이지만 그래도 단순하고 생명력을 가진 감정을 지닌 작은 시들도 있었다. 이런 시들은 모든 사람의 마음의 선을 건드리고, 모든 악기의 현을 불러들이는 것이었다. 예를 들면 다음과 같은 것이다.

> 여름날 나무 아래 아름다운 아가씨들이
> 잎사귀와 꽃을 주고받으며 낮은 사랑 노래
> 흥얼거리며 밝은 화환을 엮는 모습 보았네.
> 사랑스러운 소녀 중에 가장 아름다운 소녀가
> 부드러운 눈길 내게 향하고 속삭였네. "가져요!"
> 사랑에 넋을 잃고 한마디도 못하는데
> 그녀는 내 마음 읽고 아름다운 화환을 내게 주었네.
> 그 뒤로 나는 무덤에 이르기까지 그녀의 하인.[107]

이런 시행들을 위해서 작곡가들은 복잡한 모테트 음악을 적용했다. 이것은 4개의 성부(네 명, 혹은 여덟 명이 부르는) 중에서 세 부분이 하나를 보조하는 것이 아니라 4성부 모두가 동일한 가치를 가지는 음악이다. 그리고 대위법*과 푸가의 복잡한 미묘함이 네 개의 독립적인 작은 흐름들을 얽어서 화음을 이룬 큰 강을 만들어 낸다. 이렇게 해서 16세기의 이탈리아 마드리갈은 이탈리아 예술의 가장 아름다운 꽃의 하나가 되었다. 단테 시대에 음악은 시의 보조자에 지나지 않았다면 지금 음악은 완전히 자란 동반자가 되었다. 노랫말을 불분명하게 하거나 감정을 얼버무리는 것이 아니라 음악과 하나로 합쳐 영혼을 두 배나 감동시키는 것이다. 그리고 그 기술적인 기교로 교육받은 정신을 즐겁게 했다.

16세기 이탈리아의 거의 모든 위대한 작곡가들, 심지어 팔레스트리나까지

---

* 이 용어(counterpoint)는 1300년 무렵에 "punctum contra punctum" – "point counter point", 곧 음표 대 음표라는 말에서 나온 것이다. 음표들은 당시 점으로 표시되었기 때문이다.

도 이따금 마드리갈로 돌아가곤 했다. 이탈리아에 살던 프랑스 사람인 필립 베르들로와 이탈리아 사람인 코스탄짜 페스타는 1520년과 1530년 사이에 새로운 형식을 먼저 발전시키는 명예를 두고 서로 경쟁했다. 그들에 바로 뒤이어 나타나는 아르카델트(로마에 사는 플레밍 사람)에 대해서는 라블레가 언급하고 있다.[108] 베네찌아에서 아드리안 빌레르트가 성 마르코 성당의 성가대 지휘자의 의무에서 풀려나자 그는 그 시대 가장 아름다운 마드리갈 음악을 작곡했다.

보통 마드리갈은 악기 반주 없이 노래로 불렸다. 악기들은 수도 없이 많았지만 오직 오르간만이 인간의 음성과 겨룰 수가 있었다. 기악은 원래 춤이나 코러스를 위해 만들어진 음악 형식들에서 16세기 초에 천천히 발전되었다. 파반느, 살타렐로, 사라방드 등이 점차 춤의 반주곡에서 솔로, 혹은 합주 기악곡으로 발전했다. 그리고 노래 없이 연주만 된 마드리갈 음악은 기악 칸쪼네가 되었다. 이것은 소나타의 먼 조상이고,[108a] 따라서 교향곡의 조상이기도 한 셈이다.

오르간은 14세기에 이미 거의 오늘날 수준으로 발전했다. 발판 건반은 이 시대에 도이칠란트와 저지대(네덜란드 일대)에서 나타났고 곧바로 프랑스와 스페인이 받아들였다. 이탈리아는 16세기가 되어서야 받아들였다. 그 무렵 대부분의 큰 오르간들은 다양한 음전들과 연결 장치들을 지닌 두 개나 세 개의 건반을 가졌다. 큰 교회 오르간들은 그 자체가 예술 작품이었다. 대가들에 의해 고안되고 조각되고 그림이 그려졌다. 형태에 대한 동일한 사랑이 다른 악기를 만드는 데에도 나타났다. 가정에서 사랑 받는 악기인 류트는 서양배 모양으로 목재나 상아로 만들어졌다. 우아한 모습의 소리 구멍들을 뚫고, 은이나 놋쇠로 만든 작은 돌기로 구획된 지판(손가락 판)이 있고, 줄감개집이 목과 직각으로 만나도록 되어 있었다. 아름다운 여인이 무릎에 올려놓은 류트의 현을 뜯는 모습은 감수성이 예민한 이탈리아인들을 흥분시키는 모습이었다. 하프, 치터, 프살터, 둘치머, 기타 등도 사랑 받는 악기들이었다.

현을 뜯는 것보다 켜기를 좋아하는 사람들에게는 다양한 크기의 비올들이 있었다. 그중에는 팔에 안고 켜는 테너 음을 내는 비올라 다 브라치오와 다리에 기대고 연주하는 베이스 음을 내는 비올라 다 감바가 있었다. 다 감바는 뒷날 첼로가 되었고, 비올은 1540년 무렵에 바이올린이 되었다. 관악기들은 현악기보다 인기가 덜했다. 르네상스는 알키비아데스와 똑같이, 뺨을 부풀려 불어서 연주하는 것에 반감을 가지고 있었다. 그런데도 플루트와 피리, 백파이프, 트럼펫, 혼, 플라지올레토(은피리), 오보에 등이 있었다. 북, 타보르, 심벌즈, 탬버린, 캐스터네츠 등 타악기도 전체 앙상블에 그 큰 소리를 덧붙였다. 르네상스 악기들은 건반 악기만 빼고 모두 중동에서 기원한 것들이었다. 건반 악기는 오르간만 빼고는 건반을 다른 악기에 붙여서 간접적으로 현을 때리거나 뜯어서 소리를 내는 것이다. 이런 건반 악기 중에서 가장 오래된 것이 클라비코드(클라비스는 건반이라는 뜻)였다. 그것은 12세기에 나타나서 바흐의 시대에 감상적인 부활을 했다. 이 악기는 건반에 의해 작동되는 작은 놋쇠 망치로 현을 때려서 소리를 냈다. 16세기에 이것은 클라비쳄발로, 혹은 합시코드로 대체되었다. 이 악기는 건반을 누르면 솟아오르는 나무 '방망이'에 연결된 깃털이나 가죽의 끝이 현을 잡아뜯는 것이었다. 영국의 버지널, 이탈리아의 스피넷은 합시코드의 한 형태였다.

이들 모든 악기들은 여전히 성악에 종속되어 있었다. 르네상스의 위대한 대가들은 성악가들이었다. 그러나 1476년에 페라라의 알폰소가 세례를 받을 때에 스키파노야 궁전에서 잔치가 베풀어졌는데, 이때 백 명이나 되는 트럼펫, 피리, 탬버린 연주자들의 음악회가 있었다. 16세기에 피렌쩨 정부는 악단원들을 고용했는데 첼리니도 그중 한 사람이었다. 이 시기에 음악회에서 여러 악기들의 연주가 이루어졌지만 아직은 소수 귀족을 위한 것이었다. 다른 한편 솔로 연주는 거의 광적인 인기를 끌었다. 사람들은 기도하기 위해서뿐만 아니라 스콰르치알루피나 오르카냐 같은 위대한 오르간 연주자들의 연주를 듣기 위해서도 교회에 갔다. 피에트로 보노가 페라라의 보르소 궁전에서 류트를 연주할 때면 듣는 이들의 영혼은 이 세계를 떠나 다른 세계로 날아갔다고 한다.[109] 위대한 연주자들은 당대에 행복한 총아들이었다. 그들은 사후의 명성을 구하지 않고 죽기 전에 명성을 모두 누렸다.

음악 이론은 실제에 비해 한 세대나 늦었다. 연주자들이 쇄신을 하면 교수들은 우선 비난하고 이어서 논쟁하고 마지막에 승인했다. 다성부 음악, 대위법, 푸가의 원칙들은 쉽게 가르치고 전파할 수 있도록 공식화되었다. 르네상스 음악의 위대한 특징은 이론이 아니며 기술적 발전도 아니었다. 그것은 음악의 세속화였다. 16세기에 발전하고 실험한 것은 종교 음악이 아니었다. 그것은 마드리갈과 궁정 음악이었다. 철학, 문학과 나란히 그리고 르네상스 예술의 이교적 양상과 도덕의 해이를 반영하면서 16세기 이탈리아 음악은 성직자들의 통제를 벗어나 사랑의 시에서 영감을 구했다. 종교와 섹스 사이에 벌어진 낡은 싸움은 한동안 에로스의 승리로 결판이 났다. 성모의 지배는 끝나고 여성의 상승이 시작되었다. 그러나 어느 쪽이 지배하든 음악은 아직 여왕의 시녀였다.

11. 조망

르네상스 이탈리아의 도덕성은 정말로 다른 나라나 다른 시대의 그것보다 더 나쁜 것이었던가? 비교를 하기란 어렵다. 모든 증거가 선택이기 때문이다. 알키비아데스 시대 아테네에는 성관계와 정치적 속임수의 측면에서 르네상스 부도덕성의 많은 부분들이 이미 나타났었다. 상당히 큰 규모로 낙태가 이루어졌고, 박식한 기생들을 만들어 냈다. 또 그 시대도 지성과 본능을 동시에 해방시켰다. 플라톤의 『국가』에 나오는 트라시불루스 같은 소피스트는 마키아벨리보다 앞서 도덕성을 허약함이라고 공격했다. 아마도(이런 일에서 우리는 공허한 인상의 범위를 벗어나지 못하기 때문에) 고전 그리스 시대에는 르네상스 이탈리아보다 사적인 폭력이 덜했을 것으로 보인다. 그리고 종교와 정치의 부패도 약간 덜했다. 카이사르에서 네로에 이르는 로마 역사의 한 세기 동안 르네상스 시대보다 통치의 부패가 더 컸고 결혼이 더욱 망가졌다. 그러나 이 시대에는 로마인들의 성격에 많은 스토아 미덕들이 남아 있었다. 카이사르는 뇌물과 사랑이라는 이중적인 능력을 가진 인물이었지만 그래도 장군들의 국가인 로마에서 여전히 가장 위대한 장군이었다.

르네상스의 개인주의는 지적 활발함의 다른 측면이었다. 그러나 도덕과 정치에서 중세의 공동체 정신과 비교하면 불리해진다. 14세기와 15세기 프랑스, 도이칠란트, 영국에서도 아마 이탈리아와 똑같이 정치적 속임수, 배신, 범죄 등이 많았겠지만, 이들 나라들은 아직 이런 정치적 원칙을 설명하고 해설할 마키아벨리를 배출할 지혜가 없었다. 도덕성이 아닌 예법은 알프스 이북이 이남보다 훨씬 거칠었다. 아직 기사도의 좋은 측면을 유지하고 있던 프랑스의 일부 사람들만 빼고 말이다. 슈발리에 바야르와 가스통 드 푸아가 그 좋은 예였다. 동일한 기회만 주어지면 프랑스 사람들도 이탈리아 사람들과 똑같이 간통에 능했다. 그들이 매독을 얼마나 선뜻 받아들였는지를 보라. 우화시들에 나타나는 성적인 혼잡을 보라. 부르군트의 필립 공작의 24명의 애인들을 보고, 또 프랑스 왕들의 애인 아그네스 소렐과 디아느 드 푸아티에들을 보라. 브란톰(Brantome)을 읽어 보라.

14세기와 15세기 도이칠란트와 영국은 너무 가난해서 이탈리아와 부도덕성을 두고 경쟁할 수 없었다. 이들 나라에서 온 여행자들은 이탈리아 생활의 느슨함에 깜짝 놀랐다. 1511년에 이탈리아를 방문한 루터는 "만일 지옥이 있다면 로마는 그 위에 세워졌다. 그리고 나는 로마에서 이 말을 들었다."고 결론을 내렸다.[110] 여러분 누구나 1550년 무렵에 이탈리아를 방문한 영국 학자 로저 애스컴의 충격적인 판단을 알 것이다.

나는 이탈리아에 딱 한 번 갔었다. 하느님께 감사드리는 바이지만 그곳에 9일밖에 머물지 않았다. 그런데도 나는 이 짧은 시간 동안 고귀한 도시 런던에서 9년 동안 들었던 것보다도 더 많은 죄의 자유를 이 한 도시에서 목격했다. 그곳에서는 죄를 지을 자유가 있음을 보았다. 형벌을 받지 않는 것뿐만이 아니라 아무도 그것을 알아채지도 못한다. 마치 런던에서 아무런 비난도 받지 않고 구두를 신을지 슬리퍼를 신을지 결정할 자유가 있는 것과 같다.[111]

그리고 그는 "이탈리아 방식을 받아들인 영국인은 악마의 화신(Inglese Italinato e un diavolo incarnato)"이라는 말을 확정된 격언처럼 인용한다.

우리는 북유럽의 부패보다 이탈리아의 부패를 더 잘 안다. 우리가 이탈리아에 대해 더 잘 알기 때문이다. 그리고 이탈리아 속인들이 자기들의 부도덕성을 숨기려는 노력을 덜했기 때문이고, 또 때로는 그것을 변호하는 책을 썼기 때문이다. 그러나 그런 책을 썼던 마키아벨리는 이탈리아가 "다른 모든 나라들보다 더욱 부패했다. 다음이 프랑스 사람, 그다음이 스페인 사람이다."라고 보았다.[112] 그는 도이치 사람과 스위스 사람들이 아직도 고대 로마인의 남성적인 미덕을 많이 가지고 있는 것을 보고 경탄했다. 우리는 별로 자신은 없지만, 이탈리아가 더 부유했고, 통치와 법의 지배가 더 약했고, 보통 도덕적 해이를 가져오는 일로서 지적으로 더 발전했기 때문에 더욱 부도덕했다고 결론을 내릴 수 있을 것 같다.

이탈리아 사람들은 방종을 저지하려는 칭찬할 만한 노력을 했다. 이런 노력 중 가장 헛된 것은 거의 모든 나라에서 지나친 의상의 사치를 금지하려는 노력이었다. 남자들과 여자들의 허영심은 간교한 끈질김으로 법의 일시적인 열성을 이겼다. 교황들은 부도덕성을 맹렬히 비난했지만 일부 경우에는 이 물결에 휩쓸려 들어갔다. 교회에서의 남용을 개혁하려는 그들의 시도는 성직자들의 무관심, 혹은 기득권에 대한 관심으로 수포로 돌아갔다. 교황들 자신은 역사가 한동안 그려 보이던 것처럼 정열적이거나 사악한 경우는 드물었지만, 교회의 도덕적 완전함을 복구하는 것보다는 교황국가의 정치적 권력을 회복하는 데 관심이 더 많았다. 귀치아르디니는 이렇게 말했다. "부패한 우리 시대에 교황의 선의가 다른 사람들의 사악함을 능가하지 못한다 해도 그것은 찬양되어야 한다."[113] 시대의 위대한 설교자들, 시에나의 성 베르나르디노, 로베르토 다 레체, 산 죠반니 다 카피스트라노, 사보나롤라 같은 사람들이 용감한 개혁을 시도했다. 그들의 설교와 그들의 청중은 다 같이 이 시대의 색채와 특성의 일부를 이룬다. 그들은 생생한 세부 묘사를 통해 악덕을 비난했다. 그것이 그들의 인기를 더욱 크게 해 주었다. 그들은 또한 서로 싸우는 사람들에게 복수를 포기하고 평화롭게 살기를 맹세하라고 설득했다. 또 각국 정부에는 지불 능력이 없는 채무자들을 풀어 주고, 망명을 떠난 사람들을 고향으로 돌아오게 하라고 권고했다. 그리고 완고한 죄인들에게 오랫동안 소홀히 했던 고백 성사를 하도록 만들었다.

그러나 이들 강력한 설교자들도 실패했다. 10만 년 세월을 사냥과 야만스런 생활로 보내면서 형성된 본능이, 신앙심과 존경받는 권위, 확정된 법의 지원을 잃어버린 도덕성이 깨지자 그 깨진 껍질 사이로 다시 밖으로 솟아 나온 것이다. 한때는 왕들까지 통치하던 위대한 교회는 자기 자신을 통치하고 깨끗하게 하는 일조차 할 수가 없게 된 것이다. 중세의 공동체들을 해방시키고 고귀하게 했던 시민 의식을 국가가 무디게 한 다음, 국가의 정치적 자유가 무너졌다. 한때는 시민들이 있던 곳에 이제는 개인들만 있었다. 통치에서 배제된 채, 부를 잔뜩 가진 사람들은 쾌락을 좇고, 그들이 세이렌의 품에 안겨 있을 때 외국의 세력이 침입해서 그들을 놀라게 했다. 도시 국가들은 200년 동안이나 서로를 향해 그 힘과 섬세함과 배신을 행했다. 이제 그들이 공동의 적에 맞서 하나로 합치기란 불가능하게 되었다. 사보나롤라 같은 설교자들은 개혁을 향한 온갖 호소가 거부되자 하늘의 심판이 이탈리아에 내리기를 기도했고, 로마의 파괴와 그리스도교의 붕괴를 예언했다.[114] 교황국가의 전쟁과 이탈리아인의 사치스러운 생활을 뒷받침하는 조공을 바치는 데 지친 프랑스, 스페인, 도이칠란트는 몹시 의지력과 힘이 없고, 아름다움과 부(富)로 그토록 매력적인 이탈리아 반도를 경탄과 시기심으로 바라보았다. 이들 육식 새들이 이탈리아에서 잔치를 벌이려고 모여들었다.

21장　　　　　　　　　정치적 붕괴
　　　　　　　　　　　　　　　1494~1534

1. 프랑스가 이탈리아를 발견하다: 1494~1495[1]

1494년의 이탈리아 상황으로 돌아가 보자. 도시 국가들은 상공업의 발달과 운영으로 부유해진 중산층의 상승을 통해 성숙했다. 이런 도시 국가에서 절반쯤 민주적인 정부는 가문들의 싸움과 계층들의 갈등 가운데 질서를 유지할 수가 없었기 때문에 자치적인 자유를 잃었다. 도시의 선박과 생산품들이 멀리 떨어진 항구로 나가고 있는 동안에도 그들의 경제 구조는 여전히 지역적인 구조였다. 이탈리아 도시 국가들은 외국과의 경쟁보다 더욱 심하게 자기들끼리 경쟁했다. 한때는 이탈리아가 지배하는 지역으로 프랑스, 도이치, 스페인 상업이 영역을 확대해 들어오는 것에 대해 공동의 저항을 하지 않았다. 이탈리아가 아메리카 대륙을 다시 발견한 사람을 낳기는 했으나 그에게 돈을 대 준 나라는 스페인이었다. 그의 궤적을 따라 무역이 이루어지고, 그가 돌아올 때 황금도 함께 왔다. 점차 대서양 국가들이 번성하면서, 지중해는 백인의 경제적 생활에서 혜택을 입는 중심지이기를 그쳤다. 포르투갈은 중동과 근동에 사는 이슬람교도의 방해를 피해 아프리카를 돌아 인도와 중국까지 배를 보내고 있었다. 도이치 사람들조차 알프스를 넘어 이탈리아로 가기보다는 라인 하구를 통해 배들을 내보냈다. 백 년 동안 이탈리아의 모직물을 사 주던 국가들은 이제 스스로 모직물을 생산했다. 이탈리아의 은행가들에게 이자를 지불하던 나라들은 그들 자신의 금융가를 키우고 있었다. 이제는 십일조, 성직 첫해의 수입, 베드로의 돈, 면죄부 판매, 순례자가 떨어뜨리는 돈 등이 북부 유럽에서 이탈리아로 들어오는 경제적인 주요 공헌이 되었다. 그동안 축적된 이탈리아의 부가 도시들을 높여 최고의 광채와 예술로 데려가던 한 세대 동안에 이탈리아는 경제적으로 운이 다했다.

그리고 정치적으로도 운이 다했다. 이탈리아가 서로 싸우는 적들과 국가들로 분열해 있는 동안, 다른 유럽 사회에서는 도시 경제가 아니라 국민 경제의 발전이 봉건적 공국들을 군주국으로 강제로 변화시키면서 그 재정적인 뒷받침을 하고 있었다. 프랑스는 루이 11세 치하에서 통일을 이루었고, 봉건적 남작들을 신하로, 시민들을 애국자로 만들었다. 스페인은 아라곤의 페르디난드가 카스티야의 아라곤과 결혼함으로써, 그리고 그라나다를 정복하고, 피로써 종교적 통일성을 확고히 함으로써 내부 통합을 이루었다. 잉글랜드는 헨리 7세 치하에서 통합을 이루었다. 도이칠란트는 거의 이탈리아만큼이나 갈라져 있었지만 그래도 어쨌든 한 명의 황제를 인정했고, 이따금 그에게 돈과 병사들을 주어서 이런저런 이탈리아 국가들과 전쟁을 하도록 뒷받침했다. 잉글랜드, 프랑스, 스페인, 도이칠란트 등은 국민 군대를 구성했고, 각국 귀족들은 기병과 지휘력을 제공했다. 이탈리아 도시들은 오로지 약탈만 생각하는, 돈으로 산 용병대장의 지휘를 받으면서 치명적인 상처를 감당할 마음이 없는 소수의 용병부대를 가졌을 뿐이다. 한 가지 일만 더 일어나면 이탈리아의 무방비 상태는 유럽에 알려질 판이었다.

유럽의 궁정들 절반 정도는 이제 누가 이 열매를 따먹을 것이냐를 두고 외교적 술책들을 부리며 법석을 떨고 있었다. 프랑스가 최초의 권리를 주장했고 그럴 만한 이유도 많았다. 쟌갈레아쪼 비스콘티는 딸 발렌티나를 오를레앙의 첫 번째 공작인 루이와 결혼시키면서(1387) 왕가와 이렇게 기분 좋은 인연을 맺는 대가로, 밀라노 공작의 남자 혈통이 끊어지게 될 경우 그녀의 남자 후손이 밀라노 공작령을 물려받을 권리를 인정해 주었다. 그리고 필리포 마리아 비스콘티가 죽으면서(1447) 실제로 밀라노 공작 집안의 남자 혈통이 끊어졌다. 그의 사위인 프란체스코 스포르짜가 필리포 마리아의 딸인 아내 비앙카의 권리로 밀라노를 접수했다. 그러나 오를레앙의 공작인 샤를은 발렌티나의 아들 자격으로 밀라노에 대한 권리를 요구했고, 스포르짜 집안이 권리를 찬탈했다고 비난했다. 그리고 기회가 오면 자신의 권리인 이 이탈리아 영토를 차지하겠노라고 천명했다.

또한 프랑스 사람들은, 앙주의 공작이 호엔슈타우펜 왕가에 대항하여 교황청을 방어해 준 대가로 교황 우르바누스 4세에게서(1266) 나폴리 왕국을 받았다고 설명했다. 요한나 2세는 이 왕국을 앙주의 르네에게 물려주었다.(1435) 아라곤의 알폰소 1세는 일시적으로 그녀의 아들로 입양되었다는 사실을 통해 자신에게 이 권리가 있다고 선언하고 힘으로 나폴리 왕국을 차지하여 아라곤 가문의 것으로 삼았다. 르네는 왕국을 차지하려고 시도했으나 실패했다. 그의 법적인 권리는 그가 죽으면서 프랑스 왕인 루이 11세에게로 넘어갔다. 1482년에 식스투스 4세는 나폴리와 사이가 나빠지자, 루이에게 나폴리를 정복하라고 초대했다. 교황은 "이것은 그에게 속하는 것"이라고 말했다. 이 시기에 힘들게 이탈리아 국가들의 동맹과 전쟁을 벌이던 베네찌아는, 절망 속에서 루이에게 나폴리나 밀라노, 가능하면 둘 다를 공격하라고 요청했다. 루이 11세는 프랑스를 통합하느라 바빴다. 그러나 그의 아들 샤를 8세는 나폴리에 대한 아버지의 권리를 물려받았고, 또 자기 궁정에 있는 앙주 혈통 나폴리 망명자들의 말을 듣고, 나폴리 왕관이 시칠리아 왕관과 결합되어 있고, 이것이 다시 예루살렘 왕관을 수반하는 것임을 알았다. 그는 나폴리와 시칠리아를 차지하고, 스스로 예루살렘 왕이 되어 터키에 맞서 십자군 전쟁을 지휘하려는 멋진 생각을 품었다, 혹은 그러한 야망을 품도록 설득되었다. 1489년에 나폴리와 싸우던 교황 인노켄티우스 8세는 샤를 8세에게 나폴리 왕국을 제안하면서 와서 차지하라고 말했다. 알렉산더 6세는(1494) 샤를 8세가 알프스를 넘어오는 것을 파문의 위협으로 금지했다. 그러나 알렉산더의 적인 쥴리오 델라 로베레 추기경(뒷날 율리우스 2세가 되어서는 프랑스 군대를 이탈리아에서 몰아내는 전쟁을 하는 사람)은 리옹에 있던 샤를에게 이탈리아에 침입해서 알렉산더를 폐위시키라고 촉구했다. 사보나롤라는 샤를이 피렌쩨에서 피에로 데 메디치를, 로마에서는 알렉산더를 폐위시켜 줄 것이라 희망하고 그를 초대했다. 많은 피렌쩨 사람들은 이 수도사의 지휘를 따랐다. 마지막으로, 나폴리의 침입을 두려워하던 밀라노의 로도비코는, 프랑스의 샤를 8세가 나폴리에 대한 전쟁만 감행한다면 언제라도 밀라노 영토를 방해받지 않고 통행할 수 있도록 해 주겠다고 약속했다.

이렇게 이탈리아의 절반에게서 격려를 받은 샤를 8세는 침입을 준비했다. 양쪽 날개를 보호하기 위해서 그는 아르투아와 프랑슈 – 콩테를 오스트리아의 막시밀리안에게 양도하고, 스페인의 페르디난드에게는 루시용(Roussillon)과 세르다뉴를 넘겨주고, 잉글랜드의 헨리 7세에게는 브르타뉴 지방에 대한 요구를 포기하는 대가로 많은 돈을 지불했다. 1494년 3월에 그는 리옹에 군대를 소집했다. 기병 1만 8000명과 보병 2만 2000명이었다. 제노바를 안전하게 프랑스 편에 붙잡아 두기 위해 함대가 파견되었다. 9월 8일에 프랑스 함대는 라팔로를 그곳에 주둔해 있던 나폴리 군대에서 탈환했다. 이 첫 접전이 보여 준 잔혹함이 적당한 학살에 익숙해 있던 이탈리아에 충격을 주었다. 같은 달에 샤를과 그의 군대는 알프스를 넘어 아스티에 멈추었다. 밀라노의 로도비코와 페라라의 에르콜레가 그를 맞이하러 그곳으로 왔고 로도비코는 그에게 자금을 빌려 주었다. 샤를은 천연두에 걸려 이 계획에 차질을 가져왔다. 회복되면서 그는 밀라노 영토를 통과해서 군대를 이끌고 토스카나로 들어갔다. 사르짜나와 피에트라산타에 있던 피렌쩨 전방 요새들은 프랑스 왕에 맞서 저항했지만 피에로 데 메디치가 손수 와서 이 요새들을 그에게 넘겨주고 피사와 리보르노까지 함께 넘겨주었다. 11월 17일에 샤를과 그의 군대 절반은 피렌쩨를 통과하여 행진해 갔다. 주민들은 예상치 못했던 행렬에 경탄하고 군인들이 행한 작은 도둑질에 불평하긴 했지만 그들이 약탈을 하지 않는 것을 보고 안도했다. 12월에 샤를은 로마로 다가갔다.

이미 앞에서 알렉산더 6세의 관점에서 왕과 교황의 만남을 관찰했다. 샤를은 온건하게 행동했다. 오로지 군대가 라티움 지방을 자유롭게 통과할 것과, 교황청의 죄수인 쳄의 보호권(터키 군에 맞선 싸움에서 왕위 요구자 및 동맹군으로 쓸모가 있을 수도 있으므로)과 체사레 보르지아가 볼모로 함께 갈 것을 요구했을 뿐이다. 알렉산더는 동의했다. 군대는 남쪽으로 행군하여 갔고(1495년 1월 25일) 보르지아는 곧 도망쳤으며, 알렉산더는 자신의 외교 노선을 자유롭게 바꾸었다.

2월 22일에 샤를은 저항도 없는 가운데 승리하고 나폴리로 입성했다. 나폴리 귀족 네 사람이 들고 있는 황금 천으로 만든 천개 아래서 주민들의 환호를 받으며 들어갔다. 그는 세금을 줄이고, 자신이 오는 것을 반대했던 사람들을 용서해 줌으로써 감사의 뜻을 보였다. 그리고 시골을 통치하는 남작들의 요구에 따라 노예 제도를 승인했다. 스스로 안전하다고 생각한 그는 마음을 놓고 기후와 풍경을 즐겼다. 부르봉 공작에게 보낸 편지에서 자신이 지금 살고 있는 정원을 묘사하면서 이브만 한 사람 있으면 천국이라고 말하고 있다. 그는 도시의 건축, 조각, 회화를 보고 경탄했고, 이탈리아 예술가들을 선별해서 프랑스로 데려갈 계획을 세웠다. 그사이 그는 훔친 예술품을 재빨리 배로 실어 프랑스로 보냈다. 나폴리에 완전히 매혹되어 그는 예루살렘과 십자군 계획을 잊어버렸다.

그가 나폴리에서 빈둥거리고, 그의 군대는 거리의 여자들과 스튜 요리를 즐기면서 '프랑스 병'에 걸리거나 퍼뜨리고 있는 동안, 그의 배후에서 문제가 자라나고 있었다. 나폴리 귀족들은 자기들의 왕을 폐위시키는 것을 도운 대가를

받기는커녕 많은 경우 옛날 앙주 시대 소유주들에게 토지를 빼앗기거나 샤를
이 하인들에게 진 빚을 갚아 주어야 했다. 모든 공직은 프랑스 사람에게 주어
졌고, 그들에게 나폴리의 관습을 훨씬 웃도는 뇌물을 주지 않고는 아무것도 얻
을 수 없었다. 점령군대는 이탈리아 사람들을 공공연히 무시함으로써 상처에
모욕을 덧붙였다. 몇 달 안에 프랑스 사람들을 향한 환영은 사라지고 증오가
커져 갔다. 이런 증오심은 격분한 인내심으로 침입자들을 쫓아낼 기회만 호시
탐탐 엿보게 되었다.

1495년 3월 31일에 원상 복귀한 알렉산더, 후회하는 로도비코, 분노한 페르
디난드, 시샘하는 막시밀리안, 조심스러워진 베네찌아 원로원 등이 연합해서
이탈리아를 방어하기 위해 동맹을 맺었다. 한 손에 왕홀을 다른 손에는 공 하
나를(아마도 지구를 상징하는 듯) 들고서 나폴리를 행진하던 샤를 왕은 한 달
만에 새로운 동맹국들이 자기에 맞서기 위해 군대를 일으키고 있음을 알았다.
5월 21일에 그는 나폴리를 사촌 몽팡시에 백작에게 맡기고 군대 절반을 이끌
고 북쪽으로 향했다. 파르마 영토로 흐르는 타로 강변에 위치한 포르노보에서
1만 명의 프랑스 군대는 만토바 후작 쟌프란체스코 곤짜가가 이끄는 4만 명의
연합군이 길을 막아선 것을 보았다. 1495년 7월 5일 그곳에서 처음으로 프랑스
군대와 이탈리아 군대가 서로 접전했다. 곤짜가 자신은 열심히 싸웠지만 군대
를 잘못 지휘했고 그래서 절반만이 싸움에 참가했다. 이탈리아 사람들은 사정
없이 공격하는 전사들에 맞서 싸울 정신적인 각오가 되어 있지 않았기에 많은
사람이 도망쳤다. 스무 살 프랑스 청년 슈발리에 드 바야르는 부하들에게 무모
한 용기의 예를 보여 주었고, 왕도 격하게 전투를 벌였다. 전투는 결판이 나지
않았고 양측은 모두 승리를 선언했다. 프랑스 사람들은 수하물 부대를 잃었지
만 전쟁터의 승리자로 남았다. 그들은 오를레앙의 세 번째 공작인 루이가 지원
부대와 함께 기다리고 있는 아스티를 향해 밤에 아무런 방해도 받지 않고 진군
했다. 10월에 샤를은 명성에 손상은 갔으나 온전한 육신을 보존하고 프랑스로
돌아갔다.

침입을 통해 얻은 영토는 미미한 것이었다. "위대한 선장" 곤살로가 나폴리와 칼라브리아에서 프랑스 군대를 내쫓고 페데리고 3세를 통해 아라곤 왕가를 나폴리에 복구시켰다.(1496) 이 침입의 간접적 결과는 엄청난 것이었다. 이것은 국민 군대가 용병 부대에 비해 우세함을 입증해 주었다. 스위스 용병만 잠깐 동안 예외였다. 그들은 길이 5미터가 넘는 창으로 무장하고 견고한 밀집 방진을 이루어 기병의 진행을 가로막는 '고슴도치' 모양을 만들어 냈다. 그들은 많은 승리를 거두었다. 그러나 마케도니아 방진을 되살린 스위스 군대의 무패 신화는 머지않아 마리냐노에서(1515) 개선된 대포로 인해 끝나고 말았다. 아마도 대포알이 방향과 사정거리를 조작할 수 있는 포신에 처음으로 장착된 때가 바로 이 전쟁이었던 모양이다.[2] 이 대포는 (그때까지 이탈리아에서 해 오던 대로) 황소가 끌지 않고 말이 끌었다. 프랑스 사람들은 수많은 "야포와 성벽을 부수는 대포들을 이용했다. 이탈리아 사람들이 전에 보지 못한 것들이었다."라고 귀치아르디는 말한다.[3] 프루아싸르 영웅들의 후손인 프랑스 기사들은 포르노보에서 훌륭하게 싸웠다. 그러나 기사들도 머지않아 대포에 굴복하게 된다. 중세에는 방어 기술이 공격 수단을 능가했고 그래서 전쟁을 막았다. 이제 공격이 방어에 대해 우세해졌고 전쟁은 더욱 유혈이 많아졌다. 이때까지 이탈리아 전쟁은 국민을 고용하지 않았으며, 그들의 목숨보다는 경작지를 더 괴롭혔다. 그러나 이제 그들은 이탈리아 전체가 약탈당하고 피를 흘리는 것을 보아야 했다. 스위스 사람들은 이 전쟁의 해에 롬바르디아 평원이 얼마나 비옥한지 보았다. 그들은 이후로 롬바르디아를 거듭 침입했다. 프랑스 군대는 이탈리아가 갈래갈래 찢겨 정복자를 기다리고 있음을 알았다. 샤를 8세는 사랑에 마음을 뺏겨 나폴리를 차지할 생각을 그만두었지만 그의 사촌이자 후계자는 훨씬 더 단단한 사람이었다. 루이 12세는 그 일을 다시 하게 된다.

2. 새로운 공격: 1496~1505

"로마 사람들의 왕", 그러나 사실은 도이치 사람들의 왕인 막시말리안은 막간극을 제공했다. 그는 자신의 거대한 적 프랑스가 강해져 이탈리아를 차지함으로써 자신의 측면을 공격할 것이라는 생각에 고민했다. 그는 이탈리아 땅이 얼마나 부유하고 아름답고 허약한지 들었다. 그러나 이탈리아는 아직 하나의 나라가 아니라 오로지 반도일 뿐이었다. 그도 이탈리아에 대해 권리가 있었다. 법적으로 보면 롬바르디아의 도시들은 아직도 그의 봉건 신하들이었고, 신성로마제국의 수장으로서 그는 이 도시들을 자기가 주고 싶은 사람에게 봉토로 줄 수 있었다. 정말이지 로도비코는 돈과 또 다른 비앙카를 그에게 뇌물로 주면서 밀라노의 공작으로 임명해 달라고 청원하지 않았던가? 나아가 많은 이탈리아 사람들이 그를 초대했다. 로도비코와 베네찌아는 그에게 이탈리아로 와서 프랑스가 반복적으로 기습하는 것에 맞서 자기들이 저항하는 것을 도와달라고 청했다. 막시밀리안은 겨우 한 줌의 군대를 이끌고 왔다. 베네찌아는 음흉하게도, 지중해로 통하는 피렌쩨의 최종 출구인 리보르노를 공격하라고 그를 설득했다. 그렇게 함으로써 아직도 프랑스와 동맹을 맺고 있고, 언제나 베네찌아와 경쟁하는 피렌쩨를 약화시키려는 생각이었다. 막시밀리안의 공격은 적절치 못한 협조와 후원으로 실패했고 그는 특별히 더 지혜로워지지도 못한 채로 도이칠란트로 돌아갔다.(1496년 12월)

1498년에 오를레앙의 공작이 루이 12세가 되었다. 발렌티나 비스콘티의 외손자로서 그는 자기 가문이 밀라노에 대해 권리가 있음을 잊지 않았다. 샤를 8세의 사촌으로서 그는 나폴리에 대한 앙주 집안의 권리도 물려받았다. 대관식 날에 그는 다른 칭호들 사이로 밀라노 공작, 나폴리와 시칠리아의 왕, 예루살렘 황제라는 칭호도 다 받아들였다. 자신의 행로를 깨끗하게 만들기 위해서 그는 잉글랜드와의 평화 조약을 갱신하고, 스페인과도 평화 조약을 맺었다. 베네찌아에는 크레모나와 아다 강 동편의 땅을 주기로 약속하고 베네찌아도 자신과의 동맹에 서명하도록 유혹했다. "밀라노 공작 로도비코 스포르짜에 맞서 공동으로 전쟁을 할 것, 그리고 로마 교황을 제외한 모든 사람에게 맞서서, 최고의 그리스도교 왕(프랑스 왕)에게 …… 그의 정당하고 오래된 세습 재산인 밀라노 공작령을 되돌려 주기 위해서"였다.[4] 한 달 뒤에(1499년 3월) 그는 스위스 칸톤들에게 연간 2만 플로린의 후원금을 주는 대가로 군사 지원의 약속을 얻어냈다. 5월에는 체사레 보르지아에게 발랑티누아 공작령에 있는 왕가 혈통의 프랑스인 신부를 내주고, 또 교황청이 교황국가들을 다시 점령할 때 원조해 주겠다는 약속으로 교황 알렉산더 6세를 이 동맹에 끌어들였다. 밀라노의 로도비코는 이런 연합에 어찌할 바를 모르고 오스트리아로 도망쳤다. 3주 만에 그의 공작령은 베네찌아와 프랑스의 영토로 편입되어 사라져 버렸다. 1499년 10월 6일에 루이 12세는 승리하여 밀라노로 들어왔다. 나폴리를 빼고 거의 이탈리아 전국이 그 일을 환영했다.

실제로 베네찌아와 나폴리를 빼고 이탈리아 전체가 이제 프랑스의 지배나 영향권 아래로 들어왔다. 만토바, 페라라, 볼로냐는 서둘러 복종했다. 피렌쩨는 체사레 보르지아에 대항할 유일한 보호 수단으로 프랑스와의 동맹에 매달렸다. 스페인의 페르디난드는 나폴리의 아라곤 왕가와 가까운 친척이었는데도 그라나다에서 루이 12세의 대표들과 비밀 동맹을 맺었다.(1500년 11월 11일) 교황국가 남쪽에 있는 이탈리아를 공동 정복하기로 약속하는 동맹이었다. 교황국가들을 다시 정복하기 위해 프랑스의 도움이 필요했던 알렉산더 6세는 나폴리의 페데리고 3세를 폐위시키고, 프랑스와 스페인이 나폴리 왕국을 분할하는 것을 승인하는 교서를 발령함으로써 이에 협조했다.

1501년 7월에 스코틀랜드 사람 스튜어트 도비니(S. d'Aubigny)가 지휘하는 프랑스 군대, 체사레 보르지아, 로도비코를 배신한 총신 프란체스코 디 산세베리노 등이 이탈리아를 통과해서 카푸아로 진격하여 카푸아를 접수하고 약탈했다. 그리고 나폴리로 나아갔다. 모두에게서 버림받은 페데리고 왕은 나폴리를 프랑스에 넘겨주고 그 대신 프랑스에서 편안한 은신처와 연금을 받기로 했다.

그사이에 "위대한 선장(el gran capitan)" 곤살로 데 코르도바가 페르디난드와 이사벨라(스페인)를 위해 칼라브리아와 아풀리아를 점령했다. 페데리고의 아들 페란테는 곤살로에게서 자유를 약속 받은 다음 타란토를 넘겨주었지만, 스페인 왕의 요구에 따라 죄수가 되어 스페인으로 보내졌다. 스페인 군대가 아풀리아와 아브루찌 사이의 경계선에서 프랑스 군대와 맞닥뜨렸을 때 두 도둑 사이에서 경계선을 놓고 논쟁이 벌어졌다. 알렉산더 6세에게는 안도가 되는 일이었지만 스페인과 프랑스는 전리품의 정확한 분할을 놓고 전쟁을 했다.(1502년 7월) 교황은 베네찌아 대사에게 이렇게 말했다. "주님께서 프랑스와 스페인에 불화를 주지 않으셨다면 우리는 대체 어디에 있을까요?"[5]

한동안 새로운 전쟁의 행운은 프랑스 편에 있었다. 도비니의 군대는 남부 이탈리아 거의 전부를 차지했다. 그러자 곤살로는 자신의 군대를 요새화된 바를레타 시에 감추어 두었다. 중세와 같은 사건 하나가 이 우울한 전쟁을 밝게 만들었다.(1503년 2월 13일) 이탈리아 사람들은 여자같이 겁이 많은 놈들이라는 프랑스 장교의 말에 화가 난 스페인 군대의 이탈리아 연대 지휘자가, 프랑스 사람 13명과 이탈리아 사람 13명이 싸움을 하자고 도전했다. 프랑스 군대도 동의하고 전투가 중단되었다. 적대적인 두 군대는 구경꾼이 되어서 26명의 대표들 중 프랑스 사람 13명 모두가 상처를 입거나 포로가 되어 무력하게 될 때까지 싸우는 것을 구경했다. 스페인의 잔인성에 못지않은 스페인의 기사도 정신을 발휘하여 곤살로가 자신의 주머니에서 포로들의 몸값을 내주고 그들 모두를 프랑스 군대로 돌려보냈다.[6]

이 사건은 "위대한 선장" 곤살로 군대의 사기를 회복시켰다. 그들은 바를레타에서 나와서 자신들을 포위한 프랑스 군대를 물리치고, 체리뇰라에서 한 번 더 프랑스 군대에 승리를 거두었다. 1503년 5월 16일에 곤살로는 저항도 받지 않고 나폴리로 입성해 주민들의 환영을 받았다. 주민들은 언제나 승리자에게 환호를 보냈다. 루이 12세가 곤살로에 맞서도록 다른 군대를 보냈다. 곤살로는 가릴리아노 강변에서 이 군대를 맞이해서 물리쳤다.(1503년 12월 29일) 이때 프랑스군과 함께 달아나던 피에로 데 메디치가 물에 빠져 죽었다. 곤살로는 이제 남부 이탈리아에서 프랑스 군대의 마지막 근거지인 가에타를 포위했다. 그는 그들에게 너그러운 조건을 제시했고, 프랑스군은 이를 받아들였다.(1504년 1월 1일) 프랑스 사람들이 무장을 해제한 다음 그가 이 약속을 성실하게 지켰으므로 그동안 전임자들의 배신에 놀라워했던 주민들은 그를 "신사 선장"이라고 불렀다.[7] 블루아 조약으로(1505) 루이 12세는 나폴리에 대한 자신의 권리를 친척인 제르멘 드 푸아에게 넘겨줌으로써 어느 정도 체면을 세웠다. 그녀가 홀아비인 페르디난드 왕과 결혼하고 나폴리를 지참금으로 가져간다는 조건이었다. 나폴리와 시칠리아 왕관은 만족을 모르는 스페인의 페르디난드에게로 돌아갔다. 그리고 이후로 1707년까지 나폴리 왕국은 스페인의 속령으로 남아 있게 된다.

3. 캉브레 동맹: 1508~1516

이탈리아는 이제 절반이 외국의 지배에 들어갔다. 남부 이탈리아는 스페인의 지배였다. 제노바부터 밀라노를 거쳐 크레모나 교외 지역에 이르는 북서부 이탈리아는 프랑스에게 장악되었고 작은 공국들은 프랑스의 영향을 받아들였다. 오로지 베네찌아와 교황령만이 상대적으로 독립적이었는데, 그들은 로마냐 도시들을 두고 이따금 전쟁을 벌였다. 베네찌아는 터키에게 뺏기고, 또 인도로 가는 대서양 항로를 통해 잃어버린 시장과 물자를 보충하기 위해 본토의 시장과 물자를 확보하기를 열렬히 소망했다. 베네찌아는 알렉산더의 죽음과 체사레 보르지아가 병든 것을 기회로 삼아 파엔짜, 라벤나, 리미니를 차지했다. 율리우스 2세는 그 지역을 탈환하겠다고 선언했다. 1504년 그는 프랑스의 루이 12세와 신성로마제국의 막시밀리안 황제에게 그리스도교적이지 못한 싸움을 그만두고 자기와 힘을 합쳐 베네찌아를 공격하여, 본토에 있는 베네찌아 속령들을 자기들끼리 나누자고 제안했다.[8] 막시밀리안은 기꺼이 그렇게 하고 싶었지만 재정이 약했다. 그래서 이 계획은 수포로 돌아갔다. 율리우스 2세는 계속 노력했다.

1508년 12월 10일에 캉브레(Cambrai)에서 베네찌아에 대항한 거대한 음모가 꾸며졌다. 막시밀리안 황제는 베네찌아가 황제령인 고리짜, 트리에스테, 포르데노네, 피유메 등지를 차지했기 때문에, 또 베네찌아가 베로나와 파도바에 대한 황제의 권한을 무시했기 때문에, 또 베네찌아가 황제와 그의 작은 군대가 로마로 가서 그가 바라는 대관식을 하기 위해 베네찌아 영토를 통과하는 일을 거부했기 때문에 이 동맹에 참가했다. 루이 12세는 북부 이탈리아의 분할을 두고 프랑스와 베네찌아 사이에 논란이 일어났기 때문에 여기 동참했다. 스페인의 페르디난드는 1495년 나폴리에 문제가 일어났을 때 여러 세기 동안 나폴리 왕국의 일부였던 브린디시, 오트란토, 그 밖에 다른 아풀리아 항구들을 베네찌아가 차지하고서 앞으로도 계속 차지하려고 했기 때문에 여기 동참했다. 율리우스 2세는 베네찌아가 로마냐 지방에서 철수하기를 거절했을 뿐만 아니라 교황청의 봉신인 페라라를 차지하려는 야망을 공공연히 드러냈기 때문에 이 동맹에 동참했다.(1509) 유럽의 국가들은 이제 베네찌아의 이탈리아 본토 속령들을 모두 흡수할 계획을 세웠다. 스페인은 아드리아 해에 면한 도시들을 되찾게 될 것이다. 교황은 로마냐 지방을 되찾게 될 것이다. 막시밀리안은 파도바, 비첸짜, 트레비소, 프리울리, 베로나를 차지하게 될 것이다. 루이 12세는 베르가모, 브레시아, 크레마, 크레모나, 아다 강 골짜기 지역 등을 차지하게 될 것이다. 만일 이 계획이 성공했더라면 이탈리아는 존재를 멈추었을 것이다. 프랑스와 도이칠란트가 포 강까지 내려오게 되고 스페인은 테베레 강까지 올라오게 된다. 교황국가들은 방책 없이 가로막히게 되었을 것이고, 터키에 맞선 베네찌아 방벽이 무너졌을 것이다. 이 위기의 순간에 어떤 이탈리아 국가도 베네찌아에 원조를 제공하지 않았다. 베네찌아는 스스로의 강탈로 인해 거의 모든 국가들을 자극했던 것이다. 정말이지 합당한 이유에서 베네찌아를 의심했던 페라라도 동맹에 참가했다. 페르디난드에 의해 거칠게 은퇴를 당한 고귀한 곤살로는 베네찌아에 장군으로 봉사하겠다고 제안했다. 베네찌아 원로원은 감히 그 제안을 받아들이지 못했다. 베네찌아의 유일한 생존 희망은 동맹국들이 하나씩 떨어져 나가는 데에 있었기 때문이다.

베네찌아는 홀로 이 압도적인 동맹군에 맞섰다는 이유만으로도 동정을 얻을 만하다. 그리고 이 도시의 충성스러운 부자들과 징집된 가난한 사람들이 똑같이 믿을 수 없을 정도로 질긴 태도로 피루스의 승리에 이를 때까지 싸웠기 때문에도 그렇다. 원로원은 파엔짜와 리미니를 교황령으로 복구하겠다고 제안했지만 분노한 율리우스는 파문령으로 대꾸하고, 로마냐 지방 도시들을 탈환하기 위해 군대를 파견했다. 프랑스가 전진하면서 베네찌아는 롬바르디아에만 군대를 집중시켜야 하는 상황이었다. 아냐델로에서 프랑스 군대는 르네상스 시대 가장 유혈이 낭자한 전투 하나에서 베네찌아를 누르고 승리했다.(1509년 5월 14일) 그날 6000명이 전사했다. 절망한 원로원은 남은 군대를 베네찌아로 불러들이고, 프랑스 군대가 롬바르디아 지역 전체를 정복하도록 내버려두었다. 그리고 아풀리아와 로마냐 지방에서 군대를 철수하고, 베로나, 비첸짜, 파도바 등을 향해 베네찌아는 이 도시들을 수비할 수 없다는 점을 시인하고, 각 도시가 황제에게 항복하든지 저항하든지 각자 선택하라고 완벽한 자유를 주었다. 막시밀리안 황제는 지금까지 본 중에서 가장 큰 군대를 거느리고(약 3만 6000명) 와서 파도바를 포위했다. 주변의 농부들은 황제의 군대를 위해 할 수 있는 한 온갖 말썽을 일으켰다. 파도바 사람들은 베네찌아 통치 아래서 경험한 것이 훌륭한 정부였다는 것을 입증할 정도로 용감하게 싸웠다. 참을성이 없고 또 언제나 재정이 부족했던 막시밀리안은 화가 나서 티롤 지방으로 돌아가 버렸다. 율리우스 교황도 갑자기 포위를 풀고 군대를 철수시켰다. 파도바와 비첸짜는 자발적으로 베네찌아 통치로 돌아왔다. 루이 12세는 자신의 몫을 차지하자 군대를 해산시켰다.

율리우스 2세는 이제서야 캉브레 동맹이 완전히 승리한다면 교황청도 패배하는 것이라는 사실을 깨달았다. 그것은 교황청을 종교 개혁의 목소리가 이미 나오기 시작하던 북부 유럽 세력들의 자비심에 맡겨 놓는 꼴이 될 것이기 때문이다. 베네찌아가 교황이 요구하는 모든 조건에 동의한다는 제안을 하자 그는 "자신은 절대로 동의하지 않으리라고 맹세하면서 동의했다."(1510) 그가 정당하게 교회의 재산이라고 생각하는 것을 요구한 다음, 그는 프랑스 쪽으로 분노를 향했다. 프랑스는 롬바르디아와 토스카나를 통제하게 된 지금 교황국가의 불쾌한 이웃 국가가 되었다. 율리우스 2세는 미란돌라에서 프랑스 군대를 이탈리아에서 몰아내기 전에는 절대로 수염을 깎지 않겠다고 맹세했다. 그래서 라파엘로가 그린 초상화에서 그의 수염이 그토록 강력하게 자라 있다. 이제 교황은 너무 늦게 이탈리아에 감동적인 표어를 주었다. "야만인들을 몰아내라!(Fuori i barbari)" 1511년 10월에 그는 베네찌아, 스페인과 더불어 '신성 동맹'을 맺었다. 머지않아 그는 스위스와 영국도 이 동맹에 끌어들였다. 1512년 1월 말에 베네찌아는 주민들의 즐거운 협조를 얻어 브레시아와 베르가모를 다시 탈환했다. 프랑스는 잉글랜드와 스페인이 쳐들어올 경우에 대비해 거의 모든 군대를 고국으로 집결시켰다.

프랑스 군대 일부만이 스물두 살짜리 저돌적이고 우아한 젊은이의 지휘 아래 이탈리아에 남았다. 활동 없는 것이 싫었던 가스통 드 푸아(Gaston de Foix)는 군대를 지휘하고 우선 포위당한 볼로냐를 구원하고, 이어서 이솔라 델라 스칼라에서 베네찌아 군대를 무찌르고, 이어서 브레시아를 탈환하고, 마지막으로 라벤나에서 찬란하지만 값비싼 승리를 거두었다.(1512년 4월 11일) 거의 2만 명의 시체가 이 전쟁터를 비옥하게 만들었다. 가스통 자신도 전선에서 싸우다가 치명적인 상처를 입었다.

율리우스 2세는 군대가 잃은 것을 협상을 통해 보충했다. 그는 막시밀리안을 설득해서 베네찌아와 평화 조약을 맺도록 하고, 프랑스에 반대하는 동맹에 동참하도록 했으며, 프랑스 군대의 일부가 된 도이치 병사 4000명을 불러들이도록 했다. 그의 재촉을 받고 스위스는 2만 명의 군대를 거느리고 롬바르디아 지방으로 왔다. 프랑스 군대는 승리를 통해 힘이 줄고, 또 도이치 파견대를 잃어버림으로써 힘이 줄어 든 채로 스위스, 베네찌아, 스페인 군대가 하나로 합쳐지기 전에 브레시아, 크레모나, 밀라노, 제노바 등지에 효율적이지 못한 수비대만 남겨 놓고 알프스로 물러났다. 상당히 복잡한 재앙을 통해서 '신성 동맹'은 라벤나 전투가 지나고 두 달 만에 교황의 외교적 노력을 통해 프랑스 군대를 이탈리아 땅에서 몰아냈다. 율리우스는 이탈리아의 해방자라는 환호를 받았다.

만토바 회의에서(1512년 8월) 승리자들은 약탈물을 나누었다. 율리우스의 고집에 따라 밀라노는 로도비코의 아들인 마씨밀리아노 스포르짜에게 주어졌다. 스위스는 루가노와 라고 마죠레의 머리 쪽 영토를 받았다. 피렌쩨는 강요를 통해 메디치 가문을 받아들였다. 교황은 보르지아가 얻었던 교황국가들을 모두 되찾고, 그 밖에도 파르마, 피아첸짜, 모데나, 레지오 등을 얻었다. 페라라만이 여전히 교황의 손길을 벗어나 있었다. 그러나 율리우스 2세는 후계자에게 많은 문제들을 남겼다. 그는 진짜로 외국인을 쫓아낸 게 아니었다. 스위스 군대는 스포르짜를 위한 경비병 자격으로 밀라노를 차지하고 있었고, 황제는 보상으로 비첸짜와 베로나를 차지했으며, 스페인의 페르디난드는 이들 모두 중에서 가장 약삭빠른 장사꾼이었기에 남부 이탈리아에서 스페인의 힘을 튼튼하게 만들었다. 오로지 프랑스 군대만 이탈리아에서 끝장난 듯이 보였다. 루이 12세는 밀라노를 차지하기 위해 또 다른 군대를 보냈지만 노바라에서 스위스 군대를 만나 패배하고, 프랑스 군대 8000명을 잃었다.(1513년 6월 6일) 루이 12세가 죽었을 때(1515) 불확실한 제노바의 발판을 제외하고 한때 광범위했던 그의 이탈리아 제국에서 아무것도 남지 않았다.

그러나 프랑수아 1세는 그것을 모두 되찾기로 작정했다. 게다가 (브랑톰이 알려 주는 바로는) 그는 밀라노의 시뇨라 클레리체가 이탈리아에서 가장 아름다운 여자라는 말을 듣고 그녀를 간절히 소망했다.[9] 1515년 8월에 그는 다시 4만 명의 군대를 거느리고 알프스 산맥을 넘었다. 이제껏 본 중에서 가장 큰 군대였다. 스위스 사람들이 싸우러 나왔다. 밀라노에서 몇 마일 떨어진 마리냐노에서 이틀 동안 격심한 전투가 벌어졌다.(1515년 9월 13~14일) 프랑수아 자신도 롤랑처럼 싸웠고, 슈발리에 드 바야르에게서 즉석 기사 작위를 받았다. 스위스군은 이 전쟁에서 1만 3000명이 전사했다. 그들과 스포르짜는 밀라노를 포기했고, 이 도시는 다시 프랑스의 차지가 되었다.

혼란스러워진 레오 10세의 고문관들은 마키아벨리에게 충고를 구했다. 그는 프랑스 왕과 신성로마제국 황제 사이에서 중립을 지키는 것에 반대했다. 교황청은 승리자 앞에서 마치 다른 쪽 편을 들었던 것처럼 어찌할 바를 모르게 될 것이라는 게 이유였다. 그는 두 악의 세력 중 덜 나쁜 쪽인 프랑스와 협약을 맺으라고 충고했다.[10] 레오는 그렇게 명령했다. 1515년 12월 11일에 프랑수아와 교황은 볼로냐에서 만나 평화 조약을 맺었다. 스위스도 비슷한 평화 조약을 프랑스와 체결했다. 스페인 사람들은 나폴리로 물러났다. 황제는 다시 좌절하고 베로나를 베네찌아에 넘겨주었다. 그렇게 해서(1516) 캉브레 동맹의 전쟁은 끝이 났다. 여기서는 마치 춤판처럼 파트너(동맹국)들이 바뀌었고, 마지막의 상황은 처음의 상황과 본질적으로 같았으며, 이탈리아가 강대국들이 유럽의 지배권을 놓고 거듭 결투를 벌이는 전쟁터가 될 운명이 되었다는 것만 빼고는 아무것도 결정되지 않았다. 교황청은 파르마와 피아첸짜를 프랑스에 넘겨주었다. 베네찌아는 북부 이탈리아의 속국들을 되찾았지만 재정적으로 고갈되었다. 이탈리아는 황폐해졌다. 그러나 예술과 문학은 비극적 사건들의 자극을 받은 탓이었는지 아니면 번영을 누린 과거의 힘에 의해서였는지 한동안 더 번창했다. 가장 나쁜 일은 아직 일어나지 않았다.

4. 레오와 유럽: 1513~1521

볼로냐의 조약에서 대담함과 힘에 맞서 명망과 외교가 대립했다. 이 잘생긴 젊은 왕 프랑수아 1세는 금술이 달린 외투와 모피를 입고 깃털을 꽂고 뒤에 군대를 거느리고 위풍당당하게 등장했다. 교황을 단순히 정치가로 여겨 붙잡아 놓고 이탈리아 전체를 집어삼킬 욕심이었다. 그에 맞서 레오는 직위의 화려함과 메디치 집안의 섬세함밖에는 가진 것이 없었다. 레오가 이후로 왕과 황제를 서로 대립하게 만들고, 요리조리 편을 바꾸고, 서로 모순되는 조약에 동시에 서명하고 있다면 이것을 너무 엄격하게 판단할 수만은 없는 일이다. 그는 달리 휘두를 칼이 없는 데다 교회의 유산을 보호해야 했다. 그의 적들은 연대와 대포를 휘두르는 것에 덧붙여 역시 같은 무기를 사용하곤 했다.

이 회합에서 이루어진 비밀 결의는 오늘날까지도 비밀로 남아 있다. 분명 프랑수아는 레오가 스페인에 맞서 자기와 동맹을 맺게 하려고 애를 썼다. 레오는 생각할 시간을 달라고 요구했다. 이것은 외교적으로 거절하는 방법이었다. 그와 동맹을 맺는 것은, 전통적으로 교황국가들을 남쪽과 북쪽 양쪽에서 동일한 통치자의 손에 묶어 둔다는 교회의 오래된 정책에 정면으로 반대되는 것이었다.[11] 1516년 평화 조약의 확실한 결과 하나는 부르쥬의 실행 인가를 무효로 만들었다는 점이었다. 이 실행 인가(1438)는 교황의 권위에 대하여 공의회의 권위가 더 우세함을 인정하고, 프랑스 왕에게 프랑스 지역의 중요한 성직자를 임명할 권한을 준 것이었다. 프랑수아는 성직자 추천의 권한을 프랑스 왕에게 그대로 남겨 둔다는 조건으로 이 실행 인가를 무효로 만드는 일에 동의했다. 레오도 이 조건에 동의했다. 이것은 교황의 패배처럼 보일지도 모른다. 그러나 이렇게 동의함으로써 레오는 프랑스에서 이미 오랫동안 관습이 되어 있던 것을 받아들인 것뿐이었다. 그리고 전혀 그럴 계획은 아니었지만 그는 프랑스에서 교회와 국가를 결혼시켰고, 그럼으로써 프랑스 군주가 종교 개혁을 후원할 재정적 이유를 없애 버린 것이었다. 그리고 그는 공의회와 교황의 상대적인 힘을 놓고 프랑스와 교황청 사이에 존재하던 오랜 갈등에 끝을 냈다.

이 회의는 프랑스 지도자들이 전임 교황에 맞서 전쟁을 벌인 일을 용서해 달라고 간청하는 것으로 끝이 났다. 프랑수아는 이렇게 말했다. "거룩한 아버지, 율리우스 2세가 언제나 우리에게 가장 큰 적이었기 때문에 우리도 그에게 적이 되었다고 해서 놀라시지는 않겠지요. 우리 시대에 이보다 더 무서운 적은 보지 못했습니다. 그분은 정말이지 아주 뛰어난 지휘자였고, 교황보다는 오히려 훌륭한 장군이었으니까요."[12] 레오는 이 대담한 회개자들에게 사면과 축복을 해 주고 그들이 그의 발에 거의 키스하면서 회의가 끝났다.[13]

프랑수아는 영광의 후광에 둘러싸여 프랑스로 돌아갔다. 그리고 한동안 베누스(사랑)와 또 수은과(매독 치료) 더불어 만족하고 지냈다. 페르디난드 2세가 죽자(1516) 프랑스 왕은 다시 나폴리 정복의 계획을 세웠다. 아마도 프랑스의 남아도는 인구를 줄일 훌륭한 방책으로 여긴 탓이었을 것이다. 그런데도 그는 아라곤, 카스티야, 나폴리, 시칠리아의 새 왕이 된, 페르디난드의 손자 카를 1세와 평화 조약에 서명했다. 그러나 막시밀리안 황제가 죽고(1519) 그의 손자이기도 했던 카를 1세가 그의 뒤를 이어 신성로마제국의 황제(카를 5세)가 되는 것으로 일이 진행되자 프랑수아는 이 열아홉 살 된 스페인의 왕보다 자기가 황제에 더 적합하다고 여기고 자신이 선출되기 위해 열심히 노력했다. 레오는 다시 위험한 상황에 빠졌다. 그는 프랑수아를 후원하는 쪽을 택하고 싶었을 것이다. 나폴리, 스페인, 도이칠란트, 오스트리아, 네덜란드 등이 한 사람의 손에 들어가게 되면 이 통치자는 영토, 부, 사람 수 등에서 압도적인 우세를 지니게 되어 지금까지 교황국가들을 보호해 주었던 힘의 균형을 깨뜨릴 것이라 예견했기 때문이다. 그러나 만약 교황의 반대에도 불구하고 카를이 선출될 경우 개신교 반란을 진압하기 위해 절실히 도움이 필요한 새 황제와 거리가 멀어질 것이다. 레오는 너무 오래 망설이는 바람에 자신의 영향력을 보여 줄 수가 없었다. 카를 1세가 황제로 선출되어 황제 카를 5세가 되었다. 아직도 힘의 균형을 저울질하면서 교황은 프랑수아에게 동맹을 제안했다. 이번에는 왕이 망설이고 있을 때 레오는 갑자기 카를과 동맹에 서명했다.(1521년 5월 8일) 젊은 황제는 그에게 거의 모든 것을 다 제공해 주었다. 파르마와 피아첸짜를 돌려주고, 페라라와 루터에 맞서 싸우는 데 도움을 주고, 스포르짜 가문을 위해 밀라노를 되찾아 주고, 교황국가와 피렌쩨를 어떠한 공격으로부터도 막아 주었다.

1521년 9월에 싸움이 다시 시작되었다. 황제가 이렇게 말했다. "내 사촌 프랑수아와 나는 완전히 합의를 보았습니다. 그는 밀라노를 원하고 나도 그렇습니다."[14] 이탈리아의 프랑스 군대는 로트렉 백작인 오데 드 푸아가 지휘했다. 프랑수아는 당시 자신의 애인이던 로트렉의 누이의 간청에 따라 그를 지휘자로 임명한 것이었다. 왕의 어머니인 사부아의 루이즈는 이 임명에 분개했다. 그래서 비밀리에 로트렉의 군대를 위해 프랑수아가 마련한 돈을 다른 데 쓰도록 만들어 버렸다.[15] 이 군대에 있던 스위스 사람들이 돈을 받지 못하자 군대를 떠났다. 강력한 교황 · 황제 연합군대는 페스카라 후작 프로스페로 콜론나와 역사가 귀치아르디니의 지휘 아래 밀라노로 접근했고 그곳 황제당원들은 과도한 세금에 짓눌린 주민들의 반란을 일으켰다. 로트렉은 도시를 떠나 베네찌아 영토로 물러났다. 카를과 레오의 군대는 거의 피를 흘리지 않고 밀라노를 접수했다. 로도비코의 또 다른 아들인 프란체스코 마리아 스포르짜는 황제의 신하로서 밀라노 공작이 되었다. 레오는 승리 속에서 병자 성사를 받으며 죽을 수 있었다.(1521년 12월 1일)

5. 하드리아누스 6세: 1522~1523

그의 후계자는 르네상스 로마에서 변칙적인 존재였다. 모든 대가를 치르고라도 그리스도교도가 되기로 굳게 결심한 교황이었다. 우트레히트에서 하층민으로 태어난(1459) 하드리아누스 데델은 데벤테르의 공동체 생활 수도사들에게서 신앙과 학문을 익히고, 루뱅 대학에서 스콜라 철학과 신학을 공부했다. 서른네 살에는 대학의 학장이 되었다. 마흔일곱 살에 장래의 카를 5세가 되는 젊은이의 선생으로 임명되었다. 1515년에 그는 어떤 임무를 띠고 스페인으로 파견되었다. 그리고 뛰어난 행정 능력과 도덕적 성실성으로 페르디난드 왕에게 깊은 인상을 주어 왕은 그를 토르토사의 주교로 임명했다. 페르디난드 왕이 죽은 다음 하드리아누스는 카를이 없는 동안 스페인을 통치하는 추기경 크시메네스를 도왔다. 1520년에 그는 카스티야의 섭정이 되었다. 이 모든 과정을 통해서 그는 모든 면에서 절도가 있었지만 단호함만은 절도를 몰랐다. 단순하게 생활하고 열심히 이단을 추적했기에 사람들에게서 사랑을 받았다. 그의 미덕에 대한 평판이 로마에까지 이르러 레오는 그를 추기경으로 임명했다. 레오가 죽은 다음 만난 교황 선출 회의에서 교황 후보로 그의 이름이 거론되었다. 아마도 그를 몰랐던 탓으로, 그리고 분명히 카를 5세의 영향을 받아서였다. 1522년 1월 2일에 1378년 이후 처음으로(튜튼 사람으로는 1161년 이후로 처음이었다.) 이탈리아 사람이 아닌 사람이 교황에 선출되었다.

하드리아누스의 이름을 거의 들어 본 적도 없는 로마 사람들이 어떻게 그런 모욕을 용서할 수 있겠는가? 주민들은 추기경들이 미쳤다고 비난하고, "그리스도교의 피를 배신한 자들"이라 불렀다. 팸플릿 작가들은 어째서 바티칸이 "게르만 사람의 격분에 굴복했는지" 안다고 주장했다.[16] 아레티노는 욕설의 걸작품을 작성하고 추기경들을 "더러운 오합지졸"이라 부르면서 그들이 산 채로 묻히기를 기도했다.[17] 파스퀴노 상은 풍자문으로 뒤덮였다. 추기경들은 공공장소에 모습을 나타내기를 두려워했다. 그들은 이 선출이 자기들에게 영감을 준 성령의 덕분이라고 말했다.[18] 많은 추기경들은 주민들의 불손과 성직 개혁의 도끼가 두려워 로마를 떠났다. 하드리아누스 편에서도 스페인에서 못다한 일을 조용히 끝내면서, 8월 이전에는 로마에 갈 수 없다고 교황청에 통보했다. 바티칸의 화려함에 대해서는 아무것도 모른 채 그는 로마에 있는 친구에게 자신이 살 만한 정원이 딸린 아담한 집을 알아봐 달라고 부탁했다. 마침내 그가 도시에 도착했을 때(그는 전에는 이 도시를 본 적이 없었다.) 고행으로 창백한 그의 얼굴과 야윈 모습이 구경꾼들에게 어느 정도의 존경심을 만들어 냈다. 그러나 그가 말을 하자 이탈리아어를 모른다는 사실이 드러났고, 그의 라틴어가 이탈리아의 멜로디와 우아함과 완전히 거리가 먼 후두음이 섞인 것임을 알게 되자 로마는 분노하고 절망했다.

하드리아누스는 바티칸의 포로가 된 느낌이었다. 그리고 이 궁전이 베드로의 후계자(교황)보다는 콘스탄티누스의 후계자(황제)에게 더 잘 어울린다고 말했다. 그는 바티칸 방들의 장식을 전부 중지시켰다. 그곳에서 일하던 라파엘로의 후계자들은 해고되었다. 그는 레오가 마구간을 위해 고용했던 백 명의 마부 중에서 네 명만 빼고 모두 보내 버렸다. 그리고 자신의 시중을 드는 사람도 두 사람(둘 다 네덜란드 사람)으로 줄이고 그들에게 자신을 위한 하루 경비를 1두카트(12.5달러) 이내로 제한하라고 명령했다. 그는 로마의 성(性)과 혀와 펜이 문란함을 보고 깜짝 놀랐다. 그리고 그리스도교의 수도가 죄악의 소굴이라는 로렌쪼와 루터의 말에 공감했다. 그는 추기경들이 보여 주는 고대 예술에 대해 전혀 관심이 없었다. 그리고 조각을 우상 숭배의 유물이라 비난하고 유럽 제1의 고전 조각품을 모아 놓은 벨베데레 궁전을 막아 버렸다.[19] 그는 또한 인문주의자들도 봉쇄했고, 그에게는 그리스도를 쫓아낸 이교도처럼 살고 글을 쓰는 것으로 여겨지는 시인들에 대해서도 담을 쌓았다. 그에 대해 가장 못된 글을 쓴 사람 중 하나인 프란체스코 베르니가 새 교황이 이탈리아의 미술, 문학, 삶의 섬세함을 이해할 줄 모르는 네덜란드 야만인이라고 풍자하자 하드리아누스는 풍자 작가 전체를 테베레 강에 빠뜨려 버리겠다고 위협했다.[20]

교회를 레오의 방식에서 다시 그리스도에게로 이끌어 가자는 것이 신앙심 깊은 하드리아누스 교황의 열망이었다. 그는 힘이 미치는 한 교회의 잘못을 개혁하기 위해 무뚝뚝하게 직설적으로 덤벼들었다. 생각 없고 무차별적인 단호함으로 그는 필요 없는 관직들을 없앴다. 또 레오 교황이 돈을 내고 성직을 산 사람들에게 연금을 주기로 서명한 계약들을 무효로 만들어 버렸다. 투자로 삼아 관직을 샀던 2550명의 사람들이 말하자면 원금과 이자를 다 잃어버린 것이다. 돈을 갈취당했다는 이들의 외침으로 로마가 가득 찼다. 희생자 중 한 사람은 교황을 죽이려는 시도까지 했다. 한직을 얻을 속셈으로 하드리아누스를 찾아온 친척들은 돌아가서 정직한 밥벌이를 하라는 소리를 들었다. 그는 성직 매매와 친척 등용을 끝내고, 교황청 사람들의 매수되기 쉬운 특성을 질책하고 뇌물을 받거나 공금을 횡령하면 무거운 형벌을 결정했다. 그리고 죄를 지은 추기경들에게 가장 하급직의 서기와 똑같은 방식으로 벌주었다. 주교와 추기경들에게 교구로 돌아가라고 명령하고, 그들에게 자기가 기대하는 도덕성의 가르침을 읽으라고 명령했다. 로마의 나쁜 평판이 유럽의 이야깃거리라고 그는 말했다. 또한 추기경들 자신의 악덕을 고발하지는 않지만 그들의 궁정에서 벌받지 않고 악덕을 허용하는 것을 고발했다. 그들에게 사치를 끝내고 1년에 최고 6000두카트(7만 5000달러) 수입으로 만족하라고 요청했다. 베네찌아 대사의 말에 따르면 로마의 모든 성직자들은 "교황이 1주일 만에 해낸 일을 보고 두려움에 정신을 잃었다."고 한다.[21]

그러나 1주일은 개혁에 충분한 시간이 아니었고 13개월이라는 하드리아누스의 짧은 재임 기간도 개혁에는 충분하지 못했다. 악덕은 한동안 자취를 감추었지만 여전히 살아남았다. 개혁은 수많은 관리들에게는 지겨운 일이었고, 그래서 차츰 저항이 나타나고 사람들은 하드리아누스가 빨리 죽기만을 바랐다. 교황은 한 사람이 많은 사람을 개선시키기가 얼마나 어려운가 탄식했다. 그는 자주 이렇게 말했다. "한 인간의 능력이란 얼마나 많이 그 시대에 달려 있는 것인가!" 그는 생각에 잠겨 옛 친구인 헤체에게 이렇게 말하곤 했다. "디트리히, 우리가 루뱅에서 조용히 살고 있다면 얼마나 좋을까!"[22]

이런 국내의 혼란 속에서 그는 할 수 있는 한 훌륭하게 심각한 외교 문제를 처리했다. 우르비노를 프란체스코 마리아 델라 로베레에게 되찾아주고, 페라라의 알폰소를 방해하지 않고 그대로 두었다. 페루지아, 리미니, 또 다른 교황국가들에서 쫓겨난 독재자들은 평화로운 교황을 이용하여 권력을 되찾았다. 하드리아누스는 카를 5세와 프랑수아 1세에게 평화 조약을 맺거나 아니면 적어도 휴전이라도 하고, 로도스를 침략하려고 준비하는 터키군을 쫓아내는 데 동참하라고 하소연했다. 그러기는커녕 카를 5세는 잉글랜드의 헨리 8세와 힘을 합쳐 프랑스를 기습하기로 약속한 윈저 조약을(1522년 6월 19일) 맺었다. 12월 21일에 터키군이 동부 지중해에서 마지막 그리스도교 거점이던 로도스

섬을 접수했다. 그들이 아풀리아에 상륙해서 혼란스러운 이탈리아를 정복할 계획을 세우고 있다는 소문이 돌았다. 로마에서 터키 밀정들이 잡히자, 기원전 216년에 칸나에서 한니발이 승리한 다음 침입을 두려워하던 시절을 회상시키는 정도의 두려움이 로마를 사로잡았다. 하드리아누스의 괴로움의 잔을 가득 채우기 위해서라는 듯이 그의 수석 행정관이며 절친한 친구인 프란체스코 소데리니 추기경과, 유럽 평화를 위한 협상에 보낸 그의 대리인이 프랑수아 1세와 함께 시칠리아를 공격할 계획을 세웠다. 하드리아누스는 이 음모를 발견하고, 또 프랑수아가 이탈리아 국경에 군대를 소집하고 있다는 소식을 듣고, 중립을 포기하고 카를 5세와 동맹을 맺었다. 그런 다음 몸과 영혼이 다 무너진 하드리아누스는 병이 들어 죽었다.(1523년 9월 14일) 그는 자신의 모든 재산을 가난한 사람들에게 남기고 조용하고 경비가 들지 않는 장례식을 고집했다.

로마는 터키군의 점령에서 도시가 구원된 것보다 더 큰 즐거움으로 그의 죽음을 환영했다. 일부 사람들은 그가 독살을 당했다고 믿었다. 어떤 익살꾼은 교황을 치료한 의사의 집 문에 "Liberatori patriae SPQR" – "로마 원로원과 시민이 조국의 해방자에게"라는 헌사를 붙였다. 죽은 교황에게는 수많은 풍자문이 뒤따랐다. 그는 탐욕, 만취, 가장 큰 부도덕성 등의 이유로 고발을 당했으며, 악의와 비웃음을 통해 그의 경력의 모든 활동이 사악함으로 변질되고 말았다. 이제 살아남은 로마 '언론'의 자유는 그 과도함으로 전혀 애도도 없이 그 뒤를 이을 준비를 했다. 하드리아누스가 르네상스를 이해하지 못한 것은 유감스러운 일이었다. 그러나 로마가 신앙심 깊은 교황을 견디지 못한 것은 더욱 큰 범죄이며 어리석은 일이었다.

6. 클레멘스 7세: 첫 번째 국면

1523년 10월 1일에 열린 교황 선출 비밀회의는 하드리아누스의 후계자를 뽑는 문제를 놓고 7주 동안 열띤 토론을 벌이고 나서 한 사람을 선출했다. 전체적으로 가장 다행스러운 선택이라는 평이었다. 쥴리오 데 메디치(Giulio de' Medici)는 파찌 가문의 음모로 쓰러졌던 상냥한 쥴리아노(로렌쪼의 동생)와 그의 애인 피오레타 사이에 태어난 사생아였다. 그녀는 곧바로 역사에서 사라졌다. 로렌쪼는 이 소년을 자기 가족으로 받아들여 자신의 아들들과 함께 양육했다. 로렌쪼의 아들들 중에 레오도 있었다. 레오는 교황이 되자 사생아라는 법적 장애를 쥴리오에게서 면제해 주고, 피렌쩨의 대주교로 임명했다. 이어서 추기경으로 만들고 또 로마의 행정관이며 레오 교황청의 주요 장관으로 만들었다. 이제 마흔다섯 살이 된 클레멘스는 키가 크고 잘생기고 부자인 데다가 학식이 풍부하며 매너가 좋고 도덕적인 삶을 사는 인물이었다. 문학, 학문, 음악, 미술 등을 숭배하고 후원하는 사람이었다. 로마는 그가 선출된 것을 보고 풍성하던 레오의 시대가 돌아온 것으로 여겨 기쁨으로 환영했다. 뱀보는 클레멘스 7세가 교회 역사상 최고이고 가장 지혜로운 통치자가 될 것이라고 예언했다.[23]

그의 출발은 아주 훌륭했다. 연 수입 6만 두카트에 이르는 자신의 성직을 모두 추기경들에게 나누어 주었다. 그리고 학자들과 서기들에게 일자리나 선물을 주어서 그들의 마음과 헌신을 얻었다. 정의를 정의롭게 다루었고, 알현은 자유롭게, 선물은 레오 교황보다 적게 했지만 더욱 현명한 너그러움으로 나누어 주었으며, 모든 사람, 모든 계층에게 예의를 다해서 모든 사람의 마음을 사로잡았다. 어떤 교황도 그렇게 훌륭하게 시작한 적이 없었다. 혹은 그토록 비참하게 끝낸 사람도 없었다.

터키가 헝가리를 침략하고 유럽의 3분의 1이 가톨릭 교회에 반기를 들고 있던 시절에, 거의 죽음에 이르기까지 전쟁을 계속하던 프랑수아 1세와 카를 5세 사이에서 안전한 길을 찾아 나가는 일이 레오의 능력에도 부치는 일이었듯이 클레멘스의 능력에는 더욱 많이 부치는 일이었다. 그의 재임 초기 시절 세바스티아노 델 피옴보가 그린 그의 초상화는 사람의 눈을 속이는 것이다. 그는 실제 행동을 통해서 이 초상화에 들어 있는 단호함을 보여 주지 못했다. 심지어는 초상화에도 이미 음울한 눈 위에 피곤하게 늘어진 눈까풀에 허약한 피로의 기운이 보인다. 클레멘스는 우유부단함을 정책으로 삼았다. 생각을 극단까지 계속하고 그것이 행동을 대신하는 것이라 여겼다. 한 가지 결단을 내려야 할 이유를 백 가지나 보았지만 그에 반대할 이유도 백 가지나 보았다. 마치 부리단의 나귀가 교황의 옥좌에 앉아 있는 것 같았다. 베르니는 후세의 판단을 미리 알려 주는 쓰라린 구절에서 그를 이렇게 풍자했다.

> 교황청은 칭찬, 토론, 숙고,
>
> 정중함으로 구성되어 있다.
>
> 또한 그렇다면, 하지만, 그래, 좋아, 어쩌면,
>
> 아마도 등과 같은 어휘들로도 구성되어 있다.
>
> 납으로 만든 발과 잘 길들여진 중립성으로 되어 있다.
>
> 평범한 진리를 말하자면, 당신이 오래만 산다면 이 교황을 통해
>
> 하드리아누스 교황이 성인처럼 여겨지는 꼴을 보게 될 것이다.[24]

그는 프랑스를 좋아하는 쟌마테오 기베르티와, 황제(카를 5세)를 좋아하는 니콜라우스 폰 쇤베르크를 중요한 고문으로 삼았다. 그리고 이 두 사람 사이에서 마음이 둘로 나뉘어 흔들렸다. 그가 프랑스 편을 들기로 결심했을 때(그것도 파비아에서 프랑스가 망하기 겨우 몇 주 전에) 그는 자신의 머리와 로마 시에 카를 5세의 온갖 책략과 군대를 불러들인 꼴이었다. 그리고 절반은 개신교도인 군대의 분노를 로마에 풀어놓은 꼴이었다.

황제의 세력이 롬바르디아와 나폴리 양쪽을 다 차지하는 것이 두려웠다는 것이 클레멘스의 이유였다. 그는 프랑스 편을 들어 줌으로써 교회 문제를 판결하기 위해 세계공의회를 소집한다는 카를 5세의 말썽 많은 의견에 프랑스 측이 거부권을 행사해 줄 것이라 소망했다. 프랑수아 1세가 프랑스, 이탈리아, 스위스, 도이치 사람들로 이루어진 새로운 2만 6000명의 군대를 이끌고 밀라노를

장악하고 파비아를 포위했을 때 클레멘스는 카를 5세에게는 신의와 우정을 약속해 주면서 비밀리에 프랑스와 동맹 조약을 체결했다.(1524년 12월 12일) 그리고 피렌쩨와 베네찌아를 이 동맹 안으로 끌어들이고, 승리한 프랑수아에게는 교황국가에서 군대를 징집하고, 교황 영토를 통과하여 나폴리로 군대를 파견하는 일을 마지못해 허락했다. 카를 5세는 이 결정을 절대로 잊지 않았다. 그는 이렇게 맹세했다. "나는 이탈리아로 가서 나에게 해를 끼친 자들, 특히 저 멍청이 교황에게 반드시 복수하고야 말겠다. 어쩌면 어느 날인가 마르틴 루터는 중요한 인물이 될지도 모르지."[25] 이 순간 일부 사람들은 루터가 교황으로 임명되리라는 뜻으로 생각했다. 황제의 주변 인물 몇 사람은 사생아라는 이유로 클레멘스 7세의 교황 임명에 이의를 제기하라고 충고하기도 했다.[26]

카를 5세는 게오르크 폰 프룬츠베르크와 페스카라 후작이 지휘하는 도이치 군대를 보내 파비아 근교에 있는 프랑스 군대를 공격하도록 했다. 형편없는 전략이 대포를 무력화시키고, 스페인 군대의 손에 잡힌 총포는 스위스 창병들을 우습게 만들었다. 프랑스 군대는 역사상 가장 결정적인 전투의 하나에서 거의 완전히 패배했다.(1525년 2월 24~25일) 프랑수아 1세는 용감하게 행동했다. 군대가 퇴각하는 동안 그는 앞장서서 적의 대열로 나가 직접 적을 죽였다. 그의 말이 총에 맞아 쓰러지는데도 그는 계속 싸웠다. 마지막에 완전히 지쳐서 더 이상 저항할 수 없게 되어 그는 몇몇 대장들과 함께 포로로 잡혔다. 적들이 에워싼 텐트에서 그는 어머니에게 편지를 보냈다. 이것은 절반만 자주 인용되곤 한다. "명예만 빼고 모두 잃었습니다. 그리고 내 몸뚱이도 안전합니다." 이 시기에 스페인에 있던 카를 5세는 포로로 잡은 그를 마드리드 근교 성으로 압송하라고 명령했다.

밀라노는 황제에게 돌아왔다. 이탈리아 전역은 자신들이 황제의 처분에 맡겨져 있음을 느꼈다. 이탈리아 국가들은 하나씩 계속 존립할 수 있기 위해 다양한 뇌물을 그에게 보냈다. 클레멘스는 황제군의 침입이 두려워서, 또 피렌쩨에서 메디치 집안에 대항한 혁명이 일어날까 두려워서 프랑스와의 동맹을 포기하고 샤를 드 라노이와 평화 조약을 체결했다.(1525년 4월 1일) 이 사람은 카를 5세를 대신하여 나폴리를 통치하던 총독으로서, 황제가 교황과 서로 도울 것을 맹세했다. 황제는 이 조약에서 피렌쩨에서 메디치 가문을 보호하고 프란체스코 마리아 스포르짜를 밀라노의 황제 대리인으로 받아들였다. 교황은 황제에게 과거의 무례한 언동을 보상하고 미래의 봉사에 대한 대가로 10만 두카트(125만 달러?)를 지불하기로 했다.[27] 이것은 황제군대를 위해 절실히 필요한 돈이었다. 그러나 조약을 체결한 직후 클레멘스 7세는 지롤라모 모로네가 황제에게서 밀라노를 해방시키려는 음모를 묵인했다. 페스카라 후작이 이것을 카를 5세 황제에게 고했고, 모로네는 감옥에 갇혔다.

카를 5세는 포로로 잡은 프랑수아 1세를 교활하게 질질 끄는 방식으로 대했다. 거의 11개월 동안이나 상냥한 태도로 그를 가두어 둔 다음 황제는 불가능한 조건을 내걸고 그를 석방하는 데 동의했다. 그러니까 프랑스 왕은 실질적, 혹은 명목상의 모든 권한, 곧 제노바, 밀라노, 나폴리, 플랑드르, 아르투아, 투르네, 부르군드, 나바르 등의 모든 권한을 양도해야 한다. 또 프랑수아 1세는 카를 5세의 누이 엘레오노라와 결혼한다. 그리고 왕은 가장 위의 아들들(열 살 난 프랑수아와 아홉 살 난 앙리)을 이 조약의 이행을 보장하는 볼모로 카를에게 넘겨준다는 내용이었다. 이 마드리드 조약에서(1526년 1월 14일) 프랑수아 1세는 모든 조건들을 이행하겠다고 엄숙한 맹세로 동의했다. 물론 마음속으로는 유보 조항을 두고 있었다. 3월 17일에 그는 두 아들을 자기 대신 포로로 남겨 두고 프랑스로 떠나도 좋다는 허락을 받았다. 프랑스에 도착하자 그는 협박을 받으며 행한 약속을 존중할 생각이 없다고 선언했다. 클레멘스 7세 교황은 교회법의 도움을 받아 그에게 이 맹세 이행을 풀어 주었다. 5월 22일에 프랑수아 1세, 클레멘스 7세, 베네찌아, 피렌쩨, 프란체스코 마리아 스포르짜 등은 코냑 동맹을 체결했다. 아스티와 제노바를 프랑스에 복구시키고, 밀라노는 프랑스 봉신 자격으로 스포르짜에게 주고, 이탈리아 각국에는 전쟁 이전의 소유지를 되돌려주고, 프랑스 죄수들을 200만 크라운의 몸값을 받고 석방시키고, 나폴리는 프랑스 왕에게 연간 7만 5000두카트의 조공을 낼 이탈리아 사람 통치자에게 주기로 했다. 황제에게는 이 조약에 동참하라고 정중하게 초대장을 보냈다. 그가 거절할 경우 새로 맺은 코냑 동맹은 황제와 황제의 군대가 모두 이탈리아에서 쫓겨날 때까지 그와 전쟁을 계속할 것을 선언했다.[28]

카를 5세는 동맹이 프랑수아 1세의 신성한 맹세와 또 클레멘스 7세가 라노이와 맺은 조약을 위반하는 것이라고 비난했다. 그는 후고 데 몽카다(H. d. Moncada)를 보내 외교적인 방식으로 클레멘스 7세를 되찾을 것, 만일 실패하면 콜론나와 로마 주민들이 교황에 반대하는 혁명을 일으키도록 교사할 것을 지시했다. 몽카다는 자신의 의무를 훌륭하게 해냈다. 그는 클레멘스에게 콜론나 가문과 우호 조약을 맺게 하고, 또 교황이 자신을 경호하는 군대를 해산하도록 설득하고, 또 콜론나 집안에게는 로마를 장악할 음모를 계속하라고 부추겼다. 그리스도교 세계가 배신과 전쟁에 빠져 있는 동안 슐레이만 대제가 이끄는 터키 군대는 모하크에서 헝가리 군대를 격파하고(1526년 8월 29일) 부다페스트를 장악했다.(9월 10일) 유럽이 단순히 개신교가 아니라 이슬람교도가 될 것에 놀란 클레멘스 7세는 추기경들에게, 자기가 직접 바르셀로나로 가서 카를 5세에게 프랑수아 1세와 평화 조약을 맺고 함께 터키군에 대항하여 싸우자고 호소할 생각이라고 말했다. 이 시간 카를 5세는 함대를 무장시키는 중이었다. 이 함대의 목적은 이탈리아를 침입해서 교황을 폐위시키는 것이라는 게 로마에서의 소문이었다.[29]

9월 20일에 콜론나 일가는 5000명을 이끌고 로마로 들어와서 미약한 저항을 극복하고 바티칸, 성 베드로 대성당, 그리고 이웃한 보르고 베키오 등을 약탈했다. 클레멘스 7세는 천사성으로 도망쳤다. 교황궁은 라파엘로의 벽걸이와 교황의 관을 포함하여 완전히 약탈당했다. 성스러운 그릇, 보물로 보존해 온 성 유물, 값진 교황 의상 등도 도둑맞았다. 쾌활한 병사 한 사람은 교황의 흰옷과 붉은 모자를 쓰고 짐짓 엄숙함을 가장한 채 사방으로 교황의 축복을 던지고 돌아다녔다.[30] 다음 날 몽카다는 클레멘스에게 교황관을 돌려주고, 황제는 교황에 대해 가장 좋은 의도만을 가지고 있다고 확인해 주고, 겁먹은 교황에게 그 후 넉 달 동안이나 황제와의 평화 조약에 서명하고, 콜론나 일가를 용서하라고 강요했다.

몽카다가 나폴리로 돌아가자마자 클레멘스 7세는 7000명의 교황군대를 소집했다. 10월 말에 그는 콜론나 요새로 진군하라고 군대에 명령했다. 동시에 프랑수아 1세와 헨리 8세에게 원조를 요청했다. 프랑수아 1세는 늦어진다는 핑계를 댔다. 아들을 낳기 위한 힘든 과업에 몰두하고 있던 헨리 8세는 아무 일도 하지 않았다. 북부에서 또 다른 교황군대는 우르비노의 공작 프란체스코 마리아 델라 로베레의 배신적인 꾸물거림으로 인해 아무런 활동도 하지 못한 채 막혀 있었다. 우르비노 공작은 레오 10세가 자신을 교황령에서 몰아낸 일을 잊지 않았고, 하드리아누스와 클레멘스가 자기를 복구시켜 준 것에 대해서 특별한 감사의 마음을 품지 않았다. 용감한 지휘관 한 사람이 이 군대와 함께 있었다. 바로 젊은 죠반니 데 메디치였다. 카테리나 스포르짜의 아들로, 어머니의 불굴의 정신을 물려받은 잘생긴 젊은이로서 검은 밴드의 죠반니라는 별칭으로 불렸다. 레오 10세가 죽었을 때 그와 그의 군대가 애도의 뜻으로 검은 밴드를 둘렀기 때문이다.[31] 죠반니는 밀라노에 맞서 모든 힘을 다했지만 프란체스코 마리아가 힘으로 그를 눌렀다.

7. 로마 유린: 1527

아직 스페인에 남아서 마법적인 원거리 조종 장치를 이용하여 자신의 장기 말을 움직이던 카를 5세는 대리인들에게 새로운 군대를 일으키라는 명령을 내렸다. 그들은 티롤의 용병대장인 게오르크 폰 프룬츠베르크(Georg von Frundsberg)에게 접근했다. 그는 도이치 용병을 지휘하여 거둔 공훈으로 유명한 사람이었다. 카를 5세는 돈을 제공할 수는 없었지만 황제 대리인들은 병사들에게 이탈리아에서의 넉넉한 약탈을 약속했다. 프룬츠베르크는 명목상으로는 가톨릭이었지만 내심으로는 루터에 동조하고 있었고, 클레멘스 7세가 황제를 배신한 것 때문에 그를 미워했다. 프룬츠베르크는 자신의 요새와 다른 소유지, 그리고 심지어는 아내의 장신구까지 팔아 마련한 돈 3만 8000굴덴으로 약 1만 명의 병사를 모집했다. 이들은 모험과 약탈을 열망하고 있었고, 교황의 머리에 창을 휘두르는 일도 마다하지 않을 사람들이었다. 그들 중 일부는 교황을 목매달기 위해 고리를 들고 갔다고 한다.[32] 이렇게 즉석에서 모집된 군대가 1526년 11월에 알프스 산을 넘어 브레시아로 향했다. 페라라의 알폰소는 자신을 폐위시키려고 했던 교황청에 복수하기 위해 프룬츠베르크에게 가장 강력한 대포 4문을 보내주었다. 브레시아 근처에서 검은 밴드의 죠반니는 침입자들과 가벼운 전투를 벌이던 도중 총상을 입었다. 그는 11월 30일 만토바에서 죽었다. 스물여덟의 나이였다. 이제 우르비노 공작이 아무 일도 안 하는 것을 말릴 사람은 아무도 없었다.

죠반니가 죽었을 때 프룬츠베르크의 폭도들은 포 강을 건너 롬바르디아의 비옥한 평원을 어찌나 심하게 약탈했던지 3년이 지나서도 영국의 대사는 이 지역이 "그리스도교 세계에서 본 가장 끔찍한 지역"이라고 서술했다.[33] 밀라노에서 황제의 지휘관은 부르봉 공작 샤를이었다. 마리냐노에서의 용감성 덕분에 프랑스 태수로 임명된 그는 프랑수아의 어머니가 자신의 정당한 토지를 자신에게서 빼앗아 갔다고 느끼고 프랑수아 1세에게 반기를 들었다. 그는 황제 편으로 넘어가서 파비아에서 프랑수아를 격퇴시키는 황제군에 동참했다. 그러고 나서 밀라노 공작으로 임명되었다. 이제 그는 카를 5세를 위해 또 다른 군대를 일으키고 병사들에게 돈을 지불하기 위해 밀라노 사람들에게 문자 그대로 죽도록 세금을 부과했다. 그는 황제에게 자신은 도시의 피를 다 쥐어짰다고 써 보냈다. 주민들의 집에 숙영하고 있던 그의 군대는 도둑질, 잔인함, 겁탈 등으로 주민들을 괴롭혔기에 많은 밀라노 사람들이 목을 매달거나 높은 곳에서 길로 떨어져 자살하고 있었다.[34] 1527년 2월초에 부르봉 공작은 군대를 이끌고 밀라노를 떠나 피아첸짜 근처에서 프룬츠베르크 군대와 합류했다. 거대한 군대는 이제 거의 2만 2000명에 이르렀다. 그들은 에밀리아 가도를 따라 동쪽으로 움직이면서 요새화된 도시들을 피해 길가의 모든 지역을 약탈해서 군대가 지나간 뒤로는 시골 지역이 텅 비어 버리곤 했다.

이들 침략자들을 멈추게 만들기에 충분한 군대가 없다는 사실이 아주 명백해지자 클레멘스 7세는 라노이에게 평화 조약을 주선하라고 호소했다. 나폴리 총독은 나폴리를 떠나 여덟 달 동안의 휴전을 위한 조건들을 작성했다. 클레멘스와 콜론나는 전쟁을 멈추고 약탈물을 서로 교환했다. 그리고 교황은 프룬츠베르크의 군대를 교황국가 바깥에 멈추기 위해 뇌물로 주려고 6만 두카트의 돈을 마련했다. 그러자 재정이 거의 바닥났기 때문에, 그는 프룬츠베르크와 부르봉이 황제의 총독이 서명한 동의서를 존중하리라고 생각하고는, 자신의 군대를 300명으로 줄였다. 그러나 부르봉의 약탈자들은 평화의 조건들을 듣자 분노해서 소리를 질렀다. 그들은 넉 달 동안이나 오로지 로마를 약탈할 희망으로 수천 가지 어려움을 참고 견뎠다. 그들 대부분은 누더기를 걸치고, 많은 사람은 신발도 없었고 모두가 굶주렸다. 아무도 돈을 받지 못했다. 그들은 보잘것없는 6만 두카트에 팔리기를 거절했다. 그 돈으로는 자기들에게 겨우 몇 푼 푼돈이 떨어지리라는 것을 잘 알고 있었다. 부르봉이 평화 조약에 서명할까 두려워진 그들은 부르봉의 텐트를 둘러싸고 "지불하라! 지불하라!" 하고 소리쳤다. 부르봉이 다른 곳으로 숨자 병사들은 그의 텐트를 약탈했다. 프룬츠베르크는 그들을 진정시키려고 했지만 호소하던 도중 뇌졸중으로 쓰러졌다. 그는 이후로는 전투에서 아무런 역할도 하지 못하다가, 1년 뒤에 죽었다. 부르봉이 지휘를 맡았지만 오로지 로마로 진군하는 데 동의했기 때문에 가능한 일이었다. 3월 29일에 그는 라노이와 클레멘스에게 사절을 보내 자신은 부하들을 제지할 수가 없으며 평화 조약은 끝장이 났다고 알렸다.

이제 마침내 로마는 아무런 대책도 없이 자신이 희생자라는 사실을 깨달았다. 성 목요일(4월 8일)에 클레멘스가 성 베드로 대성당 앞에 모인 1만 명의 군중에게 축복을 내리고 있을 때 가죽 앞치마만 둘러쓴 광신자 한 사람이 성 베드로 조각상으로 올라가서 교황을 향해 소리를 질렀다. "너 소돔의 사생아야! 너의 죄로 인해 로마는 파괴될 것이다. 회개하고 돌아오라! 내 말을 믿지 않으면 2주일 이내에 직접 그 꼴을 보게 될 것이다." 부활절 저녁에 이 사나운 은둔자는(바르톨로메오 카로시, 흔히 브란다노라 불렸다.) 거리를 지나가며 외쳤다. "로마여, 회개하라! 신께서 소돔과 고모라를 대하신 것 같이 저들이 너희를 대할 것이다."[35]

부르봉은 어쩌면 액수를 키워서 부하들을 만족시킬 속셈으로 클레멘스에게 24만 두카트의 돈을 요구했다. 클레멘스는 자신은 그런 몸값을 마련할 수가 없다고 대답했다. 군대는 피렌쩨로 진군했다. 그러나 우르비노 공작, 귀치아르디니, 살로쬬 후작 등은 충분한 군대를 동원해서 도시의 요새에 효율적으로 인력을 배치할 수가 있었다. 약탈자들은 당황하여 이곳을 피해 로마로 길을 잡았다. 조약이 아무런 구원책도 되지 못함을 알게 된 클레멘스는 카를 5세에 맞선 코냑 동맹에 다시 참가하면서 프랑스의 도움을 간청했다. 그리고 로마의 부자들에게 방어를 위한 돈을 대 줄 것을 호소했다. 그들은 아주 조심스럽게 반응하고, 차라리 추기경직을 파는 쪽이 더 나을 것이라고 제안했다. 클레멘스는 이때까지는 추기경직을 팔지 않았지만 부르봉의 군대가 로마에서 겨우 67킬로미터 떨어진 비테르보에 접근했을 때 태도를 바꾸어 6명에게 추기경직을 팔았다. 임명된 사람들이 돈을 내기도 전에 교황은 바티칸의 창문에서 굶주린 떼거리가 네로 들판을 가로질러 다가오는 것을 보았다. 그는 이제 2만 명의 공격군에게 맞서 로마를 방어하기 위해 약 4000명의 병사들을 갖춘 참이었다.

5월 6일에 부르봉의 대군은 안개의 엄호를 받으며 성벽에 접근했다. 그들은 연속 사격을 받고 쫓겨 갔다. 부르봉 자신도 총을 맞고 거의 즉사했다. 그러나 공격자들은 공격을 되풀이했다. 그들에게는 로마를 약탈하거나 아니면 굶어 죽는 수밖에 없었다. 그들은 방어가 허약한 지점을 찾아냈다. 그곳을 뚫고 도시로 몰려 들어갔다. 로마의 군대와 스위스 경호병은 용감하게 싸웠으나 전멸했다. 클레멘스와 이곳에 거주하는 대부분의 추기경들, 수백 명의 교황청 관리들은 천사성으로 도망쳤다. 이곳 천사성에서 첼리니와 다른 사람들이 대포를 쏘아 공격을 막아 보려 애썼다. 그러나 공격해 온 폭도의 무리는 혼란을 일으킬 정도로 사방에서 접근해 왔다. 일부는 안개의 엄호를 받았다. 다른 사람들은 도망자들과 마구 뒤섞여 주민도 함께 죽이지 않고는 대포를 발사할 수가 없었다. 머지않아 침입자들이 도시를 마음대로 주무르게 되었다.

그들은 거리를 통해 행진하면서 자기들의 길을 가로지르는 사람은 남자나 여자나 아이들을 가리지 않고 무차별적으로 죽였다. 피를 보자 더욱 피에 굶주려서 그들은 산 스피리토의 병원과 고아원으로 쳐들어가서 거의 모든 환자를 죽였다. 그리고 성 베드로 대성당으로 들어가서 그곳 성소(聖所)에서 피난처를 구하려는 사람들도 죽였다. 그들은 교회나 수도원을 볼 때마다 약탈하고, 일부는 마구간으로 삼았다. 사제, 수도사, 주교, 대주교 수백 명이 죽임을 당했다. 성 베드로 대성당과 교황궁 바티칸은 꼭대기부터 바닥까지 샅샅이 약탈당하고 라파엘로가 정성 들여 그림을 그린 방들에 말들을 묶어 두었다.[36] 로마의 모든 집이나 궁전들이 약탈당하고 많은 집들은 불에 탔다. 오직 두 군데만 예외였다. 콜론나 추기경이 차지하고 있던 문서국 건물과 콜론나 궁전이었다. 이사벨라 데스테와 몇몇 부유한 상인들이 그곳으로 피난했다. 그들은 폭도의 두목들에게 5만 두카트를 내주고 공격을 면제받았다. 그리고 이 성벽 안에 2000명의 피난민을 수용했다. 궁전마다 보호를 위해서 몸값을 냈지만 잠시 뒤에 또 다른 패거리의 공격을 받고 또 다시 몸값을 내야 했다. 대부분의 집에서 거주자들은 자신들의 목숨을 구하기 위해 정해진 가격의 돈을 내라는 요구를 받았다. 돈을 내지 않으면 고문을 받았다. 수천 명이 살해당했다. 부모가 비밀리에 감추어 둔 저축을 짜내기 위해서 아이들을 높은 창문에서 아래로 흔들어 댔다. 일부 거리는 시체로 어지러웠다. 갑부인 도메니코 마씨미는 아들들이 살해당하고 딸이 겁탈당하고 집이 불타는 꼴을 보고 나서 자신도 살해당했다. 어떤 보고서는 이렇게 전한다. "도시 전체에 세 살이 넘은 존재는 누구든 돈을 내고 자신의 목숨을 구해야 했다."[37]

승리한 폭도들 중 절반은 도이치 사람들이었다. 그들 대부분은 교황과 추기경들이 도둑이고, 로마 교회의 재산은 여러 국민들에게서 도둑질한 것이며 세상에 대한 치욕이라고 확고히 믿고 있었다. 이런 치욕을 줄여 주기 위해서 그들은 이동이 가능한 교회의 기물을 전부 차지했다. 성스러운 그릇들과 예술품을 포함하여 교회 귀중품을 끌어내다가 녹이거나 팔았다. 그러나 성 유물은 바닥에 마구 흩뜨린 채 내버려 두었다. 어떤 병사가 교황의 옷을 입었다. 다른 사람들이 추기경의 모자를 쓰고 그의 발에 키스했다. 바티칸에 있던 대중은 루터가 교황이라고 선언했다. 침략자들 사이에 있던 루터교 신자들은 좋아라 추기경을 약탈하고, 그들에게서 목숨 값을 비싸게 받고 새로운 의식을 가르쳤다. 귀치아르디니에 따르면 일부 추기경들은 "정식 의상과 기장을 갖추고 얼굴을 뒤로 한 채 작은 말에 태워져서 가장 큰 조롱과 멸시를 당하며 로마를 통하여 끌려 다녔다. 요구받은 몸값을 모두 내지 못한 일부 추기경들은 심하게 고문을 당하여 즉석에서 죽거나 아니면 며칠 내에 죽었다."[38] 추기경 한 사람은 구덩이에 빠뜨려진 채 정해진 시간 안에 몸값을 가져오지 않으면 산 채로 파묻힐 것이라는 말을 들었다. 몸값은 마지막 순간에 도착했다.[39] 스페인과 도이치 추기경들은 같은 나라 사람들이라 자기들은 안전하려니 생각했으나 다른 추기경들과 똑같은 대우를 받았다. 수녀들과 귀부인들은 그 자리에서 겁탈을 당하거나 아니면 군대의 막사로 끌려가서 폭행을 당했다.[40] 여자들은 남편이나 아버지의 눈앞에서 겁탈을 당했다. 많은 젊은 여인들은 겁탈당한 다음 낙담해서 테베레 강에 몸을 던졌다.[41]

책들, 문서고, 미술품의 파괴는 엄청났다. 전혀 기율이 없는 폭도 떼거리의 지휘권을 이어받은 오랑쥬 공 필리베르가 바티칸 도서관을 자신의 사령부로 삼아서 이곳만은 보호했다. 그러나 많은 수도원과 개인 도서관들은 불꽃이 되어 날아가고 많은 소중한 문서들이 사라졌다. 로마 대학은 심하게 약탈당하고 직원들은 흩어졌다. 학자인 콜로치는 자신이 모아 놓은 사본들과 예술품과 더

불어 자기 집이 바닥부터 불타는 꼴을 목격했다. 교수였던 발두스는 자신이 새로 쓴 플리니우스 주석서가 약탈자들의 화톳불로 쓰이는 것을 보았다. 시인 마로네는 자신의 시들을 잃었으나 상대적으로 운이 좋은 편이었다. 시인 파올로 봄바시는 살해당했다. 학자 크리스토포로 마르첼로는 손톱을 하나씩 차례로 뽑히는 고문을 당했다. 학자인 포르투노와 후앙 발데스는 절망해서 자결했다.[42] 예술가인 페리노 델 바가, 마르칸토니오 라이몬디와 다른 많은 사람들은 고문을 당하고 가진 것을 모두 빼앗겼다. 라파엘로 유파는 최종적으로 흩어졌다.

죽은 자들의 수는 헤아릴 길이 없었다. 로마의 바티칸 쪽에서 2000구의 시체가 테베레 강으로 던져졌다. 9800명의 사망자들이 매장되었다. 그러나 훨씬 더 많은 사상자들이 있었다. 줄잡아 평가해도 100만 두카트 이상의 도둑질과 300만 두카트 정도의 몸값이 나갔다. 클레멘스는 총 손실액이 1000만 두카트(1억 2500만 달러?)에 이른다고 판단했다.[43]

로마 유린은 8일 동안 계속되었다. 그동안 클레멘스는 천사성의 탑에서 그 꼴을 지켜보았다. 그는 고통을 당하는 욥처럼 신에게 소리쳤다. "어째서 나를 어미의 자궁에서 꺼내셨습니까? 내가 바싹 여위어서 아무도 나를 보지 않게 하소서!"[44] 그는 면도를 중단했고 다시는 면도하지 않았다. 그리고 1527년 5월 6일부터 12월 7일까지 천사성에 죄수로 갇혀 지냈다. 그동안 우르비노 공작이나, 프랑수아 1세나 헨리 8세의 군대가 구원하러 와 주기를 고대했다. 당시 스페인에 있던 카를 5세는 로마를 접수했다는 소식에 기뻐했으나 유린의 잔인함을 듣고 충격을 받았다. 그는 이런 과도한 행동에 대한 책임을 부인했지만 교황의 곤경을 완벽하게 이용했다. 6월 6일에 그의 대리인들은 어쩌면 그에게 알리지도 않고서 클레멘스 교황에게 치욕스러운 평화 조약에 서명을 강요했다. 교황은 그들과 황제군대에 40만 두카트를 지불하기로 동의했다. 카를 5세에게 피아첸짜, 파르마, 모데나 시를 양도하고, 오스티아, 치비타 베키아, 치비타 카스텔라나, 천사성 등의 성들을 양도하기로 했다. 클레멘스 자신은 처음 15만 두카트가 지불될 때까지 그곳에 포로로 남기로 하고, 그런 다음에는 카를 5세가 그의 운명을 결정할 때까지 가에타나 나폴리로 떠나 있기로 동의했다. 천사성에 있던 사람들은 그를 수행한 13명의 추기경만 빼고 모두 떠나는 것을 허락받았다. 스페인과 도이치 군사들이 성의 책임을 맡고 교황은 좁은 숙소 안에 거의 갇혀 지냈다. "그들은 교황에게 거의 10스쿠디의 재산도 남기지 않았다."라고 귀치아르디니는 6월 21일자로 적었다.[45] 교황이 도망치면서 이리로 가져온 은과 금을 모두 그들에게 내놓아서 10만 두카트의 몸값을 만들었다.

그사이 페라라의 알폰소는 레지오와 모데나를 접수했다.(오랫동안 페라라에 속했던 곳들이었다.) 그리고 베네찌아는 라벤나를 차지했다. 피렌쩨는 메디치 일가를 세 번째로 쫓아내고, 예수 그리스도가 새로 만든 공화국의 왕이라고 선포했다. 교황청의 모든 건물, 물질적·정신적 건축물이 붕괴되어 비극적인 폐허로 변하는 듯이 보였다. 그것은 클레멘스의 불성실함, 교황청의 죄악과 탐욕과 부패, 성직 계급의 사치, 로마의 부정 등이 어느 정도의 형벌을 받아 마땅하다고 느끼는 사람들에게도 동정심을 불러일으킬 풍경이었다. 카르펜트라스에서 평화롭게 지내던 사돌레토는 로마의 붕괴 소식을 듣고 공포를 느꼈다. 그는 벰보와 카스틸리오네, 이사벨라와 다른 수많은 학자, 시인, 후원자들이 사악한 도시를 그 시대 예술과 사상의 최고봉으로 만든 저 평온하던 시대가 끝난 것을 탄식했다. 에라스무스는 사돌레토에게 이렇게 써 보냈다. "로마는 그리스도교 신앙의 사원이며 고귀한 영혼을 위한 유모이고 뮤즈의 거처일 뿐만 아니라 민족들의 어머니인 곳이었지요. 얼마나 많은 사람들에게 로마는 자신들의 나라보다도 더욱 소중하고 달콤하고 귀한 곳이었던가! …… 정말이지 이것은 한 도시의 파괴가 아니라 온 세상의 파괴입니다."[46]

8. 승리자 카를 5세: 1527~1530

1522년에 전염병이 로마를 기습해서 주민을 5만 5000명으로 줄여 놓았다. 1527년에는 살인, 자살, 전쟁 등이 다시 인구를 4만 명 이하로 만들었다. 이해 7월에 한여름의 열기 속에서 전염병이 돌아와서 기근과, 그곳을 약탈하던 폭도들과 힘을 합쳐 로마를 공포와 테러와 황량함의 도시로 변화시켰다. 교회들과 거리들이 다시 시체로 덮였다. 이들 중 상당수는 그대로 태양 속에 버려져서 썩어 갔다. 그 악취가 너무 강해서 감옥에 갇힌 사람들과 포로들은 성벽의 난간을 피해 방으로 도망쳤다. 심지어는 감옥에서도 많은 사람이 감염되어 죽었고, 교황의 하인들 일부도 죽었다. 당파를 모르는 공평한 전염병은 침입자들도 공격했다. 1527년 7월 22일까지 로마에서 2200명의 도이치 병사들이 죽었다. 말라리아, 매독, 영양실조 등이 침입자들을 절반으로 줄였다.

카를 5세의 적대자들은 점차 심각하게 교황을 구해 낼 생각을 하기 시작했다. 헨리 8세는 감금된 교황이 자신에게 아라곤의 캐서린과 이혼하는 것을 허락해 주지 않을까 봐 울시 추기경을 프랑스로 보내서 프랑수아 1세와 함께 클레멘스 교황을 구해 낼 방도를 논의하게 했다. 8월 초에 두 왕은 카를 5세에게, 교황과 프랑스 왕자들을 석방하고, 교황국가들을 교회에 되돌려준다는 조건으로 200만 두카트와 평화를 제안했다. 카를 5세는 이를 거부했다. 아미엥 조약으로(8월 18일) 헨리 8세와 프랑수아 1세가 카를 5세에 맞서 전쟁을 하기로 약속했다. 곧 베네찌아와 피렌쩨가 이 새로운 동맹에 합세했다. 프랑스 군대는 제노바와 파비아를 함락시키고, 황제군이 로마를 유린한 것만큼이나 철저하게 파비아를 약탈했다. 만토바와 페라라는 멀리 있는 카를 5세보다는 가까이 있는 프랑스 군대가 더욱 무서워서 이 동맹에 합세했다. 그런데도 프랑스 사령관인 로트렉은 자신의 군대에 돈을 지불할 수가 없어서 로마로 진군하지 못했다.

황제는 가톨릭 교회 안에서 자신의 위신을 회복할 속셈으로, 그리고 점점 세력이 커지는 동맹의 열성을 식힐 속셈으로, 클레멘스가 동맹에 합세하지 않기로 약속하고, 또 로마에 있는 황제군에 11만 2000두카트를 단번에 지불하고, 이 것을 지킬 담보로 볼모를 제공한다면 그를 석방하기로 동의했다. 클레멘스는 추기경직을 팔고, 또 나폴리 왕국에서 들어오는 교회 수입의 10분의 1을 황제 에게 제공함으로써 돈을 만들었다. 7개월 동안이나 감금되고 난 다음 12월 7일 에 클레멘스 7세는 천사성을 떠나서 하인으로 가장하고 로마를 떠나 조용히 오 르비에토로 갔다. 명백히 파산한 몰골이었다.

오르비에토에서 그는 다 허물어져 가는 궁성에 머물렀다. 건물의 지붕은 움푹 꺼지고 벽은 그대로 맨 벽에 금이 가 있고, 바닥은 바람이 술술 샜다. 헨 리 8세의 이혼 허락을 얻기 위해 그를 방문한 영국 대사는 그가 침대에 아무렇 게나 누워 있고, 창백하게 야윈 얼굴은 길게 자란 텁수룩한 수염으로 절반이나 가려진 꼴을 보았다. 교황은 그곳에서 겨울을 보내고 비테르보로 옮겼다. 2월 17일에 황제군은 클레멘스 7세가 지불할 수 있는 것을 모조리 다 받고 나서, 질병에 더 많은 인명을 잃을까 두려워 로마를 떠나 나폴리로 갔다. 로트렉은 이제서야 군대를 이끌고 나폴리를 포위할 희망을 품고 남쪽으로 내려왔다. 그 러나 그 자신의 군대도 말라리아로 절반으로 줄었고 그 자신도 죽었다. 기율 을 잃은 그의 군대는 북쪽으로 돌아갔다.(1528년 8월 29일) 동맹에서 원조를 받 을 일말의 희망도 모두 잃은 채 클레멘스 7세는 카를 5세에게 완전히 항복했다. 10월 6일에 그는 로마로 귀환하는 일을 허락받았다. 집의 5분의 4가 비었고, 수 천 채의 건물들이 폐허로 변해 있었다. 사람들은 9개월의 침입이 그리스도교의 수도에 남겨 놓은 폐허를 보고 놀라워했다.

카를 5세는 한동안 클레멘스 7세를 폐위하고 교황국가들을 나폴리 왕국에 합병하고, 로마를 자신의 제국의 수도로 만들고, 교황을 원래의 역할대로 로마 주교로 만들어 황제에게 복종하게 할까 하는 생각을 했던 것으로 보인다.[47] 그 러나 이렇게 되면 카를 5세는 도이칠란트의 루터 교도들과 전쟁을 해야 할 것 이고, 또 스페인에서는 내전이 일어날 것이며, 프랑스, 영국, 폴란드, 헝가리가 전력을 다해 뭉쳐서 그에게 맞서게 될 것이다. 그래서 그는 이 계획을 포기하고 교황청을 자신에게 의존하는 동맹자로 만들고 이탈리아를 분할하는 문제를 놓고 교황청의 영적인 도움을 받기로 생각을 바꾸었다. 바르셀로나 조약 (1529년 6월 29일)을 통해서 그는 교황에게 중요한 양보를 했다. 교회에서 빼앗은 영지들은 도로 복구시킨다, 교황의 메디치 친척들은 외교나 군대의 힘을 동원해서 피렌쩨에서의 권력을 회복한다, 페라라도 다시 교황에게 돌려주기로 약속해 주었다. 그에 대해서 교황은 카를 5세에게 나폴리를 공식적으로 넘겨주기로 동의했다. 황제군이 자유롭게 교황국가들을 통과하는 것을 허용하고, 또 이듬해 교황과 황제 사이에 평화와 이탈리아 조직을 정착시키기 위해 볼로냐에서 황제를 만나기로 동의했다.

그 직후에 카를 5세의 아주머니이며 네덜란드의 섭정인 마르가레트가 프랑수아의 어머니인 사부아의 루이즈를 만나고, 또 여러 대사들과 사절들의 도움을 받아서 황제와 프랑수아 왕 사이에 캉브레 동맹(1529년 8월 3일)을 체결했다. 카를 5세는 120만 두카트의 몸값을 받고 프랑스 왕자들을 풀어 주었다. 프랑수아 1세는 이탈리아, 플랑드르, 아르투아, 아라스, 투르네에 대한 프랑스의 요구를 일절 포기한다고 선언했다.[48] 이탈리아에 있던 프랑스 동맹국들은 황제의 처분에 맡겨졌다.

카를과 클레멘스는 1529년 11월 5일에 볼로냐에서 만났다. 두 사람은 서로 상대가 필요하다는 것을 확인했다. 말하기는 이상하지만 카를 5세는 이 기회에 처음으로 이탈리아를 방문했다. 그는 보기도 전에 이탈리아를 정복했던 것이다. 그가 볼로냐에서 교황 앞에 무릎을 꿇고 자신이 그렇게 몰아붙였던 남자의 발에 키스를 했을 때 이 두 사람은(한 사람은 붕괴되는 교회를 대표하고, 다른 사람은 방금 떠오르는, 그리고 여기서 승리한 현대 국가를 대표했다.) 처음으로 서로 만났다. 클레멘스는 모든 자부심을 철회하고 황제의 공격을 모두 용서했다. 안 그럴 수가 없었다. 그는 이제 프랑스를 바라볼 수가 없었다. 카를 5세는 북부와 남부 이탈리아에 막강한 군대를 두었다. 황제의 군대가 아니라면 메디치 가문은 피렌쩨를 되찾을 수 없을 것이다. 도이칠란트에서 루터와 맞서고, 동쪽에서 술레이만 대제에 맞서기 위해 황제의 도움이 절대적으로 필요했다. 카를 5세는 너그럽고 신중했다. 그는 자기가 막강하지 않던 시절에 만들어진 바르셀로나 조약의 조항들을 전부 지켰다. 프란체스코 마리아 스포르짜가 엄청난 배상금을 지불하는 조건으로, 망가진 밀라노를 황제의 감시 아래 계속 통치하는 것을 허락했다. 그리고 클레멘스에게 비겁한, 혹은 의리 없는 프란체스코 마리아 델라 로베레가 우르비노를 그대로 차지하도록 놓아 두라고 설득했다. 황제는 알폰소가 최근에 프랑스 편을 든 일을 용서하고, 그가 로마로의 행진을 도운 것을 다음과 같이 보상해 주었다. 즉 교황의 봉신 자격으로 공작령을 계속 차지하고, 또 황제의 봉신 자격으로 모데나와 레지오를 그에게 맡기기로 한 것이다. 그 대가로 알폰소는 절실하게 필요하던 10만 두카트를 교황에게 지불했다. 이 해결책을 확고히 하기 위해서 카를은 이탈리아가 하나로 힘을 합쳐 외국의 침입에 맞서자고 모든 공작들을 소환했다. 그러니까 카를 자신의 침입만 빼고 말이다. 단테가 황제 하인리히 7세에게, 그리고 페트라르카가 황제 카를 4세에게 호소했던 저 통합이 이제, 외국 세력에 통합된 복종을 함으로써 성취된 셈이었다. 클레멘스 7세는 이 모든 일을 축복하고, 카를 5세에게 롬바르디아의 쇠로 만든 왕관과 신성로마제국의 황제 관을 씌워 주는 대관식을 올렸다.(1530년 2월 22~24일)

교황과 황제의 동맹은 피렌쩨 사람들의 피를 통해 봉인되었다. 자신의 가문을 권력에 복구시키기로 결심한 클레멘스 7세는 7만 두카트를 오랑쥬 공 필리베르에게 주고 군대를 조직하여, 1527년에 피렌쩨를 장악한 부자들의 공화국을 정복하도록 했다. 필리베르는 이 임무를 받고 2만 명의 도이치 및 스페인 군대를 보냈다. 이들 중 많은 이들이 로마 유린에 동참한 사람들이었다.[49] 1529년 12월에 이 병력은 피스토야와 프라토를 점령하고 피렌쩨를 포위했다. 단호히 결심한 시민들은 피렌쩨의 대포가 침입자들에게 가서 닿도록, 도시 요새 주변 1.6킬로미터 반경 안에 자리 잡은 집, 정원, 벽 등을 파괴했다. 미켈란젤로는 메디치 무덤의 조각상들을 버려둔 채로 누벽과 성벽을 건설하거나 재건하는 데 매달렸다. 포위는 잔인하게 8개월이나 지속되었다. 피렌쩨에서 식량이 고갈되어 고양이나 쥐까지도 12.5달러에 이르렀다.[50] 식량이나 무기로 바꿀 돈을 마련하기 위해 교회들은 성스러운 기물을, 시민들은 쟁반을, 여자들은 보석을 내놓았다. 프라 베네데토 다 포이아노 같은 애국적인 수도사들은 시민들의 정신을 격려하기 위해 열변을 토했다. 용감한 피렌쩨 시민인 프란체스코 페루치는 도시를 빠져나가 3000명의 군대를 조직해서 포위군을 기습했다. 그는 병사 2000명을 잃고 패배했다. 그 자신도 포로로 붙잡혀서 황제군을 지휘하던 칼라브리아 사람 파브리찌오 마라말디 앞으로 끌려왔다. 마라말디는 무방비 상태의 페루치를 자기 앞에 세워 놓고 이 영웅이 죽을 때까지 거듭 칼로 찔렀다.[51] 그사이에 피렌쩨가 도시의 방어를 위해 고용한 장군 말라테스타 발리오니는 포위군과 배신적인 계약을 맺었다. 그는 적군을 도시 안에 들어오게 하고 자신의 총구를 피렌쩨 사람을 향해 겨누었다. 굶주리고 조직이 무너진 공화국은 항복했다.(1530년 8월 12일)

알레싼드로 데 메디치가 피렌쩨의 공작이 되었다. 그리고 탐욕과 잔인함으로 자신의 가문의 명예를 잃었다. 공화국을 위해 싸웠던 수백 명의 사람들이 고문당하고 추방당하고 살해당했다. 프라 베네데토는 클레멘스에게 보내졌고, 교황은 그를 천사성에 감금했다. 그곳에서 이 수도사가 굶어 죽었다고 어떤 보고서는 전한다.[52] 시 행정부는 해산되었다. 정부 청사 건물(팔라쪼 델라 시뇨리아)은 이제 옛 궁전(팔라쪼 베키오)이라 불리게 되었다. 오랫동안 의회(parlamento) 소집령을 알려 왔던 거대한 11톤짜리 종 라 바카(La Vacca, 암소)는 이제 끌어내려져 깨뜨려졌다. 당시의 어떤 연대기 기록자가 전하는 대로 "우리가 다시는 달콤한 자유의 소리를 들을 수 없도록 하기 위해서"였다.[53]

9. 클레멘스 7세와 미술

교황이 피렌쩨를 다룬 방식은 메디치 가문의 타락을 확인해 준 일이었다. 동시에 로마를 복구하기 위한 그의 노력은 이 가문을 위대하게 만든 행정적 천재 성과 미적인 감식안의 불꽃을 다시 보여 주었다. 성년이 된 그를 그렸던 세바스티아노 델 피옴보가, 이제 늙은 그의 모습을 그렸다. 침울하고 깊은 눈길, 흰 수염을 지닌 채 축복을 내리는 모습이다. 분명히 고통이 그를 단단하게 하고 어느 정도까지 강하게 했다. 그는 이제 동 지중해를 장악한 터키 함대로부터 이탈리아를 방어하기 위해 활발한 활동을 펼쳤다. 앙코나, 아스콜리, 파노 등지를 요새로 만들고, 1532년 6월 21일의 추기경회의를 통해 (추기경들의 반대를 무릅쓰고) 추기경을 포함하여 이탈리아 성직자들의 수입에 대해 50퍼센트의 세금을 부과하기로 결정해서 이 비용을 충당했다.[54] 부분적으로는 성직을 팔아 재원을 마련해서 교회의 부를 다시 건설하고, 로마 대학을 복구하고, 학문과 미술의 후원을 다시 시작했다. 그는 시칠리아 근처의 선박에 바르바리 해적들이 출몰하는데도 불구하고 적절한 곡물의 공급을 확보할 조치를 마련했다. 놀랄 만큼 빠른 시간에 로마는 다시 서방 세계의 수도라는 기능을 되찾았다.

이 도시에는 여전히 예술가들이 많았다. 카라도쏘가 밀라노에서 왔고, 첼리니는 피렌쩨에서 이리로 와서 금세공 분야에서 르네상스의 절정을 이루었다. 그들과 다른 많은 예술가들이 부지런히 움직여 교황의 선물이 될 황금의 장미와 칼들을 빚고, 제단의 그릇들을 제작하고, 교회의 위신을 대변하고 행진 때 사용할 은 막대들, 추기경의 인감, 교황들의 관과 반지 등을 만들었다. 비첸짜의 발레리오 벨리는 클레멘스를 위해서 그리스도의 생애 장면들을 새긴 수정 상자를 만들었다. 지금은 피티 궁전의 가장 소중한 소장품의 하나인 이 상자는 프랑수아 1세의 아들과 메디치의 카타리나의 결혼식 때 프랑수아에게 선물로 주어졌다.

바티칸의 방들의 장식은 1526년에 다시 시작되었다. 클레멘스 교황 시절 가장 위대한 그림이 콘스탄티누스 홀에 만들어졌다. 쥴리오 로마노가 「십자가의 출현」, 「밀비아 다리의 전투」를 그렸다. 프란체스코 페니는 「콘스탄티누스의 세례」를 그리고, 라파엘로 델 콜레는 「콘스탄티누스가 실베스테르 교황에게 로마를 선물하다」를 그렸다.

미켈란젤로 이후로 (그리고 쥴리오 로마노가 만토바로 가 버린 이후로) 로마에서 가장 유능한 화가는 세바스티아노 루치아노였다. 그는 교황청 인장을 보관하고 도안하는 임무를 맡게 되었을 때(1531) 델 피옴보라는 별칭을 얻었다. 베네찌아에서 태어난(1485년 무렵) 그는 운 좋게도 쟌 벨리니, 죠르죠네, 치마(Cima)에게서 교육을 받았다. 그의 가장 초기작이고 또 가장 섬세한 작품의 하나인 「남자의 세 연령」은 당시 베네찌아에 체류하던 유명한 외국인 작곡가들, 곧 야콥 오프레히트와 필립 베르델로 사이에 있는 명랑한 젊은이의 모습을 한 그 자신을 보여 준다. 성 죠반니 크리소스토모 성당을 위해서 그는 이 성인이 작곡의 열병에 빠진 모습을 그렸다. 아니면 죠르죠네가 그린 그림을 그가 완성했다. 그리고 비슷한 시기에(1510년) 그는 「베누스와 아도니스」에서 죠르죠네의 가장 관능적인 방식을 베꼈다. 그의 풍부한 여인들은 죄가 탄생하기 이전 황금시대에 속하는 것처럼 보인다. 아마도 베네찌아에서 세바스티아노는 그의 유명한 「여인의 초상화」를 그렸을 것으로 보인다. 이 작품은 오랫동안 「라 포르나리나」라는 이름으로 라파엘로의 작품으로 여겨져 왔다.

1511년에 아고스티노 키지가 세바스티아노에게 로마로 와서 빌라 키지를 장식하는 것을 도와달라고 초대했었다. 젊은 예술가는 그곳에서 라파엘로를 만났고 한동안 그의 이교적 장식 양식을 모방했다. 그 대가로 그는 라파엘로에게 베네찌아의 따뜻한 색채의 비밀을 가르쳐 주었다. 머지않아 세바스티아노는 미켈란젤로와도 좋은 친구가 되어 이 거인인 근육질 남자의 생각을 흡수하고, 또 베네찌아 색채를 미켈란젤로 방식 도안과 결합시킬 생각을 품었다. 쥴리오 데 메디치 추기경이 그에게 그림을 주문했을 때 그는 이것을 실행할 기회를 가졌다. 그림의 주제로 「라자로의 부활」을 선택했다. 이것은 라파엘로가 당시(1518) 그리던 「그리스도의 변모」와 경쟁적인 작품이었다. 비평가들은 그가 레오가 사랑한 라파엘로와 대등하다는 그 자신의 판단을 부인했지만 꼭 만장일치는 아니었다.

그는 자신의 탁월함에 너무 일찍 만족하지만 않았더라면 더욱 발전했을지도 모른다. 여가를 향한 정열이 천재의 측면을 가로막았다. 그는 어째서 한 인간이 이미 남아도는 황금을 위해서, 아니면 사후의 명성이라는 도깨비불을 좇느라 자신을 소모시켜야 하는지 이해하지 못하는 쾌활한 사람이었다. 그의 후원자가 교황이 되고 그는 바티칸에서 한가한 성직을 받은 다음 오로지 초상화에만 전념했다. 이 분야에서 그를 능가하는 화가는 드물다.

발다싸레 페루찌(B. Peruzzi)는 그보다 야망이 컸다. 그의 낭랑한 명성은 한 세대 동안 이탈리아 산맥 저편까지 울려 퍼졌다. 그는 직조공의 아들이었다. (예술가들은 대개 낮은 혈통 출신이었다. 중산층은 유용성을 먼저 구하고 노년기에 아름다움을 구할 시간이 생기기를 희망한다. 귀족층은 예술을 보호하기는 했지만 예술의 생활보다는 생활의 예술을 더 좋아했다.) 시에나에서 태어난(1481) 발다싸레는 소도마와 핀투리키오에게서 그림을 배웠고 곧 로마로 갔다. 바티칸 '헬리오도로스의 방' 천장화를 그린 사람은 분명히 그였다. 그리고 라파엘로는 이 작품이 충분히 훌륭하기에 손대지 않고 그대로 두어도 괜찮다고 생각했다. 그사이 브라만테처럼 그도 고전 유적에 대한 사랑에 빠져 고대 사원들과 궁정들의 평면도를 측정하고 기둥과 기둥머리의 다양한 형태와 배치를 탐구했다. 그는 원근법을 건축에 적용하는 부분에서 전문가가 되었다.

아고스티노 키지가 빌라 키지를 건축하기로 결심했을 때 페루찌도 이 설계에 초대를 받았다.(1508) 은행가는 그 결과를 보고 만족했다. 고전 쇠시리와 처마 장식을 지닌 르네상스 정면부의 장엄한 마무리였다. 그는 페루찌가 그림도 그린다는 사실을 알자 젊은 예술가에게, 세바스티아노 델 피옴보와 라파엘로와 경쟁적으로 내부의 방 몇 개를 마음대로 꾸밀 자유를 주었다. 현관의 홀과 로지아에 페루찌는 베누스와 큐피드, 레다와 백조, 에우로파와 황소, 다나에와 황금의 소나기, 가뉘메드와 독수리, 그 밖에도 지친 금융가가 낮의 산문에서 꿈의 시 세계로 들어올 수 있게 해 주는 몇 가지 장면들을 더 그렸다. 페루찌는 벽화의 가장자리를 정교한 원근법의 기술로 그려서 티찌아노는 이것이 정말로 돌로 만든 돋을새김인 줄로 착각했을 정도였다.[55] 위층의 홀에 페루찌는 붓으로 가짜 건축물을 그려 넣었다. 처마 장식은 여상주(여인 조각상 모습의 받침 기둥) 그림으로 받쳐지고, 띠 장식(프리즈)은 그려진 벽기둥으로 지탱되고, 또 가짜 창문들은 활짝 열려서 그림으로 그려진 너른 들판을 보여 주었다. 페루찌는 건축에 완전히 빠져 그림을 건축의 시녀로 만들어 건축가의 규칙에 종속시켰지만 그 대신 생명력이 없다. 하나의 예외를 꼽자면 그가 산타 마리아 델라 파체 성당의 반원형 천장에 그린(1517) 성서의 장면이다. 이곳은 라파엘로가 3년 전에 시빌레들을 그렸던 곳이다. 페루찌의 벽화들은 라파엘로의 작품들에 비해도 손색이 없다. 이 그림은 그의 가장 훌륭한 그림들이고, 그에 반해 라파엘로의 작품들은 그의 가장 훌륭한 작품들이 아니기 때문이다.

레오 10세는 페루찌의 다양한 재능에 깊은 인상을 받았던 것이 분명하다. 그를 라파엘로의 뒤를 이어 성 베드로 대성당의 수석 건축가로 임명했기 때문이다.(1520) 또한 비비에나의 희극「종달새」공연을 위한 무대 그림을 그리도록 고용했다. 성 베드로 대성당에 남긴 페루찌의 공적은 그가 그린 평면도이다. 시몬즈는 이것이 "성 베드로 대성당을 위해 그린 것들 중에서 가장 아름답고 흥미로운 것"이라고 말했다.[56] 레오가 죽고 미술에 알레르기 반응을 일으키는 교황(하드리아누스 6세)이 즉위하자 페루찌는 시에나로 돌아갔다가 볼로냐로 갔다. 그곳에서 사랑스러운 알베르가티 궁전을 도안했다. 그리고 성 페트로니오 교회의 정면부를 위한 모델을 만들었지만 이것을 완성하지는 못했다. 클레멘스 7세가 예술의 낙원을 다시 열자 그는 서둘러 로마로 돌아와서 성 베드로 사원의 작업을 다시 시작했다. 황제군이 로마를 유린할 때에도 그는 그곳에 있었다. 바사리의 말에 따르면 그는 특별히 곤욕을 치렀다. "그가 근엄하고 고귀한 모습이어서 그들이 그가 변장한 고위 성직자인 줄로 여겼기" 때문이다. 그들은 그에게 상당한 몸값을 기대했다. 그러나 그가 훌륭한 초상화를 그려서 자신의 낮은 신분을 입증하자 그들은 그가 가진 것을 셔츠만 빼고 모두 빼앗는 것으로 만족했다. 그리고 그를 놓아 보냈다. 그는 거의 벌거벗다시피 한 상태로 시에나로 돌아갔다. 시에나 정부는 돌아온 탕아를 다시 얻은 것을 자랑스럽게 여기고 요새 건설을 위해 그를 고용했다. 폰테쥬스타 교회는 그에게 벽화를 그리도록 했는데, 그것은 너그러운 비평가들이 그의 걸작이라고 꼽는 것이다. 시빌레 한 사람이 두려워하는 아우구스투스에게 그리스도의 탄생이 다가옴을 알리는 그림이다.

그러나 페루찌의 가장 큰 성공은 마씨미 델레 콜론네 궁전이었다. 그는 로마로 돌아와서(1530) 이 궁전을 도안했다. 마씨미는 이름에서 멋대로 유추해서 자기들이 파비우스 막시무스의 후손이라고 선언했다. 파비우스 막시무스는 게으름을 피워 불멸의 명성을 얻은 사람이다. 그들은 자신들의 성(姓)을 이전에 살았던 집의 기둥이 늘어선 현관에서 얻었는데, 이 집은 로마 유린 때 파괴되었다. 커브가 져서 늘어진 이 집의 불규칙적인 요소가 지루한 직사각형 도면을 허용하지 않았다는 것이 페루찌에게는 행운이었다. 그는 타원형을 선택했고, 여기에 르네상스 정면부와 도리아식 주랑 현관을 배치했다. 외부는 단순하게 그대로 놓아둔 채로 내부에는 비례와 장식에서 그리스의 섬세함을 갖춘, 제국 시대 로마의 온갖 장식과 화려함을 부여했다.

다양한 재능을 가졌으나 페루찌는 가난하게 죽었다. 그는 자신의 기술에 알맞은 사례금을 받아 내기 위해 교황들, 추기경들, 은행가들과 말다툼을 벌일 뱃심을 갖지 못했다. 파울루스 3세 교황이 그가 죽어 가고 있다는 소식을 들었을 때 교황은 벽만 올라간 성 베드로 대성당에 지붕을 얹을 수 있는 사람은 오로지 페루찌와 미켈란젤로뿐이라고 생각했다. 교황은 예술가에게 100크라운(1250달러?)을 보냈다. 페루찌는 감사했지만 마흔다섯이라는 나이로 생을 마감하고 말았다. 바사리는 경쟁자가 그에게 독을 먹였을 것이라고 말한 다음 "로마의 모든 화가, 조각가, 건축가들이 무덤까지 그의 시신을 따라갔다."고 전한다.

10. 미켈란젤로와 클레멘스 7세: 1520~1534

클레멘스 7세가 자신의 온갖 불운을 통해서도 미켈란젤로의 변덕과 적개심을 친절하게 참아 냈다는 것은 그의 이야기에서 명예의 하나이다. 그는 미켈란젤로에게 여러 임무들을 부여하고 또한 천재의 온갖 특권을 그에게 주었다. 그는 이렇게 말했다. "부오나로티가 나를 보러 오면 나는 언제나 자리를 잡고 앉아서 그에게도 자리를 잡으라고 권하곤 한다. 그가 떠나지 않고 앉을 것이라고 느끼기 때문이다."[57] 교황이 되기도 전에 이미 그는 이 조각가의 최고 걸작 조각품이 될 작품을 제안했다.(1519) 피렌쩨에 있는 성 로렌쪼 교회에 유명한 메디치 사람들을 위한 기념묘 노릇을 할 '새 성구실(Nuova Sagrestia)'을 짓도록 하고 그곳에 그들의 묘지를 만들고 이 묘지들을 적절한 조각품으로 장식하라는 주문이었다. 티찌아노의 다양한 재능에 대해서도 확신을 갖고 있던 클레멘스는 그에게도 로렌쪼 도서관(라우렌티아나 도서관)을 위한 건축 도면을 그려 달라고 주문했다. 메디치 가문의 문서 소장품을 안전하게 보관할 수 있을 만큼 크고도 튼튼한 도서관이었다. 이 도서관의 당당한 계단과 기둥이 있는 현관은 미켈란젤로의 감독 아래서 완성되었다. 건물의 나머지 부분은 나중에 바사리와 다른 사람들이 부오나로티의 도면에 따라 완성한 것이다.

'새 성구실'은 건축적 걸작이라고 하기는 어렵다. 이것은 벽기둥으로 분할되고, 위에 평범한 둥근 천장을 얹은 단순한 네모꼴로 계획되었다. 이 건축물의 주요 기능은 벽 안에 남은 부분에 조각품을 넣는 일이었다. 이 '메디치 예배당'은 1524년에 완성되었다. 1525년에 미켈란젤로는 무덤 제작을 시작했다. 클레멘스 7세는 그 전해에 미켈란젤로에게 상냥하게 안달하는 편지를 써 보냈다.

당신도 알다시피 교황들은 오래 살지 못합니다. 나는 나의 일족의 무덤들이 있는 예배당을 보는 일, 아니면 그것이 완성되었다는 소식을 듣는 것 이상의 일을 바랄 수 없는 처지입니다. 도서관도 이와 마찬가지입니다. 나는 이 두 가지를 당신의 부지런함에 맡기고 있습니다. 그사이에 나는 (당신의 표현대로) 완전한 참을성에 자신을 바치고 있습니다. 하느님께서 당신의 마음에 이 모든 일을 앞으로 밀고 나갈 생각을 불어넣어 주시기만을 기도할 뿐입니다. 내가 살아 있는 한 당신에게 주문이나 보상이 없어질 걱정은 하지 마십시오. 안녕히, 하느님과 나의 축복을 보냅니다.

쥴리오[58]

원래 여섯 개의 무덤이 계획되었다. 위대한 로렌쪼(로렌쪼 일 마니피코), 암살당한 그의 동생 쥴리오, 레오 10세, 클레멘스 7세, "너무 착해서 국가를 통치할 수 없었던" 젊은 쥴리아노, 그리고 우르비노의 공작인 젊은 로렌쪼(1519년 사망) 등이었다. 오직 뒤의 두 사람 것만 완성되었다. 이들조차 완전히 완성된 것은 아니었다. 그런데도 그것은 르네상스 조각의 정점이다. 시스티나 예배당의 그림이 르네상스 회화의 정점이고, 성 베드로 대성당의 지붕이 르네상스 건축의 정점인 것과 마찬가지다.(이들 모두 미켈란젤로의 작품) 무덤들은 죽은 사람들이 살아서 절정이던 시절을 보여 준다. 그러나 그들의 진짜 모습을 재현하려는 노력은 없다. 쥴리아노는 로마 장군의 의상을 입었고, 로렌쪼는 '생각하는 사람(il Penseroso)'의 모습이다. 무모한 관찰자가 여기에 사실성이 없다고 말한다면 미켈란젤로는 그의 예술적 불멸성에 대한 장엄한 확신을 드러내는 말로 대답했다. "천 년이 지난 다음 누가 이들이 그들의 진짜 모습인지 아닌지 신경이나 쓰겠습니까?"[59] 쥴리아노의 돌 관에 기대 누운 두 명의 나체 인물은 오른쪽 남자가 '낮'을 나타내고, 왼편의 여자가 '밤'을 나타낸다고 알려져 있다. 로렌쪼의 무덤에도 비슷하게 드러누운 인물들은 '저녁'과 '새벽'을 나타낸다. 이런 해석은 가설이고 어쩌면 상상일 뿐이다. 아마도 조각가의 의도는 단순히 그의 비밀의 주물, 곧 인체를 조각하는 일이었을 것이다. 남자를 그 강인함의 온갖 광채 속에 드러내고, 여자의 윤곽의 아름다움을 드러내는 것 말이다. 언제나 그렇듯이 그는 남성의 모습에서 더 성공을 거두었다. 활동적이고 피곤하게 하는 낮이 밤에 천천히 굴복하는, 미완성인 저녁의 모습은 판테온의 가장 고귀한

408

신들의 모습과 잘 어울린다.

전쟁은 예술도 중단시켰다. 로마가 도이치 용병들의 손에 떨어졌을 때 (1527, 로마 유린) 클레멘스는 후원자 노릇을 할 수가 없었고, 미켈란젤로의 월급 50크라운(625달러)도 중단되었다. 피렌쩨는 그사이 2년간 공화국의 자유를 누렸다. 클레멘스가 카를 5세와 평화를 체결하고, 도이치-스페인 군대가 공화국을 뒤엎고 메디치 가문을 다시 세우려 했을 때 피렌쩨는 미켈란젤로를 도시의 방어를 책임진 9인위원회의 한 사람으로 임명했다.(1529년 4월 6일) 메디치 집안의 예술가는 상황의 우연으로 인해 메디치에 반대하는 기술자가 되어 요새와 성벽을 설계하고 축성하는 일에 열렬히 몰두했다.

그러나 작업이 진행되고 있을 때 미켈란젤로는 이 도시가 성공적으로 방어될 수 없음을 점점 더 확신하게 되었다. 피렌쩨처럼 마음과 충성심이 둘로 나뉜 일개 도시가 어떻게 황제와 교황 연합군의 대포와 파문을 견딜 수 있겠는가? 1529년 9월 21일에 패닉 상태에 빠진 그는 피렌쩨에서 도망쳐 프랑스의 상냥한 왕에게 찾아가기로 마음먹었다. 자신의 길이 도이치 점령 지역으로 막힌 것을 보고 그는 페라라에 임시로 숨었다가 베네찌아로 갔다. 그곳에서 피렌쩨에 머물던 프랑수아 1세의 대리인이며 자신의 친구인 바티스타 델라 팔라에게 편지를 보냈다. 자기와 함께 프랑스로 도망칠 생각이 있는가?[60] 바티스타는 도시의 방어를 위해 자기에게 맡겨진 이 자리를 벗어나기를 거부했다. 그리고 친구에게 임무로 돌아오라고 간곡히 호소하는 편지를 써 보냈다. 그렇지 않으면 정부가 그의 재산을 압류할 것이고 그의 가난한 친척들이 빈곤 속에 남겨질 것이라고 경고했다. 11월 20일 무렵에 예술가는 자기 자리로 돌아와서 피렌쩨 성벽 공사에 동참했다.

바사리에 따르면 그는 이렇게 혼란스러운 몇 달 동안에도 여전히 짬을 내서 남몰래 메디치 무덤의 일을 계속하고 또 페라라의 알폰소를 위해 그림을 그렸다. 그의 작품 중에서 가장 특성이 적은 「레다와 백조」라는 작품이다. 성적 욕구가 적고 청교도적인 사람의 작품으로는 이상한 작품이었다. 아마 일시적으로 혼란스러운 마음에서 나왔을 것이다. 이것은 레다와 교접하는 백조의 모습을 보여 준다. 알폰소는 전쟁들 중간에는 상당한 난봉꾼이었지만 그가 이 주제를 선택하지는 않았다. 그가 보낸 심부름꾼은 작품을 보고 실망했다고 한다. "이건 시시한 작품인걸." 그러고는 공작을 위해 이 작품을 확보하려는 노력을 기울이지 않았다. 미켈란젤로는 이 그림을 하인인 안토니오 미니에게 주었다. 미니는 이것을 가지고 프랑스로 갔고, 그곳에서 잡식성의 프랑수아 1세의 소장품으로 넘어갔다. 이 작품은 루이 13세 시절까지 퐁텐블로에 남아 있었지만 이 시기에 고위 관리 한 사람이 외설스러움 때문에 이 작품을 파괴하라고 명령했다. 이 명령이 어디까지 실천되었는지, 그리고 이 원작의 뒷날 역사가 어떻게 되었는지 알려져 있지 않다. 복제품 하나가 런던 국립 미술관에 소장되어 있다.[61]

피렌쩨가 권력을 회복한 메디치 가문의 손에 떨어지자 바티스타 델라 팔라와 다른 공화국 지도자들이 죽임을 당했다. 미켈란젤로는 언제라도 같은 운명이 닥칠 것을 예상하면서 친구의 집에 두 달 동안 숨어 지냈다. 그러나 클레멘스 7세는 그가 죽은 것보다 살아 있는 편이 더 가치가 있다고 여겼다. 교황은 피렌쩨에서 정권을 잡은 친척들에게 편지를 써 보내서 예술가를 찾아내 예의 바르게 대우하고, 그가 무덤의 작업을 다시 시작하면 연금을 다시 줄 것이라고 제안하도록 했다. 미켈란젤로는 동의했다. 그러나 율리우스의 영묘를 건설할 때처럼 다시 교황과 예술가의 마음은 손이 행할 수 있는 것보다 훨씬 더 많은 생각을 만들어 냈고, 교황은 이 기획이 완성될 때까지 살 수가 없었다. 클레멘스 교황이 죽자(1534) 미켈란젤로는 자신의 보호자가 죽은 이제 알레싼드로 데 메디치가 자신에게 해를 입힐지도 모른다는 두려움에 기회를 잡아 로마로 도망쳤다.

심오하고 근엄한 슬픔이 무덤의 특징을 이룬다. 미켈란젤로가 이 성구실을 위해 조각한 저 엄숙한 「메디치의 성모」도 마찬가지다. 민주주의를 좋아하는 역사가들은(피렌쩨에서 민주주의의 범위를 늘려 잡는 일도 좋아한다.) 메디치 묘지에 드러누운 인물들은 억지로 폭군에게 굴복하게 된 것을 슬퍼하는 도시를 상징한다고 해석했다. 그러나 이런 해석은 거의 확실하게 망상이다. 무엇보다도 그것은 메디치 가문이 피렌쩨를 아주 잘 다스리고 있을 때 설계되었다. 그들은 미켈란젤로에게 항상 친절했던 메디치 교황을 위해서, 그것도 어린 시절부터 메디치 집안에 큰 은덕을 입은 예술가에 의해 조각되었다. 그가 자기가 무덤을 만들고 있는 집안을 저주하려고 했다는 것은 확실치가 않다. 쥴리아노와 로렌 쪼에 대한 그의 묘사는 그들에 대한 그 어떤 경멸도 보이지 않는다. 아니, 이 인물들은, 가난한 사람들에 대한 몇몇 부자들의 통치를 뜻하는 자유에 대한 사랑 보다 더 깊은 것을 표현하고 있다. 가난한 사람들은 메디치 가문의 통치에 의해 아무런 방해도 받지 않았었다. 이 인물들은 차라리 삶에 대한 미켈란젤로의 피로감을, 온갖 신경과 거인적인 꿈들을 지녔던 남자의 피로를 나타낸다. 그는 수많은 방해물과 싸우고, 세상사의 멍청함 때문에, 또 권력의 무감각과, 빌린 시간을 갚을 시간에 쫓긴 탓으로 언제나 모든 기획의 완성에 방해를 받은 사람 이었다. 미켈란젤로는 극소수의 삶의 즐거움만을 누렸다. 그에게는 자신의 정 신과 대등한 정신을 지닌 친구가 없었다. 여자들은 그에게는 평화를 위협하는 부드러운 해체로만 여겨졌다. 가장 위대한 승리도 지치게 만드는 노력과 고통 의 산물이었고, 우수에 젖은 명상과 도망칠 수 없는 패배의 미완성 교향곡들이 었다.

그러나 피렌쩨가 가장 난폭한 폭군의 손에 떨어지고 한때 로렌쪼가 그토록 행복하게 다스리던 이 나라가 테러의 지배를 받게 되었을 때, 메디치 예배당의 조각상에 통치의 이론이 아니라 삶의 비판을 조각했던 예술가는, 이들 우수에 젖은 인물들이 르네상스에 자양분을 댔던 도시의 영광이 사라진 것도 함께 표 현하고 있음을 느꼈다. '밤'의 제막식을 맞이하여 시인 쟌바티스타 스트로찌가 4행시로 문학적 주석을 표현했다.

너희가 여기서 보는, 우아하게 잠의 포즈를

취하고 있는 밤은 어떤 천사(미켈란젤로)에 의해

돌로 제작된 것. 삶을 지닌 채 잠자는 여인.

믿지 못하는 사람아, 그녀를 깨워라, 그녀가 네게 말해 줄 것이다.

미켈란젤로는 자신의 이름을 이용해 칭찬의 재담을 만들어 내는 것은 용서했
지만 해석은 용납하지 않았다. 그는 그의 시들 중에서 가장 많은 것을 드러내
주는 4행시에 자신의 해석을 내놓았다.

Caro m'è il sonno, e più l'esser di sasso

Mentre che'l danno e la vergogna dura.

Non veder, non sentir m'è gran ventura;

Però non mì destar; deh! parla basso.

나의 잠은 소중하다, 폐허와 불명예가 지배하는 한

잠은 단순한 돌 이상이다.

아무것도 보지 않고 아무것도 느끼지 않는 것이 나의 큰 이점.

그러니 나를 깨우지 마라. 낮은 목소리로 이야기하라.[62]

11. 한 시대의 종말: 1528~1534

클레멘스 7세는 죽기 전에 한 가지 더 큰 정책의 전환을 했고, 가톨릭 교회
편에서 보면 영국을 잃어버림으로써 그의 모든 재앙 중에서도 절정의 재앙을
만들어 냈다. 도이칠란트에서 루터 교의 전파는 카를 5세 황제에게 많은 어려
움과 위험들을 만들어 냈고, 황제는 세계공의회를 통해 어쩌면 이것을 쉽게 만
들 수 있을 것이라 희망했다. 황제는 교황에게 이것을 촉구했지만 거듭 변명과
연기를 하는 바람에 화가 났다. 반대로 교황은 황제가 레지오와 모데나를 페라

라에 준 것에 화가 나서 다시 프랑스 쪽으로 방향을 돌렸다. 프랑수아 1세가 메디치의 카테리나를 왕의 둘째 아들 앙리와 결혼시키자고 제안하자 교황은 이를 받아들이고, 프랑수아가 밀라노와 제노바를 되찾는 일을 협조하겠노라는 비밀 조항에 서명했다.(1531)[63] 볼로냐에서 두 번째로 황제와 교황이 만났을 때, 카를 5세는 다시 세계공의회를 제안했다. 여기서 가톨릭교도와 개신교도들이 서로 만나 화해를 위한 방안을 찾아낼 수 있을지도 모른다는 것이었다. 그러나 교황은 다시 거절했다. 황제는 메디치의 카테리나를 밀라노의 황제의 대리인인 프란체스코 마리아 스포르짜와 결혼시키자고 제안했다. 그러나 이 제안은 이미 너무 늦었다. 카테리나는 이미 팔린 다음이었다. 1533년 10월 12일에 클레멘스 7세는 프랑수아 1세를 마르세유에서 만나 그곳에서 조카딸 카테리나를 오를레앙 공작 앙리와 결혼시켰다. 메디치 가문 교황들의 가장 큰 잘못은 그들이 자기 가문을 왕가(王家)라고 여기고, 이따금 가문의 영광을 이탈리아나 교회의 운명보다 더 위에 두었다는 점이다. 클레멘스 7세는 프랑수아 1세를 설득해서 카를 5세와 평화를 맺게 하려고 했다. 프랑수아는 거절하고 프랑스가 개신교 및 터키 군대와 일시적으로 동맹을 맺고 황제에게 대항하는 것을 교황이 묵인해 달라고 요청하기까지 했다.[64] 클레멘스는 이것이 지나친 일이라고 생각했다.

역사가 파스토르는 이렇게 말한다. "이런 상황에서는 교황들의 시기가 한정되어 있다는 것이 교회에는 다행한 일이라고 생각하지 않을 수 없다."[65] 클레멘스는 이미 너무 오래 살았다. 그가 즉위할 때 헨리 8세는 아직은 루터에 맞서 정교 신앙의 수호자(Defensor fidei)였다. 개신교 혁명은 아직 중대한 교리상의 변화를 내놓기 전이었고, 오직 다음 세대에 트리엔트 공의회가 교회를 위해 제정하게 될 정도의 교회 개혁만을 제안하고 있을 때였다. 클레멘스가 죽을 때는 (1534년 9월 25일) 영국, 덴마크, 스웨덴, 도이칠란트의 절반, 스위스가 확고하게 교회에서 떨어져 나가 있었다. 그리고 이탈리아는 좋든 나쁘든 르네상스를 특징지은 자유로운 사상과 삶을 치명적으로 위협하는 스페인 지배에 맡겨져 있었다. 의심의 여지없이 클레멘스 7세 시대는 교회 역사에서 가장 재앙이 많은 시대였다. 클레멘스가 즉위할 때 모든 사람이 환호했고, 그가 죽었을 때 모두가 환호했다. 로마의 폭도들은 거듭 그의 무덤을 훼손했다.[66]

종말

1534~1576

22장 　　베네찌아의 황혼
1534~1576

1. 다시 태어난 베네찌아

이탈리아의 나머지 지역에서 속박과 쇠퇴가 이루어지던 이 시기가 베네찌아에는 황금시대가 되었다는 것은 신비스러운 일이다. 베네찌아는 캉브레 동맹 전쟁으로 극심한 고통을 받았다. 동부에 있는 식민지 다수를 터키에 잃었고, 동 지중해와의 무역은 전쟁과 해적을 통해 거듭 방해를 받았다. 인도와의 거래는 포르투갈에게 넘어가고 말았다. 그런데 이런 시기에 어째서 베네찌아는 산소비노와 팔라디오와 같은 건축가들, 아레티노 같은 작가들, 티찌아노, 틴토레토, 베로네제 같은 화가들을 후원할 수 있었을까? 같은 시기에 안드레아 가브리엘리는 성 마르코 성당에서 오르간을 연주하고 성가대를 지휘했으며, 이탈리아 전역에 울려 퍼진 마드리갈 곡들을 작곡했다. 음악은 부자나 가난한 사람의 공통된 정열이었다. 대운하 양쪽에 늘어선 궁전들의 사치와, 미술품으로 장식된 내부는 오로지 로마의 은행가들과 추기경들의 궁전하고만 비교될 만한 것이었다. 주점과 선술집, 공공 광장에서는 백 명의 시인들이 시구를 낭송했다. 10개 이상의 연극단들이 희극을 공연하고 항구적인 극장들이 지어졌으며 "아름다운 사랑의 여자 마법사" 비토리아 피이씨미(V. Piissimi)는 도시에서 건배의 인사가 되었다. 그녀는 배우, 가수, 무희였고, 이제 소년들이 아니라 여자들이 연극이나 음악에서의 여성 역할을 맡고, 디바들의 전성시대가 시작되었다.

여기서는 이런 신비에 대해 오로지 불완전한 설명만을 해 보겠다. 전쟁에 의해 깊은 상처를 입었지만 베네찌아는 한 번도 침입을 당한 적이 없었다. 이 도시의 집들과 상점들은 전혀 상처를 입지 않고 그대로 남았다. 또 베네찌아는 본토의 식민지들을 회복했다. 이들 중에서 파도바, 비첸짜, 베로나 같은 인구가 많은 도시들은 교육, 경제, 천재 등도 공급해 주었다.(파도바의 콜롬보와 코르나로, 비첸짜의 팔라디오, 베로나의 베로네제 등) 베네찌아는 여전히 아드리아 해 내부와 근처의 많은 무역의 거점들을 지배하고 있었다. 도시의 주도적인 가문들은 물려받아 소중히 관리한 재산이 여전히 아주 많았다. 오래된 산업들은 계속 번창했고, 그리스도교 세계에서 새로운 시장을 찾았다. 예를 들면 이제서야 베네찌아 유리는 얇고 수정 같은 완벽성에 도달했다. 사치품 생산에서 베네찌아의 주도권은 계속 유지되었고 이 시대에 비로소 베네찌아 레이스가 명성을 얻었다. 베네찌아는 여전히 정치적 망명자들에게 피난처를 제공하고, 아레티노 같은 지적 망명자들에게도 피난처를 주었다. 그는 경건성의 문학에 대항한 정기적인 기고로 명랑한 상스러움을 사방으로 내뿜었다.

이 시기의 마지막 무렵에 베네찌아는 두 번 시민의 활력과 탄력성을 보여 주었다. 1571년에 베네찌아 주도로 스페인 및 교황청과 힘을 합쳐 200척의 선박들로 함대를 구성해서 코린트 해역 레판토 근처에서 224척으로 구성된 터키 함대를 격파했다. 그리스도교를 위해 서유럽을 보호했던 이 승리를 베네찌아 사람들은 사흘 동안의 미칠 듯한 축제로 기뻐했다. 리알토 구역에는 터키옥이나 황금의 천들이 내걸렸다. 운하 쪽 창문마다 깃발이나 벽걸이들이 화려한 색채를 이루었다. 거대한 개선 아치가 리알토 다리에 세워졌다. 벨리니, 죠르죠네, 티찌아노, 미켈란젤로의 그림들이 이 거리에서 전시되었다. 이어진 사육제 축제는 베네찌아가 경험한 가장 현란한 것으로 뒷날 사육제의 모범이 되었다. 모든 사람이 가면을 쓰고 기뻐하면서 도덕성에 집행 유예를 선고했다. 판탈로네와 짜니 같은 어릿광대들이 다른 언어에까지 그 이름을 전파했다.

그리고 또 하나는 1574년과 1577년에 총독 궁전에 비극적인 화재가 나서 방 몇 개의 내부를 다 태웠다. 젠틸레 다 파브리아노, 벨리니 사람들, 비바리니 사람들, 티찌아노, 포르데노네, 틴토레토, 베로네제의 그림들이 파괴되었다. 겨우 이틀 만에 백 년의 노고와 예술이 사라져 버린 것이다. 손상된 내부를 복구한 신속함과 단호함에서 공화국의 정신이 다시 드러났다. 죠반니 다 폰테가 이 방들을 이전처럼 복구시키는 책임을 맡았다. 크리스토포로 소르테는 대회의실의 대리석 천장을 29개로 분할했다. 벽에는 틴토레토, 베로네제, 팔마 죠바네, 프란체스코 바싸노 등이 그림을 그렸다. 총독과 최고 의원들이 회의를 하는 방과 그 전실(前室), 원로원 홀은(천장과 방과 창문들은 당대의 가장 위대한 건축가들이 고안한 것이었다.) 야코포 산소비노, 팔라디오, 안토니오 스카르파니노, 알레싼드로 비토리아 등에 의해서 장식되었다.

야코포 단토니오 디 야코포 타티는 피렌쩨에서 태어났다.(1486) 바사리에 따르면 그는 "학교 가기를 싫어하고" 그림 그리기를 좋아했다. 그의 어머니는 아들의 이런 성향을 격려했다. 그를 상인으로 만들기를 원하던 아버지의 뜻은 꺾였다. 그래서 야코포는 조각가인 안드레아 콘투치 디 몬테 산 사비노 밑의 견습공으로 들어갔다. 그는 젊은이를 몹시 사랑해서 그를 잘 가르쳤고, 야코포는 그를 아버지처럼 여기다가 나중에는 스승의 별칭인 산소비노(Sansovino)를 자신의 성(姓)으로 받아들였다. 그 밖에도 이 젊은이는 운이 좋아서 안드레아 델 사르토의 친구가 되었다. 아마도 그에게서 우아하고 생동감을 만들어 내는 드로잉의 비밀을 배웠던 것 같다. 피렌쩨에서 젊은 조각가는 오늘날 바르젤로에 있는 「바쿠스」를 조각했다. 완벽한 균형으로 유명하고 단 하나의 대리석으로 팔, 손, 손가락 끝으로 가볍게 받친 꽃병 등을 만들었다. (미켈란젤로만 빼고) 누구나 야코포에게 친절했고, 그가 명성의 언덕으로 오르는 일을 도와주었다. 쥴리아노 다 상갈로가 그를 로마로 데려가서 숙소를 제공했다. 브라만테는 그에게 밀랍으로 「라오콘」의 모형을 만들라고 주문했다. 그것이 너무나 훌륭하게 만들어져서 이 모형은 그리마니 추기경을 위해 청동으로 주조되었다. 아마도 브라만테의 영향을 통해서 야코포는 조각에서 건축으로 관심을 돌렸고 머지않아 풍성한 주문을 받았다.

그가 로마에 있을 때 로마 유린이 일어나, 다른 많은 예술가들처럼 그도 가진 것을 다 잃었다. 그는 프랑스로 갈 생각으로 우선 베네찌아로 갔다. 그러나 안드레아 그리티 총독은 그에게 프랑스로 가지 말고 여기서 성 마르코 성당의 기둥과 둥근 천장을 강화해 달라고 부탁했다. 그의 작품은 원로원을 만족시켰기에 그는 곧 국가 건축가가 되었다.(1529) 6년 동안 그는 성 마르코 광장을 개량하는 작업을 맡았다. 작은 광장을 더럽히는 정육점들을 몰아내고 새로운 도로를 열고 오늘날과 같이 널찍하고 즐거운 성 마르코 광장을 만들어 내는 일을 했다.

1536년에 그는 조폐국 건물을 지었다. 그리고 총독 궁전 맞은편에 그의 가장 유명한 건축물인 옛 도서관을 짓기 시작했다. 도리스와 이오니아 기둥들이 늘어선 이중 주랑 현관을 가진 정면부를 고안하고 아름다운 처마 장식과 발코니들, 장식적인 조각품 등을 배치했다. 일부 사람들은 이 옛 도서관(리브레리아 베키아)이 "이탈리아에서 가장 아름다운 세속 건축물"이라 여기기도 했다.[1] 그러나 기둥이 과도하게 많고, 구조는 총독 궁전과 비교하기 어렵다. 어쨌든 행정관들은 이 건물이 마음에 들어 산소비노의 봉급을 올려 주고, 그에게 전쟁 세금을 면제해 주었다. 그러나 1544년에 주요 아치 하나가 무너지고 천장이 아래로 내려앉았다. 산소비노는 감옥에 갇히고 무거운 벌금형을 받았지만 아레티노와 티찌아노가 행정관들을 설득해서 그를 풀어 주고 용서해 주게 했다. 아치와 둥근 천장은 보수되었고 건물은 1553년에 성공적으로 완성되었다. 그사이에

(1540) 산소비노는 종탑 동쪽 편에 아름다운 로제타(Loggetta) 건물을 고안하고 그것을 청동과 테라 코타 조각 작품들로 장식했다. 성 마르코 성당에는 성구실을 위한 청동 문을 제작하고, 돋을새김들 사이로 아레티노뿐 아니라 티찌아노와 자신의 모습까지도 새겨 넣었다.

이 세 사람은 확고한 친구들이 되었다. 그들은 베네찌아 예술가들 사이에서 부러움 섞인 말로 "3 거두"라고 불렸다. 많은 저녁을 함께 보내면서 사업 이야기를 하거나 그 시대가 제공할 수 있는 아름다움을 즐겼다. 야코포는 여자들의 인기라는 면에서 아레티노와 경쟁하고, 오래 산다는 점에서는 티찌아노와 경쟁했다. 그는 강하고 건강하게 늙어, 여든네 살에 이를 때까지 완벽한 시력을 지녔다.[2] 50년 동안 한 번도 의사와 상담한 적이 없었다. 여름 동안이면 거의 과일만 먹고 살았다. 파울루스 3세가 그에게 안토니오 다 상갈로의 뒤를 이어 성 베드로 대성당 수석 건축가로 일하라고 초빙하자 그는, 공화국에서의 삶을 절대적 통치자 밑에서의 봉사로 바꾸지 않겠노라고 말하면서 이 제안을 거절했다.[3] 페라라의 에르콜레 2세와 피렌쩨의 코시모 공작은 자기들의 궁정으로 그를 불러들이기 위해 많은 장학금을 제안했으나 소용이 없었다. 그는 1570년 여든여덟의 나이로 평화롭게 눈을 감았다.

이 해에 안드레아 팔라디오(A. Palladio)의 획기적인 작품(「건축」)이 나왔다. 그는 이따금 우리 시대에도 등장하는 양식에 자신의 이름을 주었다. 많은 다른 사람들과 마찬가지로 팔라디오도 로마로 가서 포룸 광장의 고대 로마 유적지를 보고 전율을 느꼈다. 그는 이 부러진 기둥들을 건축이 이룩한 가장 섬세한 착상이라 여겨 사랑하게 되었다. 그리고 비트루비우스(Vitruvius)를 거의 외우다시피 했다. 그 자신의 책은 르네상스 건물들을 위해, 그가 생각하기에 고대 로마의 영광을 이룩한 건축 원칙들을 복구하기 위한 것이었다. 그는 가장 섬세한 건축은 건축 양식 자체로부터 자발적으로 생겨나지 않은 장식을 피해야 한다고 생각했다. 또 섬세한 건축은 유기적인 전체를 이룩하도록 부분들의 엄격한 비례, 연결, 통합 등을 얻기 위해 노력해야 한다. 또한 고전적으로 고귀하고 강하고, 정결한 처녀처럼 순결하고, 황제처럼 기품 있어야 한다는 등이었다.

그의 처음 걸작은 그의 가장 훌륭한 작품이었고, 또한 세속적인 이탈리아의 탁월한 구조물의 하나이다. 그가 태어난 비첸짜의 시청 주변에 그는 강력한 아케이드를 건설했다. 별 특징이 없는 고딕의 핵심을 로마의 포룸에 있는 율리우스 바실리카와 겨룰 만한 팔라디오 바실리카로 변화시켰다. 열을 지은 아치들이 도리스 기둥과 벽기둥을 받친다. 육중한 처마 도리, 우아하게 조각된 난간과 발코니, 그리고 이오니아 기둥으로 받쳐진 또 한 층의 아치 열주들이 고전적 처마 장식과 난간을 지니며 각각의 삼각면 위에는 도시를 굽어보면서 도시에 위대함의 모범을 부여하는 조각상이 솟아 있다. 그는 21년 뒤에 쓴 책에서 이렇게 말했다. "나는 이 구조가 고대의 건축물과 비교될 만한 것이며, 또한 고대 이후로 생겨난 가장 고귀하고 아름다운 건축물의 하나로 인정받으리라는 점을 의심하지 않는다."[4] 그가 오직 시민적 건축물에만 도전했더라면 이런 큰소리는 맞는 말이 되었을지도 모른다.

팔라디오는 비첸짜의 영웅이 되었고, 자신이 산소비노의 옛 도서관을 능가했다고 느꼈다. 부자들은 궁전과 빌라 건축물을, 교회들은 교회 건축물을 그에게 주문했다. 죽기 전에(1580) 그는 자신의 도시를 거의 고대 로마의 한 지역으로 변화시켰다. 도시 행정부를 위해 로지아와 아름다운 박물관, 화려한 올림픽 극장 등을 지었다. 베네찌아가 그를 불렀고, 그는 그곳에서 가장 섬세한 교회 두 개를 지었다. 성 죠르죠 마죠레와 구세주 교회였다. 죽기 전에 이미 그는 이탈리아에서 강력한 영향력을 갖게 되었다. 17세기 초 이니고 존스(Inigo Jones)가 팔라디오 양식을 영국에 도입했다. 그것은 서부 유럽을 통해 퍼져 나가 미국에까지 이르렀다.

어쩌면 이것은 불운이었다. 이 양식은 한 번도 로마 건축의 품위를 지니지 못했다. 이것은 너무 많은 원주, 기둥, 처마 장식, 쇠시리, 조각품 등으로 정면부를 산만하게 만들었다. 세부 요소들이 지나쳐 고전 건축물의 단순한 선과 명료함에서 벗어난다. 고대 양식에 너무 겸손하게 귀의함으로써 팔라디오는 살아 있는 예술은 다른 시대가 아닌 자기 시대와 그 분위기를 묘사해야 한다는 사실을 망각하고 말았다. 그 때문에 우리는 르네상스를 생각할 때면 건축이나 조각을 생각하지 않고 무엇보다도 회화를 생각하게 된다. 회화는 알렉산드리아와 로마의 전통을 가볍게만 지닌 채 성격이 맞지 않는 비잔틴 방식에서 벗어나 스스로 시대의 진짜 목소리와 색채가 되었기 때문이다.

2. 아레티노: 1492~1556[5]

1492년이 기억할 만한 해라는 것을 확실하게 하기 위해서 저 왕자들의 채찍이며 공갈자들의 왕자인 피에트로 아레티노(Pietro Aretino)가 이해의 성 금요일에 세상에 태어났다. 그의 아버지는 아레쪼의 가난한 구두공으로 우리에게는 루카라는 이름으로만 알려져 있다. 다른 많은 이탈리아 사람처럼 피에트로도 탄생 도시의 이름을 성(姓)으로 받아들여 아레티노가 되었다. 그의 적들은 그의 어머니가 창녀라고 주장했다. 그는 이것을 부인했지만 자기 어머니가 '티타'라는 이름의 아름다운 소녀로 화가들 앞에서 성모 그림의 모델이 되었다가 부주의한 순간에 일시적으로 귀족 애인 뤼지 바치의 품에 안겨 피에트로를 임신했다고 주장했다. 아레티노는 사생아라는 것에 그다지 마음을 쓰지 않았다. 이들 중에 뛰어난 사람이 그렇듯 많았기 때문이다. 아레티노가 유명해졌을 때 뤼지의 합법적인 아들들은 그가 자기들을 형제라고 부르는 것을 개의치 않았다. 그러나 그의 아버지는 루카였다.

열두 살에 이미 성숙해진 그는 자신의 행운을 만들기 시작했다. 그는 페루지아에서 제본업자의 조수 자리를 얻었고, 그곳에서 미술을 공부하여 뒷날 탁월한 비평가 겸 감식가가 되었다. 그 자신도 그림을 좀 그렸다. 페루지아의 중앙 광장에는 사람들의 존경을 받는 성스러운 그림이 하나 있었다. 그리스도의 발치에서 열렬히 기도하는 막달레나의 모습을 그린 그림이었다. 어느 날 밤 아레티노는 막달레나의 팔에 류트를 그려 넣어 그녀의 기도를 그만 연인을 위한 노래로 바꾸어 놓았다. 도시가 이 짓궂은 장난에 분개하고 있을 때 아레티노는 페루지아를 빠져나와 이탈리아를 검사하기 시작했다. 그는 로마에서는 하인 노릇으로, 비첸짜에서는 거리의 가수로, 볼로냐에서는 주막집 주인으로 밥벌이를 했다. 갤리선에서 봉사하기도 하고, 수도원에 고용되었다가 음란한 짓을 벌여 해고되자 로마로 돌아왔다.(1516) 이곳에서 그는 아고스티노 키지를 위해 하인 노릇을 했다. 은행가는 불친절한 사람이 아니었지만 아레티노는 자신의 독특한 천재성을 발견하고 종노릇이 괴로웠다. 그는 비천한 사람의 삶을 묘사하는 모진 풍자문을 썼다. "변소를 청소하고 요강을 닦고 …… 요리사와 집사를 위해 음란한 일들을 수행하고, 그들은 그가 머지않아 프랑스 병에 걸려서 온몸에 두창을 달고 다니도록 만든다."[6] 그는 자신의 시(詩)들을 키지의 손님들에게 보여 주었고, 이 피에트로(아레티노)가 로마에서 가장 날카롭고 기지에 찬 풍자가라는 말이 돌았다. 그의 작품들이 이리저리 돌아다니기 시작했다. 레오 교황은 그것들을 보고 즐거워서 작가를 부르러 사람을 보내고 그의 거칠고 솔직한 유머를 듣고 웃어 댔다. 그에게 시인과 어릿광대 사이에 교황청 직원 자리를 주었다. 3년간 아레티노는 잘 먹고살았다.

레오가 죽자 갑자기 아레티노는 도로 공중에 떠 버렸다. 교황 선출 비밀회의가 후계자를 뽑는 문제를 질질 끌고 있을 때 그는 선출자들과 후보자들에 대한 풍자문을 써서 파스퀴노 상에 붙였다. 하도 많은 유명인사들을 꼬집는 우스갯소리를 썼기 때문에 머지않아 그는 이 도시에 친구가 거의 없게 되었다. 하드리아누스 6세가 뽑히고 거의 환영받지 못한 개혁 캠페인이 시작되자 아레티노는 피렌쩨로 도망쳤다가 이어서 만토바로 갔다.(1523) 그곳에서 페데리고는 그를 많지 않은 봉급으로 궁정 시인으로 고용했다. 하드리아누스가 죽음으로써 로마의 수많은 기도자들의 기도에 응답이 오고, 부유한 메디치 가문 사람(클레멘스 7세)이 다시 옥좌 중의 옥좌에 오르게 되자 아레티노는 다른 수많은 시인, 예술가, 불량배, 탕아들이 그랬듯이 서둘러 수도로 돌아갔다.

거의 갑자기 그는 그곳에서 환영을 끝장내 버렸다. 쥴리오 로마노는 여러 가지 에로틱한 자세를 묘사한 그림을 20장 그렸다. 마르칸토니오 라이몬디는 이들을 동판화로 만들었다. 바사리 말에 따르면 그 동판화마다 "피에트로 아레티노가 극단적으로 음탕한 소네트를 썼기 때문에 어느 쪽이 더 나쁜지, 그림인지, 시인지 말하기가 어렵다."[7] 그림과 소네트는 지식인들 사이로 돌아다녔다. 그들은 클레멘스 교황의 성직 심사 부서로 들어갔다. 아레티노에게 적대적이었던 기베르티의 손에 닿은 것이다. 아레티노는 그 말을 듣고 다시 길을 떠났다. 파비아에서 그는 명예 빼고 모든 것을 잃을 위기에 있던 프랑수아 1세를 매혹했다. 그는 이제 자신의 펜에 다른 관점을 담아서 로마를 숨막히게 만든 재주를 부렸다. 그는 세 개의 찬양 시를 썼다. 하나는 클레멘스에 대하여, 다른 하나는 기베르티에 대하여, 하나는 페데리고에 대해서였다. 페데리고 후작은 갑자기 교황을 향해 그에게 유리한 말을 해 주고, 기베르티는 마음이 누그러지고, 클레멘스 7세는 아레티노를 부르러 사람을 보내고 그를 로도스의 연금 수령 기사로 만들었다. 풍자 작가들 중에서 그의 유일한 경쟁자였던 프란체스코 베르니는 이 시기에 그를 다음과 같이 묘사했다.

그는 공작처럼 옷을 차려입고 로마 시내를 활보한다. 높으신 나리들의 온갖 사나운 일에 동참한다. 그는 잔뜩 모양을 부린 말〔言語〕 속에 자리 잡은 모욕으로 자신의 길에 대해 보상한다. 그는 말을 잘하고, 도시의 온갖 비방의 이야기들을 안다. 에스테 집안과 곤짜가 집안이 그와 팔짱을 끼고 함께 가면서 그의 헛소리를 귀담아듣는다. 그는 그들에게는 존경심으로 대하면서 다른 모든 사람에 대해서는 건방지다. 그는 그들이 제공하는 것으로 산다. 풍자가로서의 그의 선물은 사람들이 그를 두려워하도록 만들며, 그는 남들이 자신을 비꼬기 좋아하는 뻔뻔스러운 욕쟁이라고 부르는 말을 듣기를 좋아한다. 그가 바라는 것이라곤 확실한 연금. 그는 2급의 시를 교황에게 바침으로써 연금 하나를 이미 얻었다.[8]

아레티노는 이 중 어느 것에 대해서도 의문을 품지 않았을 것이다. 그것을 보여 주기 위해서라는 듯이 그는 만토바 대사에게 자기를 위해 페데리고에게 "금으로 만든 셔츠 두 벌 …… 은으로 만든 셔츠 두 벌과 금 모자 둘"을 보내라고 청해 달라고 부탁했다. 이것이 오는 데 시간이 너무 걸리자 그는 후작에게 비난의 편지를 써서 이 일을 철회하겠다고 협박했다. 대사는 페데리고에게 경고했다. "폐하는 그의 혀를 아십니다. 그러니 저는 아무 말씀도 더 드리지 않겠습니다." 머지않아 네 벌의 금 셔츠와 네 벌의 은 셔츠, 금 모자 둘, 은 모자 둘이 도착했다. 대사는 "아레티노가 만족했다."라고 써 보냈다. 아레티노는 이제 정말로 공작처럼 옷을 입을 수 있게 되었다.

로마에서 번영하던 이 두 번째 시기는 스파이 연애 사건으로 끝이 났다. 아레티노는 기베르티의 부엌에 고용된 젊은 여자에 대해 모욕적인 소네트를 썼다. 기베르티의 식솔 중에서 또 다른 여자인 아킬레 델라 볼타가 새벽 두 시에 길거리에서 아레티노를 기습해서(1525) 그의 가슴을 두 번이나 칼로 찌르고 오른손에 심하게 상처를 입혀 손가락 두 개를 잘라 버렸다. 상처가 치명적인 것은 아니었다. 아레티노는 빨리 회복했다. 그는 아킬레의 체포를 요구했지만 교황도 기베르티도 개입하지 않았다. 아레티노는 기베르티가 자기를 죽이려는 음모를 꾸몄다는 의심을 품었고, 이제 또 다시 이탈리아 여행을 할 시간이 되었다고 결정했다. 그는 만토바로 가서 다시 페데리고에게 봉사하기 시작했다.(1525) 1년 뒤에 검은 밴드의 죠반니가 프룬츠베르크의 침입을 막기 위해 군대를 소집한다는 소식을 듣고 그의 내면에서 한 줄기 고귀함의 원자가 움직였다. 그는 말을 타고 160킬로미터를 달려 로디에 있던 죠반니에게 합류했다. 그의 혈관에 있던 모든 잉크가 다 동원되어서 가난한 시인인 그가 어쩌면 행위의 남자가 되고 심지어는 작은 영지 하나를 얻을 수 있을지도 모른다는 생각을 만들어 냈다. 통치자의 문학적 머슴이 아니라 스스로 통치자가 되는 꿈이었다. 그리고 정말로 돈키호테만큼이나 너그러운 젊은 지휘자는 그를 최소한 후작으로 만들어 주겠다고 약속했다. 그러나 용감한 죠반니가 살해당하자 아레티노는 자기가 받은 투구를 내려놓고 만토바로, 자신의 펜으로 돌아왔다.

그는 이제 1527년을 위한 조롱의 연감을 썼다. 그리고 자기가 싫어하는 사람들을 위해 나쁜 운명이나 어리석은 운명을 예언했다. 검은 밴드의 죠반니에게 적절하지 못하고 주저하는 후원만을 보낸 교황에게 화가 난 아레티노는 풍자문의 희생자들 중에 교황도 포함시켰다. 교황은 페데리고가 교황청에 대해 그렇듯 불손하고 적대적인 사람을 데리고 있는 것에 대해 놀라움을 표현했다. 페데리고는 아레티노에게 100크라운을 주면서 교황의 손이 닿지 않는 곳으로 가라고 충고했다. "베네찌아로 가겠습니다. 오직 거기서만 정의가 공평한 저울접시를 가지고 있으니까요."라고 아레티노는 말했다. 1527년 3월에 베네찌아에 도착해서 대운하 옆에 집을 얻었다. 그는 얕은 바다 저편의 전망에 홀딱 반했고, 그의 말대로 "세계에서 가장 아름다운 고속 도로"의 풍부한 통행에도 반했다. 그는 이렇게 써 보냈다. "나는 베네찌아에서 영원히 살기로 결심했습니다." 그는 총독 안드레아 그리티에게 당당한 찬양의 편지를 보냈다. 베네찌아의 장엄한 아름다움, 법의 정의로움, 시민들의 안전함, 이 도시가 정치적·지적 망명자들에게 제공하는 피난처 등을 찬양했다. 그리고 덧붙이기를, "왕들에게도 테러를 행한 나는 …… 당신께 자신을 바칩니다."[9] 총독은 그를 받아들이고 그에게 보호를 약속하고 연금을 주고 교황과의 사이를 중재했다. 몇몇 외국의 궁정에서 아레티노를 초대했지만 그는 남은 29년을 베네찌아에 충성스럽게 남았다.

그가 새로운 집에 모아들인 가구며 예술은 그의 펜의 힘을 증언한다. 모두 후원자들의 너그러움이나 두려움을 통해 얻은 것들이기 때문이다. 틴토레토는 손수 아레티노의 개인 아파트 천장에 그림을 그려 주었다. 머지않아 집의 벽들은 티찌아노, 세바스티아노 델 피옴보, 쥴리오 로마노, 브론찌노, 바사리 등의 그림들을 보여 주었다. 부유한 흑단 상자 하나는 아레티노가 통치자들, 고위 성직자, 선장, 예술가, 시인, 음악가, 귀부인들에게서 받은 편지를 보관했다. 뒷날 그는 이 편지들을 빽빽하게 875쪽에 이르는 두 권의 책으로 출간했다. 그의 집에는 조각된 상자와 의자들, 이제는 아주 넉넉해진 아레티노의 몸에 잘 맞는 호두나무 침대 등이 있었다. 이런 미술과 사치 한가운데서 아레티노는 문자 그대로 군주처럼 옷을 입고 이웃의 가난한 사람들에게 자선을 베풀고, 친구들과 애인들을 즐겁게 하면서 살았다.

그가 이런 사치스러운 생활을 할 재산을 어떻게 얻었을까? 일부는 자신이 쓴 것을 출판업자들에게 팔아서, 그리고 일부는 그의 비웃음을 두려워하고 그의 찬양을 얻으려는 남자들과 여자들이 보내 준 선물과 연금을 통해서였다. 그의 펜 끝에서 쏟아져 나오는 풍자, 시, 편지, 희곡 등을 이탈리아에서 가장 재치가 있거나 중요한 사람들이 샀고, 시대의 부패, 위선, 억압, 부도덕성에 대한 그의 맹공격을 즐거워했다. 아리오스토는 1532년 판 「분노한 오를란도」에 아레티노의 이름에 두 개의 타이틀을 덧붙여 준 2행을 삽입했다.

Ecco il flagello

De' principi, il divin Pietro Aretino[10]

왕자들의 채찍을 보라,

저 신적인 피에트로 아레티노를.

머지않아 시대의 가장 거칠고 가장 야비한 작가를 신적인(divine) 작가라고 부르는 것이 유행이 되었다.

그의 명성은 유럽 대륙 전체에 퍼졌다. 그의 풍자들은 즉시 프랑스어로 번역되었다. 파리 생 자크 거리에 사는 서적 판매상은 이것들을 다시 이야기해 주는 것으로 행운을 잡았다.[11] 그의 풍자들은 영국, 폴란드, 헝가리 등지에서 인기를 얻었다. 당시의 어떤 사람에 따르면 아레티노와 마키아벨리는 도이칠란트에서도 읽히는 유일한 이탈리아 작가들이었다. 그가 좋아하는 희생자들이 살고 있는 로마에서는 그의 저작물은 출판 당일에 모두 매진되었다. 그 자신의 평가를 받아들인다면 다양한 출판물에서 그가 받은 돈은 1년에 1000크라운 (1만 2500달러?)에 이르렀다. 나아가 18년 동안 "나의 펜의 연금술은 여러 왕자들의 창자에서 금화 2만 5000크라운을 긁어냈다." 그에게 공물을 바치는 사람들 중에는 왕들, 황제, 공작, 교황, 추기경, 술탄, 해적들이 즐비했다. 카를 5세는 그에게 300크라운 가치가 있는 칼라를 선물했고 필립 2세는 400크라운 가치가 있는 칼라를 선물했다. 프랑수아 1세는 더욱 가치가 있는 사슬을 선물했다.[12] 프랑수아 1세와 카를 5세는 넉넉한 연금을 미끼로 그의 호의를 얻기 위해 경쟁을 벌였다. 프랑수아는 실제로 주는 것보다 약속을 더 많이 했다. 아레티노는 이렇게 말했다. "나는 그를 숭배한다. 그러나 그의 감동적인 너그러움으로부터 돈을 받은 적이 없기에 무라노의 용광로가 다 식을 정도이다."(베네찌아 교외인 무라노 섬은 유리 산업이 집중된 곳)[13] 기사 작위가 제안되었지만 수입이 없는 자리였다. 그는 그것을 거절하면서 이렇게 말했다. "수입이 없는 기사 작위는 '출입 금지' 팻말이 없는 벽과 같다. 누구든 그곳에 (오줌을 싸는 것 같은) 못된 짓을 할 수 있다."[14] 그래서 아레티노는 자신의 펜을 카를 5세 편으로 돌리고 그에게 유례없이 성실하게 봉사했다. 그는 황제를 만나러 파도바로 오라는 초대를 받았다. 그 도시에 도착하자 군중에게서 오늘날의 명사들처럼 환호를 받았다. 카를 5세는 그곳에 있는 모든 사람들 중 아레티노를 선택해서 자기 옆에 나란히 말을 타고 도시를 달리게 했다. 그리고 그에게 이렇게 말했다. "스페인에서는 모든 신사들이 당신의 글을 잘 압니다. 그들은 당신의 글이 인쇄되자마자 모두 읽지요." 그날 저녁 웅장한 잔치에서 구두공의 아들이 황제의 오른편에 앉았다. 카를 5세는 그에게 스페인으로 오라고 초대했다. 아레티노는 베네찌아를 찾았기에 이를 거절했다. 이탈리아 정복자의 옆에 앉은 아레티노는 뒷날 언론의 힘이라 불리게 되는 것의 최초의 예였다. 그의 영향력과 같은 것은 볼테르가 나오기 전에는 문학에서 다시는 나오지 않았다.

그의 풍자문은 오늘날 우리의 관심을 끌지 못한다. 그들의 힘은 대부분 그 시대에 너무 밀접하게 연관된 지역의 사건들을 암시하고 있기에 지속적인 중요성을 갖지 못한다. 당시 그의 글은 인기가 있었다. 우리는 다른 사람들이 발가벗겨지는 것을 즐거워하기 때문이다. 이 글들은 정말 못된 짓들을 폭로했고, 위대하고 권력이 있는 사람들을 용감하게 공격했기 때문이다. 또 이것은 온갖 종류의 거리의 언어를 문학에 이용하고, 특히 문학적 살인을 위해 이용했기 때문이다. 아레티노는 성(性)과 죄악에 대한 인간의 관심을 십분 활용했다. 그가 쓴 『대화(Ragionamenti)』는 수녀, 아내, 기생의 비밀과 실제 생활을 주제로 창녀들이 주고받는 대화이다. 표제 장은 이 책을 이렇게 설명하고 있다. "난나와 안토니아의 대화…… 신적인 아레티노가 애완용 원숭이 카프리치오를 위해 쓴 것임. 여성의 세 입장을 수정하기 위한 것. 빛나는 도시 베네찌아에서 1533년 4월에 인쇄업자에게 넘김."[15] 아레티노는 여기서 라블레 방식의 흥겨운 상스러움과 광증을 미리 보여 주고 있다. 그는 외설적인 단어들을 사용하고 일부 깜짝 놀랄 구절들을 만들어 냈다.("나는 피스타키오 열매에 내 영혼을 걸겠다." 등) 그리고 예순 살 먹은 남자와 결혼한 아름다운 열일곱 살 아내("내 생각에 내가 본 중에 가장 아름답고 귀여운 여자")가 몽유병에 걸려서 "밤의 창들을 가지고 창 시합"하는 모습을 묘사한 부분처럼 생생한 서술을 했다.[16] 이 대화가 이끌어낸 결론은 여성의 세 계층 중에서 기생이 가장 찬양할 만한 계층이라는 것이다. 아내들과 수녀들은 자신들의 맹세를 지키지 않지만 기생들은 자신의 직업으로 먹고살고, 또 돈을 받고 정직한 밤의 노동을 하기 때문이다. 이탈리아는 충격을 받지 않고 즐겁게 웃어 댔다.

그리고 아레티노는 그의 희곡 중에서 가장 인기 있는 것을 썼다. 곧 「기생(La cortigiana)」이다. 르네상스 시대 대부분의 희극이 그렇듯이 이것도 플로티노스 전통을 따라 주인을 놀리고, 그들을 위해 간계를 짜내고 또 그들에게 뚜쟁이 겸 두뇌 역할을 해 주는 하인들의 이야기이다. 그러나 아레티노는 자신의 고유한 특성도 일부 덧붙였다. 그의 해학과 외설스러운 유머, 또 창녀들과의 친밀함, 궁정을 향한 미움, 특히 교황궁정을 향한 미움, 사창가와 로마의 궁전에서 직접 본 삶의 모습을 거리낌 없이 그대로 드러내는 요소 등이다. 그는 궁정인들에게 요구되는 위선, 시류를 좇는 일, 비굴, 아첨 등을 폭로했다. 유명한 구절에서 그는 비방이야말로 "진실을 말하는 일"이라고 정의를 내렸다. 이것은 그의 삶에 대한 간명한 변명이다. 다른 희극 「탈란타」에서도 주인공은 창녀이고, 그녀는 네 명의 애인에게 여러 가지 책략을 써서 그들이 어리둥절한 상태에 있을 때 돈을 뜯어내는 이야기를 들려준다. 또 다른 희극 「이포크리타」는 이탈리아판 「타르튀프」이다. 정말이지 몰리에르는 아레티노 희극에서 냄새를 없애고 그것을 개선시킨 것이다.

뭉근한 스튜 같은 이런 목가들을 생산하던 그해에 아레티노는 일련의 종교적 작품들을 썼다. 「그리스도의 휴머니티」, 「일곱 편의 회개 시편」, 「성모 마리아의 생애」, 「성녀 카타리나의 생애」, 「아퀴노의 귀족 성 토마스의 생애」 등이다. 이들은 픽션으로 작성되었고, 아레티노는 그들이 "시적인 거짓말"이라고 고백했지만 그런데도 경건한 사람들, 심지어는 미덕으로 이름 높은 비토리아 콜론나까지 이 작품들을 칭찬했다. 일부에서 그는 그리스도교의 한 기둥으로 여겨졌다. 그를 추기경으로 만든다는 말까지 나돌았다.

그에게 명성과 행운을 가져다 준 것은 그가 쓴 편지들이었다. 이들 중 많은 것은 찬양 받는 사람에게 직접 보낸 찬양의 글이다. 혹은 그들과 친한 사람들에게 보낸 글이었다. 그들은 솔직하게 선물, 연금, 혹은 다른 호의를 짜내기 위한 것들이었다. 때로는 자기에게 무엇을 주어야 하고 언제 주어야 할지를 지적한 것들도 있다. 아레티노는 이들 편지들을 쓰자마자 출판(인쇄)했다. 편지의 압력을 위해 꼭 필요한 일이었다. 이탈리아는 이 출판물을 움켜쥐었다. 유명한 남자와 여자들과 간접적으로 친근하게 해 주기 때문이고 또 그 시대 다른 어떤 작가와도 비할 수 없는 독창성과 생동성, 힘을 가지고 쓰인 것이기 때문이었다. 아레티노는 열심히 노력하지도 않고 문체를 지녔다. 그는 문장을 너무 섬세하게 다듬어서 완전히 생명력을 없애는 벰보 류의 문필가들을 비웃었다. 그리고 인문주의자들의 라틴어에 대한 존경심, 정확함과 우아함에 대한 숭배를 끝내버렸다. 문학에 대해 무지한 척함으로써 모범을 따르는 일에서 자유로워졌다.

그는 자신의 글에서 하나의 결정적인 역할을 받아들였다. 직접적이고 단순한 언어로 자신의 삶의 경험과 비판, 의상과 식품의 필요성 등을 거침없이 표현하는 것이었다. 산더미 같은 위선적인 편지들 사이로 몇 편의 다이아몬드 같은 편지들이 섞여 있다. 사랑하는, 병든 매춘부를 향한 다정한 편지, 자신의 집안 역사에 대한 넉살 좋은 이야기들, 티찌아노에게 보낸 편지에 나오는 석양의 묘사는 거의 티찌아노나 터너가 그린 그림만큼이나 빛나고, 미켈란젤로에게 「최후의 심판」을 위해서 이 예술가가 즐겨 사용하곤 하던 것보다 더 적절한 도안을 제시하는 편지 등이다.

미술에 대한 아레티노의 이해와 평가는 그의 좋은 특성들에 속한다. 그가 가장 친하게 지낸 남자들은 티찌아노와 산소비노였다. 그들은 함께 많은 향연을 베풀었다. 보통 돈 주고 살 수 있는 여성 동반자들이 어울린 잔치였다. 그리고 대화가 미술에 이르면 아레티노도 할 말이 있었다. 그의 편지들은 가능한 후원자들에게 티찌아노를 칭찬하는 것들도 있고, 베첼리에게서 몇 가지 값비싼 주문들을 얻어 내기도 했다. 총독, 황제, 교황을 설득해서 티찌아노 앞에 초상화 포즈를 취하도록 만든 사람도 아레티노였다. 티찌아노는 두 번 아레티노의 초상화를 그렸다. 매번 덩치 크고 상스러운 생명력을 잘 잡아낸 걸작들이다. 산소비노는 성 마르코 성당의 성구실 문을 위해 사도를 조각한다는 핑계를 대고 늙은 아레티노의 머리를 만들어 냈다. 미켈란젤로가 「최후의 심판」에서 그린 성 바르톨로뮤는 아마도 아레티노의 모습일 것으로 보인다.

그는 그림에 그려진 것보다 더 좋기도 더 나쁘기도 했다. 거의 모든 악덕을 소유했고 동성애로 고발되기도 했다. 그의 위선은 그의 주인공 이포크리타를 상대적으로 더 진지하게 만들 정도였다. 그가 마음을 쏟을 경우 그의 언어는 오물의 "하수구(cloaca maxima)"가 될 수도 있었다. 그는 몰락한 클레멘스 7세를 흡족하게 바라볼 때처럼 잔인하고 남자답지 못할 때도 있었다. 그러나 그는 뒷날 이렇게 적었다. "나는 그가 깊은 고통에 있을 때 그를 비난한 것을 부끄럽게 여긴다."[17] 그는 신체적으로 뻔뻔스러운 겁쟁이였다. 그러나 강력한 개인들과 높은 자리에서 행해지는 못된 짓들을 비난할 용기를 가졌다. 그의 가장 두드러진 미덕은 너그러움이었다. 그는 친구들과 가난한 사람들을 위해 자기가 연금, 소득, 선물, 뇌물로 받은 것의 상당 부분을 내주었다. 이미 출판된 편지들의 인세를 포기했기 때문에 편지들은 더 싸게 팔릴 수 있었고, 그래서 더욱 명성과 더 큰 가치를 갖게 되었다. 그는 해마다 크리스마스 선물을 주느라 거의 파산할 지경에 이르곤 했다. 검은 밴드의 죠반니는 귀치아르디니에게 이렇게 말했다. "나는 너그러움에서는 아무에게도 지지 않는다. 다만 피에트로(아레티노)씨가 재산이 있을 경우만 빼고 말이다."[18] 아레티노는 친구들이 그림을 파는 일이나 아니면 (산소비노의 경우처럼) 감옥에서 풀려나도록 도와주었다. 그는 이렇게 썼다. "내가 마치 왕의 재산을 관리하는 사람이기라도 한 것처럼 누구나 내게로 온다. 가난한 소녀가 갇히면 내 살림으로 그 비용을 물어 준다. 누군가 감옥에 가게 되면 그 비용은 내게로 온다. 장비 없는 군인들, 운수 사나운 이방인들, 길 잃은 기사들이 수도 없이 내 집에 와서 기운을 차린다."[19] 그가 이따금 22명이나 되는 여자들을 집에 두고 있다면 이것은 그들이 그의 애첩이란 뜻이 아니다. 일부는 출산을 기다리면서 그 집에서 얻어먹고, 일부는 이 집에서 휴식처를 구한 것이었다. 어떤 주교가 그에게 이런 여자들 중 한 명을 위해 신발을 보내 주었다는 말을 읽게 된다. 그가 이용하거나 구원해 준 여자들 중의 일부는 그를 사랑하고 존경했다. 기생 여섯 명은 자신들을 가리켜 자랑스럽게 "아레티노의 여자들"이라고 불렀다.

그가 어떤 미덕을 가졌든 동물적인 기운을 잔뜩 포함한 것이었다. 개인적으로 그는 도덕적 규범을 배운 적이 없는 마음씨 착한 동물이었다. (그 시대에는 어느 정도 변명의 여지가 있는 일이지만) 그는 중요한 어떤 사람도 어떤 도덕 규범을 진짜로 갖지 않는다고 생각했다. 그는 또 바사리에게 어떤 소녀도 그 모습에 관능적인 특성을 드러내지 않는 경우는 본 적이 없다고 말했다.[20] 그 자신의 관능성도 컸지만 친구들에게는 단순히 삶의 과도함으로만 보였다. 수많은 사람들이 그를 사랑스러운 사람으로 여겼다. 왕자들과 사제들은 그의 대화를 즐거워했다. 그는 교육을 받지는 않았지만 모든 사람, 모든 것을 알았던 것처럼 보인다. 검은 밴드의 죠반니, 카테리나와 그녀가 자기와의 사이에 낳은 두 아이들, 저 허약하고 폐병을 앓는 아름답고 절조 없는 피에리나 리치아에 대한 사랑에서 그는 다정한 면모를 드러낸다.

그녀는 열네 살 때 그의 비서의 아내로서 그의 집으로 왔다. 그들은 그의 집에서 함께 살았고 그는 그녀에게 아버지 노릇을 했다. 머지않아 그는 열렬히 보살피는 아버지의 애정으로 그녀를 사랑했다. 그는 품행을 고치고 애인들 중에서 오로지 카테리나와 자신의 아기 아드리아만을 집에 두었다. 이렇게 그가 마침내 행동을 절제하면서 훌륭한 태도를 가지기 시작할 무렵, 베네찌아의 귀족한 사람이 (그가 전에 자기 아내를 유혹한 적이 있었다.) 그를 신성 모독과 동성애의 죄목으로 법정에 고발했다. 그는 이런 죄목들을 부인했지만 법정에 모습을 드러낼 용기는 없었다. 유죄 판결이 나면 오랫동안 감옥에 있거나 사형을 받을 수도 있었다. 그래서 집에서 도망쳐서 몇 주 동안 친구들과 숨어 지냈다. 그들은 법정을 설득하여 이 사건을 기각시켰다. 아레티노는 승리에 차서 집으로 돌아왔다. 대운하 양편에서 사람들이 환호성을 질렀다. 그러나 피에리나의 눈길이 자기를 유죄라고 생각하고 있음을 보여 주자 그만 가슴이 무너져 내렸다. 그러다가 피에리나의 남편이 그녀를 버렸다. 그녀가 아레티노에게서 위안을 구하려고 했을 때, 그는 그녀를 자신의 애인으로 삼았다. 그녀는 폐결핵이 심해졌고, 13개월 동안 거의 죽음 가까이 있었다. 그는 알뜰한 애정으로 그녀를 보살펴서 그녀를 다시 건강하게 만들었다. 그의 헌신이 절정에 이르렀을 때 그녀는 그를 버리고 젊은 애인과 함께 떠났다. 그는 일이 이렇게 된 것이 더 잘 되었다고 자신을 설득하려고 애썼지만 이날부터 그의 정신은 무너지고, 노년이 그의 힘을 능가했다.

그는 뚱뚱해졌지만 성적인 능력을 자랑삼기를 그치지 않았다. 뻔질나게 사창가를 드나들면서도 점점 더 종교적이 되었다. 젊은 시절 부활이 "헛소리"고, "오로지 하층민들이나 그런 것을 진지하게 여길 것"이라고 말하던 사람이었다.[21] 1554년에 그는 추기경 자리를 얻을 희망으로 로마로 갔지만 율리우스 3세는 그를 성 베드로의 기사로 만들어 주었을 뿐이다. 그해에 그는 임대료를 내지 못해 카사 아레티노(아레티노 저택)에서 쫓겨났다. 이제는 대운하에서 멀리 떨어진 곳에 소박한 숙소를 구했다. 2년 뒤에 예순넷의 나이로 그는 뇌졸중으로 죽었다. 자기 죄의 일부를 고백하고 성체와 병자 성사를 받았다. 그는 마치 호색함의 모범이며 사도였던 적이 없다는 듯이 성 루카 성당에 매장되었다. 어떤 재치꾼이 그를 위해 참아 줄 만한 비문을 썼다.

Qui giace l'Aretin, poeta tosco,

Chi disse mal d'ognun fuorche Dio,

Scusandosi col dir, Non lo conosco;

다음과 같은 뜻이다.

여기 토스카나 시인 아레티노가 누워 있다.
신만 빼고 모든 사람에 대해 고약한 말을 했던 사람,
변명으로는 "나는 그(신)를 몰랐다."고 말하던 사람.

3. 티찌아노와 왕들: 1530~1576

1530년에 볼로냐에서 아레티노는 카를 5세에게 티찌아노를 소개했다. 이탈리아를 재조직하느라 여념이 없던 황제는 초상화를 그리는 데 참을성 없이 포즈를 취하고, 놀란 화가에게 겨우 1두카트(12.5달러)를 지불했다. 만토바의 페데리고 공작이 그를 "현재 살아 있는 최고의 화가"라고 부르면서, 자기 호주머니에서 사례금으로 너그럽게 150두카트를 덧붙여 주었다. 공작은 차츰 카를 5세의 마음을 돌려서 자신과 같은 관점을 갖도록 만들었다. 1532년에 예술가와 황제는 다시 만났다. 다음 16년 동안 티찌아노는 눈부신 황제의 초상화들을 제작했다. 완전 무장한 카를 5세(1532년, 지금은 사라짐), 능라 코트를 입은 카를 — 수를 놓은 허리가 잘쑥한 웃옷, 하얀 반바지, 스타킹, 신발, 그리고 어울리지 않게 흰 깃털을 꽂은 검은 모자를 쓴 모습(1533?), 황후 이사벨라와 함께 한 카를 5세(1538), 뮐베르크 전투에서 완전무장한 모습으로 뒷발로 일어선 군마를 타고 있는 카를(1548) — 색채와 자부심이 빛나는 작품, 근엄한 검은 옷을 입고 발코니에 생각에 잠겨 앉아 있는 모습 등이다. 이 초상화들이 의상을 빼고는 대상을 이상화하려는 시도를 보이지 않는다는 것은 화가와 왕에게 모두 영예가 되는 일이다. 이 그림들은 붙임성이 없는 카를의 모습을 보여 준다. 그의 거친 피부, 우울한 정신, 그리고 일말의 잔인성, 게다가 무거운 짐과 권위를 지닌 남자, 서유럽의 절반을 통치하는 냉혹하고 차가운 정신을 가진 황제를 보여 준다. 그런데도 그는 친절할 줄도 알고 처음의 인색함에 대해 너그럽게 보상해 줄 줄도 알았다. 1533년에 그는 티찌아노에게 특전을 베풀어 팔라틴 백작으로 만들어 주었고, 황금박차의 기사로 만들었다. 그해부터 티찌아노는 그리스도교 세계에서 가장 강력한 군주를 위한 공식적인 궁정 화가가 되었다.

그사이에 아마도 페데리고 공작을 통해서 티찌아노는 우르비노의 공작 프란체스코 마리아 델라 로베레와 편지를 주고받게 되었다. 공작은 페데리고의 누이이며 이사벨라의 딸인 엘레오노라와 결혼했다. 프란체스코는 베네찌아 군대의 지휘관이었으므로 그와 그의 아내는 자주 베네찌아로 왔다. 그곳에서 티찌아노는 그들의 초상화를 그렸다. 90퍼센트가 쇠 미늘 갑옷으로 덮인 남자(티찌아노가 갑옷의 광채를 좋아했으므로)와 잦은 병치레로 창백하고 체념한 여인. 그들을 위해서 티찌아노는 목판에 「막달레나」를 그렸다. 이것은 화가가 그녀의 적갈색 머리에 부여한 빛과 색채의 특이한 변화를 통해서만 매력적인 작품이다. 그리고 다시 그들을 위해서 사랑스러운 초상화 한 점, 녹색과 갈색을 이용한 그림으로 오늘날 피티 미술관에 남아 있고, 그냥 「미인(La Bella)」이라는 이름으로만 알려진 작품이다. 페데리고의 후계자인 귀도발도 2세 공작을 위해서 티찌아노는 미술사상 가장 완벽한 나체화의 하나인 「우르비노의 베누스」 (1538년 경)를 그렸다. 티찌아노는 죠르죠네의 「잠자는 베누스」에 마지막 터치를 했다는 말을 우리는 듣는다. 여기서 그는 배경의 부속물과 인물의 모습만 빼고 죠르죠네의 걸작을 고스란히 모방했다. 다만 얼굴에 죠르죠네 미인도의 솔직한 평화가 없다. 고요한 풍경 대신에 녹색 커튼, 갈색 의상, 붉은 소파 등의 화려한 인테리어와, 두 명의 하녀들이 이 여인의 황금색 살결에 아주 잘 어울리는 훌륭한 의상을 들고 있다.

티찌아노는 공작과 황제를 넘어 교황의 초상화로 넘어간다. 파울루스 3세 또한 황제와 같았다. 남성적인 성격에 섬세한 능력, 역사의 두 세대를 기록하는 얼굴을 지닌 남자이다. 티찌아노에게는 무뚝뚝한 황제와 일할 때보다 기회가 더 좋았다. 1535년 볼로냐에서 파울루스 3세는 티찌아노 초상화의 대담한 사실주의를 경험했다. 예순일곱의 나이로 지쳤으나 불굴의 면모를 지닌 그는 흘러내리는 교황의 의상을 입고 긴 머리와 한때는 강력하던 몸을 덮은 수염을 지니고, 귀족적인 손에 권위의 반지가 뚜렷하다. 이것은 라파엘로가 그린 「율리우스 2세」와 더불어 이탈리아 르네상스의 가장 섬세하고 가장 심오한 초상화 자리를 놓고 경쟁하는 작품이다. 1545년 교황은 티찌아노를 로마로 초대했다. 티찌아노 자신도 이미 예순여덟 살이었다. 화가는 벨베데레에 숙소를 정하고 도시의 온갖 존경을 다 받았다. 바사리는 그의 관광 안내를 맡아서 고대 로마와 르네상스 로마의 기적들을 다 보여 주었다. 미켈란젤로도 그를 환영했다. 그리고 공손한 예의의 순간에, 티찌아노가 도안을 배웠더라면 더 위대한 화가가 되었을 것이라고 친구들에게 말했던 의견을 그에게는 감추었다.[22] 로마에서 티찌아노는 파울루스 3세를 다시 그렸다. 전보다 몸이 더욱 앞으로 굽고, 더욱 상한 상태로 아첨하는 두 명의 손자 사이에 있는 모습이다. 이들 손자들은 머지않아 교황에 맞서 반란을 일으키게 된다. 이 작품도 티찌아노의 가장 심오한 작품에 속한다. 이들 손자들 중의 한 사람인 오타비오 파르네제를 위해서 티찌아노는 나폴리 박물관에 있는 관능적인 「다나에」를 그렸다. 로마에서 8개월을 보낸 다음 그는 천천히 여행하여 피렌쩨를 거쳐 베네찌아로 돌아왔다.(1546) 이제 그곳에서 쉬면서 여생을 평화롭게 보낼 생각이었다.

그러나 1년 뒤에 황제가 급히 그를 알프스 넘어 아우그스부르크로 오라고 불렀다. 그는 아우그스부르크에 9개월간 머물면서 앞서 이야기한 황제의 초상화 두 점을 그렸다. 그리고 날씬한 스페인 대공과 작센의 선제후 요한 프리드리히 같은 거대한 몸집의 튜튼 사람들을 그림에 담아 불멸의 존재로 만들었다. 아우그스부르크를 두 번째로 방문했을 때(1550) 티찌아노는 미래의 스페인 왕 필립 2세를 만났다. 그리고 그의 초상화 몇 점을 그렸다. 이들 중 하나는 오늘날 프라도에 있는데 르네상스의 걸작 초상화의 하나이다. 그가 그린 카를 5세의 포르투갈 출신 아내, 황후 이사벨라의 초상화는 더욱 사랑스럽다. 그녀는 1539년에 죽었다. 그러나 황제는 4년 뒤에 티찌아노에게 무명의 화가가 그린 중간급 초상화를 주면서 이 초상화를 변화시켜서 완전한 예술품으로 만들어 달라고 청했다. 그 결과는 어쩌면 황후의 모습과 비슷하지 않을지는 모르지만, 상상의 초상화로 만들어진 이 「포르투갈의 이사벨라」는 티찌아노 그림 중에서도 훌륭한 것에 속한다. 섬세하고 우수에 젖은 얼굴, 극히 당당한 의상, 그녀의 이른 죽음의 전조를 위로하기 위한 듯 기도 책 한 권, 먼 곳의 풍경은 녹색, 갈색, 청색의 뉘앙스를 낸다. 티찌아노는 자신의 고귀한 등급을 되풀이 성취했다.

아우그스부르크에서 돌아온 다음(1552) 티찌아노는 이제 여행은 충분하다고 느꼈다. 그는 일흔다섯 살이었고 분명히 이제 살 날이 얼마 남지 않았다고 느꼈다. 아마 너무 바빴던 것이 그의 장수의 비결이었을 것이다. 연속적으로 그림에 빠져서 그는 죽는 것을 잊었다. 오랫동안 종교화들을 그리면서 (1522~1570) 그는 그리스도교 신앙과 아담에서 그리스도에 이르는 이야기에 자신의 독특한 색채와 극적인 표현을 부여했다.* 그는 강력한 이미지로 사도들

---

* 예를 들면 「남자의 타락」(1570년경, 프라도): 솔직하게 인간의 형태를 신격화한 것. 「수태고지」(1545년경, 베네찌아 스쿠올라 디 산 로코. 그리고 베네찌아 성 살바토레에 있는 또 다른 작품). 「집시 성모」(1510년, 빈). 「고난의

과 성인들을 그렸다. 이들 중 가장 훌륭하면서 가장 불쾌한 그림은 「성 로렌스의 순교」(1558년, 베네찌아 예수 교회)이다. 로마 군인과 노예들이 성인을 석쇠에서 굽고 있고, 이들은 달군 쇠와 채찍질로 성인의 고통을 더욱 심하게 만들고 있다. 이런 종교화들은 피렌쩨 사람들의 비슷한 작품처럼 우리를 깊이 감동시키지 못한다. 해부에서는 더 뛰어나지만 경건함이 없다. 그리스도와 사도들의 근육질 모습을 한 번 보기만 해도 티찌아노의 관심은 순수하게 기술적인 것이어서 화려한 신체에 대해서만 생각하고 있을 뿐 금욕적인 성인들을 생각지 않는다는 것이 분명해진다. 벨리니 일가와 티찌아노가 활동하는 사이에 베네찌아에서 그리스도교는 회화에 이야깃거리를 제공하기는 하지만 영적인 토대를 잃었다.[23]

회화 예술 혹은 조각에서 필수적인 이 감각적인 요소는 티찌아노에게서 거의 100년 동안 강하게 남아 있었다. 그는 파르네제 「다나에」를 여러 번이나 변이 형태로 되풀이해 다루었고 신앙의 수호자를 위해서 「베누스」도 여러 번이

성모」(1554, 프라도). 「어린 마리아의 사원 방문」(1538, 베네찌아): 산이 있는 풍경, 장엄한 건축물, 다채로운 색상의 인물들이 등장하는 거대한 파노라마(7.8 x 3.5 미터), 소심하게 사원 계단을 올라가는 소녀 모습의 마리아. 바닥에는 티찌아노의 가장 사랑스러운 여인 두 사람, 벽에 기대 달걀을 파는 늙은 여인은 실제보다 더욱 사실적인 모습이다. 이것은 티찌아노의 가장 훌륭한 종교화의 하나이다. 「토끼가 있는 성모」(1530년경, 루브르)에서 그는 성모를 한 번 더 그렸다. 「그리스도의 변모」(1560년경, 베네찌아 성 살바토레)는 여든세 살 노인의 작품으로 광채를 받은 그리스도의 빛나는 모습과 놀라워하는 사도들의 모습이 생생하다. 「최후의 만찬」(1564년, 에스코리알)에서 그리스도를 빼고 모든 인물이 당당하다. 레오나르도도 이 점에서는 마찬가지였다. 「가시관을 쓴 그리스도」(1542, 루브르)에서 예수는 미켈란젤로의 그림에서처럼 성인이기보다는 검투사 같다. 빈 미술관에 있는 「이 사람을 보라」는(1543년경)에서 그리스도는 여전히 근육질의 기품을 지니고 있고, 빌라도(아레티노의 우스꽝스러운 초상화)가 그를 군중에게 내주고 있다. 그런데 이 군중은 예루살렘의 폭도들이 아니라 아주 뚜렷하게 카를 5세, 술레이만 대제, 티찌아노의 딸 라비니아, 티찌아노 자신 등의 개인들을 보여 주고 있다. 앙코나에 있는 「십자가에 매달린 그리스도」(1560년경)는, 언덕과 하늘과 십자가와 십자가 발치에 있는 구경꾼들을 둘러싼 마지막 순간의 어둠을 효과적으로 그리고 있다. 티찌아노는 「그리스도의 매장」을 두 번(1529년(루브르)과 30년 뒤(프라도)) 그렸다. 뒤의 그림에서(어쩌면 앞의 그림에서도) 그는 자신을 아리마데의 요셉으로 그렸다. 확인되지 않은 연도에 그는 「엠마오의 저녁 식사」(루브르)를 그렸다. 탁월하지만 너무 섬세하다. 렘브란트라면 믿을 수 없는 인식의 순간에 기묘한 느낌을 더욱 성공적으로 그렸을 것이다. 카를 5세를 위해서 티찌아노는 「삼위일체」, 혹은 「최후의 심판」 등 여러 가지 이름으로 불리고, 프라도에는 「영광」이라는 제목을 달고 있는 그림(1554)을 그렸다. 머리와 다리들이 구름 속에 혼잡스럽게 엉킨 모습이 성 삼위일체의 처음과 두 번째 인물을 나타내고 성령은 빛의 형태를 취하고 있다. 약간 이상한 모습이지만 황제는 1557년 은퇴하고 수도원으로 갈 때 이 그림을 가지고 갔으며, 자기가 죽은 다음 주(主)제단 위에 걸어 놓으라고 명령했다.

나 만들었다. 스페인의 필립 2세는 이런 '신화'들에 그의 최고 고객이었다. 마드리드의 왕실 아파트는 「다나에」, 「베누스와 아도니스」, 「페르세우스와 안드로메다」, 「야손과 메데아」, 「악타에온과 디아나」, 「유로파의 납치」, 「타르퀸과 루크레티아」, 「디아나와 칼리스토」, 「유피테르와 안티오페」(혹은 「파르도의 베누스」라는 이름으로도 알려져 있다.) 등으로 장식되었다. 마지막 작품만 빼고 이들 작품들은 모두 티찌아노가 일흔여섯 살이 된 1553년 이후로 그려진 것이다. 팔십 대에도 여성 나체화를 전성기 시대에 그린 것들만큼이나 완벽하게 만들어 낸 이 화가의 상상력이 우리에게 용기를 준다. 위로 빗어 올린 적갈색 머리카락을 가진 디아나들은 베로네제가 사용하는 방식이었다. 금발의 베누스들은 그리스의 아프로디테보다 거의 더욱더 사랑스럽다. 아마도 약간 더욱 풍만해진 동일한 여인이 「거울을 가진 베누스」(1555년경, 워싱턴)에서도 등장하고 있다. 그녀는 다시 프라도에 있는 그림에서 아도니스에게 매달려 개에게서 그의 관심을 자기 쪽으로 돌리려고 애쓰는 베누스로 나타난다. 코레죠에서조차 여성의 살결이 그토록 솔직하게 관능적인 요란함을 보이지는 않는다. 그 밖에도 여러 미술관들에 흩어진 다른 베누스들도 한때는 티찌아노의 두뇌 속에서 살았다. 브리지워터 하우스에 있는 「떠오르는 베누스」(1520년경)는 서서 목욕하는 모습으로 무릎 아래는 감추어진 모습이다. 우피찌에 있는 「베누스와 큐피드」(1545년경)는 흠이 없는 양손을 지닌 게르만계 금발 미인이다. 보르게세 미술관에 있는 「큐피드의 교육」(1565년경)에서 베누스는 옷을 입은 모습이다. 프라도에 있는 「베누스와 오르간 연주자」(1545년경)에서 연주자는 음악에 집중하지 못한다. 「베누스와 류트 연주자」(1560)가 뉴욕 메트로폴리탄 미술관에 있다. 그러나 이런 그림들에 등장하는 여인들은 작품의 매력 중 일부일 뿐이라고 말해야 할 것 같다. 티찌아노는 자연에 대해서도 여자들에 대해서만큼이나 관심이 많았고, 이런 그림들 몇 군데에서 때로는 여신 자신만큼이나 사랑스러운 장엄한 풍경을 그렸다.

　이들 신화적인 그림들보다 초상화들이 더욱 위대하고 깊이가 있다. 베누스들이 절대로 둔해지지 않는 형식 감각을 보여 주고 있다면 초상화들은 티찌아노가 전체 미술관에서 다른 어떤 손길로 그린 초상화들과도 비할 수 없는 미술의 힘으로 인간 성격을 파악해서 전달하는 능력을 가지고 있음을 보여 준다. 신원을 알 수 없는 「장갑을 낀 남자」(1520년경, 루브르)보다 더 섬세한 그림이 있을까? 그의 장갑 낀 왼손과 목까지 올라온 섬세한 하얀 주름 깃은 눈에 반영된 감수성이 있는 영혼과 아주 잘 어울린다. 「이폴리토 데 메디치 추기경」(1533년, 피티)은 그보다 덜 철저한 초상화이지만 여전히 얼굴에는 섬세함과 예술적 감각, 권력에 대한 사랑 등 메디치 가문의 특성이 드러나 있다. 「프랑수아 1세」(1538년경, 루브르)는 수십만 장의 복제품을 만들어 내면서 프랑스 왕의 모습을 유명하게 만들었다. 깃털을 꽂은 모자, 즐거운 눈, 가늘고 긴 콧날, 멋진 수염, 진홍빛 셔츠, 이탈리아를 잃었으나 레오나르도와 첼리니와 수많은 여성의 사랑을 얻은 남자의 모습이다. 티찌아노가 지녔던 공적인 위치로 인해 그는 여러 총독들의 초상화를 그렸다. 거의 모든 총독 초상화들이 사라지고 세 개의 강력한 초상화들만 남아 있다. 「니콜로 마르첼로」(티찌아노가 태어나기도 전에 죽었다.)는 못생긴 얼굴에 멋진 의상을 하고 있다. (총독 궁전의 그림 「믿음」에 들어 있는) 「안토니오 그리마니」는 금욕적인 얼굴에 멋진 의상, 그리고 「안드레아 그리티」는 의상은 덜 멋지지만 베네찌아의 단호한 위엄을 갖추고 일에 집중한 강력한 얼굴을 지니고 있다. 반대의 기질로는 아레티노가 그토록 찬양했던 섬세한 「클라리체 스트로찌」의 초상화가 있다. 피렌쩨 피티 미술관과 뉴욕 프리크 컬렉션에 있는 아레티노의 초상화들은 가장 친한 친구가 그린, 매혹적인 악당에 대한 인정사정없는 묘사이다. 티찌아노가 그린 벰보의 모습이 더 부드럽다. 시인은 이 무렵 추기경이 되었다. 티찌아노 미술관에서 가장 위대한 초상화들 중에는 「법률가 이폴리토 리미날디」(1542)도 있다. 이것은 한동안 「노포크 공작」이라고 알려져 있었다. 부스스하게 늘어뜨린 갈색 머리카락, 높은 앞이마, 숱이 적은 콧수염과 턱수염, 꼭 다문 입술, 섬세한 코, 꿰뚫어 보는 눈길을 지녔다. 이탈리아와 베네찌아가 아름다운 몸과 아름다운 의상들 속에 어떤 도전에도 맞설 각오가 되어 있는 강한 의지를 지닌 남자들, 경험과 예술의 모든 면모에 대해 깨어 있는 예리한 정신을 밖으로 보여 주는 남자들을 가졌다는 사실을 보게 되면 우리는 이탈리아와 베네찌아를 더 잘 이해하게 된다.

티찌아노의 가장 흥미로운 초상화들은 그 자신의 모습이다. 그는 여러 번이나 자신의 모습을 그렸고 마지막으로는 여든아홉 살 때의 모습을 그렸다. 프라도에 있는 「자화상」 앞에 서면 우리는 주름이 졌지만 그래도 헤아릴 수 없는 세월의 흐름에 깨끗이 씻긴 얼굴을 보게 된다. 테두리 없는 모자는 그의 흰머리를 제대로 가리지 못한다. 붉은 수염이 얼굴을 거의 가리고 있다. 커다란 코는 힘을 호흡하고 푸른 눈은 약간 진지한 모습으로 실제보다 죽음이 더 가까이 있다고 여기고 있다. 손은 붓을 들고 있고 위대한 예술가의 열정은 아직 다 소모되지 않았다. (총독들이나 원로원 의원들이나 상인들이 아니라) 이 사람이 바로 50년 동안 베네찌아의 주인이었다. 덧없는 귀족들과 왕들에게 불멸의 모습을 부여하고, 자기가 선택한 도시를 르네상스 역사에서 피렌쩨, 로마와 나란히 세운 바로 그 사람이었다.

어린 시절 불확실성의 기억이 그를 마지막까지 욕심 많은 사람으로 만들었지만 그는 이제는 부자였다. 베네찌아는 "그의 특이한 탁월함을 고려하여" 일부 세금을 그에게 면제해 주었다.[24] 그는 우아한 의상을 입고 얕은 바다를 내려다보는 널찍한 정원이 딸린 안락한 집에서 살았다. 그곳에서 시인, 예술가, 귀족, 추기경, 왕들을 접대하는 그의 모습을 그려 볼 수 있다. 그는 1525년에 애인과 결혼했지만 그녀가 아들 둘을 낳고 나서 1530년에 죽자 독신자의 자유를 다시 얻었다. 그의 딸 라비니아는 명랑하고 자부심이 강한 여자였고, 티찌아노는 딸의 초상화를 즐겨 그렸다. 결혼해서 몸이 풍만해진 다음에도 마찬가지였다. 그러나 그녀는 결혼한 지 몇 년 만에 죽었다. 그녀의 한 아들 폼포니오는 아무 쓸모도 없는 낭비가가 되어 늙은 할아버지의 마음을 아프게 했다. 다른 손자 오라찌오는 오늘날에는 사라진 몇 점의 그림들을 그렸고, 아마도 할아버지의 말년의 작품으로 여겨지는 것들을 함께 제작했을 것이다. 또한 티찌아노의 제자

중 또 다른 사람이(도메니코 테오토코폴로스, 곧 '엘 그레코'(그리스 사람)) 그를 도 왔을 것이다. 티찌아노의 풍만한 모습들과 즐거운 풍경에서 그런 흔적을 찾기 는 어렵지만.

아주 노년까지 그는 거의 매일 그림을 그렸고, 예술에서 유일하게 확실한 행 복을 찾았다. 그는 이 분야에서 자기가 대가임을 알고 있었고, 온 세계가 자신 을 칭찬한다는 것, 그리고 자신의 손이 그 노련함을, 또 자신의 눈이 그 예리함 을 잃어버리지 않았다는 것을 알고 있었다. 그의 상상력과 함께 그의 지성도 마 지막까지 그 힘을 유지했던 것으로 보인다. 일부 구매자들은 이 마지막 그림들 이 미완성인 채로 자기들에게 보내졌다고 불평했다. 그런데도 그것들은 기적 이었다.(라파엘로를 제외하고는) 다른 어떤 화가도 일찍이 그러한 기술, 색채와 질감의 그런 통제력, 그리고 다채로운 색채의 마력을 갖지 못했다. 그의 결점은 빠른 완성에서 나온 것과 이따금 조심성 없는 도안에서 나온 것들이었다. 예비 도안들 대부분은 시험적인 것이었다. 그래도 그가 시간을 갖기만 하면 그는 바 욘느의 보나 미술관에 있는 「메도로와 안젤리카」의 펜 드로잉 같은 기적을 제 작할 수가 있었다. 초상화는 빨리 작업하지 않을 수 없었다. 주인공들이 너무나 인내심이 없고 바빠서 충분히 오래, 혹은 자주 포즈를 취할 수가 없었기 때문이 다. 그래서 그는 빠른 스케치를 하고 그것을 토대로 그림을 그렸다. 그래서 인 물의 얼굴과 머리에 실제보다 더 많은 것을 넣었을 것이다. 초상화 말고 다른 그림들에서 그는 신체의 모습을 너무 강조해서 영적인 핵심을 포착하는 경우 가 드물었다. 통찰과 감정의 깊이에서 그는 레오나르도나 미켈란젤로와 겨룰 수 없다. 그러나 그의 예술은 그들의 것과 비교하면 얼마나 건강한가! 세계나 인간의 본성에서 비정상적으로 내면을 향한 숙고나 폭발적인 분노는 없다. 티 찌아노는 자기가 본 대로 세계를 그리고, 자기가 본 대로 남자들을 그리고, 자 기가 본 대로 여자들을 그리고 그들 모두를 즐겼다. 그는 솔직한 이교도로서, 90년 동안이나 즐거움을 지니고 여자라는 건축물을 명상했다. 그의 성모들까 지도 건강하고 행복하고 풍만하다. 삶의 빈곤, 욕심, 불확실성 등은 티찌아노의 예술에서 그 자리가 별로 없다. 몇몇 순교 그림과「십자가에 못 박힘」을 빼고는 모두가 아름다움이며 즐거움이다.

그는 그림을 그리면서 늙었고, 당시의 일반적인 수명보다 25년을 더 살았다. 여든여덟 살에 그는 브레시아로 여행해서 그곳 시청 건물의 천장에 그림을 그리는 힘든 주문을 받았다. 그가 아흔 살이 되었을 때 그를 방문한 바사리는 그가 아직도 손에 붓을 들고 일하는 모습을 보았다. 아흔한 살에 그는 야코포 다 스트라다의 초상화(빈)를 그렸다. 색채가 탁월하고 성격이 아주 강한 모습이다. 그러나 이제 마침내 그의 손이 떨리기 시작하고 그의 눈이 약해지고 그는 경건함을 위한 시간이 왔다고 느꼈다. 1576년에 아흔아홉의 나이로 그는 프라리 교회를 위해「그리스도의 매장」을 그리기로 동의했다. 그 대가로 자신의 가장 위대한 작품 두 점이 이미 걸려 있는 그곳에 묻히기로 했다. 그는 이 작품을 완성하지 못하고 백 년에서 1년 모자라는 해에 죽었다. 이해에 베네찌아에 전염병이 발생했다. 매일 200명의 사람이 죽었다. 주민의 4분의 1이 질병에 쓰러졌다. 티찌아노는 전염병이 돌 때 죽었지만 질병보다는 노쇠함 때문이었다.(1576년 8월 26일) 베네찌아 정부는 집회금지령을 일시로 철회하고 그를 위해 화려한 장례식을 베풀었다. 그는 평소 소원대로 산타 마리아 글로리오사 데 프라리 교회에 묻혔다. 이것은 위대한 생애의 종말이고, 놀랄 만한 시대의 종말이기도 했다.

4. 틴토레토: 1518~1594

진짜로 종말은 아니었다. 거의 그 정도로 위대한 힘을 가진 정신이 앞으로 18년을 더 살면서 자신의「낙원」을 그릴 것이기 때문이다.

야코포 로부스티는 염색업자의 아들이었다. 별난 이탈리아 사람들은 이것을 줄인 별칭을 그의 성(姓)으로 삼아 역사에 남겼다. 그는 정말로 위대한 색채주의자라는 점에서 '틴토르'(염색공)가 된 것이다.(틴토레토는 '작은 염색공'이라는 뜻) 그러나 원래의 성도 그에게 아주 잘 어울렸다. 오로지 튼튼한(로부스트) 영혼만이 그가 인정을 받기 위해 벌였던 그 긴 싸움을 견디고 살아남을 수가 있었을 것이기 때문이다.

우리가 틴토레토(Tintoretto)에 대해 듣게 되는 거의 처음 언급은 그가 알려지지 않은 나이에 티찌아노에게서 견습을 받게 되었는데 겨우 며칠 뒤에 쫓겨났다는 언급이다. 그로부터 100년 뒤에 글을 쓴 카를로 리돌피는 이 사건을 틴토레토의 후손들의 입장에서 다음과 같이 서술하고 있다.

> 티찌아노가 집으로 와서 제자들이 있는 곳에 들어서게 되었을 때 그는 책상에서 불쑥 튀어나온 종이 몇 장을 보았다. 그 위에 어떤 모습들이 그려진 것을 보고 그는 누가 그것을 그렸는가 물었다. 야코포는 겁이 나서 자기가 그린 것이라고 대답했다. 그러자 티찌아노는 이렇게 시작한다면 젊은이가 아주 유능한 사람이 될 것이고, 그러면 자기에게 장차 어려움을 만들어 낼 것이라는 사실을 미리 내다보고 위층으로 올라가서 외투를 내려놓자마자 수제자인 지롤라모 단테를 불러서 곧바로 야코포를 집에서 내보내라고 명령했다. 이렇게 질투의 작은 흔적이 인간의 마음에서 작용하는 것이다.[25]

우리는 이 이야기를 거부하고 싶지만 티찌아노의 절친한 친구인 아레티노는 1549년 편지에서 이 사건을 암시하고 있다. 내쫓은 것은 사실이지만 해석은 문제가 있다. 야코포가 겨우 열두 살 소년일 때 이미 왕들의 화가가 되어 있던 티찌아노가 아주 미심쩍은 경쟁자에게 질투를 했으리라고, 혹은 방금 자신의 작업장으로 받아들인 어린 학생의 드로잉을 보고 미래의 틴토레토를 알아볼 수 있었으리라고 믿기가 어렵기 때문이다. 이 드로잉에서 티찌아노를 마음 상하게 한 것은 그 탁월함보다는 오히려 그 조심성 없음이었을 가능성이 있다. 조심성 없는 드로잉은 오랜 시간에 걸쳐 틴토레토의 결함이었기 때문이다. 그는 생애를 통해 티찌아노를 대단히 존경했고, 티찌아노가 자기에게 준 그림을 소중히 여겨 작업장 벽에 붙여놓고 회화에서 자기가 성취하고자 하는 것을 언제나 거듭 생각나게 해 주는 암시로 삼았다. 즉 "미켈란젤로의 도안과 티찌아노의 색채"가 그것이다.[26]

리돌피의 이야기와 전해 내려오는 이야기에 따르면 야코포(틴토레토)는 티찌아노 작업장을 떠난 다음 아무에게서도 배우지 않고 열심히 모작하고 실험을 함으로써 독학했다. 그는 해부학을 익히기 위해 시체를 해부했다. 그리고 자신의 경험에 등장하는 거의 모든 사물을 맹수와 같은 열렬함으로 관찰하고 또 자신의 그림에서 그것을 자세히 포착하곤 했다. 밀랍, 목재, 판지 등으로 모델을 만들어 거기에 옷을 입히고 모든 각도에서 드로잉을 하곤 했다. 2차원에 3차원을 그리는 방법을 찾기 위해서였다. 그리고 피렌쩨와 로마에 있는 고대 조각상들과 미켈란젤로 조각품의 주형을 떠서 자기에게 보내 달라고 했다. 이 주형들을 자신의 작업장에 놓고 여러 가지 명암 속에서 그들의 모습을 그렸다. 그는 빛의 양, 특성, 투사 등을 변화시키면 나타나는 모습의 변화에 매혹당했다. 그러면서 점차 어두운 배경과 무거운 그림자를 지나치게 좋아하게 되었다. 그는 손, 얼굴, 의상, 건물, 풍경, 구름에 나타나는 명암의 장난을 그리는 전문가가 되었다. 탁월함을 얻기 위한 싸움에서 그 어떤 조약돌도 가공하지 않고 그대로 놓아두지 않았다.

그런데도 그의 작품에는 조급함과 완성도의 결핍이 나타났다.(아마도 독학의 대가(代價)였던 듯) 이것은 그의 예술이 일반의 인정을 받는 일을 늦어지게 만들었다. 어른이 되고 나서도 여러 해 동안이나 기회를 찾아다녀야 했다. 가구에 그림을 그리고, 집의 정면부에 벽화를 그리고, 건축가들에게 낮은 가격으로 장식 일을 하게 해 달라고 간청하고, 자신의 그림들을 성 마르코 광장에 펼쳐 놓고 팔곤 했다.[27] 누구나 티찌아노를 원했다. 그리고 티찌아노와 아레티노는 상당한 재산을 가진 누구도 티찌아노 말고 다른 사람을 고용하지 못하도록, 그리고 티찌아노가 바쁠 경우에는 보니파찌오 베로네제를 고용하도록 열렬히 노력했다. 틴토레토는 아레티노가 그림을 중매하는 일에 원망을 품었다. 그러나 뒷날 아레티노가 자기에게 와서 초상화를 그리게 되었을 때, 틴토레토는 호주 머니에서 아주 인상적인 총을 꺼내서 그것으로 아레티노의 거대한 몸을 측정 하는 듯이 굴면서 이 두려운 협박꾼이 두려워하는 꼴을 즐겼다.[28] 그 이후로 아 레티노의 펜은 틴토레토에게 친절하게 되었다. 마돈나 델로르토 교회의 성가 대석에 그림이 그려지지 않은(15미터 높이의) 거대한 벽을 보자 틴토레토는 총 100두카트(1250달러?)의 사례금을 주면 이 벽에 그림을 그리겠노라고 제안했 다. 그에 대해 베네찌아 화가들은 그가 예술을 너무 싸구려로 팔아서 "사업에 손해를 끼친다."고 불평했다. 그러나 틴토레토는 그림을 그려 달라는 주문을 받았다.

그는 첫 승리가 찾아오기 전에 벌써 서른 살이 되었다. 성 마르코 학교(스쿠 올라 디 산 마르코)는 성 마르코가 노예를 구하는 그림을 위해 공모를 했다. 그 이야기는 야코포 데 보라지네의 「성도의 전설」에 들어 있었다. 프로방스의 하 인 한 사람이 성 마르코에게 알렉산드리아에 있는 그의 무덤까지 순례를 하겠 노라고 약속했다. 그의 주인은 노예에게 그 일을 허락해 주지 않았지만 그래도 떠났다. 그가 돌아오자 주인은 그의 눈을 뽑으라고 명령했다. 그러나 쇠꼬챙이 가 피부를 꿰뚫지 못했다. 주인은 하인의 팔다리를 부러뜨리라고 명령했다. 그 러나 쇠막대는 그의 몸에 아무런 상처도 주지 못했다. 주인은 성 마르코가 개입 했다는 사실을 깨닫고 노예를 용서해 주었다. 틴토레토의 그림은 화려한 색채 와 확고한 사실주의, 극적인 힘 등으로 이 이야기를 들려주었다. 복음서 기록자 인 마르코는 복음서를 꼭 붙잡고 하늘에서 내려와, 자신에 헌신한 대가로 무어 사람에 의해 막 참수형을 당하려는 사람을 구한다. 많은 사람들이 둘러서서 구 경하고 있다. 틴토레토는 이 이야기가 자기에게 제공한 모든 기회를 다 잡았다. 강력한 남자들과 우아한 여성 인물들을 그리기, 동방의 벨벳, 비단, 터번 위에 떨어지는 빛의 탐구, 죠르죠네와 티찌아노에게서 배운 색채 속에 장면이 흠뻑 잠기게 하는 것 등이었다. 학교의 지도자들은 이 그림의 신선한 사실주의가 약간 두려웠다. 그들은 이 그림을 학교 벽에 걸어도 될까 논의했다. 화가 난 틴토 레토는 그림을 그들에게서 빼앗아 집으로 가져왔다. 그들은 틴토레토를 찾아 와서 그림을 돌려달라고 청했다. 그는 그들을 한동안이나 기다리게 한 다음에 그림을 내놓았다. 아레티노는 그에게 찬양의 말을 보냈고, 이제 그의 재능을 위 한 경력이 활짝 열렸다.

곧바로 많은 양의 주문이 들어왔다. 열 곳 이상의 교회들이 그를 원했고, 또 열두 명의 귀족들과 대여섯 명의 왕자들과 국가들도 그를 원했다. 이들을 위해 서 그는 또다시 천지 창조에서 최후의 심판에 이르기까지 그리스도교 우주론, 신학, 종말론의 서사시들을 백 점이나 그렸다. 그는 종교적인 사람은 아니었다. 16세기 베네찌아에 종교적인 예술가는 거의 없었다. 절반 정도는 이교적인 혹 은 이슬람교도 동방에 의해 영혼과 영토가 만들어지고 있었다. 미술이 그의 종 교였고, 그것을 위해 그는 밤과 낮을 다 바쳤다. 그러나 아담과 이브의 이야기, 마리아와 아기 이야기, 신의 아들이 십자가에 못 박힌 비극, 성인들의 고통과 기적 이야기, 그리스도의 심판의 자리에 죽은 자들이 모이는 저 이야기보다 화 가의 상상력을 더 자극하는 주제들이 또 어디 있을까?* 이 긴 연작들 중에서 최

* 틴토레토의 종교화들은 성 로코 학교에 있는 것을 빼고 다음과 같다.(아래 교회 이름은 모두 베네찌아의 것임)
1. 구약 성서 장면들: 「동물의 창조」(베네찌아), 독특하게 밝은 풍경을 그린 「아담과 이브」(베네찌아), 「카인과 아 벨」(베네찌아), 「아브라함의 제사」(우피찌), 「요셉과 포티파의 아내」(프라도), 자연, 남자, 여자, 동물들이 특이하게 뒤섞인 「만나 모으기」(성 죠르죠 마죠레).
2. 성모 그림들: 코레죠의 것만큼이나 사랑스러운 「성모의 탄생」(만토바), 「수태고지」(베를린), 「성모가 엘리사벳을 방문함」(볼로냐), 「성모와 아기」(클리블랜드). 화려하지만 성인들이 미켈란젤로 방식의 근육질 팔십 대로 그려진 「성 모와 성인들」(페라라). 프라리 교회에 있는 티찌아노의 걸작과 비교하면 약하고 창백한 「성모의 승천」(예수 교회).
3. 그리스도의 생애 중에서: 「할례」(산타 마리아 델 카르미네), 「세례」(산 실베스트로. 프라도에 유사한 그림). 특별 히 아름다운 「마르타의 집에 오신 예수」(뮌헨). 「가나의 결혼식」(마돈나 델라 살루테). 거의 인상파 방식으로 푸른색 과 초록색을 탐구한 「갈릴리 호숫가의 그리스도」(워싱턴). 너무 연극적인 그림에서 아름다운 죄수를 그린 「간통하다 잡힌 여인」(로마, 국립 미술관). 「그리스도가 제자들의 발을 씻기심」(에스코리알). 「라자로의 부활」(라이프찌히). 「빵 다섯 덩이와 물고기의 기적」(뉴욕). 「그리스도와 사마리아 여인」(우피찌). 「최후의 만찬」(성 트로바소. 성 스테파노 교회와 성 죠르죠 마죠레 교회에 또 다른 만찬들. 우피찌에 있는 것은 아주 뛰어난 드로잉). 「십자가에 매달림」(성 카씨아노). 「십자가에서 내림」(베네찌아, 파르마, 밀라노, 피티 미술관). 「그리스도의 매장」(성 죠르죠 마죠레). 「연옥 에 강림하심」(성 카씨아노). 「부활」(파러 콜렉션). 미켈란젤로의 시스티나 예배당 벽화의 혼란과 부조리를 뛰어넘으 려는 헛된 시도인 「최후의 심판」(마돈나 델로르토).
4. 성인들: 「성 아우구스티누스가 전염병에 걸린 사람들을 치유하다」(뉴욕, 「성 아그네스의 기적」(마돈나 델로르

고의 작품은 틴토레토가 마돈나 델로르토 교회를 위해 그린 「어린 마리아의 사원 방문」(1556년경)이다. 예루살렘의 사원이 고전적 화려함으로 그려졌다. 겁을 먹은 어린 마리아가 팔을 활짝 벌린 수염 달린 고위 사제의 영접을 받는다. 페이디아스의 기품으로 그려진 여인 한 사람이 자기 딸에게 마리아를 가리켜 보인다. 다른 여인들과 그들의 아이들은 생생한 사실성을 지니고 있다. 한 예언자가 수수께끼의 예언을 말하고 거지들과 병자들이 절반쯤 벌거벗은 채 사원의 계단에 웅크리고 있다. 이것은 티찌아노의 가장 훌륭한 그림과 경쟁하는 그림으로 르네상스의 위대한 그림들 중의 하나이다.

성 로코 학교가 자신들의 숙소 건물(albergo) 집회실 방들을 장식할 사람으로 틴토레토를 지목하면서(1564) 그의 성공은 확정되었다. 광범위한 벽에 그림을 그릴 화가를 선택하기 위해 학교 지도부는 화가들에게 달걀 모양 천장에 맞는 도안을 제출하도록 했다. 영광에 싸인 성 로코의 그림이었다. 파올로 베로네제, 안드레아 스키아보네와 다른 화가들이 스케치를 제출한 데 반해 틴토레토는 완성된 그림을 만들었다. 행동들이 생생하고 색채가 화려한 그림이었다. 그는 비밀리에 화포를 예정된 장소에 붙이고 표면을 가렸다. 다른 사람들이 도안을 제출하는 날 심사 위원들과 경쟁자들이 놀라는 가운데 이 그림을 드러냈다. 그는 이렇듯 정통 방식이 아닌 전략에 대해서, 자신은 밑그림을 따라하지 않고 이렇게 충동적인 방식으로 일을 가장 잘할 수 있다는 말로 변명을 했다. 다른 예술가들은 욕설을 퍼부었다. 틴토레토는 시합에서 물러났지만 그림은 선물로 그대로 남겨 놓았다. 학교는 마침내 이 그림을 받아들이고 틴토레토를 회원으로 삼고 그에게 평생동안 1년에 100두카트의 봉급을 주었다. 그 대신 그는 매년 그들을 위해 3점의 그림을 그려야 했다.

<hr>

토). 빛과 그림자의 탐구인 「성 죠지와 용」(런던). 「성 카타리나의 결혼」(총독 궁전)과 「성 카타리나의 순교」(베네찌아):이 두 경우에 성녀의 모습이 하도 사랑스러워서 바보나 이 여인을 죽이고 싶어 할 것 같다. 「성 마르코 시신의 운반」(베네찌아)과 「성 마르코 시신의 발견」(밀라노):거무스레한 배의 멋진 원근법, 성스러운 두려움에 사로잡혀 무릎 꿇은 귀족, 매혹적인 아가씨, 그녀의 무릎을 두려움에 잠긴 척하는 젊은이가 꼭 잡고 있으며, 성스러운 마르코는 자신의 시체 위에 똑바로 서 있다.

다음 18년 동안(1564~1581) 그가 이곳의 벽에 56점의 장면들을 그렸다. 방들은 조명이 나빴다. 틴토레토는 절반은 어둠 속에서 작업을 해야 했다. 그는 서둘러 일하고 6미터 아래서 보기 위한 것처럼 거칠게 색채를 칠했다. 이 그림들은 베네찌아 역사에서 가장 유명한 한 사람만의 전시회가 되었다. 뒷날 예술가들은 피렌쩨의 미술 학생들이 마사쬬를 찾아가 연구하듯이 이 그림들을 찾아와 연구했다. 해가 지나면서 비와 습기가 그림을 공격했지만 그들은 여전히 그 범위와 힘이 인상적이다. 백 년 전에 러스킨은 이렇게 썼다. "20년 혹은 30년 전에 이 그림들이 복원되기 시작했다. 그러나 그 일을 맡은 사람이 신의 뜻에 따라 죽었고, 오로지 한 작품만을 망가뜨렸다."[29]

이 놀라운 박물관에서 틴토레토는 그리스도 이야기를 한 번 더 들려준다. 그러나 마치 전에는 그런 것이 한 번도 그려진 적이 없기라도 한 것처럼, 대담한 사실주의로 그리스도 이야기들이 이상적인 감상의 세계를 벗어나 자연적인 환경 속에 놓여서 설화이던 것이 가장 확실한 역사로 변화되어 나타난다. 장면의 모든 세부를 보고 깨닫고, 그리고 이런 세부 묘사들을 주어진 삶으로 느끼고, 그것을 한 번이나 두 번의 붓질로 벽에 옮기는 능력은(「막달레나」에서 월계수 뿌리를 통해서 보이는 물처럼) 틴토레토 불길의 불꽃이었다. 그는 아래층을 성모의 이야기로 채웠다. 「수태고지」에서 그녀의 겸손한 놀람, 「엘리사벳을 방문함」에서 소박한 우아함, 동방 박사의 「경배」에서 값진 동양의 선물을 보고 놀라는 단순한 모습, 「이집트로 도망침」에서 나귀의 등을 타고 평화로운 풍경을 지나가는 느린 행렬, 이 그룹에서 가장 강력한 모습을 보여 주는 "어린이들을 죽임"의 장면을 방금 벗어나 떠나는 길이다. 위층 중앙의 벽에서 틴토레토는 그리스도 생애의 사건들을 들려준다. 요한에게서 세례를 받는 모습, 사탄의 유혹, 기적들, 최후의 만찬. 이 마지막 작품은 전통을 완전히 벗어난 사실적인 묘사여서 러스킨은 "내가 아는 틴토레토 최악의 작품"[30]이라고 불렀다. 그리스도는 맨 끝에 있고 사도들은 식사나 담소에 빠져 있고, 하인들은 음식을 나르느라 분주하고 개 한 마리가 혹시 자기도 먹을 게 없을까 찾고 있다. 위층의 내실 한 곳에 틴토레토는 가장 위대한 그림 하나를 그렸다. 「빌라도 앞에 선 그리스도」는 마치 수의처럼 흰옷을 입은 채 피로와 체념에 잠겨 고요하게 서 있는 모습을 보여 준다. 빌라도는 피에 굶주린 폭도들의 뜻에 따른 죄악을 손을 씻어 없애려 하고 있다. 그리고 맨 마지막에 (틴토레토가 자신의 최고 작품이라고 판단했던) 「십자가에 못 박히심」은 구도의 힘과 크기에서, 그리고 예술적 효과 면에서 미켈란젤로의 「최후의 심판」에 도전하고 그것을 능가하는 작품이다. 12미터의 벽, 80명의 인물들, 말, 산, 탑, 나무 등이 세부에 이르기까지 믿을 수 없을 정도로 정교하다. 그리스도는 신체와 영혼의 고통을 보여 준다. 강도 한 명이 쓰러진 십자가 위에 강제로 매달리는 동안 마지막까지 저항하고 있다. 티찌아노의 힘과 절망을 보이는 다른 강도가 매달린 십자가는 그의 무게에 분노가 치밀어서 동정심을 가질 새가 없는 거친 병사들에 의해 위로 올려지고 있다. 여자들은 두려움에 사로잡혀 그룹을 이루어 엉켜 있다. 구경꾼이 몰려들어 남자들이 고통받으며 죽는 것을 구경한다. 그리고 멀리서 낮아진 하늘이 인간의 비극에 그 어떤 답변도 하지 않고 천둥과 번개와 무심한 비를 보낸다. 여기서 틴토레토는 절정에 도달하여 최고의 화가와 대등하게 되었다.

이 숙소 건물의 이런 걸작들에 덧붙여서 틴토레토는 같은 수도회의 교회를 위해 8점의 그림을 그렸다. 주로 성 로코를 다룬 그림들이었다. 이 그림들 중 하나는 단순히 그 두려운 모습을 통해서라도 단연 두드러진다. 「베짜타(베데스다) 연못」이 그것이다. 예술가는 요한복음 5장에서 이야기를 얻었다. 그곳에는 "소경과 절름발이와 중풍병자 등 수많은 병자들이 누워서" 치료 효과가 있는 못의 물이 움직일 때에 목욕하려고 기회를 기다리고 있다. 틴토레토는 기적적인 치료를 보지 않고 여러 모습의 병든 혹은 부상당한 사람들을 보았고 자기가 본 대로 환자들의 일그러진 모습, 그들의 누더기와 더러움, 그들의 희망과 절망 등을 있는 그대로 그렸다. 이것은 단테의 「지옥」이나 졸라의 「루르드」에서 나온 것 같은 장면이다.

육체가 물려받은 질병에 대해 자신의 예술을 가지고 그토록 격렬하게 반응할 수 있는 이 남자는 똑같이 열렬하게 건강함의 아름다움을 드러낸 육체의 영광에도 반응했다. 그리고 누드 그림에서 거의 티찌아노나 코레죠와 경쟁을 벌인다. 그의 사나운 정신과 빠른 붓질로 인해 고전적 의미에서 쉬고 있는 아름다움을 표현할 수 없을 것이라 생각하기 쉽지만 유럽 전역에 퍼져 있는 즐거운 모습들을 보게 된다. 리옹 박물관에 보석으로 치장한 「다나에」, 우피찌에 있는 「레다와 백조」, 뮌헨 피나코텍에 있는 「베누스와 대장장이 신 불카누스」, 드레스덴에 있는 「아리스노에의 구출」, 총독 궁전의 「메르쿠리우스와 우미의 여신들」, 「바쿠스와 아리아드네」…… 시몬즈(Symonds)는 이 마지막 작품이 "현존하는 유화 중에서 가장 위대한 작품이 아니라면 어쨌든 가장 아름다운 작품"이라고 말했다.[31] 그리고 런던 미술관에 있는, 큐피드가 유노 여신의 젖가슴을 누르고 있는 「은하수의 기원」은 더욱 완벽하다. 이것은 은하수(Milky Way, 젖길)의 기원을 잘 설명해 주고 있다. 루브르, 프라도, 빈, 워싱턴 미술관들은 틴토레토의 네 가지 「수산나와 장로들」을 보여 준다. 프라도는 관능적인 틴토레토를 한 방 가득 소장하고 있다. 「젊은 베네찌아 여인」은 의상을 옆으로 젖히고 젖가슴을 드러낸 여인을 보여 준다. 「터키군과 그리스도교군의 전쟁」에서도 무기가 번쩍거리는 한가운데 마음을 다른 데로 잡아끄는 젖가슴이 나타나고 있다. 베로나 박물관에는 8명의 여자 악사들의 「음악회」가 있는데 그들 중 셋은 허리까지 알몸이다. 마치 귀가 들을 수 있듯이 눈도 음악을 보아야 한다는 것만 같다. 이 그림들은 틴토레토의 가장 훌륭한 그림은 아니다. 그의 강점은 남성적인 삶과 영웅적인 죽음의 묘사에 있기 때문이다. 그러나 이런 그림들은 그도 죠르죠네와 티찌아노처럼 견고한 손길로 위태로운 곡선을 그릴 수 있음을 보여 주고 있다. 이런 모든 누드화들 가운데 천박한 것은 없다. 건강한 관능성이 있을 뿐이다. 이들 신들과 여신들은 벌거벗음을 자연스러운 것으로 여기기에 벌거벗고 있다는 것을 의식조차 못하고 있다. 단추나 레이스나 장식품으로 가리지 않은 채 태양을 '온 얼굴'로, 온몸으로 맞아들이는 그들의 모습이 신적이다.

거의 40년 동안이나 결혼을 피한 다음 틴토레토는 파우스티나 데 베스코비를 아내로 맞아들였다. 그녀는 그가 아주 무질서하고 어떻게 해 볼 도리가 없는 사람임을 깨닫고 그의 어머니 노릇을 하는 것을 행복으로 삼았다. 그녀는 여덟 명의 아이들을 낳았는데 그중 세 명은 그런 대로 참아 줄 만한 화가가 되었다. 그들은 마돈나 델로르토 교회에서 멀지 않은 곳에 있는 수수한 집에서 살았다. 예술가는 베네찌아의 교회, 궁전, 수도원 등에서 그림을 그리는 경우를 빼고는 이 일대를 벗어나는 일이 드물었다. 따라서 그는 오로지 이 탄생 도시에서만 자기 예술의 다양성과 힘을 보여 주었다. 만토바 공작은 자기 궁전에 자리 하나를 제안했지만 그는 거절했다. 틴토레토는 자신의 작업장에서만 행복했고, 그곳에서 문자 그대로 밤낮 일을 했다. 그는 좋은 남편이며 아버지였지만 사회적 즐거움을 위해서 전혀 아무런 일도 하지 않았다. 자기가 숭배하고, 또 능가하려고 애쓰던 미켈란젤로만큼이나 고독하고 독립적이며 변덕스럽고 우울하고 신경질이고 격렬하고 자부심이 강했다. 그의 영혼이나 그의 작품에 평화는 없었다. 미켈란젤로와 마찬가지로 그는 신체와 정신과 영혼의 힘을 표면적인 아름다움보다 더 중시했다. 그의 성모들은 도니의 「성모」처럼 매력적이다. 그는 또한 자신의 자화상을 남겼는데(지금은 루브르) 일흔두 살 때 그린 것이다. 이 머리와 얼굴은 미켈란젤로의 것이라고 해도 좋을 만하다. 강하고 침울한 얼굴, 심오하고 생각에 잠긴 채 수많은 세월의 흔적을 지닌 얼굴이다.

그 자신의 초상화가 그가 남긴 최고의 초상화이다. 그러나 그는 깊은 통찰력과 성실한 기술을 증언해 주는 다른 초상화들도 그렸다. 이 분야에서도 그는 사실주의자였고, 후세를 속이기를 바라는 사람은 아무도 그의 앞에서 포즈를 취하지 못했다. 품위 있는 베네찌아 사람들 다수가 틴토레토의 붓을 통해 우리에게 전해지고 있다.(총독들, 원로원 의원들, 지방장관들, 세 명의 조폐국장, 여섯 명의 재무관. 이 그룹에서는 「야코포 소란쪼」가 단연 뛰어나다.) 베네찌아 미술에서 가장 위대한 초상화의 하나이다. 여기에는 건축가 산소비노와 백 살을 살았던 코르나로도 있다. 틴토레토의 초상화 분야에서 「소란쪼」 다음으로 나타나는 것이 「갑옷을 입은 남자」(프라도), 「노인의 초상」(브레시아), 「남자의 초상」(레닌그라드, 에레미타쥬 미술관), 뉴욕 모건 도서관에 있는 「무어 사람」 등이다. 1574년에 틴토레토는 베네찌아 총독 알비제 모체니고의 수행원으로 위장하고 베네찌아 기함 부친토로에 들어가서 몰래 프랑스 왕 앙리 3세의 파스텔 초상화를 제작했다. 나중에 앙리가 귀족들을 알현한 방의 구석에서 틴토레토는 초상화를 완성했다. 앙리는 이 초상화를 아주 좋아해서 화가에게 기사 작위를 주겠노라고 제안했지만 그는 그것을 면제해 달라고 빌었다.[32]

베네찌아 귀족들과의 만남은 1556년에 시작되었다. 이해에 그는 베로네제와 더불어 총독 궁전에 유화들을 그려 달라는 주문을 받았다. 대회의실에 「프리드리히 바르바로싸의 대관식」과 「교황 알렉산더 3세에게 파문당한 바르바로싸」를 그렸다. 조사실의 벽 전면을 「최후의 만찬」으로 덮었다. 이 그림들이 원로원을 기쁘게 했기에, 그들은 1572년에 그에게 레판토 해전의 큰 승리를 기념하는 그림을 주문했다. 1574년 원로원은 틴토레토에게 전실(前室)의 장식을 맡겼다. 여기서 예술가는 「메르쿠리우스와 우미의 여신들」, 「아리아드네와 바쿠스」, 「불카누스의 대장간」, 「미네르바에게 쫓기는 마르스」 등을 그려서 입법관들을 즐겁게 해 주었다. 틴토레토는 원로원실에 자기 시대 총독들을 기념하는 큰 작품들을 그렸다. 당당한 광장을 배경으로 삼은 그림들이다. 성 마르코 성당과 그 빛나는 둥근 지붕들, 아니면 시계탑, 아니면 종탑, 그리고 옛 도서관의 당당한 정면부와 총독 궁전의 줄지어 선 빛나는 기둥들, 안개 낀 혹은 햇빛이 비치는 대운하의 원경. 자부심 강한 정부의 입맛에 맞게 이 연작의 정점으로 그는 천장에 「바다의 여왕 베네찌아」를 그렸다. 경탄하는 귀족들이 둘러싸고 있는 여자 총독의 모습으로 화려한 의상을 입고, 해신 트리톤과 바다 요정 네레이드들이 바치는 바다의 선물인 산호, 조가비, 진주를 받는 모습이다.

대화재가 있은 다음에도 용기를 잃지 않은 원로원은 틴토레토에게 손실의 기억을 모두 없애 줄 그림들로 망가진 벽을 다시 살려 달라고 주문했다. 조사실 벽에 그는 거대한 전투 장면을 그렸다. 「짜라의 포로」이다. 대회의실 한쪽 벽에는 「프리드리히 바르바로싸 황제가 교황 및 총독의 사절을 맞아들이다」와 천장에 걸작인 「니콜로 다 폰테 총독이 정복한 도시들의 경의를 받다」를 그렸다.

원로원은 회의실 동편에 과리엔토가 그린 낡은 벽화를 새로운 그림으로 덮기로 결정했다.(1586) 그들은 당시 예순여덟 살이던 틴토레토가 그 일을 맡기엔 너무 늙었다고 판단했다. 그래서 이 과업을 나누어서 당시 쉰여덟 살이던 파올로 베로네제와 당시 서른일곱 살이던 프란체스코 바싸노에게 공간을 확보해 주었다. 그러나 베로네제는 일이 제대로 시작되기도 전에 죽었다.(1588) 틴토레토는 자기가 대신하겠다고 나서서, 벽면 전체를 하나의 그림 「낙원의 영광」으로 채우겠다고 제안했다. 원로원은 동의했고 노인은 아들 도메니코와 딸 마리에타의 도움을 받고 또 근처에 있는 미제리코르디아 학교에 유화의 부분들을 나누어 맡겼다. 많은 예비 스케치들이 제작되었다. 그 자체가 걸작인 이런 스케치 하나가 오늘날 루브르에 있다. 이 모든 것이 제자리에 배치되고 도메니코가 그림을 그리고 이음매를 감추자 그것은 당시까지 나온 중에서 가장 큰 유화 그림이 되었다. 21.6×7미터 크기다. 그것을 보러 몰려든 사람들은 이것이 베네찌아 회화의 절정이라는 러스킨의 말과 같은 생각이었다. "순수하고 남성적이고 대가다운 유화로 세계에서 가장 놀라운 작품"이었다.[33] 원로원은 틴토레토에게 너무 많은 사례금을 지불해서 그는 그 일부를 되돌려 주었고, 이것이 다시 동료 예술가들 사이에 추문이 되었다.

시간이 그 나름의 방식으로 이 「낙원의 영광」을 다루어서 오늘날 대회의실로 들어서서 총독의 옥좌 뒤에 있는 벽에 등을 돌리고 선 사람은 틴토레토가 그곳에 남긴 그림을 보지 못하고, 그냥 수백 년 세월의 그을음과 습기로 어두워진 그림을 보게 된다. 그것을 채운 500명의 인물들 중 겨우 소수만이 우리 눈으로 알아볼 수 있을 정도이다. 인물들이 움직이는 원 안의 원 ─ 축복 받은 단순한 사람들, 성 처녀들, 신앙을 고백한 사람들, 순교자들, 복음서 저자들, 사도들, 천사들, 대천사들, 모두가 성모와 그 아들을 둘러싸고 있기에 이들 두 사람은, 간신히 남자와 여자를 알아볼 수 있는 정도의 모습이지만 그래도 라틴 그리스도교의 진짜 신들이 된다. 여기 보이는 수백 명의 사람들 너머로 틴토레토는 셀 수 없이 많은 수백 명을 더 느끼게 한다. 부름받은 수많은 사람 중 극소수만이 선택되었다 해도 1600년 그리스도교 시간 동안에 대단히 행복한 무리가 낙원에 왔을 것이 분명하다. 틴토레토는 그들의 넉넉한 숫자와 축복을 보여 주고 있다. 그는 단테의 엄숙함으로 낙원을 쇠약하게 만들지 않았다. 이것은 즐거움의 장소이며, 그런데도 오로지 빛나게 행복한 사람들만이 들어오는 것이 허락되었다. 이것은 분명 늙은 예술가가 자신의 인간혐오증을 쫓아낸 의식이었다.

그는 슬퍼할 이유가 있었다. 이 위대한 그림이 완성되던 그해에 사랑하는 딸 마리에타가 죽었기 때문이다. 그녀의 그림과 음악의 기술은 그의 노년의 중요한 기쁨들에 속하는 것이었다. 그런데 그녀가 죽은 지금 그는 저세상에서 그녀를 만나는 것 말고 다른 것은 별로 생각하지 않은 것 같다. 그는 전보다 더 자주 마돈나 델로르토 교회(정원의 성모 교회)로 가서 그곳에서 여러 시간씩이나 명상과 기도로 보냈다. 그저 초라한 남자일 뿐이었다. 아직도 그림을 그렸고, 이 마지막 몇 해 동안에도 성 카타리나 교회를 위해 성 카타리나의 그림을 그렸다. 그러나 일흔일곱 살 되던 해에 위장병이 심해져 잠을 이룰 수 없었다. 그는 유언장을 작성하고 아내와 자식들과 친구들에게 작별 인사를 하고 1594년 5월 31일에 눈을 감았다. 마돈나 델로르토 교회가 그의 유해를 받아들였다.

베네찌아를 통해 배를 타고 돌아다니며 도시 구석구석에서 이 초호(礁湖) 도시의 미켈란젤로(틴토레토)의 작품들을 직접 마주 대하고 난 이제 그의 예술에 대해 정리를 해 보기로 하자. 첫인상은 크기와 수가 많다는 것이다. 거대한 벽들에 인간과 동물의 형상들, 수많은 등급을 이룬 아름다움이나 추함이 '이것이 인생'이라고 변명할 수밖에 없는 현세의 혼란 속에 묘사되어 있다. 군중을 꺼리고 싫어했던 이 남자는 어디서나 군중을 보았고, 맹렬한 열성으로 군중을 묘사했다. 그는 개인에 대해서는 별다른 관심이 없었던 듯하다. 초상화를 그릴 경우에는 정직하게 사례금을 벌기 위한 것이었다. 그는 인류를 다수로 보았다. 그리고 싸우고 경쟁하고 사랑하고 즐기고 고통받는 다수 인간의 모습으로 삶과 역사를 해석했다. 튼튼하고 아름다운, 병들고 병신이 된, 구원받은 혹은 저주받은 존재들. 그는 두려울 정도로 거대한 유화들을 그렸다. 그 정도의 크기여야만 그가 본 것을 그릴 공간이 주어졌기 때문이다. 그는 티찌아노가 가졌던 것 같은 회화의 기교를 완전히 장악하지 못했기에 이 거대한 그림들의 방법을 언제나 일하면서 찾아냈다. 총독 궁전에 있는 방들의 장엄함은 특히 그의 덕분이다. 그러므로 우리는 그에게서 마무리의 섬세함까지 요구할 수는 없다. 그는 거칠고 조잡하고 서두르고 때로는 붓질 한 번으로 장면을 만들어 내고 있다. 그의 진짜 단점은 이런 표면의 거침이 아니라(거친 표면조차도 의미를 보여 줄 수 있으므로) 그가 선택한 이야기들의 연극적인 광포함이며, 그의 정서의 불건강한 사나움, 그가 삶을 바라본 그 침울함과 군중들이 지루하게 되풀이된다는 점이다. 미켈란젤로가 형태에, 루벤스가 살결에 빠져 있었다면 그는 숫자에 몰두해 있었다. 그러나 이런 엄청난 숫자 속에서도 의미심장한 디테일이 얼마나 풍성하며, 관찰이 얼마나 예리하고, 부분의 개인적 요소가 얼마나 다함이 없으며, 예전에는 오로지 상상과 감상만이 있던 자리에 얼마나 대담한 사실주의가 드러나 있는가!

이 그림들을 앞에 놓고 우리가 느끼는 최종적인 감정은 긍정적인 반응의 감정이다. 이것은 대형 양식의 예술이다. 다른 예술가들은 이를테면 라파엘로처럼 아름다움을 그렸고, 이를테면 미켈란젤로처럼 힘을 그리고, 렘브란트처럼 영혼의 깊이를 그렸다. 그러나 여기 이 우주적인 유화에는 (도시의 소음처럼, 아니면 기도할 때의 침묵에 잠긴 대중처럼, 아니면 수천 가정의 애정 어린 친근함처럼) 인류가 등장한다. 다른 어떤 예술가도 이렇게 대규모로 인류를 본 적이 없었다. 아니면 그토록 완벽하게 그것을 그린 적이 없었다. 저 총독 궁전의 희미해져 가는 벽들이나 성 로코 수도원의 벽들 앞에 침묵하고 서 있을 때면 이따금 더 나은 다른 예술가들의 유화들이 우리 기억에서 멀어져 가고, 우리는 그가 거인과 같은 그런 생각들을 가진 다음 보석 세공사와 같은 마무리를 할 수만 있었다면 저 작은 염색공(틴토레토)은 그들 모두 중 가장 위대한 화가가 되었을 것이라고 느끼게 된다.

5. 베로네제: 1528~1588

지나가는 길에 2등급의 별들에게도 잠시 경의를 표하기로 하자. 그들도 베네찌아의 광채의 일부였다. 안드레아 멜돌라(A. Meldola)는 슬라브 사람이었기에 스키아보네(Schiavone)라는 이름을 얻었다. 그는 티찌아노와 함께 공부했고, 밀라노 카스텔로에 있는 상자 하나에 아름다운 「갈라테아」를 그렸다. 「유피테르와 안티오페」(레닌그라드)와 「성모의 사원 방문」(베네찌아)에서 그는 더 큰 형식의 명상을 펼치고 탁월한 색채의 유화들을 제작했다. 예술가들은 그를 찬양했으나 후원자들은 그를 무시했기에, 안드레아는 수염이 난 고귀한 몸을 누더기로 감싸고 지내야 했다. 파리스 보르도네(P. Bordone)는 마구 제조인의 아들이며 구두 제조인의 손자였다. 그러나 재능이란 놀라운 민주주의로 모든 계층에 고루 나타나는 법이고, 그래서 그는 재능 있는 사람들이 많은 베네찌아에서 거의 최고의 경지까지 올라갔다. 트레비소 출신으로 티찌아노 밑에서 공부한 그는 일찍 성숙했기에 서른여덟의 나이에 프랑수아 1세에게서 파리로 오라는 초빙을 받았다. 그는 몇 가지의 탁월한 종교화들을 제작했다. 예를 들면 「그리스도의 세례」(워싱턴), 「성가정」(밀라노), 그리고 「성 마르코의 반지를 총독에게 바치는 어부」(베네찌아)에서 상당한 경지에 도달했다. 그러나 세월을 넘어 그의 이름을 유명하게 만든 작품은 「베누스와 에로스」(우피찌)이다.(튼튼한 금발 여인이 가슴을 드러낸 채 섬세한 옷을 입고 있으며, 큐피드는 그녀의 주목을 끌기 위해 애쓰고 있다.*) 흔히 바싸노(il Bassano)라 불리는 야코포 다 폰테(I. d. Ponte)는 티찌아노가 그의 「노아의 방주로 들어가는 동물들」을 샀을 때 소박한 명성과 재산을 얻었다. 그는 몇 개의 훌륭한 초상화들을 그렸고 (「수염이 난 남자」(시카고) 같은) 여든두 살까지 살면서 머리끝에서 발끝까지 옷을 입지 않은 사람의 그림은 단 한 점도 후세에 남기지 않았다.

----

* 이것은 2차 세계대전 동안 헤르만 괴링이 이탈리아에서 가져갔다가 연합군이 승리하면서 이탈리아로 되돌아간 그림들 중의 하나이다.[34]

1553년 무렵에 베로나에서 베네찌아로 스물다섯 살 청년인 파올로 칼리아리(P. Caliari)가 왔다. 틴토레토와는 날카롭게 반대되는 유형의 청년이었다. 조용하고 친절하고 사교적이고 자기 비판적이고 오로지 이따금씩만 정열적이었다. 틴토레토와 거의 모든 교육받은 이탈리아 사람들이 그렇듯이 그도 음악을 사랑하고 연습했다. 너그럽고 훌륭한 사람으로 경쟁자를 모욕하는 일이 없고 후원자를 실망시키는 경우도 없었다. 베네찌아는 그를 베로네제(il Veronese, 베로나 사람)라 불렀고 온 세계도 그를 이 이름으로 부른다. 그가 베네찌아를 고향으로 삼아 자신의 사랑을 바쳤는데도 그렇다. 그는 베로나에서 많은 사람들에게서 배웠다. 그들 중에는 아저씨인 안토니오 바딜레도 있었는데, 그는 나중에 딸을 베로네제의 아내로 주었다. 베로네제는 죠반니 카로토와 브루사소르치에게서 영향을 받았다. 그러나 그의 양식의 발전에서 이런 인자들은 곧 베네찌아 예술과 생활의 따뜻한 탁월함에 밀려 빛이 바래고 말았다. 그는 대운하 위에 그 색깔을 드리우는 변하는 하늘에 경탄하기를 그친 적이 없었다. 그리고 궁전들과 바다에 반사되어 흔들리는 모습을 보고 경탄했다. 확고한 수입과, 귀족 친구들과 훌륭한 매너를 가진 귀족들의 세계를 시샘하고, 은과 벨벳의 의상들을 그 의상이 감싸고 있는 여인들보다 더욱더 만지고 싶어했다. 그는 스스로 귀족이 되기를 소원했다. 레이스와 모피 의상을 입고 싶었고 자기 생각에 베네찌아 상류층이 가지고 있다고 생각하는 높은 명예의 규범을 흉내 냈다. 그는 가난한 사람들이나 빈곤이나 비극을 거의 그리지 않았다. 그의 목적은 베네찌아의 밝고 행운이 넘치는 세계를 불멸의 캔버스에 풍부하게 옮겨 놓고, 예술이 없을 경우보다 이 도시를 더욱 아름답고 섬세하게 만드는 것이었다. 신사들과 숙녀들, 주교들과 수도원장들, 총독들과 원로원 의원들이 그를 잘 보살펴 주었다. 그리고 그는 머지않아 10개 이상의 주문을 받아 일하게 된다.

겨우 스물다섯 살이던 1553년에 벌써 그는 총독 궁전의 10인위원회 천장에 그림을 그리는 일을 맡았다. 그곳에 유피테르의 위원회 비슷하게 「악덕을 뒤집는 유피테르」를 그렸다. 이 그림은 지금은 루브르에 있다. 이것은 특별히 성공적인 작품은 아니다. 무거운 인물들이 공중에서 기묘하게 뛰어놀고 있다. 베로네제는 베네찌아의 정신을 아직 제대로 붙잡지 못했던 것이다. 그러나 2년 뒤에 그는 자신을 찾았고, 성 세바스티아노 교회의 천장에 「모르드개의 승리」를 그렸다. 유대인 영웅의 얼굴과 모습이 힘차게 표현되어 있고, 말들은 사실적으로 호흡한다. 티찌아노도 깊은 인상을 받았던 것 같다. 성 마르코 광장에 있는 행정부가 그에게 옛 도서관의 장식을 위해 원형의 그림들을 그려 달라고 주문했을 때, 그림 세 개를 베로네제에게 할당하고 다른 예술가들과 자신은 하나씩만 맡았기 때문이다. 행정부는 최고의 그림을 그린 사람에게 황금 사슬을 주겠노라고 제안했다. 베로네제는 세 명의 젊은 여인의 모습으로 음악을 그려서 이 사슬을 받았다. 한 명은 류트를 연주하고 다른 사람은 노래를, 세 번째 여인은 비올라 다 감바에 열중한 모습이다. 그리고 큐피드가 합시코드를 맡고 판이 피리를 분다. 약간 뒤에 제작된 그림에서 베로네제는 황금 사슬을 걸고 있는 자신의 모습을 그렸다.

장식용 그림에서 훌륭한 평판을 얻은 다음 베로네제는 이익이 많이 나는 주문들을 받았다. 부유하고 귀족적인 바르바로 가문은 1560년에, 저 카테리나 코르나로가 여왕 노릇을 하고 벰보가 플라톤적 사랑을 논한 아솔로 근처에 있는 마체르에 사치스러운 빌라를 건설했다. 바르바로 가문 사람들은 "르네상스 시대 가장 아름다운 별장"[35]을 만들기 위해 당시 대표적인 예술가들만을 선택했다. 안드레 팔라디오가 그 설계를 맡고, 알레싼드로 비토리아가 조각 작품이 들어간 치장 벽토로 장식을 하고, 베로네제가 천장과 벽, 삼각면과 반월창들에 이교와 그리스도교 신화들에서 얻은 장면들의 벽화를 그렸다. 중앙의 둥근 천장에 그는 올림포스를 그렸다. 삶의 온갖 즐거움을 다 알지만 결코 늙지도 죽지도 않는 신들이었다. 이 장난꾸러기 예술가는 천상의 장면들 가운데 사냥꾼 한 명과 원숭이 한 마리, 개 한 마리를 아주 완벽한 형태로 그려 놓았다. 하늘의 개에 어울리는 모습이다. 한쪽 벽에는 시동이 저편을 가로질러 멀리 떨어진 하녀를 바라보고, 그녀도 그를 본다. 불멸의 순간에 그들도 신들의 음식을 함께 먹었다. 이것은 즐거움에 넘치는 궁전이라 오로지 쿠빌라이 칸 시절 중국의 섬세한 취향만이 이것을 능가한다고 할 수 있을 정도이다.

이 에로스의 다도해에서 피할 수 없이 베로네제는 누드화 주문을 받았다. 그러나 이것은 그의 강점이 아니었다. 그는 풍부하고 부드러운 의상이 절반쯤 루벤스 방식의 몸매를 감싸고, 그 위에 금발 머리를 위쪽으로 빗어 올린 특성 없이 아름다운 얼굴을 올려놓는 쪽을 더 좋아했다. 오늘날 메트로폴리탄 미술관에 있는 「마르스와 베누스」는 뚱뚱하고 꼴사나운 여신이 수종으로 부풀어 오른 듯한 다리를 지닌 모습을 보여 준다. 그러나 프라도에 있는 「베누스와 아도니스」에서 베누스는 사랑스럽다. 그녀의 발치에 있는 개가 더 사랑스럽긴 하지만. 베로네제는 개가 없이는 그림을 그릴 수가 없었던 모양이다. 베로네제의 신화들 중에서 가장 섬세한 것은 총독 궁전에 있는 「에우로파의 납치」이다. 어두운 색채의 나무들이 있는 풍경, 날개 달린 아기들이 화환을 내려뜨리고, 에우로파(페니키아 공주)는 즐거운 모습으로 사랑스러운 황소에 올라타고 있고, 황소는 그녀의 아름다운 다리 하나를 핥고 있다. 그는 다름 아닌 유피테르가 변신한 모습이다. 하늘나라의 행운아 카사노바는 여기서 신적인 취향을 보인다. 여왕과 같은 의상을 차려입은 에우로파는 베로네제의 가장 성공적인 여성 인물이다. 그녀를 찾아 정말 하늘을 떠날 만한 모습인 것이다. 멀리 있는 배경은 황소가 에우로파를 바다 건너 크레타로 데려가는 모습을 보여 줌으로써 이야기를 계속 이어 간다. 아름다운 이야기에 따르면 그곳에서 그녀는 이 대륙에 자신의 이름을 주었다고 한다.

베로네제는 여성에게 굴복하기 전에 자신의 시간을 가졌다. 그는 서른여덟 살이 될 때까지 여러 여성 모형들을 두루 살펴본 다음 엘레나 바딜레와 결혼했다. 그녀는 두 아들 카를로와 가브리엘레를 낳았다. 그는 두 아들을 화가로 교육시키고 투시력보다는 애정을 지니고 "카를로는 나보다 나은 화가가 될 거야."라고 말했다.[36] 코레죠처럼 그도 트레비소의 천사성에 농가를 하나 사서 결혼한 다음의 시간을 대부분 그곳에서 보냈다. 살림을 절약하고 베네토 지역을 벗어나는 경우가 드물었다. 그는 마흔 살에(1568) 이탈리아에서 가장 수요가 많은 화가가 되었다. 심지어는 외국에서도 초대장이 왔다. 필립 2세가 그에게 에스코리알을 장식해 달라고 부탁했을 때 그는 그런 인정에 고마움을 표했으나 유혹은 거절했다.

선배들처럼 그도 교회들과 예배자들을 위해 신성한 이야기를 그림으로 그렸다.* 천 명의 성모들을 본 다음이라도 「쿠치노 가문의 성모」(드레스덴)에서 신선하고 매혹적인 모습을 보게 된다. 검은 수염을 기른 잘생긴 기증자들, 혼란스러울 정도로 자연스러운 아이들, 흰 숄을 두른 운명의 모습 ── 베네찌아 미술조차도 거의 비슷한 예를 알기 어려울 정도로 당당한 아름다움을 지닌 여인. 「가나의 결혼식」(루브르)은 베로네제가 좋아하는 장면이다. 배경에는 로마의 건축물, 앞쪽에 한 두 마리의 개, 100가지 자세를 취하고 있는 100명의 인물들. 그는 그들 각자가 주요 초상화의 인물이기라도 한 것처럼 모든 사람을 그렸다. 그들 사이에 티찌아노, 틴토레토, 바싸노, 자기 자신도 있다. 각자 현악기들을 든 모습이다. 베로네제는 틴토레토와는 달리 사실주의에는 전혀 관심이 없었다. 잔치를 하는 사람들을 작은 유대아 마을에 어울리는 남자와 여자로 만들지 않고, 주인을 베네찌아의 갑부로 만들고 그에게 아우구스투스 황제에게도 어울릴 만한 궁전을 만들어 주고, 혈통이 좋은 손님들과 개들을 그리고, 식탁에는 진기한 음식과 기적을 행하는 포도주를 제공하고 있다. 베로네제의 그림을 보

---

* 본문에서 언급된 것들 말고 다음의 것들이 주목할 만하다.
  1. 구약 성서에서: 「이브의 창조」(시카고). 「물에서 건져 올린 모세」(프라도). 「불타는 소돔」(루브르). 「솔로몬 앞에 선 시바의 여왕」(토리노). 「밧세바」(리옹). 「홀로페르네스 앞에 선 유딧」(투르). 「수산나와 장로들」(루브르). 다만 여기서 장로들이 수산나보다 더욱 흥미롭다.
  2. 성모 이야기: 「수태고지」(베네찌아). 「동방 박사의 경배」(빈, 드레스덴, 런던: 모두 훌륭하다). 「성가정」(프린스턴). 「성가정과 성 카타리나와 성 요한」(우피찌): 걸작. 「성모와 아기와 성인들」: 탁월함(베네찌아). 「성모의 사원 방문」(드레스덴). 「승천과 대관식」(베네찌아).
  3. 세례자: 「성 요한의 설교」(보르게세).
  4. 그리스도: 「세례」(피티, 브레라, 워싱턴). 「사원에서 토론하는 그리스도」(프라도). 「예수와 백부장」(프라도). 「야이루스의 딸을 소생시킨 그리스도」(베네찌아). 「최후의 만찬」(브레라). 「십자가에서 내림」(베로나, 레닌그라드). 「무덤가의 마리아들」(피티).

고 판단한다면 그리스도는 고난의 한가운데서 많은 잔치를 즐겼다. 루브르에서 우리는 바리새 사람 시몬의 집에서 저녁 식사를 하는 그리스도를 보게 된다. 막달레나가 그의 발을 씻기고, 아름다운 여인들이 코린트 양식 기둥들 사이로 분주히 움직인다. 토리노에서 그리스도는 나병 환자 시몬의 집에서 저녁 식사를 하고, 베네찌아 아카데미에서는 레위 사람 집에서 저녁을 먹는다. 그러나 다시 베로네제의 작품에서 우리는 그리스도가 십자가의 무게에 쓰러지는 모습도 보게 된다.(드레스덴) 그리고 낮아지는 하늘을 배경으로 십자가에 달린 모습, 멀리 아래쪽에 예루살렘의 탑들이 보인다.(루브르) 위대한 연극의 종말은 조용히 약화되어 있다. 단순한 순례자들이 그리스도와 함께 엠마오에서 저녁 식사를 한다. 빼놓을 수 없는 개를 귀여워하는 매혹적인 아이들이 장면에 들어 있다.

신약 성서의 장면들보다 더 위대한 것은 성인들의 생애와 설화에서 가져온 베로네제의 그림들이다. 성 헬레나는 아름다운 의상을 입고서 천사들이 십자가를 나르는 모습을 본다고 믿는다.(런던) 성 안토니우스는 근육질의 젊은이와 천사 같은 여성에 의해 고문을 당한다.(카엔) 성 히에로니무스는 책들로 위안을 삼고서 사막 한가운데 있다.(시카고) 성 조지는 희열에 차서 순교를 환영한다.(베네찌아 성 죠르죠 교회) 파도바의 성 안토니우스는 물고기에게 설교를 한다.(보르게세) 바다와 하늘의 원경이 훌륭하다. 성 프란체스코는 그리스도의 성스러운 상처의 흔적을 자기 몸에 얻는다.(베네찌아) 갑옷을 입은 모습이 훌륭한 성 멘나스는(모데나) 순교를 하게 된다.(프라도) 알렉산드리아의 성 카타리나는 아기 예수와 신비로운 결혼식을 올린다.(베네찌아 산타 카테리나 교회) 성 세바스티안은 순교를 위해 끌려가면서 신앙과 희망의 깃발을 휘두른다.(베네찌아, 성 세바스티아노 교회) 성 유스티나는 두 번이나 순교를 당한다. 우피찌와 파도바에 있는 유스티나 교회에서. 이런 그림들은 모두가 티찌아노나 틴토레토의 최고 작품들과 비교될 수는 없는 것들이지만 그래도 걸작이라는 이름에 알맞은 것들이다. 아마도 이들보다 더 섬세한 작품이 「알렉산더 앞에 선 다리우스 일가」(런던)이다. 근엄한 여왕과 사랑스러운 소녀가 잘생긴 너그러운 정복자의 발치에 무릎을 꿇고 있다.

베로네제는 총독 궁전에서 그림을 그리면서 베네찌아에서의 경력을 시작했듯이 그곳에 애국적인 베네찌아 영혼을 감동시키기에 적합한 대형 벽화들을 그리면서 경력을 끝냈다. 1574년과 1577년의 화재가 지난 다음 재건된 내부의 장식은 주로 틴토레토와 베로네제에게 맡겨졌다. 그림의 주제는 불에도 전쟁에도, 터키군에도 푸르투갈군에도 두려워하지 않는 베네찌아 자신이었다. 접견실에서 베로네제와 그의 조수들은 조각된 혹은 도금된 천장에 특히 우아한 알레고리 그림 11점을 그렸다. 온유함이 양과 함께 등장하고 …… 논리학은 자신이 만들어 내는 그물 사이로 바라보고 …… 흰 담비 옷을 입은 여왕의 모습을 한 베네찌아, 그녀의 발치에 성 마르코의 사자가 고요한 모습으로 앉아 있고, 그녀는 정의와 평화의 경배를 받는다. 대회의실 천장에 대형의 타원형에 그는 「베네찌아의 승리」를 그렸다. 이교의 신들 가운데 자리 잡은 여신의 모습으로 표현된 비할 바 없는 도시는 하늘에서 영광의 관을 받고 있다. 그녀의 발치에는 도시를 이끌어 가는 신사와 숙녀들이 있고, 공물을 바치는 무어 사람 몇이 있다. 이들 아래에는 당당한 전사들이 도시를 방어할 준비가 되어 있으며, 시동들은 가죽끈에 묶인 사냥개들을 잡고 있다. 이것은 베로네제의 절정이었다.

1586년에 그는 대회의실에 희미해진 과리엔토의 벽화 「성모의 대관식」을 대신할 그림을 그릴 화가로 선택되었다. 스케치가 만들어지고 승인을 받고 그림을 그릴 준비를 하다가 그는 열병으로 쓰러졌다. 베네찌아는 1588년 4월에 아직 젊은 화가가 죽었다는 소식에 깜짝 놀랐다. 성 세바스티아노 교회의 지도자들이 그의 유해를 간청했고, 베로네제는 그곳에 묻혔다. 그가 그림들을 그려서 이 교회를 자신의 종교적 예술의 고향으로 만들었던 바로 그 그림들 아래였다.

시간은 그의 동시대 사람들의 판단을 뒤집어서 그를 강인한 동시대 사람 틴토레토 아래쪽에 놓았다. 기술적으로 그는 틴토레토를 능가했다. 도안, 구성, 색채에서 그는 베네찌아 회화의 정상이었다. 인물이 많은 그의 그림들은 전혀 혼란스럽지 않다. 그의 장면들과 이야기들은 분명하고 배경은 밝다. 이 빛의 숭배자 옆에 놓으면 틴토레토는 어둠의 왕자처럼 보인다. 베로네제는 이탈리아 르네상스의 가장 위대한 장식화가였다. 빌라 마체르에 있는 벽화에서 고전 양식의 현관 맞은편에 절반쯤 드리워진 커튼 뒤에서 갑자기 남자가 걸어 나오는 모습에서 볼 수 있듯이, 색채와 형태의 즐거운 전환이나 놀라움을 언제나 품고 있다. 그러나 그는 표면적인 선율에 너무 즐겁게 집중하기 때문에 섬세하게 함축된 음, 비극적인 불협화음과 깊은 화음을 듣지 못한다. 이런 것들이야말로 위대한 회화를 위대하게 만들어 주는 것이다. 그의 눈길은 너무 빠르고 그의 예술은 너무나 열심이기에 자기가 본 모든 것을 그리지 못하고, 단순히 상상된 것을 그린다. 그리스도의 세례식에 등장하는 터키 사람, 레비 사람의 집에 등장한 튜튼 사람, 엠마오에 등장하는 베네찌아 사람, 그리고 아무 데나 등장하는 개들. 그는 분명히 개들을 사랑했겠지만 개들을 너무 많이 그렸다. 그는 세계의 가장 밝은 면들을 그리기를 원했다. 그리고 비할 바 없는 광채로 그 일을 했다. 그는 삶의 즐거움에서 석양의 광채를 내는 베네찌아를 그렸다. 그의 세계에는 오로지 잘생긴 귀족들, 당당한 마나님들, 매혹적인 공주들, 관능적인 금발 미인들뿐이다. 그리고 절반 정도는 잔치를 즐기는 중이다.

전 세계의 미술계는 종교 재판관들이, 미술에서 잘못된 가르침을 피해야 한다는 트리엔트 종교회의의 원칙에 따라 베로네제를 소환했다는 사실을(1573) 안다. 그들은 그가 어째서 그토록 어울리지 않는 것들, 즉 앵무새들, 난쟁이들, 도이치 사람들, 어릿광대들, 미늘창을 가진 군인들을 「레위 사람의 집에서의 잔치」(베네찌아)에 그렸는가 물었다. …… 베로네제는 대담하게 자신의 "임무는 내게 좋게 보이는 대로 그림을 장식하는 것이다. 그림은 크고 많은 인물들이 들어갈 공간이 있다. …… 그림에 생긴 빈 공간이 채워질 필요가 있을 때면 나는 상상력이 알려 주는 대로 인물들을 그려 넣는다."라고 대답했다. 부분적으로는 구도의 균형을 맞추기 위해서, 곧 구경꾼의 눈을 즐겁게 하기 위한 것이다. 종교 재판은 그에게 자신의 비용을 들여서 그림을 고치라고 명령했고, 그는 그렇게 했다.[37] 이 사건은 베네찌아 예술사에서 이제 르네상스에서 반종교 개혁으로 이행한 시점을 기록하는 일이다.

베로네제는 탁월한 제자들을 두지는 못했다. 그러나 그의 영향은 여러 세대를 뛰어넘어 이탈리아, 플랑드르, 프랑스 예술의 형성에 동참하게 된다. 긴 중단기를 겪은 다음 티에폴로(Tiepolo)가 그의 장식적인 경향을 다시 붙잡았다. 루벤스는 그를 조심스럽게 연구하고, 베로네제의 색채의 비밀을 익히고, 베로네제의 포동포동한 여성들을 부풀어 오르게 해서 플랑드르 여인으로 만들었다. 니콜라스 푸생(N. Poussin)과 클로도 로렝(C. Lorrain)은 그를 자기들 풍경화의 건축적 장식을 위한 안내자로 삼았고, 샤를 르브룅(Ch. Lebrun)은 거대한 벽화를 도안하면서 베로네제의 예를 따랐다. 18세기 프랑스 화가들은 자신들의 "전원의 잔치(fetes champetres)"와 아르카디아에서 연주하는 귀족 연인들을 그리는 목가적 그림을 그릴 때 베로네제와 코레죠의 예를 따랐다. 와토(Watteau)와 프라고나르(Fragonard)는 여기서 유래했다. 부셰르(Boucher)의 장밋빛 누드화와, 그뢰즈(Greuze)가 생각한 우아한 아이들과 여인들도 다 여기서 나왔다. 터너(Turner)는 런던을 그린 햇빛의 어떤 요소를 아마도 여기서 찾아냈을 것이다.

이렇게 베로네제의 색채의 불꽃 속에서 아드리아 해의 여왕(베네찌아)의 황금시대가 끝났다. 미술은 죠르죠네에서 베로네제에 이르는 동안 계속 진행해 온 방향으로는 더 이상 발전하지 못했다. 기술적인 완성은 이미 성취되었다. 최고의 높이들은 이미 측정되었다. 이제는 느린 하강을 거쳐 18세기에 티에폴로가 장식 회화에서 베로네제와 경쟁을 하고, 골도니(Goldoni)가 공화국이 사라지기 전에 최후의 광채의 폭발 속에서 베네찌아의 아리스토파네스가 된다.

6. 조망

　베네찌아 미술의 전성기를 거쳐 뒤를 돌아보면, 그리고 우리에게 남겨진 유산 중에서 그 역할을 조심스럽게 평가하려고 해 본다면, 우리는 오로지 피렌쩨와 로마만이 그 탁월함과 광채와 범위에서 베네찌아와 겨룰 수 있다는 것을 즉시 알게 된다. 베네찌아 화가들이 심지어는 티찌아노조차도 피렌쩨 사람들보다 인간의 비밀스러운 소망과 느낌들, 절망과 비극에 대해 깊이가 덜하다는 것은 사실이다. 그리고 그들이 의상과 살을 너무나 사랑해서 영혼에 도달할 수가 없었다는 것도 사실이다. 벨리니 이후로는 로토만 빼면 진짜 종교가 베네찌아 예술에서 시들었다고 보았던 러스킨의 말이 옳다.[38] 십자군 전쟁이 무너지고, 이슬람교도가 승리해서 이슬람교가 널리 전파되고, 아비뇽의 교황이 타락하고, 교황의 분열, 또 식스투스 4세와 알렉산더 6세 치하에서 교황청의 세속화, 마지막으로 도이칠란트, 영국이 로마 가톨릭 교회에서 분리되어 나간 것 등이 신앙심 깊은 사람들의 신앙심마저 약하게 만들고, 많은 활동적인 정신에 그냥 먹고 마시고 짝짓고 사라진다는 것보다 더 나은 철학을 남기지 못했다는 것에 대해서는 베네찌아 사람들도 어찌할 수가 없었다. 그러나 다른 어느 곳에서도 그리스도교 예술과 이교의 예술이 이토록 만족스러운 조화를 이룬 곳은 없었다. 방금 성모를 그린 동일한 붓이 바로 이어서 베누스를 그렸고, 아무도 효과적인 불만을 갖지 않았다. 그러나 그것은 사치에 빠진 예술, 혹은 사치와 손쉬움의 삶이 아니었다. 예술가들은 지치도록 일했고, 그들이 그린 사람들은 전쟁을 많이 치르며 국가를 경영한 남자들이거나 아니면 그런 남자들을 지배한 여자들이었다.

　베네찌아 화가들은 색채를 너무나 좋아해서 피렌쩨 대가들과 같은 조심스러운 도안의 경지에 이르지 못했다. 그렇지만 그들도 훌륭한 도안가들이었다. 어떤 프랑스 사람은 “여름은 색채주의자, 겨울은 도안가”라고 말한 적이 있다.[39] 잎이 떨어진 나무들은 순수한 선을 드러낸다. 그러나 이런 선들은 봄의 초록, 여름의 갈색, 가을의 황금 색 아래도 여전히 있다. 죠르죠네, 티찌아노, 틴토레토, 베로네제의 색채의 영광 아래에도 선이 있다. 다만 색채에 너무나 빠져서 교향곡의 구조적 형태가 그 흐름을 잘 드러내지 않는다.

지중해의 한쪽 끝은 터키 사람이 차지하고, 다른 쪽 끝은 아메리카 대륙의 황금을 찾는 유럽에 버림받아 베네찌아의 경제가 몰락에 이르렀을 때에도 베네찌아의 미술과 문학은 이 도시의 영광을 노래했다. 아마도 예술가와 시인들이 옳았을 것이다. 무역이나 전쟁의 흥망성쇠가 저 경이로운 백 년(1480년에서 1580년 사이)의 자랑스러운 기억을 없앨 수는 없었다. 이 기간 동안 모체니고와 프리울리와 로레다니 총독들은 베네찌아 제국을 만들고 보존했으며, 롬바르디와 레오파르디는 이 도시를 조각품으로 장식하고, 산소비노와 팔라디오는 교회와 궁전들로 베네찌아 바다에 왕관을 씌웠고, 벨리니와 죠르죠네와 티찌아노와 틴토레토와 베로네제는 베네찌아를 이탈리아 미술의 지도적 위치로 드높였다. 그리고 벰보는 흠잡을 데 없는 노래들을 불렀고, 마누티우스는 관심이 있는 모든 사람을 위해 그리스와 로마의 문헌 유산을 계속 인쇄해 쏟아내고, 구원할 길 없고 참을 수도 없는 저 악마와도 같은, 왕들의 채찍 아레티노는 대운하 옥좌에 자리 잡고 앉아서 세상을 판단하고 또 쥐어짰던 것이다.

23장　르네상스가 이지러지다
1534~1576

1. 이탈리아의 쇠퇴

　침입 전쟁은 아직 끝나지 않았지만 이미 이탈리아의 얼굴과 성격을 바꾸어 놓았다. 북부 주들이 얼마나 황폐했던지 영국 사절은 헨리 8세에게 이들을 형벌로 카를 5세에게 남겨 두라고 조언했을 정도였다. 제노바는 약탈당했다. 밀라노는 세금으로 다 털렸다. 베네찌아는 캉브레 동맹과 새로운 무역로의 개척으로 쇠퇴했다. 로마, 프라토, 파비아는 유린으로 고통을 당하고, 피렌쩨는 굶주림을 겪고 재정적으로 출혈이 심했고, 피사는 자유를 얻기 위한 투쟁을 벌이느라 절반쯤은 스스로 파괴되었고, 시에나는 혁명으로 지쳤다. 페라라는 교황들과의 오랜 경쟁으로 가난해졌으며, 무책임한 로마 공격을 부추김으로써 불명예를 얻었다. 나폴리 왕국과 롬바르디아는 외국 군대에 의해 약탈당하고 외국의 왕조들 밑에서 이미 오래전에 생기를 잃었다. 시칠리아는 비적들의 소굴이 되었다. 이탈리아의 유일한 위안은 카를 5세에게 정복당한 결과 터키 사람들의 약탈을 면제받았다는 정도였다.

볼로냐의 화의(1530)를 통해서 이탈리아의 통제권은 다음 두 가지만을 예외로 스페인으로 넘어갔다. 조심스러운 베네찌아가 독립을 유지하고, 형벌을 받은 교황청이 교회 국가들에 대한 주권을 그대로 지니게 된다는 점이다. 나폴리, 시칠리아, 사르데냐, 밀라노는 스페인 속령이 되어 스페인 총독들이 다스리게 되었다. 카를 5세를 언제나 후원하고 함께 일을 꾸몄던 사부아와 만토바, 페라라와 우르비노는 원래의 공작들에게 맡겨져 복종을 계속했다. 제노바와 시에나는 공화국 형태를 되찾기는 했지만 스페인의 보호를 받았다. 피렌쩨는 스페인과 협조해서 살아남은 메디치 통치자들의 방계 혈통을 받아들이라는 강요를 받았다.

카를 5세의 승리는 현대 국가가 교회에 대해 거둔 또 다른 승리였다. 프랑스의 필립 4세가 1303년에 시작했던 일이 도이칠란트에서는 카를 5세와 루터에 의해서, 프랑스에서는 프랑수아 1세에 의해서, 영국에서는 헨리 8세에 의해서 완성되었다. 모두가 클레멘스 7세 교황 때 일어난 일이었다. 북부 유럽의 강대국들은 이탈리아의 허약함을 알게 되었을 뿐만 아니라 교황에 대한 두려움도 잃어버렸다. 클레멘스 7세의 굴욕은 알프스 북부 주민들이 교황들에 대해 느꼈던 존경심에 상처를 내고, 그들이 가톨릭 교회의 권위에서 떨어져 나갈 정신적 준비를 해 준 것이었다.

어떤 점에서 스페인 지배는 이탈리아에는 좋은 일이기도 했다. 그것은 이탈리아 국가들 상호간의 전쟁을 한동안 끝장내 주었다. 1559년 이후로 스페인 지배는 외국 세력이 이탈리아 영토에서 전쟁하는 일을 끝냈고 이런 상태가 1796년까지 계속되었다. 그것이 이탈리아 국민에게 정치적 질서의 연속성을 어느 정도 부여하고, 르네상스를 만들기도 파괴하기도 한 격한 개인주의를 가라앉혔다. 질서를 갈망하던 사람들은 안도감으로 복종을 받아들였다. 자유를 소중히 여긴 사람들은 탄식했다. 그러나 머지않아 복종을 통한 평화의 비용과 벌금이 경제에 손해를 가져오고 이탈리아 정신을 망가뜨렸다. 총독들이 자기들의 사치와 군대 유지를 위해 부과한 무거운 세금, 법률의 엄격함, 곡식과 그밖의 필수품들에 대한 국가 독점 등은 산업과 상업을 방해했다. 공허하게 사치를 놓고 경쟁하던 이탈리아 통치자들도 똑같은 세금 정책을 따랐기에 자신들을 후원하던 경제 활동을 가로막았다. 아직 남아 있던 갤리선들이 베르베르 해적에게서 스스로를 보호하지 못하는 시점에 이르자 해운업도 시들었다. 이 해적들은 배와 해안을 기습해서 이탈리아 사람을 노예로 끌고 가서 이슬람교도에게 봉사하게 만들었다. 외국 군대는 이탈리아 사람들의 집에 숙소를 정하고 한때는 경쟁 상대가 없던 사람들과 문명을 공개적으로 무시하고, 그 시대 성적인 문란함에 보통 이상으로 기여했다.

다른 불행이 이탈리아에 일어났다. 이것은 전쟁의 황폐화와 스페인에게 복종하는 것보다도 더욱 지속적인 재앙이었다. 희망봉을 돌아 인도로 가는 뱃길이 열리면서(1498) 대서양 국가들에게는, 알프스를 넘어 제노바나 베네찌아로 가고, 이어서 알렉산드리아로, 또 거기서 육로로 홍해까지 가서 다시 배를 타고 인도로 가는 복잡한 방법보다 중앙 아시아 및 극동으로 가는 더욱 값싼 운송 수단이 생긴 것이다. 게다가 터키 사람들이 동부 지중해를 통제하면서 이 통로는 더욱 위험해지고, 공물, 해적, 전쟁의 위험에 노출되었다. 그런데도 이것은 콘스탄티노플과 흑해를 건너는 통로보다는 여전히 더 확실한 것이었다. 1498년 이후로 베네찌아와 제노바의 무역업과 피렌쩨의 금융업이 쇠퇴했다. 1502년에 포르투갈 사람들이 인도에서 하도 많은 후추를 사들이는 바람에 이집트 – 베네찌아 상인들은 인도에는 수출할 물량이 거의 남지 않았음을 알았다.[1] 후추 가격은 1년 만에 리알토(베네찌아)에서 3분의 1이 올랐는데 리스본에서는 베네찌아 상인들이 부르는 값의 절반에 구할 수가 있었다.[2] 도이치 무역상들은 베네찌아 대운하에 있는 상관(商館)을 버리고 포르투갈로 구입선을 바꾸었다. 베네찌아 정치가들은 1504년에 이집트의 마멜루크 정권에, 나일 삼각지와 홍해 사이에 있는 옛날의 운하를 복구시키자는 연합 계획을 제안함으로

써 이 문제를 거의 해결했다. 그러나 1517년에 터키가 이집트를 정복하면서 이 계획은 수포로 돌아갔다.

이해에 루터는 반란의 주장들을 비텐베르크 교회 문에 붙였다. 종교 개혁은 이탈리아의 경제적 쇠퇴의 원인이자 결과였다. 종교 개혁이 북부 국가들에서 로마로 향하는 순례자들의 이동과 성직 수입을 줄였다는 점에서 그것은 이탈리아의 경제적 쇠퇴의 원인이었다. 또 인도로 가는 지중해 – 이집트 통로가 순수 항해 방식으로 대체된 점과, 유럽과 아메리카 대륙 사이의 상업이 발전하면서 대서양 국가들을 부강하게 하고 이탈리아를 가난하게 만들었다는 점에서 보면 종교 개혁은 이탈리아가 경제적으로 쇠퇴한 결과로 나타난 것이었다. 도이칠란트의 무역이 점차 라인 강을 따라 북해 항로를 향하면서 알프스 산맥을 넘어 이탈리아로 오는 경우가 줄었다. 도이칠란트는 상업적으로 이탈리아에서 독립하게 되었다. 권력이 북부로 이동하면서 도이칠란트를 이탈리아의 무역과 종교 망에서 벗어나게 만들고 도이칠란트에 홀로서기의 의지와 힘을 주었다.

아메리카 대륙의 발견은 인도로 가는 새로운 통로의 개통보다 더 지속적인 결과를 이탈리아에 가져왔다. 지중해 국가들이 점차 쇠퇴하고 인간과 물건의 움직임이 다른 편을 향해 떠나갔다. 아메리카와의 무역과 아메리카 황금을 통해 부자가 된 대서양 국가들이 전면에 등장하게 되었다. 이것은 그리스가 트로야에 승리를 거두면서 그리스 상선들이 흑해를 통해 중앙 아시아로 진출할 통로를 열었던 이후로 상업 통로에서 역사상 가장 큰 혁명이었다. 20세기 후반에 등장한 항공 무역으로의 이행만이 이와 비슷하거나 이보다 더 큰 변화를 가져왔다.

르네상스 쇠퇴에서 마지막 인자는 반종교 개혁이었다. 이탈리아의 정치적 무질서와 도덕적 추락, 이탈리아가 외국의 세력에 의해 종속되고 황폐하게 된 일, 또 대서양 국가들에 무역로를 잃어버린 점, 종교 개혁으로 인해 수입을 잃었다는 점에 덧붙여서 교회의 분위기와 태도에도 극히 자연스러운 (그러나 르네상스에는 불리한) 변화가 나타났다. 교회가 부유하고 안전한 동안 지식인 계층이 민중의(그들에게 있어서 신앙심은 중대한 문학이고 기율이고, 삶의 위안이었다.) 신앙심을 혼란케 하려는 시도만 하지 않으면 지식인 계층에게 사상의 자유를 상당히 허용했던 저 신사 협정이 도이치 종교 개혁, 영국의 국교 분리, 스페인의 헤게모니를 통해 끝나고 말았다. 민중이 교회의 가르침과 권위를 부정하기 시작하고, 종교 개혁이 이탈리아 안에서도 개종자를 만들어 내게 되었을 때 가톨릭 교회의 구조 전체가 기반부터 위협을 받았다. 스스로를 국가로 여기고, 또 존재를 위협받는 다른 어떤 국가와도 똑같이 행동하고 있던 가톨릭 교회는 관용과 자유주의에 등을 돌리고 끔찍한 보수주의로 회귀했다. 그것은 사상, 연구, 출판, 언론 등에 심각한 제한을 가했다. 스페인 지배는 정치와 똑같이 종교에도 영향을 주었다. 르네상스 시대 너그럽던 가톨릭 교회는 트리엔트 공의회(1546~1563) 이후 엄격한 정교 교회로 바뀌었다. 클레멘스 7세 이후로 등장한 교황들은 교회와 국가를 통합한 스페인 방식을 받아들여 종교 생활과 지적인 생활을 엄격하게 통제했다.

13세기에 순결파(알비 파 혹은 카타리 파) 이단 운동이 북부 프랑스에서 가톨릭 교회에 심각한 도전을 해왔을 때 스페인이 종교 재판을 만들고 새로운 종교적 질서가 교회를 위해, 그리고 그리스도교 신앙의 열의를 새롭게 하기 위해 쓰인 것처럼, 이제 16세기에 스페인 종교 재판의 엄격함이 이탈리아로 수입되었다. 그리고 스페인 사람 하나가 예수회를 설립했다.(1534) 이것은 전통적인 빈곤, 청빈, 복종의 맹세를 받아들일 뿐만 아니라 세상으로 나아가 정통 신앙을 퍼뜨리고, 그리스도교 세계 어디서나 종교적 이단이나 반란에 맞서 싸우려는 교단이었다. 종교 개혁 시대 종교적 토론의 열의, 칼뱅파의 관용 없음, 영국에서 개신교와 가톨릭교의 상호 박해 등은 이탈리아에서도 그에 상응하는 교리주의가 등장하도록 만들었다.[3] 에라스무스의 세련된 가톨릭 신앙이 이냐티우스 로욜라의 군사적 정교 신앙에 자리를 내주고 말았다.

교황 식스투스 4세 치하에서 시작된 출판물의 검열은 1559년 '금서 목록(Index Librorum prohibitorum)'의 제정과 1571년 목록의 확립을 통해 더욱 확대되었다. 인쇄술은 검열을 손쉽게 해 주었다. 사적인 필사가들을 감시하는 일보다 공적인 인쇄업자들을 감시하기가 훨씬 쉬웠다. 그래서 지적·정치적 망명객들에게 그토록 너그러웠던 베네찌아에서, 종교적 분할이 사회적 통합과 질서를 해친다고 느낀 국가가 나서서 출판물의 검열 제도를 만들고(1527) 교회와 힘을 합쳐 개신교 출판물을 억압하게 되었다. 이탈리아 사람들은 이곳저곳에서 이런 정책에 반기를 들었다. 교황 파울루스 4세가 죽었을 때(1559) 로마 주민들은 그의 동상을 테베레 강에 빠뜨리고 종교 재판 건물을 불태워 버렸다.[4] 그러나 이런 저항은 산발적이고 조직화되지 못했으며 효과도 없었다. 권위주의가 승리하고 우울한 염세주의와 체념이, 한때 그토록 쾌활하고 화려하던 이탈리아 사람들의 정신을 사로잡았다. 한때는 그토록 색채가 풍부하던 이탈리아에 어두운 스페인 의상(검은 모자, 검은 윗옷, 검은 바지, 검은 신발)까지 유행하게 되었다. 마치 영광이 떠나고 자유가 죽은 것을 애도하려는 것만 같았다.[5]

지적인 후퇴에는 어느 정도 도덕적 발전이 수반되었다. 성직 계층의 태도가 개선되고, 경쟁적인 두 개의 신앙(가톨릭과 개신교)이 그것을 격려했다. 교황들과 트리엔트 공의회는 여러 가지 성직의 잘못을 개선했다. 평신도들의 품행에서도 그와 비슷한 움직임이 있었는지는 말하기 어렵다. 분명한 것은 1534~1576년 사이에도 성적인 방종, 서출, 근친상간, 음란 문학, 정치적 부패, 강도질, 잔인한 범죄 등의 사례들을 모으기가 이전과 똑같이 쉽다는 사실이다.[6] 벤베누토 첼리니(B. Cellini)의 『자서전』은 간통, 간음, 비적질, 살인 등이 시대의 정교주의와 뒤섞여 있음을 보여 준다. 형법은 이전처럼 가혹했다. 피고에게뿐 아니라 죄 없는 증인에게도 고문이 자주 쓰였다. 그리고 살인자들은 아직도 교수형을 당하기 전에 빨갛게 달군 집게로 살점을 뜯기곤 했다.[7] 노예 제도를 주요 경제 수단으로 복구한 것도 이 시대의 일이다. 교황 파울루스 3세가 1535년에 잉글랜드에 대항하여 전쟁을 시작했을 때 교황은 영국 병사를 잡기만 하면 누구든 가리지 않고 노예로 삼는 것이 합법이라고 선언했다.[8] 1550년 무렵 이러한 관행은 무역선과 전함으로 쓰이는 갤리선의 노를 젓는 일에 노예와 기결수를 이용하는 수준으로 발전했다.

그런데도 이 시대의 교황들은 사생활에서 상대적으로 높은 도덕성을 지닌 사람들이었다. 파울루스 3세는 그들 중 가장 위대한 사람이었다. 누이의 금발 머리가 교황 알렉산더 6세의 마음에 미친 영향을 통해 추기경직을 얻은 알레싼드로 파르네제(A. Farnese)가 그였다. 파울루스가 두 명의 사생아를 두었다는 것은 사실이다.[9] 그러나 이것은 그의 젊은 날 아직은 받아들여지던 관행이었다. 귀치아르디니는 그를 가리켜 "학식과 흠잡을 데 없는 성품을 지닌 남자"라고 서술했다.[10] 그는 폼포니우스 라에투스에게서 인문주의 교육을 받았다. 그의 편지들은 라틴어의 고전적 우아함에서 에라스무스의 편지들과 우열을 다투었다. 그는 세련된 대화를 이끌어 나가는 사람이었고 자기 주변에 유능하고 뛰어난 남자들을 두었다. 그러나 그는 재능과 미덕 때문에 교황으로 선출되었다기보다는 나이와 병약함 덕분에 선출되었다. 그는 예순여섯 살이었고, 추기경들은 아주 합리적으로 그가 금방 죽을 것이고, 그러면 자기들은 또 다른 매매 협상을 벌여 더욱 넉넉한 성직록을 얻을 기회를 갖게 될 것이라고 기대할 수가 있었다.[11] 그러나 그는 그들을 15년 동안이나 궁지에 몰아넣고 버텼다.

그의 교황 재직 시절이 로마에는 도시 역사상 가장 행복하던 시기에 속했다. 그의 지시를 받고서 "도로 장관"인 라티노 마네티(L. Manetti)는 늪지를 말려 고르게 만들고 길을 넓히고 많은 새로운 광장들을 건설하고, 빈민굴을 번듯한 주택가로 만들고 도로 하나를(코르소) 로마의 샹젤리제로 만들었다. 외교관으로서 파울루스 3세의 가장 큰 업적은 카를 5세와 프랑수아 1세를 설득해서 10년 동안의 휴전 협정을 맺게 한 일이었다.(1538) 그는 거의 그보다 더 큰 위업을 달성할 뻔했다. 가톨릭 교회를 도이칠란트의 개신교와 화해하게 만드는 일이었다. 그러나 그의 노력은 너무 늦게야 나타났다. 그는 (클레멘스 7세에게는 없었던) 용기를 가지고 세계공의회를 소집했다. 그의 주재 아래, 그리고 그가 승인한 가운데 트리엔트 공의회는 정교 신앙을 강조하고, 성직의 남용을 개선하고 성직 계층의 기율과 도덕성을 회복하고 예수회와 힘을 합쳐서 라틴 민족들을 가톨릭 교회에 그대로 붙잡아 두었다.

파울루스의 비극적인 잘못은 친척 등용이었다. 그는 카메리노를 자신의 손자인 오타비오에게 넘겨주고, 아들 피에를뤼지에게 피아첸짜와 파르마를 맡겼다. 그러나 피에를뤼지는 불만을 품은 시민의 손에 암살되었고, 오타비오는 할아버지에 맞선 음모에 가담했다. 파울루스는 삶에 대한 사랑을 잃어버리고 2년 뒤 여든셋의 나이에(1549) 심장마비로 죽었다. 그는 백 년 전 피우스 2세 이후로 다른 어떤 교황보다도 로마 사람들의 애도를 받았다.

2. 과학과 철학

신학에 영향을 주지 않은 과학 분야에서 이탈리아는 예술과 문학에 주로 관심을 가진 민족에게서, 그것도 양심을 폐기한 지성에 대항한 반응으로 나올 수 있는 정도의 평범한 발전을 계속했다. 현대 해부학의 전문 용어들과 결부된 이름들인 바롤리(Varoli), 유스타키오(Eustachio), 팔로피오(Fallopio) 등이 바로 이 시대 사람들이다. 니콜로 타르탈리아(N. Tartaglia)는 3차 방정식을 해결할 길을 찾아냈다. 그는 제로니모 카르다노(G. Cardano)에게 자신의 방법을 알려 주었는데, 카르다노는 이것을 자신의 것이라고 출판했다.(1545) 타르탈리아는 그에게 대수로 결투를 하자고 도전장을 냈다. 그들은 각자 상대방이 낸 31개의 문제를 풀기로 했다. 카르다노는 이 제안을 받아들였으나 무시하는 태도로 제자 하나를 보내 타르탈리아의 문제를 풀도록 했다. 학생은 실패했고 타르탈리아가 이겼다. 그러나 카르다노는 이상하고도 매혹적인 자서전을 썼다. 이것으로 그는 시간의 망각을 넘어 역사에 이름을 남기게 되었다.

이 자서전은 놀라울 정도의 솔직함으로 시작되는데, 이것은 책의 마지막까지 계속되는 태도이다.

내가 들은 바에 따르면 다양한 낙태 약품들을 썼는데도 소용이 없어서 나는 1501년 9월 24일에 이 세상에 태어났다. …… 목성(유피테르)이 올라가고 금성(베누스)이 12궁도를 지배하고 있었기에 나는 성기 부분을 빼고는 이상이 없었다. 그래서 나는 스물한 살에서 서른한 살까지 여자들과 함께 잠을 잘 수가 없었다. 자주 나는 다른 모든 남자들이 자신들의 행운을 맛보는 것을 시샘하면서 나의 운명을 탄식했다.[12]

이것이 그의 유일한 질병은 아니었다. 그는 말을 더듬었고 평생 동안 목이 쉰 것과 목의 카타르로 고생했고 자주 소화 불량, 심장의 두근거림, 탈장, 산통, 이질, 치질, 통풍, 피부 가려움증, 왼쪽 젖꼭지가 암처럼 자라는 것, 3일열, "해마다 약 80일 정도 계속되는 불면의 시기" 등으로 고통을 받았다. "1536년에 나는 특별히 오줌을 많이 누는 병에 걸렸다. 거의 40년 동안이나 이 문제로 고생하면서 하루에 1.7리터에서 2.9리터에 이르는 오줌을 누었지만 그런데도 나는 잘살고 있다."[13]

이런 병리적인 체험을 지닌 그는 성공적인 의사가 되어 허영심 빼고는 자신의 거의 모든 질병을 치료했고, 이탈리아에서 가장 잘나가는 의사라는 명성을 얻었다. 그리고 멀리 스코틀랜드까지 불려가서 불치의 병에 걸린 대주교를 치료해서 낫게 했다. 서른네 살에 밀라노에서 수학에 대해 공개 강의를 했고, 서른다섯 살에는 의학 강의를 했다. 1545년에 라이몬드 룰리(Raymond Lully)에게서 제목을 빌려다가 자신의 책에 붙여 출판했다. 『아르스 마그나(*Ars magna*, 큰 기술)』이란 이 책에서 그는 대수에 중요한 기여를 했다. 오늘날에도 삼차 방정식을 풀기 위해서는 '카르다노 법칙'을 이야기하게 된다. 그는 분명 처음으로 이차 방정식이 마이너스 근을 가질 수 있다는 사실을 깨달은 사람이었다. 데카르트가 나오기 훨씬 전에 타르탈리아와 더불어 그는 대수를 기하학에 적용하려는 생각을 했었다.[14] 『섬세함에 대하여(*De subtilitate rerum*)』(1551)에서 그는 회화와 색채를 논했다. 그리고 『다양함에 대하여(*De rerum varietate*)』(1557)에서 자기 시대의 의학 지식을 요약했다. 이 책들은 둘 다 출간되지 않은 레오나르도의 원고에서 상당 부분을 힘입고 있다.[15] 질병, 여행, 큰 시련의 한가운데서 그는 230권의 책을 썼으며, 그중 138종이 인쇄되었다. 그는 일부를 태워 버릴 용기를 가졌다.

파비아와 볼로냐 대학에서 의학을 가르쳤지만 그의 과학은 신비교 및 허풍과 하도 뒤섞여 그는 동료들의 존경심을 얻지 못했다. 행성들과 인간의 얼굴 사이의 상관관계를 다룬 아주 두꺼운 책을 썼다. 또한 꿈을 해석하는 문제에서 프로이트만큼이나 전문가이면서 부조리한 사람이었고, 프라 안젤리코만큼이나 수호천사를 확고하게 믿었다. 그렇지만 그는 역사상 최고의 지식인들 열 명을 꼽았는데, 그리스도교도가 그리 많지는 않다. 아르키메데스, 아리스토텔레스, 유클리드, 페르가의 아폴로니우스, 타렌툼의 아르퀴타스, 알크와리즈미, 알킨디, 게비르, 둔스 스코투스, 리처드 스윈즈해드. 이들은 둔스 스코투스만 빼고는 모두 과학자들이다. 카르다노는 백 명의 적을 만들고, 천 개의 비방을 불러들였고, 비참한 결혼을 했으며, 장남이 정숙하지 못한 아내를 독살한 이유로 처형당하는 것을 막기 위해 싸웠으나 성공하지 못했다. 1570년에 그는 로마로 이사했다. 그곳에서 빚으로 인해, 혹은 이단 신앙으로 인해, 혹은 두 가지 다로 인해 체포되었다. 그러나 그레고리우스 13세는 그를 풀어 주고 그에게 연금을 주었다.

일흔네 살에 그는 『나 자신의 삶에 대하여(*De vita propria liber*)』를 썼다. 이것은 이 시기 이탈리아에서 쓰인 중요한 자서전 세 권 중의 하나이다. 몽테뉴만큼이나 수다스럽고도 믿음직하게 그는 자신의 신체, 정신, 성격, 습관, 좋아하는 것과 싫어하는 것, 미덕과 악덕, 명예와 불명예, 잘못과 예언, 질병, 기벽스러움, 꿈 등을 분석했다. 그는 자신이 고집스럽고, 잘 비꼬고, 사람들과 어울리지 못하고, 서둘러 판단하고, 호전적이고, 노름할 때 속이고, 복수욕이 강하다고 고발하고, 또한 "내가 파도바 대학의 학장이 되던 해에 사르다나팔로스 방식의 방탕한 생활을 했다."라고 고발했다.[16] 그는 "내가 잘못했다고 느끼는 것들"을 나열했다. 특히 아들들을 잘못 키운 것을 꼽았다. 그러나 그는 또한 자신의 이름을 언급한 73종의 책들의 이름을 꼽고 있다. 그리고 자신의 많은 성공적인 치유와 예언들, 토론에서 절대로 지지 않는 특성 등도 나열하고 있다. 억압을 탄식하고 자신이 그에 굴복했다고 말했다. 그리고 "나의 정통적이지 못한 관점들로 인해 내게 내려진" 방해들도 꼽았다.[17] 그는 "인간보다 더 기만적이고 사악하고 속임수를 잘 쓰는 동물을 내가 알고 있던가?"하고 자문한다. 그러고는 아무런 대답도 제시하지 않는다. 그러나 그는 자신에게 행복감을 준 많은 일들도 꼽는다. 변화, 음식, 음료, 항해, 음악, 강아지, 고양이, 금욕, 잠 등도 거기 들어간다. "인간이 획득할 수 있는 온갖 목적 중에서 그 어느 것도 진리의 인식보다 더 가치가 있거나 더 즐거운 것은 없는 것 같다."[18] 그가 좋아한 분야는 의학이었다. 이 분야에서 그는 많은 놀라운 치료 성과를 거두었다.

의학은 이탈리아가 쇠퇴하던 이 시기에 상당히 중대한 발전을 거둔 유일한 과학이었다. 이 시대의 가장 위대한 과학자들은 여러 해 동안이나 이탈리아에서 학생과 선생 노릇을 했다. 코페르니쿠스는 1496년에서 1506년까지, 베살리우스는 1537년에서 1546년까지. 그러나 우리는 이들을 각기 폴란드와 플랑드르 지방에서 훔쳐다가 이탈리아를 계속 명예롭게 만들 필요는 없을 것이다. 베살리우스의 뒤를 이어 파도바 대학 해부학 교수가 된 레알도 콜롬보(R. Colombo)는 『해부학(*De re anatomica*)』(1558)에서 혈액의 폐순환을 상세히 설명했다. 아마도 세르베투스가 12년 전에 같은 이론을 내놓았다는 사실을 모르고 한 일이었을 것이다. 콜롬보는 파도바와 로마에서 인간의 사체를 해부했다. 성직 계층의 어떤 반대도 받지 않았던 것으로 보인다.[19] 그는 또한 개들의 생체 해부도 했던 것 같다. 베살리우스의 제자인 가브리엘레 팔로피오(G. Fallopio)는 귀의 반원형 도관(내이강)과 와우각을 발견하고 서술했으며, 오늘날 그의 이름을 따라 붙여진 도관, 곧 난소에서 자궁으로 난자를 나르는 나팔관(Fallopian tube)을 찾아내 서술했다. 바르톨로메오 유스타키오(B. Eustachio)는 귀의 유스타키오관(이관)과 심장의 유스타키아 판막을 발견해서 이 기관에 자신의 이름을 주었다. 그리고 외전 신경, 부신(副腎), 흉부 도관의 발견 등도 그가 이룩한 업적이다. 코스탄쬬 바롤리(C. Varoli)는 뇌교(腦橋)(pons Varoli)를 탐구했다. 이것은 두뇌의 밑면에 있는 신경 다발이다.

이런 의학의 발전이 르네상스 시대 인간의 장수에 미친 영향에 대해서는 알 길이 없다. 바롤리는 서른두 살에 죽었고, 팔로피오는 마흔 살, 콜롬보는 마흔세 살, 유스타키오는 쉰 살에 죽었다. 다른 한편 미켈란젤로는 여든아홉 살, 티찌아노는 아흔아홉 살, 뤼지 코르나로는 거의 백 년을 살았다. 뤼지 코르나로는 1467년에 베네찌아에서 태어났는데 음식과 사랑의 모든 사치를 누릴 수 있을 만큼 넉넉한 부자였다. 이런 "방종이 나를 여러 질병의 제물로 만들었다. 위장의 고통, 옆구리 통증, 통풍 증세 …… 거의 고질병이 되다시피 한 미열 …… 절대로 다스릴 수가 없는 갈증. 이렇게 나쁜 신체 상태로 인해 죽음이 나의 문제를 끝내 주기를 기다리는 것밖에는 다른 어떤 희망도 남지 않았다." 그가 마흔 살이 되었을 때 의사들은 모든 처방을 포기하고 그에게 유일한 희망이란 오로지 "절제하는 규칙적인 생활"에 있을 뿐이라고 충고했다. "나는 견고한 것이건 유동식이건 환자에게 처방된 것과 같은 것을 빼고는 아무것도 섭취해서는 안 되었다. 그것도 아주 소량만 먹어야 했다." 고기를 먹는 것과 포도주를 마시는 것은 허용되었지만 언제나 절제를 지켜야 했다. 머지않아 그는 하루 섭취량을 음식 350그램과 포도주 400그램으로 줄였다. 그가 들려주는 바에 따르면 1년 만에 "나는 그동안의 모든 불편함에서 완전히 쾌유되었다. …… 나는 아주 건강해졌으며, 그때부터 지금까지 그렇다."[20] 그러니까 여든셋의 나이 때 한 말이다. 그는 이런 육체적 습관의 질서와 절도가 정신과 성격의 측면에서도 질서와 절도를 만들어 냈다는 것을 깨달았다. 그의 "두뇌는 항상 명료한 상태에 있다. …… 우울증, 미움, 다른 정열들이" 그를 떠났다. 그의 미적 감각조차도 더욱 날카로워져서 모든 사랑스러운 것들은 이전보다 오히려 더욱 아름답게 보였다.

그는 파도바에서 조용하고 편안한 노년을 보냈다. 공공사업에 참가하고 돈을 대고, 여든세 살에 자서전 『소박한 삶』을 썼다. 틴토레토는 즐거운 그의 초상화를 우리에게 남겼다. 머리는 벗겨졌지만 얼굴은 혈색이 좋고, 눈은 또렷하고 꿰뚫어 보는 듯하며, 주름살은 자비심을 보여 주고 하얀 수염은 세월과 더불어 얇아졌고, 죽음에 이토록 가까운데도 두 손은 여전히 귀족적인 젊음을 드러내고 있다. 팔십 대의 생동하는 발언이 우리를 격려한다. 그는 일흔 이후의 삶은 그냥 아무런 의미 없이 건강이나 염려하면서 보내는 시기라고 생각하는 사람들에게 이렇게 말한다.

와서 한번 내 건강함을 보시라. 아무 도움도 받지 않고 혼자 말에 올라타고 계단과 낮은 산에 오르는 것을, 내가 얼마나 즐겁고 만족하는지를, 그리고 온갖 마음의 고민과 지겨운 생각들에서 벗어나 얼마나 자유로운지를. 기쁨과 평화가 나를 떠나지 않는다. …… 신께 감사드리는 바이지만 입맛을 비롯한 나의 모든 감각들은 가장 좋은 상태에 있다. 내가 먹는 얼마 안 되는 음식은 예전에 불규칙하게 살던 시절에 먹던 맛있는 것들보다 더욱 맛이 좋다. …… 집으로 돌아오면 한두 명이 아니라 열한 명이나 되는 손주들이 늘어선 것을 본다. …… 그들이 노래하고 여러 가지 악기를 연주하는 것을 듣고 있으면 참으로 즐겁다. 나 자신도 함께 노래하곤 하는데 나는 전보다 더 맑고 잘 울리는 목소리를 가지게 되었다. …… 그러므로 내 삶은 살아 있는 것이지 죽은 것이 아니며, 나는 내 삶을 정열에 사로잡힌 젊음과 바꾸고 싶지 않다.[21]

"건강과 힘이 완전한" 여든여섯 살에 그는 두 번째 책을 써서 몇몇 친구들과 대화를 하면서 보내는 삶의 즐거움을 표현했다. 아흔한 살에 그는 세 번째 책을 덧붙여서 "나는 아직도 내 자신의 손으로 하루 여덟 시간씩 글을 쓴다. …… 이 일에 더해 다른 시간에는 걷고 노래를 한다. …… 식탁을 떠날 때면 노래를 해야 한다고 느끼기 때문이다. …… 내 목소리는 얼마나 아름답고 잘 울리게 되었는지!" 아흔두 살에 그는 "온 인류에게 규칙적이고 절도 있는 생활을 하라는 …… 사랑의 권고"를 썼다.[22] 그는 자신의 수명이 백 년을 채울 것이라 예상했고, 감각, 느낌, 생명력 등이 점차 줄어드는 편안한 죽음을 맞이하기를 기대했다. 그는 1566년에 평화롭게 눈을 감았다. 일부 사람들은 아흔아홉 살이라 하지만 다른 사람들은 백세 살이나 백네 살이라고 말한다. 그의 아내도 그의 권고를 지켜서 거의 백 살이나 살았다고 하며 "신체적으로 완전한 편안함과 영적인 안정감"을 지닌 채 죽었다.[23]

이렇게 짧은 시간과 공간에서 주요 철학자를 찾아내리라는 기대를 할 수는 없다. 이탈리아의 개신교도였던 야코포 아콘찌오(I. Aconzio)는 「방법론」(1558)이라는 논문에서 데카르트의 길의 일부를 예비했다. 그리고 「악마의 계략(De stratagematibus Satanae)」(1565)에서 모든 그리스도교를 삼위일체를 포함하지 않는, 모든 그리스도교도들이 지킬 수 있는 몇 가지 교리들로 줄이는 게 어떠냐고 제안하는 용기를 가졌다.[24] 마리오 니쫄리(M. Nizzoli)는 철학에서 아리스토텔레스의 지속적인 지배를 통렬히 비판함으로써 프랜시스 베이컨에 이르는 작은 길을 개척했다. 연역적인 사고 대신 직접 관찰할 것을 주장하고, 논리학이란 틀린 것을 진실이라고 입증하는 기술이라고 비난했다.[25] 코센짜의 베르나르디노 텔레시오(B. Telesio)는 『자연에 대하여(De rerum natura)』(1565~1586)에서 니쫄리와 피에르 라 라메와 같은 목소리로 아리스토텔레스의 권위에 대한 반대에 동참하고, 경험과학을 주장했다. 자연은 우리 감각 기관의 경험을 통하여 자연 자체의 방식으로 설명되어야 한다. 우리가 보는 것은 물질이 두 가지 힘에 의해 움직여진다는 것이라고 그는 주장했다. 열은 하늘에서 오는 것이며, 냉기는 땅에서 올라온다. 열은 확장과 동작을 만들어 내고, 냉기는 수축과 휴식을 만들어 낸다. 열기와 냉기라는 이 두 원칙들의 갈등 안에 모든 물리적 현상의 내적 진수가 들어 있다. 물리적 현상들은 그 어떤 신성(神性)의 개입도 없이, 자연의 원인들과 내재적인 법칙에 따라 진행된다. 그러나 자연은 활동적이지 않다. 사물과 인간의 내면에는 영혼이 있다. 토마소 캄파넬라, 죠르다노 브루노, 프랜시스 베이컨 등이 모두 이 사상의 일부를 받아들였다. 어느 정도의 자유주의가 아직은 교회에 살아남아 있었기에 텔레시오는 자연적인 죽음을 죽을 수 있었다.(1588) 12년 뒤에 죠르다노 브루노는 화형대에서 불타게 된다.

3. 문학

이탈리아 학문의 위대한 시대는 이제 끝났다. 1526년 율리우스 체사레 스칼리거(J. C. Scaliger)가 베로나에서 프랑스의 아쟁으로 이주하면서 프랑스가 그 횃불을 넘겨받았다. 서적 매매에 미친 전쟁의 효과를 보자. 15세기 마지막 10년 동안 피렌쩨에서는 179종의 책들이 출판되었다. 밀라노는 228종, 로마는 460종, 베네찌아는 1491종이었다. 16세기 처음 10년 동안 피렌쩨는 47종, 밀라노는 99종, 로마는 41종, 베네찌아는 536종의 책을 냈다.[26] 고전 학문을 위해 만들어진 아카데미들, 즉 피렌쩨의 플라톤 아카데미, 로마의 폼포니우스 라에투스 아카데미, 베네찌아의 새 아카데미아, 나폴리의 폰타누스 아카데미 등이 시기에 소멸되었다. 이교 철학 연구는 스콜라 방식이 된 아리스토텔레스의 경우를 빼고는 환영을 받지 못했다. 주로 문학과 언어 비판을 위한 새로운 아카데미들이 생겨나서 도시의 시인들의 작품을 함께 듣는 장소라는 기능을 했다. 그렇게 해서 피렌쩨에서는 델라 크루스카 아카데미(1572)와 우미디(Umidi) 아카데미가 생겨났다. 베네찌아는 펠레그리니 학회, 파도바에는 에레테이 학회가 생겨났다. 새로운 학회가 생겨날 때마다 점점 더 어리석은 이름을 얻게 되었다. 이들 아카데미들은 평범한 재능을 격려하고 천재들을 질식시켰다. 시인들은 국어 순화주의자들이 만들어 놓은 규칙을 준수하느라 서로 다투고 있었지만, 진정한 영감은 공기가 더 잘 통하는 곳으로 도망쳤다. 미켈란젤로는 문학 아카데미에 속하지 않았다. 그런데도 다른 사람들과 마찬가지로 자신의 문학적 영감을 진부한 착상에 열중하게 만들었다. 그리고 자신의 불꽃을 페트라르카의 차가운 틀 안에 억지로 밀어 넣었다. 형식은 거칠지만 감정과 사상은 따뜻한 그의 소네트들이 이 시기 이탈리아 문학의 최고 작품들이다. 뤼지 알라만니는 피렌쩨에서 도망쳐서 프랑스로 갔고, 농경시를 하나 썼다. 「경작(La coltivatione)」이라는 작품이었다. 이것은 농경과 문학을 결합시킨 베르길리우스의 「농부가」보다 훨씬 뒤떨어지는 작품이다.* 베르나르도 타쏘는 생애의 불행 가운데서 유명한 아들 토르콰토 타소의 운명을 미리 연습했다. 그의 서정시들은 이 시대의 가장 정선된 인공적인 작품에 속한다. 그의 서사시 「아마디지(Amadigi)」는 기사 소설 「프랑스의 아마디스(Amadis de Gaul)」를 무거운 진지함으로 운문으로 바꾼 것이다. 이탈리아 청중은 이런 점에서는 아리오스토의 경박스러운 유머를 좋아했기에 그의 작품을 조용히 매장시켰다.

단편 소설(novella)은 「데카메론」이 고전적 형식을 만들어 낸 이후로 여전히 인기가 있었다. 단순한 언어로 쓰이고, 보통은 이탈리아 생활의 극적인 사건이나 친근한 장면들을 묘사한 단편 소설들은 모든 계층에게 환영을 받았다. 이런 작품들이 열렬히 듣는 청중에게 큰 소리로 낭송되었고, 문맹자들보다 더 열성인 사람들이 없었기에 단편 소설의 청중은 이탈리아 전역에 해당했다. 여성들이 이런 이야기를 얼굴도 붉히지 않고 들었다는 것을 생각하면 르네상스의 광범위한 관용에 대해 오늘날에도 놀라게 된다. 사랑, 유혹, 폭력, 모험, 유머, 감상, 장면 묘사 등이 이야기의 재료가 되었고, 모든 계층이 이런 이야기를 위한 유형들과 인물들을 제공했다.

거의 모든 도시마다 이 형식을 세심하게 다듬은 사람들이 있었다. 살레르노에는 토마소 데 과르다티(흔히 마수치오로 알려져 있다.) 가 1476년에 『작은 이야기들』을 출판했다. 왕자들의 너그러움, 여자들의 음란함, 수도사들의 악덕, 인류의 위선 등을 다룬 50편의 단편 소설이 들어 있다. 보카치오의 소설보다는 덜 다듬어졌지만 이들은 자주 진실성, 힘, 능변 등에서 보카치오의 작품을 능가한다. 시에나에서 '단편 소설'은 대단히 관능적인 특성을 지녔기에 페이지마다

---

* 알라만니는 트리씨노 및 죠반니 루첼라이와 더불어 이탈리아에서는 최초의 무운시(無韻詩, versi sciolti)를 쓴 사람들에 속한다.

인정받지 못한 사랑의 이야기가 가득하다. 피렌쩨에는 네 명의 유명한 단편 소설 작가들이 있었다. 프랑코 사케티(F. Sacchetti)는 보카치오의 친구이며 그를 흉내 냈던 작가로서, 300편에 이르는 작품을 써서 보카치오를 수적으로 능가했다. 그의 작품이 가진 상스러움과 음란함으로 인해 이것은 거의 세계적인 인기를 얻었다. 아뇰로 피렌쭈올라(A. Firenzuola)는 많은 이야기에서 성직자들의 죄악을 풍자하고 있다. 그는 방탕한 수도원에서 일어나는 이상한 사건들을 서술하고, 고해 신부가 경건한 여자들을 설득해서 유산을 수도원에 남기도록 하는 방법을 폭로했다. 그러고도 그 자신은 발롬브로사 수도회 수도사가 되었다. 안톤프란체스코 그라찌니(A. Grazzini)는 이탈리아에서는 '일 라스카'(잉어)라는 이름으로 알려져 있는데 장난꾸러기 필루카(Pilucca)를 내세워 우스운 이야기를 들려주었다. 그러나 그도 섹스와 피로 양념을 칠 줄 알았다. 예를 들어 아내와 자신의 아들이 간통을 범하는 것을 본 남편이 그들의 손과 발을 절단하고, 그들의 눈과 혀를 뽑아 버리고는 죽을 때까지 피를 흘리도록 사랑의 침상에 놓아두는 이야기 같은 것이다. 안톤프란체스코 도니(A. Doni)는 수도사이며 사제였는데, 아눈치아타 수도원에서 쫓겨났다.(1540) 분명히 동성애 때문이었다. 피아첸짜에서 그는 남근 신 프리아포스를 숭배하는 난봉꾼들의 모임에 가담했다. 베네찌아에서는 공공연히 아레티노를 비난하는 적이 되었다. 아레티노에 대하여 그는 불길한 제목을 가진 팸플릿을 썼다. "우리 시대 위대한 거인이며 반그리스도 짐승의 파괴를 가져오는 피렌쩨 사람 도니의 지진." 그사이 단편 소설이 신랄한 유머와 문체를 지니게 된 것이다.

최고의 단편소설가는 마테오 반델로(M. Bandello)였다. 그의 삶은 대륙의 절반과 거의 한 세기에(1482~1562) 이른다. 토르토나 근처에서 태어난 그는 머지않아 도미니크 수도회에 들어갔다. 이 수도회 총장이 그의 아저씨였다. 그는 밀라노의 산타 마리아 델레 그라찌에(은총의 성모) 수도원에서 자랐다. 레오나르도가 식당에 「최후의 만찬」을 그릴 때 그는 아마도 그곳에 있었을 것이다. 그리고 베아트리체 데스테가 옆의 교회에 묻힐 때도 그곳에 있었다. 그는 만토바에서 6년 동안 공작 집안의 가정 교사로 살면서 루크레찌아 곤짜가와 연애를 했다. 그는 이사벨라가 모든 기술을 다하여 다가오는 노년과 싸우는 것을 목격했다. 밀라노로 돌아온 그는 이탈리아에서 스페인-도이치 군대에 맞서 싸우는 프랑스 군대를 편들었다. 파비아에서 프랑스 군대가 패배한 다음 그의 집이 불타고 그의 도서관은 거의 완전히 파괴되었다. 그가 거의 완성한 라틴어 사전도 함께 파괴되었다. 그는 프랑스로 도망쳐서 도미니크 수도회 총장인 체사레 프레고소를 위해 일하고, 아쟁의 주교로 임명되었다.(1550) 여가 시간에 그동안 자기가 쓴 214개의 이야기들을 모아 놓고 완성된 문학적 형식을 거기 부여했다. 그리고 주교로서의 사면을 통해 온건한 점잖음으로 이들 이야기들을 잘 감쌌다. 그런 다음 세 권은 루카에서 출판하고(1554), 네 번째 책은 리옹에서 출판했다.(1573)

다른 단편 소설에서도 그렇듯이 반델로에게서도 줄거리는 대개 사랑, 폭력, 수도사나 사제들의 품행 등에 관한 것이었다. 사랑스러운 아가씨가 정절 없는 애인을 집게로 찢어서 복수하는 이야기 등이다. 어떤 남편은 간통을 범한 아내에게 그녀 자신의 손으로 애인의 목을 졸라 죽이도록 시키고 있다. 방탕에 빠진 수도회가 너그럽고 훌륭한 유머로 서술되어 있다. 반델로 이야기들 중 일부는 뛰어난 희극을 위한 소재를 제공했다. 웹스터는 그들 중 하나에서 「말피의 공작부인」을 위한 줄거리를 얻었다. 반델로는 감정과 기술을 담아 로메오 몬테키오(Romeo Montecchio)와 쥴리에타 카펠레티(Giulietta Capelletti)의 사랑 이야기를 하면서 그들의 사랑의 정열을 생생하게 전달한다. 가장 로맨틱한 부분을 잠깐 살펴보기로 하자.

로메오는 그 규수가 누구인지 묻지는 못하고 그녀의 사랑스러운 모습으로 눈을 즐겁게 할 뿐이었다. 끊임없이 그녀의 모든 움직임을 바라보고, 그 달콤한 사랑의 독을 마시고, 그녀의 모든 부분과 몸짓에 경탄했다. 그는 춤추는 사람들이 이쪽으로 다가오는 구석에 앉아 있었기에 모두들 그의 앞을 스쳐 지나갔다. 쥴리에타(그 사랑스러운 아가씨는 이런 이름이었다.)는 그 저택의 주인이며 오늘 잔치를 베푼 사람의 딸이었다. 그녀도 마찬가지로 로메오가 누군지 모른 채로 그가 이 세상에서 찾아낼 수 있는 아마도 가장 잘생기고 가장 활발한 청년임을 알아보고 그의 눈길을 즐겁게 여겼다. 그녀는 부드럽게 남몰래 잠깐 동안 곁눈질로 그를 보고, 마음에 이루 말할 수 없는 달콤함을 느꼈다. 그것이 과도한 기쁨으로 그녀를 가득 채웠다. 그래서 그녀는 그가 춤에 끼어들기를 간절히 바랐다. 그를 더 잘 보고, 그가 말하는 것을 더 잘 들을 수 있도록, 분명 그의 눈길에서 지금 들이마신 것만큼이나 그의 말에서도 기쁨이 나올 것이라 여겼기 때문이다. 그러나 그는 여전히 혼자 앉아서 전혀 춤을 추려고 하지 않았다. 그의 생각은 온통 아름다운 아가씨에게 추파를 보내는 것뿐이었고, 그녀는 그를 바라보는 것 이외에는 다른 어떤 것도 생각지 않았기에 이들 두 사람은 서로가 뚫어지도록 바라보았고, 그들의 눈길이 마주칠 때면 이쪽과 저쪽의 불꽃이 서로 뒤섞여서 자기들이 서로 사랑에 넘친 눈길로 바라보고 있음을 재빨리 알아챘다. 눈길이 부딪칠 때마다 두 사람이 사랑의 한숨으로 공기를 가득 채웠기에, 그들은 우선은 서로 이야기를 나누어서 새로 생겨난 이 불꽃을 찾아내는 것 이외에 다른 어떤 것도 바라지 않게 되었다.[27]

반델로에서 클라이맥스는 셰익스피어의 그것보다 더욱 섬세하다. 줄리엣이 가짜 죽음 상태에서 깨어나기도 전에 로미오가 죽지를 않고, 그녀가 죽은 것을 보고 로미오가 절망 속에서 마신 독의 기운을 느끼기 전에 그녀가 깨어난다. 그녀가 회복되는 것을 기뻐하면서 그는 자기가 독을 마신 것을 잊어버리고 연인들은 잠시 황홀한 기쁨의 순간을 맛본다. 독이 그 기운을 나타내면서 로미오가 죽자 줄리엣은 그의 칼로 스스로 목숨을 끊는다.*

---

* 셰익스피어는 아서 브룩(A. Broke)의 「로메우스와 줄리엣의 비극적 이야기」에서 소재를 얻었다. 브로우크는 마수치오나 반델로에게서 이 이야기를 얻었다. 셰익스피어는 또한 윌리엄 페인터(W. Painter)가 반델로 이야기에서 가져온 「즐거움의 궁전」(1566)도 알고 있었다.[28]

4. 피렌쩨의 황혼: 1534~1574

기울어 가는 국가를 다스리는 것이 젊은 국가를 다스리는 것보다 쉽다. 기운이 쇠약해진 생명력은 복종을 환영하기 때문이다. 메디치 가문에 의해 다시 패배한(1530) 피렌쩨는 피곤한 채로 클레멘스 7세의 지배를 받아들였다. 잔인한 폭군 알레싼드로 데 메디치가 먼 친척인 로렌찌노에게 살해당하자(1537) 피렌쩨는 기뻐했다. 그리고 이 기회를 잡아 공화국을 다시 세우는 대신 두 번째 코시모를 받아들였다. 어쩌면 그가 첫째 코시모가 지녔던 지혜와 정치적 능력을 보여 줄지도 모른다는 희망을 가진 것이다. "나라의 아버지" 코시모의 직계 후손은 법적으로 완전히 소멸했다. 젊은 코시모는 옛날 코시모의 동생 로렌쪼(1395~1440)의 혈통이었다. 귀치아르디니가 당시 열여덟 살인 젊은 통치자를 훈련시켜 귀족으로 만들었다. 스스로 옥좌 뒤의 권력자가 되려는 희망에서였다. 그러나 그는 젊은 메디치가 검은 밴드의 죠반니의 아들이며, 카테리나 스포르짜의 손자라는 사실을 잊었다. 그러니까 이 코시모는 적어도 2대에 걸친 강철의 혈통을 지녔다. 코시모는 통치권을 자신의 손에 움켜쥐고, 27년 동안이나 확고하게 지켜 냈다.

그의 성격과 통치는 좋은 것과 나쁜 것이 뒤섞인 것이었다. 그는 감상적이지 않은 정치가 요구하는 만큼 엄하고 잔인했다. 또 옛날 코시모처럼 공화주의의 겉모습과 형식을 유지하려고 애쓰지 않았다. 그는 모든 가문에까지 파고든 밀정 체계를 만들고, 심지어 교구 신부들을 밀정으로 이용했다.[29] 그리고 직업적인 종교적 신앙의 합의를 만들어 냈고, 종교 재판에 협조했다. 탐욕스럽게 부와 권력을 추구하고, 국가의 곡물 전매권을 악용했으며, 신하들에게서 가혹하게 세금을 걷었다. 시에나의 절반 공화제를 뒤집어엎어 아레쪼 및 피사와 함께 자신의 영토의 일부로 삼았고, 피우스 5세 교황을 설득해서 토스카나 대공이란 직함을 얻었다.(1569)

이런 절대적 통치에 대한 보상으로 그는 능률적인 행정부를 조직하고, 믿을 만한 군대와 경찰, 유능하고 부패하지 않은 사법부를 조직했다. 단순하게 살면서 값비싼 의식(儀式)과 과시를 피하고, 재정을 엄격하게 관리해서 아들이며 후계자에게 금고를 가득 채워 넘겨주었다. 이제 도로와 고속 도로에 질서와 안전이 생겨나면서, 연속적인 혁명으로 피해를 입은 상업과 산업이 되살아났다. 코시모는 산호 세공과 유리 같은 새로운 제조업을 들여왔다. 그리고 산업 발전의 자극제로 포르투갈 유대인들을 불러들여 그들을 보호했다. 리보르노를 확장해서 바쁜 항구로 만들었다. 그는 마렘마 습지를 능률적으로 말려서 이 지역과 인근의 시에나에서 말라리아를 퇴치했다. 그의 양심적인 독재 아래 시에나는 피렌쩨처럼 이전보다 더욱 번성을 누렸다. 그는 세금으로 거두어들인 부의 일부를 이용하여 과도하지 않게 잘 선별해서 문학과 미술을 후원했다. 아카데미아 델리 우미디를 세워 피렌쩨 공식 아카데미로 만들고 적절한 토스카나 용어 사용을 위한 규범을 만들게 했다. 그는 바사리, 첼리니와 친구였고, 미켈란젤로를 피렌쩨로 불러들이기 위해 몹시 노력했다. 그리고 디자인 아카데미(Arte del Designo)를 설립했다. 그는 파도바에 이어 이 시대 두 번째로 탁월한 식물원 학교를 피사에 설립했다. 분명 코시모는 처음에 약간의 악과 강철 주먹을 휘두르지 않았다면 이런 좋은 일을 성취할 수 없었을 것이라고 주장할 것이다.

마흔다섯 살에 이 강철 같은 공작은 이미 권력과 가족 비극의 긴장으로 완전히 지쳐 버렸다. 1562년 몇 달 사이에 아내와 아들 둘이 그가 물을 말리려고 노력하던 마렘마 늪지에서 얻은 말라리아열로 사망했다. 1년 뒤에는 딸을 잃었다. 1564년에 그는 실질적인 통치를 아들 프란체스코에게 넘기고 은퇴했다. 육체적 사랑으로 자신을 위로해 보려 했지만 결혼보다 이런 난잡한 관계에서 오히려 더욱 지루함을 느꼈다. 그는 1574년 쉰다섯 살의 나이로 죽었다. 그는 조상들의 가장 좋은 것과 가장 나쁜 것에 어울리는 삶을 살았다.

피렌쩨가 비록 레오나르도나 미켈란젤로 같은 사람을 더는 만들어 내지 못하고, 또 이 시대에 저 세련되고 보편적인 티찌아노, 화산과 같은 틴토레토, 혹은 축제를 좋아하는 베로네제에 견줄 만한 예술가를 갖지는 못했지만 그래도 두 번째 코시모의 통치 아래서 피렌쩨는 실패한 혁명과 실패한 전쟁 가운데 성장한 세대에게 기대할 수 있는 정도의 활력을 지닌 재생을 경험했다. 첼리니는 코시모에게 고용된 예술가들이 "현재 세계에서는 다시 찾기 어려운 사람들"이라고 평가했다.[30] 이것은 베네찌아 예술에 대한 피렌쩨 특유의 얕잡아보기 평가였다. 벤베누토 첼리니는 공작이 너그러움보다는 취향을 가진 후원자라고 생각했지만 이 유능한 통치자는 아마도 자기 궁정을 예술가들로 치장하는 일보다는 경제적 재건과 정치적 질서를 더욱 열렬히 생각했던 것 같다. 바사리는 코시모를 "모든 예술가를 사랑하고, 진정 모든 천재들을 사랑하는 사람"이라고 서술했다. 키유시와 아레쪼, 그 밖의 곳에서도 놀라운 에트루리아 문화의 발굴 작업을 후원한 사람도 코시모였다. 그 결과 저 유명한 에트루리아 청동 조각들인 「키메라」, 「웅변가」, 「미네르바」 등이 발굴되었다. 그는 1494년과 1527년에 메디치 궁전에서 약탈당한 미술품들을 가능한 한 많이 도로 사들이고, 여기에 자신의 소장품을 덧붙였다. 그리고 루카 피티(L. Pitti)가 백 년 전에 건설한 궁전 요새에 이 미술품을 보관했다. 코시모는 이 거대한 건축물을 바르톨로메오 암마나티를 시켜 확장하고 이곳을 자신의 공식 거처로 삼았다.(1553)

암마나티와 바사리가 피렌쩨에서 이 시대를 주도한 건축가들이었다. 암마나티는 코시모를 위해 피티 궁전 뒤에 저 유명한 보볼리 정원을 만든 사람이다. 또 아르노 강에 아름다운 산타 트리니타 다리(1567~1570)도 만들었다. 이것은 2차 세계대전 때 파괴되었다. 그는 또한 수준 높은 화가 겸 조각가이기도 했다. 그는 첼리니와 죠반니 다 볼로냐를 누르고 조각 경쟁에서 승리하여 바르젤로 뜰에 놓여 있는 「유노」를 조각했다. 나이가 들어서는 자신이 많은 이교 인물들을 만들어 낸 것을 사죄했다. 이교 르네상스는 이제(1560) 끝나고 그리스도교가 이탈리아아인의 마음에서 다시 지주가 되었다.

코시모는 바치오 반디넬리(Baccio Bandinelli)를 좋아하는 조각가로 삼아서 첼리니를 경악하게 만들었다. 첼리니가 반디넬리를 야단치는 소리를 듣는 것이 코시모의 기분 전환의 하나였다. 반디넬리는 자기 자신을 좋아했다. 그는 자신의 의도가 미켈란젤로를 능가한다고 선언하고, 다른 예술가들을 하도 비판해서 가장 온화한 예술가에 속했던 안드레아 산소비노가 그를 죽이려고까지 했다. 거의 모든 사람이 그를 싫어했지만 그래도 피렌쩨와 로마에서 그토록 많은 주문을 받은 것을 보면 그의 재능은 그의 성격보다는 나았던 모양이다. 레오 10세가 프랑수아 1세에게 선물하기 위해 벨베데레 궁전에 있는 복잡한 「라오콘」 군상을 복제하려고 했을 때 비비에나 추기경은 반디넬리에게 이 임무를 맡아 달라고 청했다. 반디넬리는 원작보다 더 나은 복제품을 만들겠다고 약속했다. 모든 사람이 당황했지만 그는 거의 성공했다. 클레멘스 7세는 이 복제품을 보고 너무 좋아서 진품을 프랑스 왕에게 보내고 반디넬리의 모작을 피렌쩨의 메디치 궁전을 위해 보존했다. 그래서 그것은 우피찌 미술관으로 넘어갔다. 클레멘스 7세와 알레싼드로 데 메디치를 위해 반디넬리는 거대한 그룹상 「헤라클레스와 카쿠스」를 조각했다. 그것이 베키오 궁전의 현관에 미켈란젤로의 「다윗」상 옆에 세워졌다. 첼리니는 그것이 마음에 들지 않았다. 그는 코시모가 있는 자리에서 반디넬리에게 이렇게 말했다. "너의 헤라클레스가 그 머리를 깎아 버린다면 그는 두뇌를 감싸기에 충분한 해골을 갖지 못할 것이다. 무거운 두 어깨는 나귀의 짐 싣는 안장에 있는 두 바구니를 연상시킨다. 그의 가슴과 근육은 자연에서 온 것이 아니라 나쁜 멜론을 담은 자루에서 얻어 온 것이다."[31] 그러나 클레멘스 7세는 이 「헤라클레스」를 걸작이라 생각하고, 조각가에게 원래 약속한 사례금에 덧붙여 넉넉한 액수를 더 주었다. 반디넬로는 교황이 죽은 직후 태어난 사생아 아들에게 클레멘스라는 이름을 주어서 그에 보상했다. 그의 마지막 작품은 자신과 아버지를 위해 마련한 무덤이었다. 무덤이 완성되자마자 그는 그것을 차지하고 말았다.(1560) 그는 도안뿐 아니라 글도 잘 쓰는 두 예술가, 곧 바사리와 첼리니에 의해 그토록 불쾌한 모습으로 기록되지만 않았더라면 아마도 오늘날 더 큰 명성을 누렸을 것이다.

죠반니 다 볼로냐는 더욱 재능이 뛰어난 경쟁자였다. 두아이에서 태어난 그는 조각가가 되기로 결심하고 젊은 시절 로마로 갔다.(1561) 1년 동안 그곳에서 공부한 다음 자신의 점토 작품을 들고 나이 든 미켈란젤로에게 찾아갔다. 늙은 조각가는 그것을 손에 잡고 닳아 빠진 손가락과 무거운 엄지로 이곳저곳 누르더니 몇 분 만에 그것을 훨씬 더 의미 있는 작품으로 만들었다. 죠반니는 이 방문을 결코 잊지 못했다. 84년 생애의 나머지 기간 내내 그는 이 거장과 같아지겠다는, 긴장된 야망을 품고 노력했다. 그는 플랑드르 지역으로 돌아가려고 했다. 그러나 피렌쩨 귀족 한 사람이 그에게 피렌쩨 미술품을 연구하라고 조언하고, 3년 동안이나 그를 자신의 궁전에서 부양해 주었다. 이 도시와 일대에 많은 이탈리아 예술가들이 있었기에 이 플레밍 사람의 작품이 받아들여지기까지 5년이나 걸렸다. 그런 다음 코시모 공작의 아들 프란체스코가 그의 「베누스」를 샀다. 그는 시뇨리아 광장 앞에 있는 분수를 설계하는 경쟁에 참가했다. 코시모는 그가 그런 책임 있는 일을 맡기에는 너무 젊다고 생각했지만 그가 제출한 모델이 많은 예술가들에 의해 최고의 것이라는 평가를 받았다. 그래서 그는 볼로냐에서 훨씬 더 큰 분수를 세워 달라는 초대를 받게 되었다. 그 일을 한 다음 죠반니는 피렌쩨로 돌아와 메디치 집안의 공식 조각가가 되었고 주문이 부족한 경우가 없게 되었다. 그가 다시 로마로 갔을 때 바사리는 그를 교황에게 데려가서 "피렌쩨 조각가들의 왕자"라고 소개했다.[32] 1583년 그는 그룹상을 조각했는데 그것은 지금 로지아 데이 란찌에 있으며, 뒷날 「사비네 여인들의 납치」라는 제목이 붙었다. 남성적인 근육질의 영웅이 반항하는 여인을 잡고 있는데, 그녀의 부드러운 모습은 그의 움켜쥔 손에 의해 사실적으로 눌려 있고, 그녀의 등은 르네상스 청동 조각상 중에서 가장 사랑스러운 것이다.

코시모의 배려와 세계에서는 조각가들이 화가들을 능가했다. 리돌포 기를란다요는 아버지의 탁월함을 유지하려고 노력했지만 실패했다. 워싱턴에 있는, 그가 그린 루크레찌아 숨마리아의 초상화로 그의 작품을 짐작할 수 있을 것 같다. 바키아카(il Bachiacca)라는 별칭으로 불리던 프란체스코 우베르티니(F. Ubertini)는 작은 규모로 아주 상세하게 역사적 장면들을 그리기를 좋아했다. 고향에서 폰토르모(Pontormo)라는 이름으로 알려진 야코포 카루치(I. Carrucci)는 온갖 이점을 가지고 좋은 출발을 했다. 그는 레오나르도, 피에로 디 코시모, 안드레아 델 사르토에게서 배웠다. 열아홉 살에(1513) 오늘날에는 사라진 그림 한 점으로 세상을 놀라게 했다. 그것은 미켈란젤로의 경탄을 받았고, 바사리는 그에 대해 "그때까지 본 중에서 가장 아름다움 프레스코"라고 말했다.[33] 그러나 이탈리아 사람들이 크게 실망하는 가운데 갑자기 폰토르모는 뒤러의 동판화에 깊이 매료되어 이탈리아 양식의 부드러운 선과 조화를 포기하고 조잡하고 무거운 도이치 형태를 좋아하게 되었다. 그리고 신체적·정신적으로 불안정한 자세를 지닌 남자와 여자들을 그렸다. 피렌쩨 교외에 있는 수도원(Certosa)에 폰토르모는 이 튜튼 양식으로 그리스도 수난의 장면들을 그렸다. 바사리는 이러한 모방에 대해 분개했다. "폰토르모는 도이치 사람들과 플레밍 사람들이 이탈리아 양식을 배우러 온다는 것을 모른단 말인가? 폰토르모는 이탈리아 양식이 도이치 양식보다 못한 것이기라도 한 것처럼 그것을 털어 버리려고 그토록 노력을 했다."[34] 그런데도 바사리는 이 그림들이 가진 힘을 인정했다. 폰토르모는 싫어하는 것들을 더욱 늘려서 자신의 작품을 더 복잡하게 만들었다. 그는 자기가 있는 자리에서 죽음 이야기를 하지 못하게 했다. 또 죽음의 위협을 받지 않는 한 잔치와 군중을 피했다. 그 자신은 친절하고 부드러운 사람이었는데도 사랑하는 제자 브론찌노만 빼고는 거의 모든 사람을 믿지 못했다. 점점 더 고독을 찾더니 마지막에는 사다리를 통해서만 올라갈 수 있는 위층에서 잠을 자는 습관을 갖게 되었다. 자기가 올라온 다음에는 사다리를 위로 잡아 올리곤 했다. 마지막 주문이었던 성 로렌쪼 예배당의 벽화를 위해 그는 11년 동안이나 고립된 채 작업했다. 예배당 둘레에 판자를 치고 아무도 안으로 들어오지 못하게 했다. 그는 이 작품을 끝내지 못하고 죽었다.(1556) 벽화를 공개하고 보니 비례가 좋지 못하고 흥분했거나 우수에 젖은 얼굴들이 그려져 있었다. 정신이 더욱 분명한 성숙한 시기의 작품을 기억해 보자면 지금 워싱턴에 있는 우골리노 마르텔리의 사랑스러운 초상화를 꼽을 수 있다. 부드럽게 깃털 장식을 한 모자, 생각에 잠긴 눈, 빛나는 의상, 나무랄 데 없는 손이 나타난다.

흔히 브론찌노(Bronzino)라 불리는 아뇰로 디 코시모 디 마리아노는 주로 메디치 사람들을 그린 초상화로 돋보이는 화가이다. 메디치 궁전에 이 초상화들이 있다. "나라의 아버지" 코시모부터 코시모 공작에 이르는 집안 사람들의 초상화이다. 그가 그린 「레오 10세」의 얼굴로 판단해 보면 그가 그린 초상화들은 상당히 믿을 만한 모습들이다. 그중 가장 뛰어난 것은 검은 밴드의 죠반니(우피찌)의 초상화이다. 보나파르트가 나오기 전 진짜 나폴레옹의 모습으로, 잘생기고 자부심이 강하고 불길을 숨쉬고 있다.

코시모 공작이 좋아하는 예술가는 이 책과 이탈리아 르네상스를 다룬 모든 책이 절반 정도는 이 남자에게 힘입은 바로 그 사람, 죠르죠 바사리(G. Vasari)였다. 아레쪼에서 그는 몇몇 예술가들을 이미 배출한 집안에 태어났다. 루카 시뇨렐리와도 먼 친척이다. 바사리는 우리에게 늙은 시뇨렐리가 자신의 소년 시절 드로잉들을 보고 도안을 공부하라고 격려해 준 이야기를 들려준다. 르네상스 도덕성을 판단할 때 반드시 고려해야 할 너그럽고도 도량이 큰 수많은 후원의 한 예인데, 이폴리토와 알레싼드로 데 메디치의 보호자 노릇을 했던 파쎄리니 추기경이 바사리를 피렌쩨로 데려왔다. 이곳에서 열두 살 소년은 이 젊은 후계자들과 함께 공부했다. 그는 안드레아 델 사르토와 미켈란젤로의 제자가 되었고, 생애 마지막까지 부러진 코를 지닌 미켈란젤로를 신처럼 존경했다.

메디치 사람들이 1527년에 피렌쩨에서 쫓겨났을 때 죠르죠는 아레쪼로 돌아갔다. 열여덟 살 때 아버지가 전염병으로 죽었다. 그러자 그가 세 누이와 두 남동생을 부양하게 되었다. 다시 친절함이 그를 구원했다. 옛날에 같이 공부했던 이폴리토 데 메디치가 그를 로마로 초대했다. 그곳에서 바사리는 3년 동안 고전 미술과 르네상스 미술을 열심히 공부했다. 1530년에 메디치 가문이 다시 복귀한 다음 피렌체의 통치자가 된 알레싼드로가 그에게 메디치 궁전에 살면서 그림을 그려 달라고 초대했다. 그곳에서 그는 이 가족의 초상화를 그렸다.

여기에는 침울한 표정의 로렌쬬 일 마니피코와 생기 넘치고 어린 카테리나의 초상화도 들어 있다. 변덕스러운 포즈를 취하고 있어서 마치 나중에 프랑스 왕비가 되리라는 것을 알고 있기라도 했던 것 같다. 알레싼드로가 암살당하고 나서 바사리는 얼마 동안 후원자 없이 지냈다. 그의 그림들은 현대의 비평가들에 의해 가혹한 취급을 당하고 있지만 이들은 당시 그에게 어느 정도의 명성을 가져다 준 것이 분명하다. 그는 만토바에서 쥴리오 로마노의 집에 살았고, 베네찌아에서는 아레티노가 후견인 노릇을 해 주고 있기 때문이다. 어디로 가든지 그는 지역의 미술을 조심스럽게 연구하고 예술가들이나 그 후계자들과 이야기를 나누고 드로잉을 수집하고 메모를 했다. 로마로 돌아온 그는 빈도 알토비티를 위해서「십자가에서 그리스도를 내림」을 그렸다. 그 자신의 말에 따르면 이것은 "우리 시대 살았던 가장 위대한 조각가이며 화가이며 건축가인 사람(미켈란젤로)의 마음을 불쾌하게 하지 않을 정도로 운이 좋았다."

이 미켈란젤로가 그를 알레싼드로 파르네제 추기경에게 소개해 주었다. 그리고 추기경이 1546년 바사리에게 후세에게 알리기 위해 지난 200년 동안의 이탈리아를 빛낸 예술가들의 생애를 쓰라고 권했다. 로마, 리미니, 라벤나, 아레쬬, 피렌쩨에서 화가 겸 건축가로서 부지런히 일하면서 죠르죠는 시간을 내서 "우리 예술가들에 대한 사랑으로 감동되어" 그들의 생애를 쓰는 보답 없는 작업을 했다. 1550년에 그는 『이탈리아의 뛰어난 화가, 조각가, 건축가들의 생애』의 제1권을 냈다. 책에는 코시모 공작에게 바치는 유려한 헌사가 포함되어 있었다.

1550년에서 1572년까지 그는 코시모의 주요 예술가였다. 베키오 궁전의 내부를 개축하고, 그 벽에 중요하다기보다 거대한 그림들을 그렸다. 또 우피찌라는 이름으로 알려진 거대한 행정부 건물을 세웠다. 이것은 오늘날 세계에서 가장 큰 미술관의 하나가 되었다. 또 라우렌티아나 도서관을 완성하는 일을 지휘하고, 코시모 공작이 베키오 궁전과 우피찌에서 베키오 다리를 건너 새로운 공작 궁전인 피티 궁전으로 가는, 지붕이 달린 통로를 건설했다. 1567년에 몇 달

동안 여행과 탐구를 하고 1년 뒤에 더욱 확장된『예술가들의 생애』를 출간했다. 그는 1574년에 피렌쩨에서 죽고 아레쪼에서 조상들 곁에 묻혔다.

그는 위대한 예술가는 아니었지만 좋은 사람이었고, 근면한 연구자였으며 (반디넬리에 대해 몇 마디 쓴소리 한 것을 빼고는) 지적이고 너그러운 비평가였다. 단순하고 독특한 풍미가 있는, 거의 토스카나 방언 비슷한 언어로, 이따금 단편 소설과도 같은 생동성을 지닌 표현력으로 그는 우리에게 모든 시대를 통해 가장 흥미로운 책을 남겨 주었다. 이 책에서 수많은 다른 책들이 나왔다. 정확하지 못하고 시대착오적이고 모순적인 내용들이 많지만 그래도 매혹적인 정보와 현명한 해석들이 더욱 풍부한 책이다. 이것은 플루타르코스가 그리스와 로마의 장군들이나 시민들 중에서 영웅이었던 사람들을 위해서 했던 것과 같은 일을, 르네상스 이탈리아의 예술가들을 위해서 해 주었다. 이 책은 앞으로도 세기를 넘어 살아남아 세계 문학의 고전의 하나가 될 것이다.

5. 벤베누토 첼리니: 1500~1571

이 시기에 코시모의 궁정에는, 자신의 성격 안에 르네상스의 특징이 되는 온갖 폭력과 감수성, 삶과 미술에서 미칠 듯한 아름다움의 추구, 건강, 기술, 힘에 대한 즐거운 자부심 등을 가진 사람이 있었다. 나아가 그는 자신의 생각과 느낌들, 운명의 변화와 업적들을 거리낌 없이 털어놓는 능력으로 모든 자서전들 중에서 가장 흥미롭고 잊을 수 없는 자서전을 썼다. 벤베누토 첼리니(Benvenuto Cellini)는 완전히 전형적인 르네상스의 남자는 아니었다. 아무도 그럴 수는 없었다. 그는 안젤리코의 신앙심, 마키아벨리의 교활함, 카스틸리오네의 온건함, 라파엘로의 즐거운 온화함을 갖지 못했다. 그리고 이 시대 이탈리아 예술가들이 모두 그가 한 것처럼 그렇게 법의 힘을 빌리지 않고 임의로 제재를 가하지는 않았을 것이다. 그런데도 그의 소란스러운 글을 읽고 있노라면 그의 책이 다른 어떤 책보다도, 심지어는 바사리의 『예술가들의 생애』보다도 더 우리를 무대 뒤로 데려가서 르네상스의 핵심을 보여 준다고 느끼게 된다.

그는 천진스럽게 글을 시작한다.

어떤 종류의 것이든 상관없이 탁월함의 요소를 지녔거나 탁월함과 상당히 비슷한 요소를 지닌 사람이고 진리와 정직성을 지니고 있다면 모든 남자는 자기 손으로 자신의 생애를 서술해야만 한다. 그러나 마흔이 되기도 전에 이런 섬세한 시도를 해서는 안 된다. 이 의무가 이제 나의 마음에 나타났다. 나는 지금 내가 태어난 도시 피렌쩨에 있으며, 쉰여덟을 넘기고 있다.

그는 자기가 "비천하게 태어나" 가족을 유명하게 만든 것을 자랑스럽게 여긴다. 동시에 자신이 율리우스 카이사르의 대장을 지낸 사람의 후손이라고 장담한다. 그리고 우리에게 경고하기를 "이와 같은 글에는 언제나 자연스러운 허풍의 기회가 있다."[35] 그의 부모가 딸을 기대하고 있다가 아들을 얻어서 즐겁게 놀랐기 때문에 그는 '벤베누토'(환영)라는 이름을 얻었다. 그의 할아버지는(코르나로의 처방을 모두 어기고도) 백 살을 살았다. 할아버지의 생명력을 이어받은 첼리니는 일흔한 살까지 살았다. 그의 아버지는 상아로 일을 하는 공학자였고, 플루트를 몹시 사랑했다. 아버지의 희망은 벤베누토가 직업적인 플루트 연주자가 되어서 메디치 궁정의 악단원의 자격으로 연주하는 일이었다. 뒷날 아버지는 아들이 금세공사의 일로 돈을 많이 벌었다는 소식보다, 교황 클레멘스 7세의 개인 오케스트라에서 플루트 연주자가 되었다는 소식에 더 큰 기쁨을 느꼈다.

그러나 벤베누토는 음악보다는 아름다운 형태에 몰두했다. 그는 미켈란젤로의 작품 일부를 보고 미술의 열정에 사로잡혔다. 「피사의 전투」를 위한 밑그림을 탐구하고 깊은 인상을 받아서 시스티나 예배당의 천장화도 그보다는 못하다고 여겼다. 아버지의 간청에도 불구하고 금세공사 견습을 시작했지만 자식된 도리에서 억지로 플루트 연습도 계속했다. 그러던 중 필리피노 리피의 집에서 로마의 고대 미술품을 그린 드로잉 책을 발견했다. 그는 이 유명한 모범들을 자기 눈으로 직접 보고 싶다는 열망에 사로잡혀 친구들과 함께 수도로 가는 문제를 자주 이야기하곤 했다. 어느 날 그와 목재 조각을 하는 젊은 지암바티스타 타쏘가 아무런 목적도 없이 이야기에 몰두해서 걷다 보니 어느새 성 피에트로 가톨리니 문에 도달해 있었다. 첼리니는 자기들이 이미 피렌쩨에서 로마로 가는 도중에 있다는 것을 알았다. 서로 용기를 북돋우며 그들은 계속 걸어서 53킬로미터 떨어진 시에나에 이르렀다. 그곳에서 타쏘의 발이 더 이상 말을 듣지 않았다. 첼리니는 말을 빌릴 돈이 있었다. 두 젊은이는 한 마리 짐승을 타고 "노래하고 웃으며 로마까지 갔다. 나는 그때 막 열아홉 살이었고, 이 세기도 그랬다.(1519년)"[36]

로마에서 그는 금세공사 일거리를 구하고 고대 유적을 연구하며 돈을 벌어서 아버지에게 위안이 되는 금액을 보냈다. 그러나 자식을 사랑하는 아버지가 간절히 청했기에 2년이 지난 다음 첼리니는 피렌쩨로 돌아갔다. 그곳에 자리를 잡자마자 그는 싸우다가 어떤 젊은이를 찔렀다. 그를 죽였다고 믿고는 다시 로마로 도망쳤다.(1521) 시스티나 예배당에서 미켈란젤로의 그림들을 상세히 살펴보고 빌라 키지와 바티칸에 있는 라파엘로의 그림들도 탐구했다. 남자와 여자들, 금속과 나뭇잎의 흥미로운 형태와 선들을 모두 메모했다. 머지않아 그는 로마 최고의 금세공사가 되었다. 클레멘스 7세는 그를 처음에 플루트 연주자로 받아들였다가 나중에서야 그의 디자인이 탁월함을 알았다. 첼리니는 교황을 위해 아름다운 주화를 만들었기 때문에 교황은 그를 "교황청 조폐국 인장 담당 장인(匠人)"으로 임명했다. 그러니까 교황국가에서 통용되는 돈을 디자인하는 직책을 갖게 된 것이다. 추기경마다 인장을 가지고 있었고, 때로는 "열두 살 난 소년의 머리만큼이나 큰" 인장으로 그들은 편지를 봉한 밀랍을 눌러서 봉했다. 그런 인장들 중에는 100크라운(1250달러?)이나 나가는 것들도 있었다. 첼리니는 인장과 주화를 새기고, 보석을 깎아 박아 넣고, 메달을 제조하고, 카메오 세공을 하고, 은과 금으로 수많은 물건들을 만들었다. 그는 이렇게 말한다. "이들 다양한 예술 분야들은 서로 완전히 달라서 한 분야에서 뛰어난 사람이 다른 분야의 일을 시도하면 똑같이 성공하기란 어려운 일이다. 그래서 나는 온갖 힘을 다하여 이 모든 분야에 똑같이 숙달되도록 노력했다. 그리고 적절한 자리에서 내가 목표를 달성했음을 보여 줄 생각이다."[37]

첼리니는 거의 모든 페이지마다 허풍을 떨지만 하도 일관성 있게 열렬히 글을 쓰고 있어서 우리는 마침내 그를 믿게 된다. 그는 자신이 "섬세한 관상과 신체적 균형"을 가졌다고 말하는데 우리는 그것을 부인할 수가 없다. "자연은 내게 행복한 기질을 부여했고, 그것도 아주 탁월한 부분에서 그랬기에 나는 내가 잡고 싶은 것을 얻을 수가 있었다." 이렇게 잡고 싶은 것들 중에는 "아주 아름답고 우아한 소녀가 있어서 나는 그녀를 모델로 삼곤 했다. …… 나는 자주 그녀와 함께 밤을 보냈다. …… 성적인 즐거움에 빠진 다음 나의 잠은 때로 아주 깊었다."[38] 한번은 이런 깊은 잠에서 깨어 보니 '프랑스 병'에 걸려 있었다. 50일이 지나 병이 낫자 그는 다른 애인을 구했다.

첼리니가 얼마나 손쉬운 양심으로 교회와 국가의 계율을 어기는지 읽으면 우리는 16세기 이탈리아 도시 생활의 불법적 특성을 엿보게 된다. 로마의 치안은 분명 느슨하고 단편적이었다. 강한 직감을 가진 남자는 자기 마음대로 할 수 있었다. 아니 때로는 그래야만 했다. 첼리니는 화가 나면 "거기 돌파구를 마련해 주기로 마음먹지 않으면 죽을 것처럼 열을 받았다."[39] 공격을 받으면 "마치 기도문을 외우듯이 이제 나는 행동을 해야 한다고 생각했다."[40] 그는 수많은 싸움에 말려들었고, 단 한 경우만 빼고 자신이 옳았다고 장담한다. 그는 상대방의 목에 검을 찔러 넣었는데, 투우사처럼 정확하게 찔러서 상대는 죽고 말았다.[41] 다른 경우에 "나는 놈의 귀 아래를 찔렀다. 겨우 두 방을 먹였는데 그는 두 번째 일격에 통나무처럼 뻣뻣하게 죽어 쓰러졌다. 그를 죽일 생각은 아니었지만 흔히들 하는 말로 불행은 치수를 재어서 분배되는 것이 아니다."[42]

그의 신학은 그의 도덕성만큼이나 독립적이었다. 언제나 옳았기 때문에(한 번만 빼고) 그는 신이 자기편이고, 자기 팔에 힘을 더해 주신다고 느꼈다. 그리고 자신이 살인을 저지를 때 도와달라고 신에게 기도했고, 자신의 성공에 대해 그분 덕분이라고 믿었다. 그러나 잃어버린 애인 안젤리카를 찾도록 도와달라는 기도에 신이 응답을 하지 않자 그는 악마에게 도움을 청했다. 시칠리아 마법사가 한밤중에 황량한 콜로세움으로 데려가서 바닥에 마법의 원을 그리고 불을 피우고 불꽃에 향수를 흩뿌렸다. 그리고 히브리, 그리스, 라틴어로 악령들을 불렀다. 첼리니는 눈앞에 수백 가지 환영들이 나타나는 것을 보았으며 그들이 자기가 다시 빠른 시일 안에 안젤리카와 재결합할 것이라고 예언했다고 믿었다. 집으로 돌아와서 밤새도록 그는 악령들을 보았다.[43]

황제군이 로마를 약탈할 때 첼리니는 천사성으로 도망쳐 포병으로 일했다. 그의 주장에 따르면 부르봉 공작을 죽인 것도 자기가 쏜 포의 하나였다. 그리고 자신의 정교한 조준 덕분에 포위군을 성에서 멀리 떼어 놓을 수 있었고, 그래서 교황과 추기경들과 첼리니 자신을 구했다고 한다. 이 말이 얼마나 사실인지 우리는 모른다. 그러나 같은 출전에 따르면 클레멘스 7세는 로마로 돌아오자 첼리니를 연봉 200크라운(2500달러?)에 권표(mace) 만드는 사람으로 임명하면서 이렇게 말했다고 한다. "부자 황제라면 나는 벤베누토에게 내 눈길이 닿는 땅을 줄 텐데. 그러나 나는 가난한 파산자에 지나지 않으니 어쨌든 그가 필요로 하는 빵 값이라도 주어야겠다."[44]

파울루스 3세는 클레멘스 7세의 뒤를 이어 그를 후원해 주었다. 아마도 심정의 즐거움 때문에 과장해서 첼리니는, 자기에게 너그럽게 대했다고 항의하는 사람에게 교황이 이렇게 대답했다고 전하고 있다. "벤베누토 같은 사람은 자신의 전문 분야에서 유일한 존재이기에 법보다 높이 있다는 것을 알아라. 게다가 내가 듣기로는 그가 상대에게서 고약한 도전을 받았으니 말이지."[45] 하지만 파울루스 3세의 아들 피에를뤼지는 첼리니만큼이나 불한당이었기에 교황이 예술가에게 등을 돌리게 만들었다. 첼리니의 기술로도 그런 영향력을 극복하기에는 불충분해서 1537년에 그는 로마의 가게를 닫고 프랑스로 갔다. 가는 길에 파도바에서 벰보의 영접을 받고 그의 작은 초상화를 그렸고, 그 대가로 자신과 두 동반자가 탈 말들을 선물 받았다. 그들은 알프스를 넘어 스위스의 그라우뷘덴 주를 내려가 계속 말을 타고 취리히, 로잔느, 제네바, 리옹을 거쳐 파리로 갔다. 그곳에서도 첼리니는 적들을 보았다. 피렌쩨 화가인 죠반니 데 로씨는 왕의 돈을 얻으려는 경쟁자를 원치 않았다. 그래서 그는 새로 온 사람을 방해하는 일들을 만들어 냈다. 마침내 첼리니가 프랑수아 왕을 만나게 되었을 때 해결할 수 없는 싸움에 말려들었다. 병이 들고 고향이 그리워서 그는 알프스를 넘어 로레토까지 순례 여행을 했다. 그리고 아펜니노 산맥을 넘어 로마로 왔다. 놀랍게도 그는 피에를뤼지에 의해 교황의 보석을 횡령했다는 고발을 받은 상태였다. 그는 전에 자기가 구한 천사성에 갇혔고 여러 달 동안이나 감옥에서 고생했다. 도망을 쳤지만 그 과정에 다리를 부러뜨려서 체포되고 이번에는 지하 감옥에서 2년이나 보냈다. 그는 프랑수아 1세의 간청으로 풀려났다. 프랑수아 1세는 이제 프랑스에서 그를 급히 필요로 했다. 그는 한 번 더 알프스를 넘어갔다.(1540)

그는 폰타나 벨리오, 즉 퐁텐블로에서 왕을 만났다. 따뜻한 영접을 받고 파리에 작업장 겸 집으로 삼을 저택을 할당받았다. 그 집의 거주자들이 떠나기를 거부하자 그는 힘으로 그들을 몰아냈다. 프랑스 사람들은 그의 태도나 그의 말투를 좋아하지 않았다. 왕의 애인인 마담 데탕프는 자신의 높은 지위에 대해 첼리니가 예의를 갖추지 않는다고 화를 냈다. 그가 쫓아낸 거주자들의 가구를 창밖으로 던졌다는 말을 듣고 그녀는 프랑수아 1세에게 "저 악마가 며칠 안에 파리를 유린할 것"이라고 경고했다.[46] 낙천적인 군주는 그 이야기를 듣고도 첼리니의 기술을 보고 그의 폭력을 용서했다. 그리고 1년에 700크라운(8750달러?)을 주고, 로마에서 이리로 오는 여행 경비로 500크라운을 더 주고, 첼리니가 왕을 위해 제작하는 예술품에 대해 매번 추가로 돈을 더 주겠다고 약속했다. 첼리니는 이것이 24년 전에 레오나르도에게 지급되었던 것과 같은 조건이라는 말을 듣고 자랑스럽게 여겼다.[47]

쫓겨난 거주자 한 사람이 그가 동산의 일부를 훔쳤다는 죄목으로 그를 법원에 고소했다. 법원은 첼리니에게 패소를 판결했다. 그는 자신만의 방법으로 이런 판결을 바꾸었다.

나의 판결이 불공정하게 나왔다는 말을 듣고 나는 방어를 위해 지니고 다니던 큰 검에 의지했다. 나는 언제나 훌륭한 무기들을 지니는 것을 좋아했기 때문이다. 나를 고소한 사람을 맨 먼저 공격했다. 어느 날 저녁 나는 그의 다리와 팔에 심한 상처를 입혔다. 그를 죽이지 않도록 조심하면서 그가 두 다리를 사용할 수 없게 만들었다.[48]

분명히 이 고소인은 감히 더 이상 덤비지 못했고 첼리니는 다른 출구로 에너지를 돌릴 수 있었다. 그의 파리 작업장에는 "가난한 젊은 아가씨 카테리나가 있었다. 나는 그녀를 주로 작품 때문에 붙잡아 놓았다. 모델 없이는 일할 수 없기 때문이다. 그러나 남자로서 나는 그녀를 즐거움을 위해서도 이용했다."[49] 그러나 카테리나는 많은 선물에 넘어가서 조수인 파골로 미체리와도 잤다. 첼리니는 이 말을 듣고 힘이 다 빠질 때까지 그녀를 두들겨 팼다. 그의 하인 로베르타가 별것 아닌 일로 가혹한 벌을 주었다고 그를 비난했다. "프랑스에는 뿔 없는(오쟁이 지지 않은) 남편이 없다."는 것도 모른단 말인가? 다음 날 그는 다시 카테리나를 모델로 삼았다. "그동안에 어느 정도 사랑의 분위기가 일어났다. 마지막에 전날과 같은 시각에 그녀가 나를 얼마나 열 받게 만들었는지 나는 전날과 똑같이 두들겨 팼다. 이렇게 우리는 며칠간 똑같은 일을 반복했다. …… 그 사이에 나는 내게 가장 큰 명예가 되는 방식으로 작품을 완성했다."[50] 다른 모델인 쟌느는 그에게 딸을 낳아 주었다. 그는 어머니에게 지참금을 주고, "그 순간부터 그녀와는 전혀 상종도 하지 않았다."[51] 아이는 나중에 유모에 의해 베개로 덮여 질식해 죽었다.

프랑수아는 참을성 있게 이런 모든 불법 행위를 참아 주었다. 그러나 첼리니는 파리에서 하도 많은 적을 만들었기에 왕에게 이탈리아를 방문할 허가를 요청했다. 허락이 나오지 않았지만 첼리니는 프랑스를 떠나 힘든 여행을 한 다음 고향 피렌쩨로 돌아왔다.(1545) 그곳에서 그는 더 나은 성품의 측면을 보여서 누이와 그녀의 여섯 딸들을 물질적으로 도와주었다. 그는 코시모가 프랑수아 1세처럼 후하지 않은 것을 알았다. 언제나 그렇듯이 적들을 만들었지만 공작의 훌륭한 흉상 초상화를 주조하고(바르젤로) 공작을 위해 가장 유명한 작품을 만들었다.「페르세우스」는 아직도 로지아 데이 란찌에 서 있다. 그는 이 주조에 얽힌 생생한 이야기를 전한다. 근심, 노동, 열과 냉기에 노출되는 일 등이 겹쳐 심한 열병에 걸려, 자기가 이 일을 위해 특별히 고안한 용광로가 금속을 녹이기 시작한 순간에 몸져누웠다. 그리고 이렇게 녹인 금속이 이 거대한 거푸집을 채우기에 부족하다는 사실이 드러났다. 몇 달간의 노력이 수포로 돌아가려는 순간 첼리니는 침대에서 일어나 용광로 안에 주석 덩어리 하나와 백랍 그릇 200개를 집어넣었다. 작품이 일반에 공개되었을 때(1554) 이 작품은 미켈란젤로의「다윗」이후로 다른 어떤 작품에 못지않은 찬사를 받았다. 반디넬리 조차도 그 작품을 칭찬했다.

이 정점으로부터 이야기는「페르세우스」사례비를 놓고 공작과 흥정을 벌이는 산문적인 장들로 내려간다. 벤베누토는 오래 기다렸고, 코시모는 재정이 적자였다. 이야기는 1562년에 갑자기 끝난다. 이 자서전은 다른 방식으로 잘 입증된 사실을 언급하지 않고 있다. 즉 첼리니가 1556년에 분명히 범죄적인 부도덕성으로 인해 두 번이나 감옥에 갔혔다는 사실이다.[52] 말년에 첼리니는 금세공사의 기술에 대한 논문을 한 편 작성했다. 그리고 50년 동안이나 젊은 혈기로 난봉을 부린 다음 1564년에 결혼했다. 그리고 프랑스에서 얻은 사생아 한 명과 피렌쩨로 돌아온 다음 얻은 다섯 명에 덧붙여 두 명의 합법적인 자식을 두었다.

그의 작품 중에서(보통은 옮기기 쉽게 작은 것들) 소수만이 오늘날 보관 장소와 그의 작품임이 확인되어 있다. 성 베드로 대성당의 보물실에는 첼리니 작품으로 되어 있는 장식적인 은 촛대가 있다. 바르젤로에는 그의「나르시스」와「가뉘메드」가 있다. 둘 다 대리석 작품이고 둘 다 탁월하다. 피티 궁전에는 은으로 만든 쟁반과 물 주전자가 있다. 루브르는 그가 만든 벰보의 메달을 소장하고 있고,「퐁텐블로의 요정」이라 불리는 아름다운 청동 돋을새김이 있다. 빈에는 프랑수아 1세를 위해 만든 소금 그릇이 있고, 보스턴의 가드너 컬렉션은 그가 만든 알토비티 흉상을 소장하고 있다. 거대한 「십자가에 못 박힘」이 에스코리알에 있다. 이렇게 여기저기 흩어진 견본들로는 예술가로서의 첼리니를 판단하기에 충분하지가 못하다. 이들은 그의 명성을 증언하기에는 양이 적다. 저 강하고 지나치게 공들인「페르세우스」조차 바로크를 보여 준다. 그런데도 클레멘스 7세는(첼리니의 말에 의지하자면) 그를 "기술로 보아 세상에 태어난 가장 위대한 예술가"라고 말했다.[53] 그리고 오늘날 전해지는, 미켈란젤로가 첼리니에게 보낸 편지에는 이런 말이 있다. "나는 긴 세월 동안 당신이 세상에 알려진 가장 위대한 금세공사라는 사실을 알고 있었다."[54] 우리는 첼리니가 천재이며 악당이고, 탁월한 장인이며 살인자라고 결론지을 수 있을 것 같다. 그의 뛰어난 『자서전』이 그가 만든 은과 금세공품, 카메오 세공품보다 더 빛나고, 그것은 또 우리로 하여금 우리 시대의 도덕성과 화해하게 해 준다.

6. 줄어든 빛

이탈리아가 쇠퇴하던 이 시대는 사부아가 부활하던 시대였다. 엠마누엘 필리베르(Emmanuel Philbert)는 프랑스군이 침입해서 사부아 공작령을 점령하는 것을 아마 목격했을 것이다.(1536) 스물다섯 살에 그는 공작의 직위를 물려받았지만 영토는 받지 못했다. 스물아홉 살에 스페인과 영국군이 생캉탱에서(1557) 프랑스군에게 거둔 승리에 지휘자로 참전했다. 2년 뒤에 프랑스는 그에게 파괴된 나라와 파산된 옥좌를 돌려주었다. 그가 사부아와 피에몬테를 재건한 것은 정치가로서의 위대한 업적이었다. 그의 영토의 알프스 기슭에는 이단인 발도파가 자주 나타나곤 했다. 그들은 점차 가톨릭 교회에서 칼뱅을 숭배하는 평신도회로 변화했다. 교황 피우스 4세는 공작에게 1년 동안의 성직록을 주고 이 이단자들을 진압하라고 제안했다. 엠마누엘은 과격한 조치를 취했다. 그러나 이런 조치들이 결국 대규모 이민을 불러오자 그는 노선을 바꾸어 관용 정책을 취하게 되었다. 그리고 종교 재판의 엄격함을 제한하고 위그노(프랑스 개신교) 도망자들에게 피난처를 제공했다. 그는 토리노에 새 대학을 세우고 백과사전 편집에 돈을 대 주었다. 아내인 발루아의 마르가레트에게는 항상 정중한 태도를 보였지만 거듭 바람을 피우곤 했다. 그녀는 그에게 현명한 충고와 외교적인 도움을 주었고, 토리노의 밝은 사회적, 지적 생활을 주도했다. 엠마누엘이 죽었을 때(1580) 그의 공국은 유럽에서 가장 잘 통치된 국가의 하나였다. 19세기에 그의 혈통에서 통일된 이탈리아의 왕들이 나오게 된다.

최근의 전쟁에서 적절한 때에 프랑스를 배신하고 스페인 편으로 넘어간 안드레아 도리아(Andrea Doria)는 그사이 제노바에서의 통치권을 유지했다. 그곳 은행가들은 카를 5세의 전투에 재정 지원을 했다. 그 대가로 황제는 그들이 도시를 계속 지배하도록 내버려두었다. 무역로가 지중해에서 대서양으로 넘어간 것 때문에 베네찌아처럼 심각한 타격을 입지 않은 제노바는 다시 큰 항구 겸 전략적인 요충지가 되었다. 미켈란제로의 제자인 페루지아의 갈레아쬬 알레씨(G. Alessi)는 제노바에 화려한 교회들과 궁전들을 건설했다. 바사리는 비아 발비가 이탈리아에서 가장 찬란한 도로라고 서술했다.*

카를 5세는 자신의 혈통 중 마지막으로 밀라노 통치자였던 프란체스코 마리아 스포르짜가 1535년에 죽자 밀라노에 황제의 태수를 보냈다. 복종이 밀라노에 평화를 가져왔고, 이 고대 도시는 다시 번성하게 되었다. 알레씨는 그곳에 아름다운 마리노 궁전을 건축했다. 레오네 레오니(L. Leoni)는 밀라노 조폐국에서 동전을 주조하면서 미니어처 조각 부분에서 첼리니와 경쟁했지만 첼리니처럼 자신의 탁월함을 책으로 출판할 능력이 없었다. 이 시대 가장 탁월한 밀라노 사람은 산 카를로 보로메오(S. C. Borromeo)였다. 그는 르네상스가 끝나 갈 무렵에 고대가 쇠퇴하던 시기의 성 암브로시우스가 하던 역할을 했다. 그는 부유한 귀족 가문 태생이었다. 그의 아저씨 피우스 4세는 그를 스물

---

* 비아 발비(Via Balbi)는 2차 세계대전 때 파괴되었다.

한 살에 추기경으로 임명하고, 스물두 살에 밀라노 대주교로 임명했다.(1560) 그는 아마도 이 시기 그리스도교 세계에서 가장 부유한 고위 성직자였을 것이다. 그러나 그는 대주교 직위만 빼고 모든 성직록을 포기하고 수입을 자선에 이용하고 자신은 거의 광신적으로 교회를 위해 헌신했다. 그는 성 암브로시우스 평신도회를 창설하고 예수회를 밀라노에 데려오고, 가톨릭에 충성스러운 모든 교회 운동을 열렬히 후원했다. 부와 권력에 길들여졌던 그는 자신의 주교구 법정에서 완전히 중세적인 사법적 처리를 고집했다. 그리고 법과 질서를 유지하는 일의 상당 부분을 자기가 장악하고서 대주교구 지하 감옥에 범죄자와 이단자들을 가득 집어넣었다. 이렇게 해서 24년간 이 도시의 실질적인 통치자 노릇을 했다. 문학과 미술은 통합과 도덕성을 향한 그의 정열로 인해 고통을 받았다. 그러나 건축가이며 화가인 펠레그리노 티발디는 그의 후원을 받아 번창하고, 거대한 대성당의 장엄한 성가대석을 고안했다. 1576년에 전염병이 돌았을 때 대부분의 중요 인사들이 다 도망쳤는데 그는 자기 자리에 그대로 남아 병자들을 위로하고, 쉬지 않고 방문하고 밤새도록 기도했다. 이것으로 추기경의 엄격함이 모두 용서되었다.

코모 호수에 있는 체르노비오에서 추기경 톨로메오 갈리오는 아마도 다른 천국에 대해서는 확신이 없었던 듯 데스테 별장을 건축했다.(1568) 모레토의 제자인 쟘바티스타 모로니는 브레시아에서 티찌아노의 작품 대부분과 나란히 놓아도 손색이 없을 정도의 초상화를 몇 점 그렸다.* 크레모나에서는 빈첸쪼 캄피가 불멸의 그림보다 좀 못한 그림을 그리는 가문의 전통을 계속 이어 나갔다. 페라라에서 에르콜레 2세는 오랫동안 교황과 싸우던 것을 그치고 파울루스 3세에게 18만 두카트를 지불하고 해마다 7000두카트의 공물을 바치기로 약속하고 화해했다. 알폰소 2세는 도시에 또 다른 번영의 시기를 가져다주었다.(1558~1597) 이것은 토르콰토 타쏘(Torquato Tasso)의 「해방된 예루살렘」과, 죠반니 과리니(G. Guarini)의 「양치기」에서 절정에 이르렀다. 지롤라모 다 카르피(G. d. Carpi)는 가로폴로에게서 그림의 기술을 배웠지만 (바사리의 말에 따르면) 사랑과 류트에 너무 많은 시간을 보냈고, 너무 일찍 결혼을 했기에 천재의 자기중

---

* 몇 가지 거론하자면 다음과 같다. 「노신사」(베르가모), 「안토니오 나바제로」(밀라노), 「바르톨로메오 봉가」(뉴욕), 「노인과 소년」(보스턴), 「티찌아노의 교사」(워싱턴), 「로도비코 마드라쪼」(시카고).

심적인 사고에 빠져들지 못했다.

피아첸짜와 파르마는 이 시기에 놀라운 발전에 이르렀다. 이 두 도시가 수백 년 동안 밀라노에 속했고, 또 지금은 밀라노 공작령이 카를 5세에게 속하고 있는데도, 교황 파울루스 3세는 이 두 도시가 교황의 봉토라고 주장하고 1545년에 아들 피에를뤼지 파르네제에게 이 두 도시를 맡겼다. 2년도 채 지나기 전에 새로운 공작은 피아첸짜에서 귀족 폭도들에게 암살당했다. 그들은 그의 호색함은 참았지만 권력과 결실의 독점에 대해 앙심을 품었다. 파울루스 3세는 정당하게도 당시 카를 5세의 총독으로 밀라노를 통치하던 페란테 곤짜가가 이 음모를 주도했다고 여겼다. 또한 마침 우연히 근처에 있던 황제군대가 즉시 피아첸짜를 황제의 것으로 장악해 버렸다는 것도 알았다.(1547) 파울루스가 죽은 직후 율리우스 3세는 피에를뤼지의 아들 오타비오를 파르마 공작으로 임명했다. 오타비오는 카를 5세의 사위이기도 했으므로 죽을 때까지 파르마를 통치할 수 있었다.(1586)

볼로냐에서는 쇠퇴의 흔적이 보이지 않았다. 여기서 비뇰라(Vignola)는 무역업자들을 위해 방키의 주랑 현관을 설계했다. 안토니오 모란디(A. Morandi)는 대학 건물에 덧붙여 그 고귀한 안뜰로 유명한 대형 체육관을 지었다. 1563년에 교황 피우스 4세는 팔레르모의 토마소 라우레티에게 성 페트로니오 광장에 분수를 세우라고 주문했다. 이 기획의 조각 부분은 젊은 플랑드르 예술가에게 제안되었다. 지금 그는 피렌쩨에서 왔지만, 그가 자신의 가장 위대한 작품을 만들었던 도시(볼로냐)로부터 아마 그 성(姓)을 얻었을 것이다. 죠반니 다 볼로냐, 혹은 쟌 볼로냐는 거대한 넵튠 분수를 위해 9명의 인물을 주조했다. 이 그룹의 맨 위에 강하고 벌거벗은, 거대한 해신의 모습을 올려놓았다. 분수대 구석에는 청동으로 주조된, 돌고래를 타는 네 명의 행복한 어린이들의 모습을 만들어 놓았다. 넵튠의 발치에는 가슴에서 분수의 물길을 뿜어내는 네 명의 우아한 소녀들을 두었다. 볼로냐 시는 돈과 칭찬을 주어서 그를 피렌쩨로 돌려보냈다. 이 도시는 거대한 분수를 위해 7만 플로린(87만 5000달러?)을 아끼지 않았다. 시민 예술의 정신이 이탈리아에 아직 살아 있었다.

르네상스 로마에 작별의 눈길을 던져 보면 이 도시가 1527년의 재앙에서 회복한 그 속도에 놀라게 된다. 클레멘스 7세는 파괴를 막기보다 회복하는 데서 더 많은 기술을 보여 주었다. 그가 카를 5세에게 항복한 일은 교황국가들을 보호해 주었고, 이곳의 수입이 교회 기율의 회복과 로마의 부분적인 재건을 위해 재정적인 뒷받침이 되어 주었다. 종교 개혁의 효과로 수입이 줄어든 일이 아직은 교황청 재정에 뚜렷한 영향을 보이지 않았다. 파울루스 3세 치하에서 르네상스의 정신과 영광은 한 순간 되살아나는 듯이 보였다.

일부 예술은 죽어 가고 있었고, 다른 예술은 태어나거나 형태를 바꾸고 있었다. 파르네제 추기경과 같은 집에 살았던 크로아티아 사람 쥴리오 클로비오는 마지막 위대한 사본 장식가였다. 그러나 1567년 클라우디오 몬테베르디가 크레모나에서 태어났다. 머지않아 오페라와 오라토리오가 예술 분야에 덧붙여졌다. 그리고 팔레스트리나의 다성 미사곡들이 교회에 새로운 활력을 불어넣었다. 이탈리아 미술의 위대한 시대는 끝나 가고 있었다. 라파엘로의 아류였던 페리노 델 바가와 죠반니 다 우디네는 장식 예술 쪽을 향했다. 조각은 바로크 양식으로 가고 있었다. 라파엘로 다 몬텔루포와 죠반니 다 몬토르솔리는 스승 미켈란젤로의 과장을 더욱 과장했고, 독창적으로 뒤틀리긴 했지만 기묘하고 꼴사나운 자세의 팔다리를 가진 조각상들을 만들었다.

건축이 이제는 가장 번성하는 미술 분야가 되었다. 팔라티노 언덕에 있는 파르네제 궁전과 정원들은 미켈란젤로에 의해 개선되었고(1547) 쟈코모 델라 포르타에 의해 완성되었다.(1580) 안토니오 다 상갈로 2세는 바티칸의 바울(파울루스) 예배당을 설계했다.(1540) (바울 예배당과 시스티나 예배당을 연결하는) 통치의 방(살라 레지아)에서 교황 파울루스 3세는 상갈로가 고안한 대리석 바닥과 패널들, 바사리와 쭈카리 형제가 벽화를 그린 벽들과, 다니엘레 다 볼테라와 페리노 델 바가가 아름답게 조각한 천장을 지니게 되었다. 천사성에 있는 교황의 거처는 페리노, 쥴리오 로마노, 죠반니 다 우디네가 제작한 벽화들과 조각들로 장식되었다. 이폴리토 데스테 2세 추기경은 티볼리 근처에 유명한 두 개의 에스테 별장 중 첫 번째 것을 지었다. 피로 리고리오가 설계도를 마련하고 쭈카리 형제가 작은 별장을 장식했다. 테라스가 있는 정원들은 르네상스 추기경들의 섬세한 취향과 엄청난 부를 증언한다.

이 시대 로마 시내 혹은 근처에서 가장 인기 있는 건축가는 쟈코모 바로찌 다 비뇰라였다. 고대의 폐허를 연구하기 위해 볼로냐에서 온 그는 아그리파의 판테온과 율리우스 카이사르의 바실리카를 결합시키고, 둥근 지붕과 아치들, 기둥과 박공벽을 결합시킴으로써 자신의 양식을 만들어 냈다. 팔라디오처럼 그도 자신의 원칙을 선전하는 책을 썼다. 그는 비테르보 근처 카프라롤라에 파르네제 추기경을 위해서 또 다른 거대하고 화려한 파르네제 궁전을 건설함으로써(1547~1549) 최초의 승리를 거두었다. 10년 뒤에 피아첸짜에 세 번째 파르네제 궁전을 건설했다. 그러나 그의 가장 영향력이 있는 작품은 교황 율리우스 3세를 위해 지은 쥴리오 교황의 별장에 속한 포르타 델 포폴로와 예수교회(1568~1575)이다. 당시 일어서던 예수회를 위해 지은 이 유명한 건축물에서 비뇰라는 인상적인 폭과 높이를 가진 회중석을 설계하고, 측면 복도를 제단들로 바꾸었다. 뒷날 건축가들은 이 교회를 최초의 바로크 양식 건물로 만들게 된다. 지나치게 장식이 많은, 구부러지고 일그러진 형태들로 말이다. 1564년에 비뇰라는 미켈란젤로를 뒤이어 성 베드로 대성당의 책임 건축가가 되어서 미켈란젤로가 설계한 위대한 둥근 지붕을 올렸다는 명예를 나누어 갖게 되었다.

7. 미켈란젤로의 마지막 국면: 1534~1564

미켈란젤로는 다른 시대에서 나온, 통제할 수 없는 유령으로서 이 모든 세월을 계속 살아남았다. 클레멘스 7세가 죽었을 때 그는 쉰아홉 살이었다. 그러나 아무도 그가 쉴 권리를 얻었다고 생각하지 않는 듯했다. 교황 파울루스 3세와 우르비노의 프란체스코 마리아는 살아 있는 이 사람을 얻기 위해 싸움을 벌였다. 율리우스 2세의 유언 집행관인 공작은 아저씨의 무덤을 완성하라고 소리 높여 요구하고, 미켈란젤로가 이미 오래전에 서명한 계약서를 휘둘렀다. 그러나 거만한 교황은 그런 말을 들으려 하지 않았다. 파울루스는 미켈란젤로에게 이렇게 말했다. "30년 동안이나 나는 당신이 나를 위해 일하기를 원해 왔소. 이제 내가 교황이 되었는데 나를 실망시키겠소? 이 계약서 따윈 찢어 버려요. 나는 무슨 일이 있어도 당신이 나를 위해 일하게 할 것이오."[55] 공작은 항의했지만 마침내 율리우스 2세가 꿈꾸었던 것보다 훨씬 작은 기념묘를 세웠다. 이 무덤이 미숙아라는 인식은 이 거장의 마지막 몇 해를 어둡게 만드는 데 한몫을 했다.

1535년에 승리에 찬 교황은 미켈란젤로를 바티칸의 책임 건축가, 조각가, 화가로 임명하고 또 그가 이 모든 분야에서 탁월함을 인정하는 교서를 발행했다. 예술가는 교황청의 식구가 되었고 1년에 1200크라운(15,000달러?)씩의 종신 연금을 받게 되었다. 클레멘스 7세는 죽기 직전에 그에게 시스티나 예배당의 제단 뒤에 「최후의 심판」 벽화를 그려 달라고 부탁했었다. 파울루스 3세는 이 주문을 지금 행동으로 옮겨 달라고 제안했다. 미켈란젤로는 못마땅했다. 그는 그림이 아니라 조각을 원했다. 붓을 들고 있는 것보다 망치와 끌을 들고 있을 때가 더 행복했다. 그림을 그려야 할 벽의 크기(20 × 10미터)가 그를 머뭇거리게 했을지도 모른다. 그런데도 1535년 9월에 그는 자신의 가장 유명한 그림을 시작했다.

그의 삶의 거듭된 실망들이(불구가 된 율리우스 2세의 기념묘, 볼로냐에 자기가 만든 같은 교황의 조각상의 파괴, 아직도 완성되지 못한 성 로렌쪼의 정면부, 역시 미완성인 메디치 무덤) 어쩌면 내면에 쓰라린 마음으로 쌓였다가 신적인 분노로 쏟아져 나왔던 것일까. 사보나롤라의 기억들이 40년 저편의 세월을 지나 그에게 돌아왔던 것인지도 모른다. 저 무시무시한 종말의 예언, 인간의 사악함에 대한 고발, 성직자의 부패, 메디치 가문의 독재, 지적인 자부심, 이교적인 즐거움, 피렌쩨의 영혼을 태우는 지옥의 불길. 이제 죽은 순교자가 그리스도교 세계의 가장 내밀한 제단으로부터 다시 말을 하게 된다. 레오나르도가 그를 가리켜 단테에게서 배운 사람이라 불렀던 우울한 예술가가 다시금 지옥의 소금물에 자신을 흠뻑 적시고는 그 공포를 벽으로 옮겨 놓았고, 세월이 흘러도 미래의 교황들은 미사를 드릴 때면 자기들 앞에 피할 길 없이 놓인 최후의 심판을 향해 다가오게 될 것이다. 그리고 최근까지 인간의 몸을 비웃고 헐뜯었던 이 종교의 수도에서, 그는 붓을 들었으나 조각가로서 수없이 많은 상태와 자세를 취한 몸들을 그렸다. 지옥의 고통에 의해 뒤틀리고 일그러진 몸, 죽은 사람들이 나른하지만 흥분해서 올라오는 모습, 운명적인 소환을 알리는 천사들의 부풀어 오른 몸, 그리스도는 자신의 상처를 보여 주고 있지만, 거인의 어깨와 헤라클레스의 팔을 지닌 채, 하느님의 계율보다 자신이 더 뛰어나다고 생각했던 자들을 지옥으로 집어던지는 그 강인한 몸.

　미켈란젤로의 내면에 있는 조각가가 화가를 망쳤다. 나날이 더욱 종교적으로 되어 가던 이 엄격한 청교도 예술가는 강력한 근육질의 몸들을 색채로 조각했다. 그동안 미술과 문학이 행복한 아이들이나 우아한 젊은이들이나 나긋나긋한 소녀들로 표현했던 천사들은 여기서 하늘을 달리는 근육질의 전사들이 되고 말았다. 그리고 저주받은 인간들이나 구원받은 인간들은 그들이 하느님의 형상으로 만들어졌기에 그림에서 똑같이 구조될 가치가 있고, 고귀한 분노에 사로잡힌 그리스도 자신도 시스티나 천장화에 나오는 아담이 다시 나타난 듯한 모습이다. 그러니까 인간의 형상을 따라 만들어진 신이다. 이 그림에는 너무 많은 육체가 있고, 너무 많은 팔과 다리, 이두근과 부풀어 오른 장딴지들이 있기에 정신을 고양시켜 죄의 무게를 달아 볼 수가 없을 정도이다. 호색한 아레티노조차도 이토록 많은 나체들이 여기서는 좀 어울리지 않는다고 생각했다. 파울루스 3세의 의전관인 비아지오 다 체세나가 인간 형태를 이토록 예찬하는 일이 교황의 예배당보다는 술집에나 더 어울린다고 불평했다는 사실은 잘 알려진 일이다. 미켈란젤로는 저주받은 사람 하나를 비아지오의 모습으로 그려 넣어 복수했다. 비아지오가 교황에게 자신의 초상화를 지워 달라고 청하자 교황은 탁월한 유머와 신학으로, 교황이라 해도 지옥에 빠진 영혼을 구원할 수는 없다고 대답했다.[56] 비아지오의 불평과 같은 불평들에 굴복해서 교황 파울루스 4세는 다니엘레 다 볼테라에게 눈에 거슬리는 부분들에 천 가리개를 그려 넣으라고 명령했다. 그 이후로 로마 사람들은 이 가련한 예술가를 브라게토네(il Braghettone), 곧 가리개(팬티) 재단사라고 불렀다. 이 어두운 파노라마에서 가장 고귀한 인물은 완전히 옷을 입고 있는 성모이다. 성모의 의상은 의상 부문에서 이 대가의 마지막 승리이다. 두려움과 자비심에 찬 성모의 모습은 인간의 잔인함을 찬양한 이 그림에서 하나의 구원하는 요소이다.

6년 동안의 긴 작업이 끝난 후 그림이 1541년 성탄절에 공개되었다. 르네상스에 반대하는 종교적 반동의 단계로 들어가고 있던 로마는 「최후의 심판」을 훌륭한 신학이며 위대한 예술이라고 받아들였다. 바사리는 그것이 모든 그림 가운데 가장 놀라운 그림이라고 말했다. 예술가들은 해부학의 요소에 경탄하고, 근육의 과장과 기묘한 자세와 육체의 과도함에 대해 아무런 불쾌감도 느끼지 않았다. 오히려 반대로 많은 화가들은 이 대가가 지닌 이런 매너리즘(뻔한 버릇)을 모방했고, 그로써 이탈리아 미술의 퇴조가 시작되는 매너리즘 유파가 형성되었다. 문외한조차도 단축과(이것은 그림의 부분들을 돋을새김 비슷하게 만든다.) 예리한 원근법을 보고 경탄했다. 이런 원근법은 낮은 곳의 인물들을 2미터 높이에, 중간의 인물들은 3미터 높이에, 맨 위의 인물들은 4미터 높이에 있는 것으로 만든다. 오늘날 이 벽화를 보는 우리는 이것을 공정하게 판단할 수가 없다. 그것은 다니엘레의 천 가리개 작업과, 1762년에 계속된 일부 인물에 의상 입히기 등 덧칠을 통해서, 또 400년 동안의 먼지, 초의 그을음, 자연스럽게 색이 어두워지는 현상 등으로 손상된 것이기 때문이다.

몇 달 동안의 휴식을 취한 다음 미켈란젤로는 안토니오 다 상갈로가 바티칸에 파울루스 3세를 위해 지은 예배당에 두 개의 벽화를 그리는 작업을 시작했다.(1542) 하나는 사도 베드로의 순교를 그린 것이고 다른 것은 사도 바울의 개종을 그린 것이다. 여기서 다시 예술가는 거듭 인체의 과격한 과장에 빠져들었다. 그는 이 그림을 완성했을 때 일흔다섯 살이었다. 바사리에게 그는 자기 의지에 반하여 이 그림들을 그렸고, 매우 애써서 대단히 피로한 가운데 그렸다고 말했다.[57]

그는 조각가로서는 아직 피로를 느끼지 않았다. 망치와 끌이 건강을 유지해 준다고 그는 말했다. 심지어는 「최후의 심판」을 그리는 중에도 그는 이따금 자기 작업장에서 대리석과 씨름하면서 피난처와 위안을 찾았다. 1539년에 그는 엄격하고 힘찬 「브루투스」(바르젤로)를 제작했다. 이 작품은 가장 위대한 로마 시대 초상 조각이라 할 만하다. 그는 최근에 피렌쩨에서 있었던 폭군 알레싼드로 데 메디치의 살해를 수긍하고, 미래의 폭군에 대한 경고로 이 작품을 생각했던 것인지도 모른다. 11년 뒤 약간 누그러진 상태에서 피렌쩨 대성당의 제단 뒤에 세워진 「피에타」를 조각했다. 그는 이 작품을 자신의 조각의 기념비로 만들기를 원했으며 열심히 그 일에 매달렸다. 자주 밤에도 모자에 촛불을 고정시키고 일하곤 했다. 그러나 지나치게 열렬하게 망치질을 한 나머지 조각품이 손상을 입었기에 돌이킬 수 없이 망가진 것이라 여겨 포기했다. 그의 하인 안토니오 미니는 이 작품을 선물로 달라고 청해서 받았고, 그것을 어떤 피렌쩨 사람에게 팔았다. 이것은 일흔다섯 살 된 남자로서는 놀라운 작품이다. 죽은 그리스도의 몸은 전혀 과장이 없이 표현되어 있다. 미완성인 성모의 모습은 돌로 만들어진 부드러움이다. 두건을 쓴 니고데모의 고귀한 얼굴은 일부 사람들이 생각했듯이 미켈란젤로 자신이다. 그는 매우 자주 그리스도의 수난을 명상하곤 했다.

그의 종교는 본질적으로 중세적이고, 신비주의와 예언, 또 죽음과 지옥에 대한 생각으로 어두워진 것이다. 그는 레오나르도의 회의론이나 라파엘로의 쾌활한 무관심을 지니지 않았다. 그가 좋아한 책들은 성서와 단테였다. 생애 마지막 무렵 그의 시는 점점 더 종교를 향했다.

이제 나의 삶은 허약한 배처럼 폭풍우 치는
바다를 지나, 최후의 심판이 내려
선한 행동과 나쁜 행동에 대해 대가를 치르기 전에
모두가 가는 그 넓은 항구에 이르렀다.
이제 나는 내 영혼을 지상의 예술의 숭배자와

노예로 만들었던, 저 좋아하는 상상이 얼마나

공허한 것인지 아노라, 모든 사람이 기꺼이

추구하는 것이 얼마나 범죄적인 것인지를.

그토록 밝은 옷을 입은 이런 사랑의 생각들

두 가지 죽음이 다가올 때에 그것이 대체 무엇이랴?

내가 확실히 아는 한 가지는 또 다른 두려움.

그림도 조각도 이제 내 영혼을 달래어 쉬게 할 수 없나니,

내 영혼은 저 위에 계신 그분의 위대한 사랑을 향한다,

우리를 십자가에 고정시키기 위해 그분의 팔이 펼쳐져 있구나.[58]

  늙은 시인은 지난 날 사랑의 소네트를 썼던 자신을 질책했다. 그러나 그런 시들은 육체의 정열이라기보다는 분명 시적인 연습이었다. 미켈란젤로 시에서 가장 진지한 소네트들은 나이 든 과부나 잘생긴 청년을 향한 것이다. 토마소 카발리에리(T. Cavalieri)는 로마의 귀족으로 재미 삼아 그림을 그렸다. 그가 배우기 위해 미켈란젤로를 찾아왔는데(1532년경) 그 얼굴과 몸매의 아름다움, 거동과 매너의 우아함으로 미켈란젤로를 매혹했다. 미켈란젤로는 그만 사랑에 빠져 그를 위해 솔직한 숭배의 소네트들을 썼다. 그래서 일부 사람들은 미켈란젤로를 레오나르도와 함께 역사상 유명한 동성애자로 여겼다.[58a] 남자를 향한 남자의 그런 사랑의 표현들은 르네상스 시대에는 아주 열렬히 이성애를 행하는 사람들 사이에서도 보편적인 일이었다. 그들의 극단적인 언어는 시의 일부이며 이 시대 편지의 형식이었다. 그러므로 그런 것에서 결론을 이끌어낼 수는 없다. 그러나 (시 바깥에서) 그가 비토리아 콜론나(Vittoria Colonna)를 만나기 이전까지는 여자들에 대해 무관심했던 것으로 보인다는 말도 해야겠다.

  그녀와의 우정은 그녀가 쉰 살, 그가 예순일곱 살이 된 1542년 무렵에 시작되었다. 쉰 살의 여자는 육십 대 남자의 남은 불꽃을 쉽게 흔들어 놓을 수 있는 법. 그러나 비토리아는 그럴 생각이 없었다. 그녀는 여전히 17년 전에 죽은 남

편 페스카라 후작과 결합되어 있다고 느꼈다. 그녀는 미켈란젤로에게 이렇게 써 보냈다. "우리의 우정은 견고하고 우리의 감정은 아주 확실합니다. 그리스도교도의 매듭으로 묶인 것이지요."[59] 그녀는 그에게 143편의 소네트들을 보냈다. 훌륭하지만 무시해도 괜찮은 것들이다. 그는 경탄과 헌신으로 따뜻한 소네트들을 써서 응답했다. 그러나 이 시들은 문학적 자부심으로 얼룩져 있다. 그들은 만나면 예술과 종교 이야기를 하고, 어쩌면 그녀는 교회를 개혁하려고 애쓰는 남자(루터)에 대한 자신의 공감을 고백했을 것이다. 미켈란젤로에게 미친 그녀의 영향은 아주 깊었다. 그녀의 경건함, 친절, 정절에는 삶의 모든 섬세한 영적 요소들이 들어 있는 듯했다. 그녀가 그와 함께 걷고 이야기하는 동안 그의 염세론 일부가 없어졌다. 그는 다시는 그들이 만나기 이전의 자신이 되지 않게 해 달라고 기도했다. 그녀가 죽었을 때(1547) 그는 그녀와 함께 있었다. 그 이후로 오랫동안 그는 "어지럽혀진 듯 비탄에 젖어" 있었다. 그리고 이 마지막 순간에 그녀의 손에 키스했듯이 그녀의 얼굴에 키스하지 않은 자신을 질책했다.[60]

그녀가 죽기 직전에 그는 최후의 가장 위대한 미술적 책임을 맡았다. 안토니오 다 상갈로(A. d. Sangallo)가 죽었을 때(1546) 교황 파울루스 3세는 미켈란젤로에게 성 베드로 대성당의 건설을 완성하는 일을 맡아 달라고 부탁했다. 피로에 지친 예술가는 다시 자신은 조각가이지 건축가가 아니라고 항의했다. 그는 어쩌면 성 로렌쪼 성당의 정면부에서 경험한 실패를 아직 잊지 않았을 것이다. 교황은 고집을 부렸고 미켈란젤로는 거기 굴복하고 "끝없이 후회"했다. 그러나 바사리는 이렇게 덧붙인다. "내 생각에 성하께서는 하느님에게서 영감을 받았던 것 같다." 교황이 거듭 그에게 압력을 넣었는데도 예술가는 자기 경력의 최고점인 이 작업에 대해 추가로 보수를 받기를 거절했다. 그는 일흔두 살의 남자에게는 기대하기 어려운 에너지로 작업을 했다.

성 베드로 대성당 건설만으로는 짐이 충분치 않기라도 하다는 듯이 그는 이 해에 두 개의 주요한 기획을 더 맡았다. 파르네제 궁전에 세 번째 층을 얹는 공사로 이곳의 처마 장식은 그 아름다움으로 인해 모두의 갈채를 받았다. 그리고 바사리가 유럽에서 가장 아름다운 것이라 생각했던 안마당에 두 개의 상부층을 만드는 일이었다. 또 그는 카피톨리니 언덕의 꼭대기에 이르는 계단에 하나의 넓은 단을 고안하고 그 위에 고대의 조각인 마르쿠스 아우렐리우스 기마상을 배치했다. 뒷날 여든여덟의 나이에 그는 이 넓은 평면의 다른 쪽 끝에 당당한 두 개의 계단실을 갖춘 원로원 궁(팔레쪼 델 세나토레)을 세웠다. 그리고 이 원로원 궁전의 한쪽 편에 콘세르바토리 궁전과 다른 쪽에 카피톨리니 박물관을 위한 설계도를 작성했다. 그는 이 모든 도면들을 다 완성할 만큼 오래 살지는 못했지만 그래도 이 건축물들은 톰마소 카발리에리, 비뇰라, 쟈코모 델라 포르타 등에 의해 그의 도면대로 건설되었다.

파울루스 3세가 죽었을 때(1549) 그의 후계자인 율리우스 3세가 미켈란젤로를 계속 성 베드로 대성당의 수석 건축가로 삼을 것인가 하는 의심이 일어났다. 미켈란젤로는 안토니오 다 상갈로의 설계가 교회를 너무 어둡게 만들 것이란 이유로 그것을 거부했다. 교회가 이렇게 어두우면 공중도덕에 위험이 될 것이라고 했다.[61] 죽은 남자의 친구들은 두 명의 추기경을 설득해서 교황에게 미켈란젤로가 건물을 망칠 것이라고 경고하게 했다. 그러나 율리우스 3세는 미켈란젤로를 지지했다. 뒷날 교황 파울루스 4세(미켈란젤로의 생애에서 교황들은 빠른 속도로 교체되었다.) 치하에서 상갈로 일파가 공격을 계속했다. 이제 여든한 살인 미켈란젤로가 도로 어린 시절로 돌아가서 세우기보다는 더 많이 부수고 성 베드로 대성당에서 불가능한 일들을 계획하고 있다고 주장했다. 미켈란젤로는 이곳을 사임하고 피렌쩨로 돌아와 살라는 코시모 공작의 거듭된 초대를 받아들일까 하고 거듭 생각하곤 했다. 그러나 그는 둥근 지붕을 구상하고 있었고, 이 구상이 실현되는 것을 보기 전에는 자신의 자리를 떠나지 않을 생각이었다. 여러 해 동안이나 이 문제를 고심한 끝에 1557년에 그는 진흙으로 거대한 둥근 지붕의 작은 모델을 만들었다. 둥근 지붕의 넓이와 무게는 이 계획에서 위험한 부분이었다. 목재로 큰 모델을 제조하고, 또 구조물과 받침대를 위한 설계도를 그리느라 꼬박 1년이 더 지나갔다. 둥근 지붕은 지름이 41.4미터, 자체 높이가 45.3미터, 그리고 정상 부분이 지상에서 100.2미터 높이에 있게 된다. 이런 지붕은 교회 건물의 날개 부분이 서로 교차하는 위쪽에 네 개의 거대한 아치로 받쳐진 처마 장식 기단 위에 자리잡게 된다. 거대한 둥근 지붕 위에, 다시 "채광창", 혹은 작은 둥근 지붕이 20.7미터 높이로 솟아오르고, 그 위에 십자가가 9.6미터 높이로 세워지게 되는데 이 십자가가 전체 건물의 가장 뾰쪽한 부분으로 총 높이 130.5미터에 이르게 된다. 미켈란젤로가 겸손한 태도로 능가할 수 없이 아름다운 지붕이라고 칭찬했던, 브루넬레스코가 피렌쩨 대성당 위에 올린 둥근 지붕은 지름 41.55미터, 자체 높이 39.9미터, 정상 부분이 지상에서 90미터, 채광창까지 합치면 105.3미터였다. 이 두 개의 둥근 지붕은 르네상스 건축사에서 가장 대담한 기획이었다.

1569년에 피우스 4세가 파울루스 4세의 뒤를 이었다. 나이 들어 가는 거인의 적들이 한 번 더 그를 쫓아내려고 시도했다. 긴 세월 설전과 반격에 지친 그는 사직서를 제출했다.(1560) 교황은 이를 받아들이지 않았고 미켈란젤로는 죽을 때까지 성 베드로 대성당의 수석 건축가로 일을 계속했다. 다만 그를 비판한 사람들이 완전히 틀린 것만은 아니라는 게 분명해졌다. 조각에서도 자주 머릿속에 든 생각 이외에는 다른 어떤 준비도 없이 대리석 덩이를 공격해 들어갔듯이 이제 건축에서도 그는 종이에 전체 설계도면을 그리는 일이 드물었다. 그리고 친구들에게 계획을 털어놓지도 않았다. 다만 건설할 시간이 오면 건물의 각 부분을 위한 청사진만을 만들었다. 그가 죽었을 때 그는 둥근 지붕 이외에 다른 어떤 부분을 위해서도 확고한 계획이나 모델을 남기지 않았다. 당연한 일이지만 그의 후계자들은 멋대로 자기들의 생각을 집어넣을 수 있게 되었다. 그들은 그리스 십자가(정십자형)라는 그의, 그리고 브라만테의 기본 구상을 변화시켜, 교회의 동쪽 날개 건물을 길게 해서 라틴 십자가(긴 십자가)로 만들었다. 그리고 400미터 떨어진 곳이 아니고는 둥근 지붕을 보이지 않게 만드는 높은 정면부를 붙였다. 이 건물에서 유일하게 미켈란젤로의 것이라고 할 수 있는 부분은 둥근 지붕이다. 그것은 1588년 쟈코모 델라 포르타에 의해 중요한 수정을 가하지 않고 그의 도면에 따라 그대로 올려진 것이다. 이것은 의심의 여지없이 로마에서 가장 고귀한 건축물이다. 둥근 지붕의 원통에서 채광창 부분까지 당당한 곡선으로 올라가고, 이것이 거대한 건물의 위 부분을 장식한다. 그리고 고전적 기둥, 벽기둥, 처마 도리, 박공벽 등에 폭넓은 통일성을 부여해서, 이 건물이 고대의 알려진 어떤 건물과도 그 당당함을 겨룰 수 있도록 해 준다. 여기서 다시 그리스도교는 고대와 화해를 시도했다. 그리스도를 예배하는 사원이, 브라만테가 맹세한 대로 콘스탄티누스 바실리카 위에 판테온(고대 로마에 건설된 만신전. 넓이 42.6미터, 총 높이 42.6미터)의 둥근 지붕을 얹은 것이다. 그리고 고대의 기록과 비할 바가 없는 높이의 고전 기둥들을 세웠다.

미켈란젤로는 여든아홉 살까지 일을 계속했다. 1563년에 피우스 4세의 요구에 따라 그는 디오클레티아누스 황제의 목욕탕 일부를 산타 마리아 델리 안젤리 교회 및 수도원으로 변화시켰다. 그는 도시의 문의 하나인 포르타 피아를 설계했다. 또 로마에 있는 피렌쩨 사람들을 위해 교회의 모델 하나를 만들었다. 자신의 늙은 선생 겸 친구에게 지나치게 열광하고 있던 바사리는 미켈란젤로가 제안한 건물이 "인간이 본 가장 아름다운" 건물이라고 선언했다.[62] 그러나 로마에는 피렌쩨의 재정이 부족했고 그래서 이 건물은 세워지지 않았다.

마침내 이 거인의 믿을 수 없는 에너지가 다했다. 일흔세 살에 그는 결석(結石)으로 고생하기 시작했다. 약품이나 광천수로 통증을 약간 진정시킬 수 있었던 모양이지만 그는 "약품보다는 기도를 더 많이 믿었다." 12년 뒤에 그는 조카에게 이렇게 써 보냈다. "내 건강에 대해 말하자면 나는 늙은 남자들을 괴롭히곤 하는 온갖 문제들을 다 앓고 있다. 결석이 오줌 줄기를 가로막는다. 허리와 등이 하도 뻣뻣해서 위층까지 올라갈 수 없을 때도 많다."[63] 그런데도 아흔 살 나이까지 그는 이 세상의 온갖 풍파를 다 겪었다.

죽음이 다가오는 것을 종교적인 체념과 철학적인 유머로 맞아들였다. 바사리에게 이렇게 말했다. "내가 너무 늙어서 죽음이 자주 내 소매를 잡아끌며 나

더러 같이 가자 하네."[64] 다니엘레 다 볼테라가 제작한 유명한 청동 돋을새김은 통증으로 주름이 잡힌 얼굴과 나이가 들어 수척한 모습을 보여 준다. 1564년 2월에 그는 매일 더 약해지고, 대부분의 시간 동안 낡은 안락의자에서 잠만 잤다. 유언도 하지 않고, 다만 "영혼은 신에게, 몸은 대지에, 재산은 가까운 친척들에게 남겼다."[65] 그는 1564년 2월 18일에 여든아홉의 나이로 죽었다. 시신은 피렌쩨로 옮겨져 여러 날 동안 계속된 의식들과 함께 산타 크로체 성당에 묻혔다. 바사리는 그를 위해 정성스럽게 화려한 무덤을 설계했다.

많은 결함에도 불구하고 그는 이제껏 존재한 가장 위대한 예술가였다는 것이 당시 일부 사람들의 판단이었고, 또 시간의 판단이 되었다. 그는 러스킨이 말한 "가장 위대한 예술가"의 정의를 완전히 충족시켰다. "작품 전체에 가장 위대한 발상을 가장 많은 숫자로 구현한 사람", 곧 "정신의 가장 높은 능력을 행하고 드높인" 사람이었다.[66] 그는 도안가로 시작했고, 도안의 대가였다. 그의 드로잉들은 친구들 사이에서 가장 소중하게 보관한 선물이며 또 가장 소중한 도둑질 품목에 속했다. 오늘날 우리는 피렌쩨의 카사 부오나로티(부오나로티 집)나 루브르의 데생 진열실에서 그의 드로잉들 일부를 볼 수 있다. 산 로렌쪼 교회를 위한 정면부 스케치, 혹은 「최후의 심판」을 위한 스케치, 사랑스러운 시빌레 습작, 레오나르도의 것만큼이나 섬세하게 구상된 「성 안나」, 비토리아 콜론나가 죽었을 때 그린, 신비스러운 얼굴과 황폐한 가슴을 지닌 이상한 드로잉. 프란치스코 데 홀란다가 전해 주는 대화에서 미켈란젤로는 도안을 모든 기술의 토대라고 말했다.

도안, 혹은 섬세한 드로잉의 학문은 …… 회화, 조각, 건축의 원천 및 핵심이며 모든 표현의 형식, 또 모든 학문 형식의 원천이며 핵심이다. 이 분야에서 대가가 된 사람은 대단한 보물을 소유하는 셈이다. …… 인간 두뇌와 손의 모든 작업들은 도안 자체이거나 도안의 분과이다.[67]

화가로서 그는 끝까지 도안가로 남았다. 언제나 색채보다 선에 더 관심이 있었고, 무엇보다도 인상적인 형태를 도안하고자 했으며 예술에서 인간의 태도를 포착하거나 도안을 통해 삶의 철학을 전달하고자 했다. 손은 그리스 예술가들인 페이디아스나 아펠레스의 손이었고, 목소리는 예언자 예레미야나 단테의 목소리였다. 피렌쩨와 로마를 오가는 가운데 한 번은 오르비에토에 멈추어서 시뇨렐리가 그곳에 그린 나체화들을 탐구했다. 이들 시뇨렐리의 누드화들과 죠토와 마사쵸의 벽화들이 어느 정도의 암시를 주었다. 그러나 그의 양식은 역사가 보존한 다른 어떤 것과도 같지 않다. 다른 사람들 저편에서 그들보다 뛰어나게, 심지어는 레오나르도, 라파엘로, 티찌아노를 능가하면서 그는 자신의 예술에 고귀함을 부여하고, 또 자신의 예술에서 고귀함을 창출했다. 그는 장식이나 사소한 것들로 시간을 낭비하지 않았다. 예쁜 것, 풍경, 건축물 배경, 아라베스크 무늬 등에 신경을 쓰지 않았다. 자신의 주제를 강하고 장식이 없는 모습으로 그대로 두었다. 그의 정신은 높은 비전에 사로잡혀 있었고, 그 비전에 형식을 주어서 시뷜레들, 예언자들, 성인들, 영웅들, 신들의 형상을 만들어 냈다. 그의 예술은 인체를 매체로 사용했고, 이런 인간의 형태들이 그의 희망과 두려움, 혼란스러운 철학, 마음에 쌓인 종교적 신앙의 고통스러운 구현이기도 했다.

조각은 그가 좋아하는 특징적인 예술이었다. 이것이 특별히 형태의 예술이기 때문이다. 그는 형태만으로 충분하다고 느끼고 있었기에 자신의 조각상에 색채를 입힌 적이 없다. 청동 조각상만 해도 그에게는 색채가 너무 많아서 그는 대리석 조각에 한정했다.[68] 그가 무엇을 그리거나 건축하거나, 심지어는 성 베드로 대성당의 둥근 지붕까지도 조각의 특성을 지녔다. 그는 건축가로서 실패했다.(저 고귀한 둥근 지붕만 빼고) 인체의 비례와 표현이 없는 건물을 상상할 수가 없었고, 또 건축이 조각을 담아 두는 그릇 이상의 것이 되는 일을 참지 못했기 때문이다. 그는 모든 표면들을 형태의 요소로 만드는 대신 표면들을 조각으로 뒤덮으려 했다. 조각은 그에게 있어서 열병이었다. 그의 생각에 대리석이 비밀을 숨기고 있으므로 자신은 그것을 드러내 주어야 했다. 그러나 비밀은 바로 그의 내면에 있었고 완전히 드러내기에는 너무나 친숙한 것이었다. 그가 내면의 환상을 외부로 드러내 형태를 만들어 주는 싸움에서 도나텔로가 그를 조금 도와주었고, 델라 퀘르치아는 조금 더 많이, 그리스 사람들은 별로 도움이 되지 않았다. 그는 그리스 사람들과 똑같이 예술의 주요 부분을 인체에 할당하고, 얼굴은 보편적인 모습을 띠고 거의 판에 박힌 듯한 모습으로 그대로 두었다. 메디치 무덤들에 나타난 여성 인물들의 모습이 그 예이다. 그러나 그는 헬레니즘 이전 그리스 조각품이 지닌 냉정한 조화를 결코 얻지 못했다. 그리고 감정을 표현하지 않는 형태를 이용하지 않았다. 그는 고전적인 절제와 비례 감각이 없었다. 머리에 비해 어깨가 너무 넓고 팔다리에 비해 몸통이 너무 막강하고, 팔다리는 근육들로 마디가 져 있다. 마치 모든 남자들과 신들은 싸움으로 팽팽하게 긴장된 레슬러들 같다. 노력과 감정의 이런 극적인 과장에서 매너리즘과 바로크 예술이 탄생했다는 점을 인정해야 한다.

미켈란젤로는 라파엘로처럼 유파를 만들지 않았지만 몇몇 뛰어난 예술가들을 훈련시켰다. 그리고 깊은 영향을 미쳤다. 그의 제자인 굴리엘모 델라 포르타는 피우스 3세를 위해 성 베드로 대성당에, 거의 메디치 무덤들에 비할 만한 기념묘를 만들었다. 그러나 일반적으로 보아 조각과 회화에서 미켈란젤로의 후계자들은 그의 과도함을 모방했을 뿐 그가 지녔던 사색 및 감정의 깊이와 또 기술적 완성도로 작품을 구원하지는 못했다. 보통 뛰어난 예술가들은 전통, 방법, 양식, 역사적 분위기의 절정이다. 그의 탁월함이 발전의 한 계열을 완성하고 또 고갈시키는 것이며, 그래서 그의 뒤로는 어찌할 바 없는 모방과 퇴락의 한 시기가 오지 않을 수 없다. 그런 다음 천천히 새로운 분위기와 전통이 자란다. 새로운 구상, 이상, 혹은 기술이 수많은 기묘한 실험들을 통해 형성되면서 독창적이고 신선한 형식을 만들어 낸다.

마지막 말은 겸손의 말이 되어야 한다. 우리 평범한 사람들은 우리가 신들을 평가하는 자리에 앉아 있다고 상상하는 동안에도 그들의 신성(神性)을 인정할 줄을 알아야 한다. 우리의 감식안이 그들의 사당 바깥으로 나가지 않는다면 영웅을 숭배하는 것을 부끄러워할 필요는 없다. 우리는 미켈란젤로에게 찬사를 바친다. 그가 길고 고통스러운 삶을 통해 창작을 계속하고, 미술의 모든 주요 영역에서 걸작을 만들어 냈기 때문이다. 이 작품들이 이른바 살과 피를 찢고 나온 것임을 우리는 안다. 그의 정신과 마음에서 터져 나오면서 그를 한동안 출산 뒤의 허약함 속에 남겨 두곤 한 것들이다. 그것들이 수십만 번이나 망치와 끌질을 통해, 연필과 붓질을 통해서 형태를 얻는 것을 본다. 불멸의 주민들처럼 그들은 하나씩, 오래 지속되는 아름다움과 의미의 형상들 속에 자리를 잡아 간다. 우리는 신이 어떤 존재인지 알지 못하며, 또 선과 악, 고통과 사랑스러움, 파괴와 숭고함이 뒤섞인 듯이 보이는 우주를 이해하지도 못한다. 그러나 아기를 달래는 어머니의 모습, 혼란에 질서를 부여하는 천재의 모습, 물질에 의미를, 형태나 생각에 고귀함을 부여하는 천재의 모습이 드러나 있는 곳에서, 우리는 세계의 이해할 수 없는 지성을 이루는, 삶과 정신과 법칙에 아주 가까이 있음을 느끼게 된다.

마치는 글

이들 풍요롭고 생동하는 수백 년의 여러 국면들과 인물들을 탐색하는 것은 힘들고도 고마운 체험이었다. 쇠퇴하는 시기에도 틴토레토와 베로네제, 아레티노와 바사리, 파울루스 3세와 팔레스트리나, 산소비노와 팔라디오, 코시모 공작과 첼리니 같은 인물들과 또 공작 궁전의 방들과 성 베드로 대성당의 둥근 지붕 같은 예술품을 만들어 냈으니 이 르네상스의 부유함이란 얼마나 끝도 없는 것인가! 폭력과 유혹, 미신, 전쟁의 한가운데 살면서도 아름다움과 예술성의 온갖 형태가 열렬히 살아 있었고 (마치 이탈리아가 하나의 화산이기라도 했던 듯이) 그들의 정열과 예술, 건축과 암살, 조각과 간통, 회화와 비적 떼, 성모들과 기묘한 형상들, 찬가와 마카로네 시들, 음란함과 경건함, 세속성과 기도 등의 뜨거운 용암을 계속 쏟아 냈으니 이 르네상스 이탈리아 사람들에게는 얼마나 두려운 생동감이 있었던 것일까! 다른 어떤 곳에 이렇게 긍정을 말하는 삶의 깊이와 밀도가 있었던 적이 있는가? 오늘날에 이르기까지 우리는 고양시키는 영감의 숨결을 느끼고 우리의 박물관들은 저 영감을 받은 열광적인 시대의 잉여물로 넘쳐난다.

이 시대를 조용히 판단하기란 어렵다. 그리고 우리는 마지못해 이 시대에 반대하는 고발들을 말하게 된다. 무엇보다도 르네상스는(이 용어를 이탈리아에만 한정시켜서) 물질적으로 똑똑한 소수가 단순한 다수를 경제적으로 착취한 바탕 위에 자리 잡았다. 교황청이 있는 로마의 부는 수많은 유럽 가정의 헌금에서 온 것이었다. 긴 시간 일하고도 아무런 정치적 권력도 없었고, 자랑스러운 시민 예술의 광채와 도시 생활의 자극을 나눈다는 점에서만 중세 농노들보다 사정이 나았던 하급 무산자들의 땀이 변해서 피렌쩨의 광채를 이루었다. 정치적으로 보면 르네상스는 공화주의 공동체를 상인 소수 정치와 군사적 독재로 바꾼 것이었다. 도덕적으로는 도덕적 계율에 대한 신학적 후원을 점차 무너뜨린 이교의 반란이었고, 그것은 인간의 본능이 새로운 상공업의 부를 멋대로 사용할 수 있도록 본능을 풀어 주었다. 교회 자신이 세속화되고 전쟁을 좋아했기에 교회의 검열에 의해 통제를 받지 않은 국가는 스스로 행정, 외교, 전쟁에서 자신이 도덕성보다 더 우위에 있다고 선언했다.

르네상스 예술은 (고발을 계속하자면) 아름답지만 고귀한 적은 드물다. 세부적으로는 고딕 예술을 능가하지만 그 장엄함, 통일성, 전체적 효과에서는 고딕만 못하다. 그리스의 완전성이나 로마의 웅장함에 도달한 경우도 드물었다. 부유함의 귀족주의의 목소리가 예술가와 장인(匠人)을 나누었고, 예술가를 일반인에게서 뿌리 뽑아 벼락출세한 왕자들과 부자들에게 의존하게 만들었다. 또 르네상스 예술은 죽은 고대에 영혼을 빼앗겨 건축과 조각은 고대의 이질적 형태에 종속되었다. 알베르티가 피렌쩨와 리미니에서 했던 것처럼 고딕 교회 건물에 그레코 로만 정면부를 붙이는 것은 얼마나 부조리한 일인가! 미술에서 고대의 부활 전체가 아마도 통탄할 오류였을 것이다. 한 번 죽은 양식은 그것을 표현한 문명 자체가 복구되지 않는 한 적절하게 재생될 수 없다. 양식의 힘과 건강은 그것이 자기 시대의 삶 및 문화와 조화를 이루는 데 있다. 그리스와 로마 예술의 위대한 시대에는 그리스의 사상에 의해서, 그리고 자주 로마의 성격 속에 실현된 스토아적인 절제가 있었다. 그러나 이러한 절제가 자유, 정열, 소란, 과도함이라는 르네상스 정신에는 아주 낯선 것이었다. 15세기와 16세기 이탈리아 사람들의 기질에 대해, 르네상스 궁전을 특징지었던 저 평평한 지붕과 천장, 규칙적인 직사각형 정면부, 이상적인 창문들의 지루한 열(列)보다 더 안 어울리는 것이 어디 있단 말인가? 이탈리아 건축이 이렇듯 단조롭고 인공적인 의고주의에 지치게 되자 그것은, 베네찌아 상인이 티찌아노의 초상화를 위해 입은 의상처럼 과도한 장식과 광채로 넘어갔고, 고전주의에서 바로크로 추락해 버렸던 것이다. 최상의 것이 타락해서 최악의 것이 되었다.

　고전 조각도 르네상스를 표현할 수는 없었다. 조각에는 절제가 본질적인 것이다. 이 영속하는 매체는, 본질적으로 짧을 수밖에 없는 찌푸림이나 단말마의 고통을 표현하기에 적합하지가 않다. 조각은 움직이지 않는 동작이며, 이미 지나간 혹은 통제된 정열이고, 응고된 금속이나 지속적인 돌에 의해 시간에서 벗어나 보존된 아름다움이나 형태이다. 이런 이유에서 르네상스의 가장 뛰어난 조각 작품들은 대부분 무덤이나 「피에타」들이다. 쉬지 않는 인간이 여기서 마침내 평화를 얻기 때문이다. 도나텔로는 비록 고전의 모습을 얻으려고 노력하기는 했어도 노력하며 상승하는 고딕으로 남았다. 미켈란젤로는 스스로에게 법칙을 부여했다. 자신의 격한 성질에 사로잡힌 이 거인은 「노예들」이나 「포로들」을 통해서 미적인 평화를 찾으려고 투쟁했지만 평화를 얻기에는 지나치게 법이 없고 흥분한 사람이었다. 회복된 고대의 유산은 축복이기도 하고 짐이기도 했다. 그것은 고귀한 예들로 현대의 영혼을 풍요롭게 만들어 주었지만(방금 나타난 시대) 청년의 젊은 혼을 수많은 기둥, 기둥머리, 처마 도리, 박공벽 등으로 거의 질식시켰다. 이렇게 부활된 고대, 비례와 좌우 대칭에 대한 우상 숭배(심지어는 정원에서도)는 시대에 맞는 자생적인 예술의 성장을 가로막았다.

인문주의자들에 의한 라틴어의 부활이 이탈리아어 문학의 발전을 가로막은 것과 똑같다.

르네상스 회화는 시대의 색채와 정열을 표현하는 데 성공했다. 또한 이 예술을 결코 능가할 수 없는 기술적 세련의 수준으로 끌어올렸다. 그러나 이것 또한 그 오류를 지녔다. 회화는 감각적 아름다움, 당당한 의상과 장밋빛 살결에 중점을 두었다. 종교화들조차도 관능적인 감성이고, 영적인 의미보다 육체의 형태에 더욱 집중되어 있다. 중세의 많은 십자가상이 르네상스 미술의 새침한 성모들 보다 더욱 깊이 영혼 안에 도달한다. 플랑드르와 네덜란드 화가들은 매혹적이지 않은 얼굴과 수수한 의상을 그렸다. 그리고 이런 단순한 모습들 뒤에서 성격의 비밀과 삶의 요소들을 찾으려 했다. 베네찌아의 나체화들은 (심지어 라파엘로의 성모들조차도) 판 아이크의 「어린 양의 숭배」와 나란히 놓으면 얼마나 표피적인 모습으로 보이는가! 라파엘로의 「율리우스 2세」는 그보다 더 훌륭할 수가 없다. 그러나 이탈리아 화가들의 수많은 자화상들 중에는 렘브란트의 정직한 자기 묘사와 비할 만한 것이 있는가? 16세기에 초상화가 인기 있었다는 것은 벼락부자들이 생겨난 것을 암시해 주고, 또 그들이 명성의 거울 속에 자신을 비추어 보기를 열망했음을 암시해 준다. 르네상스는 찬란한 시대였지만 그 온갖 표현들을 통해, 과시와 성실하지 못함, 값비싼 의상을 펄펄 날리기, 내면의 강인함으로 뒷받침되지 못한 미심쩍은 권력의 공허한 구조물임을 알리는 한 줄기 요소가 드러나 있다. 잔인한 폭도들이 건드리거나 모호하고 성난 수도사가 멀리서 외치는 소리에 그만 와르르 무너져 버릴 어떤 요소인 것이다.

청춘의 온갖 열광으로 우리가 사랑했던 이 시대에 대한 이러한 가혹한 고발에 대고 우리는 무슨 말을 해야 할까? 이 고발을 반박하려 할 필요는 없다. 이것이 불공평한 비교들을 지닌 것이긴 해도 많은 부분이 사실이다. 반박은 절대로 우리를 설득하지 못하며, 또 절반 진실을 가지고 다른 절반 진실을 공격하는 것도 소용이 없는 일이다. 이 두 가지가 합쳐져 더욱 크고 공정한 관점이 될 수가 없다면 말이다. 물론 르네상스 문화는 노동하는 빈민의 등짝 위에 세워진 귀족주의적인 상부 구조이다. 그러나 유감이지만 어떤 문화인들 그렇지 않았단 말인가? 문학과 미술은 의심의 여지없이 어느 정도 부가 집중되지 않고는 생겨나기 어렵다. 공정한 작가들을 위해서도 눈에 보이지 않는 노동자들이 땅을 갈고 곡식을 키우고 옷감을 짜고 잉크를 만든다. 우리는 전제 군주들을 옹호할 필요는 없다. 그들 중 일부는 보르지아의 교수형을 받아 마땅하다. 그들 중 많은 사람들이 백성에게서 짜낸 수입을 공허한 사치로 써 버렸다. 그러나 또한 코시모와 그의 손자 로렌쪼를 위해 변명할 필요도 없다. 피렌쩨 사람들은 혼란스러운 금권 정치보다 그들을 선택했다. 도덕적 느긋함에 대해 말하자면 그것은 지적 해방의 대가이다. 이 대가가 아무리 무거워도 해방은 현대 세계의 탄생에 꼭 필요한 것이며 오늘날 우리 정신의 숨결이다.

고전 문헌과 철학을 부활시킨 열성적인 학문은 주로 이탈리아의 업적이다. 그곳에서 이 부활과 해방으로부터 최초의 현대 문학이 생겨났다. 이 시대 이탈리아의 어떤 작가도 에라스무스나 셰익스피어와 비교할 수 없지만, 에라스무스 자신은 르네상스 이탈리아의 자유로운 공기를 그리워했다. 그리고 엘리자베스 시대 영국은 이탈리아의, 그러니까 "이탈리아 방식이 된 영국인"의 덕을 입어서 그 번성의 씨앗을 얻었다. 아리오스토와 산나짜로는 스펜서와 시드니의 모델이며 선배들이었다. 마키아벨리와 카스틸리오네는 엘리자베스 시대와 제임스 1세 시대 영국에서 대단한 영향력을 발휘했다. 또 폼포나찌와 마키아벨리, 텔레시오와 브루노가 땀과 피로 길을 닦아 놓지 않았더라면 베이컨과 데카르트가 그 업적을 이룰 수 있었을지 확실하지가 않다.

그렇다, 르네상스 건축은 마음이 울적할 정도로 수평적이다. 피렌쩨와 로마 위로 올라선 당당한 둥근 지붕을 빼고 말이다. 무아지경으로 수직적인 고딕 양식은, 우리의 지상의 삶을 영혼의 망명 상태로 여기고 희망과 신들을 하늘에 두는 종교를 반영했다. 고전 건축물은 그 신들이 나무와 강, 대지에 자리 잡고 있으며, 테살리아에 있는 산보다 더 높이 있는 경우가 드문 종교를 표현했다. 이 종교는 신성(神性)을 찾기 위해 위를 쳐다보지 않았다. 고전 양식은 아무로 훌륭하고 고요해도 소란스러운 르네상스를 대변하기에는 적합하지 않았다. 그러나 그렇다고 그것이 죽도록 내버려둘 수도 없었다. 그래서 너그러운 경쟁 상태가 나타나 고전 양식의 기념비들을 보존하고, 그 이상과 원칙들을 오늘날 우리 건축 양식의 한 부분으로(독재자가 아니라 공유자로) 변화시켰다. 이탈리아는 그리스 건축이나 고딕 건축과 같을 수는 없었다. 그리스 건축과도, 또 샤르트르와 렝스에 있는 고딕 조각품의 가장 고귀한 비상(飛翔)과도 같지 않았다. 그러나 르네상스는 한 명의 예술가를 배출했으니, 그의 메디치 무덤들은 페이디아스의 작품에 버금가고, 그의 「피에타」는 프락시텔레스의 가치를 지니는 것이다.

르네상스 회화에 대해서는 변명의 말이 한마디도 필요 없다. 이것은 여전히 역사에서 이 분야의 최고 지점이다. 스페인은 벨라스케스, 무릴로, 리베라, 쭈르바란, 엘 그레코 등의 평온하던 시절에 이 르네상스의 정점에 가까이 다가왔다. 플랑드르와 네덜란드는 루벤스와 렘브란트에서도 이 정도에 이르지는 못했다. 중국과 일본의 화가들은 그들 자신의 높이에 올랐으며, 이따금 그들의 그림들은 우리에게 특별히 심오하다는 인상을 준다. 그들이 인간을 거대한 전망에서 바라본다는 한 가지 점만 해도 그렇다. 그래도 그들의 차갑고 명상적인 철학과 장식적인 우아함은 피렌쩨 화가들과 라파엘로와 코레죠, 또 베네찌아 화가들의 작품에 나타나는 복잡성과 힘, 또 색채의 따뜻한 생동성의 더욱 풍부한 영역들에는 미치지 못한다. 르네상스 회화는 비록 가장 위대한 종교화들 일부와(시스티나 천장화처럼) 가장 영적이고 숭고한 것들을 창조하기는 했어도 정말로 감각적인 예술이다. 그러나 이 감각성이야말로 건강한 반응이었다. 육체는 충분히 오랫동안 구박을 당했다. 여자들은 불친절한 시대에 태어나 사나운 금욕주의에 냉대를 당했다. 삶이 건강한 인간 형태의 사랑스러움을 다시 인정하고 예술이 그것을 강조한 것은 좋은 일이었다. 르네상스는 (중세의 사고에 들어 있는) 원죄(原罪)와 회개와 사후의 공포에 완전히 물려 버렸다. 그래서 죽음에 등을 돌리고 얼굴을 삶으로 향했다. 그리고 실러와 베토벤이 나타나기 오래전에 벌써 즐겁고도 비할 바 없는 환희의 송가를 노래했다.

고전 예술을 되살려냄으로써 르네상스는 유럽에서 오리엔트 정신(그리스도교)이 천 년이나 지배한 것을 끝냈다. 이탈리아로부터 백 가지 길을 통해서 위대한 해방을 알리는 기쁜 소식이 산을 넘고 바다를 건너 프랑스, 도이칠란트, 플랑드르, 네덜란드, 영국 등지로 퍼져 나갔다. 알레안드로와 스칼리거 같은 학자들, 레오나르도, 델 사르토, 프리마티치오, 첼리니, 보르도네 같은 예술가들이 르네상스를 프랑스로 전해 주었다. 이탈리아의 화가, 조각가, 건축가들은 르네상스를 크라코우, 바르샤바 등지로 가져갔다. 미켈로쪼는 키프로스로 가져갔고, 젠틸레 벨리니는 이스탄불에 전해 주었다. 콜레트(Colet)와 리나커(Linacre)는 그것을 이탈리아에서 영국으로 가지고 돌아갔고, 아그리콜라(Agricola)와 로이흘린(Reuchlin)은 도이칠란트로 가져갔다. 발상, 도덕성, 예술 등의 물결이 백 년 동안이나 계속 이탈리아에서 북쪽으로 흘러갔다. 1500년에서 1600년 사이에 서부 유럽은 이탈리아가 과학과 예술과 '휴머니티'로 이루어진 새로운 문명의 어머니이며 유모라는 사실을 인정했다. '신사'의 개념, 삶과 통치에 대한 귀족적인 구상 등도 남쪽에서 넘어와서 북쪽의 매너와 국가들을 만들어 냈다. 그렇게 해서 르네상스가 이탈리아에서 시들어 가던 16세기는 프랑스, 영국, 도이칠란트, 플랑드르, 스페인 등지에서 르네상스가 풍부하게 싹트는 시기가 되었다.

한동안 종교 개혁과 반종교 개혁 사이의 긴장, 신학 논쟁, 종교 전쟁 등이 르네상스의 영향을 뒤덮고 압도해 버렸다. 사람들은 피의 1세기 동안 자기들이 좋아하는, 혹은 자기 왕들을 즐겁게 하는 신앙의 자유를 위해 싸웠다. 투쟁적인 신앙의 싸움 소리에 이성의 소리는 짓눌린 듯이 보였다. 그러나 완전히 조용한 것은 아니었다. 이 불행한 비참 가운데 에라스무스, 베이컨, 데카르트 같은 사람들이 용감하게 이성의 소리를 외쳤고, 그것에 신선하고 강한 발언을 부여했다. 스피노자는 그것을 위해 강력한 구조물을 만들어 냈다. 그리고 18세기에 이탈리아 르네상스의 정신은 프랑스 계몽주의에서 다시 태어났다. 볼테르와 기본에서부터 괴테와 하이네에 이르기까지, 위고와 플로베르, 텐느와 아나톨 프랑스에 이르기까지 이 정신은 계속 전해졌다. 혁명과 반혁명을 통하여, 진보와 반동을 통하여, 또한 전쟁에도 살아남아서 끈질기게 평화를 귀한 것으로 만들었다. 오늘날 유럽과 아메리카 대륙의 도처에는, 정신적 자유, 미적 감수성, 친절하고 공감이 가는 이해력이라는 유산에 양분을 주고 그것에 따라 사는 도회지의 튼튼한 정신들이 있다. 바로 정신의 나라 친구들이다. 삶의 비극을 용서하고 감각과 정신과 영혼의 환희를 포옹하는 사람들. 미움의 찬가 한가운데서, 그리고 대포의 굉음을 넘어 자기들의 가슴에 언제나 울리는 르네상스의 노래를 듣는 사람들이다.

독자 친구들이여, 고맙습니다.

ABRAHAMS, ISRAEL, Jewish Life in the Middle Ages, Philadelphia, 1896.

ADAMS, BROOKS, The New Empire, New York, 1903.

ADDISON, JOSEPH, et al., The Spectator, New York, 1881. 8v.

ADDISON, JULIA D., Arts and Crafts in the Middle Ages, Boston, 1908.

ANDERSON, W. J., Architecture of the Renaissance in Italy, London, 1898.

ARETINO, PIETRO, Works: Dialogues, New York, 1926.

ARIOSTO, LODOVICO, Orlando furioso, Firenze, n.d.

ASCHAM, ROGER, The Scholemaster, London, 1863.

ASHLEY, W. J., Introduction to English Economic History and Theory, New York, 1894 and 1936, 2v.

BACON, FRANCIS, Philosophical Works, ed. J. M. Robertson, London, 1905.

BAEDEKER, KARL, Northern Italy. London, 1913.

BALCARRES, LORD, Evolution of Italian Sculpture, London, 1909.

BANDELLO, MATTEO, Novels, tr. Payne, London, 1890, 6v.

BARNES, H. E., History of Western Civilization, New York, 1935, 2v.

BASLER, E., Leonardo, Collection des maîtres, Braun, Paris, n.d.

BEARD, MIRIAM, History of the Business Man, New York, 1938.

BEAZLEY, C. R., The Dawn of Modern Geography, Oxford, 1906, 3v.

BERENSON, BERNARD, Florentine Painters of the Renaissance, New York, 1912.

BERENSON, BERNARD, North Italian Painters of the Renaissance, New York, 1927.

BERENSON, BERNARD, Study and Criticism of Italian Art, London, 1901-17, 3v.

BERENSON, BERNARD, Venetian Painters of the Renaissance, New York, 1897.

BEUF, CARLO, Cesare Borgia, Oxford University Press, 1942.

BOCCACCIO, GIOVANNI, Amorous Fiammetta, New York, 1931.

BOCCACCIO, GIOVANNI, Decameron, New York, n.d.

BOISSONNADE, P., Life and Work in Medieval Europe, New York, 1927.

BRINTON, SELWYN, The Gonzaga Lords of Mantua, London, 1927.

BURCKHARDT, JACOB, The Civilization of the Renaissance in Italy, London, 1914.

CAMBRIDGE MEDIEVAL HISTORY, New York, 1924f, 8v.

CAMBRIDGE MODERN HISTORY, New York, 1907f. 12v.

CARDAN, JEROME, The Book of My Life (De vita propria liber), New York, 1930.

CARLYLE, R. W., History of Medieval Political Theory in the West, Edinburgh, 1928, 6v.

CARTWRIGHT, JULIA, Beatrice d'Este, London, 1928.

CARTWRIGHT, JULIA, Isabella d'Este, London, 1915, 2v.

CARTWRIGHT, JULIA, Baldassare Castiglione, London, 1908.

CASTIGLIONE, BALDASSARE, The Courtier, Everyman's Library.

CASTIGLIONI, A., History of Medicine, New York, 1941.

CELLINI, BENVENUTO, Autobiography, tr. J. A. Symonds, Garden City, New York, 1948.

CHUBB, THOMAS C., Aretino, Scourge of Princes, New York, 1940.

COMMINES, PHILIPPE DE, Memoirs, London, 1900, 2v.

CORNARO, L., Art of Living Long (De vita sobria), Milwaukee, 1903.

COULTON, G. G., The Black Death, New York, 1930.

COULTON, G. G., Five Centuries of Religion, Cambridge University Press, 1923f, 4v.

COULTON, G. G., From St. Francis to Dante, a tr. of the Chronicle of Salimbene, London, 1908.

COULTON, G. G., Inquisition and Liberty, London, 1938.

COULTON, G. G., Life in the Middle Ages, Cambridge University Press, 1930, 4v.

COULTON, G. G., Medieval panorama, New York, 1944.

CRAVEN, THOMAS, Treasury of Art Masterpieces, revised ed., New York, 1952.

CREIGHTON, MANDELL, History of the Papacy during the Reformation, London, 1882, 4v.

CROCE, BENEDETTO, Ariosto, Shakespeare, and Corneille, New York, 1920.

CROWE, J. A., and CAVALCASELLE, G. B., A New History of Painting in Italy, London, 1864, 3v.

CRUMP, C. G., and JACOB, E. F., The Legacy of the Middle Ages, Oxford, 1926.

DANTE, La commedia divina, ed. Paget Toynbee, London, 1900.

DILLON, EDWARD, Glass, New York, 1907.

DOPSCH, ALFONS, Economic and Social Foundations of European Civilization, New York, 1937.

DUHEM, P., Études sur Léonard de Vinci: Ceux qu'il a lus et ceux quil'ont lu, Paris, 1906f, 3v.

EINSTEIN, ALFRED, The Italian Madrigal, Princeton, 1949, 3v.

ELLIS, HAVELOCK, Studies in the Psychology of Sex, Philadelphia, 1911, 6v.

EMERTON, EPHRAIM The *Defensor Pacis* of Marsiglio of Padua, harvard University Press, 1920.

EMPORIUM: Rivista mensile d'arte e di cultura, LXXXIX, no. 534 (June, 1939), Bergamo.

ENCYCLOPAEDIA BRITANNICA, 11th ed. when so specified.

ENCYCLOPAEDIA BRITANNICA, 14th ed. when no edition is specified.

FATTORUSSO, J., Wonders of Italy, Florence, 1930.

FATTORUSSO, J., Florence Album, Florence, 1935. (Part of preceding)

FAURE, ÉLIE, The Spirit of Forms, tr. Walter Pach, New York, 1937.

FERRARA, ORESTES, The Borgia pope, Alexander VI, New York, 1940.

FIGGIS, J. N., From Gerson to Grotius, Cambridge University Press, 1916.

FOLIGNO, CESARE, The Story of Padua, London, 1910.

FREUD, SIGMUND, Leonardo da Vinci, New York, 1947.

FRIEDLÄNDER, L., Roman Life and Manners under the Early Empire, London, n.d., 4v.

GARRISON, F., History of Medicine, Philadelphia, 1929.

GENOA, a Descriptive Booklet, Genoa, 1949.

GIBBON, EDWARD, Decline and Fall of the Roman Empire, Everyman's Library, 6v.

GIERKE, OTTO, Political Theories of the Middle Age, Cambridge University Press, 1922.

GREGOROVIUS, FERDINAND, History of the City of Rome in the Middle Ages, London, 1900, 8v.

GREGOROVIUS, FERDINAND, Lucrezia Borgia, London, 1901.

GRONAU, G., Titian, London, 1904.

GROVE, SIR GEORGE, Dictionary of Music and Musicians, 3rd ed., New York, 1928, 5v.

GUICCIARDINI, FRANCESCO, History of the Wars in Italy, London, 1753, 10v.

GUIZOT, FRANÇOIS PIERRE, History of France, London, 1872, 8v.

HALLAM, HENRY, Introduction to the Literature of Europe in the 15th, 16th, and 17th Centuries, New York, 1880, 4v. in 2.

HARE, A. J. C., Walks in Rome, London, 1913.

HEARNSHAW, F. J. C., ed., Medieval Contributions to Modern Civilization, New York, 1922.

HEGEL, G. W. F., Philosophy of History, London, 1888.

HOLLWAY-CALTHROP, H. C., Petrarch, His Life and Times, New York, 1907.

HOLZKNECHT, KARL, The Backgrounds of Shakespeare's Plays, New York, 1950.

HUIZINGA, J., The Waning of the Middle Ages, London, 1948.

HUNEKER, JAMES, Egoists, New York, 1910.

HUTTON, EDWARD, Giovanni Boccaccio, London, 1910.

JAMES, E. E. COULSON, Bologna, London, 1909.

JUSSERAND, J. J., English Wayfaring Life in the Middle Ages, London, 1891.

LACROIX, PAUL, Arts of the Middle Ages, London, n.d.

LACROIX, PAUL, History of Prostitution, New York, 1931.

LACROIX, PAUL, Science and Literature in the Middle Ages, London, n.d.

LANCIANI, RODOLFO, Ancient Rome, Boston, 1889.

LANCIANI, RODOLFO, The Golden Days of the Renaissance in Rome, Boston, 1906.

LANG, P. H., Music in Western Civilization, New York, 1941.

LA TOUR, P. IMBART DE, Les Origines de la Réforme, Paris, 1905f, 4v.

LEA, H. C., History of Agricular Confession, Philadelphia, 1896, 3v.

LEA, H. C., History of the Inquisition in the Middle Ages, New York, 1888, 3v.

LEONARDO DA VINCI, Phaidon ed., London, 1943.

LEONARDO DA VINCI, Notebooks, arranged, rendered into English, and introduced by Edward MacCurdy, New York 1938, 2v.

LOMBARDIA: Vols. II and III of Attraverso l'Italia, issued by Touring Club Italiano, Milan, 1931, 2v.

MACHIAVELLI, NICCOLÒ, Discourses, Modern Library.

MACHIAVELLI, NICCOLÒ, History of Florenece, London, 1851.

MACHIAVELLI, NICCOLÒ, The Prince, Modern Library.

MANTEGNA, ANDREA, L'oeuvre, Paris, 1911.

MATHER, F. J., Venetian Painters, New York, 1936.

MATHER, F. J., Western European Painting of the Renaissance, New York, 1948.

MAULDE LA CLAVIÈRE, R. DE, The Women of the Renaissance, New York, 1905.

MICHELET, JULES, Histoire de France, Paris, n.d. 5v.

MICHELET, JULES, History of France, New York, 1880, 2v, an English tr. of first two volumes of preceding.

MILMAN, H. H., History of Latin Christianity, New York, 1860, 8v.

MINIATURES OF THE RENAISSANCE, Catalogue de l'exposition du 5ème centeaire de la bibliothèque vaticane, Rome, 1950.

MOLMENTI, POMPEO, Venice, London, 1906, 6v.

MONTALEMBERT, COMTE, DE, The Monks of the West, Boston, n.d., 2v.

MOREY, C. R., Medieval Art, New York, 1942.

MÜNTZ, EUGÈNE, Leonardo da Vinci, London, 1898, 2v.

MÜNTZ, EUGÈNE, Raphael, London, 1882.

NOYES, ELLA, Story of Ferrara, London, 1904.

NOYES, ELLA, Story of Milan, London, 1908.

NUSSBAUM, F. L., Historyof the Economic Institutions of Modern Europe, New

York, 1937.

OGG, FREDERIC, Source Book of Medieval History, New York 1907.

OWEN, JOHN, Sceptics of the Italian Renaissance, London, 1908.

OXFORD HISTORY OF MUSIC, Introductory Volume, Oxford University Press, 1929.

PASTOR, LUDWIG VON, History of the Popes, St. Louis, Missouri, 1898, 14v.

PATER, WALTER, The Renaissance, Modern Library.

PETRARCH, Sonnets and Other Poems, London, 1904.

PETRARCH, Sonnets, tr. Joseph Auslander, New York, 1931.

PIRENNE, HENRI, Economic and Social History of Medieval Europe, New York, n.d.

POPHAM, A. E., Drawings of Leonardo da Vinci, London, 1947.

PORTIGLIOTTI, GIUSEPPE, The Borgia, New York, 1928.

PRESCOTT, W. H., History of the Reign of Ferdinand and Isabella the Catholic, Philadelphia, 1890, 2v.

PUTNAM, GEORGE H., Books and Their Makers during the Middle Ages, New York, 1898.

RANKE, LEOPOLD VON, History of the Popes, London, 1878, 3v.

RASHDALL, HASTINGS, The Universities of Europe in the Middle Ages, Oxford, 1936, 3v.

RÉNAN, ERNEST, Averroès et l'averroïsme, Paris, n.d.

RENARD, GEORGES, Guilds in the Middle Ages, London, 1918.

RICHTER, JEAN PAUL, Literary Works of Leonardo da Vinci, London, 1883, 2V.

ROBERTSON, J. M., Short Histroy of Freethought, London, 1914, 2v.

ROBINSON, J. H., and ROLF, H. W., Petrarch, New York, 1898.

ROEDER, RALPH, The Man of the Renaissance, New York, 1935.

ROGERS, J. E. T., Economic Interpretation of History, London, 1891.

ROSCOE, WILLIAM, Life and Pontficate of Leo X, London, 1853, 2v.

ROSCOE, WILLIAM, Life of Lorenzo de' Medici, London, 1877.

RUSKIN, JOHN, Modern Painters, Boston, n.d., 5v.

RUSKIN, JOHN, Stones of Venice, Everyman's Library, 3v.

SACERDOTE, GUSTAVO, Cesare Borgia: La sua vita, la sua famiglia, i suoi tempi, Milan, 1950.

SARTON, GEORGE, Introduction to the History of Science, Baltimore, 1930f, 3v. in 5.

SCHEVILL, F., Siena, New York, 1909.

SISMONDI, J. C. L., History of the Italian Republics, London, n.d.

SIVIERO, R., Catalogue of the 2d National Exhibition of the Works of Art Recovered in Germany, Florence, 1950.

SOULIER, G., Le Tintoret, Paris, 1928.

SPECULUM: A Journal of Medieval Studies, Cambridge, Massachusetts.

SPENGLER, OTTO, Decline of the West, New York, 1928.

STOECKLIN, PAUL DE, Le Corrège, Paris, 1928.

SYMONDS, J. A., Life of Michelangelo Buonarroti, Modern Library.

SYMONDS, J. A., The Renaissance in Italy, New York, 1883:

    VOL. I: The Age of the Despots;

    VOL. II: The Revival of Learning;

    VOL. III: The Fine Arts;

    VOL. IV: Italian Literature, Part I;

    VOL. V: Italian Literature, Part II;

    VOL. VI: The Catholic Reaction, Part I, London, 1914;

    VOL. VII: The Catholic Reaction, Part II.

SYMONDS, J. A., Sketches and Studies in Italy and Greece, London, 1898, 3v.

TAINE, H. A., Italy: Florence and Venice, New York, 1869.

TAINE, H. A., Italy: Rome and Naples, New York, 1889.

TAYLOR, RACHEL A., Leonardo the Florentine, New York, 1927.

THOMPSON, JAMES W., Economic and Social History of Europe in the Later Middle Ages, New York, 1931.

THORNDIKE, LYNN, History of Magic and Experimental Science, New York, 1929f. 6v.

THORNDIKE, LYNN, History of Medieval Europe, Boston, 1949.

THORNDIKE, LYNN, Science and Thought in the Fifteenth Century, New York,

1929.

TREITSCHKE, H. VON, Lectures on Politics, New York, n.d.

VARCHI, BENEDETTO, Storia fiorentina, Cologne, 1721.

VASARI, GIORGIO, Lives of the Most Eminent Painters, Sculptors, and Architects, Everyman's Library, 4v.
Same, ed. E. H. & E. W. Blashfield, and A. A. Hopkins, New York, 1907; references to Vol. IV are to this edition.

VASILIEV, A. A., History of the Byzantine Empire, Madison, 1921, 2v.

VENTURI, LIONELLO, and SKIRA-VENTURI, ROSABIANCA, Italian Painting: The Creators of the Renaissance, Geneva, 1950.

VILLARI, PASQUALE, Life and Times of Girolamo Savonarola. New York, 1896.

VILLARI, PASQUALE, Life and Times of Niccolò Machiavelli, New York, n.d., 2v.

VILLARI, PASQUALE, The Two First Centuries of Florentine History, London, 1908.

WALSH, JAMES J., The Popes and Science, New York, 1913.

WHITCOMB, M., Literary Source-Book of the Italian Renaissance, Philadelphia, 1900.

WINCKELMANN, J., History of Ancient Art, Boston, 1880, 4v. in 2.

WOLF, A., History of Science, Technology, and Philosophy in the 16th and 17th Centuries, New York, 1935.

WRIGHT, THOMAS, The Homes of Other Days, London, 1871.

YOUNG, G. F., The Medici, Modern Library.

14장

1. Pastor, I, 117; Creighton, I, 566-9.
2. Pastor, I, 124.
3. Coulton, *Medieval Panorama*, 486.
4. Pastor, VII, 339; Creighton, I, 161.
5. Lea, H. C., *History of Auricular Confession*, III, 65.
6. Creighton, I, 147.
7. 위의 책, 168.
8. Gierke, *Political Theories of the Middle Age*, 52, 59; Hearnshaw, *Medieval Contributions to Civilization*, 67.
9. Emerton, E., *Defensor Pacis of Marsiglio of Padua*, 70-2.
10. Pastor, I, 184.
11. Niem in Milman, VII, 235n.
12. Creighton, I, 273.
13. Milman, VII, 460.
14. Figgis, J. N., *From Gerson to Grotius*, 41.
15. Ogg, F. A., *Source Book of Medieval History*, 391.
16. Creighton, I, 297.
17. *Cambridge Medieval History*, VIII, 8n.
18. Creighton, IV, 8.
19. Pastor, I, 241.
20. Creighton, II, 272; Pastor I, 284.
21. Creighton, IV, 44.
22. Ogg, 393-7.
23. Pastor, II, 215.
24. *Cambridge Medieval History*, IV, 620f; Pastor, II, 258.
25. Creighton, IV, 71.

15장

1. Gibbon, *Decline and Fall*, VI, 558.
2. Lanciani, *Golden Days of the Renaissance*, 78-80.
3. Burckhardt, 105.
4. Roscoe, Leo X, I, 435.
5. Pastor, VII, 104.
6. Pastor, I, 169.
7. Pastor, II, 180; Hare, *Walks in Rome*, 167.
8. Creighton, III, 111n.
9. Pastor, II, 14; Symonds, *Revival*, 222-5.
10. 위의 책, 226.
11. Pastor, II, 193.
12. Pastor, II, 200.
13. Burckhardt, 188.
14. Pastor, II, 198.
15. Sismondi, 613.
16. Vasari, II, 31, *Bernardino Rossellino*.
17. Lea, *Auricular Confession*, III, 202.
18. Pastor, II, 102.
19. Creighton, II, 308f.
20. Pastor, II, 272f.
21. 위의 책, 313.
21a. La Tour, P. Imbart de, *Les origines de*

la Réforme, II, 7, 14.

22. Creighton, II, 245.

23. 위의 책, 246.

24. 위의 책, 247.

25. Platina, *In vitas summorum pontificum*, in Whitcomb, *Source Book*, 69.

26. Creighton, II, 483.

27. 위의 책.

28. Burckhardt, 305.

29. Creighton, II, 483.

30. Sellery, 239.

31. Platina in Whitcomb, 65.

32. Creighton, II, 488.

33. Platina.

34. 위의 책, 66.

35. Vasiliev, *History of the Byzantine Empire*, II, 442.

36. Pastor, III, 324.

37. 위의 책, 256.

38. Creighton, IV, 209.

39. Thompson, J. W., 297.

40. Pastor, IV, 41-5; Villari, *Machiavelli*, I, 106-7; Burckhardt, 280, 505.

41. Ferrara, O., *The Borgia Pope*, 95.

42. Pastor IV, 238-44; Creighton, III, 63-6.

43. 위의 책, 75.

44. Symonds, *Despots*, 388.

45. 위의 책, 398n.

46. Creighton, III, 115, 285; Pastor, IV, 416.

47. Soriano in Symonds, *Despots*, 394n; Pastor, IV, 428.

48. Symonds, *Despots*, 394.

49. Pastor, V, 236-8.

50. Vespucci in *Cambridge Modern History*, I, 222.

51. Creighton, III, 120.

52. 위의 책, 154-5; Pastor, V, 351.

53. 위의 책, 352-4; Creighton, IV, 318.

54. Creighton, III, 126.

55. 위의 책.

56. Burckhardt, 108; Pastor, V, 354.

57. Pastor, V, 317; Creighton, III, 126.

57a. La Tour, II, 13.

58. Pastor, V, 361-2.

59. Creighton, IV, 297-8.

60. Creighton, III, 126.

61. 위의 책, 135.

62. Taine, *Italy: Rome and Naples*, 171.

63. Creighton, III, 153; *Cambridge Modern History*, I, 225.

16장

1. Ferrara, *Borgia Pope*, 55-62; Pastor, II, 541-2.

2. Creighton, III, 162,

3. Pastor, II, 455.

4. Beuf, *Cesare Borgia*, 19; Gregorovius, *Lucrezia*, 10.

5. 위의 책, 18, 20.

6. Roscoe, *Leo X*, I, 24.

7. Gregorovius, *Lucrezia*, 352.

8. IV, 324.

9. *Cambridge Modern History*, I, 225; Ferrara, 66; Creighton, III, 159.

10. Ferrara, 51; Pastor, V, 366; Gregorovius, 17.

11. Creighton, III, 160n.

12. *Cambridge Modern History*, I, 226.

13. Pastor, V, 385.

14. Sacerdote, G., *Cesare Borgia*, 94.

15. Creighton, III, 47.

16. *Cambridge Modern History*, I, 234.

17. Vasari, II, 116, *Pinturicchio*.

18. Ferrara, 310.

18a. La Tour, II, 39.

19. Pastor, V, 396; Burckhardt, 109.

20. Portigliotti, 28f.

21. Guicciardini, I, 19-20.

22. Creighton, III, 168.

23. 위의 책, 194-5.

24. Creighton, III, 196; Pastor, V, 429; *Cambridge Modern History*, I, 229.

24a. Guicciardini, I, 209.

25. Creighton, III, 206; *Cambridge Modern History*, I, 231.

26. 위의 책, 230.

27. Pastor, V, 381.

28. Ferrara, 163.

29. Roscoe, *Leo X*, I, 394.

30. Guicciardini, I, 29.

31. Gregorovius, 75.

32. Creighton, III, 175; Gregorovius, 39, 62; Portigliotti, 47.

33. Ferrara, 164.

34. Creighton, III, 176; Gregorovius, 65.

35. Portigliotti, 45, 48, 61.

36. Burckhardt, *Diarium*, iii, 227, in Creighton, IV, 49n.

37. Boccaccio, Ferrarese ambassador, in Symonds, *Despots*, 417; Portigliotti, 56.

38. Gregorovius, 75.

39. Lea, *Auricular Confession*, III, 211f.

40. Guicciardini, III, 26; Pastor, VI, 153-4.

41. Guicciardini, III, 26; Creighton, IV, 13-4.

42. Portigliotti, 66.

43. Villari, *Machiavelli*, I, 321.

44. Portigliotti, 66.

45. Ferrara, 318.

46. Villari.

47. Ferrara, ch. xxi.

48. 위의 책, 309.

49. Ferrara, 246; Sacerdote, 198f.

50. 위의 책, 221.

51. 위의 책, 202.

52. Ferrara, 246; Pastor, V, 512, and Roscoe, Leo X, I, 154; Gregorovius, *Lucrezia*, 106; Beuf, 76-8; Symonds, *Despots*, 425; Creighton, III, 258.

53. Pastor, V, 501.

54. Gregorovius, 220; Burckhardt, 110.

55. Beuf, 41.

56. Gregorovius, 57.

57. Beuf, 97.

58. Cartwright, *Isabella*, I, 178.

59. Beuf, 7; Sacerdote, 207.

60. Ferrara, 291.

61. Burckhardt, 112; Creighton, IV, 3-4.

62. III, 6n; Ferrara, 293.

63. Richard Garnett in *Cambridge Modern History*, I, 238.

64. Beuf, 155.

65. Ferrara, 308.

66. Beuf, 194.

67. 위의 책, 223.

68. Creighton, IV, 27.

69. 위의 책.

70. 위의 책, 29; Sacerdote, 806.

71. Guicciardini, III, 137; Machiavelli, *Relation of the Murder of Vitellezzo*, in Appendix to *History of Florence*, pp. 491-6.

72. Beuf, 292.

73. 위의 책.

74. 위의 책, 296.

75. Creighton, IV, 36.

76. 위의 책, 40.

77. Beuf, 290.

78. Beuf, 252-8.

79. Beuf, 131.

80. Beuf, 66, 177; Guicciardini, III, 129.

81. Portigliotti, 83.

82. Villari, *Machiavelli*, I, 323.

83. Burckhardt, 116.

84. Pastor, VI, 128.

85. Beuf, 305-7.

86. Ferrara, 326.

87. Burckhardt, 115; Villari, *Machiavelli*, I, 323.

88. Cartwright, *Isabella*, I, 327.

89. Creighton, IV, 30, 40; *Cambridge Modern History*, I, 242; Beuf, 307.

90. Symonds, *Despots*, 426.

91. Burckhardt, *Diarium*, ed. Celani, II, 303, in Portigliotti, 54.

92. Ferrara, 337; Gregorovius, *Lucrezia*, 178.

93. Ferrara, 337.

94. Gregorovius, 177; Ferrara, 336. Creighton, IV, 50n.

95. Gregorovius, 189.

96. Ferrara, 252.

97. 위의 책, 251.

98. Gregorovius, 108, 330.

99. Creighton, III, 264.

100. Creighton, IV, 257-62.

101. Gregorovius, *Lucrezia*, 175.

102. Cartwright, *Isabella*, I, 205.

103. Creighton, IV, 21; Pastor, V, 399; Gregorovius, 175.

104. 위의 책, 167.

105. 위의 책, 213.

106. 위의 책, 222; Friedländer, L., *Roman Life and Manners*, II, 176.

107. Gregorovius, 246-8.

108. 위의 책, 290.

109. *Cambridge Modern History*, I, 241; Pastor, VI, 132; Sacerdote, 683; Villari, *Machiavelli*, I, 327; Lanciani, 76; Ferrara, 400; Roscoe, *Leo X*, I, 469; Beuf, 318. Portigliotti, 129-37.

110. Lanciani, 76.

111. Portigliotti, 127.

112. Gregorovius, 289.

113. Guicciardini, III, 228.

114. Machiavelli, *Prince*, ch. xviii.

115. Pastor, VI, 137.

116. Roscoe, *Leo X*, I, 195.

117. Creighton, IV, 44-50.

118. *Cambridge Modern History*, I, 241-2.

119. Creighton, IV, 57.

120. Pastor, VI, 208.

121. Gregorovius, *Lucrezia*, 310.

122. 위의 책, 31.

123. Roscoe, *Leo X*, I, 404.

17장

1. Pastor, V, 369.

2. Paris de Grassis in Roscoe, *Leo X*, I, 300.

3. Pastor.

4. Villari, *Machiavelli*, I, 367.

5. Pastor, VI, 215.

6. 위의 책, 223.

7. Beuf, 364.

8. Machiavelli, *Discourses*, i, 27.

9. Creighton, IV, 117.

10. 위의 책, 123.

11. 위의 책, 124.

12. 위의 책, 127.

13. Guicciardini, V, 90.

14. Creighton, IV, 163n.

15. 위의 책, 130n.

16. Guicciardini, VI, 111.

17. Müntz, *Raphael*, 293.

18. Symonds, *Michelangelo*, 92-4.

19. Pastor, VI, 469f.

20. New York *World*, May 12, 1928.

21. Nietzsche, Letter to Brandes, in Huneker, *Egoists*, 251.

22. Vasari, ed., Blashfield and Hopkins, IV, 37n, *Michelangelo*.

23. 위의 책, 38.

24. Symonds, *Michelangelo*, 7

25. Cellini, *Autobiography*, i, 13.

26. Symonds, *Mich.*, 134.

27. 위의 책, 44.

28. 위의 책, 45.

29. Maulde, 313.

30. Symonds, *Mich.*, 58.

31. Vasari, IV, 59.

32. Symonds, 70.

33. 위의 책, 100.

34. Cellini, i, 12.

35. Condivi in Symonds, 111.

36. Symonds, 125.

37. Vsari, IV, 89.

38. Condivi in Symonds, 139.

39. Faure, E., *Spirit of Forms*, 139.

40. Vasari, IV, 91.

18장

1. Montalembert, *Monks of the West*, I, 81.

2. Roscoe, *Lorenzo*, 285.

3. Guicciardini, VI, 114.

4. Roscoe, *Leo x*, I, 344.

5. Guicciardini, VII, 68.

6. 위의 책, VI, 117.

7. Creighton, IV, 182.

8. *Cambridge Modern History*, II, 14; Gregorovius, *History of City of Rome*, VIIIa, 294; Creighton, IV, 181n.

9. Pastor, VIII, 391.

10. 위의 책.

11. 위의 책, 84.

12. Roscoe, *Leo X*, II, 259.

13. 위의 책, 388; Pastor, VIII, 79.

14. Müntz, *Raphael*, 409.

15. Taine, *Italy: Rome and Naples*, 185.

16. Pastor, VIII, 74.

17. Roscoe, II, 391.

18. Burckhardt, 185.

19. Pastor, VIII, 160, 162.

20. 위의 책, 163-4.

21. Lanciani, *Golden Days of the Renaissance in Rome*, 321.

22. Burckhardt, 387.

23. Gregorovius, VIIIa, 407.

24. Lanciani, 58.

25. Roscoe, II, 82; Pastor, VIII, 127.

26. Gregorovius, VIIIa, 302.

27. Lanciani, 108.

28. Pastor, VIII, 121.

29. Cartwright, *Isabella*, II, 116.

30. Gregorovius, VIIIa, 309, 311.

31. Rashdall, H., *Universities of Europe in the M.A.*, II, 39.

32. Roscoe, I, 342.

33. Huizinga, *Waning of the Middle Ages*, 62.

34. Pastor, VIII, 268.

35. Roscoe, I, 357.

36. 위의 책, 287.

37. 위의 책.

38. Maulde, 432.

39. Roscoe, II, 173.

40. Müntz, *Raphael*, 405; Symonds, *Italian Literature*, II, 147.

41. Roscoe, II, 299-302; Pastor, VIII, 238.

42. 위의 책, 270.

43. Roscoe, II, 176.

44. 위의 책, 110; Pastor, VIII, 184.

45. Roscoe, II, 110.

46. Symonds, *Revival*, 499.

47. 위의 책, 500.

48. 위의 책, 503.

49. 위의 책, 476.

50. Lanciani, *Ancient Rome*, 154f.

51. Pastor, VIII, 362.

52. Symonds, *Michelangelo*, 195.

53. Vasari, IV, 75.

54. Pastor, VIII, 435.

55. Symonds, 219.

56. 위의 책, 51.

57. 위의 책, 52.

58. Vasari, IV, 213.

59. 위의 책, 218.

60. 위의 책, 212.

61. Symonds, *Fine Arts*, 268.

62. Symonds, *Michel.*, 203.

63. 위의 책, 529.

64. 535,

65. 149.

66. Müntz, *Raphael*. 421.

67. 위의 책, 422.

68. 420.

69. 위의 책.

70. Vasari, II, 247-9, *Raphael*.

71. Winckelmann, *History of Ancient Art*, II, 316.

72. Müntz, *Raphael*, 462.

73. Roscoe, *Leo X*, I, 347.

74. Lanciani, *Golden Days*, 279-80.

75. Friedländer, II, 136; Pastor, VIII,

117.

76. Friedländer.

77. 위의 책, 157.

78. Lanciani, *Golden Days*, 302.

79. Müntz, *Raphael*, 491.

80. *Time* Magazine, April 30, 1951, p. 29.

81. Vasari, II, 238.

82. Lanciani, 230.

83. Vasari, II, 241.

84. 위의 책, 247.

85. Matt. 17:1-3, 14f.

86. Vasari, II, 247.

87. Mantegna, *L'oeuvre*, Introd., x.

88. Guicciardini, VII, 287; VIII, 11.

89. 위의 책, VI, 412.

90. 위의 책, VII, 129; Roscoe, *Leo X*, II, 200.

91. Ranke, *History of the Popes*, I, 309.

92. Pastor, VIII, 2.

93. Thompson, J. W., 423.

94. Pastor, VIII, 81, 151.

95. 위의 책, 102.

96. 63-5.

97. Thompson, 423.

98. Pastor, VIII, 460.

99. Young, Medici, 296.

100. Pastor, VIII, 139.

19장

1. Poggio, *Facetiae*, in Burckhardt, 521.

2. Machiavelli, *Discourses*, i, 56.

3. Burckhardt, 519.

4. 위의 책, 520.

5. Thorndike, Lynn, *History of Magic and Experimental Science*, IV, 562.

6. Jusserand, J. J., *English Wayfaring Life in the M.A.*, 377.

7. 위의 책.

8. Aretino, *Ragionamenti del Zoppino*, in Burckhardt, 529; Sismondi, 744.

9. 위의 책.

10. Pastor, V, 348.

11. 위의 책, 349; Exodus, xxii, 18.

12. Pastor, V, 349.

13. Lea, H. C., *History of the Inquisition in the M. A.*, III, 540.

14. Sismondi, 745; Burckhardt, 528.

15. Lea, 547.

16. 위의 책.

16a. 위의 책, 548.

16b. Burckhardt, 508.

16c. Thorndike, IV, 761.

16d. 위의 책, 435.

16e. Guicciardini, *Ricordi*, 57, in Burckhardt, 518.

16f. Robertson, J. M., *Short History of Freethought*, I, 369.

16g. Roscoe, *Leo X*, II, 253.

16h. Lacroix, Paul, *Science and Literature in the Middle Ages*, 290.

16i. Burckhardt, 211.

16j. Boccaccio, *Decameron*, viii, 9.

17. Castiglioni, *History of Medicine*, 399.

18. Walsh, J. J., *The Popes and Science*, 75.

19. 위의 책, 115.

20. Castiglioni, 368.

21. Lanciani, *Golden Days*, 87.

22. Molmenti, Part II, Vol. I, 159f.

23. Lanciani, 86.

24. Thorndike, *Science and Thought in the Fifteenth Century*, 221.

25. Sarton, IIIb, 1658.

26. Garrison, 187.

27. Molmenti, Part I, Vol. II, 54.

28. Pastor, V, 61.

29. Luther, *Table Talk*, in Pastor, V, 65.

30. Garrison, 191.

31. 위의 책.

32. Lacroix, Paul, *History of Prostitution*, II, 1119.

33. Castiglioni, 454.

34. Lanciani, *Golden Days*, 84.

35. Sudhoff in Garrison, 191.

36. Castiglioni, 453.

37. Sarton, IIIa, 274.

38. Castiglioni, 465.

39. 위의 책, 459; Lacroix, *Prostitution*, II, 951.

40. Molmenti, Part I, Vol. II, 262.

41. Robertson, *Freethought*, I, 369.

42. 위의 책.

43. Owen, *Skeptics*, 215.

44. *Cambridge Modern History*, II, 703.

45. Pastor, V, 157.

46. Owen, 208.

47. 위의 책.

48. 209.

49. *De incantatione,* ch. iii, in Symonds, *Italian Literature*, II, 476.

50. 위의 책, ch. xii, in Symonds, 477.

51. Owen, 201.

52. *De immortalitate animae*, ch. xiv.

52a. 위의 책.

53. Owen, 204.

54. 위의 책.

55. *De fato*, iii, 7.

56. *Cambridge Modern History*, II, 703.

57. Pastor, V, 157.

58. Molmenti, Part, I, Vol. II, 1.

59. Burckhardt, 453.

60. Ranke, *History of the Popes*, I, 56.

61. Pastor, I, 27.

62. Pastor, X, 422.

63. *Encyclopaedia Britannica*, 11th ed., XXIII, 85a.

64. Symonds, *Italian Lit.*, II, 479.

65. 위의 책.

66. Lea, *Inquisition in the M. A.*, III, 576.

67. Erasmus, Epistle xxvi, 34, in Robertson, J. M., *Freethought*, I, 370.

68. Guicciardini, I, 4.

69. Mather, F. J., *Western European Painting of the Renaissance*, 150.

70. Villari, *Machiavelli*, I, 417.

71. Guicciardini, I, Introd. xvi.

72. Guicciardini, *Ricordi*, xxviii, in Burckhardt, 464, Pastor, VIII, 178, and Villari, *Machiavelli*, II, 86.

73. *Ricordi* civ and cclxvii, in Villari, *Machiavelli*, II, 86.

74. *Opere inedite*, ii, 51, in Sismondi, 389.

75. *Ricordi*, cccxlvi, in Villari, II, 85; Guicciardini, *History*, III, 104.

76. Villari, II, 158-9.

77. 위의 책, 325.

78. Roeder, 209.

79. The letters in Villari, I, 469 and II, 48.

80. Pastor, V, 160.

81. Machiavelli, *Discourses*, ii, 10.

82. 위의 책, ii, 18.

83. Villari, II, 344.

84. *Discourses*, iii, 43.

85. 위의 책.

86. Machiavelli, *History*, v, 1.

87. Machiavelli, *The Prince*, ch. xxv.

88. *Discourses*, i, 3; *Prince*, iii.

89. Robertson, I, 374.

90. *Discourses*, i, 11.

91. I, 11-12.

92. I, 10.

93. II, 2; iii, 1.

94. I, 12.

95. III, 1.

96. III, 41.

97. I, 9.

98. *History*, v, 2.

99. Villari, II, 143.

100. *Discourses*, i, 9.

101. *Prince*, i.

102. *Discourses*, i, 12.

103. Villari, II, 151.

104. *Prince*, xi-xii; *History*, vi, 1.

105. Pastor, V, 164.

106. *Prince*, xv.

107. *Prince*, xviii.

108. 위의 책, xvii.

109. *Discourses*, iii, 19.

110. 위의 책, i, 10.

111. *Prince*, xxi.

112. 위의 책, viii.

113. XVIII.

114. 위의 책.

115. VII, xvii.

116. XXVI.

117. Villari, II, 193; Treitschke, H. von, *Lectures on Politics*, 29.

118. Bacon, F., *De augmentis scientiarum*, vii, 2.

119. Hegel, *Philosophy of History*, in Symonds, *Despots*, 36.

20장

1. Burckhardt, 485.

2. Coulton, *Medieval Panorama*, 192.

3. Platina, *Vitae*, in Burckhardt, 501.

4. Sismondi, 468.

5. Pastor, V, 84.

6. *Decameron*, i, 2 and 7.

7. Symonds, *Despots*, 458n.

8. Roeder, 512.

9. Pastor, I, 31.

10. Molmenti, Part I, Vol. II, 222.

11. Aretino, *Dialogues*, p. 82.

12. Guicciardini, *Considerazione* on Machiavelli's *Discourses* (i, 12) in Villari, II, 151.

13. St. Catherine of Siena in Coulton, *Five Centuries of Religion*, II, 399.

14. Pastor, V, 171-3.

15. Robertson, I, 369.

16. Burckhardt, 502.

17. Robertson, I, 369.

18. Pastor, VI, 443.

19. Pastor, X, 457-76.

20. Bandello, *Novels*, Vol. I, Part I, Story I; Maulde, 178.

21. 위의 책.

22. Pastor, V, 113.

23. Lea, *Auricular Confession*, III, 417.

24. Pastor, V, 133; Symonds, *Despots*, 477.

25. Pastor, V, 132.

26. Aretino, *La cortigiana*, Act. iii, p. 219 of *Works*.

27. Chubb, T. C., *Aretino*, 216.

28. Pastor, I, 26.

29. Molmenti, Part II, Vol. II, 239.

30. 위의 책, 238.

31. Castiglioni, 464.

32. 위의 책.

33. Molmenti, 250n.

34. Pastor, VIII, 121.

35. Gregorovius, *Lucrezia*, 96.

36. Symonds, *Italian Lit.*, II, 225.

37. Maulde, 361.

38. Gregorovius, VIIIa, 306.

39. Lanciani, *Golden Days*, 67.

40. 위의 책, 64.

41. Maulde, 360, 164.

42. 위의 책, 27, 98.

43. Villari, I, 315.

44. Pastor, V, 105, 127.

45. Burckhardt, 416.

46. Cartwright, *Isabella*, II, 288.

47. Maulde, 43.

48. Burckhardt, 456.

49. Maulde, 353; Sismondi, 747.

50. 위의 책, 456.

51. Coulton, *From St. Francis to Dante*, 14.

52. Symonds, *Italian Lit.*, II, 86.

53. Burckhardt, 346.

54. Molmenti, II, II, 92.

55. Burckhardt, 374.

56. Molmenti, 94; Taylor, *Leonardo*, 484.

57. 위의 책.

58. Sismondi, 452.

59. Addison, Julia, *Development of Arts and Crafts in the Middle Ages*, 192.

60. Cagnola in Noyes, Milan, 133.

61. Cartwright, *Isabella*, II, 115.

62. Maulde, 131.

63. 위의 책, 70-1.

64. Cartwright, *Beatrice*, 172.

65. Pastor, V, 17-9.

66. Symonds, *Despots*, 240f.

67. Burckhardt, 404.

68. 위의 책.

69. Pastor, VIII, 124.

70. Pastor, V, 107.

71. Ashley, W. J., *Introd. to English Economic History*, 447.

72. Pastor, V, 106.

73. *Cambridge Modern History*, I, 250; Symonds, *Despots*, 474.

74. Taine: *Rome and Naples*, 172.

75. Chubb, 23.

76. Guicciardini, III, 59.

77. 위의 책, VII, 69; Machiavelli, *History*, vi, 4.

78. Pastor, V, 134.

79. Sismondi, 456.

80. James, *Bologna*, 138.

81. Schevill, *Siena*, 223.

82. Robinson and Rolf, 123.

83. Cartwright, *Isabella*, II, 59.

84. Lanciani, 99.

85. Brinton, *The Gonzaga Lords*, 88.

86. Fattorusso, 247.

87. Thorndike, *Science and Thought in the Fifteenth Century*, 53; Burckhardt, 374.

88. Fridländer, II, 176.

89. Wrigth, T., *Homes of Other Days*, 462.

90. Molmenti, II, II, 162.

91. *Decameron*, i, 1.

92. Molmenti, 231.

93. Villari, *Savonarola*, 246.

94. Gibbon, VI, 562.

95. Symonds, *Italian Lit.*, I, 397-8.

96. Vasari, II, 178-9, *Piero di Cosimo*.

97. Pastor, V, 48.

98. Lang, P. H., *Music in Western Civilization*, 299.

99. Cellini, i, 32.

100. Lang, 302.

101. Castiglione, B., *The Courtier*, p. 76.

102. 위의 책; *Oxford History of Music*, Introd. Volume, 215; Lang, 300.

103. *Oxford History*, Introd., 188.

104. Einstein, Alfred, *The Italian Madrigal*, I, 39.

105. Symonds, *Ital. Lit.*, I, 217.

106. Einstein, 7.

107. Tr. Symonds, *Sketches*, II, 332.

108. Rabelais, *Pantagruel*, bk. iv, Prologue.

108a Grove, *Dictionary of Music*, IV, 809.

109. Einstein, 6, 8.

110. Luther, in Gregorovius, VIIIa, 249.

111. Ascham, *The Scholemaster*, 87.

112. Machiavelli, *Discourses*, i, 12.

113. Guicciardini, VIII, 354.

114. Pastor, V, 181.

21장

1. Michelet, *Histoire de France*, III, i, 2, p. 5.

2. Lacroix, Paul, *Arts of the M. A.*, 99.

3. Guicciardini, I, 147.

4. Guizot, *History of France*, II, 554.

5. *Cambridge Modern History*, I, 240.

6. Roscoe, *Leo X*, I, 200-1.

7. Prescott, II, 307.

8. Guizot, II, 511; Sismondi, 676.

9. Lacroix, *Prostitution*, II, 1130.

10. Pastor, VII, 105.

11. 위의 책, 141; Roscoe, *Leo X*, II, 39; Guicciardini, VI, 382.

12. De Grassis in Roscoe, *Leo X*, II, 40.

13. Pastor, VII, 139.

14. Beuf, 222.

15. Guicciardini, VII, 266.

16. Pastor, IX, 27.

17. Chubb, 76.

18. Symonds, *Despots*, 440.

19. Pastor, IX, 73.

20. Burckhardt, 162.

21. Pastor, IX, 91-113.

22. 위의 책, 125.

23. Cartwright, *Isabella*, II, 232.

24. Tr. Symonds, *Ital. Lit.*, II, 368.

25. Pastor, IX, 266.

26. 위의 책, 271.

27. Guicciardini, VIII, 230f.

28. Pastor, IX, 304.

29. 위의 책, 328.

30. 331.

31. Sismondi, 687.

32. Young, 330.

33. Cartwright, II, 272.

34. Guicciardini, IX, 98, 113.

35. Pastor, IX, 362.

36. 위의 책, 390-405; Cartwright, II, 260.

37. Pastor, IX, 400, 413.

38. Guicciardini, IX, 305; Lanciani, 108.

39. 위의 책, 107.

40. Guicciardini, IX, 307.

41. Pastor, IX, 400.

42. Symonds, *Revival*, 444-5.

43. Guicciardini, IX, 308; Pastor, IX, 413.

44. Symonds, *Despots*, 444; Job, x, 18.

45. Guicciardini, IX, 320-2; Pastor, IX, 424.

46. Cartwright, *Isabella*, II, 270.

47. Burckhardt, 123; Symonds, *Despots*, 445.

48. Guicciardini, X, 139.

49. Sismondi, 729; Symonds, *Despots*, 446.

50. Fattorusso, *Florence*, 192.

51. Sismondi, 731.

52. Symonds, *Michelangelo*, 279.

53. Young, 351.

54. Pastor, X, 199.

55. Vasari, II, 295, *Peruzzi*.

56. Symonds, *Michelangelo*, 441.

57. 위의 책, 372.

58. 255.

59. Vasari, IV, 119n.

60. Symonds, *Michelangelo*, 267.

61. 위의 책, 282.

62. 324.

63. *Cambridge Modern History*, II, 67.

64. Pastor, X, 235.

65. 위의 책, 322.

66. Letter of Gregorio da Casale, Oct., 1534, in Young, 358.

22장

1. Burckhardt, *Cicerone*, in Vasari, IV, 320n.

2. Vasari, IV, 327.

3. 위의 책, 329.

4. Anderson, *Architecture of the Renaissance in Italy*, 145.

5. Thomas Caldecott Chubb's *Aretino*.

6. Chubb, 46.

7. Vasari, III, 77, *Marcantonio Bolognese*.

8. Chubb, 117.

9. Symonds, *Ital. Lit.*, II, 395.

10. Ariosto, *Orlando furioso*, xlvi, 14.

11. Maulde, 391.

12. Symonds, *Lit.*, II, 399-400.

13. 위의 책, 404.

14. Chubb, 205.

15. Aretino, *Dialogues*, p. 55.

16. Aretino, 108, 83.

17. Roeder, 498.

18. 위의 책, 441.

19. Taine, *Italy: Florence and Venice*, 289.

20. Gronau, *Titian*, 46.

21. Chubb, 437.

22. Vasari, IV, 286.

23. Ruskin, *Stones of Venice*, I, 10.

24. Vasari, IV, 298.

25. Mather, *Venetian Painters*, 340.

26. Soulier, G., *Le Tintoret*, 12.

27. 위의 책, 19; *Mather*, 342.

28. Soulier, 115.

29. Ruskin, *Stones*, III, 285.

30. 위의 책, 295.

31. Symonds, *Fine Arts*, 377.

32. Soulier, 75-6.

33. Ruskin, *Stones*, II, 243.

34. Siviero, R., *Catalogue of the Second National Exhibition of the Works of Art Recovered in Germany*, 45.

35. Mather, *Venetian Painters*, 396.

36. 위의 책, 168.

37. 416; Venturi and Skira-Venturi, *Italian Painting: The Creators of the Renaissance*, 164.

38. Ruskin, *Stones*, II, 10.

39. Quoted by E. Herriot in a lecture at Cannes, Jan., 1951.

23장

1. Thompson, J. W., 376.

2. Adams, Brooks, *The New Empire*, 90.

3. Barnes, H. E., *History of Western Civilization*, I, 867.

4. Robertson, J. M., I, 469.

5. Symonds, *Catholic Reaction*, I, 33.

6. 위의 책, 38, 234-334; Sismondi, 763.

7. Symonds, *Catholic Reaction*, I, 273.

8. Coulton, *Medieval Panorama*, 679.

9. Ranke, *History of the Popes*, I, 181.

10. Guicciardini, X, 257.

11. 위의 책, 258.

12. Cardan, Jerome, *Book of My Life*, ch. ii.

13. 위의 책, ch. vi.

14. Hallam, H., *Literature of Europe*, I, 451-2.

15. Duhem, *Leonardo*, I, 229f; Wolf, A., *History of Science, Technology, and Philosophy in the Sixteenth and Seventeenth Centuries*, 537.

16. Cardan, ch, xiii.

17. Ch. xiv.

18. Prologue.

19. Walsh, *The Popes and Science*, 116.

20. Cornaro, 43-7.

21. 위의 책, 66-72.

22. 위의 책, 79, 92, 103.

23. 위의 책, Introd., 31. Addison, in No. 195 of *The Spectator*, III, 328.

24. Hallam, II, 88.

25. 위의 책, 119; Robertson, I, 470.

26. Hallam, II, 260.

27. Bandello, III, 123.

28. Holzknecht, *Backgrounds of Shakespeare*, 243.

29. *Cambridge Modern History*, III, 400-4.

30. Cellini, ii, 99.

31. 위의 책, ii, 70.

32. James, *Bologna*, 317.

33. Vasari, III, 237, *Pontormo*.

34. 위의 책, 245.

35. Cellini, i, 2.

36. 위의 책, i, 14.

37. I, 26.

38. I, 52.

39. II, 33.

40. II, 50.

41. I, 51.

42. I, 73.

43. I, 64.

44. I, 55.

45. I, 74.

46. II, 26.

47. II, 12.

48. II, 28.

49. 위의 책.

50. II, 34-5.

51. II, 37.

52. Notes by Symonds, p. 415.

53. I, 58.

54. Symonds, *Michelangelo*, 484.

55. Vasari, IV, 134, *Michelangelo*.

56. 위의 책, 140.

57. 148.

58. Symonds, *Michelangelo*, 501.

58a. Ellis, H., *Studies in the Psychology of Sex*, Vol. II, *Sexual Inversion*, 19.

59. Maulde, 182.

60. Symonds, 377; Taine, *Italy: Rome and Naples*, 188.

61. Symonds, 442.

62. Vasari, IV, 198.

63. Symonds, 490.

64. Vasari, IV, 219.

65. 위의 책, 203.

66. Ruskin, *Modern Painters*, Part I, ch. ii, end.

67. Symonds, 372.

68. Balcarres, Lord, *Evolution of Italian Sculpture*, 271; Spengler, O., *Decline of the West*, I, 276.

안인희 한국외대 독일어과를 졸업하고 같은 대학교 대학원에서「실러 드라마 연구 ── 부자 갈등을 통해 본 신구 대립」으로 박사 학위를 받았으며, 독일 밤베르크 대학교에서 독일 문학을 공부했다. 대표적인 독일어권 번역가이자, 인문·예술 분야에서 연구하는 인문학자로서 꾸준히 번역과 창작 활동을 하고 있다.

지은 책으로 『게르만 신화, 바그너, 히틀러』(민음사 올해의 논픽션 상 2003)와 『북유럽 신화』가 있으며, 옮긴 책으로 『이탈리아 르네상스의 문화』(한국번역가협회 번역 대상)와 『인간의 미적 교육에 관한 편지』(한독 문학 번역상), 『르네상스의 미술』, 『세계 역사의 관찰』, 『광기와 우연의 역사』 등이 있다.

문명 이야기

르네상스 5-2

1판 1쇄 펴냄 2011년 5월 30일
1판 4쇄 펴냄 2019년 12월 27일

지은이 윌 듀런트
옮긴이 안인희
발행인 박근섭, 박상준
펴낸곳 (주)민음사

출판등록 1966. 5. 19.(제16-490호)
서울특별시 강남구 도산대로1길 62(신사동) 강남출판문화센터 5층 (우편번호 06027)
대표전화 02-515-2000, 팩시밀리 02-515-2007
홈페이지 www.minumsa.com

한국어판 ⓒ (주)민음사, 2011. Printed in Seoul, Korea.

ISBN 978-89-374-8360-8 04900
ISBN 978-89-374-8361-5 (세트)